Mein Schwager, unser Onkel

Klaus Mehnert

ist nach schwerer Krankheit am 2. Januar 1984 gestorben. Bis zum Schluß hatte er sein Leiden für sich behalten, weil er andere damit nicht belasten wollte. Wir trauern um ihn.

Wilhelmine Mehnert
Wiltrud Rudolph mit Mann
Klaus-Hermann Mehnert mit Familie
Mechthild Müller mit Familie

In seinem Abschiedsbrief an seine Freunde, Verwandten und Mitarbeiter dankt er auch all jenen, die — zum Teil seit Jahrzehnten — seine Kommentare hörten, seine Aufsätze und Bücher lasen und ihre Verbundenheit mit ihm bewiesen, indem sie zu seinen Vorträgen kamen; auch sie gehörten zu seiner „Familie".

Es war sein Wunsch, ihn in aller Stille beizusetzen.

Stuttgart, im Januar 1984

KLAUS MEHNERT

Der Sowjetmensch

KLAUS MEHNERT

Der Sowjetmensch

Versuch eines Porträts

ULLSTEIN

Ein Gelbes Ullstein Buch
Lizenzausgabe mit freundlicher Genehmigung der
Deutschen Verlags-Anstalt GmbH, Stuttgart

Gesamtherstellung: Carl Ueberreuter, Wien
Printed in Austria 1981
ISBN 3-550-06087-4

Dem Andenken meiner

MUTTER

* 1882 in Moskau † 1946 in Holstein

die mich als Deutsche das Russische sprechen

und die Russen lieben lehrte

VORWORT

Die Völker der Vereinigten Staaten und der Sowjetunion sind heute die beiden bedeutendsten Kräfte in der Weltpolitik. Die Vereinigten Staaten liegen wie ein offenes Buch vor uns, Zehntausenden von Deutschen aus persönlichem Augenschein bekannt, mit einer Publizistik, die – wie nie zuvor in der Geschichte – jeden Winkel des Landes, jede Seelenregung seiner Bevölkerung, jedes neue Modewort vor aller Welt analysiert und demoskopiert. Über die Sowjetbevölkerung dagegen wissen wir immer noch sehr wenig. Und doch müßte man ein Volk, mit dessen Regierung man sich weltpolitisch in einem Gegensatz befindet, mindestens so genau kennen wie den Bundesgenossen.

Dieses Buch ist ein Versuch, zum Verständnis der Sowjetbevölkerung beizutragen – der Menschen, nicht des Staates, auch nicht der Partei. Nur ein Vorkapitel zeichnet in großen Zügen den sozialen Rahmen, in dem die Sowjetmenschen heute leben und arbeiten, während der Hauptteil des Buches, wie auch das Hauptinteresse des Verfassers, den Menschen selbst gewidmet ist. Er scheut sich darum nicht, auch einen Studentenulk oder das Weinen eines Mädchens zu verzeichnen. Auch diese kleinen Züge formen das Bild des Menschen, und oft sagen sie mehr über sein Wesen aus als die großen Linien.

Bei aller Entschiedenheit seiner Ablehnung des Sowjetregimes hat der Autor auf die Mittel extremer Aussagen bewußt verzichtet; die Leser sollen weder mit dem schwarzen Mann geschreckt noch mit rosaroten Pillen eingeschläfert werden. Fast möchte er sagen, er schreibe sein Buch für Erwachsene, wenn er nicht aus Erfahrung wüßte, daß man heute auch mit der Jugend offen über die Grundtatsachen des politischen Lebens sprechen kann, und wenn er nicht hoffte, gerade in der jüngeren Generation Leser zu finden; länger als die ältere wird sie mit den Völkern der Sowjetunion auf einem Kontinent leben und Formen eines erträglichen Nebeneinanders suchen müssen.

Die hier gewählte Transkription russischer Wörter gibt mit den Zeichen des deutschen Alphabets die tatsächliche Aussprache wieder. Z ist also wie im Deutschen, y wie ein dumpfes ü auszusprechen; sh wird verwandt, um den im Deutschen fehlenden stimmhaften sch-Laut (Genie, Journal) auszudrücken; deshalb Shukow, nicht Schukow. Der dem Russischen unbekannte Akzent wird – sparsam – als Hilfe für die richtige Betonung hinzugefügt. Die Ziffern im Text beziehen sich auf Quellennachweise sowie Rückverweisungen innerhalb des Buches. Am Schluß findet sich eine knappe Einführung in das Schrifttum.

Der Autor wird Kritik und die Mitteilung neuer Tatsachen mit Dank entgegennehmen; er ist sich der Schwierigkeit des Themas und der eigenen Unzulänglichkeit zu sehr bewußt, um seine Darstellung als vollständig oder gar endgültig zu betrachten. Zahlreichen Fachkollegen im In- und Ausland ist er für wertvolle Hinweise verbunden, vor allem Heddy Weerth, Arnold Buchholz, Dietrich A. Loeber, Roman Rössler, Otto Schiller, Alexander Steininger. Er dankt den deutschen Sendern, voran dem Süddeutschen Rundfunk, und deutschen Zeitungen, in erster Linie „Christ und Welt" und „Die Welt", sowie der Deutschen Gesellschaft für Osteuropakunde für das Interesse an seinen Rußlandreisen, insbesondere aber seinen bewährten Mitarbeitern Ruth Henning für unermüdliche Hilfe bei der Fertigstellung des Manuskripts, Karl-Eugen Wädekin für fachliche Assistenz und Hans Schneider (Freudenstadt) für tatkräftige Unterstützung bei Aufbau und Ausarbeitung des Textes.

Stalin zu zitieren gilt nicht mehr als zeitgemäß; aber einen Satz von ihm, in der Stunde des tiefsten Falles der Deutschen gesprochen, brauchen wir nicht zu vergessen, denn wir haben seine Richtigkeit bewiesen: „Die Hitlers", sagte er, als der Zweite Weltkrieg zu Ende ging, „kommen und gehen, aber das deutsche Volk bleibt bestehen." Wir dürfen das Kompliment an die Menschen weitergeben, die sich so lange von Stalin beherrschen ließen: Die Völker der Sowjetunion bleiben bestehen, die Stalins aber kommen und gehen. Und nicht nur die Stalins.

Stuttgart, den 20. August 1958 *Klaus Mehnert*

VORWORT ZUR ULLSTEIN-NEUAUFLAGE

Nach dem Ausbruch des Ersten Weltkrieges übersiedelte meine Mutter mit ihren drei Söhnen (ich war der Älteste) von Moskau nach Stuttgart. Das erste deutsche Buch, das ich dort erhielt, machte mir einen unauslöschlichen Eindruck; es war, was man heute einen Bestseller nennt, „Die Abenteuer des Fliegers von Tsingtau" von Günther Plüschow, und erzählte die Abenteuer eines deutschen Kriegsfliegers in Ostasien. Erschienen war es 1916 als Ullstein-Buch. Das erste Buch prägt sich fast so ein wie der erste Kuß (der für mich damals noch in weiter Ferne lag). Daher freue ich mich, daß gerade der deutsche Verlag, dessen Namen ich als ersten hörte, mein vor fast zwei Dutzend Jahren erschienenes Buch neu auflegt.

Ein paar Jahre, nachdem „Der Sowjetmensch" erschienen war, wurde ein deutscher Professor (der mir später darüber in einem Brief berichtete) bei seiner Rußland-Reise von einem jungen Russen mit der Frage angesprochen, ob er aus der Bundesrepublik sei, und als er bejahte, gebeten, nach der Heimkehr seinem Landsmann Klaus Mehnert folgendes auszurichten: In Moskau kursierten einige Exemplare einer russischen Übersetzung des Buches „Der Sowjetmensch"; auch er habe es gelesen. „Er könne sich", so heißt es wörtlich in dem Brief des Professors, „keine bessere und objektivere Darstellung der russischen Gegenwart denken; alles sei die reine Wahrheit, und er könne nur jedes Wort unterstreichen. Alle ernst zu nehmenden Leute, mit denen er sonst gesprochen habe und die das Buch kannten, seien der gleichen Meinung." Der Professor fragte, ob für eine Neuauflage irgendwelche Korrekturen zu erwägen seien. Der Russe habe einen Augenblick nachgedacht und dann mit Bestimmtheit erwidert: „Ich würde keine Zeile ändern."

So hat es auch der Ullstein-Verlag beschlossen. Nur dieses Vor-

wort ist neu. Ohnehin hätte ich allenfalls dieses oder jenes Urteil ein wenig anders formuliert, an der Schilderung des Sowjetmenschen von damals jedoch nichts geändert.
Gewiß, ich bin inzwischen noch viele Male in der Sowjetunion gewesen, zuletzt 1980, und die UdSSR der frühen achtziger Jahre ist nicht dieselbe, die sie ausgangs der fünfziger Jahre gewesen war. Der Hauptunterschied: Sie ist heute neben – und vielleicht sogar vor – den Vereinigten Staaten von Amerika die größte Militärmacht auf der Erde und wird es wohl bald auch auf den Meeren sein. Aber diese stupende Rüstung hat die Leistungskapazität des Landes in so hohem Maße in Anspruch genommen, daß sich im Leben der Bevölkerung weniger zum Besseren wandte, als ich bei der ersten Auflage gehofft hatte. Auch das kulturelle Tauwetter der frühen Chruschtschow-Zeit hat zu keiner neuen Blüte geführt, und daher ist die Zahl der ins Ausland drängenden Intellektuellen stark gestiegen. Die moderner und liberaler gesinnten jungen Menschen der ersten Auflage sind inzwischen moderner und liberaler gesinnte Erwachsene geworden, aber sie sitzen nicht an den Schalthebeln der Macht. Daß sie eines Tages dorthin gelangen werden, ist auch heute noch meine Hoffnung. Aber die Sowjetunion wandelt sich langsam – langsamer als andere große Völker unserer Zeit.

Im Schwarzwald, Oktober 1980 *Klaus Mehnert*

THEMA UND AUTOR

Niemand konnte voraussagen, wann Stalin sterben würde. Niemand hat vorausgesehen, daß gerade Chruschtschów eines Tages seine Nachfolge antreten, daß im Herbst 1956 eine Revolution in Ungarn das ganze Gefüge des Sowjetimperiums erschüttern oder daß ein Jahr später der gefeiertste Heerführer der Sowjetunion, Marschall Shukow, sang- und klanglos von der Bildfläche verschwinden würde. Die Liste der Ereignisse, die niemand vorausgesagt hat, ließe sich beliebig verlängern. Trotzdem wird man immer wieder versuchen, in das Dunkel hineinzuleuchten und Prognosen über die künftigen Taten des Kreml, über seine weitere Entwicklung aufstellen; man wird das tun, weil es sich um Fragen handelt, von deren Beantwortung sehr vieles abhängt für den weiteren Gang der Weltgeschichte. Doch wird man sich stets darüber im klaren sein müssen, daß es sich hier vorwiegend um Spekulationen mit zahlreichen Unbekannten und Zufälligkeiten handelt.

Um so wichtiger ist es, der Frage nachzugehen, ob es neben diesen unberechenbaren Vorgängen und Veränderungen auch Entwicklungen gibt, die kontinuierlich oder sogar konstant genannt werden dürfen. Unter Konstanten verstehe ich hier nichts für immer Unveränderliches, sondern Entwicklungslinien, von denen ich annehme, daß sie sich während einer gewissen Dauer – etwa während der nächsten zehn bis zwanzig Jahre – gleich bleiben. Solche Konstanten wird man nicht im Verhalten der wenigen Männer im Kreml oder gar eines einzelnen Führers suchen, schon gar nicht, wenn es sich um einen so impulsiven Typ wie Chruschtschow handelt; mehr Aussicht besteht, Konstanten im Wesen des Volkes zu entdecken.

Vor der Revolution war es verhältnismäßig einfach, solche Pro-

gnosen zu stellen. Das russische Volk besaß zahlreiche Charakterzüge, die sich unter den besonderen Bedingungen seines Siedlungsraumes und seiner dramatisch bewegten Geschichte entwickelt und – für alle Welt sichtbar – in seiner Schönen Literatur niedergeschlagen hatten. Wer in jener Zeit nach den Konstanten im russischen Wesen gefragt wurde, dem fiel gleich eine ganze Reihe von Stichworten ein: die schirókaja Natúra (breite Natur) des Russen und seine zwischen den Extremen schwankende Unausgeglichenheit; seine Gleichgültigkeit gegenüber dem Begriff der Zeit, sein Nitschewó und Awós („irgendwie", das heißt: Irgendwie wird es schon gehen); seine in schwermütigen Liedern Gestalt gewordene Melancholie; seine innige Liebe zum „Mütterchen Rußland", zum „heiligen Rußland"; seine oft schwärmerische, manchmal ekstatische, immer aber echte und gefühlsstarke Religiosität. Für viele Freunde Rußlands sammelten sich diese Stichworte zu dem Begriff der „russischen Seele", in die so viel hineingeheimnißt worden ist.
Durch die Revolution von 1917 und den Sieg des Bolschewismus ist dieses vertraute Bild in Frage gestellt worden. Die neue Wirklichkeit ließ eine ganze Skala neuer Deutungen entstehen. Am einen Ende steht die Auffassung: Einen Sowjetmenschen gibt es gar nicht, es gibt nur den Russen; der ganze Bolschewismus ist nichts anderes als die neue, ja die konsequente Ausprägung des russischen Wesens. Vereinfacht also: Sowjetmensch = Russe. Das andere Extrem verkörpern die Führer und Ideologen des Kreml; sie behaupten, der Sowjetmensch sei ein völlig neuer Mensch, wie es ihn in der Weltgeschichte noch nie gegeben habe. Ihre Formel kommt von der umgekehrten Seite zu demselben Ergebnis: Russe (das heißt der Russe von heute) = Sowjetmensch.
Dieses Buch geht vom traditionellen Russen aus, unterstellt aber, daß dieser in den mehr als vier Jahrzehnten Bolschewismus einige Wesenszüge eingebüßt, andere neu erworben hat. Auf eine Formel gebracht: Sowjetmensch = Russe — X + Y. Unsere Aufgabe wäre dann die Feststellung der Faktoren, die seit der Revolution aus dem überkommenen russischen Volkscharakter zurücktraten, und derer, die sich inzwischen entwickelt haben, sowie ihrer eventuellen Wechselwirkung.
Mir scheint, daß sich diese Aufgabe am ehesten lösen läßt, wenn

man die Einstellung des Sowjetmenschen zu den Grundgegebenheiten des Lebens untersucht, sein Verhalten zu den stärksten menschlichen Bedürfnissen, Wünschen oder Trieben betrachtet. Wie ist die Einstellung des Sowjetmenschen zu Familie, Eigentum, Freiheit, Staat, Welt und Überwelt? Anders, als sie im alten Rußland war? Anders, als sie bei uns ist? Oder ist sie im großen dieselbe?
Der Sputnikhund hat auf seinem Fluge, so wurde aus Moskau berichtet, auf bestimmte Signale automatisch mit bestimmten Bewegungen reagiert, die ihm vorher durch hundertfache Wiederholung angewöhnt worden waren. Läßt sich der Mensch ebenso dressieren? Ist etwa in der Sowjetunion der Mensch durch eine solche Dressur schon in seinem Wesen, in seiner Substanz verwandelt worden? Oder wird sich vielleicht, je weiter die Revolution von 1917 hinter dem Horizont der Geschichte versinkt, das Leben und Streben des Sowjetbürgers normalisieren, wird das Menschliche über das Politische siegen?
In letzter Vereinfachung: Ist der Sowjetmensch mehr sowjetisch oder mehr Mensch?
Dieser Frage versucht das vorliegende Buch im einzelnen nachzugehen. Was sie für das Schicksal der Welt bedeutet, kann heute niemand mehr übersehen. Denn wären die Bewohner der Sowjetunion in den vierzig Jahren bolschewistischer Herrschaft wirklich Bolschewiken geworden, wären sie heute bolschewistischer als vor zehn, vor zwanzig oder dreißig Jahren, so müßte man annehmen, daß sie in weiteren zehn, zwanzig oder dreißig Jahren noch bolschewistischer sein werden, ja, daß jenes Drittel der Menschheit zwischen Eisenach und Hanoi, über dem die rote Fahne weht, einem unaufhaltsamen Bolschewisierungsprozeß unterliegt. Daraus ergäben sich Folgerungen für die gesamte Menschheit, besonders für uns Deutsche, die wir zu mehr als einem Viertel unter der Pankower Variante des Sowjetsystems leben. Ganz anders sähe das Bild aus, wenn die Antwort auf jene Frage ein Nein wäre.
Wieviel Kohle, Stahl oder Atomenergie die Sowjetunion produziert, wie sich die Kollektivierung der Landwirtschaft schließlich einspielt, wieviel Flugzeuge die rote Luftwaffe besitzt – diese Fragen sind auf weitere Sicht zweitrangig; entscheidend ist, in wessen Händen das alles eines Tages liegen wird.

Die Antwort ist weniger für heute von Bedeutung als für morgen und übermorgen. Heute wird die Politik des Kreml von den Männern bestimmt, die in ihrer Mehrheit noch Mitträger der Revolution waren, die also schon seit Jahrzehnten Bolschewiken sind. Aber eines Tages werden im Kreml nicht die Väter und Söhne der Revolution regieren, sondern deren Enkel und Urenkel. Welcher Art werden sie sein?
Werden es unsere Kinder dann mit lauter kleinen Stalins und Chruschtschows zu tun haben? Und mit Robotern, die wie Maschinen und ohne Überlegung jedem Hebeldruck von oben gehorchen? Mit Ameisen in einem ungeheuren Insektenstaat? Mit fanatisierten Kämpfern der uns alle bedrohenden Weltrevolution? Oder mit Menschen wie wir alle – Menschen wie du und ich?
In drei Jahrzehnten und auf dreizehn Reisen, bei denen ich von 1929 bis 1959 insgesamt rund sechs Jahre in der Sowjetunion verbrachte, habe ich mich in erster Linie um die Beantwortung dieser Frage bemüht.

Wer aber ist dieser „Ich", werden die Leser dieses Buches fragen, der uns etwas über den Sowjetmenschen sagen will? Seiner persönlichen Legitimation sollen die folgenden Angaben dienen.
Mein Leben wurzelt in deutscher *und* russischer Erde. Ich wurde als Sohn reichsdeutscher Eltern 1906 in Moskau geboren. In der väterlichen Linie war es der Urgroßvater, der 1828 aus dem Altenburgischen nach Rußland auswanderte und in Moskau an der Kaiserlichen Oper, dem sogenannten Bolschoj Teatr, Kammermusikus wurde. Sein Sohn, mein Großvater, baute als Ingenieur im Dienste des Zaren Brücken, zum Beispiel in Riga, und Bahnen, so die Strecke von Kursk nach Slatoust. Mein Vater baute in Moskau, zusammen mit seinem Bruder, eine Kunstdruckerei auf, deren künstlerische Leitung er innehatte. Die Druckerei steht noch unverändert, nicht weit von der Tretjaków-Galerie, nur längst unter anderem Namen. Als ich sie kürzlich besuchen wollte, verlegte mir ein Schutzmann den Weg; das Betreten des Werkes sei strengstens verboten. Später erfuhr ich den Grund: es druckt jetzt, so erzählte man mir, Rubelnoten.
Vor einigen Jahren sah ich im Moskauer Künstlertheater eine

Aufführung des Stückes „Die Tage der Familie Turbin". Es spielte am Vorabend und während des Ersten Weltkrieges und schloß mit der Revolution. Die sowjetischen Regisseure sind bemerkenswert konservativ und huldigen in ihren Bühnenbildern einem handfesten Naturalismus. Bei einer Straßenszene in jenem Stück verwandten sie ein Plakat, das die Periode, in der das Stück spielt, für jeden erwachsenen Zuschauer eindeutig charakterisieren sollte. Es zeigte einen kleinen Jungen, der von der Moskauer Innenstadt her mit einem einzigen Schritt den Moskwa-Fluß überschreitet, auf dem Wege zur Schokoladenfabrik Einem, die dort ihr Werksgelände hat. Die Unterschrift hieß: „Mein erster Schritt." Mein Vater hatte es gemalt, und ich hatte ihm dazu Modell gestanden.
Mein Großvater mütterlicherseits, der Pfarrerssohn Julius Heuss aus dem württembergischen Schwarzwald, hatte – damals noch Kaufmannslehrling in der alten Reichsstadt Eßlingen – als Sechzehnjähriger den mißglückten Versuch gemacht, für die Achtundvierziger Revolution zu streiten, und war 1854 nach Rußland ausgewandert, zunächst nach Odessa. Nach längeren Lehr- und Wanderjahren ließ auch er sich in Moskau nieder. Seine Frau war Reichsdeutsche (ebenso wie meine andere Großmutter). Eine Weile betreute er die städtische Gasbeleuchtung mit einem Heer russischer Laternenanzünder; später wurde er Inhaber und Leiter der Schokoladen- und Konfitürenfabrik Einem. Sie besteht auch heute noch, als Staatseigentum freilich und unter dem Namen „Roter Oktober". Aus alter Anhänglichkeit behaupte ich, daß sie bis zu diesem Tage die besten Süßigkeiten der Sowjetunion produziert, und lege, wenn ich nach Moskau komme, Wert darauf, keine andere Schokolade als ausschließlich „Roter Oktober" zu kaufen.
In Moskau lebte vor dem Ersten Weltkrieg eine große „deutsche Kolonie"; man bezifferte sie auf dreißigtausend Personen, großenteils russische Bürger. Meine Eltern besuchten deutsch-russische Schulen in Moskau und sprachen Russisch so geläufig wie Deutsch. Sie lernten sich beim deutschen Reitverein kennen, in der Manege, die noch heute jeder Besucher Moskaus neben dem Roten Platz zu sehen bekommt. Im Unterschied zu den meisten „Deutschrussen" blieben sie jedoch – wie schon ihre Eltern – deutsche Staatsbürger. Als sich im Sommer 1914 Kriegswolken

über Europa zusammenzogen, eilte mein Vater, getreu seinem Fahneneid, noch kurz vor Kriegsausbruch nach Deutschland. Er bat, nicht gegen das russische Volk eingesetzt zu werden, das ihm ein Leben lang Gastfreundschaft gewährt hatte, und fiel 1917 als Reserveoffizier in Flandern.

Im Herbst 1914 ließen die russischen Behörden deutsche Frauen und minderjährige Kinder über Finnland und Schweden nach Deutschland reisen; meine Mutter nahm mit ihren drei Söhnen die Gelegenheit wahr. Meine beiden jüngeren Brüder verlernten bald ihr Russisch. Erst achtundzwanzig Jahre später betraten sie – als Soldaten – wieder russische Erde. Keiner von beiden kehrte nach Deutschland zurück; der eine fiel bei Demjansk, der andere ist seit Stalingrad vermißt. Mir hatte der liebevolle und eiserne Wille meiner Mutter die Kenntnis des Russischen erhalten; noch heute spreche ich es ohne fremden Akzent.

Während meiner Studienjahre in Deutschland und Amerika beschäftigte ich mich vor allem mit russischen Fragen; ich promovierte 1928 als Schüler des Ost-Historikers Otto Hoetzsch mit einer Arbeit über den Einfluß des Russisch-Japanischen Krieges auf die große Politik. Im Sommer 1929 — auf meiner ersten Weltreise – durchfuhr ich das inzwischen zur Sowjetunion gewordene Rußland von Wladiwostok bis zur polnischen Grenze.

Auf dieser Fahrt – fast drei Wochen lang „harte Klasse“ – freundete ich mich mit einigen gleichaltrigen russischen Studenten an. Im folgenden Sommer besuchte ich sie in Moskau und wohnte mit ihnen in einem Studentenwohnheim, dem ehemaligen Roshdestwenskij-Kloster, bei dessen Nonnen meine Mutter in ihrer Jugend Nähen und Sticken gelernt hatte. Auch in den Sommern 1931, 1932, 1933 war ich in Rußland, erst auf eigene Faust, dann als Generalsekretär der von Professor Hoetzsch geleiteten Deutschen Gesellschaft zum Studium Osteuropas in Berlin und als Schriftleiter der von dieser Gesellschaft herausgegebenen Zeitschrift *Osteuropa.* Über meine Eindrücke berichtete ich in der Presse, in *Osteuropa,* in einem Buch „Jugend in Sowjetrußland“.

Von 1934 bis 1936 lebte ich mit meiner aus Kalifornien stammenden Frau ganz in Rußland, als Korrespondent der Münchner Neuesten Nachrichten, der Leipziger Neuesten Nachrichten und des Hamburger Fremdenblattes. Während dieser Jahre reiste ich mehr als irgendein anderer Ausländer durch die Sowjetunion: ans Eismeer, in den Kaukasus, nach Kasachstan, durch Sibirien. Ich verfolgte die Sowjetliteratur; in einer einzigen Saison war ich dreiundsiebzigmal im Theater, vorwiegend in zeitgenössischen Stücken. Schwierigkeiten mit der Reichspressekammer machten dieser Tätigkeit ein Ende. Aber auch während der folgenden zehn Jahre, die ich erst (1936 bis 1937) in Kalifornien, dann auf Hawaii (1937 bis 1941), schließlich in China (1941 bis 1946) verbrachte, befaßte ich mich als Universitätsprofessor und Publizist neben asiatischen vorwiegend mit russisch-sowjetischen Fragen, ebenso nach meiner Rückkehr nach Deutschland (1946). Eine Weile bearbeitete ich dann Ostprobleme im Deutschen Büro für Friedensfragen (Stuttgart). 1949 war ich an der Gründung der „Deutschen Gesellschaft für Osteuropakunde" (gleichfalls Stuttgart) beteiligt, welche die Tradition der alten Gesellschaft zum Studium Osteuropas fortsetzte. Seit 1951 redigiere ich wieder die neu ins Leben gerufene, in Stuttgart erscheinende Zeitschrift *Osteuropa*, zu der später die Spezialzeitschriften *Osteuropa-Recht*, *Osteuropa-Wirtschaft* und *Osteuropa-Naturwissenschaft* kamen.

Während des ersten Nachkriegsjahrzehnts war die Sowjetunion dem Beobachter aus Westdeutschland verschlossen. Ich studierte auf mehreren ausgedehnten Reisen sämtliche Staaten Asiens am Rande der roten Welt, zuletzt noch China und die Mongolische Volksrepublik; die Ergebnisse dieser Reisen sind in dem Buch „Asien, Moskau und wir" dargestellt. Als dann Anfang September 1955 der Bundeskanzler in die Sowjetunion flog, berichtete ich aus Moskau täglich über die Sender der Bundesrepublik und Westberlins vom Verlauf der Verhandlungen. Nach dem Heimflug des Bundeskanzlers blieb ich im Lande und benützte die Gelegenheit zu einer Flugreise nach Sowjetzentralasien. Im Februar 1956 kam ich wieder nach Moskau, um für die deutschen Sender sowie für „Christ und Welt" und für „Die Welt" als Beobachter dem XX. Kongreß der Kommunistischen Partei der Sowjetunion beizuwohnen. Ich blieb bis Mai und machte unter anderem eine Reise durch Sibirien, die mich – als ersten freien Deutschen – auch in die Zwangsansiedlungsgebiete der Rußlanddeutschen, Altaigebiet und Kasachstan, führte.

1957 ließen mich die Sowjets monatelang auf ein neues Visum

warten. Ich reiste erst nach Ostasien, verbrachte einen Monat im kommunistischen China, erhielt schließlich in Peking doch noch ein Sowjetvisum und fuhr damit, von der Äußeren Mongolei kommend, über Sibirien nach Moskau. Als ich im Herbst 1957 an der finnischen Grenze wieder ausreiste, überschritt ich – mein erstes Erscheinen auf dieser Welt und damit auf russischem Boden nicht gerechnet – die Grenze des Sowjet- und einstigen Zarenreiches zum siebenundzwanzigsten Male.

Doch nicht nur auf Sprachkenntnisse und Reisen, auch auf die Einstellung des Beobachters kommt es an. Ich möchte die meine auch hier mit zwei Worten charakterisieren: objektiv, aber nicht neutral. Gewiß sind der menschlichen Objektivität Grenzen gesetzt, aber zum mindesten war es mein Bestreben, so objektiv wie möglich, ohne vorgefaßte Meinungen und ohne gebundene Marschroute zu sehen, „wie es wirklich ist“. Aber neutral? Kein Deutscher kann einem Regime gegenüber neutral sein, das selbst alles andere als neutral ist und in dessen Namen siebzehn Millionen Deutsche gepeinigt werden.

Das Nationalgefühl des im Ausland geborenen Deutschen unterscheidet sich in manchen Zügen von dem der Binnendeutschen. Ihm ist das Deutsche kein als selbstverständlich hingenommener Besitz, sondern ein Erbe, das er bewußt und in stetem Vergleich mit anderen Völkern erlebt. Die schale Gleichmacherei der Bolschewiken, die Russen, Usbeken, Chinesen, Tibeter oder Deutsche in das Prokrustesbett ihrer Einheitsideologie zwingen wollen, lehne ich ab als eine Vergewaltigung der Völker; mit ihr die enge Lehre vom Klassenkampf, die das Schicksal der Menschheit bestimmen soll und die in Wirklichkeit dazu benützt wird, den Aufstieg einer neuen Klasse in den bolschewistischen Staaten zu verschleiern. Ich verabscheue die Verplanung des Menschen, die zwar kein ausschließliches Merkmal der Sowjetwelt ist, dort aber unter dem täuschenden Mantel der Menschlichkeit bei absoluter Gottlosigkeit am konsequentesten praktiziert wird. Was mir zu Beginn des ersten Fünfjahrplans als machtvolle Zusammenfassung aller Kräfte eines Volkes imponiert hatte, erschien mir nur noch in düsterem Lichte, als sich Totalitarismus und ausschließliches Machtdenken unter Hitler auch auf Deutschland ausbreiteten. Es bedurfte weder der Flucht von fast zweieinhalb Millionen Deutschen aus der Sowjetzone in den Westen noch des ungarischen Freiheitskampfes, um mich davon zu überzeugen, daß ein Sieg des Sowjetregimes uns Deutsche in unserem Wesen verstümmeln und auf die Dauer als Volk auslöschen würde.

Dies mag erklären, warum ich den Bolschewismus für Deutschland und für die ihm verwandten Völker leidenschaftlich ablehne und seinen unablässigen Versuchen, unser Volk zu bolschewisieren, nichts weniger als neutral gegenüberstehe. Es vergeht während meiner Aufenthalte in der Sowjetunion kein Tag, an dem ich es nicht als ein großes Glück empfände, selbst kein Untertan des Sowjetstaates zu sein, sondern ein freier Deutscher.

Aber – und dies sei mit gleichem Nachdruck hinzugefügt – diese Ablehnung des Bolschewismus ist keine Ablehnung des Russen. Ich habe mich unter Russen stets sehr wohl gefühlt – sei es unter russischen Emigranten im Westen oder unter Russen in der Sowjetunion. Das hängt gewiß damit zusammen, daß ich die ersten Jahre meines Lebens unter Russen verbrachte, ihre Sprache und ihre Redensarten, ihre Lieder, ihre Gebräuche, ihr Wesen kenne. Nächst meiner Mutter war der gute Geist meiner frühen Kinderjahre die alte Dunja, unsere prächtige Njanja (Kinderfrau), die mir die ersten russischen Märchen erzählte. Meine Spielkameraden waren damals neben den deutschen Vettern und Basen russische Kinder. Diese menschliche Verbundenheit habe ich mir bis heute bewahrt.

Natürlich gibt es Russen, in deren Gegenwart ich mich keineswegs wohl fühle. Das sind die Leute, die überhaupt nicht mehr menschlich, die nur noch ihr Parteichinesisch sprechen können. Am unangenehmsten sind diejenigen, die bei der sowjetischen Besatzungsmacht in der Zone tätig waren, vor allem die Zivilisten. Jahrelang sahen sie die deutschen Dinge ausschließlich unter dem Gesichtspunkt der Propaganda, die Bundesrepublik im Zerrspiegel des Hasses; dabei ist es geblieben. Hinzu kommt ihre Überheblichkeit, nicht unähnlich jener, die wir – weniger kraß – in Westdeutschland an den westlichen Reedukatoren der ersten Jahre nach Kriegsende kennengelernt haben, und schließlich auch noch eine gute Portion Verachtung, erwachsen aus ihren Erfahrungen mit SEDisten und Kollaborateuren.

Wenn solche Russen nun mit einem freien Deutschen aus der Bundesrepublik zusammenkommen, der keine Veranlassung hat, ihnen nach dem Munde zu reden, der alles ganz anders sieht als sie und dies offen ausspricht, dann verlieren sie die Selbstbeherrschung und werden bösartig. Gespräche mit ihnen sind nicht nur unerfreulich, sondern auch unergiebig. Und doch ist es mir nicht unlieb, wenn ich auf diese Typen stoße; eine solche Begegnung bringt mir jedesmal aufs neue mit heilsamem Schock zum Bewußtsein, mit welcher Art Russen es die Deutschen in der Sowjetzone vorwiegend zu tun haben.

Ein Heer von Fachleuten, in viele Disziplinen und Schulen eingeteilt, beschäftigt sich seit langem mit der Sowjetunion – Slawisten, Historiker und Geopolitiker, Soziologen, Anthropologen, Psychologen und Psychoanalytiker, Statistiker und Nationalökonomen, Neo-, Pseudo- und gewöhnliche Marxisten. Mein Versuch, dem allzu nebelhaften Begriff Sowjetmensch zu klaren Konturen und konkreter Gestalt zu verhelfen, läßt sich mit keinem einzelnen dieser imposanten Etikette versehen; ich glaube auch nicht, daß eine Schule, die alles unter dem Gesichtspunkt ihrer Wissenschaft sieht, der Aufgabe gerecht zu werden vermag, das Wesen eines Volkes in einer bestimmten historischen Epoche darzustellen. Wohl aber können alle diese Wissenschaften gemeinsam zur Erkenntnis beitragen; den meisten von ihnen verdanke ich wertvolle Anregungen.
Man könnte diese Experten, die den Sowjetstaat und seine Bewohner analysieren, den hochspezialisierten Fachleuten der Heilkunde vergleichen, den Röntgenologen, den Augen-, Nasen-, Zahn-, Haut- oder Kreislaufärzten, die sich große Verdienste erwerben, indem sie mit äußerster Detailkenntnis und mit den Wunderapparaten der modernen Technik den Menschen von einer bestimmten Seite her erforschen; mich selber aber möchte ich als den Hausarzt sehen, der die Ergebnisse der Spezialisten zwar verfolgt, selbst aber keiner einzelnen dieser Sonderwissenschaften angehört, und der aus einer lebenslangen Vertrautheit mit seinen Patienten und mit deren Familiengeschichte seine Diagnosen stellt.

CHANCEN UND GRENZEN DES EINBLICKS

Der skeptische Leser mag sagen: Was nützen Reisen und sogar Sprachkenntnisse in einem Lande, das sich bewußt dem fremden Beobachter verschließt? Der Ausländer bekommt ja doch nur Potjomkinsche Dörfer zu sehen, da er von weitem erkennbar ist und entsprechend behandelt wird!

Aber das stimmt nicht ganz. Man fällt als Fremder heute in der Sowjetunion weniger auf als vor zehn oder zwanzig Jahren. Jedenfalls gilt das für die Männer. Die Damenmode Moskaus hinkt der des Westens um etliche Jahre nach; aber die Herrenmode sieht sich in Marseille, Hamburg, Leningrad und Kobe sehr ähnlich. Die Angehörigen der neuen Oberschicht in der Sowjetunion tragen Anzüge von ungefähr gleichem Schnitt wie wir, samt Kragen und Krawatte. Gewiß ist die Qualität der westlichen Kleiderstoffe viel besser als die der sowjetischen, aber beim Gespräch faßt nicht jeder gleich an den Ärmel, um den Stoff zu prüfen.

Im Herbst 1955 ging ich in Moskau in ein Gerichtsgebäude, um einige Verhandlungen mitzuerleben. Im Treppenhaus war ein Blatt mit den für diesen Tag anstehenden Fällen angeschlagen. Unter anderem war da zu lesen: Zehn Uhr, Saal 3, Chuliganstwo. Dieses Wort haben die Russen aus dem englischen „Hooligan" (= Rowdy) gebildet; gewöhnlich kommt es auf Trunkenheit und Schlägereien hinaus. Da würde ich einmal etwas über die sowjetischen Halbstarken erfahren! Als ich um zehn Uhr die Türe von Saal 3 öffnete, waren erst wenige Menschen anwesend. Einige Zuschauer saßen auf den Bänken; eine Sekretärin machte sich am Richtertisch zu schaffen. Als sie meiner ansichtig wurde, begrüßte sie mich mit den Worten: „Sie sind wohl der Genosse Advokat?"

„Nein", sagte ich, „ich bin nur das Publikum", und setzte mich auf eine der Zuschauerbänke. Immerhin wußte ich nun, daß ich etwa so aussah, wie sich eine Moskauer Sekretärin einen Sowjetadvokaten vorstellt.
Ein Jahr später las ich bei einem Spaziergang durch eine russische Provinzstadt an einem Gebäude die Aufschrift: Schule Nr. 11. Ich wollte mir die Schule ansehen und ging hinein. Gleich an der Tür empfing mich eine etwa siebzehnjährige Schülerin mit den Worten:
„Guten Morgen, Genosse Direktor. Die Sitzung ist im ersten Stock. Darf ich Ihnen den Weg zeigen?"
Mit anderen Worten: Ein deutscher Publizist mittleren Alters, der sich nicht gerade bemüht, durch extravagante Kleidung aufzufallen, kann in der Sowjetunion für einen Angehörigen der „Intelligenzia" gehalten werden. (Über das für die Sowjetgesellschaft – wie schon für die Gesellschaft der Zarenzeit – so wichtige Wort wird im anschließenden Kapitel noch zu sprechen sein.)
Es soll Damen geben, die gern mit einem Hündchen spazierengehen, wenn sie Bekanntschaften machen wollen; nichts ist einfacher, als ein Gespräch über einen Mops zu beginnen. Im Frühjahr 1956, bald nach dem Abflug aus Moskau nach Sibirien, stellte ich fest, daß ich, ohne es zu beabsichtigen, etwas bei mir hatte, das nicht weniger bekanntschaftsfördernd war: Für die Sibirienreise hatte ich meine guten deutschen Skistiefel angezogen, denn ich wußte, daß ich in die Zeit des größten Schlammes, der „Rasputiza" (Wegelosigkeit), hineingeraten würde; dabei ahnte ich noch nicht, wie nützlich sie sich auch in anderer Hinsicht erweisen würden.
Wir verließen noch bei tiefer Dunkelheit den Moskauer Flughafen Wnukowo. Zum Frühstück waren wir in Kasan. Kaum hatte ich etwas bestellt, da setzte sich ein Fremder an meinen Tisch. „Towarischtsch" (Genosse), sagte er, „was sind das für großartige Stiefel?"
„Skistiefel", erwiderte ich. Er untersuchte sie eingehend, die Rille am Absatz für die Bindung, den Querriemen, die tief profilierten Gummisohlen. Und ehe wir uns versahen, frühstückten wir zusammen. Er winkte einen Bekannten herbei, die Stiefel zu bewundern, der wieder einen neuen, und bald saß eine ganze Gruppe an

meinem Tisch. Ähnlich erging es mir auf der Reise immer wieder. Einer war so verliebt in meine Stiefel, daß er seine Schuhe samt Galoschen, einen Füllfederhalter und ein halbes Kilo Äpfel zum Tausch anbot. Zum Glück stellte sich heraus, daß er eine wesentlich größere Schuhnummer hatte; es wäre mir sonst schwergefallen, den Tausch ohne Unhöflichkeit abzulehnen.

Wie verhält sich der Sowjetbürger, wenn er merkt, daß er es mit Ausländern zu tun hat? In der Stalinzeit wurde er sofort ängstlich und zurückhaltend. Er mußte fürchten, daß ein unvorsichtiges oder auch nur mißverstandenes Wort an die staatlichen Sicherheitsorgane gemeldet würde und dann für ihn höchst unangenehme Folgen haben könnte. Ich habe das oft genug zu spüren bekommen. Ein Beispiel:

Es war im Sommer 1935, als es auf sowjetischen Zwischenbahnhöfen fast unmöglich war, auf normale Weise in die überfüllten Züge zu gelangen. Auf der Rückkehr vom Nördlichen Eismeer war ich in Wjatka, dem heutigen Kirow, nur dadurch in den Moskauer Expreß gekommen, daß ich einige hundert Meter hinter dem Bahnhof auf den fahrenden Zug sprang. An einer Station, auf der wir etwas länger hielten, ging ein Arzt durch den Wagen und fragte, ob jemandem etwas fehle. „Jawohl", rief ein Mädchen, das in dem Abteil, vor dem ich im Gang stand, im Gepäcknetz reiste, „ich brauche dringend etwas!" Und mit der dortzulande typischen Unbekümmertheit, so daß es alle hören konnten, erzählte sie ihr Leiden. „Rizinus", erklärte der Arzt und goß ihr eine Portion in den Feldbecher. Sie kletterte herunter, schnupperte an der öligen Flüssigkeit und schnitt eine verzweifelte Grimasse.

Mich faßte Mitleid; ich riet ihr, das Zeug wegzuschütten, und gab ihr dafür zwei meiner todsicheren Pillen. Sie folgte meinem Rat, schluckte die Pillen und schloß mich für meinen Samariterdienst so ins Herz, daß sie mich aufforderte, mich zu ihr und ihren Freundinnen zu setzen. „Ich werde denen sagen, wir kennten uns von früher und hätten einmal zusammen in Leningrad studiert."

Für die nächsten Stunden hatten wir es sehr fidel. In drei Stockwerken hockten wir über- und untereinander, eine Gruppe Studentinnen auf dem Wege in ein Krim-Sanatorium, einige junge

Leute, die sich dazu gesellten, und ich. Wir sangen Lieder, erzählten uns Witze, spielten Ratspiele und rannten auf den Stationen abwechselnd hinaus, um kochendes Wasser für den nie erlöschenden Teedurst zu holen.
Da lenkte eines der Mädchen, Lida, die Aufmerksamkeit der Gesellschaft auf die erstaunliche Tatsache, daß ich am kleinen Finger der linken Hand einen schmalen Ring trug. Ulkige Sache. So was hatten sie noch nicht erlebt, ein Mann mit einem Ring! Sofort begann eine eifrige Diskussion, was man davon zu halten habe. Bis meine Rizinus-Freundin, sie hieß Irina, den Streit mit folgendem Urteil entschied: Weil der Towarischtsch einen geistigen Beruf hat, geht es an, wenn er körperlich arbeiten würde, wäre es blöde.
Diese Lösung leuchtete allen ein, und ich gab zu, geistig zu arbeiten. Aber Lida ließ es dabei nicht bewenden, und als eine Gesprächspause eintrat, schlug sie vor, jeder solle, um die Zeit zu vertreiben, seinen Lebenslauf und Beruf erzählen. Alle waren einverstanden. Schule, Fabrikarbeit, Arbeiterfakultät, Hochschule, Komsomol (= Kommunistischer Jugendverband), Arbeit im Betrieb als Techniker oder Ingenieur – so hießen in der Regel die Stationen des Daseins. Dann kam die Reihe an mich.
„Ich erzähle euch nicht, wer ich bin", sagte ich. Große Überraschung. „Wieso? Selbstverständlich mußt du erzählen! Warum auch nicht?"
„Weil ihr mir dann alle davonlauft."
„Quatsch", sagten sie und versprachen hoch und heilig, es nicht zu tun. Sie könnten es ja auch gar nicht, bemerkte Lida weise, selbst wenn sie wollten.
„Also", sagte ich, „meinetwegen. Ich bin – deutscher Journalist."
Totenstille, in der nur das Rollen der Räder zu hören war. Die Gesichter meiner Reisegefährten erstarrten in ungläubiger Überraschung. Sie zeigten erst eine gänzliche Leere wie bei Menschen, die mitten in einem Vortrag durch Gedankenkurzschluß steckengeblieben sind. Dann sah man sich gegenseitig verstohlen an, und einige der Mädchen kicherten. Ob ich wohl einen Witz gemacht hätte? Denn sonst ... erstens ein Deutscher, also ein Faschist, zweitens ein Journalist, also eine Art Spion, jedes für sich schlimm genug, in seiner Verbindung geradezu haarsträubend. Irina war

ganz rot geworden. Sie hatte mich hergelotst, und zudem – wo blieb sie jetzt mit ihrer Geschichte von unserem gemeinsamen Studium!

„Ja", wiederholte ich, „ein deutscher Journalist." Ich holte meinen Ausweis aus der Tasche, und er machte die Runde.

Der Ausweis wurde eingehend studiert, der Stempel des Außenkommissariats, meine Fotografie, meine Unterschrift. Ja, kein Zweifel. Langsam belebten sich die Mienen wieder. Sie schienen auszudrücken: Was soll man da machen? Da kann man gar nichts machen.

In diesem Augenblick bremste der Zug und hielt auf einer Station. Gerade gegenüber boten Bauernweiber Eier, Salzgurken, Milch und gebratene Hühner feil. Wir liefen hinaus, um einzukaufen. Als wir wieder saßen, waren alle sehr freundlich zu mir, aber von spürbarer Zurückhaltung. Die Neugier von vorher war ausgelöscht. Keine einzige Frage nach Deutschland.

Dieses Verhalten wird verständlich, wenn man weiß, daß in dem berüchtigten Artikel 58 des Strafgesetzbuches von 1926 die bloße Übermittlung unveröffentlichter Wirtschaftsinformationen an fremde Staatsbürger unter Strafe gestellt wird. In späteren Jahren sind diese Bestimmungen sogar noch verschärft worden.[1] Als „Staatsgeheimnisse", deren Weitergabe strafbar ist, gelten unter anderem industrielle Produktionsziffern für die ganze Sowjetunion oder einzelne Teile, Agrarstatistiken, Informationen über Innenhandel und Außenhandel, Transportwesen, Finanzen, Patente und Bodenschätze. Viele sind in den dreißiger Jahren, vermutlich auch später, zu langen Freiheitsstrafen verurteilt worden, nicht etwa weil sie diese angeblich geheimen Informationen einem Ausländer verraten haben, sondern weil sie Kontakte mit Ausländern besaßen und nicht beweisen konnten (wie könnte man das auch?), daß sie ihnen keine Geheimnisse anvertraut hatten.

Zwei oder drei Jahre nach Kriegsende erhielt ich einen Brief mit Poststempel Frankfurt, auf dem ein mir unbekannter russischer Name als Absender stand. Der Schreiber teilte mir mit, daß ihm mein Name in einer deutschen Zeitung begegnet sei, und erkundigte sich, ob ich Anfang der dreißiger Jahre in Moskau gewesen sei und einer Schießübung des Ossoaviachim (einer halbmilitärischen Organisation) beigewohnt habe. Ich bejahte.

Einige Tage später stand ein Mann in den Dreißigern mit slawischen Zügen vor mir, und ich erkannte in ihm den jungen Mann, den ich rund fünfzehn Jahre zuvor in Moskau getroffen hatte, als ich, mit Zustimmung der zuständigen Sowjetbehörden, die Organisation des Ossoaviachim etwas näher studierte und dabei an einer sonntäglichen Übung auf einem der in der Nähe der Hauptstadt gelegenen Schießplätze als Zuschauer teilnahm. Mein Besucher – nennen wir ihn Petrow – war damals einer der Führer der übenden Gruppe gewesen. Nun erzählte er mir:
„Im Laufe der Jahre kamen noch mehrfach Ausländer zu unseren Schießübungen. Einige luden mich anschließend zum Essen ein, das war aber auch alles. Weder haben sie mir irgendwelche verfänglichen Fragen gestellt, noch habe ich ihnen von mir aus irgend etwas erzählt. 1937 aber wurde ich mitten in der Nacht verhaftet und wegen angeblichen Verrats von Geheimnissen in ein Straflager am Eismeer verbannt. Ich hatte keine Gelegenheit, mich zu verteidigen, und war froh, mit dem Leben davonzukommen. Bei Kriegsausbruch holte man mich aus dem Lager, versprach mir Straferlaß und steckte mich in die Armee. In der ersten Schlacht ging ich auf die deutsche Seite über."
Ich fragte Petrow, ob er denn schon vor seiner Verhaftung antibolschewistisch eingestellt gewesen sei. Er schüttelte den Kopf. „Als Sie uns damals auf dem Schießplatz besuchten, muß ich siebzehn oder achtzehn Jahre alt gewesen sein. Ich war Mitglied des Komsomol und kannte nichts anderes als die Sowjetunion. Stalin war für mich der große Führer. Nie im Leben wäre ich auf die Idee gekommen, einem Ausländer ein Geheimnis zu verraten oder mich auch nur mit ihm über heikle politische Fragen zu unterhalten. Ein paar Jahre später wurde ich skeptisch, als rechts und links die Verhaftungen begannen und Menschen, von deren Anständigkeit und Linientreue ich überzeugt gewesen war, plötzlich spurlos verschwanden. Als es dann mich erwischte, hatte ich nur einen Wunsch: Weg!" –
Stalins Tod hat auch in dieser Beziehung zunächst manches geändert. Die Panikstimmung, von der während des Stalin-Terrors die meisten ergriffen wurden, die sich einem Ausländer gegenübersahen, ließ nach. Auch dafür ein kleines Erlebnis:
Es war im Herbst 1955. Die Aufführung eines Dramas von A. So-

fronow, mit dem spannenden Titel „Das Herz vergibt nicht“, das ich mir ansehen wollte, hatte um halb acht begonnen; aber es wurde halb zehn Uhr, als ich schließlich im Theater eintraf. Es war gerade Pause. Auf dem Platz neben mir saß eine gutaussehende, schwarzhaarige Dame, die mich verwundert fragte, warum ich denn überhaupt noch gekommen sei; das Stück sei ja schon halb zu Ende. Sie solle mir, statt Vorwürfe zu machen, lieber den bisherigen Inhalt des Stückes erzählen, erwiderte ich, damit ich wenigstens dem Rest mit einigem Verständnis folgen könne. Sie zierte sich nicht und berichtete:

„Die Hauptfigur ist Jekaterina, eine überaus tüchtige Brigadierin auf einem Kolchos. Da Jekaterinas Mann Stepan ein Taugenichts ist, verachtet sie ihn, und vor allem: sie liebt ihn nicht mehr. Dafür empfindet sie eine wachsende Zuneigung zu dem tüchtigen und pflichtbewußten Direktor des benachbarten Sowchos.“

„Also wieder einmal ein Dreieck?“ fragte ich.

„Ja, wieder einmal ein Dreieck. Vielleicht sollte ich besser sagen: bis jetzt noch ein Dreieck. Die eine Ecke, Stepan, schrumpfte rapide. Was bleibt, wenn von drei Ecken eine verschwindet? Ein Strich, eine gerade Verbindung zwischen zwei Punkten. Aber wir werden ja sehen, wie es weitergeht.“

„Vielen Dank“, sagte ich. „Sie haben es mir so schön erzählt, daß es fast war, als sei ich die ganze Zeit dabei gewesen.“

Darauf sie: „Sie haben mir noch gar nicht gesagt, warum Sie so spät ins Theater kamen.“

„Ich habe ein perfektes Alibi“, erwiderte ich. „Ich war im Kreml. Als Journalist.“

„Für welche Zeitung?“

„Für deutsche Zeitungen und deutsche Sender. Ich bin Deutscher.“

„Das ist interessant! Aus Ost- oder Westdeutschland?“

„Aus der Bundesrepublik, aus Westdeutschland.“

„Das ist ja noch interessanter!“ rief sie. „Da müssen Sie mir noch Näheres erzählen!“

Doch in diesem Augenblick gingen die Lichter im Zuschauerraum aus.

Im letzten Akt kam es zu schweren Auseinandersetzungen zwischen Jekaterina und ihrem Mann. Sie machte ihm klar, daß sie mit ihm nichts mehr zu tun haben wolle und ihn nicht länger als ihren Mann betrachte. „Das Herz vergibt nicht", rief sie ihm zu. Stepan war nicht geneigt, sich die Heftigkeit ihrer Abwehr nur mit seiner mangelnden Arbeitsfreudigkeit zu erklären; er vermutete – wie wir wissen, mit Recht –, daß er einen Rivalen habe. Sein Verdacht fiel auf den Sowchosdirektor, also den Richtigen, und er beschloß, ihn umzubringen. Fast wäre ihm dies auch gelungen, aber Jekaterina schlug ihm im letzten Augenblick die Mordwaffe aus der Hand.

Nach der Vorstellung gingen wir an dem schönen Spätsommerabend gemeinsam zum Stadtzentrum. Wir waren uns beide über das Stück einig: Es war sehr mittelmäßig. Meine neue Bekannte kritisierte vor allem den melodramatischen Schluß, dem jede innere Notwendigkeit gefehlt habe.

Warum sie denn in dieses Stück gegangen sei, fragte ich und erfuhr bei der Gelegenheit, daß sie nicht aus Moskau war und auf gut Glück eine Karte genommen hatte. Sie sei Dichterin, fügte sie hinzu.

„Ich kenne nichts von Ihren Sachen", sagte ich. „Wollen Sie mir nicht einige Ihrer Verse deklamieren?" Sie ließ sich nicht zweimal bitten, und zum Takt unserer durch das nächtliche Moskau hallenden Schritte rezitierte sie ein Liebesgedicht, in dem jede Strophe mit der gleichen Zeile endete: „Ich meine dich und du die andere." (I ja tebjá, a ty drugúju.) – „Also auch wieder ein Dreieck!" sagte ich, und wir lachten. Danach mußte ich ihr noch von Deutschland erzählen; sie interessierte sich besonders für das Theater und für unsere schöngeistigen Zeitschriften. Dann langten wir vor dem Haus an, in dem sie bei Freunden wohnte, und ich empfahl mich.

Eine Unbefangenheit dieser Art wäre zu Stalins Lebzeiten kaum denkbar gewesen. Auch jetzt ist die Erinnerung an jene noch nicht lange zurückliegende Zeit so stark, daß die Sowjetbürger sich scheuen, feste Beziehungen mit Ausländern zu unterhalten, sie im Hotel zu besuchen oder zu sich einzuladen. Es gibt Ausnahmen, bei einigen Diplomaten, Journalisten, Künstlern, Gelehrten, denen das Privileg des Verkehrs mit Ausländern zugestanden wird, weil das sozusagen zu ihrem Beruf gehört (vielleicht sogar zu ihren Pflichten). Aber auch sie beschränken diese

Kontakte auf ein Mindestmaß, denn sie sind vielen von ihnen in der Vergangenheit oft genug zum Verderben geworden. Seit 1957 ist wieder eine Verhärtung eingetreten; es kommt erneut vor, daß Russen, die mit Ausländern gesehen wurden, der Polizei ihre Personalien angeben müssen. So bleibt es bei den ständigen Klagen der in Moskau lebenden ausländischen Diplomaten und Journalisten, daß sich so gut wie kein persönlicher Verkehr mit Russen oder russischen Familien pflegen läßt.
Unter diesen Umständen ist in der Sowjetunion der Zufallsbekannte immer noch der beste Gesprächspartner. Wen man etwa im Zugabteil, im Speisewagen, im Hotel, im Wartesaal trifft, der spricht verhältnismäßig ungeniert. Er braucht am wenigsten zu fürchten, daß man ihm dieses Gespräch, das er nicht gesucht hat, das durch reinen Zufall zustande kam, das nicht lange dauert und sich nicht wiederholt, eines Tages zur Last legen wird.
Das Interesse des Sowjetbürgers am Ausländer ist stark. Gewöhnlich lautet seine erste Frage, aus welchem Land der Fremde komme. Vom Russen her gesehen ist der Unterschied zwischen einem Engländer und einem Franzosen nicht so wichtig wie der zwischen einem – so könnte man es formulieren – echten und einem unechten Ausländer. Ein echter Ausländer ist, wer von jenseits des Eisernen Vorhangs stammt; der Ausländer aus Polen oder Rumänien ist insofern nur ein unechter, als er ja unter einem Regime und unter äußeren Umständen lebt, die dem Sowjetbürger wohlbekannt sind. Von einem solchen Ausländer kann er nicht allzuviel Neues erfahren; er weiß, daß dieser vorsichtig sein muß in allem, was er sagt, daß er ihm als Russen nach dem Munde redet. Anders der echte Ausländer. Von ihm kann er Authentisches hören über jenen fast unbekannten und darum so faszinierenden Teil der Welt, der außerhalb des sowjetischen Herrschaftsbereichs liegt. Auf diese Weise erklären sich die unzähligen, höchst intensiven Fragen, denen jeder echte Ausländer in einem Gespräch mit Russen begegnet.
Als Deutscher empfindet man diese Unterscheidung besonders stark. Kaum hat man gesagt: „Ich bin Deutscher“, so folgt schon die Frage: „Aus welchem Teil? Ost oder West?“ Manchmal lautet die Frage auch: „Aus welchem Deutschland? Aus dem unseren oder aus dem andern?“ Darauf gebe ich immer dieselbe Ant-

wort: „Aus meinem." Dann weiß der Frager auch gleich, woher ich komme; kein sowjetzonaler Deutscher kann sich eine solche Bemerkung erlauben.

Bei solchen Gelegenheiten hatte ich immer den Eindruck, daß dem Russen an einem Gespräch mit einem Deutschen aus der Bundesrepublik, also mit einem „echten" Ausländer, mehr liegt als mit einem aus der Sowjetzone. Ich gebrauche ungern das Wort Satelliten. Aber das Verhalten eines Sowjetrussen gegenüber einem Deutschen aus der Zone (oder gegenüber einem, sagen wir, Rumänen) ist häufig so, wie man es sich einem Satelliten gegenüber vorstellt. Übrigens erlebte ich es einmal in einem Gespräch mit einem Sowjetspezialisten in der Mandschurei, daß er die osteuropäischen Staaten wörtlich als „unsere Satelliten" (naschi Satellity) bezeichnete.

Im September 1955, als sich gleichzeitig deutsche Journalisten aus der Bundesrepublik und aus der Zone in Moskau aufhielten, waren wir und wurden wir aus der Bundesrepublik ungleich mehr gefragt als die Kollegen aus Pankow, um die man sich wenig kümmerte. In allen offiziellen Reden wird natürlich die brüderliche Verbundenheit mit den Deutschen der Zone gefeiert; aber in persönlichen Kontakten ist wenig davon zu spüren. Dazu hat auch der 17. Juni 1953 beigetragen; noch mehr ist das Vertrauen der Russen zu den in ihrem Einflußbereich lebenden Völkern durch die Ereignisse des Herbstes 1956 in Ungarn und Polen erschüttert worden. Der Russe empfindet leicht das ungute Gefühl, daß der sowjetzonale Deutsche nicht aufrichtig ist, daß er sich zwar loyal und brüderlich gibt, aber etwas ganz anderes denkt; der Deutsche aus der Bundesrepublik, das weiß der Russe, kann es sich leisten, seine Meinung zu sagen. Nie werde ich jenen deutschen Landsmann aus der Zone vergessen, den ich einmal in Moskau kennenlernte. Im Gespräch mit den Russen war er der beflissene, von Bewunderung und Liebe zur Sowjetunion erfüllte Volksdemokrat; mir gegenüber schüttete er sein Herz aus über die Pein, die ihm dieses Benehmen bereitete. Auf die Dauer kann dieser Zwiespalt auch den Russen nicht verborgen bleiben.

Einmal – es war im September 1955 – hatte ich mir kurz nach Mitternacht eine Taxe genommen, um in dem fünfunddreißig Kilometer entfernten Wnukowo das Flugzeug nach Taschkent zu

erreichen. Die breite Ausfallstraße, auf der auch tagsüber wenig Verkehr ist, war leer, und wir fuhren ein mehr als zügiges Tempo. Es hatte ein klein wenig geregnet, gerade genug, um die Asphaltdecke glitschig zu machen. Ich sagte:
„Wir brauchen nicht so zu rasen, wir haben viel Zeit; sonst landen wir noch im Graben."
Der Fahrer ging mit der Geschwindigkeit herunter. „Da haben Sie recht, Towarischtsch. Es passiert wirklich zu viel. Erst gestern haben sie wieder einen in den Graben gefahren."
„So, so", sagte ich ohne übermäßiges Interesse. „Wen haben sie denn da in den Graben gefahren?"
„Einen Deutschen", erwiderte er, „haben sie in den Graben gefahren."
Jetzt wurde ich neugierig. Der Bundeskanzler konnte es nicht sein, der war inzwischen wohlbehalten in Bonn eingetroffen. Aber einige meiner Kollegen waren noch in Moskau geblieben, und es hätte ja sein können, daß einer von ihnen verunglückt war.
„Was war denn das für ein Deutscher", erkundigte ich mich, „den sie da in den Graben gefahren haben?"
Und darauf die klassische Antwort: „Gott sei Dank war es einer von den unseren, sonst hätte es ja einen Weltskandal gegeben."
Deutlicher läßt sich die unterschiedliche Einstellung zu den „Unseren" und den anderen nicht ausdrücken.

Wer ein Visum nach der Bundesrepublik oder Frankreich bekommt, der kann überall hinfahren und – abgesehen von militärischen Anlagen und den verhältnismäßig wenigen Industriewerken, die ein Fabrikationsgeheimnis zu wahren haben – alles betrachten, was ihn interessiert. Anders in der Sowjetunion. Ein Visum bringt den Fremden zunächst einmal nur nach Moskau. (Wer mit Intourist reist, ist zwar nicht an die Hauptstadt, dafür aber an die vereinbarte Reiseroute gebunden.) Ist man nun in Moskau, so darf man sich nur in einem Umkreis von vierzig Kilometern frei bewegen, und auch da mit einer ganzen Reihe von Ausnahmen; für alle anderen Fahrten braucht man die Genehmigung des Sowjetaußenministeriums. Weite Gebiete sind für Ausländer ganz gesperrt, manche ständig, manche vorübergehend.

Als ich für den April 1956 eine Reise nach Sibirien plante, teilte ich dies gleich nach meinem Eintreffen in Moskau im Februar der Presseabteilung des Außenministeriums am Smolensker Platz mit. Man forderte mich auf, eine Liste der Orte einzureichen, die ich zu besuchen wünschte. Aus dieser Liste wurde mir ein Drittel der aufgeführten Orte gestrichen, darunter Karaganda in Kasachstan (1935 hatte ich es noch besucht) und Tscheljabinsk im Ural, obgleich es an der Hauptverkehrsstrecke nach Sibirien liegt. Die mir zum Besuch freigegebenen Orte wurden nun in meinem russischsprachigen Ausweis eingetragen, wie ihn sich jeder besorgen muß, der nicht als Kurztourist in der Sowjetunion weilt. Ich mußte angeben, wann ich wo sein würde. Erst als dies alles in Ordnung gebracht war, durfte ich mir die Fahrkarten kaufen; wenige Tage vor dem geplanten Reisetermin waren schließlich alle Formalitäten erledigt. Als ich abfuhr, wußte man also an jedem Ort schon im voraus, daß und wann ich kommen und wie lange ich mich dort aufhalten würde.
Offiziell wird das alles mit dem Bestreben der Sowjetregierung erklärt, dem ausländischen Besucher die Fahrt so bequem wie möglich zu gestalten, ihm alle äußeren Reisesorgen abzunehmen. In Wirklichkeit wird damit seine lückenlose Überwachung erreicht. Auch während der Reise bekommt man sie immer wieder zu spüren; man empfindet sie auch dann als lästig, wenn sie sich hinter Formen von bestechender Liebenswürdigkeit verbirgt.
Ich denke an einen Flugplatz, auf dem ich einen einstündigen Aufenthalt hatte. Von der Maschine weg wurde ich in Empfang genommen und unter allerhand Ehrenbezeigungen in einen besonderen Raum des Flughafengebäudes geführt. Er war im übertrieben prunkvollen Stil der Stalin-Epoche eingerichtet. Mutterseelenallein mußte ich an einem für etwa zwanzig Personen gedeckten Tisch Platz nehmen; eine Kellnerin stand auch schon da, um meine Wünsche zu hören, und der Direktor des Flughafenrestaurants erschien persönlich, um sich nach meinem Befinden zu erkundigen. Ich fühlte mich wie in einem goldenen Käfig.
Ein anderer Fall: Auch auf der Sibirienreise von 1956 besuchte ich, so oft es sich ergab, das Theater. Ich zog es vor, mir meine eigene Karte zu kaufen, um, wenn sich das Stück als uninteres-

sant erwies, vorzeitig wieder aufbrechen zu können. Aber manchmal bekam ich sie nicht, und dann war ich Gast des Theaters. So auch an jenem Abend. Der Direktor bat mich vor Beginn der Vorstellung zu sich ins Büro und führte mich auf meinen Platz, erst als der Zuschauerraum bereits verdunkelt war. Als in der Pause die Lichter aufflammten, wartete er schon an der Saaltüre auf mich und geleitete mich an einen reservierten Tisch im Theaterrestaurant, um mir etwas zu trinken anzubieten. Im Laufe der Pause füllte sich das Restaurant; bald waren alle Plätze besetzt, mit Ausnahme der beiden freien Stühle an unserem Tisch. Wenn jemand versuchte, sich auf diese Stühle zu setzen, wurde er gleich von der Kellnerin verscheucht, die mit Adleraugen über unseren Tisch wachte. Außerdem hatte sich ein Polizist an der Türe zum Restaurant postiert. Als uns die Kellnerin einen Augenblick den Rücken kehrte, setzten sich zwei junge Mädchen zu uns; die eine stand gleich wieder auf, um am Büfett etwas zu holen. Sofort stürzte sich die Kellnerin auf sie und redete mit wichtigem Gehabe auf sie ein. Das Mädchen kehrte etwas bestürzt an unseren Tisch zurück und flüsterte mit der Freundin. Diese erhob sich schnell, und beide verschwanden in der Menge.

Zwischen echter und unechter Gastfreundschaft im einzelnen Fall zu unterscheiden, ist in der Sowjetunion um so schwieriger, als die Russen ganz allgemein sehr fremdenfreundlich sind. Ein Hotel, vor allem in der Provinz, in dem ein Ausländer abgestiegen ist, empfindet dies als Verpflichtung, sich von der besten Seite zu zeigen; bis hinunter zur Putzfrau werden alle bemüht sein, den fremden Gast besonders gut zu behandeln, und zwar über das Maß hinaus, zu dem sie beruflich verpflichtet sind. Das Serviermädchen in dem nicht gerade sehr eleganten Gasthaus in Akmolinsk (Kasachstan) baute, als ich abends bis zum Schluß ihrer Arbeitszeit von einer Fahrt durch die Dörfer noch nicht zum Essen zurück war, aus eigener Initiative ein ganzes Abendessen in meinem Zimmer auf, samt einem Päckchen schwarzen Tees und einem Zettel, wo ich heißes Wasser zum Aufbrühen finden könnte. Als sie am nächsten Morgen feststellte, daß ich erst spät in der Nacht heimgekehrt war und, da ich unterwegs reichlich mit Nahrung versorgt worden war, nichts mehr angerührt hatte, weigerte sie sich, auch nur eine Kopeke für das unbenützte Nachtmahl zu nehmen, und servierte es wieder ab.

Ehe ich vom „Kusbass“, dem kohlenreichen Kusnezk-Gebiet in Zentralsibirien, nach Barnaul, der Hauptstadt der Provinz Altai, fuhr, bat ich die dortige Stadtverwaltung, mir ein Hotelzimmer zu belegen. Als ich morgens um halb drei in Barnaul aus dem Zuge stieg, wartete schon ein Fahrer auf dem Bahnsteig, um mich ins Hotel zu bringen. Dort war noch alles auf den Beinen. Die Direktorin hieß mich willkommen und führte mich auf mein Zimmer. Das Zimmermädchen stellte sich vor und erkundigte sich nach meinen Wünschen. Als ich sagte, ich wolle jetzt erst mal schlafen, machte sie ein sehr enttäuschtes Gesicht; man habe Tee und etwas zum Essen für mich hergerichtet; mir blieb gar nichts anderes übrig, als mich morgens um drei noch abfüttern zu lassen, während sie mir ein Bad einlaufen ließ.

Später erfuhr ich, daß dies alles das Werk des wackeren Pjotr Romanowitsch war. Ihn lernte ich erst am folgenden Tag kennen, als ich in der Stadtverwaltung meinen Besuch machte. Er war von mittlerem Wuchs und hatte ein Gesicht, das man wohl als typisch russisch bezeichnen konnte. Er wolle, sagte er, alles tun, um mir meine Arbeit in Barnaul und überhaupt in der Provinz Altai zu erleichtern. Er drängte sich nicht auf; ließ mich allein, wenn ich allein sein wollte; war immer hilfsbereit, wenn ich etwas brauchte. Pjotr Romanowitsch ging wohl von dem richtigen Gefühl aus, daß es der Sache des Sowjetstaates mehr schadet, wenn man dem ausländischen Reisenden das Gefühl der Behinderung seiner Bewegungsfreiheit gibt, als wenn man ihn gewähren läßt und er dann vielleicht auch einiges sieht, was man ihm lieber nicht gezeigt hätte. Ich jedenfalls denke – dank Pjotr Romanowitsch – an keine Stadt in Sibirien so gerne zurück wie an Barnaul.

Als ich 1956 auf dem Heimflug aus Sibirien nach Moskau abends in Swerdlowsk eintraf, erfuhr ich, daß die nächsten Flughäfen bis vor einer halben Stunde wegen schlechten Wetters gesperrt gewesen waren; die in Swerdlowsk zurückgehaltenen Maschinen hatten eben erst begonnen, nach Westen abzufliegen. Es würde also wohl noch zwei Stunden dauern, ehe die unsere zum Flug nach Moskau abgefertigt werden könnte. Ob ich nicht in eines der vorher abgehenden Flugzeuge umsteigen dürfe, fragte ich. Die Diensttuende, eine blonde russische Schönheit, holte gleich Erkundigungen ein, stellte fest, daß die nächste Maschine eben abgehen sollte, rannte mit einem Dienstmann in die Nacht hinaus, um aus meinem bisherigen Flugzeug mein Gepäck zu holen, und ließ die Maschine nicht eher starten, als bis ich mit sämtlichen Habseligkeiten in ihr verstaut war.

Bei Besuchen auf Kolchosen wurde ich immer so bewirtet, daß es mir meist des Guten zuviel wurde; auch sonst versuchte man auf jede Weise, den Gast zu ehren. Einmal, beim Besuch eines Kolchos in Kasachstan, kam ich mir vor wie ein Schaustück: im Laufe des Mahles im Hause des Kolchosvorsitzenden war ein ständiges Kommen und Gehen der prominenteren Kolchosniki: alle wollten den Deutschen sehen und mit ihm anstoßen. „Meine Adler" nannte sie der Vorsitzende mit stolzer Gebärde, indem er einen Ausdruck gebrauchte, der in Rußland auf junge Männer angewandt wird. Dann und wann hörte ich vor den Fenstern das Motorengeheul eines sich durch den tiefen Schlamm wühlenden Lastautos.

„Alles dir zu Ehren", sagte der Vorsitzende, „wir werden dir nachher bis an die Grenze unseres Kolchos das Geleit geben."

Als ich aufbrach, durfte ich mich nicht in den Sowjetjeep setzen, mit dem ich von der Stadt gekommen war, sondern mußte im Auto des Kolchosvorsitzenden Platz nehmen. Wir fuhren vorneweg. Dann kamen die „Adler" auf fünf schweren Lastkraftwagen als dröhnende Ehreneskorte und schließlich der Jeep. An der Kolchosgrenze wurde noch einmal lange und umständlich Abschied genommen.

Eine solche Zuvorkommenheit ist Russen gegenüber keineswegs üblich; für den Ausländer strengt man sich besonders an. Ich habe es oft genug erlebt, wie sich derselbe Beamte oder Verkäufer, der eben einen russischen Landsmann brummig und knurrig abgefertigt hatte, für den Ausländer in eitel Dienstfertigkeit verwandelte. Auch schien mir, daß die Bemühung intensiver und spontaner war, wenn es sich um einen „echten" Ausländer handelte, als bei einem Kunden aus den angegliederten osteuropäischen Staaten.

Wie ist diese ungewöhnliche Höflichkeit gegenüber dem Aus-

länder zu erklären? Vermutlich kommen verschiedene Gründe zusammen. Einmal die traditionelle Gastfreundlichkeit des Russen. Zum zweiten ein lebhaftes Interesse an der Außenwelt, über die man seit Jahrzehnten nur die amtlich gesteuerten, mit starken inneren Vorbehalten aufgenommenen Berichte erhält. Zum dritten, weil man in jedem „echten" Ausländer, im westlichen wie etwa dem Gast aus Indien oder Ägypten, eine Schwalbe der im Volk sehr gewünschten Normalisierung der internationalen Beziehungen sieht. („Wenn die Leute hier bei uns herumreisen, dann kann es doch nicht so schlimm sein mit der Kriegsgefahr.") Obgleich Filme, Romane, Kurzgeschichten immer wieder vor bösen ausländischen Agenten warnen, wird der Ausländer im Volk mehr als Symbol der Entspannung denn als mögliches Werkzeug der Spionage betrachtet. Das vielleicht stärkste Motiv für die Vorzugsbehandlung der Fremden liegt im starken Patriotismus der Russen; er veranlaßt sie, sich so zu benehmen, daß der Ausländer gern an seinen Aufenthalt in ihrem Lande zurückdenken wird.
Wenn ich überlege, was mir bei den Rußlandreisen der letzten Jahre den günstigsten Eindruck gemacht hat, fällt mir die Antwort nicht schwer: die Freundlichkeit der Bevölkerung; es geht wohl allen ausländischen Besuchern ähnlich. Ob sie als Privatreisende oder als prominente Politiker durch die Sowjetunion fahren, immer tritt ihnen jene offenkundige Freude der Menschen über das Zusammentreffen mit einem Ausländer entgegen. Die nur zum Teil gelenkte, überwiegend echte Begeisterung der Sowjetbürger beim Besuch Nehrus kann geradezu als ein Faktum von weltpolitischer Bedeutung gewertet werden; sie hat auf den sensiblen Inder einen tiefen Eindruck gemacht und seine Einstellung nicht nur zur Bevölkerung, sondern auch zum Regime beeinflußt. Die Gastfreundlichkeit der Sowjetbürger Fremden gegenüber ist eines der wirksamsten Mittel des Kreml zur Einwirkung auf die Außenwelt.
Noch einmal: Das hier Gesagte bezieht sich auf die spontane Freundlichkeit des Volkes. Die Beziehungen zu den für die Ausländer zuständigen Zentralbehörden sind viel weniger angenehm. Auch hier ein Beispiel: Eines Morgens – es war 1956 – fehlte in Moskau einer der ausländischen Journalisten, ein vergnügter und kameradschaftlicher Amerikaner, O'Malley mit Na-

men. Wir erfuhren, daß er tags zuvor ins Außenministerium bestellt worden war. Dort hatte man ihm gesagt, er habe sich eines Devisenvergehens schuldig gemacht; man wolle jedoch von einer strafrechtlichen Verfolgung mit allen ihren Unannehmlichkeiten absehen, wenn er unverzüglich das Land verlasse. O'Malley reiste noch am gleichen Tage ab. Er war sich zwar keines Devisenvergehens bewußt, aber es war ihm bekannt, daß ihm die Sowjets wegen seiner Berichterstattung nicht grün waren. Und wie will man dem Gericht eines totalitären Staates beweisen, daß man die Devisengesetze eingehalten hat? In einem solchen Falle heißt es: Der Gescheitere gibt nach.

Außerdem, wer kann in einem totalitären Staat ganz sicher sein, daß er nicht doch ein Devisenvergehen begangen hat? Wie leicht kann man, ohne es zu wissen, in eine Falle geraten! Einmal war ich auf der Staatsbank in Moskau, um meine D-Mark in Rubel zu wechseln. Es zog sich ein wenig hin, und ich befürchtete, zu spät zu einer Verabredung in die indische Botschaft zu kommen. Ich ging in einen Warteraum mit Telefon, um auf alle Fälle die Inder anzurufen. Kaum war ich eingetreten, erschien ein junges Mädchen, Anfang der Zwanzig, lächelte herzerwärmend und fragte, ob ich ihr einen großen Dienst erweisen könne. Wir befanden uns allein im Raum. Je nachdem, erwiderte ich; worum es sich handele?

Sie holte einen Hundert-Dollar-Schein aus ihrer Bluse und sagte: „Bitte nehmen Sie mir diese hundert Dollar ab; wenn ich sie verkaufe, könnte ich in Schwierigkeiten kommen. Ich gebe sie Ihnen billig, tun Sie mir bitte den Gefallen." Dann erzählte sie mir eine verworrene Geschichte: sie habe von Verwandten aus dem Ausland ein Kleid bekommen, und als sie es auftrennte, weil es nicht ganz die rechte Größe hatte, sei der Hundert-Dollar-Schein aus der Naht gefallen. Ich glaubte ihr kein Wort und war ziemlich sicher, daß ich einen Agent provocateur vor mir hatte. Nahm ich ihr den Geldschein ab, so beging ich ein Devisenvergehen, und darauf könnte man dann jederzeit zurückgreifen, wenn man mich eines Tages – wie den Kollegen O'Malley – loswerden wollte. Ich lehnte ab. Es ist eben nicht immer möglich, Kavalier zu sein.

Aber wenn ich gefragt werde, ob ich als Ausländer nicht ständig beschattet worden sei, so kann ich nur sagen: Ich weiß es nicht. Ich habe auf meinen Wegen nie zurückgeblickt, sondern mich so benommen, als gäbe es keine Bewacher. Schließlich hatte ich ja nichts zu verbergen. Auch wollte ich mir nicht durch das ständige Denken an eine mögliche Überwachung meine Unbefangenheit in Beobachtung und Gespräch rauben lassen. Denn mir lag daran, die Sowjetbürger als Menschen kennenzulernen, also nicht so, wie sie sich benehmen, wenn sie „in Uniform" auftreten – in der Öffentlichkeit, in einer Versammlung, bei einem offiziellen Zusammensein mit Ausländern.

Wir wissen aus eigener, nicht gar so ferner Vergangenheit, daß die Menschen unter diktatorischen Regimen gezwungen sind, sich in einer bestimmten Weise zu verhalten, um nicht „aufzufallen". Vierzig Jahre bitterer Erfahrungen unter dem Bolschewismus haben die Russen zu einem Konformismus gezwungen, den sie wie eine Schutzhülle tragen. Dieses konformistische Gewand ist bekannt und häufig genug beschrieben worden. Es war mir nicht darum zu tun, seinen neuesten Schnitt kennenzulernen. Ich bemühte mich vielmehr, zu erkunden, wie es darunter aussieht, wie die Sowjetbürger als Privatmenschen sind. Ich bilde mir nicht ein, daß ich zu völlig zuverlässigen Ergebnissen gelangt bin. Ich konnte auf meinen Reisen – wie jeder Ausländer – die Schale der sowjetischen Wirklichkeit nur an einigen Stellen anritzen. Ein heimkehrender deutscher Kriegsgefangener, ein russischer Kolchosbauer, ein georgischer Arbeiter, sie alle haben die Sowjetwirklichkeit verschieden erlebt und würden vielleicht nur weniges von dem bestätigen, was ich berichte; und doch hätten wir alle für unser Teil recht. Das Leben in der Sowjetunion ist ungemein vielschichtig, und jeder einzelne kann sich nur in einer begrenzten Zahl von Schichten bewegen. Man wird nicht mehr von ihm erwarten, als daß er sich redlich bemüht, die Bewohner des Landes als Menschen kennenzulernen.

DER SOZIALE RAHMEN

Wie alle menschlichen Wesen lebt auch der Sowjetmensch in Gruppen und Gliederungen verschiedener Art, die sein Empfinden, Denken und Handeln mitbestimmen und damit erst ganz verständlich machen. Über sie muß daher einiges vorausgeschickt werden.

Auf die Gliederung nach Nationalitäten wird hier nicht eingegangen. Zwar liegen dem Buch sowohl eigene Anschauung als theoretische Studien zugrunde, doch konzentriert sich seine Darstellung auf die Menschengruppen, die mir aus persönlichem Erlebnis vertraut sind. Das sind im besonderen die Russen im engeren Sinne dieses Wortes, die sogenannten Großrussen. Zwar bin ich auch in der Ukraine und im Kaukasus, in Turkestan und im hohen Norden herumgekommen; aber die Großrussen in den Mittelpunkt zu stellen, ist schon deshalb berechtigt, weil sie – mehr noch als die Preußen das Gesicht Deutschlands – das Gesicht des Zarenreichs und der Sowjetunion geprägt haben.

Manches von dem, was hier berichtet wird, trifft auf die Russen weit mehr zu als auf die anderen Völker der Sowjetunion. Der Bolschewismus ist – trotz seinem Ursprung im westlichen Marxismus – in einer Entwicklung, die lange vor 1917 begann, mit dem Schicksal des russischen Volkes zusammengewachsen, während er den übrigen Völkern im Sowjetbereich nachträglich aufgezwungen wurde. Dieser Satz gilt schon für die nichtrussischen Völkerschaften in der Sowjetunion, er gilt noch mehr für Polen und Ungarn, erst recht für die Deutschen in der Zone.

Etwas näher, aber auch nur in groben Strichen, beschäftigt uns hier die Gliederung in *Generationen.* Väter und Söhne – dieser Begriff, dem Titel des berühmten Romans Turgenjews aus dem Jahre 1861 entnommen, dient einem ganzen Kapitel der russi-

schen Geschichte im neunzehnten Jahrhundert als Überschrift. Die politische Auseinandersetzung der Generationen, die Spannung zwischen liberalen Vätern und radikalen Söhnen, hat die Russen als Thema immer wieder beschäftigt, seit sie sich unter dem Einfluß der deutschen Philosophie, vor allem Hegels, der Dynamik und Dialektik der Geschichte bewußt geworden waren. Im bolschewistischen Denken freilich durfte die Dialektik der Generationen nur so lange einen Platz haben, als der Widerspruch zwischen den konservativen Vätern und den revolutionären Söhnen für die Revolution nutzbar zu machen war. In dem Maße, in dem die vorrevolutionäre Generation zurücktrat, mußte nach der Meinung der Bolschewiken das Generationsproblem verschwinden; der ältere Sowjetbürger sollte sich dann von dem in mittleren Jahren und dieser wieder von dem jugendlichen – von den rein physischen Generationsmerkmalen abgesehen – kaum mehr, und gewiß nicht mehr politisch, unterscheiden.
Es ist anders gekommen. Vier Jahrzehnte nach der Revolution unterscheiden sich die Generationen der Sowjetbürger nicht nur wie Bäume nach ihren Jahresringen, sondern auch in ihrer Einstellung zum Leben, zum Staat, zur Welt.
Da sind einmal die Menschen, die die Zeit vor der Revolution noch bewußt erlebt haben, die also heute fünfundfünfzig Jahre oder älter sind. Nur ein winziger Bruchteil von ihnen hatte sich vor der Revolution den Bolschewiken angeschlossen, und dieser ist in den folgenden Jahrzehnten schwer dezimiert worden – im Bürgerkrieg, durch natürlichen Tod und in den blutigen Säuberungen Stalins, denen zahlreiche alte Bolschewiken zum Opfer fielen. Die Masse der Nicht-Bolschewiken hat sich nach der Revolution recht und schlecht mit dem System abgefunden, aber fast durchweg eine gewisse Distanz bewahrt, vor allem auf dem Lande, und hat sich als Objekt, nicht als mitbeteiligtes Subjekt der Entwicklung empfunden.
Die mittlere Generation, also die heute Fünfunddreißig- bis Fünfzigjährigen, hat ihre stärksten Eindrücke in den Jahren der Revolution, des Bürgerkriegs, danach der kurzen Atempause der Neuen Ökonomischen Politik und unter dem ersten Fünfjahrplan empfangen. Ihre Angehörigen wurden – in den Städten in der Mehrheit, auf dem Lande in einer kleinen aktivistischen Minder-

heit – vom Pathos der Revolution erfaßt und wurden so zu deren Mitverfechtern und Mitträgern. Auf ihren Schultern vor allem ruhte die Last jener Jahre; ihre opferreiche Leistung war die Umwandlung der Sowjetunion vom Agrar- zum Industriestaat, ihre bittere Enttäuschung die Entwicklung des Stalinismus mit seinem grauenhaften Terror in der zweiten Hälfte der dreißiger Jahre, seinem zynischen Verrat an den Werten, an die sie geglaubt hatten.
Für die junge Generation schließlich ist die Revolution eine Vergangenheit, der man in Schulbüchern und Filmen begegnet. Ihr Wirklichkeitsbild ist von anderen Erlebnissen geprägt: Industrieller Aufbau; ein unter patriotischen Parolen geführter und nach schweren Verlusten gewonnener Krieg; persönlicher Aufstieg auf dem Wege über Schule, Fachlehre und Hochschule; extreme soziale Differenzierung mit einer täglich wachsenden neuen Oberschicht. Von dem, wofür ihre Väter kämpften und litten, ist ihnen vieles ein selbstverständliches Milieu geworden, während ihnen andere, den Alten teure Erinnerungen gleichgültig bleiben oder gar als belächelnswerter Romantizismus erscheinen. Die Revolution ist gemacht, die Unabhängigkeit des Vaterlandes im Zweiten Weltkrieg behauptet und seine Sicherheit durch breite Vorfelder verbündeter Staaten gewährleistet worden. Wann, wenn nicht jetzt, sollte man endlich an sich selbst denken?

In dieses knappe Bild der Väter, Söhne und Enkel werden die folgenden Kapitel noch zahlreiche Einzelzüge einfügen. Hier kam es nur darauf an, das Generationsproblem als solches dem Leser bewußt zu machen. Eine andere Gliederung dagegen gilt es genauer zu betrachten: die nach Berufen und sozialen Schichten. Dabei wird keine Vollständigkeit erstrebt; es kann sich nur um eine Auswahl der Hauptgruppen handeln.
Wie bei den Völkerschaften der Nachdruck dieses Buches auf den Russen liegt, so bei den sozialen Gliederungen auf der *Oberschicht*. Sie ist die wichtigste; sie ist zugleich dem ausländischen Besucher am leichtesten zugänglich. Das habe auch ich erfahren, obgleich ich mir alle Mühe gab, mit Arbeitern und Bauern so oft wie möglich zusammenzukommen; so habe ich zum Beispiel die Reise auf der längsten Bahnstrecke der Welt, der Transsibiri-

schen Bahn, zweimal in der harten Klasse zurückgelegt, um wochenlang, statt mit Managern und hohen Beamten, mit dem einfachen Volk auf engstem Raum zusammenzuhausen.
Beginnen wir mit den *Wirtschaftsführern.* Zu ihnen rechne ich die Leute an der „Front" des Wirtschaftsaufbaus, also nicht die Beamten in den staatlichen Planungsämtern und Ministerien, sondern die Direktoren, die Oberbuchhalter, die Leiter der Werksabteilungen und Planungsstellen in den insgesamt rund 600 000 großen und kleinen industriellen Betrieben, den 78 000 Kolchosen und 6000 Sowchosen, den – inzwischen aufgelösten oder umgewandelten – 8800 Maschinen-Traktoren-Stationen (MTS), den 370 000 Läden, den 129 000 Restaurants, in den Banken, bei der Bahn, Schiff- und Luftfahrt, bei Post und Telegraf, bei den kommunalen Betrieben und Hotels. Alles in allem dürften dies – von den Technikern im engeren Sinne des Wortes abgesehen – etwa drei Millionen Menschen sein.[1] Bei allen individuellen Unterschieden besteht zwischen den Angehörigen dieser Schicht eine gewisse Ähnlichkeit. Sie alle befinden sich – um ein Bild zu gebrauchen – auf der gleichen Leiter, nur daß ihre große Mehrheit das ganze Leben hindurch auf deren unteren Sprossen bleibt.
Auf meinen Reisen in Rußland habe ich zahlreiche Betriebe besucht, industrielle und agrarische. Häufig saß ich einem Wirtschaftsführer gegenüber. Nicht anders als sein westliches Gegenstück ist er durch ein Vorzimmer abgeschirmt, in dem eine oder mehrere Sekretärinnen sitzen, manchmal auch männliche Adjutanten. Das Arbeitszimmer, Kabinett genannt, ist gewöhnlich in solid-bourgeoiser Art eingerichtet: getäfelte Wände mit Gemälden und graphischen Darstellungen der Betriebsproduktion, Modelle unter Glas, Teppiche auf dem Boden, bequeme Ledersessel für die Besucher und vor allem ein Riesenschreibtisch für den Genossen Direktor mit mehreren Telefonen und – unweigerlich – einem überdimensionalen Schreibzeug, meist aus bunten Halbedelsteinen vom Ural: dem Tintenfaß, der Schale für Bleistifte, in der die schwarzen und bunten wohlgespitzt und der Größe nach ausgerichtet liegen, dem riesigen Löscher daneben. Familienfotos sind hier nicht üblich.
Die Karriere eines sowjetischen Wirtschaftsführers unterscheidet sich, sofern er der älteren Generation angehört, nicht wesentlich

von der seines amerikanischen Kollegen früherer Jahrzehnte; auch dieser hatte oft unten angefangen. Der Weg des Russen führte zunächst zum Vorarbeiter und Meister, dann über eine zusätzliche Ausbildung zum Techniker und Ingenieur, wieder zurück in den Betrieb und schließlich über den Abteilungsleiter zum Chefingenieur und Direktor. Wenn dagegen ein jüngerer Sowjetdirektor seine Laufbahn erzählt, hört sich das ähnlich an wie in Westeuropa; er brauchte schon nicht mehr als Arbeiter zu beginnen, sondern erreichte seinen Posten als Sohn der neuen Oberschicht auf dem Wege über die Hochschule. Die Handarbeit lernte er nur als eine Art von Werkstudent oder Praktikant kennen. Die „Roten Direktoren“ der dreißiger Jahre, die als reine Parteifunktionäre an die Spitze der Betriebe kamen, sind heute nicht mehr typisch.[2]
Die den Wirtschaftlern am nächsten stehende und sich zum Teil mit ihr überschneidende Gruppe ist die der reinen *Techniker*. Ende 1957 gab es

Techniker mit Hochschulausbildung (einschließlich Geologen, Meteorologen und verwandter Berufe)	816 000
Techniker mit mittlerer Ausbildung	1 257 000
Agronomen mit Hochschulausbildung	190 000
Agronomen mit mittlerer Ausbildung	310 000
Insgesamt Fachleute mit technischer Spezialausbildung	2 573 000

Jedes Jahr kommen etwa 300 000 bis 400 000 neue hinzu; der jährliche Abgang ist unbekannt.
Manche dieser Leute sind zugleich Wirtschaftsführer in dem Sinne des Wortes, wie er hier verstanden wurde, aber die große Mehrheit, mindestens wohl anderthalb Millionen, ist in spezifisch oder überwiegend technischen Aufgaben tätig. Ihr Leben ist weniger politisch als das der eigentlichen Wirtschaftsführer, und dabei nicht so risikoreich; ihr Arbeitsbereich ist klarer abgegrenzt und leichter überschaubar. Auch sonst hat ihr Beruf manche Vorteile, die ihn in den Augen der nachwachsenden Generation begehrenswert machen. Die Techniker brauchen in ihren materiellen Forderungen nicht bescheiden zu sein, weil der Staat ihrer dringend bedarf; immer wieder können sie in den Zeitungen

lesen, wie die zuständigen Behörden ermahnt werden, für die Techniker gut zu sorgen.
Zu den Technikern im weiteren Sinne gehören die *Ärzte, Lehrer* und *Juristen.* Von ihnen gab es Ende 1957:

Ärzte mit Hochschulausbildung	346 000
Medizinisches Personal mit mittlerer Ausbildung	980 000
Lehrer mit Hochschulausbildung	1 145 000
Lehrer, Bibliothekare u. ä., mit mittlerer Ausbildung	971 000
Juristen mit Hochschulausbildung	58 000
Justizbeamte mit mittlerer Ausbildung	20 000
Medizinisches, pädagogisches, juristisches Fachpersonal	3 520 000

Dazu kommen, den Abgang nicht gerechnet, jährlich etwa 200 000 neue. Hierher gehören auch die Hochschullehrer und Wissenschaftler aller Grade (Ende 1957: 261 000), die aber vermutlich zum großen Teil schon in den obigen Ziffern stecken.
Im Grunde genommen sind alle Sowjetbürger Beamte, da es nur einen Brotgeber gibt: den Sowjetstaat. Aber es gibt *Beamte* im engeren Sinne des Wortes, Leute, die in der eigentlichen Verwaltung tätig sind. Ziffern über sie sind nicht bekanntgeworden. Ihnen schließen sich die hauptamtlichen Funktionäre der Gewerkschaften, Genossenschaften und ähnlichen Organisationen an.
Auf die *Parteifunktionäre* wird in diesem Buch nur am Rande eingegangen, da sie eine Sonderstellung einnehmen und überdies nur eine kleine Minderheit in der Bevölkerung darstellen. Die Zahl der besoldeten, praktisch hauptamtlichen Parteifunktionäre dürfte bei etwa dreiviertel Millionen liegen, während die Zahl der Mitglieder (und Kandidaten) auf dem XXI. Parteikongreß, Anfang 1959, mit 8,2 Millionen angegeben wurde[3]. Innerhalb des Funktionärskorps bildet das eigentliche Führungskorps wiederum nur eine Minderheit. In einem Bericht, den Stalin 1937 über gewisse Mängel in der Parteiarbeit gab, sagte er:

„In unserer Partei gibt es, wenn man ihre führenden Schichten im Auge hat, etwa drei- bis viertausend höhere Funktionäre; das ist, wie ich mich ausdrücken möchte, die Generalität unserer Partei. Weiter kommen dreißig- bis vierzigtausend mittlere

Funktionäre; das ist unser Parteioffizierskorps. Weiter kommen etwa hundert- bis hundertfünfzigtausend untere Parteikommandeure; das sind sozusagen unsere Parteiunteroffiziere." [4]

In den mehr als zwei Jahrzehnten seither haben sich diese Zahlen vergrößert, doch gibt es auch heute noch Hunderttausende kleiner Funktionäre, die so unbedeutende Parteiämter innehaben, daß sie nicht einmal zu den Unteroffizieren zu rechnen sind.
Im Wesen der Parteifunktionäre vollzieht sich eine Veränderung. Nach der Revolution waren sie zunächst nur politische Funktionäre mit Erfahrung vorwiegend auf dem Gebiet der Parteiarbeit und der Verwaltung. Aber als die Wirtschaft wuchs und komplizierter wurde, konnten sich diese Leute gegenüber den Fachleuten in Wirtschaft und Technik immer schwerer durchsetzen, da sie außerstande waren, mit jenen über Fachfragen ebenbürtig zu diskutieren. Schon in den dreißiger Jahren erlebte ich bei Besuchen von Betrieben, daß es der Fachmann war und nicht der Parteifunktionär, der das große Wort führte; ergaben sich Kontroversen, hatte der Fachmann oft das letzte Wort. Daher die immer lautere Forderung der Parteiführer an die Funktionäre, sich Fachkenntnisse anzueignen. Ich habe manchen Parteifunktionär erlebt, der sich auf seine alten Tage in Fernkursen mit mathematischen, physikalischen, agrobiologischen und technischen Aufgaben abquälte.
Das Ideal für die Partei wäre natürlich, wenn sich der Nachwuchs der Fachberufe zu einem gewissen Prozentsatz für die Parteilaufbahn entschlösse. Dann würde ein neues Funktionärskorps heranwachsen, das Fachkenntnisse und Funktionärseigenschaften verbände. Mir scheint jedoch, daß dieses Ziel nur in Ausnahmefällen erreicht wird, da gerade die tüchtigen Nachwuchskräfte sich lieber auf ihren Fachberuf konzentrieren und keinen Drang zur Funktionärslaufbahn verspüren. Im übrigen hätte wahrscheinlich auch die Partei Bedenken, die Verfachlichung des Funktionärskorps zu weit zu treiben; sie weiß, daß Verfachlichung zur Versachlichung führt. Wer Fachkenntnisse besitzt, wird geneigt sein, Probleme mehr unter dem sachlichen als unter dem politisch-propagandistischen Gesichtspunkt zu beurteilen. Er büßt das unbe-

kümmerte Draufgängertum ein, das die Partei von ihren Funktionären erwartet; er wird, um das Hamletwort zu variieren, von der Fachkenntnis Blässe angekränkelt.
Umgekehrt ist der Übergang aus der Laufbahn des Parteifunktionärs in die des Beamten häufig festzustellen. Als Beispiel für diese Auswechselbarkeit nenne ich einen Mann namens Schapowalow, den ich als Vorsitzenden des Vollzugsausschusses der Provinz Kemerowo in Zentralsibirien, also in einer Staatsstellung, kennenlernte. Als ich mich nach seiner Laufbahn erkundigte, erzählte er: Ursprünglich war er Erster Parteisekretär der Stadt Kemerowo; dann wurde er Mitglied des Vollzugsausschusses der Provinz, also ihrer obersten staatlichen Organisation, stieg aber zugleich auf der Parteileiter eine Stufe höher und wurde Zweiter Parteisekretär der ganzen Provinz. Schließlich wurde er, unter Aufgabe seines Parteiamtes, Vorsitzender des Vollzugsausschusses.
Diese Laufbahn ist typisch für die Verkoppelung von Partei- und Staatslaufbahn. Die Verschränkung der beiden Apparate erfolgt natürlich nicht nur auf der Ebene der Provinz, sondern auf allen Etagen von Staat und Partei. Lediglich die Fachbeamten entstammen gewöhnlich der Fachlaufbahn der von ihnen betreuten Berufe; der Leiter einer Abteilung für Erziehungswesen bei einem Vollzugsausschuß wird vermutlich ein Pädagoge sein, vielleicht ehemaliger Direktor einer Schule; wenn er überdies Mitglied der Partei wäre, änderte das nichts an seinem Charakter als Fachmann. Das Parteibuch trägt fast jeder Beamte in der Tasche, doch wird der Fachbeamte nur in Ausnahmefällen ein Parteifunktionär sein. Bei dieser Sachlage fällt es mir schwer, denen zu folgen, die von der Partei- und von der Staatshierarchie sprechen, als seien dies zwei verschiedene Institutionen mit getrennten Menschengruppen und Interessen.
Über keine Gruppe der Oberschicht wissen wir so viel wie über die *Künstler* (einschließlich Schriftsteller). Sie sind für den Fremden am ehesten zugänglich; sie reisen ins Ausland; ihre Werke sind auch bei uns zu haben. Für alle, die etwas von den inneren Vorgängen in der Sowjetunion erfahren wollen, sind die Künstler besonders wichtig, da sie bis zu einem gewissen Grade die Sprecher des für uns weithin stummen Volkes sind. Von ihnen

wird daher in diesem Buch noch ausführlicher zu reden sein.[5] Angaben über die zahlenmäßige Stärke der künstlerischen Berufe liegen nicht vor.

Am ehesten läßt sich das *Offizierskorps* als geschlossener Stand bezeichnen. Vor allem seit im Zweiten Weltkrieg die Kadettenanstalten für den Offiziersnachwuchs eingerichtet wurden[6], hat sich die Entwicklung zum Stand beschleunigt. Die Anforderungen an die Offiziersfrauen werden besonders betont, ganz ähnlich wie dies auch in anderen Ländern der Fall war. Die Offiziere führen in ihren Kasernen und Kasinos ein Leben für sich. Auffallend ist der Abstand zwischen dem Lebensstandard der Offiziere und dem der Mannschaften. Auf einer Bahnreise stand mein Zug eine Viertelstunde Seite an Seite mit einem Truppentransport. Die Mannschaften fuhren bereits vier Tage in Güterwagen, die Offiziere in der weichen Klasse.

Die Partei fördert im Offizierskorps sogar die Bildung von Familientraditionen; zum Beispiel wird in den Kadettenanstalten den Offizierssöhnen bevorzugt Aufnahme gewährt. Es sind auch verschiedene Fälle bekannt geworden, in denen Nachkommen prominenter Militärs hohe Zahlungen, sogenannte persönliche Pensionen, bewilligt wurden. Die Witwe des Generalobersten Schtschadenko erhielt für den Rest ihres Lebens monatlich zwölfhundert Rubel, sein Sohn bis zum Abschluß seiner akademischen Ausbildung monatlich fünfhundert Rubel; der Witwe des Generalobersten Grischin wurden nach dem Tode ihres Mannes erstens fünfzigtausend Rubel als einmalige Zahlung und außerdem zwölfhundert Rubel monatlich auf Lebenszeit ausgesetzt. In einer populären Zeitschrift fand sich eine symptomatische Bildunterschrift. Das Foto zeigte einen jungen Seekadetten, Sascha Nachimow, der in der Nachimow-Kadettenanstalt ausgebildet wird (benannt nach dem im Krimkrieg bekannt gewordenen Admiral Nikolaus' I.). Die Unterschrift besagte, Sascha werde Marineoffizier, „entsprechend der Familientradition, die von seinem großen Vorfahren, dem Admiral Nachimow, stammt".[7]

Die Angehörigen der bisher genannten Gruppen, die Wirtschaftsführer, Techniker, Ärzte, Lehrer, Juristen, Hochschuldozenten, Beamten, ja sogar die Parteifunktionäre und Offiziere werden

mit dem im Westen in diesem Sinn nicht gebräuchlichen Sammelbegriff Intelligenzia zusammengefaßt, der also weiter reicht als das Wort „Intelligenz“ im westlichen Sprachgebrauch. In den Tagen der Revolution dachte man kaum an die Intelligenzia und sprach nur von „Arbeitern und Bauern“ oder von „Arbeitern, Bauern und Soldaten“. Aber während des ersten Fünfjahrplanes begann man zu erkennen, daß der industrielle Aufbau des Landes das Entstehen einer umfangreichen Schicht zur Folge haben würde, die ganz offensichtlich weder den Arbeitern noch den Bauern zuzurechnen wäre. Stalin bezeichnete sie zunächst meist als „die Kader“, später zog er das Wort Intelligenzia vor. Seither heißt es oft „Arbeiter, Bauern und werktätige Intelligenzia“.[8]
Hier ist nicht der Ort, die Geschichte der russischen Intelligenzia darzulegen; über sie ist schon viel geschrieben worden.[9] Es genüge der Hinweis, daß im alten Rußland – neben der gewaltigen Masse der Bauern, neben dem Adel, dem Offizierskorps, der Beamtenschaft und den verhältnismäßig jungen Gesellschaftsschichten der Bourgeoisie und der Arbeiterschaft – die Intelligenzia einen Stand für sich bildete, dessen politische Bedeutung über seinen geringen prozentualen Anteil an der Bevölkerung weit hinausging. Zunächst umfaßte sie nur die Intellektuellen im eigentlichen Sinne, dann aber weitete sich der Begriff stetig aus, und heute ist sie fast mit der Oberschicht identisch, die es als solche im „sozialistischen“ Staat nicht geben darf und die man nun einfach als Intelligenzia bezeichnet.
Unter Berücksichtigung der bisher genannten Ziffern schätze ich die Oberschicht – mit Familien – auf etwa fünfundzwanzig bis dreißig Millionen Menschen. Die Sowjetstatistik[10] bezifferte für 1956 die zur Intelligenzia gehörenden Berufstätigen mit rund fünfzehneinhalb Millionen, das wären also mit Familien rund fünfunddreißig Millionen. Hierbei ist aber, nach der gegenwärtig gültigen Definition des Wortes Intelligenzia[11], „ein großer Teil der Angestellten“ eingerechnet, der nach Einkommen und sozialer Stellung nicht zur Oberschicht gezählt werden darf. Will der Kreml mit Hilfe der Statistik die Intelligenzia als besonders breite Schicht erscheinen lassen? Wie auch immer die genaue Zahl sein möge, eine so breite Oberschicht hat es in Rußland noch nie gegeben.

Die *Angestellten* sind als soziologische Gruppe nicht leicht zu umschreiben und stellen, von ihren Spitzen abgesehen, einen verhältnismäßig farblosen Bevölkerungsteil dar, in dem vorwiegend Menschen ohne qualifizierte Fachkenntnisse anzutreffen sind. Man findet sie überall – als Hotelpersonal, in den Sekretariaten und Buchhaltungen der Betriebe, in den zahllosen Wirtschaftsbehörden, bei der Bahn und Post; die Frauen überwiegen. Sie rackern sich in der täglichen Arbeit ab, bemühen sich gleichzeitig, ihre Qualifikationen und damit ihr Einkommen durch zusätzliche Sprachkenntnisse oder allerlei Fachkurse zu verbessern, ohne doch wirklich recht voranzukommen, stets im Schatten der Arbeiterschaft stehend, die in der sozialen Rangordnung längst über sie hinausgewachsen ist. Wenn man einen Angestellten im Gespräch mit einem Arbeiter sieht, fällt sein mangelndes Selbstbewußtsein auf, Geste und Miene drücken den klassischen Satz aus: Entschuldigen Sie, daß ich geboren bin. Für die weitere Entwicklung der Sowjetunion wird man gerade von dieser Schicht nicht viel erwarten können. Die Gesamtzahl der Angestellten und der Intelligenzia ist aus der Sowjetstatistik mit zwanzig Millionen zu errechnen, das wären mit Familien knapp fünfzig Millionen.[12] Nach Abzug der Oberschicht, die ich mit fünfundzwanzig bis dreißig Millionen angenommen habe, würden also auf die nicht zur Oberschicht gehörende Angestelltenschicht rund zwanzig bis fünfundzwanzig Millionen entfallen.

Die breite Basis der Pyramide bilden die Arbeiter und Bauern. Diese sind nicht nur dem fremden Beobachter weniger leicht zugänglich als die Oberschicht, sondern begegnen uns auch in der Belletristik weit seltener, da sich die Schriftsteller am liebsten mit dem Milieu befassen, das ihnen vertraut ist und dessen Problematik sie persönlich berührt; besonders den Arbeitern wenden sie sich nur zögernd zu.[13]

Als *Arbeiter* waren in der Industrie des Zarenreiches am Vorabend des Ersten Weltkrieges rund dreieinhalb Millionen tätig gewesen. Bürgerkrieg, Hungersnöte und Neue Ökonomische Politik hatten eine Schrumpfung auf rund drei Millionen zur Folge. Beginnend mit dem ersten Fünfjahrplan stiegen die Ziffern rapide: 1932 waren es sechs Millionen, 1940 über acht, 1956 über

fünfzehn Millionen Industriearbeiter. Dazu kommen rund dreizehn Millionen im Transportwesen, in den MTS und Sowchosen und anderen, nicht-industriellen Wirtschaftszweigen; insgesamt gab es also nach Sowjetangaben 1956 rund dreißig Millionen Arbeiter, mit Familien über sechzig Millionen Menschen.[14]
Ein Merkmal der sowjetischen Arbeiterschaft ist ihr vorwiegend bäuerlicher Ursprung; Industrialisierung und Verstädterung waren parallele Prozesse. Die mächtige Zunahme der Arbeiterschaft ging vorwiegend zu Lasten des Dorfes; allein in den Jahren 1950 bis 1954 sollen – einer Angabe Chruschtschows zufolge – neun Millionen Menschen vom Dorf in die Stadt gezogen sein.[15]
Auch heute noch macht sich das Bäuerliche im Arbeiter bemerkbar, in seinem Bestreben zum Beispiel, ein paar Schweine oder eine Kuh zu besitzen. Von den alten Arbeitern aus der Zarenzeit stehen heute, mehr als vier Jahrzehnte nach der Revolution, wohl nicht mehr viele an der Maschine; soweit sie es noch tun, genießen sie besondere Verehrung und werden dem Fremden fast wie Museumsstücke vorgeführt.
Die heutige Arbeiterschaft zeigt einen zwiespältigen Charakter. Auf der einen Seite schmeichelt es ihr, daß sie nach dem offiziellen Mythos die eigentlich staatstragende Klasse ist und ständig als solche angesprochen wird, auf der anderen Seite aber ist sie mißmutig wegen ihres niedrigen Lebensstandards, ihrer schweren Arbeitsbedingungen und des ständigen Drucks von Akkord und Norm.
Drei Viertel bis vier Fünftel der in der Industrie Beschäftigten arbeiten im Akkord; für sie ist die Festsetzung der Normen und die Beurteilung der Tagesleistung schon ein Problem der nackten Existenz. Hier spielen sich daher die täglichen Auseinandersetzungen ab. Das Lohnsystem ist so kompliziert und chaotisch, daß sich kein Mensch recht durchfindet und Schlichen aller Art, von oben wie von unten, Tür und Tor geöffnet sind. Die so oft angekündigte, die gesamte Wirtschaft umfassende Reform und Vereinfachung des Lohnwesens ist immer wieder vertagt worden.
Am schlimmsten war die Lage des Arbeiters in den fast sechzehn Jahren, in denen das Arbeitsgesetz vom 26. Juni 1940 in Kraft war. Dieses Gesetz verbot Arbeitern und Angestellten, ihre Arbeitsstätte ohne Genehmigung zu wechseln, und belegte jedes Ver-

gehen, ja sogar vorübergehendes unentschuldigtes Fehlen oder Zuspätkommen mit harten Strafen; eine Verspätung von zwanzig Minuten konnte sechs Monate Zwangsarbeit zur Folge haben. Nach Stalins Tod wurde das Gesetz in der Praxis mehr und mehr durchlöchert und schließlich ganz aufgehoben.[16] Man hatte erkannt, was mir der Direktor eines großen Kohlechemiewerkes im Kusbass sagte: „Die moderne Industrie braucht eine neue Haltung des Arbeiters, vor allem sein aktives Mitdenken, seine innere Beteiligung am Arbeitsprozeß, die er nur entwickelt, wenn er freiwillig, nicht aber gezwungen an seinem Arbeitsplatz steht."

Trotzdem ist die Fluktuation der Arbeiter immer noch sehr stark. Bulganin erklärte 1955[17], daß im Vorjahr in einem Teil der Industrie, dessen Belegschaft zusammen zwölf Millionen Arbeiter umfaßt, fast drei Millionen ihre Arbeitsplätze gewechselt hätten. Um sich tüchtige Arbeiter zu erhalten, gibt es auch in der Sowjetunion vielerlei Wege; die Werke vergüten zum Beispiel Überstunden, auch wo gar keine zusätzliche Arbeitsleistung vorliegt, nur um auf diese Weise den Lohn zu erhöhen. Da gab es den Fall eines Mechanikers, dem für einen Tag sechsundzwanzig Arbeitsstunden bezahlt wurden! Das für diese fiktiven Überstunden notwendige Geld entnehmen die mit den Direktoren unter einer Decke steckenden Buchhalter häufig dem Fonds für Transportkosten. Die Untersuchung eines Einzelfalles ergab, daß die Überstundenkosten, die beim angeblichen Transport von Sand in Schubkarren vom Lagerplatz zur Zementmaschine entstanden waren, für einen Transport über viertausend Kilometer ausgereicht hätten.[18]

Am radikalsten hat die Revolution die sozialen Verhältnisse auf dem Dorf verändert. Wo einst eine ziemlich gleichförmige Masse armer *Bauern* gelebt hatte, aus denen sich erst in den letzten zehn Jahren vor der Revolution die Groß- und Mittelbauern herauszuheben begannen, ist heute eine starke Differenzierung festzustellen. In einer Beziehung unterscheidet sich der Kolchosnik auch heute noch grundlegend vom Arbeiter: in seinem nicht ganz erfolglosen Kampf um die Bewahrung des Eigentums; im übrigen aber ist eine Annäherung an die sozialen Verhältnisse der Stadt, oder wenigstens der Industriesiedlung, unverkennbar.

Die neue Oberschicht auf dem Lande, die vor allem aus Kolchosvorsitzenden, Agronomen und Buchhaltern besteht, unterscheidet sich kaum von der entsprechenden Schicht in den Städten. Und der Kolchosnik wird immer mehr zum proletarisierten Akkordarbeiter, in dieser Hinsicht einem Schlosser oder Dreher vergleichbar; auch sein Leben wird durch den Kampf um die Norm bestimmt. Nicht anders als die Industriearbeiter sind die Kolchosniki Spezialisten in der Umgehung der Normen mit allerlei kleinen und großen Tricks; auch sie haben bei Normberechnung und Plansatz Verbündete in ihren unmittelbaren Vorgesetzten, die daran interessiert sind, einerseits die Untergebenen einigermaßen bei Laune zu halten, andererseits den Vorgesetzten die Erfüllung des Planes melden zu können.
Die allenthalben forcierte Industrialisierung hat die Grenzen zwischen Stadt und Dorf vielfach verwischt, vor allem im weiteren Umkreis der Städte. Ich habe in den letzten Jahren ein paarmal das Dorf südlich von Moskau besucht, in dem meine Eltern vor dem Ersten Weltkrieg für die Ferien ein Bauernhaus zu mieten pflegten. Das Haus selbst gab es nicht mehr; in der Nähe des Dorfes war eine Fabrik entstanden, und der breiten Straße, die nun dorthin führt, hatte ein Teil des Dorfes weichen müssen. Auf der einen Seite standen die neuen – und doch schon die üblichen Verfallszeichen aufweisenden – Blöcke der Werkswohnungen, auf der anderen die alten, traurig heruntergekommenen Bauernhäuser in ihren Gärtchen. Auch früher waren sie ärmlich, aber sie hatten einen ländlichen Charme; jetzt sind sie nur noch ärmlich.
Sonntags unterhielt ich mich mit den Leuten, die vor ihren Häusern in der Nachmittagssonne saßen; einige erinnerten sich noch an uns. Vierzig Jahre zuvor ruhte ihr Leben bei aller Armut in einer harmonischen, in sich geschlossenen Welt, im festen Rhythmus der Jahreszeiten und Feldarbeiten, der Kirchenfeste und Jahrmärkte. Heute hat es seine natürliche Ordnung verloren. Die Männer arbeiten in den Fabriken, viele kommen nur selten ins Dorf; auch zahlreiche jüngere Frauen ziehen die Fabrik vor. Aber ein Teil der Familie ist im Dorf geblieben, um die Ansprüche auf das Haus, die Privatkuh und das zugelassene Privatgärtchen nicht zu verlieren. Es herrschte eine ungute, mißmutige Atmo-

sphäre. Keine Lieder erklangen, wie sie damals, vor über vierzig Jahren, überall zu hören waren.
Alles deutet darauf hin, daß die Bauern dem Regime am kritischsten gegenüberstehen. Jahrhunderte hatten sie davon geträumt, das Land zu eigen zu haben. Aber kaum hatte sich der Traum verwirklicht, da war er auch schon wieder zu Ende. Erst Zwangsrequisitionen, dann die Zwangskollektivierung der frühen dreißiger Jahre nahmen ihnen wieder, was sie sich errungen hatten. Aus Gesprächen mit Bauern geht immer wieder hervor, daß sie sich als die Ärmsten der Armen, als die unterste Stufe der Pyramide betrachten. Daß sie von dem – der Arbeitsreserven ohnehin entblößten – flachen Land in die Stadt drängen, ist die unvermeidliche Folge. Bei der von Chruschtschow forcierten Erschließung von Neuland in Sibirien mußte man vorwiegend städtische Jugend mobilisieren; auch hört man häufig von Einsätzen der Stadtbewohner zur Erntehilfe.

Bisher war von den sozialen Schichten als solchen die Rede, nicht von ihrem Einkommen. Daß es auch in einem Lande, das sich sozialistisch nennt, Wirtschaftsführer, Techniker, Ärzte, Angestellte, Arbeiter oder Bauern gibt, ist nicht verwunderlich; daß in einem solchen Lande aber die einzelnen Schichten sehr weit auseinanderklaffende Einkünfte beziehen, das ist überraschend. In einem späteren Kapitel soll untersucht werden, wie es dazu kam [19], hier ist lediglich die Tatsache selbst festzuhalten und mit einigen Zahlen zu belegen. Im Jahre 1957 dürften in der Sowjetunion nach dortigen Angaben rund acht Millionen Arbeiter und Angestellte zwischen 270 und 350 Rubel [20] verdient haben. (Die Kaufkraft des Rubels liegt noch unter dem Sonderkurs für Touristen und entspricht etwa 30 Pfennigen.) Auf der anderen Seite gab es damals und gibt es heute Monatseinkommen von tausend, zweitausend, fünftausend Rubel und noch weit mehr. Die Unterschiede im Einkommen wie in der Lebenshaltung der einzelnen Schichten sind heute in der Sowjetunion größer als in Amerika. Einer führenden Persönlichkeit des Zentralkomitees wurden im Herbst 1956 auf einer Moskauer Betriebsversammlung während einer beruhigenden Rede über Ungarn wütende Zurufe und Pfiffe zuteil, als sie auf drängende Fragen zugeben mußte, monat-

lich zwanzigtausend Rubel zu verdienen. Dabei gehört dieses Gehalt noch nicht einmal in die Spitzengruppe. Die Einkommen mancher Wirtschaftsführer und Wissenschaftler, vor allem erfolgreicher Schriftsteller und Künstler, liegen noch weit darüber.
Bereits 1937 wurden in der Sowjetpresse die folgenden Zahlen über die Einkommen der in der RSFSR (der russischen Unionsrepublik) lebenden Künstler mitgeteilt[21]:
Im Monat verdienten

14 Personen	mehr als	10 000	Rubel,
11 Personen	6000 bis	10 000	Rubel,
39 Personen	2000 bis	3 000	Rubel,
114 Personen	1000 bis	2 000	Rubel,
137 Personen	500 bis	1 000	Rubel und rund
400 Personen	unter	500	Rubel.

Seither sind die Honorare bedeutend gestiegen. Genaue Zahlen sind zwar nicht wieder veröffentlicht worden, aber es ist bekannt, daß es heute unter den Sowjetschriftstellern einige gibt, die im Jahre – wenn auch wohl nicht in jedem Jahr – mehr als eine Million Rubel verdienen.
Außer den hohen Gehältern genießen die Angehörigen der neuen Oberschicht noch zahlreiche Vergünstigungen der verschiedensten Art: kostenlose Dienstwohnung, vom Staat bezahltes Personal, mietefreie Landhäuser, Dienstautos, Theaterfreikarten, freie Behandlung durch die besten Ärzte in den ersten Krankenhäusern, Luxusvillen am Schwarzen Meer, dazu zahllose Spesenbeträge. Wollte man dies alles in Geld umrechnen, so würden sich die monatlichen Bezüge der Begünstigten um viele Tausende, vielleicht Zehntausende von Rubeln erhöhen. Überdies erhalten die Träger von Stalin-, neuerdings Lenin-Preisen hohe Geldprämien, bis zu hunderttausend Rubel im Einzelfall.
Die Steuergesetzgebung der Sowjetunion benachteiligt die breiten Massen weit mehr als in irgendeinem westlichen Land. Die *indirekten* Steuern, die der Verbraucher in Form erhöhter Warenpreise – auch für seine täglichen Bedarfsgüter – bezahlt, sind die unsozialsten Steuern, da sie den Armen unverhältnismäßig stärker treffen als den Wohlhabenden. Die Sowjetregierung aber finanziert Staat, Armee, Schwerindustrie, Außenpolitik zu einem erheblichen Prozentsatz auf diese Weise. Zu den eigentlichen in-

direkten Steuern kommen die gewaltigen Zwischengewinne der staatlichen Handelsorgane, die zum Beispiel Getreide billig vom Bauern kaufen und das daraus hergestellte Brot teuer an den Konsumenten verkaufen.
Im Staatshaushalt 1958 waren die Einnahmen aus der Umsatzsteuer mit dreihundert Milliarden Rubel veranlagt, die Einnahmen aus „Gewinnen und Abschreibungen der Betriebe und Wirtschaftsorganisationen" mit hundertdreißig Milliarden; die beiden Posten, die zusammen fast siebzig Prozent des Staatshaushaltes decken, werden großenteils auf den Verbraucher überwälzt. Dieser bezahlt daher durchschnittlich fast das Doppelte der Gestehungskosten der Ware.
Die *direkte* Einkommensteuer ist verhältnismäßig niedrig. Sie beginnt mit 1,5 Prozent, beträgt bei einem Monatseinkommen von fünfhundert Rubel für ein Ehepaar mit zwei Kindern 5,7 Prozent, bei tausend Rubel 7,7 Prozent, bei zweitausend Rubel 11,1 Prozent und steigt bei noch höheren Einkommen nur noch auf einen Betrag von rund 13 Prozent, ob der Betreffende nun fünftausend oder fünfzigtausend Rubel im Monat verdient. Diese Praxis ist weit unsozialer als die der westlichen Welt, wo bei zunehmendem Einkommen auch der Steuersatz ständig ansteigt. In der Bundesrepublik zum Beispiel zahlt ein Ehepaar mit zwei Kindern bei einem Verdienst von monatlich fünfhundert Mark noch gar keine Steuern, bei tausend Mark aber bereits 8,9 Prozent, bei zweitausend 19,2 und bei monatlich zwanzigtausend sogar 42,8 Prozent.
Darüber hinaus haben in der Sowjetunion zahlreiche Großverdiener noch andere Steuervorteile: Ordensträger brauchen bis zu fünfhundert Rubel monatlich nicht zu versteuern; Stalin- und Leninpreisträger sowie Empfänger von Erfinderprämien zahlen für Beträge bis zehntausend Rubel pro Preis oder Prämie keine Steuern; Gewinne aus Staatsanleihen und Lotterien sind steuerfrei.
Auch bei der Zuteilung von Wohnraum wird die Oberschicht bevorzugt behandelt; dafür kann jeder russische Gesprächspartner Dutzende von Beispielen nennen. Überdies kann man durch Bau oder Kauf ein Wohnhaus mit bis zu fünf Zimmern als persönliches Eigentum erwerben.[22] Über die Zahl der als Hauspersonal

Beschäftigten sind von den Sowjets seit 1932, als es ihrer vierhunderttausend waren, keine amtlichen Zahlen mehr veröffentlicht worden. Nach dem Augenschein würde ich schätzen, daß es heute Millionen geben muß. Dabei war in den Fällen, die ich persönlich kennenlernte, von Familienanschluß der Hausangestellten, mit Mahlzeiten am gleichen Tisch, keine Rede.

Die Bolschewiken wehren sich mit Händen und Füßen, wenn man ihr Land einen Klassenstaat nennt; dabei berufen sie sich darauf, daß man von Klassenunterschieden nur dort sprechen könne, wo es einerseits Menschen gebe, denen Produktionsmittel gehören, andererseits solche, die diese nicht besitzen und die daher in Abhängigkeit von jenen leben. Das mag gewiß *ein* Kriterium von Klassen sein, aber ganz sicher ist es nicht das einzige, ja, gegenwärtig nicht einmal das entscheidende. Heute kommt es weit mehr darauf an, wer über die Produktionsmittel verfügt, nicht, wem sie gehören. Und daß es in der Sowjetunion Personen gibt, welche über Produktionsmittel verfügen, und andere, die über diese nicht verfügen und daher von den ersteren abhängig sind, das kann auch ein Bolschewik nicht bestreiten.[23] Erst recht kann er das weite Auseinanderklaffen des Einkommens und Lebensstandards von Oben und Unten nicht leugnen; dieses ist es, was dem Ausländer im heutigen Sowjetstaat mehr als alles andere ins Auge springt – hie Luxus, dort Armut; hie komfortable Wohnungen und Landhäuser, dort vollgepferchte Massenquartiere; hie bequeme Schlafwagen und elegante Limousinen, dort Güterwagen und überfüllte Autobusse.

Da ist es ein Streit um des Kaisers Bart, so will mir scheinen, ob man die soziale Struktur im Land der Sowjets als Klassenstaat bezeichnen oder, ihrem Wunsch entsprechend, auf dieses Wort verzichten soll. Tatsache ist, daß es in der Sowjetunion eine sehr deutlich ausgeprägte und steile soziale Pyramide[24] gibt mit einem kraß voneinander verschiedenen Oben und Unten, mit zahlreichen, klar unterscheidbaren Etagen dazwischen.

„BREITE NATUR" – HEUTE

In dem Dorf bei Moskau, in dem wir vor dem Ersten Weltkrieg die Ferien zu verbringen pflegten, verbreitete sich eines Tages die Nachricht, ein Eremit, ein heiliger Mann, sei aus der Einöde des fernen Nordens in die Heimat zu Besuch gekommen, zu seiner Familie, die er verlassen hatte, um Gott zu dienen. Mit allen andern lief ich zu der bezeichneten Hütte. Dort saß auf der Birkenholzbank in dem kleinen Vorgarten ein Mann mit grauem Bart, der mir uralt schien, in Wirklichkeit aber wohl nicht mehr als Mitte Fünfzig war. Er sah völlig zerlumpt aus und trug ein langes weißes Hemd mit Löchern und Fransen; aus dem asketischen Gesicht blickten durchdringende Augen, die in tiefen Höhlen lagen. Dies alles entsprach durchaus meiner Vorstellung von einem Heiligen. Der Asket sprach wenig. Was er sagte, verstand ich nicht, von den Bauern aber wurde es mit Ehrfurcht aufgenommen. Noch einige Tage bildete der Eremit das Gespräch des Dorfes, dann beruhigte man sich und gewöhnte sich an seine Anwesenheit.

Aber es war noch keine Woche nach seiner Rückkehr vergangen, da wurde ich frühmorgens von einem Nachbarjungen aus dem Bett geholt. Es sei etwas Schreckliches und höchst Interessantes passiert. Wir rannten zur Hütte des Heiligen. Sie stand nicht mehr; man sah nur noch rauchende Trümmer, aus denen der Herd herausragte. Frau und Tochter des Eremiten wühlten heulend in der Asche. Er selbst war fort. Von der das Haus umstehenden Menschenmenge erfuhr ich, daß der Heilige am Abend zuvor gewaltig gezecht, dann alles kurz und klein geschlagen, seine Frau verprügelt und seiner Tochter irgend etwas Furchtbares, mir nicht Verständliches, angetan hatte. Darauf hatte er das Haus angesteckt und das Weite gesucht. Noch am selben Tage wurde bekannt, daß er sich nach ausgeschlafenem Rausch der Polizei ge-

stellt hatte und bereits ins Gefängnis nach Moskau abtransportiert worden war.
Wer solchen persönlichen Erinnerungen literarische Zeugnisse vorzieht, denke etwa an die Wandlung des leichtlebigen Fürsten Nechljudow in Tolstojs „Auferstehung“, der in plötzlichem Entschluß alles im Stich läßt, um einer Verurteilten in die sibirische Verbannung zu folgen. Die volkstümliche Überlieferung in Sage und Lied bewahrt ähnliche Züge. Die in aller Welt – als Melodie, wenn auch nicht in ihrem Text – bekannte Wolgaballade erzählt, wie Stenka Rasin, der Räuberhauptmann und Volksfreund, mit seinen Gesellen die Wolga hinabfährt und nach einer leidenschaftlichen Liebesnacht seine Prinzessin im Strom ertränkt, als in der Bande das Wort umgeht, der Hauptmann werde durch seine Weibergeschichten noch selbst zum Weibe.
In der russischen Dichtung wie in der russischen Wirklichkeit gibt es zahllose Beispiele solcher extremen Ausschläge des Gefühlslebens. Ihre unerhörte Spannweite, Plötzlichkeit und Maßlosigkeit hat der Psychologie ein klassisches Muster dessen geliefert, was sie neuerdings den „ambivalenten“ Charakter nennt, einen Charakter also, der es vermag, gleichzeitig oder unmittelbar nacheinander die gegensätzlichsten Gefühle zu zeigen, Liebe und Haß, Güte und Brutalität, Sinnenrausch und Askese, den Sünder und den Heiligen in sich zu vereinigen. In dem 1958 erschienenen vierten Gedichtband des jungen Sowjetlyrikers Jewtuschénko, von dem wir noch mehr hören werden, finden sich Verse wie diese: Ich bin so und anders, arbeitsam und faul, zielbewußt und ziellos; ich bin . . . scheu und frech, böse und gut; in mir ist alles Mögliche vermengt, von West bis Ost, von der Begeisterung zum Neid.[1] Wahrlich nach vier Jahrzehnten Bolschewismus ein Ausdruck der Ambivalenz, wie man ihn sich deutlicher kaum vorstellen kann!
Diese Extreme voll auszuleben, ist ein Grundbedürfnis jener vielberufenen breiten Natur des Russen mit ihrem Drang nach grenzenloser, von keinem Gesetz und keiner Rücksicht auf die Folgen gehemmter Entfaltung. Dem entspricht auch in der Wirklichkeit des Alltags das jähe Umschlagen von Schaffensfreude in Zerstörungslust, das Auseinanderklaffen von Gedanke und Tat, das Schweifen in hohen Gedanken und großen Entwürfen, verbunden

mit der Unfähigkeit zu praktischer Leistung. (Gontscharows Oblomow, Turgenjews Rudin!) Der Fremde aber, zumal der Deutsche, wurde ob seiner Fähigkeit zu disziplinierter, stetiger, erfolgreicher Arbeit ebenso bewundert wie als kleinlicher Streber verachtet; das Schwanken zwischen Überheblichkeit und Sendungsbewußtsein auf der einen, innerer Unsicherheit auf der anderen Seite hat schon das Rußland der Zaren zu einem schwierigen, oft gefährlichen Partner der europäischen Nachbarn gemacht.

Wieweit diese Gegensätzlichkeit im Wesen des Russen zugleich aus der Grenzenlosigkeit seines Raumes, aus den Wirkungen einer an Aufschwüngen und Niederbrüchen reichen Geschichte, aus der frühen religiösen und kirchlichen Sonderung zu erklären sei, ist immer wieder erörtert worden; es steht in diesem Buch nicht zur Diskussion. Hier kommt es darauf an, daß die neuen Herren des Kreml solche Eigenschaften von Anfang an als eine Störung, ja Gefährdung ihrer Pläne ansahen und von ihnen manchmal fast bis zur Verzweiflung irritiert wurden. Schon ihre Vorläufer im neunzehnten Jahrhundert, die kleinen Gruppen russischer Revolutionäre und Utopisten, hatten die Herrschaft der revolutionären Elite über die träge Masse gefordert; sie glaubten sich berufen, das Volk auch gegen dessen Willen zu seinem – von ihm nicht verstandenen, von der Elite aber erkannten – wahrhaften Glück zu zwingen und schließlich in seiner Substanz zu ändern.

Als diese Diktatur einer Minderheit in den Stürmen der Revolution verwirklicht war, setzten Lenin und erst recht Stalin alle Mittel des Terrors, der Wirtschafts- und Lohnpolitik, der Propaganda und Erziehung ein, um die Wildwasser der ungebärdigen russischen Natur in das feste Bett ihrer Planungen zu zwingen, die unerwünschten Triebe zurückzudrängen und jene Eigenschaften zu entwickeln, deren sie zum Aufbau einer modernen, staatswirtschaftlichen Großmacht bedurften: Fleiß, Disziplin, Ordnung, Stetigkeit, Zielbewußtsein und Selbstbeherrschung. Rationalismus und Voluntarismus sollten das Leitbild des neuen Menschen bestimmen, die unkontrollierbare Triebhaftigkeit des alten überwinden und ablösen. Insofern die Bolschewiken die von aller Welt als typisch russisch angesehenen Charakterzüge unerbittlich

und konsequent bekämpften, kann man sie geradezu als Gegenrussen bezeichnen.[2]
So haben sich zum Beispiel die Bolschewiken ganz bewußt darum bemüht, dem Volk den fehlenden Sinn für die Zeit beizubringen, nicht nur mit strengen Gesetzen gegen Bummelei und Unpünktlichkeit in der Arbeit, sondern auch mit planmäßiger pädagogischer Einwirkung auf die Jugend. Ich erinnere mich an ein Kinderbuch mit dem Titel: Wieviel Uhr ist es?[3] Es schildert mit Hilfe vieler, oft recht witziger Illustrationen die Entwicklung des Zeitbegriffes und des Zeitmaßes durch die Jahrtausende, – bei den alten Ägyptern und Griechen, im Mittelalter und in der Neuzeit, von der Sonnenuhr über das Nürnbergisch Ei zur modernen Schiffsuhr, und alles ohne ein Wort von Politik.
Ein anderes Jugendbuch heißt: „Die Fabrik der Genauigkeit"[4]. Gemeint ist das Forschungsinstitut für Metrologie und Standardisierung. Der Leser wird durch die Laboratorien und Gewölbe des Instituts geführt und erhält dort die Erklärung der unzähligen kleinen und großen Apparate, mit deren Hilfe man Entfernungen, Gewichte, Temperaturen oder Zeiträume mißt, eine ebenso unauffällige wie wirksame Einführung in die Bedeutung der Exaktheit in allen Dingen des Lebens und der Arbeit. Das Buch ist sehr lebendig geschrieben; so mancher begabte Schriftsteller ist aus der Öde der vom „sozialistischen Realismus" reglementierten Literatur in die Oase des unpolitischen Kinderbuches geflüchtet. Geschickt sind Anekdoten und Erzählungen in den sachlichen Text eingestreut: Was würde zum Beispiel nicht alles passieren, wenn unsere Maße durcheinandergerieten! Das Bild des dann entstehenden Chaos, etwa des Zusammenstoßens der Züge, wird dem Leser vor Augen gestellt und damit gezeigt, daß es in unserem Stadium der menschlichen Entwicklung unmöglich ist, ohne genaue Maße auszukommen. Keine Seite, auf der dem jungen Leser nicht immer wieder klargemacht würde, wie es nicht nur auf Zentimeter ankommt, sondern auf Millimeter, auf tausendstel Millimeter, tausendstel Sekunden, tausendstel Milligramm. Wie kann ein Schiff seinen Weg zwischen den unsichtbaren Riffen finden, wenn es nicht eine auf die Sekunde funktionierende Uhr hat – wo jede Minute bei der Ortsbestimmung in unseren Breiten der Entfernung von achtzehn Kilo-

metern entspricht? „Aus Kleinem wird Großes, also muß das Kleine genau sein." Das ist die ständig wiederholte Lehre des Buches.

Auch die Kunst wird dieser Erziehung dienstbar gemacht. 1956 sah ich in Moskau ein Theaterstück, in dem es darum ging, ein Gerät zu entwickeln, das die schnellere Auffindung schadhafter Stellen in einem elektrischen Stromnetz ermöglicht; dieses Ziel wurde als eine Sache von ungeheurer, über Leben und Tod entscheidender Dringlichkeit dargestellt. Schneller fahren, schneller fliegen, schneller schießen – überall geht es um den Begriff der Zeit. Der Wirtschaftsplan wird in Monate, in Dekaden und schließlich in Minuten aufgeteilt.

Auf keinem anderen Gebiet sind die Bolschewiken ihrem Ziel soviel näher gekommen. Mit welchen Mitteln auch immer, sie haben die Masse des Volkes an geordnete und stetige Arbeit gewöhnt. Das Nitschewo ist seltener zu hören als früher; die Oblomows scheinen fast ausgestorben zu sein. Der Russe von heute zeigt sich im Vergleich zu seinen Vorfahren gemäßigter, disziplinierter, gezähmter; seine überschäumende Kraft wird durch aufreibende Arbeit absorbiert, durch strenge Gesetze an der Kandare gehalten.

Diese tiefgreifende und, so scheint es, auch nachhaltige, für jeden Kenner des alten Rußland verblüffende Wandlung ist freilich nicht das Werk des Bolschewismus allein, sondern zugleich und mehr noch die selbsttätige Wirkung der modernen Wirtschaftsentwicklung, die die Menschen zu stetigem Gleichmaß zwingt und extremen Gefühlsausschlägen wenig Raum läßt. Erzieher war also weniger der Parteifunktionär als die Maschine, der Traktor, der Melkapparat, das Fließband, die Automation.

Auch uns Deutsche haben Industrie und Technik umgeprägt; wir sind in einem Jahrhundert aus dem Volk der Dichter und Denker ein Volk der Arbeiter, der Techniker und der Unternehmer geworden. Auch wir erkennen uns selbst kaum wieder, lesen wir heute Berichte und Briefe aus der Zeit Goethes und Schillers, ja noch aus den Jahren der bürgerlichen Revolution um die Mitte des letzten Jahrhunderts. In Rußland ist derselbe Modernisierungsprozeß auf einen kürzeren Zeitraum zusammengedrängt worden. Es könnte sein, daß diese Erziehung durch die Maschine nur oberflächlich ist, daß unter der Decke der Technisierung der alte Vulkan in seiner wilden Unberechenbarkeit brodelt und eines Tages zum Erstaunen der Welt ausbrechen wird. Ich wüßte es nicht mit Sicherheit zu sagen.

Und ein Zweites ist nicht zu übersehen: Wie überall, ist auch in Rußland der technisch-wirtschaftliche Fortschritt erkauft worden mit einem Verlust menschlicher Substanz. Gerade die liebenswertesten Züge im Bild des russischen Menschen wurden betroffen: seine ungenierte Natürlichkeit und Offenheit. Dieser so gar nicht „absichtliche", im Guten und Bösen dem spontanen Gefühl folgende Mensch fand sich nach dem Zusammenbruch des alten Rußland in einer völlig veränderten Welt wieder. Ein alles berechnendes, nichts dem Zufall und nichts sich selbst überlassendes Regime zwang ihn zur Berechnung, zur Verstellung, sogar zum Verrat an den Mitmenschen um der eigenen Sicherheit willen. Es ist in den Jahren der blutigen Säuberungen unzählige Male vorgekommen, daß sich der auf bloßen Verdacht hin Angeschuldigte plötzlich von allen Freunden verlassen sah und erleben mußte, wie Menschen, die ihm nahestanden, als Ankläger gegen ihn auftraten.

In den Zeiten der Auflockerung nach Stalins Tod bestand die Möglichkeit, literarisch an diesen bösen Dingen Kritik zu üben. In dramatischer Form geschah dies in Kornejtschuks Drama „Flügel". Ein Mann sieht Jahre nach dem Kriege seine Frau wieder, die er widerstandslos der Staatspolizei überlassen hat, obgleich gegen sie nichts als Verleumdungen vorlagen. Sie ist in dem Stück die positive Heldin, er wird negativ dargestellt.

Satirisch wird das traurige Thema auch in dem literarisch wertlosen, aber des Gegenstandes wegen interessanten Lustspiel Wladimir Poljakows „O Herz" abgehandelt, das ich 1955 in Moskau sah. Zwei alte Arbeitskollegen, Borissow und Kiparissow, die schon von Jugend auf unzertrennliche Freunde waren und in Krieg und Frieden Freud und Leid miteinander teilten, begehen das fünfundzwanzigste Jubiläum ihrer Betriebszugehörigkeit. Eine festliche Sitzung der Parteizelle wird veranstaltet, um dieses Ereignis zu feiern. Vor Beginn der Sitzung sieht man die beiden Freunde eng umschlungen gemeinsamer Erlebnisse gedenken. Der Zellenleiter eröffnet die Festsitzung mit dem Hinweis, es gelte noch rasch eine gewisse Unannehmlichkeit zu klären, ehe man sich dem Festakt zuwende. Es sei eine Beschwerde gegen Borissow eingegangen, und zwar von einer Frau, die behauptete, daß Borissow ihr bei einem gemeinsamen Theaterbesuch die Ehe zugesagt und dann sein Versprechen gebrochen habe. Die Beschwerde enthalte überdies den Vorwurf, Borissow habe sich während des Krieges nicht ganz einwandfrei verhalten und besitze, was besonders verdächtig sei, eine Tante in Amerika.

Borissow lacht über diese Anschuldigungen. Die Frau sei eine häßliche alte Schachtel, der er auch nicht im Rausch die Ehe hätte versprechen können; ins Theater sei er mit ihr nur gegangen, weil es an dem Abend keine Karten mehr zu kaufen gab und diese Frau, die zwei Karten besaß, ihm eine verkaufte. Was die Vorwürfe gegen sein Verhalten als Soldat betreffe, so wolle er auf diesen Unsinn gar nicht antworten; man möge seinen Freund Kiparissow fragen, der ja den ganzen Krieg Seite an Seite mit ihm verbracht habe.

Ehe sich Kiparissow zur Verteidigung seines Freundes erhebt, flüstert ihm der Vorsitzende ins Ohr, daß hochgestellte Persönlichkeiten den Vorwürfen gegen Borissow gewisse Bedeutung beimessen, und im Bruchteil einer Sekunde wird der treue Freund zum Verräter.

„Es ist richtig", sagt er, „daß ich mit Borissow zusammen im Kriege war. Aber natürlich war ich nicht jede Minute an seiner Seite. Was er gemacht hat, wenn ich nicht dabei war, weiß ich nicht. In der Tat ist mir aufgefallen, daß Borissow nie ein unfreundliches Wort gegen Amerika gesagt hat. Bis jetzt habe ich mir nichts dabei gedacht, aber wenn ich nun erfahre, daß er eine Tante in Amerika hat, dann erhält sein Verhalten ein anderes Gesicht."

Borissow ist entsetzt über seinen Freund. Die Freundschaftsfeier wird abgeblasen. Als sich die beiden anschließend im Korridor begegnen, kann sich Borissow nur mit Mühe der Tätlichkeiten enthalten. „Wenn ich nicht so traurig wäre über dich, würde ich dich jetzt in die Fresse hauen", sagt er. „Tun Sie es doch, mir zu Gefallen", ertönt da aus dem Mund einer dritten Figur die Stimme des Volkes. Borissow holt aus, Kiparissow bekommt seinen Lohn, und unter dem stürmischen Beifall des Publikums fällt der Vorhang.

Wohl ist der Zwang nicht mehr so unentrinnbar wie in den wüstesten Zeiten Stalins. Aber die Menschen wissen nicht mit Sicherheit, wann das Regime auf die Methoden der Stalinzeit zurückgreifen wird, ob dann nicht offenherzige und von irgend jemand notierte Bemerkungen, die man vor Jahren gemacht hat, hervorgeholt werden. Gefordert wird überdies nicht nur der passive Konformismus, der sich mit schweigender Ausführung gegebener Befehle begnügt. Wo Schweigen als Zustimmung gewertet wird, braucht der kritisch eingestellte Staatsbürger nicht zu lügen; er verbirgt seine Gedanken, indem er schweigt. Wo aber immer wieder der aktive Konformismus, das direkte Bekenntnis verlangt wird, kommt er um die Lüge nicht herum. Dabei genügt es auch nicht, daß man bloß mit den Händen applaudiert oder flüchtig ein lobendes Wort sagt; sogar auf den Ton, in dem man die Zustimmung ausspricht, wird scharf aufgepaßt. Es war ein Dichter, der bekannte Dramatiker Sofronow, der den Machthabern zu Gefallen vor einigen Jahren schrieb:

> „Man darf sich nicht damit begnügen, darauf zu achten, was gesagt wird, das kann durchaus mit dem Parteiprogramm in Einklang stehen. Man muß auf den Ton achten, in dem es gesagt wird, zum Beispiel auf die Hingabe, mit der eine Lehrerin ein Gedicht, das die Behörden für bedenklich halten, vorträgt, oder auf das Vergnügen, mit dem ein Literaturkritiker auf ein Stück eingeht, von dem er behauptet, daß er es verurteilt." [5]

Eines ist sicher: Der Sowjetmensch ist, durch böse Erfahrungen gewitzigt, unvergleichlich reservierter, als der Russe von einst es war. Diese Zurückhaltung ist am stärksten in der Oberschicht ausgeprägt. Je höher ein Sowjetbürger in der sozialen Pyramide gestiegen ist, desto vorsichtiger wird er in seinen Äußerungen.

Den totalen Staat interessiert nicht nur das Verhalten seiner Bürger am Arbeitsplatz oder in der Kaserne; er will den Menschen ganz und erstreckt daher seine Kontrolle auch auf die Lebensgebiete, die in der westlichen Welt als „Privatangelegenheit" des einzelnen betrachtet werden. Ihnen wenden wir uns nun zu.

Mit besonderem Eifer führt der Sowjetstaat den Kampf gegen das alte Nationallaster der Russen, die *Trunksucht.* Der Konsum

starker Getränke – vor allem des meist fünfundvierzigprozentigen Wodka – gehört in Rußland zur Tradition. Ein Fest – und die Russen lieben Feste – kann man sich kaum ohne Alkohol vorstellen. Es beginnt mit Wodka zur Sakuska, den Vorspeisen; damit wird schon zu Beginn eine kräftige alkoholische Grundlage geschaffen.
Da Wodka teuer ist – seit Anfang 1958 sechzig Rubel pro Liter –, wird er vielfach illegal zu Hause gebrannt oder sonst irgendwie billiger erworben. Häufig bringen die Leute ihren eigenen Wodka ins Lokal mit. Einmal saß ich neben zwei jungen Offizieren. Sie verlangten eine Flasche Narsan (bekanntes Mineralwasser aus dem Kaukasus) und drei Gläser. Kaum war die Kellnerin verschwunden, holte einer eine Halbliterflasche Wodka aus der Hosentasche. Erste Qualität, nach dem weißüberzogenen Kork Weißköpfchen genannt. Ein geübter Griff – Schlag mit der Handfläche von unten auf den Flaschenboden –, und mit leisem Knall flog das weiße Köpfchen auf den Tisch. „Swjatája Wodá!" (Weihwasser) sagte er lachend und goß uns die Wassergläser voll. Den Narsan hatte er nur zur Tarnung bestellt; in seiner Kantine kaufte er den Wodka billiger als im Restaurant.
Neben dem Bedürfnis nach Geselligkeit ist es sehr oft die Langeweile, die den einzelnen zum Trinken veranlaßt. Man kann nicht durch Rußland reisen, ohne immer wieder – vor allem in der Provinz – auf alkoholische Exzesse zu stoßen. Sie sind oft eine Auswirkung der Kulturarmut, des „Nje kulturno" der kleineren Städte und des flachen Landes.
Frauen trinken im allgemeinen wenig, aber zum Mann-Sein gehört der Wodka. Immerhin hatte ich auf meiner vorletzten Reise durch Sibirien (1956) ein aufschlußreiches, auch menschlich bewegendes Erlebnis. Ich wohnte damals recht primitiv in dem einzigen Hotel – oder was sich so nennt – einer Industriestadt. Da es dort nichts Rechtes zu essen gab, ging ich in das einzige größere Restaurant. Nach einigem Suchen entdeckte ich noch einen freien Platz an einem Tisch, an dem ein Mann und eine Frau saßen. Was die beiden sagten und wie sie es sagten, gebe ich, da es Einblick gewährt in die Einstellung einfacher Russen zur Umwelt, hier wieder, obgleich es nicht unmittelbar zum Thema gehört.

Sie lebten, so erzählten sie mir, in einem Dorf am Stadtrand. Tags zuvor hatten sie ein Schwein geschlachtet und nun einen Teil des Fleisches für mehrere hundert Rubel auf dem Kolchosmarkt verkauft. Das wurde gefeiert. Sie fragten mich nach Woher und Wohin, und ich antwortete ihnen. Der Mann hatte als Infanterist den ganzen Krieg mitgemacht und war in Ostpreußen verwundet worden. Der Krieg sei schrecklich gewesen, und es habe ihm so widerstrebt, auf die Deutschen zu schießen; die seien genau solche Menschen wie er.
„Die einfachen Menschen wollen keinen Krieg", fiel die Frau ein, „aber was haben wir schon zu sagen? In Deutschland hat der Hitler befohlen und in Rußland der Stalin, da haben die einfachen Menschen eben gehorchen müssen." Sie gebrauchte sehr viel den Begriff „einfache Leute" (prostýje Ljúdi). „Was wollen die einfachen Leute?" fuhr sie fort. „Ein Häuschen mit Gärtchen, ein paar Ferkelchen und Hühnchen, eine Arbeit, die sie ernährt, und vor allem Ruhe und Frieden. Ich bin froh, daß wir jetzt mit Indien so viel Freundschaft haben. Möglichst viel Freundschaft wollen wir."
Dann erzählten sie von sich selbst. Während er im Felde war und dann im Lazarett lag, war ihm seine erste Frau mit einem anderen durchgegangen. Eine Weile lebte er allein, dann lernte er seine jetzige Frau kennen. „Meine Mutter ist dafür gewesen, daß ich ihn heirate", sagte die Frau, „obgleich er viel älter ist und ein kaputtes Bein hat. Ich habe es getan, und jetzt ist es auch gut so." Er arbeitete in einer Fabrik, und sie versorgte zu Hause den Gemüsegarten, die Schweine und Hühner; mit dem gelegentlichen Verkauf dieser Produkte verdienten sie weit mehr, als wenn auch sie in die Fabrik gegangen wäre. Sie wohnten außerhalb der Stadt in einer dörflichen Siedlung; ich mußte versprechen, sie zu besuchen.
Als ich mich zu ihnen setzte, hatten sie schon einen halben Liter Wodka getrunken; jetzt bestellten sie noch einmal so viel. Ich mußte mithalten, aber den größten Teil der Flasche tranken die beiden selbst aus. Ähnlich war es, wohin ich blickte. Man trank vorwiegend Wodka, und zwar aus Wassergläsern. Kaum ein Tisch, an dem nicht mindestens einer betrunken war.
Es spielte eine kleine Kapelle, aber an den Wänden hingen meh-

rere große Schilder: TANZEN VERBOTEN! „Warum darf man hier eigentlich nicht tanzen?“ fragte ich.
„Um Gottes willen“, rief die Frau. „Das gäbe ein entsetzliches Durcheinander. Die Frauen würden belästigt, und die Männer würden sich prügeln.“
Als wir aufbrachen, merkte ich, wie unsicher meine beiden auf den Beinen waren. Besorgt schaute ich ihnen nach, als sie untergehakt losstolperten. Die Nacht war stockfinster.
Am nächsten Nachmittag machte ich mein Versprechen wahr. Erst versuchte ich, eine Taxe anzuheuern. Aber als der Fahrer hörte, wo es hingehen sollte, weigerte er sich; da bliebe er sicher stekken. Also zog ich zu Fuß los. Wenn die beiden bei Nacht und mit einem Liter Wodka im Leib den Weg nicht scheuten, dann würde ich es doch wohl in nüchternem Zustand und am hellichten Tag auch schaffen, dachte ich. Kaum war ich aus der Stadt hinaus, begann mir schon der Schlamm von oben in die Stiefel zu laufen. Nach einer starken halben Stunde fand ich die Hütte. Die Frau war allein zu Hause und schälte Kartoffeln.
„Wie seid ihr denn gestern nacht heimgekommen?“ fragte ich. Wortlos erhob sie sich und öffnete die Türe aus der Küche in die einzige Stube. Dort lagen auf dem Boden die Mäntel und ein Teil der anderen Kleidungsstücke von gestern abend, von oben bis unten mit Schlamm überzogen; die zwei mußten mehrfach der Länge nach hingeschlagen sein.
„Haben Sie meinen Mann nicht getroffen?“ fragte sie. „Er ist in die Stadt gegangen, um einen halben Liter zu kaufen. Er sagt immer, ein halber Liter ist das Beste, um die Folgen eines Rausches zu überwinden.“ Nach einer Weile kam er heim. Er holte unter dem Bett eine unförmige Flasche Kwass (Brotbier) hervor, das er selbst gebraut hatte, dazu tranken wir den neu besorgten Wodka. Die ganze Zeit mußte ich erzählen, aber nicht von Deutschland – das war zu weit weg, als daß man sich etwas dabei vorstellen konnte. „Du mußt wissen, Frau, das liegt noch hinter Polen!“ erklärte er mehrfach. Was sie aber am meisten interessierte und worüber sie gar nicht genug hören konnten, das waren die Empfänge im Kreml, die ich mitgemacht hatte. Sie waren davon so fasziniert wie Kinder, denen man ein Märchen erzählt.

Dann brach ich wieder auf. Der Mann bestand darauf, mich bis zur Stadt zu begleiten. So wateten wir also gemeinsam zurück. Und diesen Schlammweg macht er täglich zweimal; insgesamt muß er zur Arbeit und wieder nach Hause mit seinem invaliden Bein täglich zwölf Kilometer gehen. Die Straße, sagte er entschuldigend, sei natürlich nicht sehr kulturno, und es wäre schön, einmal eine richtige Chaussee hierher zu bekommen; aber bis 1960 sei keine vorgesehen im Plan.

In öffentlichen Erklärungen wird immer wieder gegen den Alkohol gewettert, vor allem auf Veranstaltungen des Komsomol, wobei Trunkenheit fast regelmäßig unter den Sünden der jüngeren Generation aufgezählt wird. Chruschtschow, der nicht gerade als Abstinenzler bekannt ist, hat sich zum lautesten Gegner des Alkoholismus gemacht.[6] Überzeugte Bolschewiken empfinden es weniger unangenehm, wenn der Ausländer Menschenschlangen vor den Geschäften oder baufällige, von Menschen überquellende Wohnhäuser, als wenn er Betrunkene sieht, vor allem, wenn es sich um Jugendliche handelt. Die Bevölkerung aber ist Betrunkenen gegenüber tolerant (am wenigsten die Frauen) und neigt dazu, sie für komisch zu halten, auch wenn der Anblick abscheulich ist. Der betrunkenste Mensch, den ich je gesehen habe, war ein Halbwüchsiger, der eines Sonntagabends auf einer der Stationen der Vorortbahn unweit Moskaus in den Zug getorkelt war. Er trug nur eine Hose und ein offenes rotes Trikothemd; Kopf und Brust bluteten. Der Bursche machte einen gemeingefährlichen Eindruck und wurde schließlich vom Schaffner und von einigen männlichen Fahrgästen in den Vorraum des Waggons gesperrt. Er schrie und wälzte sich auf dem Boden. Die meiste Zeit standen Neugierige an der verschlossenen Tür und blickten durch die Glasscheibe. Nur eine elegant gekleidete Frau mit zwei Kindern schien Abscheu zu empfinden; sie verbot auch den Kindern, an die Türe zu gehen. Statistiken über den Alkoholverbrauch stehen nicht zur Verfügung, und es ist durch den bloßen Augenschein nicht zu entscheiden, ob das Trinken in den letzten Jahrzehnten zu- oder abgenommen hat. Ich möchte meinen, daß der Alkoholkonsum pro Kopf gerechnet eher gestiegen ist, sich aber heute etwas gleichmäßiger auf die Bevölkerung verteilt als früher. Die für das alte Rußland charakteristische Erscheinung der Volltrunkenheit, die man Sapój nannte und die den Betreffenden tagelang außer Gefecht setzte, ist schon infolge der harten Arbeitsdisziplin seltener geworden. Immerhin müssen – nach der zunehmenden Lautstärke der Propaganda zu urteilen – noch Millionen Arbeitsstunden wegen Trunkenheit verlorengehen. Übrigens sind auch schon die ersten Attacken gegen den Nikotinkonsum geritten worden; die Russen sind als Kettenraucher bekannt.

Eine besondere Schärfe erhält das Problem des Alkoholismus durch seinen engen Zusammenhang mit einer weiteren schweren Sorge des Regimes: der *Jugendkriminalität.* Als ich im September 1955 nach Moskau kam, hörte ich von einem Vorfall, der sich kurz zuvor ereignet hatte. Zwei fünfzehnjährige Burschen, Boris und Oleg, kamen in betrunkenem Zustand zu einer Tanzerei, die in einer Schule in Moskau stattfand. Sie benahmen sich ungehörig und wurden von einem anwesenden Studenten aus dem Saale geführt. Auf der Treppe zog Boris einen Revolver aus der Tasche und schoß den Studenten nieder. Die Väter der beiden Jungen waren Ingenieure, gehörten also der Oberschicht an.
Über einen ähnlichen Vorfall berichtete die Presse. Es handelte sich um eine kleine Bande Jugendlicher, die im Landhaus, das dem Vater eines ihrer Mitglieder gehörte, ihr Unwesen trieb. Sie liehen sich Autos von ihren Eltern und hatten Geld in Hülle und Fülle. Einer erhielt von seinem Vater monatlich tausend Rubel Taschengeld. Das Ende vom Lied: Einer der jungen Spießgesellen, der Bedenken bekam und nicht mehr mitmachen wollte, wurde umgebracht. Auch hier gehörten die Eltern durchweg der Oberschicht an: ein Vater war ein bedeutender Naturwissenschaftler, ein anderer ein Oberst, die Mutter des einen Angeklagten hatte einen akademischen Grad.[7]
Zahlreich sind die Aufsätze in der Presse, in denen Fälle von Chuliganstwo, von jugendlichem Rowdytum, geschildert werden. Häufig wird die Schuld bei den Erwachsenen gesehen. Frage man den Verwalter einer Schenke: „Warum verkaufst du Wodka an Jugendliche?", so bekomme man die Antwort: „Ich erfülle meinen Plan." Auch die Polizei – in der Sowjetunion Miliz genannt – versage häufig; sie ist ebenfalls bedacht, ihren „Plan" zu erfüllen und also das Verhältnis der von ihr geklärten und erledig-

ten Anzeigen zu den unerledigten nicht zu günstig werden zu lassen. Sie wirft daher häufig Anzeigen, bei denen sie sich keinen raschen Erfolg verspricht, in den Papierkorb. Dies ist allgemein bekannt; daher gehen viele Leute mit ihren Klagen gar nicht erst zur Polizei. Die Presse berichtete von einem Fall, wo ein junger Lümmel eine Frau, die ihm aus irgendeinem Grunde nicht gefiel, mit den Worten: „Mit der fahre ich nicht in einem Wagen!" aus der Straßenbahn hinausstieß, ohne daß ein Mitreisender ein Wort gesagt oder der Schaffner etwas unternommen hätte.[8]

Diese Erscheinungen sind im Grunde so alt wie der Sowjetstaat selbst. Der Erste Weltkrieg, die Revolution, der Bürgerkrieg, die familienfeindlichen Maßnahmen aus der Anfangszeit des Regimes hatten in den zwanziger Jahren das Millionenheer der Besprisórnyje geschaffen, der obdachlosen, im Land vagabundierenden, bettelnden, raubenden und mordenden Kinder und Jugendlichen. Als ich 1929 zum ersten Male die Sowjetunion nach ihrer ganzen Länge durchfuhr, erlebte ich sie noch in Scharen – auf den Bahnhöfen, als bettelnde Passagiere, unter den Eisenbahnwaggons, als organisierte Diebesbanden.

Anfang der dreißiger Jahre hatte man sich energisch an ihre Liquidierung gemacht; man brachte sie in Lager, in „Arbeitskommunen", deren berühmteste in Bólschewo, in der weiteren Umgebung Moskaus, lag. Einer der letzten bedeutenden Filme Moskaus, ehe sich das Dunkel der von Stalin geforderten Phantasielosigkeit auf die sowjetische Filmindustrie senkte, hieß „Der Weg ins Leben"; er behandelte die Bemühungen einiger idealistischer Pädagogen, die verwahrlosten Jugendlichen durch moderne Methoden für die Gesellschaft wiederzugewinnen.

In einigen Fällen wurde Erstaunliches geleistet. Ich kannte damals die Schwester eines jener Bolschewo-Erzieher. Eines Nachmittags, es mag 1931 oder 1932 gewesen sein, war ich bei ihr zum Tee, als vor der Tür ein großes Getöse entstand und ihr Bruder mit einer Gruppe von Jugendlichen ins Zimmer polterte. Folgendes war geschehen: Der Bruder lebte mit seinen Besprisornyje in derselben Baracke. Da er den Grundsatz vertrat, daß nur der Vertrauen genießt, der den anderen Vertrauen schenkt, schloß er in seinem von der übrigen Baracke durch ein paar Bretter abgetrennten Verschlag nie etwas ein. Nun waren plötzlich seine Rohrstiefel, sein ganzer Stolz in jenen lederarmen Zeiten, verschwunden. Sobald der Vorfall bekannt geworden war, schworen seine treuesten Zöglinge, die Stiefel wieder zu beschaffen. Da die Spuren nach Moskau wiesen, waren sie als erstes in die Moskauer Wohnung seiner Schwester gefahren, um hier einen Kriegsrat abzuhalten.

Es fiel mir nicht leicht, den Erörterungen zu folgen, da sie in einem Gauneridiom geführt wurden. Ich verstand indessen, daß man sämtliche Diebesmärkte in Moskau – den jungen Leuten aus ihrer nicht allzu fernen Vergangenheit wohl vertraut – durchsprach und überlegte, in welcher Reihenfolge man sie durchkämmen sollte. Dann wurden die einzelnen – es waren ihrer ungefähr ein Dutzend – dorthin abkommandiert. Der Erzieher selbst ging nicht mit; als Erwachsener wäre er zu sehr aufgefallen.

Nach ein paar Stunden schaute ich wieder herein. Das Bild hatte sich noch nicht verändert. Von Zeit zu Zeit kamen einzelne Späher, berichteten, berieten und verschwanden wieder. Gegen zehn Uhr nachts gab es ein großes Hallo: Drei Burschen kamen triumphierend, mit den Stiefeln in der Hand, ins Zimmer zurück. Sie erzählten, wie sie auf einem der Diebesmärkte erst die Stiefel und dann auch den Dieb gefunden hätten. Über sein Schicksal berichteten sie nur, daß sie ihn in einen Hof geschleppt und so zugerichtet hatten, „wie er es verdiente".

So unangenehm für den Staat auch die Jugendverwahrlosung der zwanziger und frühen dreißiger Jahre war, er konnte zum Teil die Zeitläufte dafür verantwortlich machen. Als der erste Fünfjahrplan anlief, absorbierte er die streunende Jugend, soweit sie nicht durch Seuchen oder in den Lagern umgekommen war. Trotzdem blieb die Jugendkriminalität ein böses Problem. Der Staat griff zu immer schärferen Mitteln. Ab 1935 waren für jugendliche Verbrecher nicht mehr die milderen Jugendgerichte, sondern die ordentlichen Gerichte zuständig, und zwar bei Raub, Körperverletzung, Vergewaltigung, Verstümmelung und Mord für Jugendliche schon von zwölf Jahren an.

Schwieriger ist es für den Beobachter, auf demjenigen Gebiet des menschlichen Trieblebens einen Einblick zu gewinnen, das nach einer gewissen Schule der Psychologie doch den wichtigsten, wenn nicht einzigen Schlüssel zu den Geheimnissen der Seele birgt: der *Sexualität.* Was in westlichen Ländern nicht nur am Markt der Unterhaltung, in Film, Kabarett und Bildpresse die beliebteste Ware und das sicherste Geschäft darstellt, was auch in Werken von literarischem Anspruch über Hunderte von Seiten hin ausgebreitet, von seriösen Gelehrten in nicht weniger dickleibigen Bänden registriert, analysiert und diskutiert wird, das tritt für den sowjetischen Leser, Theater- und Filmbesucher überhaupt nicht in Erscheinung.

Die Sowjetpresse, ohnehin sparsam mit Berichten „aus dem Gerichtssaal", bringt praktisch nie etwas über Sexualvergehen. Pornographische Erzeugnisse sind auch in literarischer Tarnung nirgends zu finden; was es davon im verborgenen geben mag, ist nach den seltenen Andeutungen[9] nicht klar zu erkennen. In der Öffentlichkeit jedenfalls ist man ausgesprochen prüde; wie im viktorianischen England oder im wilhelminischen Deutschland, vielleicht sogar noch spürbarer, ist das Geschlechtliche ein Thema, über das man nicht spricht. Selbst Film und Filmreklame wagen das Tabu nicht zu durchbrechen; das Erscheinen einer Kußszene auf einer Kinoreklame am Moskauer Theaterplatz im Frühjahr 1956 wurde, wie ich beobachtete, als Sensation empfunden. In einer 1956 erschienenen Erzählung vergehen zwischen dem ersten und zweiten Kuß der Liebenden vierzig Jahre, obgleich die beiden während dieser Zeit sechs Jahre im gleichen Dorf leben.[10]

Vor- und außereheliche Geschlechtsverbindungen sind zwar heute in der Literatur nicht mehr völlig ausgeschlossen, werden aber mit großer Zurückhaltung dargestellt. Jurij Trifonow kommt in seinem Roman „Studenten" an einer solchen Stelle mit vier – im russischen Text: drei – Worten aus: „Wir waren uns nahe" (eine Studentin über ihre Beziehungen zu einem Studienkameraden). Ebenso knapp wird in einer 1954 veröffentlichten Erzählung ein Ehebruch mit dem Satz angedeutet: „Julia zog zu Prosin." [11]

Der gleichen diskreten und indirekten Methode bedient sich Dudinzew in seinem rasch berühmt gewordenen Roman „Der Mensch lebt nicht vom Brot allein", wo Nadja, die idealistisch gesinnte Gattin des prominenten Karrieristen Drosdow – dessen unwürdige Intrige gegen den nicht weniger idealistischen, aber unbequemen Erfinder Lopatkin erkennend – den Entschluß faßt, mit ihrem Gemahl zu brechen und Lopatkins Geliebte zu werden. Mit unmißverständlicher Direktheit wird die Frage nach den „geschlechtlichen Beziehungen" zwischen den beiden erst sehr viel später gestellt (und beantwortet) – bezeichnenderweise nicht vom Autor, sondern durch den Untersuchungsrichter: als Beweismittel für die ihm vorgeworfene Verletzung der Geheimhaltungspflicht [12]. Aber selbst mit dieser Motivierung ist eine so deutliche Sprache in der Sowjetliteratur ungewöhnlich und wäre vor kurzem kaum denkbar gewesen.

Deutlicher tritt die Macht des Eros in dem international erfolgreichen Film „Wenn die Kraniche ziehen" in den Mittelpunkt, der in manchen Szenen an die große Tradition der zwanziger Jahre anzuknüpfen versuchte. Hier sind es Braut und Bruder des jungen Helden, die ihr – während jener an der Front ist – in einer schwachen Stunde erliegen; aber auch diese Szene wird nicht mit der im Westen so oft für unentbehrlich gehaltenen Realistik ausgespielt. Der Roman des Nobelpreisträgers Boris Pasternak „Dr. Shiwago" behandelt offen, wenn auch ohne jede Schwüle, die außerehelichen Beziehungen des Titelhelden mit zwei Frauen, die ihm auch Kinder schenken. Daß dieses Werk in der Sowjetunion verboten ist, dürfte seine Gründe ausschließlich im politischen Bereich haben.

Übrigens werden im allgemeinen die Frauen in der Literatur – früher wie heute – als die in Liebesdingen ihrer selbst Sichereren geschildert, und es mag sein, daß dies den Tatsachen entspricht. Die männlichen Helden, auch wenn sie in der Standarddarstellung als eifrige und pflichtbewußte Kämpfer für den Sieg des Weltkommunismus gezeichnet werden, machen als Liebende einen zwiespältigen und nicht sehr glücklichen Eindruck.

Ist diese Zurückhaltung in geschlechtlichen Dingen nur als Ausdruck einer gesellschaftlichen und literarischen, staatlich verlangten oder gar erzwungenen Konvention aufzufassen, die eine ganz andere Wirklichkeit zu verbergen hätte, oder entspricht das in der Öffentlichkeit gezeigte Bild den Tatsachen? Es ist, wie schon bemerkt, schwer, auf diese Frage eine Antwort zu geben; auch die sehr gründliche Untersuchung, die von Fachleuten der amerikanischen Harvard-Universität auf Grund der eingehenden Be-

fragung Tausender von Emigranten der vierziger Jahre veranstaltet wurde[13] und eine Fülle wichtiger Erkenntnisse zutage förderte, war auf dem sexuellen Gebiet infolge der dem Russen eigenen Zurückhaltung in Fragen dieser Art erstaunlich unergiebig.
Mein Eindruck, den ich mit Vorbehalten wiedergebe, ist dieser: Im ganzen herrscht in der Sowjetunion eine durchaus unerotische Atmosphäre; während man nicht durch Rußland reisen kann, ohne viel unanständiges Fluchen zu hören, vernimmt man selten zotige Witze. Die Prostitution tritt, soweit sie überhaupt vorhanden ist, kaum in Erscheinung. Im Weißmeerhafen Archangelsk wurde mir einmal eine Prostituierte gezeigt, aber mit der Bemerkung, in Wirklichkeit sei sie eine GPU-Agentin, die man speziell für die ausländischen Matrosen hergesetzt habe. Amerikaner, die während des Krieges in der Sowjetunion, auch in Sowjethäfen, Dienst machten und die ich befragte, hatten in diesen Dingen kaum Erfahrungen sammeln können, obgleich sie sich auf dem Höhepunkt der amerikanisch-sowjetischen Fraternisierung dort befanden. In Ausländerkreisen Moskaus erzählt man sich hin und wieder von den sogenannten Móshno-Girls (móshno heißt: man darf); aber wenige haben sie wirklich gesehen.
Auch den Soldaten bietet der Sowjetstaat auf diesem Gebiet, soweit ich in Erfahrung bringen konnte, nicht die Freiheiten, die anderwärts für selbstverständlich gehalten werden. Verhältnisse, wie sie in der Nachbarschaft westlicher Truppenlager notorisch sind, scheint es in der Sowjetunion nicht zu geben; ich selbst sah keine Spur davon, als ich eines Nachts wegen ungünstiger Wetterverhältnisse statt auf dem Moskauer Zivilflugplatz auf einem achtzig Kilometer entfernten Militärflughafen inmitten eines Truppenlagers ausgeladen wurde. Die Armee wird normalerweise auch in dieser Beziehung zu strenger Disziplin angehalten. Um so furchtbarer war auf dem Boden des geschlagenen Deutschland der barbarische Ausbruch angestauter Triebe, als diese nach Jahren schwerer Kämpfe und harter Entbehrungen von der Führung selbst gegen die Besiegten entfesselt wurden, stimuliert von den haßerfüllten Aufrufen eines Ilja Ehrenburg, der den Soldaten die Frauen der Besiegten als Beute versprach.
Wie der Sexus in ungewöhnlichen Zeiten auch bei den Frauen

sein Recht auf ungewöhnlichen Wegen zu finden weiß, wenn es ihm auf dem legitimen Wege verweigert bleibt, hat schon Gerhart Hauptmann in seinem Roman „Die Insel der großen Mutter" zum Thema genommen. Vergleichbares erlebten nach dem Bericht eines deutschen Spätheimkehrers[14] zwei ukrainische Lagerhäftlinge, denen nach Stalins Tod in einem Kohlenzug die Flucht aus Workuta gelungen war. Aber einige Wochen später kehrten sie zur allgemeinen Überraschung freiwillig wieder ins Lager zurück. Nachdem sie den Rand des Waldgebietes erreicht hatten, wo die ersten Kolchose beginnen, waren sie

> „auf einer Lichtung auf arbeitende Frauen gestoßen und von ihnen in einem Schuppen im Walde versteckt worden. Nachts kamen zwei dieser Frauen, brachten Eier, Brot und Wodka und blieben bei ihnen. Gegen Morgen wurden sie von zwei anderen Frauen abgelöst, die Verpflegung für den Tag brachten und ebenfalls blieben, bis sie zur Arbeit gehen mußten. Das wiederholte sich Nacht für Nacht: Eier, Brot, Wodka und vier Frauen. ‚Wo sind denn eure Männer?' fragten die Ukrainer. ‚Beim Militär, in der Fabrik oder im Lager. Bleibt nur hier, ihr werdet es gut bei uns haben. Wir helfen euch später auch weiter.' Den Ukrainern, die seit zehn Jahren in der Isolierung des Lagers gelebt hatten, gefiel dieser Vorschlag. Nach zehn Tagen gefiel er ihnen schon weniger gut. Sie baten um Proviant zur Weiterreise. Da aber drohten die Frauen mit der Polizei."

Was sollten die beiden tun? Ohne Papiere konnten sie nur querfeldein von einem Kolchos zum anderen ziehen, wenn sie ihre Heimat erreichen wollten – und auf jedem würde es sein wie auf dem ersten. Das aber ging über ihre Kräfte; dann schon lieber ins Lager zurück.

Lagerphantasie mag diese Begebenheit entsprechend ausgeschmückt haben; aber der Geschichte liegt ein realer Tatbestand zugrunde: der außerordentliche Männermangel auf dem Dorf, der eine ungünstige Wirkung auf die geschlechtlichen Beziehungen ausüben muß. Aber das ist eine Notsituation, die nicht zu verallgemeinern ist. Im Kriege haben deutsche Ärzte, die Reihenuntersuchungen von Ostarbeitern vornahmen, unter den unverheirateten Mädchen eine überraschend hohe Zahl virgines intactae festgestellt. Heute kann man auch anderes hören. 1957 erzählte mir eine Russin aus einer Industriestadt in der Provinz von den dort als Praktikanten tätigen Chinesen, die man so gut aufgenommen habe, daß sich einige sogar mit Russinnen verlobten: „Vor einiger Zeit hat der Komsomol feierlich eine Gruppenhochzeit für sechs Chinesen mit russischen Mädchen veranstaltet. Es gab ein großes Fest mit vielen Geschenken. Aber stellen Sie sich vor, am nächsten Morgen lieferten vier Chinesen ihre Angetrauten wieder ab. Und wissen Sie, warum?"

Ich wußte es nicht, aber den noch folgenden Andeutungen war zu entnehmen, daß die Chinesen ihre jungen Frauen, der Jurist würde sagen: mit Mängelrügen, zurückgegeben hatten. Die Verantwortung für die Zuverlässigkeit der Geschichte muß der Erzählerin überlassen werden; sie selbst war von ihr überzeugt.

Daß sich die strengen Sitten mit dem steigenden Drang nach Wohlstand – auch mit dem Aufkommen der vor kurzem kaum bekannten Präventivmittel – etwas gelockert haben, ist auch an den seit den dreißiger Jahren absinkenden Geburtenzahlen zu erkennen. Aber als nicht überzivilisiertes Volk haben die Russen den natürlichen Sinn für geordnete geschlechtliche Verhältnisse trotz allem auch heute noch nicht eingebüßt.

Dieser gesunde Sinn hat auch die Krise, welche die Ordnung des geschlechtlichen Lebens in den Sturmjahren der Revolution und den ersten Jahren danach durchzumachen hatte, weit besser überstanden, als man wohl im Ausland angenommen hat. Damals war gerade die alte Familienordnung ein bevorzugtes Ziel des revolutionären Generalangriffs gewesen. Die Ehe zumal wurde, als eine „bürgerliche" Institution, zum Absterben verurteilt. Es war die Zeit, in der die Novellen der bolschewistischen Diplomatin Alexandra Kollontai zum Thema der freien Liebe zum Bestseller auf dem europäischen Büchermarkt wurden, von den einen als Verfallserscheinung mit Genugtuung, von den anderen als Beweis avantgardistischen Mutes mit Bewunderung registriert. In den Äußerungen und Maßnahmen jener Jahre überschnitt sich das liberalistische und libertinistische Erbe des Bolschewismus mit dem militant-asketischen. Aber ob sie nun neue Formen der Ehe oder die völlige geschlechtliche Freiheit proklamierten, entscheidend war das politische Ziel: Zerbrechen der

bürgerlichen Konvention, um die bisher durch Liebe, Ehe, Familie beanspruchten Energien für den revolutionären Kampf und den wirtschaftlichen Aufbau freizusetzen.
Die Natur erwies sich als stärker. Die utopischen Ideen und Experimente wurden aufgegeben und durch eine neue Richtlinie ersetzt: Einfügung des wieder geordneten Gefühls- und Geschlechtslebens in den wirtschaftlichen und politischen Aufbau. Das zwang der Sowjetliteratur seit der zweiten Hälfte der zwanziger Jahre jenen unerträglich utilitaristischen Charakter auf, über den sich die Bolschewiken selbst später lustig machen sollten. Das Blatt des Kommunistischen Jugendverbandes, die Komsomolskaja Prawda, konnte bereits 1935 über einen Artikel in einer anderen Zeitschrift spotten, in dem die Liebe als „ein gewaltiger Anstoß zu produktiver Arbeit“ – bis dahin eine durchaus übliche Formulierung – bezeichnet worden war:

> „Unsere Schriftsteller drückten sich früher davor, in ihren Werken von Liebe zu sprechen. Was ist das auch für ein Ding, die Liebe? Wer hat etwas von ihr? Was bringt sie dem Autor außer Angriffen der Kritiker? Tut er nicht besser, seine Helden von Anfang an so darzustellen, daß ein für allemal das Entstehen dieses ‚sozial gefährlichen Gefühls‘ ausgeschlossen wird? – Allmählich begann sich aber trotz allem die Liebe in die Literatur einzuschleichen. In kleinen Dosen freilich nur und in einer ganz bestimmten Form: ‚Ich liebe dich wahnsinnig, Manja, fast wie meine Betonmischmaschine. Laß uns heiraten.‘ – ‚Einverstanden, Pjotr. Ich liebe dich auch. Warum sollte ich auch nicht? Du hältst deine Maschine in Ordnung, erfüllst den Plan und zahlst deine Gewerkschaftsbeiträge.‘ – ‚Und denke dir, wie schön, gemeinsam werden wir nun zu den Betriebsversammlungen gehen.‘“

Trotz dieser und mancher ähnlichen Kritik ist die Darstellung der Liebe als Stimulans der Arbeit heute noch anzutreffen.
Mein eigener Eindruck geht dahin, daß diese Kurven der literarischen Generallinie wenig bedeuten. Sie schlugen ihre Wellen an der Oberfläche, darunter aber hat sich während vier Jahrzehnten verhältnismäßig wenig verändert.
Wer durch die Parks der Sowjetstädte geht oder sonntags Ausflüge in ihre Umgebung macht, der wird feststellen, daß die jungen Leute so romantisch sind, wie es einst ihre Eltern oder

Großeltern waren, und nicht anders als jene von Mond und Flieder, von der Ruderfahrt auf einem See, von einem Sonnenuntergang schwärmen. Auch die Schriftsteller haben begonnen, die Liebe wieder in ihr Recht einzusetzen. Ein Auszug aus einer jüngst erschienenen Erzählung[15] soll am Schluß dieses Abschnitts stehen, nicht weil sie literarisch von Wert wäre, sondern wegen der unbefangenen, gewissermaßen überzeitlichen Art, in der hier das alte Thema der ersten Liebe behandelt wird:

Die vierzehnjährige Tanja hat Besuch von dem etwa gleichaltrigen Fedja. Er hat ihr den ihm geliehenen Pinsel zurückgebracht. Es ist Winter, und sie will ihn erst mit seinen schneenassen Schuhen nicht ins Zimmer lassen. Er zieht also die Schuhe aus, kommt herein und schaut zu, wie sie an einer Schulaufgabe arbeitet. Dann nimmt er ein Blatt Papier und fängt an, sie zu zeichnen. Sie spürt, wie seine Augen zwischen dem Papier und ihrem Gesicht hin und her wandern, und wagt nicht mehr, den Kopf zu heben. Schließlich zeigt sie ihm die fertige Aufgabe und fragt, ob sie sie richtig gemacht habe. Der Erzähler fährt fort:

„Fedja beugte sich über den Tisch, und seine dunklen Haare streiften fast ihr Gesicht. ‚Ja', sagte er. Und plötzlich wurden seine Lippen zu ihrer rosigen Wange hingezogen und berührten sie leicht, wie an einem stillen Vorfrühlingstag ein erster Tropfen die Erde berührt. Tanja fuhr hoch und stieß ihn zurück. Beide schwiegen verwirrt.

In diesem Augenblick trat Tanjas ältere Schwester ins Zimmer, hielt ihr die seifigen Hände hin und sagte: ‚Nimm mir die Uhr ab.' Sie hörten sie nicht. In Tanjas Brust sang etwas, und das Zimmer war von einem neuen Glanz erfüllt. Die Schwester blickte aufmerksam in die verwirrten Gesichter und sagte: ‚Was ist denn mit euch los?' Jetzt erst bemerkte Tanja die seifigen Hände.

‚Ich soll dir die Uhr abnehmen? Gib her!' Und sie legte die Uhr auf den Tisch.

‚Was schaust du mich an? Geh! Geh!' So flehend klang Tanjas Stimme, daß die Schwester, die schon im Begriff war, einen derben Scherz zu machen, sich schweigend umdrehte und hinausging. Tanja aber warf sich ein Tuch über die Schultern und lief aus der Hütte. Sie rannte den Berg hinab und versteckte sich im dichten Schilf."

FAMILIE UND HEIM

In demselben Holzklassewagen, der mich auf einem meiner letzten Rußlandbesuche einige Tage lang durch die gleichförmige Ebene trug, saß im Nachbarabteil ein vierzehnjähriges Mädchen, Anna geheißen, Annuschka, das heißt Ännchen, gerufen. Fast noch lieber als mit Erwachsenen unterhalte ich mich auf Reisen mit Kindern, und so besuchte mich Annuschka oft. Ich gab ihr Zeitschriften und Bücher zu lesen, und jeden Nachmittag tranken wir miteinander Tee. In meinem Abteil „wohnte" noch eine Frau in mittleren Jahren, eine Kriegerwitwe; die hatte, wie die meisten weitreisenden Passagiere, einen Teekessel bei sich, den ihr fünfzehnjähriger Sohn Sergej auf den Stationen mit kostenlos abgegebenem kochendem Wasser zu füllen pflegte. Auch der jeweilige Inhaber des vierten Platzes in unserem Abteil setzte sich gewöhnlich dazu.

Annuschka hatte ein Jahr bei ihrer Großmutter in einer entfernten Provinz gelebt und fuhr nun – so verstand ich es jedenfalls, sie drückte sich darüber nicht ganz klar aus – zu ihren Eltern nach Tula. Sie erzählte mir von der Schule, ihrem Lieblingsschriftsteller (Puschkin), ihren Lieblingsfilmen (sie schwärmte besonders für romantische Geschichten, zum Beispiel für die Verfilmung von Lermontows „Prinzessin Mary"). Geschwister habe sie nicht.

„Da freust du dich sicher, bald wieder daheim zu sein", sagte ich, wie man das so sagt. Und ein anderes Mal: „Nun sind es nur noch drei Tage, dann bist du wieder bei den Deinen." – „Ja, ja", erwiderte sie stets, ohne darauf einzugehen.

Als das Mädchen einmal gerade hinausgegangen war, sagte mir Sergejs Mutter: „Wissen Sie, was ich von einer Frau in Annuschkas Abteil gehört habe? Sie fährt nicht zu ihren Eltern; sie hat gar keine Eltern." In diesem Augenblick erschien Annuschka in der Tür. Ein Schrecken lief über ihr Gesicht; sie wurde blutrot, drehte sich um und verschwand.

Eine Stunde später traf ich Annuschka im Gang. Sie sah verweint aus. Ich zog die Widerstrebende in unser Abteil, das gerade leer war. Es gab erst neue Tränen, dann kam es heraus: Der Vater hatte die Mutter verlassen, als Annuschka noch ganz klein war. Nach einer Weile zog ein „Onkel" zu ihnen, und sie lebten zu dritt in einem kleinen Zimmer. Der Onkel mochte Annuschka nicht und drängte darauf, daß sie zur Großmutter abgeschoben wurde; aber die Großmutter war alt, und so konnte sie bei ihr nicht auf die Dauer bleiben. Jetzt war sie unterwegs zu Verwandten nach Tula.

Ich suchte sie zu trösten; auch ich sei ohne Vater aufgewachsen; sie sei doch ein kluges und tüchtiges Mädchen, das sich im Leben schon durchsetzen würde. Schließlich beruhigte sie sich. Aber die alte Vertraulichkeit wollte sich nicht wieder einstellen. Annuschka blieb befangen und spürbar zurückhaltend.

„Warum hat sie uns denn nicht von Anfang an gesagt, wie es bei ihr steht?" fragte ich Sergejs Mutter.

Die Frau erwiderte: „Annuschka schämte sich so. Der Genosse Schriftsteller [das war also ich] sollte nicht wissen, daß sie keine Familie hat."

Die kleine Geschichte wäre, passierte sie im Westen, belanglos; sie schien mir des Bemerkens und Mitteilens wert, weil sie in der Sowjetunion spielte, dem Staate also, dessen Regierung unmittelbar nach der Revolution den Kampf gegen die Familie begann. Bereits in einem der ersten Dekrete nach der Machtergreifung hatten die Bolschewiken Eheschließung und Scheidung zu nebensächlichen Formalitäten entwürdigt; und auch dieser Pflicht der einfachen Registrierung beim Standesamt wurden die Bürger durch die neue Regelung von 1926 enthoben.[1] Der Kreml gab den ärztlichen Eingriff jeder Frau frei, die ihn wünschte, und richtete dafür besondere Kliniken ein, „um die Gleichberechtigung der Geschlechter sicherzustellen". Jeder Unterschied zwischen legitimen und illegitimen Kindern wurde aufgehoben und die Erziehung in erster Linie den staatlichen Einrichtungen und politischen Organisationen als Aufgabe zugewiesen. Und diese Erzieher hielten die Kinder dazu an, die eigenen Eltern anzuzeigen, wenn sie am Familientisch ein kritisches Wort gegen den Staat wagten, und nannten der Jugend einen Pawlik Morosow als heroisches Beispiel, weil er seinen die Kollektivierung ablehnenden Vater verriet, dafür von bösen Kulaken umgebracht und so zu einem Märtyrer des Denunziantentums wurde. Wenn in einem Staat, der unter solchen Vorzeichen ins Leben getreten ist, vierzig Jahre später ein Mädchen weint, weil es sich schämt, keine eigene Familie zu haben, dann ist das, scheint mir, zum mindesten als Symptom bemerkenswert.

Die ersten Anzeichen einer allmählichen Wiedergeburt der Familie erlebte ich Anfang der dreißiger Jahre bei einer Jugendkommune.[2] Diese bestand aus jungen Leuten, die ganz und gar Kinder der Revolution waren und alle Ideen des Kommunismus in sich aufgenommen hatten, voll begeisterter Entschlossenheit, ihnen nachzuleben; sie waren bereit, „wie die ersten Menschen" mit den menschlichen Erfahrungen bei Null anzufangen.

Wie in vielen Kommunen jener Zeit waren auch in dieser Kommunarden beiderlei Geschlechts vereinigt. Über ihr Verhältnis zueinander stand in der Satzung der Kommune wörtlich zu lesen:

> „Wir sind der Ansicht, daß eine Einschränkung geschlechtlicher Beziehungen (der Liebe) nicht statthaben soll. Die geschlechtlichen Beziehungen sollen offen sein. Wir müssen uns zu ihnen bewußt und ernsthaft verhalten. Unkameradschaftliche Beziehungen haben den Wunsch nach Heimlichkeit und dunklen Ecken, Flirt und ähnliche unerwünschte Erscheinungen im Gefolge."

Nach einiger Zeit freilich mußte man die Entdeckung machen, daß der Wunsch eines befreundeten Paares, allein zu sein, keineswegs die Folge „unkameradschaftlicher Beziehungen" war, sondern durchaus in der Natur der Sache lag. Hier machte sich die leidige Enge des Wohnraums am peinlichsten fühlbar: jedes Zimmer war überbelegt. Wo sollten die Beziehungen, und wären sie noch so kameradschaftlich, Platz finden?

So ergaben sich aus dem Zusammenleben der Geschlechter zahlreiche Probleme, an die bei der Gründung der Kommune noch niemand gedacht hatte. Man versuchte es mit einer Aushilfe: die Verfassung der Kommune erhielt den lapidaren Zusatz: „Geschlechtliche Beziehungen der Kommunarden sind in den ersten

Jahren der Kommune unerwünscht." Zumindest dem Protokoll zufolge ließ sich die Einhaltung dieses Beschlusses zwei Jahre lang erzwingen. Aber Anfang 1928 teilte der Kommunarde Wladimir auf einer Versammlung der Kommune mit, er beabsichtige, ein der Kommune nicht angehörendes Mädchen namens Katja zu heiraten, und beantrage deren Aufnahme in die Kommune. Das Tagebuch verzeichnet gegensätzliche Stimmen, zum Beispiel:

> Mischa: „Wir befinden uns in der Kommune augenblicklich in einer Krise. Eine Ehe würde eine Gruppenbildung innerhalb der Kommune darstellen und die Einheit der Kommune noch mehr erschüttern, daher bin ich gegen die Aufnahme."
> Lölja: „Wenn wir Katja nicht aufnehmen, verlieren wir Wladimir. Wir haben ihn jetzt schon fast verloren" er ist kaum zu Hause. Ich stimme für Aufnahme."

Beschluß: „Katja wird in die Kommune aufgenommen." Eine neue Pritsche wurde in das Schlafzimmer der Mädchen gerückt.
Nachdem auf diese Weise das Problem der Ehe eines Kommunarden positiv entschieden war, mußte man sich wohl oder übel auch mit ihren Folgen beschäftigen. Das Ergebnis langer Debatten war die Feststellung: Kinder sind wegen des Platzmangels und der schmalen wirtschaftlichen Basis der Kommune unzulässig. Ihr Erscheinen würde den Studenten jegliche Möglichkeiten nehmen, zu Hause zu arbeiten. In den Annalen findet sich der neue Beschluß: „Die Ehe in der Kommune ist möglich und erlaubt. Jedoch muß die Ehe angesichts der schweren Wohnungssituation ohne Folgen bleiben. Ein Eingriff darf jedoch nicht vorgenommen werden."
Nicht alle Kommunarden waren mit diesem Entscheid einverstanden; manche nannten ihn unklug und gesundheitsschädigend, aber anscheinend hielten sich zunächst alle daran. Erst ein Jahr später wurde eine neue Resolution gefaßt. „Die Kommune läßt die Geburt von Kindern zu." Über eines freilich war man sich immer einig geblieben: Weder Ehe noch Kinder durften in der Kommune das geringste an dem Grundprinzip des Gemeineigentums ändern. Die Kinder von Kommunarden sollten als Kinder der Kommune angesehen und auf allgemeine Kosten erzogen werden.

Einige Zeit später heirateten Stepan und Tanja, beide Mitglieder der Kommune; wieder ein halbes Jahr später Anna, die es nicht war, und Andrej. Anna brachte eine neue Note in die Kommunardenehen: Sie behielt ihren Wohnplatz außerhalb der Kommune und teilte mit: „Es ist meiner Ansicht nach nicht nötig, daß Ehegatten zusammenwohnen. Ich stelle daher keinen Antrag auf Aufnahme in die Kommune."

Jetzt waren von den elf Kommunarden fünf verheiratet. Da sich aber an den Wohnverhältnissen nichts geändert hatte, mußte es nach wie vor bei der Trennung in ein Frauen- und ein Männerschlafzimmer bleiben. Das wirkte sich auf das Verhältnis der jungen Paare sehr ungünstig aus. Verzweifelt schrieb Tanja in einem Brief an ihren Mann:

> „Ich will ein persönliches Glück haben, ein kleines, ganz einfaches und ganz gesetzliches. Ich sehne mich nach einer stillen Ecke mit Dir allein, um mit Dir zusammensein zu können, wenn wir es wünschen, damit wir uns nicht vor den anderen verstecken müssen, damit unsere Beziehungen voller, freier und freudiger werden. Kann denn die Kommune nicht verstehen, daß das eine menschliche Notwendigkeit ist?"

Noch einige Monate, und man erkämpfte sich zusätzliche Räume. Die Familien begannen, aus dem kommunistischen Experiment wieder zur klassischen Form der Ehe zurückzukehren; das Menschliche setzte sich gegen das Ideologische durch, und zwar noch ehe die Partei ihre familienfeindliche Einstellung revidiert hatte.

Diese Revision setzte erst 1935 ein. Ich lebte damals als deutscher Korrespondent in Moskau. Auf einmal stand in den Zeitungen so viel über das Problem der Familie zu lesen, daß ich eine neue Rubrik in meiner Kartei einrichten mußte. Während bis dahin das Wort Familie kaum je in der Presse aufgetaucht war, las man nun Dinge wie diese: In der Stadt Serpuchow sei ein „sozialistischer Wettbewerb" der Eltern ausgeschrieben worden, um festzustellen, welche Eltern am besten für die Erziehung der Kinder sorgten. Kriterien waren etwa: Hat jedes Kind eine eigene Zahnbürste? Wie oft werden ihm Nägel und Haare geschnitten? Andere Städte folgten. Parteiversammlungen forderten von den Genossen Vätern Rechenschaft über die Erziehung der Kinder. Einmal las ich das Protokoll einer solchen Versammlung:

„Nach Anhören des Genossen Dobrowolskij über die Erziehung seines Sohnes stellt die Parteiversammlung fest, daß sich der Genosse Dobrowolskij und seine Frau befriedigend um ihren Sohn Wolodja kümmern. Die Versammlung hält es jedoch nicht für normal, daß Wolodja abends spät schlafen geht, unregelmäßig die Zähne putzt und wenig Schöne Literatur liest. Die Versammlung beschließt daher, den Genossen Dobrowolskij zu verpflichten, Wolodja erstens rechtzeitig schlafen zu schicken, zweitens mit Zahnpulver und einer Zahnbürste zu versehen und zu regelmäßigem Zähneputzen anzuhalten, drittens zu veranlassen, sich in der Leihbibliothek der Fabrik einzuschreiben und in allernächster Zeit die folgenden Bücher zu lesen ...“ (Es folgten die Titel einiger Werke.)

Nachdem man sich jahrelang bemüht hatte, die Frauen zu Männern zu machen, begann man plötzlich, die Pflege weiblicher Qualitäten zu fordern. Auf einer Versammlung des Komsomol in einer Leningrader Hochschule sagte ein Redner:

„Ein Mädchen muß so aussehen, daß es angenehm ist, mit ihr spazierenzugehen (Beifall). Wir haben aber zahlreiche Fälle, in denen unsere Komsomolzinnen die unerläßlichen Elemente der Koketterie, die jede Frau haben muß, verlieren. Dagegen müssen wir ankämpfen. Es ist an der Zeit, Eau de Cologne und Puder zum absolut unerläßlichen Utensil jeder Komsomolstudentin zu erklären (Beifall).“

Von jetzt ab ergänzten sich der gesunde Sinn des Volkes und die Politik der Regierung. So wurde zum Beispiel 1936 die Scheidung von Staats wegen erschwert; eine Gebühr von fünfzig Rubeln wurde eingeführt, die sich bei einer zweiten Scheidung auf hundertfünfzig, bei einer dritten auf dreihundert Rubel erhöhte. Zugleich wurde die Abtreibung verboten und unter Strafe gestellt.[3] In neuen familienrechtlichen Publikationen, wie zum Beispiel denen des Sowjetjuristen S. Wolffson, wurde die Familie als sozialistische Form des Heims gepriesen. Im November 1941 wurde eine Sondersteuer für Kinderlose eingeführt. 1944 folgten Orden, Prämien und Zuschüsse für kinderreiche Mütter.
Den vorläufigen Höhepunkt erlebte diese Entwicklung der Familiengesetzgebung im letzten Kriegsjahr.[4] Von nun an wurde vom Staat nur die ordnungsgemäß registrierte Ehe anerkannt, nicht

mehr die sogenannte faktische Ehe, die ihr bisher gleichgesetzt war. Die Unterhaltspflicht des unehelichen Vaters wurde aufgehoben, um die Frauen auch durch wirtschaftlichen Druck von „wilden“ Ehen und unehelicher Mutterschaft abzuschrecken. Um einen scheidungswilligen Ehepartner durch öffentlichen Druck von seinem Vorhaben abzubringen, verlangt man von ihm nunmehr, daß er seine Absicht durch eine von ihm bezahlte Anzeige in der Lokalzeitung bekanntgibt. Die Gerichte sind angewiesen, alles zu versuchen, um die Scheidung zu verhindern, und dürfen diese nur aussprechen, wenn sie sich überzeugt haben, daß die Ehe unwiederbringlich zerstört ist. Eine Scheidung kostet jetzt fünfhundert bis zweitausend Rubel. Erst in den allerletzten Jahren ist eine Kritik an diesem Ehegesetz vernehmbar[5]; sie richtet sich gegen die brutale Benachteiligung der unehelichen Mutter.

Seit den dreißiger Jahren wird die Festigung der Familie gefordert. In der Belletristik durften geschlechtliche Beziehungen bis vor kurzem fast nur in der Form der bräutlichen oder ehelichen Liebe vorkommen; mit der Eheschließung hörten – wie einst bei der Marlitt – die Probleme auf. Wer Karriere machen wollte, ließ sich möglichst nicht scheiden. In einer 1956 veröffentlichten Novelle, die eine zerrüttete Ehe schildert, bittet der Mann seine Frau, die ihn bereits verlassen hat, sie möge zurückkommen. Er begründet seinen Wunsch mit den Worten: „Du weißt doch, wie man heutzutage auf ein unordentliches Familienleben schaut, besonders bei einem Parteimitglied.“ [6]

Auch die in den Revolutionsjahren bekämpfte Autorität der Eltern ist längst wieder aufgerichtet worden. In den zwanzig „Regeln für Schüler“, die im Krieg erlassen wurden und von allen Schulkindern auswendig gelernt werden müssen, lauten die Regeln 13 und 17:

> „Sei höflich zu den Älteren und benimm dich bescheiden und ordentlich in der Schule, auf der Straße und auf öffentlichen Plätzen.“
> „Gehorche deinen Eltern und hilf ihnen, für jüngere Geschwister zu sorgen.“ [7]

Insbesondere bemüht sich der Staat, die Stellung der Mutter zu festigen. Gerichtsurteile werden gewöhnlich nur veröffentlicht, wenn sie als erwünschte Präzedenzfälle gelten; so das folgende: Bei einer Scheidung im Jahre 1944 war das Kind dem Vater zugesprochen worden, da er, wie das Urteil erklärte, als Professor und Stellvertretender Direktor eines pädagogischen Instituts für eine „verantwortungsbewußte kommunistische Erziehung“ eine bessere Gewähr biete als die noch jugendliche Mutter, eine Studentin des Instituts. Das Oberste Gericht aber hob das Urteil auf und sprach das Kind der Mutter zu. „Günstige materielle Bedingungen beim Vater“, erklärte das Gericht, „sind kein Grund, ein zweieinhalbjähriges Kind der Mutter fortzunehmen.“ [8]

Eine in ideologischen Fragen maßgebende Moskauer Zeitung brachte einen langen Artikel unter der Überschrift „Die junge Mutter“, in dem sich die Worte finden: „Die Mutter ist eine geheiligte Person und muß in der Familie, in erster Linie von seiten des Vaters, ehrenvoll behandelt werden. In der Familie ist das Wort der Mutter Gesetz. Ihre Autorität ist unangreifbar.“ [9]

Die radikale Schwenkung der staatlichen Familienpolitik hatte verschiedene Gründe. Die Pragmatiker unter den Parteiführern, vor allem Stalin selbst, mußten beunruhigt sein, wenn sie das Chaos sahen, das die Ehegesetze der ersten Zeit nach der Revolution in einem von Hause aus familienwilligen Volk hervorgebracht hatten; dieses Chaos äußerte sich am deutlichsten im Absinken der Geburtenrate, einem erschreckenden Ansteigen der Jugendverwahrlosung und einer Schädigung der weiblichen Gesundheit als Folge der zahlreichen Eingriffe. Die simple Staatsraison, die in Stalins Denken einen wichtigen Platz einnahm, gebot ihm, das Steuer herumzuwerfen und die Kräfte im Volke zu unterstützen, mit denen eine Neukonsolidierung der Familie erreicht werden konnte. Diese Kräfte standen bereit. Das Bedürfnis nach geordneten Familienverhältnissen ist bei den Russen tief verwurzelt, vor allem aber bei den russischen Frauen. Vielleicht sollte man sagen: bei den Frauen überhaupt.

Daß das auch heute noch zutrifft, kann nicht als selbstverständlich betrachtet werden. Denn der Frau in der Sowjetunion sind in einem Umfang wie noch nie zuvor in der Geschichte über die Familie hinaus noch andere Aufgaben aufgebürdet worden, die früher dem Manne allein oblagen. Nicht daß die Sowjetfrau im eigenen Haushalt sehr viel körperliche Arbeit leisten muß, ist neu, denn überall in der Welt arbeitet die Frau um so mehr, je primitiver die Verhältnisse; auch im alten Rußland war die Frau ein Arbeitstier. Neu sind das Ausmaß und die Härte der außerhäuslichen, der beruflichen Arbeit – auch der verheirateten Frau.

Auch bei uns gibt es Millionen berufstätiger Ehefrauen. Tausende von Müttern sind gezwungen, für die Familie Geld zu verdienen, weil der Mann fehlt oder sein Verdienst nicht ausreicht. Überwiegend aber stehen doch solche Frauen in der Berufsarbeit, die keine oder wenige oder schon erwachsene Kinder haben, den häuslichen Pflichten also auch in ihrer Freizeit, gewissermaßen nebenberuflich, nachkommen können. In Berufen, die wir infolge der physischen Beanspruchung für Männerberufe halten, sind Frauen so gut wie gar nicht zu finden. Anders in der Sowjetunion. Fast die Hälfte aller Arbeiter und Angestellten sind Frauen[10], wobei auf die weibliche Konstitution nur wenig Rücksicht genommen wird.

Unvergeßlich bleibt mir der Anblick der Arbeiterinnen, die ich in den Kohlengruben des Kusbass, unfern der mongolischen Grenze, unter Tage antraf. Sie arbeiteten zwar nicht unmittelbar als Hauer, aber sie bedienten die Maschinen, fuhren die Züge, schoben die vollen Waggons in die Förderkörbe. Es gab mir immer wieder einen Stich, wenn ich beim trüben Licht meiner Grubenlampe Frauen in unförmigen Anzügen sah, mit abscheulichen Kopfbedeckungen, einer Mischung von Grubenmütze und Kopftuch, die Gesichter negerhaft schwarz, in harter und gefährlicher Arbeit. Sie fühlten sich offensichtlich nicht in ihrem Element, hatten mißmutige Gesichter und antworteten gereizt auf die Fragen, die der Obersteiger an sie richtete. Man mag darüber streiten, ob Frauen etwa in Spinnereien oder Papierfabriken beschäftigt werden sollen; es wäre ein theoretischer Streit, da auch bei uns Millionen von Frauen nur durch ihrer eigenen Hände Arbeit ihren Lebensunterhalt selbst verdienen oder wenigstens den für unerläßlich gehaltenen Lebensstandard erreichen können; in ein Kohlenbergwerk gehören sie ganz sicher nicht, ebensowenig in zahllose andere Schwerarbeiterberufe, in denen sie in der Sowjetunion eingesetzt werden.

Erst in allerjüngster Zeit werden Anzeichen bemerkbar, daß man

die Frauen wenigstens teilweise allmählich aus diesen Arbeitsplätzen herauszuziehen plant; nicht aber aus der Berufsarbeit überhaupt. Von der vor einigen Jahren da und dort gemachten Anregung, für Frauen mit Familie die Arbeitszeit zu halbieren, hat man seither nichts mehr gehört. Bei der großen Zahl berufstätiger Frauen würde eine solche Maßnahme – das Dorf nicht mitgerechnet – den Staat mehr als zwanzig Milliarden Arbeitsstunden jährlich kosten. Die offizielle Propaganda ist nach wie vor darauf gerichtet, Frauen zur Berufsarbeit anzuhalten, auch die, welche dazu aus finanziellen Gründen nicht gezwungen sind.
Frauen, die keinem Beruf nachgehen, werden gewöhnlich als nutzlose Parasiten oder als „Weibchen" dargestellt. Ich denke zum Beispiel an die Erzählung in der meistgelesenen Unterhaltungszeitschrift Ogonjok, deren Heldin keinen Beruf hat und nur eine einzige Sorge kennt: die bedrohte Figur. Der Leser verfolgt, wie sie – im Dienstwagen ihres hochgestellten Mannes – auf der Suche nach einer zuverlässigen Abmagerungskur von einem Arzt zum anderen fährt, bis eines Tages ihr Mann, der sich die Ungnade eines Vorgesetzten zuzieht, seines Dienstwagens verlustig geht. Nun muß seine Frau, wie die große Mehrzahl ihrer Mitmenschen, alles zu Fuß erledigen, mit dem Ergebnis, daß sie dadurch ihr Übergewicht plötzlich verliert.[11] Noch weniger schmeichelhaft ist das Bild, das in dem Spottgedicht „Braut mit Mitgift" von einer jungen Dame gezeichnet wird:

Die Haare voll Pomade,
Wimpern wie Schokolade,
Die Lippen dick von Rouge –
Her nun mit dem Mush [Ehemann]!
Da braucht's nicht nur Kosmetik.
Auch ein Diplom ist nötig:
Der Mann, weiß sie genau,
Will stolz sein auf die Frau.
Welch wissenschaftlich schlauer
Weg zum Urlaub von Dauer!
Denn Arbeit wird allein
Nun – Mannessache sein ...[12]

Diese Spezies, der selbst die Gefilde der Wissenschaft nur ein geeignetes Gelände erfolgreicher Männerjagd sind, wird auch

von westlichen Kabaretts des öfteren aufs Korn genommen, selten aber in dieser groben Art karikiert. Man spürt darin etwas von dem Ingrimm, vielleicht von der Sorge, mit der das Regime bei der jüngeren Generation, vor allem bei den Töchtern der Oberschicht, die wachsende Tendenz beobachtet, sich der Berufsarbeit zu entziehen. In Wirklichkeit entspringt dieser Drang zur Familie bei vielen gewiß nicht dem Wunsch, sich ein bequemes Leben zu sichern, sondern der besseren Einsicht in die wahre Natur der Frau.
Auf der anderen Seite gibt es auch in der Sowjetunion unzählige Frauen, die in der Berufsarbeit Befriedigung finden und sie gar nicht aufgeben wollten, auch wenn sie sich das finanziell leisten könnten; das gilt vor allem für die Frauen in den gehobenen Berufen der Intelligenzia. Als eigentliche Frauenberufe haben sich die der Lehrerin und der Ärztin – einschließlich des gesamten medizinischen Personals – herausgebildet.
Eine gerechte Beurteilung darf nicht übersehen, daß die Sowjetfrau auch in der häuslichen Arbeit eine über das bei uns übliche Maß hinausgehende Belastung zu tragen hat. Hausgehilfinnen kann sie sich nur in Ausnahmefällen leisten, und die arbeitssparenden Haushaltsmaschinen, die zur selbstverständlichen Ausrüstung der amerikanischen Hausfrau gehören – aber auch in der Bundesrepublik in raschem Vordringen sind –, fehlen ihr ganz. Und nirgends ist das Einkaufen so bedrückend umständlich wie drüben. Ich sah im Herbst 1955 in einem Laden Frauen wie Furien einen Tisch umdrängen, hinter dem ein kleiner Posten Nachttöpfe verkauft wurde. Als sie entdeckten, daß ein Mann, der bereits einen erstanden hatte, sich noch einmal in die Schlange stellte – vermutlich, weil er diese Mangelware zu einem erhöhten Preis schwarz weiterverkaufen wollte –, hätten sie ihn fast in Stücke gerissen. So erklärt es sich, daß Frauen, die aus den kommunistischen Staaten in den Westen zu Besuch kommen, bei uns nichts so sehr genießen wie das mühelose und flinke Einkaufen. Ein Laden mit Selbstbedienung, in dem sie sich alles, was sie kaufen wollen, in einen Korb legen und dann auf einmal bezahlen können, bringt sie vor Aufregung ganz aus dem Häuschen.
Am schwersten lasten auf den Frauen die für uns unvorstellbaren Wohnverhältnisse, in denen die große Mehrheit der Bevölke-

rung nun schon seit Jahrzehnten lebt. Man muß sie einmal selbst kennengelernt haben, um zu verstehen, wie ungünstig sie sich auf die Familien auswirken.
Jedesmal, wenn ich in den letzten Jahren an dem Haus vorüberkam, in dem wir 1934 einige Monate lebten, sah ich nach, ob die Zahl der Namensschilder, die die Anzahl der Mieter anzeigt, endlich geringer geworden ist. Aber vor der Tür in die Sechszimmerwohnung, in der wir damals ein Zimmer mieteten, waren 1957 immer noch neun Schilder zu sehen. Einmal ging ich hinein, aus alter Anhänglichkeit sozusagen. Wieder schlug mir der muffige Geruch entgegen, ein Gemisch von Petroleumkocher, Kohl, Tabaksqualm und trocknender Wäsche. Ich kehrte um, aber vor meiner Erinnerung stiegen wieder die Bilder jener Monate auf, die wir damals im Zimmer des vorübergehend versetzten Ingenieurs Iwanow wohnten.
Gleich die erste Nacht verging unruhig. Mehrmals läutete es an der Wohnungstür wild und ausdauernd. Alle wurden wach, nur der nicht, dem es galt. Einmal rissen mich drei Klingelzeichen aus dem Schlaf. Unser Signal! (Wir hatten es von Iwanow geerbt.) Irgend etwas Tolles muß passiert sein, dachte ich; halb drei Uhr in der Nacht. Und stürzte hinaus. Ein wildfremder Mann – er hatte an der linken Klingel geläutet, und für uns galt die rechte. Später haben wir unser Gehör musikalisch geschärft und gelernt, die beiden Glocken, die um eine halbe Oktave auseinanderlagen, zu unterscheiden.
Ein anderes Mal wurde unser Schlummer früh am Morgen durch lautes Geschrei im Nebenzimmer unterbrochen. „Die Lampe", tönte eine erregte weibliche Stimme, „die Lampe gehört mir, die Lampe hat mir meine Tante geschenkt, die Lampe werde ich bekommen. Soll ich vielleicht im Dunkeln sitzen?"
„Wieso im Dunkeln sitzen?" antwortete die Stimme des Mannes. „Dein Freund wird dir eine neue kaufen; ich weiß es, er hat Geld."
„Das ist nicht wahr!" rief die Frau dazwischen. „Er ist arm!"
„Nein, ich weiß, er hat Geld, ich habe mich genau erkundigt; ich habe sogar erfahren, daß ihr manchmal Butter eßt . . ." Die Frau schwieg: dies Argument schien gesessen zu haben.
Offensichtlich ging nebenan eine Scheidung vor sich, genauer ge-

sagt, die schwierigste Etappe der Scheidung, die Teilung der Habseligkeiten. Sie dauerte noch mehrere Tage, und ob wir wollten oder nicht, wir mußten sie miterleben.
Am malerischsten war es in der ständig überfüllten Küche. Einmal schmeckte die Tomatensuppe nach Seife: die Wäsche, welche die Nachbarin auf der Gasflamme nebenan stehen hatte, war in unseren Topf übergekocht. Um die drei Gasflammen – die vierte funktionierte schon lange nicht – ging immer ein stiller Kampf. Jeder wollte dran, zum Essenkochen, Teemachen, Waschen, Bügeln, Ondulieren. Diese Beanspruchung hatte im Fußboden vor dem Gasherd ein tiefes Loch entstehen lassen; ich hätte mir einmal fast den Fuß darin gebrochen.
Für manche, vor allem für die beiden Paare, die in den fensterlosen Kammern am Eingang schliefen, war die Küche der Hauptwohnraum; die Kinder benützten sie als Spielzimmer. Es war erstaunlich, wie verhältnismäßig sauber da die Küche war. Jede Familie mußte sie so viele Tage hintereinander in Ordnung halten und aufwaschen, wie sie Mitglieder hatte.
Um mir die Bürgerrechte im Hause zu erwerben, mußte ich den Vorsitzenden des Hauskomitees aufsuchen, der sein Büro hinten im Hof hatte. Der Weg führte mich durch den Keller. Auch dort war alles bis aufs letzte Plätzchen bewohnt. Selbst in einem Loch, das früher wohl nur zum Regulieren der Heizung benützt wurde, hauste wie ein Maulwurf eine weißhaarige Alte. Im Hauskomitee war eine wilde Auseinandersetzung im Gang. Eine Frau beklagte sich, man habe vor ihrem Zimmer so viele Sachen aufgestellt, daß sie die Türe nicht mehr öffnen könne; sie beantrage die Anbringung einer Leiter vom Hof aus, um in Zukunft ihr Zimmer durchs Fenster zu betreten.
Die Wohnung besaß ein Telefon. Der Apparat hing hinten im Gang; seine Bedienung war kollektiv. Wenn es zum erstenmal klingelte, ging prinzipiell niemand hin und auch beim zweitenmal nur selten. Jeder dachte: Wollen einmal sehen, ob nicht ein anderer geht. Beim dritten Läuten wurde es lebendg. Hörte man aber Schritte im Nebenzimmer, so blieb man selbst wieder stehen; einer war ja genug. Gleichzeitig hemmte auf Grund derselben Erwägung auch der Nachbar seinen Schritt. Wieder tiefe Stille. Verzweifelt schrie die Glocke zum viertenmal. Jetzt faßten alle

einen endgültigen Entschluß und – prallten nun zu dreien oder vieren auf dem Korridor zusammen.

Seit dem Kriege ist viel gebaut worden, vor allem seit 1957; aber erst mußten die großen Kriegsverluste an Wohnraum wettgemacht werden, und in die neuen Häuser zieht die Minderheit der Bevorzugten ein. Überdies geht ständig alter Wohnraum verloren; alte Häuser werden abgerissen, da sie baufällig sind oder die Straßen verbreitert werden. Selbst aus Sowjetstatistiken ist zu entnehmen, daß die durchschnittliche Pro-Kopf-Wohnfläche in den Städten erst 1955 mit 7,4 Quadratmeter den an sich schon sehr niedrigen Stand von 1913 überschritten hat, seitdem allerdings weiter stieg und Ende 1958 etwa 8,4 Quadratmeter betrug.[13]

Die Wohnungsnot ist bis heute ein beliebtes Thema der Satiriker. Als ich mich 1955 nach einem zeitgenössischen Stück erkundigte, in dem es etwas zu lachen gebe, nannte man mir eines, das sich vielleicht als Revue bezeichnen ließe und seinen Titel der Anfangsstrophe des Liedes „Wo ist die Straße, wo ist das Haus?" entnommen hatte. Der rote Faden der nur lose zusammengehaltenen Szenenfolge besteht darin, daß sich ein junger Bräutigam ein Zimmer sucht, in dem er nach der bevorstehenden Verehelichung leben will; dabei erlebt er alle möglichen Abenteuer. Einmal besichtigt er ein Zimmer, das von den Bewohnern zum Tausch gegen sein bisheriges Zimmer angeboten wird. Es wäre ein schlechter Tausch, denn das Zimmer befindet sich in einem Neubau. Die Schale des Spottes wird auf die miserable Bauweise ausgeschüttet, vor allem auf die Hellhörigkeit. Der Höhepunkt der Szene und des verständnisvollen Publikumsgelächters wird erreicht, als die Bewohner der Zimmer rechts, links, unter und über dem angebotenen Raum eine Art Mieterversammlung abhalten, ohne daß einer von ihnen sein eigenes Zimmer zu verlassen braucht; die Wände sind so dünn, daß sich die Hausbewohner untereinander und mit dem zimmersuchenden Neuen unterhalten können, als befänden sie sich allesamt im gleichen Raum.

Auch wo die Familien heil sind und Eltern und Kinder zusammenwohnen, wird also das Familienleben der Sowjetmenschen durch die Verhältnisse erschwert. Zudem haben sie weniger Zeit

für einander als in unserem Teil der Welt. Da in „freiwilligem" Arbeitseinsatz – inner- wie außerhalb des eigenen Betriebes – regelmäßig Überstunden geleistet werden müssen, überdies an jeden zahlreiche zusätzliche Anforderungen – Betriebsversammlungen, Sitzungen, Vorbereitung der politischen Feiertage – gestellt werden, trifft sich die Familie gewöhnlich erst am späten Abend. Es ist mir immer wieder begegnet, daß Bekannte, wenn sie mich zum Abend einluden, mir auf die Frage, wann ich kommen sollte, die Antwort gaben: „Möglichst nicht vor halb elf, damit wir auch zu Hause sind." Im Herbst 1953 haben die Nachfolger Stalins, bemüht, sich von einer freundlicheren Seite zu zeigen, die bis dahin – entsprechend den sonderbaren Arbeitsgewohnheiten Stalins – übliche Spät- und Nachtarbeit in den Behörden verboten. („Seither hätte eigentlich die Geburtenkurve wieder nach oben gehen sollen!" war eine Bemerkung, die ich zu hören bekam, als das Gespräch diese Reform berührte.)
Die Frauen der Sowjetunion haben alle diese vervielfachten Belastungen erstaunlich gut überstanden. Nur selten stößt man auf literarische Zeugnisse, in denen die negativen Seiten dieser Entwicklung spürbar werden, so zum Beispiel in einer Erzählung aus dem Jahre 1956: Eine alternde Wissenschaftlerin macht sich Gedanken über ihr Berufsleben, das ihr nur viel harte Arbeit und eine – infolge ihrer ständigen Abwesenheit – schlecht erzogene Tochter eingebracht hat.[14] Die Vorstellung vom schwachen Geschlecht trifft auf Rußland noch weniger als anderwärts zu. Die Frau hat sich als körperlich sehr widerstandsfähig erwiesen – man denke auch an die Erfolge sowjetischer Sportlerinnen, die im Westen als Sensation empfunden werden –, und sie ist, so scheint mir, ihren männlichen Landsleuten seelisch überlegen, in sich geschlossener, harmonischer, klarer, sogar vitaler. Die Russen verwenden dafür das Wort Zelnost, wörtlich übersetzt: Ganzheit.[15]
Ein deutscher Soziologe hat den Gedanken entwickelt, daß die Sowjetfrau als Übergangserscheinung zwischen zwei Zeitaltern mit den *Stärken* beider begabt und dadurch reicher ist und erst in einer späteren Generation zu einer konfliktreichen Entscheidung zwischen ihnen gefordert werden wird, während umgekehrt dem Mann in dieser Übergangszeit die *Schwächen* beider Zeitalter anhaften.[16] Sollte diese interessante These zutreffen, so wäre sie als

Erklärung des Phänomens doch nur von sekundärer Bedeutung, denn die Stärke der russischen Frau ist nicht erst eine Erscheinung der Gegenwart; sie fällt schon im Werk der russischen Klassiker auf – von Tatjana in Puschkins „Onegin" über Jekaterina in Ostrowskijs „Sturm" zu Tolstojs „Anna Karenina". Ihre Stärke ist jedoch aktiviert worden durch die beruflichen Möglichkeiten, welche die Revolution ihr brachte. Die schweren Opfer und Belastungen, die damit verbunden waren, hätten ihre Kraft brechen können, aber das ist nicht geschehen. So ist die Frau mit gefestigtem Selbstbewußtsein aus diesen harten Jahrzehnten hervorgegangen. Gewiß hat die Revolution Frauen *und* Männern zahlreiche neue Berufe erschlossen. Aber während für den Mann das beamtete Berufsleben im bolschewistischen Staat mit seinen von Partei und Staat vorgeschriebenen Grenzen eher eine Einengung seiner bisherigen Entfaltungsmöglichkeiten bedeutete, war für die Frau das Berufsleben an sich, also auch das vom Staat reglementierte, etwas Neues, öffnete einen bisher unbekannten Lebensbereich und forderte ihre Tatkraft heraus. Ein Preis, den die russische Frau für ihre Gleichberechtigung gezahlt hat, ist der Verzicht auf die Annehmlichkeiten der männlichen Ritterlichkeit; er ist ihr vielleicht wenig zum Bewußtsein gekommen, da diese Tugend früher ohnehin im wesentlichen auf Adel und Bürgertum beschränkt gewesen war.

Wer sich vor Augen hält, welchen erheblichen Gewinn an Ansehen und Bedeutung die Frau durch die dargelegten Veränderungen in der Familie wie im wirtschaftlichen Leben erlangt hat – „Aufwertung" wird ein solcher Vorgang heutzutage gerne genannt –, den mag es überraschen, daß sie noch immer in der Politik eine geringe Rolle spielt. Reicht ihr Selbstbewußtsein dazu doch nicht aus? Oder sagt ihr der Instinkt, daß es besser ist, diesen höchst umstrittenen Bezirk den Männern zu überlassen? Die Frau in der Politik – das ist immer noch ein ungewohnter Gedanke. Männer erzählten sich gerne den angeblichen Ausspruch Stalins gegenüber der Witwe Lenins, die ihm – gestützt auf den Namen ihres toten Mannes – manchmal unerwünschte politische Ratschläge gab: „Wenn du noch einmal den Mund aufmachst, ernenne ich eine andere zur Witwe Lenins." Erst in den letzten Jahren ist eine Frau im obersten Gremium aufgetaucht, Jekaterina Furzewa, seit dem Zwanzigsten Parteitag (1956) Mitglied des Präsidiums des ZK der Partei.

Auch die Sowjetfamilie ist aus den Konflikten der letzten Jahrzehnte weit gesünder hervorgegangen, als man wohl vermutet hatte. Gewiß, sie hat sich stark verändert. In der alten russischen Familie hatte der Vater oder Großvater ein autokratisches Regiment geführt. Die Frau – die fremd ins Haus Gekommene – wurde als Letzte unter den Letzten behandelt; der Domostroj, das Regelbuch der Familie aus dem sechzehnten Jahrhundert, unterwarf sie – nicht anders als die Kinder – der körperlichen Bestrafung durch den Ehemann. An die Stelle dieser patriarchalischen Ordnung ist eine Art von Gleichberechtigung getreten. Die Frau, die einen Beruf hat, die Geld verdient – manchmal mehr als ihr Mann –, hat schon allein auf diese Weise ihm gegenüber eine stärkere Stellung als zuvor. Aber dadurch ist die Familie nicht zerstört worden; nur die Gewichte haben sich verlagert. Das Ansehen der Mutter ist gewachsen, der Vater aber hat seine doppelte Monopolstellung als Träger der Gewalt und als alleiniger Verdiener verloren. Dieser Zuwachs an Autorität in der Familie gleicht etwas von den Nachteilen aus, die die vermehrte Abwesenheit der berufstätigen Mutter zur Folge hat; das ist eine Erfahrung, die wir auch in Deutschland nach dem Ersten und nach dem Zweiten Weltkrieg gemacht haben.

Aber die Lücke wäre doch niemals zu schließen, gäbe es nicht die zweite Frau in der Familie, die Bábuschka (Großmutter). In der Sowjetunion besteht in allen Altersgruppen – außer in der Nachkriegsgeneration – ein bedeutender Frauenüberschuß; Weltkriege, Bürgerkrieg, Terror der Stalinzeit haben unter den Männern weit größere Verheerungen angerichtet als unter den Frauen. Besonders stark ist der Frauenüberschuß bei den Alten; bei den Sechzigjährigen kommen auf einen Mann drei Frauen.[17] Noch ein Zweites ist zu berücksichtigen: Die Lebenserwartung ist auch in Rußland in den letzten Jahrzehnten ständig gestiegen. Ende des vorigen Jahrhunderts lag sie bei zweiunddreißig Jahren, für 1955/56 wird sie von der Sowjetstatistik mit siebenundsechzig Jahren (dreiundsechzig bei den Männern, neunundsechzig bei den Frauen) angegeben.[18] Daher die große Zahl der Babuschki.

Babuschki stehen in der Sowjetunion infolge der Berufstätigkeit der Familienmütter hoch im Kurse. Je schwerer es wurde, Hausgehilfinnen zu bekommen, desto mehr wuchs die Popularität der Babuschka; Millionen von Familien könnten sich ein Leben ohne sie gar nicht vorstellen. Wenn man Bekannte nach langer Zeit wiedertrifft und sich nicht mehr genau an ihre Familienverhältnisse erinnert, kann man sich getrost erst einmal nach dem Befinden der Babuschka erkundigen; fast immer ist eine vorhanden. In den öffentlichen Parks der russischen Städte wimmelt es von Kindern mit alten Frauen, die auf sie aufpassen.

Ob die Babuschka nun die Mutter des Vaters oder der Mutter ist, sie verstärkt den weiblichen Einfluß in der Familie, übrigens auch – um das gleich hier zu sagen – den Einfluß der Tradition, auf dem Weg über das Märchen zum Beispiel, wohl auch der Religion. Ich glaube nicht zu übertreiben, wenn ich sage, daß in allen Sowjetfamilien mit einer Babuschka sie es ist, die den stärksten Einfluß auf die Kinder ausübt, zumal in den besonders empfänglichen ersten Jahren der Kindheit. Nimmt man hinzu, daß in der Kinderkrippe und im Kindergarten ausschließlich und in der Schule vorwiegend Frauen die Erziehung in Händen halten (in den Elementarklassen sind fast neunzig Prozent der Lehrkräfte Frauen, in den Mittelklassen siebzig Prozent[19]), so muß man zu dem Schluß kommen, daß die Einwirkung des Staates und der männlichen Welt auf die Jugend durch den weiblichen Einfluß aufgewogen wird.

Die Babuschka ist um so unentbehrlicher, als die Zahl der staatlichen Unterkünfte für Kinder immer noch recht beschränkt ist. Ende 1956 gab es nach amtlichen Angaben weniger als eine Million ständiger Plätze in Kinderkrippen, während es in der Sowjetunion zwölf bis vierzehn Millionen Kinder im Alter bis zu drei Jahren geben dürfte, und die Mehrzahl der Mütter tagsüber nicht zu Hause ist. Die Zahl der Kinder, die in den das ganze Jahr geöffneten Kindergärten Aufnahme finden, belief sich Ende 1956 auf annähernd zwei Millionen.[20]

Eine bezahlte Hausgehilfin können sich allenfalls Familien leisten, in denen beide Eltern verdienen. Eine vaterlose Familie kann am wenigsten ohne Babuschka auskommen – und es gibt sehr viele vaterlose Familien; dies lehrt schon der Augenschein. (Statistische Angaben fehlen.) Viele Gründe sind dafür verantwortlich: Nicht nur der Tod, auch die Verschickung hat Millionen von Familien zerrissen, da sich die Männer, der Heimkehr ungewiß – dafür aber im besten Fall eine endlose Zeit der Verbannung vor Augen –, oft genug am Ort des Exils mit Schicksalsgenossinnen oder einheimischen Frauen zusammentaten. (Mischehen mit Andersrassigen gehen die Russen auch heute ohne viel Hemmungen ein.) Aber auch in den Familien, die das Schicksal verschonte, hat der Mann die Möglichkeiten der Unabhängigkeit, die ihm die Gesetzgebung der ersten Jahrzehnte nach der Revolution bot, weit intensiver wahrgenommen als die Frau; er hat häufig Beziehungen unterhalten, die Folgen hatten, ohne damit den Gedanken an eine Familiengründung zu verbinden. Viele Männer haben ihre Frauen (und Kinder) verlassen, als sie durch die Revolution und ihre Begleiterscheinungen nach oben getragen wurden und sich nach jüngeren, gebildeteren Gefährtinnen umsahen. Auch heute kommt das noch oft vor, obgleich der Staat es nicht gerne sieht; in der letzten Zeit sogar wieder recht häufig, da in den Jahren nach Stalins Tod der Staat seine strenge Haltung lockerte. 1956 betrug die Zahl der Scheidungen in der Sowjetunion sieben auf zehntausend Einwohner.[21] (In England sechs, in Deutschland neun, in USA dreiundzwanzig.) Geschiedene Männer – auch das nach dem Augenschein und ohne Hilfe der Statistik geurteilt – heiraten weit häufiger wieder als geschiedene Frauen. Als nach Stalins Tod der Druck auf die Dichter etwas nachließ, erschien alsbald die alleingebliebene Frau als häufiges Thema, für mich am eindrucksvollsten in A. Barto's wehmütig-bitterem Gedicht „Wie bei den ‚Großen'", das spielenden Mädchen in den Mund gelegt wird.

Erstes Mädchen (eine Puppe wiegend)
Eia, schlafe, schlaf nur ein,
Papa liebt sein Töchterlein,
Papa ... nein, wie spielst du schlecht!
Abseits sitzen, ist das recht?
Zweites Mädchen
Laß mich! War ja gestern schon
Papa, hab genug davon,
will's doch nicht auf Dauer!
Erstes Mädchen
Sollst unser Papa bleiben,

sonst spiel nur, wo du magst.
Verdrießt's dich schon,
wenn manchmal du nach dem Kleinen fragst?

(wiegt ihre Puppe)

Eia, schlafe, schlaf nur ein,
Papa liebt sein Töchterlein.
Gleich kommt er zu dir nach Haus.

Zweites Mädchen

Nein — jetzt lebt ihr zu zweien!

Erstes Mädchen

Und der Papa?

Zweites Mädchen

Zog hier aus,
ging eine andre freien. *(Geht ab)*

Erstes Mädchen (zur Puppe)

Eia, schlafe, schlaf nur ein,
Papa ließ sein Kind allein.
Vitamine, Apfelsinen
schafft dir nur die Mutter dein.[22]

Man hat versucht, den Rückgang der Geburtenhäufigkeit auf eine Schwächung der Familie und des Familiensinns zurückzuführen, wohl nur zum Teil mit Recht. Der stärkere Antrieb dürfte wohl auch in der Sowjetunion bei der Industrialisierung und Verstädterung des Lebens zu suchen sein. Darauf weist die Tatsache, daß dieser Rückgang gerade nach dem Ende der Katastrophenjahre – die Hungersnöte, die der Kollektivierung folgten, noch eingerechnet – erst eine gewisse Stetigkeit und ein rascheres Tempo annahm. Von den Bürgerkriegsjahren und der Periode des Zweiten Weltkriegs abgesehen, sind die niedrigsten Geburtenziffern in den Jahren mit der relativ günstigsten Wirtschaftslage, also seit 1950, festzustellen. (Nach amtlichen Angaben ist die Geburtenzahl von siebenundvierzig je tausend Einwohner 1913 über vierundvierzig im Jahre 1926 und zweiunddreißig 1940 auf fünfundzwanzig, also etwa die Hälfte, 1957 zurückgegangen[23], und das trotz allen finanziellen Beihilfen, die seit der Stalinzeit kinderreichen Familien zustehen.)
Die ungewöhnlich starke Kinderliebe der Russen haben viele Deutsche schon an Kriegsgefangenen des Ersten Weltkrieges beobachten können. Alle Besucher der Sowjetunion stimmen darin

überein, daß sie noch heute dieselbe ist, und ich selbst habe bei allen kleinen Auseinandersetzungen, wie man sie etwa in den Parks oder in den öffentlichen Verkehrsmitteln miterleben kann, stets gefunden, daß die Kinder die Sympathien auf ihrer Seite hatten. Wer etwa einmal – was selten geschieht – ein Kind schlägt, sei es ein eigenes oder ein fremdes, sieht sich sofort den Vorwürfen der Anwesenden ausgesetzt. Von der harten Disziplin des Familienlebens, wie sie neben dem Domostroj auch in zahlreichen Sprichwörtern der alten Zeit zum Ausdruck kam, habe ich nichts mehr gesehen.

Im Gegenteil, die Presse sieht sich veranlaßt, immer häufiger dagegen zu wettern, daß die Eltern ihre Kinder aus allzugroßer und unpädagogischer Liebe verzärteln und lebensuntüchtig machen. Der Direktor einer Moskauer Schule schrieb:

> „Es gibt Eltern, die einen falschen Begriff vom Glück ihrer Kinder haben. Für sie besteht dieses vor allem im materiellen Wohlergehen ihrer Kinder, darin, daß ihnen so viel Vergnügen und Zerstreuung zuteil wird wie nur möglich. Solche Eltern geben den Löwenanteil ihres Verdienstes für ihre Kinder aus: sie kaufen ihnen teure Spielsachen, Kleider und Schuhe, geben ihnen, sooft sie es nur verlangen, Geld für Theater- und Kinokarten. In solchen Familien werden die Kinder nicht zur Selbständigkeit erzogen; Mutter, Großmutter oder Dienstmädchen nehmen ihnen alle Arbeit ab." [24]

Außer durch die Berufstätigkeit der Frau war die Sowjetfamilie vor allem durch den staatlichen Terror, der willkürlich jeden Menschen treffen konnte, bedroht. Er zwang die Familienmitglieder zur Vorsicht im Gespräch selbst im engsten Kreis; wie leicht konnte man durch Kindermund verraten werden!

Daß diese Sorge auch nach der Entstalinisierung nicht verschwunden ist, erlebte ich im April 1956, zu der Zeit also, da diese ihren Höhepunkt erreicht hatte und der tote Diktator als Tyrann gebrandmarkt wurde. In einem vollbesetzten Raum saß nicht weit von mir ein junges Ehepaar mit einem etwa fünfjährigen Buben. Einmal hörte man seine helle Stimme: „Stalin sámyj dóbryj." (Stalin ist der allerbeste Mensch.) Die Eltern wurden rot, rutschten unsicher auf ihrer Bank hin und her und versuchten, den Sprößling auf ein anderes Thema abzulenken.

Doch auch das Erlebnis der Verfolgung kann eine Familie zusammenschließen; an Beispielen aus der jüngsten deutschen Geschichte fehlt es nicht – auch wenn sie nicht alle Darsteller vom Rang Jochen Kleppers oder der Anne Frank gefunden haben. Eine amerikanische Untersuchung hat vor kurzem ergeben, daß in den Familien in der Sowjetunion, deren Mitglieder vom staatlichen Terror betroffen waren, die innere Solidarität wuchs, während sie in anderen, die nur unter materiellen Widrigkeiten zu leiden hatten, abnahm. Ungerechte Terrorakte erschütterten also einerseits die Familie, forderten sie aber zugleich zu geschlossener Abwehr heraus, schon allein, weil die betroffene Familie infolge solcher Maßnahmen von anderen Menschen gemieden und daher zum Zusammenrücken gezwungen wurde; materielle Not dagegen führte zu Zank und inneren Konflikten.[25]
Aus einer deutschen Studie geht hervor, daß die vom Bolschewismus wenig berührten und umgekehrt auch die an die neuen politischen Verhältnisse besonders angepaßten Familien relativ am stabilsten sind, während die Familien, die zwischen beiden stehen, also weder in der alten Tradition noch in der neuen Wirklichkeit einen Rückhalt haben – eine Gruppe, die im Wachsen begriffen ist –, am stärksten gefährdet scheinen.[26] Diese Feststellung ergänzt meine Beobachtung, daß die Familien der Intelligenzia einen harmonischeren und solidarischeren Eindruck machen als die der sozial unter ihnen stehenden und deshalb weniger stark angepaßten Schichten.
Nicht zufällig wird in der amtlichen Sowjetpublizistik so oft über Semejstwennost in der Oberschicht gewettert (vielleicht am besten mit „Vetterleswirtschaft" zu übersetzen). Im Oktober 1952 berichtete die seither, wie erwähnt, zu hohen Ehren aufgestiegene Parteifunktionärin Furzewa in einer öffentlichen Rede, unter den am Physikalischen Institut der Akademie der Wissenschaften tätigen Personen seien 102 miteinander verwandt.[27]
Die Familie in der Sowjetunion ist also noch durchaus lebendig. Sie hat sich in den letzten Jahrzehnten verändert; vor allem ist sie kleiner geworden, weniger patriarchalisch (demokratischer sozusagen), weniger religiös; auch hat sie einen großen Teil ihrer alten Funktionen an Schule, Berufsarbeit außer Hause, Organisationen aller Art abgeben müssen und damit an Zusammenhalt

eingebüßt. Schließlich ist die Entwicklung zu einer Art Standardfamilie unverkennbar; die einst extremen Unterschiede zwischen einer großrussischen Bauern- und einer kasachischen Nomadenfamilie, zwischen den Familien des Landadels, des städtischen Bürgertums, des Dorfes verwischen sich zusehends.[28] Aber diese Tendenzen sind in allen Völkern festzustellen, die sich modernisieren, industrialisieren, verstädtern, und im Vergleich zu manchen westlichen Ländern macht die Sowjetfamilie eher noch einen stabileren Eindruck.

Versuchen wir nun noch das Verhältnis zwischen Familie und Regime abschließend zu bestimmen. Der Kurswechsel der Partei von offener Feindschaft gegen die Familie im Zeitpunkt der Machtergreifung zu einer Förderung der Familie seit der Mitte der dreißiger Jahre könnte an eine radikale Sinnesänderung denken lassen. Ich teile diese Annahme nicht. Die Bolschewiken haben nur eingesehen, daß es – jedenfalls bis auf weiteres – ohne die Familie nicht geht; sie gebrauchen also die Familie, wie sie vieles gebrauchen, was sie nicht beseitigen konnten. Das bedeutet nicht, daß sie ihre innere Abneigung gegen sie überwunden hätten. Nicht nur wegen ihres konservativen Grundzuges ist ihnen die Familie ein Dorn im Auge; sie ist schon in ihrer bloßen Existenz, als die einzige von ihnen nicht zu kontrollierende Institution des Landes, als eigenständige und in sich ruhende Zelle, ein Fremdkörper in dem sonst von oben bis unten kontrollierten Staat.

Mir scheint sogar, daß die von Chruschtschow auf dem Zwanzigsten Parteitag 1956 begonnene Kampagne zur Schaffung von Internaten für Millionen von Schülern in erster Linie ein – nicht direkt ausgesprochenes – Mißtrauensvotum der Partei gegen die Familie darstellt. In dieselbe Richtung weist die Geschichte der „Kinder des Oktober" (das heißt: der Revolution); diese Organisation für Kinder unter neun oder zehn Jahren war vor rund zwei Jahrzehnten aufgehoben worden, offensichtlich weil man ihrer nicht mehr zu bedürfen glaubte. Heute gibt es sie wieder, vermutlich weil man doch nicht ohne sie auskommen kann.[29]

Solange man es mit Familien zu tun hatte, in denen die Eltern noch vor der Revolution aufgewachsen waren, erwartete man von ihnen nichts anderes als einen oppositionellen Einfluß auf die Jugend; also schwächte man die Familie und die Elternautorität, wo es ging. Als zwei Jahrzehnte später die Mehrzahl der jüngeren Eltern aus Menschen bestand, die schon unter dem Bolschewismus aufgewachsen waren, glaubte man, es sich leisten zu können, die Familien freundlicher zu behandeln und die Autorität der Eltern zu fördern. Als aber noch einmal zwanzig Jahre ins Land gegangen waren und deren Kinder Familien zu gründen begannen, mußte man feststellen, daß diese jungen Leute vielfach keineswegs die vom Staat gewünschte Einstellung zu Partei und Staat besaßen; man sah sich also der Gefahr gegenüber, daß sie ihre Kinder in einem negativen, staatsabträglichen Sinne erziehen würden, und verfiel auf nichts Besseres als die politische Kinderorganisation und das Internat, das im Westen – was immer die Absicht seiner jeweiligen Gründer sein mag – häufig Erziehungsstätte für ungebärdige und von der Familie nicht mehr gebändigte Jugendliche geworden ist; wobei noch die Wahrscheinlichkeit besteht, daß die Sowjetinternate Kurs auf die Form der Kadettenanstalt nehmen.

Für die konservative Haltung der Bevölkerung in Familienfragen aber noch ein letztes Symptom: Nach der Revolution suchten sich viele Eltern bei der Benennung ihrer Kinder durch besondere Originalität oder Linientreue oder beides hervorzutun. So tauchte zum Beispiel der Mädchenname Bija auf (ein wissenschaftlich fortschrittlicher Name sozusagen, vom griechischen Bios, Leben). Unter den Männern, die in jenen Jahren geboren wurden, kannte ich einen, der den berühmtesten aller Sklavenführer zum Paten hatte: er hieß Spartak. Ein anderer stellte sich als Rem vor. Auf die Frage, was denn das für ein sonderbarer Name sei, erwiderte er mit etwas säuerlichem Gesicht, sein Name bestehe aus den Anfangsbuchstaben der drei russischen Wörter für Revolution-Elektrifizierung-Welt (sollte wohl heißen: Durch die Revolution wird die Welt elektrisiert). Auch auf den Namen Wladlen bin ich gestoßen; er sollte seinen Träger als Jünger *Wlad*imir *Len*ins ausweisen!

Mir schien schon seit längerer Zeit, daß man von dieser Sucht nach Originalität und Linientreue wieder zu traditionellen Namen zurückgekehrt ist. Aber ich wollte mich nicht nur auf meinen Eindruck verlassen und ging bei meiner letzten Reise auf ein Moskauer Standesamt. Ich mußte etwa eine halbe Stunde warten,

da einige heiratswillige Paare vor mir an der Reihe waren. Als ich schließlich das Amtszimmer betrat, saß dort eine junge Standesbeamtin, wohl Anfang der Zwanzig, die mich freundlich begrüßte, dann einen frischen Bogen auflegte und mich erwartungsvoll ansah, wohl in der Annahme, daß ich eine Ehe oder Geburt anzuzeigen gekommen war.
Ich bat um Entschuldigung, sie in ihren Amtspflichten gestört zu haben; ich sei ein Publizist aus der Federatiwnaja Respublika Germanija und wolle mich gern bei ihr über die Tätigkeit eines sowjetischen Standesbeamten erkundigen. Sie gab mir liebenswürdig Auskunft, und schließlich fragte ich: „Was sind denn gegenwärtig die populärsten Vornamen, welche die Eltern ihren Kindern geben?"
Sie antwortete: „Das ist leicht zu sagen. Es sind immer wieder dieselben." Und ohne sich weiter zu besinnen, fügte sie hinzu: „Bei den Jungen vor allem Andrej, Sergej, Wladimir, Aleksej und Aleksander, bei den Mädchen Tatjana, Olga, Jelena (Helene), Irina und Natalja."
Ich bedankte mich für die Auskunft und fragte, ob denn gar keine originelleren, ans Politische anklingenden Namen vorkämen. Sie dachte eine Weile nach und sagte dann: „Das gibt es selten. Nur einer fällt mir ein: Vor etwa einem Jahr meldete eine Mutter ihre neugeborene Tochter unter dem Namen Jasamir an."
„Das klingt zwar nicht sehr schön für ein Mädchen", sagte ich, „aber der Sinn des Namens ist lobenswert." (Ja sa mir heißt: Ich [bin] für Frieden.) Und ging meines Weges.
In der Großen Sowjetenzyklopädie, die die jeweils gültigen Formulierungen enthält, steht unter Semja (= Familie) in dem Anfang 1956 erschienenen Band:

> „In der sozialistischen Gesellschaft ist die Familie eine Zelle der kommunistischen Erziehung der Menschen. Die Beziehungen zwischen den Mitgliedern der Familie gründen sich auf gegenseitige Liebe, Gleichberechtigung von Mann und Frau, auf der Interesseneinheit von Persönlichkeit und Gesellschaft, auf der Zusammenarbeit und der gegenseitigen Hilfe im Leben. Im Sowjetstaat genießt die Familie allseitige Aufmerksamkeit. Die Sorge um die Familie und ihre Stärkung war immer eine der wichtigsten Aufgaben des Sowjetstaates." [30]

Dieses idyllische Bild entspricht, soweit es die Rolle des Staates betrifft, nicht den Tatsachen. Aber daß es überhaupt an einer so maßgeblichen Stelle seinen Platz gefunden hat, ist wichtig und zeigt eines ganz deutlich: Auf keinem Gebiet des Lebens hat sich die konservative Grundeinstellung der Völker, die in den Grenzen der Sowjetunion leben, so überzeugend durchgesetzt wie bei der Familie. Der Sowjetbürger ist zwar noch sehr weit davon entfernt, mit den Briten sagen zu können: „My house is my castle", aber der erste Angriff des Bolschewismus gegen das Familienleben ist abgeschlagen.

WOHLSTAND

Als ich 1932 nach etwa einjähriger Pause wieder nach Moskau kam, ging ich an einem der ersten Abende in eine mir aus den früheren Jahren bekannte Jugendkommune (von einer anderen ist schon im vorigen Kapitel die Rede gewesen); sie hatte sich im zweiten Stock eines nicht sehr ansehnlichen Hauses in einer schmalen Gasse des Stadtzentrums niedergelassen. Als ich den dunklen Hausflur betrat, kam ein junger Mann polternd die Treppe herunter.
„Ist die Kommune noch hier?“ fragte ich ihn.
Er blieb stehen. „Nein.“
„Umgezogen?“
„Nein.“
„Was denn dann?“
„Aufgelöst. Aber du kannst ruhig hinaufgehen. Einige leben noch dort.“
Ich traute meinen Ohren nicht. Die Kommunen waren die Paradestücke des Bolschewismus, und diese hier hatte sich doch verhältnismäßig günstig entwickelt. Wer hatte sie aufgelöst? Und warum?
In den ersten Jahren nach der Revolution, als viele fanatische Bolschewiken in der Vorstellung lebten, man könne aus dem alten Zarenreich mit einem kühnen Satz in die kommunistischen Lebensformen hineinspringen, hatten sich in Rußland zahlreiche solche Kommunen gebildet. Jedes Mitglied brachte seine sämtlichen Einkünfte, gleichviel wie hoch oder niedrig sie waren, in eine gemeinsame Kasse ein, aus der dann die jeweils nötigen Ausgaben, für die Kommune als Ganzes wie auch für den einzelnen Kommunarden, bestritten wurden. Auf meinen Reisen durch die Sowjetunion war ich mit mehreren dieser aus jugend-

lichen Enthusiasten bestehenden Kommunen in Berührung gekommen und hatte ihren Kampf gegen den Eigentumsinstinkt miterlebt. In den Kommunen sollte alles allen gehören. Das zu verwirklichen war nicht leicht. Der eine verdiente hundertfünfzig Rubel im Monat, der andere war krank und ohne Einkommen, der dritte hatte ein Stipendium von dreißig Rubel. Alles mußte abgeliefert werden, und der einzelne bekam nicht einmal ein Taschengeld zur freien Verfügung. Über jede Ausgabe mußte die Kommune-Versammlung beschließen. Meist gingen endlose Verhandlungen voraus, ähnlich jenen über die Probleme des Zusammenlebens der Geschlechter, die im vorigen Kapitel [1] berichtet wurden.

Im Laufe der Jahre waren Tausende von Kommunen mit Hunderttausenden von Mitgliedern entstanden, Studentenkommunen, Arbeiterkommunen, dörfliche Kommunen. Die Eingliederung der Menschen war unter geringeren Widerständen erfolgt, als dies im Westen der Fall gewesen wäre. Das Zusammenleben in der Kommune entsprach bis zu einem gewissen Grade dem Mangel an Gewinnstreben und fest verwurzelter Eigentumstradition, wie er für die Mehrheit der damals vorwiegend bäuerlichen Bevölkerung charakteristisch war. Die Kommunarden waren stolz auf ihre Sonderstellung im Lande und betrachteten sich als Keimzelle einer besseren Zukunft. Sie stellten sich vor, daß sich die Zahl der Kommunen von Jahr zu Jahr vergrößern würde, bis dann eines Tages die ganze Sowjetunion und schließlich die ganze Welt „kommunistisch" sein würde.

Und jetzt auf einmal hörte ich: Aufgelöst!

Ich tastete meinen Weg die Treppe hinauf. Im flackernden Schein eines Zündholzes las ich eine Reihe von Namen, mit Kreide an die gleiche Tür geschrieben, an der ein Jahr zuvor nur das Schild JUGENDKOMMUNE gehangen hatte. Die Türe war nicht verschlossen. Kindergeschrei und der vertraute Geruch von Kohlsuppe schlugen mir entgegen. Im Korridor brannte eine Lampe. Zwei junge Männer waren dabei, eine Wandzeitung am Schwarzen Brett zu befestigen. In dem Großen, Breitschultrigen erkannte ich Wolodja, der im Vorjahr in der Kommune gelebt hatte. Als er mich sah, grinste er übers ganze Gesicht und begrüßte mich stürmisch. Dann rief er laut:

„Kommt mal her! Der Deutsche ist zu Besuch gekommen." Die Türen öffneten sich, und junge Leute beiderlei Geschlechts erschienen im Gang, manche bekannte Gesichter und einige neue. Eine der jungen Frauen hatte einen Säugling im Arm.
„Erst müssen wir dir einmal zeigen, wie sich bei uns die Lage verbessert hat", schlug Wolodja vor. „Du wirst die alte Ruine kaum wiedererkennen. Die Wohnung nebenan haben wir auch dazubekommen. Wir sind jetzt vier Paare, außerdem fünf Einzelmädel und sieben Junggesellen. Erinnerst du dich noch, wie wir alle in drei Zimmern wohnten? Das ist nun längst vorbei. Heute hat jedes Paar sein eigenes Zimmer, und dort sind die beiden Zimmer der Mädel. Du kannst dich selbst überzeugen, daß wir zu leben verstehen."
Lisa – auch sie gehörte zu meinen alten Bekannten – rief uns zu sich zum Tee; Wassja, ihr Mann, werde bald kommen. Ein sauberes Tischtuch war aufgelegt, aber es fehlte an Stühlen. Wolodja und ich setzten uns auf das Bett. In einer Wiege in der Ecke schlief ein Kind. Am Fenster stand ein Schreibtisch, bedeckt mit Zeitungen und Büchern. Ein Reißbrett lehnte gegen die Wand. Auf dem Fenstersims ein Blumentopf, rechts ein Regal mit Büchern und Zeitschriften. Links, wohl von Wassja selbst verfertigt, ein Schrank – ein Holzgestell mit einem Vorhang. An der Wand drei Porträts: Lenin, Stalin und Woroschilow; daneben eingerahmt eine komplizierte technische Zeichnung, laut Unterschrift Wassjas Diplomarbeit.
Ich lehnte mich bequem zurück und sagte: „Ihr habt es wirklich sehr nett eingerichtet. Und dabei fürchtete ich schon, ich würde euch gar nicht mehr finden. Unten im Hausflur traf ich irgendeinen Idioten, der mir sagte, die Kommune sei aufgelöst."
Wolodja kratzte sich am Hinterkopf. „Das war wohl Semjon. Und er hat nicht ganz unrecht. Seit sechs Monaten sind wir nicht mehr eine Kommune, sondern ein Kollektiv."
Wolodja sah mein überraschtes Gesicht und fuhr fort: „Weißt du, wir haben das früher alles falsch gemacht. Es ist doch ein völliger Widerspruch, wenn unsere Regierung mit allen Mitteln, mit Akkordlöhnen und Prämien, die Produktion hochzutreiben sucht, und wir hier in einer Kommune leben, in der jeder alles, was er durch harte Arbeit selbst verdient hat, in den gemein-

samen Topf stecken muß. Natürlich gab es zunächst einmal Krach. Viele waren der Meinung, wir sollten eine Kommune bleiben, nachdem wir uns nun einmal zu dieser höheren Lebensform durchgerungen hatten. Sogar einige von denen, die gut verdienten, waren für die Beibehaltung der Kommune, Alexej zum Beispiel, der jetzt am meisten von uns allen verdient – vierhundertachtzig Rubel. Aber am Schluß siegte die Generallinie. Jetzt sind wir ein gewöhnliches Kollektiv. Jeder zahlt, gleichgültig, wieviel er verdient, fünfunddreißig Rubel monatlich für volle Pension.
Ich unterbrach Wolodja: „Ist Alexej nicht mehr in der Partei?" (Als Parteimitglied hätte er nämlich alles, was er über das sogenannte Partmaximum verdiente, an den Parteifonds überweisen müssen. Das „Partmaximum" war das Höchsteinkommen für Parteimitglieder, damals dreihundert Rubel im Monat.)
Diesmal antwortete Wassja, der inzwischen heimgekommen war. „Das Partmaximum existiert nicht mehr. Man kann nicht von den Menschen verlangen, daß sie sich Tag und Nacht verausgaben und schwere Verantwortung tragen, wenn man ihnen nicht zugleich das äußere Leben erleichtert, soweit das eben unter unseren Verhältnissen möglich ist. Nimm mich zum Beispiel. Mein ganzes Leben lang habe ich nichts getan als geschuftet. Neben der Arbeit in der Fabrik die Arbeiterfortbildungsschule und schließlich die Hochschule. Unter achtzehn Stunden am Tag ging es nicht. Freie Tage und Urlaub kannte ich auch nicht. Aber es war nicht umsonst. Heute bin ich der Chefingenieur in unserem Werk. Ich habe auch eine Erfindung gemacht, die dem Staat viel Geld spart. Es ist daher nur recht und billig, wenn ich in einem Laden für Bevorzugte einkaufen kann und Aussicht habe, demnächst eine eigene Wohnung mit drei Zimmern in einem Neubau zu erhalten. Nichts gegen die Kommune; wir haben hier wirklich sehr nett zusammengelebt, und doch war es ein Übergangszustand. Um arbeiten und in meinem Fach weiterkommen zu können, muß ich ein eigenes ruhiges Zimmer haben. Was die Kommune betrifft, so ist das eine große und schöne Idee, die sicher eines Tages verwirklicht werden wird; aber alles zu seiner Zeit. Heute geht es darum, unsere Bodenschätze zu erschließen, unsere Produktion zu erhöhen – in einer solchen Epoche ist die Kommune eine Utopie, die Summe kleinbürgerlicher, linksabweichlerischer, trotz-

kistischer Nivellierungssucht. Du hättest dabei sein sollen, als wir im vergangenen Jahr den Akkordlohn in unserem Werk wieder einführten. Wer war gegen den Akkordlohn? Die ungelernten Arbeiter, die kurz zuvor mit der Vorstellung aus den Dörfern in die Stadt gekommen waren, daß sie hier ohne viel Arbeit in Freuden leben könnten, und die von Maschinen keine Ahnung haben. Die besten Arbeiter aber waren uns davongelaufen, weil wir ihnen keinen ausreichenden Lohn zahlten. Das hat sich jetzt alles geändert. Der ungelernte Arbeiter strengt sich an und sucht seine Qualifikation so rasch wie möglich zu heben, um auf der Leiter des Akkordlohnes ein paar Stufen höher zu steigen. Und der Facharbeiter hat keinen Grund mehr abzuhauen, weil er jetzt entsprechend bezahlt und bevorzugt wird."
Die anderen nickten zustimmend. Später kam Wassjas Schwester Wera. Sie besuchte ein Technikum und lebte im Studentenheim außerhalb der Stadt. Sie war gekommen, sagte sie mir, um ihrem Bruder zu erzählen, daß sie den Kurs mit einem „Gut" abgeschlossen hatte. „Das hat den großen Vorteil, daß mein Stipendium jetzt fünfzehn Rubel monatlich mehr beträgt als vorher. Sicher hast du gehört, daß seit diesem Sommer die Stipendien nicht mehr, wie es bisher war, nach der Semesterzahl bemessen werden, sondern nach Examensnoten. Bis jetzt hatte ich nur Genügend und bekam fünfunddreißig Rubel im Monat. Mit Gut werde ich fünfzig erhalten. Wäre es Sehr gut, erhielte ich fünfundsechzig. Unser ganzer Kurs hat sich seither verbessert. Bis jetzt hatten wir nur einen mit Sehr gut, fünf mit Gut, zwölf mit Genügend, den Rest mit Ungenügend. Jetzt haben wir fünf mit Sehr gut, neun mit Gut, alle anderen mit Genügend. Wer Ungenügend hat, bekommt kein Stipendium mehr. Du solltest sehen, wie sich die Leute anstrengen!"
Diese Geschichte von Anfang und Ende einer Moskauer Jugendkommune zeigt in geradezu klassischer Konzentriertheit, wie zu Beginn der dreißiger Jahre in der Sowjetunion die Weiche von der Utopie zur Realität umgestellt wurde. Von dem Versuch, ein Hirngespinst zu verwirklichen, das im Widerspruch zum normalen Wesen des Menschen stand, hatte man – wenn auch angeblich nur vorläufig – umgeschaltet auf die Anerkennung der menschlichen Natur samt ihren materiellen Bedürfnissen.

Seither ist die Entwicklung in dieser Richtung weitergegangen. Das Sowjetvolk besteht also nicht, wie manche bei uns auch heute noch meinen, aus selbstlosen Asketen, die ohne persönliche Bedürfnisse nur für den Sieg des Bolschewismus leben. Aber ebensowenig entspricht das Bild des russischen Volkes, wie wir es aus seinen klassischen Dichtern kennen, der heutigen Wirklichkeit. Vor hundert Jahren hatte dieses Volk, von einer kleinen Minderheit abgesehen, bäuerlich genügsam dahingelebt. Die Menschen hatten ihr Schicksal hingenommen, wie es war, wie sie es von Vater und Großvater gewöhnt waren, ohne es sich anders vorstellen zu können und ohne über eine Veränderung nachzudenken; auch bei uns war es im Mittelalter und wieder nach dem vergeblichen Sich-Aufbäumen im großen Bauernkrieg kaum viel anders gewesen. Der russische Gutsbesitzer, der dann und wann aus Sankt Petersburg kam und im Herrenhaus residierte, stand so hoch über seinen Leibeigenen und Bauern, daß sie sich mit ihm gar nicht verglichen und keineswegs von dem Wunsch verzehrt wurden, so zu leben wie er. Diese Fügsamkeit gegenüber dem Schicksal war auch für die anderen Stände des Zarenreichs charakteristisch. Der gesamte Lebenszuschnitt wurde nicht in erster Linie vom Erwerbsstreben bestimmt, von dem Drang, mehr zu haben und besser zu leben. Wer an die Gegenüberstellung des ungemein tüchtigen Deutschen Stolz und des unheilbar faulen, im täglichen Leben völlig versagenden Oblomow in dem gleichnamigen Roman Gontscharows, wer an die nicht eben anziehenden Vertreter des Westens in Dostojewskijs Romanen denkt, der weiß, daß die Sympathien des Volkes und seiner Dichter bei denen waren, die nicht nach materiellem Gewinn strebten.
Nicht zuletzt darauf setzten die Bolschewiken ihre Hoffnung, den Kommunismus gerade in Rußland errichten zu können. In der Revolution und in den Jahren danach ignorierten sie den Egoismus des einzelnen und sprachen lediglich die Begehrlichkeit ganzer Klassen an mit Parolen wie: „Das Land den Bauern!" „Den Mehrwert den Arbeitern!" Das war die Zeit, in der alle ungefähr gleich viel – das heißt gleich wenig – verdienten, gerade genug, um existieren zu können, und oft auch nicht einmal das. Jahrelang war überdies die Zuteilung der wichtigsten Lebensmittel, die pro Kopf, also völlig unabhängig von der Leistung, erfolgte,

weit wichtiger als der Arbeitslohn. Wer ordentlich gekleidet war, zeigte damit, daß er ein Burshúj war (von Bourgeois, Bürger), ein Klassenfeind also; je proletarischer man sich kleidete, desto besser. Die Arbeit wurde als Sache der Ehre, als der wahre Heroismus dargestellt.

Der Umschlag kam Anfang der dreißiger Jahre. Wie er sich vollzog, mögen einige weitere Proben zeigen, die ich ebenfalls an Ort und Stelle miterlebt habe.

Eines Tages, es wird 1934 gewesen sein, las ich in einer der Moskauer Zeitungen eine Notiz. Aus ihr ging hervor, daß beim Genossen Volkskommissar für Schwerindustrie, Ordshonikídse, eine Sitzung stattgefunden hatte, zu der die Direktoren und Chefingenieure aus dem ganzen Land zusammengeholt worden waren. Der Beginn der Sitzung, so hieß es weiter, habe sich etwas verzögert, da der Genosse Volkskommissar einen der teilnehmenden Ingenieure auffordern mußte, erst noch einmal ins Hotel zu gehen, um sich zu rasieren und ein sauberes Hemd mit Krawatte anzuziehen.

Diese Notiz brachte eine Revolution des Lebensstils zustande. War man bisher unrasiert und kragenlos gegangen, um seine Zugehörigkeit zur herrschenden Klasse und seine souveräne Gleichgültigkeit gegenüber den bourgeoisen Annehmlichkeiten des Lebens zu beweisen, zeigte man sich von jetzt ab rasiert und mit Krawatte. Aber nicht etwa nur, weil Genosse Ordshonikidse es verlangte, änderte sich der persönliche Lebensstil: die Verhältnisse selbst waren andere geworden. Es lohnte sich jetzt, mehr zu leisten als andere und auch nach außen zu zeigen, daß man es weiter gebracht hatte.

Die Wandlung vollzog sich mit Windeseile. Die beiden Humoristen, die unter dem Namen Brüder Tur schrieben, brachten alsbald ein satirisches Feuilleton über die historische Entwicklung des weißen Kragens seit der Revolution: Erst hatte er als das hassenswerte Attribut der verfaulenden Bourgeoisie gegolten. In der nächsten Etappe fanden sich seine ersten schüchternen Verteidiger; ein Mann mit Kragen, sagten diese, müsse nicht unbedingt ein Konterrevolutionär sein. In der folgenden Epoche war es bereits möglich, einen Kragen anzuziehen, ohne angepöbelt zu werden. Wieder etwas später hieß es, der Kragen sei zwar nicht notwendig, aber wünschenswert. Und zu guter Letzt: Der Kragen ist nicht nur wünschenswert, sondern auch nötig. Ja, es gab ganz Fortschrittliche, schrieben die Brüder Tur, welche nicht nur den Kragen schlechthin, sondern sogar den – sauberen Kragen forderten!

Ähnlich erging es dem Frack. Er, der bis dahin als lächerliches Utensil der kapitalistischen Welt angesehen worden war, trat plötzlich in die Epoche der Tolerierung ein. Als ich im Jahre 1935 mit meiner Frau zu einem Empfang bei Litwinow fuhr, wurden wir Zeugen einer kleinen Auseinandersetzung: einige ausländische Journalisten hatten Schwierigkeiten, weil sie „nur" einen Smoking trugen. Einige Tage darauf sah ich in der Ausstellung neuer Massenkonfektion im Gorkij-Park zu Moskau einen Frack ausgestellt. Das war die Zeit, in der uns unsere russischen Freunde verstohlen darum baten, sie einmal einen Blick in ein ausländisches Modejournal tun zu lassen.

Diese Kleider-Konterrevolution vollzog sich vorwiegend im Winter 1934/35. Damals verlor auch das Wort Gleichheit seinen guten Klang. Das merkte ich zum Beispiel bei einem Besuch in Leningrad. Leningrad ist bis auf den heutigen Tag eine Stadt der Brücken, die allenthalben über die aus den ehemaligen Sümpfen entstandenen Flußarme und Kanäle führen. An die hundert müssen es sein, eine reichliche Auswahl, wenn es gilt, ein Mitglied der bolschewistischen Prominenz durch die Verleihung seines Namens an eine Brücke zu ehren. Ich konnte es daher nicht als Zufall ansehen, daß ausgerechnet die ehemalige Dreifaltigkeitsbrücke, welche von den Bolschewiken den hoffnungsvollen Namen Gleichheitsbrücke erhalten hatte, plötzlich nach dem 1934 in Leningrad umgebrachten dortigen Parteisekretär auf den Namen Kirow-Brücke umgetauft wurde. War den Bolschewiken auf einmal das Wort Gleichheit ebenso unerwünscht geworden wie anderthalb Jahrzehnte zuvor der religiöse Begriff der Dreifaltigkeit?

An die Stelle der Gleichheit war ein neues Schlagwort getreten, das mir zunächst einiges Kopfzerbrechen bereitete. Damals fand eine der periodischen, in jener Zeit noch unblutigen Parteisäuberungen statt. Im Gorkij-Park wurden einige neue Buden aufgeschlagen; dort konnte sich jeder, der es wünschte, probeweise

über laufende politische Fragen examinieren lassen, wie man sie ihm vermutlich bei der bevorstehenden Säuberungsprüfung vorlegen würde. Spaßeshalber beteiligte ich mich. Alles ging gut, nur bei einer Frage versagte ich völlig: Ich wußte nichts zu sagen über die politische Bedeutung des Wortes Sashítotschnost, Wohlstand. Ein paar Wochen später wäre mir das nicht passiert, denn alsbald wurde die Bedeutung der Lockung mit dem Wohlstand im Leben der Sowjetunion überall sichtbar.
Seine Legitimation erhielt dieser Umschwung – von Kommune und Gleichheit zu Akkordlohn und Ungleichheit – durch die Rede Stalins vom 23. Juni 1931, eine der folgenschwersten Reden, die überhaupt je gehalten worden sind. Stalin sagte dort:

„In einer Reihe unserer Betriebe sind die Tarifsätze so festgesetzt, daß der Unterschied zwischen qualifizierter und unqualifizierter Arbeit, zwischen schwerer und leichter Arbeit fast verschwindet. Die Gleichmacherei führt dazu, daß der unqualifizierte Arbeiter kein Interesse daran hat, sich zum qualifizierten Arbeiter fortzubilden, und somit keine Perspektive hat vorwärtszukommen, sich daher im Betrieb als ‚Sommerfrischler' fühlt, der nur zeitweilig arbeitet, um ‚etwas Geld zu verdienen' und dann anderweitig ‚sein Glück zu versuchen'. Die Gleichmacherei führt dazu, daß der qualifizierte Arbeiter gezwungen ist, von Betrieb zu Betrieb zu wandern, bis er schließlich einen Betrieb findet, wo man die qualifizierte Arbeit gebührend zu schätzen weiß.
Daher die ‚allgemeine' Wanderung aus einem Betrieb in den andern, die Fluktuation der Arbeitskraft.
Um dieses Übel abzustellen, muß man die Gleichmacherei abschaffen und das alte Tarifsystem zerschlagen. Um dieses Übel abzustellen, muß man ein Tarifsystem schaffen, das dem Unterschied zwischen qualifizierter und unqualifizierter Arbeit, zwischen schwerer und leichter Arbeit Rechnung trägt. Es darf nicht geduldet werden, daß ein Walzstraßenarbeiter in der Eisenhüttenindustrie denselben Lohn erhält wie ein Aufräumer. Es darf nicht geduldet werden, daß ein Lokomotivführer denselben Lohn erhält wie ein Schreiber ...
In jedem Industriezweig, in jedem Betrieb, in jeder Abteilung gibt es führende Gruppen von mehr oder weniger qualifizierten Arbeitern, die man dem Betrieb in erster Linie dauernd erhalten muß, wenn wir wirklich einen festen Stamm von Arbei-

tern in den Betrieben haben wollen. Diese führenden Arbeitergruppen bilden den Grundstock der Produktion. Sie dem Betrieb, der Abteilung dauernd zu erhalten, bedeutet, dem Betrieb die gesamte Belegschaft zu erhalten und die Fluktuation der Arbeitskraft an der Wurzel zu treffen. Wie können sie aber dem Betrieb erhalten bleiben? Sie können nur erhalten bleiben, wenn man sie aufrücken läßt, wenn man ihren Arbeitslohn erhöht, wenn man die Entlohnung so organisiert, daß sie der Qualifikation des Arbeiters gerecht wird.

Was heißt aber, sie aufrücken lassen und ihren Arbeitslohn erhöhen? Wie wirkt sich das auf die unqualifizierten Arbeiter aus? Das heißt, von allem anderen abgesehen, den unqualifizierten Arbeitern eine Perspektive eröffnen und ihnen einen Ansporn zum Vorwärtskommen, zum Aufrücken in die Kategorie der qualifizierten Arbeiter geben. Sie wissen selbst, daß wir jetzt Hunderttausende und Millionen qualifizierter Arbeiter brauchen. Um aber Kader qualifizierter Arbeiter zu bekommen, muß man den unqualifizierten Arbeitern einen Ansporn und die Aussicht auf ein Vorwärtskommen, auf ein Aufrücken geben. Und je kühner wir diesen Weg beschreiten werden, desto besser." [2]

Der Umschwung von der Gleichheit, die Stalin nun so verächtlich Gleichmacherei (Urawnílowka) nannte, zur Ungleichheit war nicht einer Laune, einem plötzlichen Einfall Stalins entsprungen, sondern ihm durch das Verhalten des Volkes aufgezwungen. Die Gründe, die Stalin für den neuen Kurs nannte, waren real. Es hatte sich gezeigt, daß es ohne einen materiellen Anreiz bei der Mehrheit der Bevölkerung keinen Leistungswillen gab. Das Feuer der Revolution war niedergebrannt; gleiche Lebensbedingungen hatten zu gleichen, und zwar zu sehr niedrigen Arbeitsleistungen geführt. Diese reichten um so weniger aus, als es nun galt, die neuen, vielfach unter Anleitung ausländischer Spezialisten errichteten, oft auch mit ausländischen Maschinen ausgerüsteten Werke sachgemäß zu bedienen. In der Periode des bloßen Aufbaus hatte der russische Arbeiter nichts wesentlich Neues zu lernen; er grub Fundamente, errichtete Gerüste, mischte Beton, mauerte Ziegel. Nun aber sollte er die gebauten Automobilwerke oder Hochöfen bedienen, und dazu brauchte er Kenntnisse und Erfahrungen, die sich nicht mit kollektiver Begeisterung, sondern nur mit persönlicher Anstrengung erwerben ließen. An die Stelle des Helden der ersten Fünfjahrplanperiode, des bedürfnislosen, kollektivbewußten Soldaten der Arbeit, trat der neue Held, der aus der Masse herausragende Ingenieur, Direktor, Erfinder; mit einem Wort: der Offizier der Arbeit. Zum einfachen Soldaten, den man auf einen beliebigen Posten kommandieren kann, ist fast jeder befähigt; zu Offizieren aber muß man die Menschen allmählich heranbilden, noch besser, man muß ihnen die Möglichkeit geben, sich selbst zu erziehen, man muß sie mit Lebensbedingungen ausstatten, die ihnen diese Erziehung erleichtern, kurz gesagt: man muß ihnen vor allem mehr zahlen.

So wurde das Geld wieder in seine Rechte als Anreiz zu besserer Arbeit und höherer Qualifikation eingesetzt. Armut wurde eine Schande. Die Mädchen, in denen wieder das Frauliche erwachte und die sich zu schmücken begannen, gingen lieber mit ordentlich angezogenen jungen Leuten aus als mit dem Proletariertyp. Ein tüchtiger junger Arbeiter vertraute mir 1934 an, sein Hauptbestreben sei zur Zeit darauf gerichtet, sich das Geld für einen neuen Anzug zu verdienen; in seinem alten traue er sich nicht mehr auf die Straße; ein noch kurz zuvor unvorstellbarer Ausspruch.

Oft ist die mangelnde Logik im Verhalten des Sowjetstaates vermerkt worden, der einerseits durch das Versprechen des Wohlstandes die Leistung stimulierte, andererseits die Produktion von Konsumgütern – zugunsten der Schwerindustrie – auf ein Mindestmaß beschränkte. Gewöhnlich wurde dieser Widerspruch im Westen mit der Feststellung erklärt, der Staat sei am Lebensstandard der Bevölkerung nicht besonders interessiert und in erster Linie auf die Stärkung der Schwerindustrie bedacht gewesen. Diese Antwort ist sicherlich richtig, aber sie reicht nicht aus. Das niedrige Lebensniveau bedeutet zugleich einen ungemein wirksamen Druck, der auf die Bevölkerung ausgeübt wurde und sie, wenn sie nicht hungern und frieren wollte, zu besonderer Anspannung zwang. Die Peitsche der Norm kann, so scheinen sich die Bolschewiken gesagt zu haben, nur dann voll zur Auswirkung kommen, wenn die Nichterfüllung der Norm und des Planes äußerste persönliche Not bedeutet. So entschloß man sich zu einem System, in dem der Grundlohn sehr niedrig ist und alles, was über ihn hinausgeht, durch besondere und zusätzliche Arbeitsleistung verdient werden muß; der *Akkordlohn*, bisher als sadistische Erfindung kapitalistischer Antreiber bezeichnet, wurde zum tragenden Pfeiler der sowjetischen Wirtschaft gemacht.

Die relativ rasche Progression der Löhne bei quantitativ und qualitativ höheren Leistungen, das daraus folgende Auseinanderklaffen der niedrigen Löhne der Masse und der sehr hohen der Minderheit sollten als kraftvoller Anreiz zur Steigerung der Arbeitsleistung und zur fachlichen Weiterbildung dienen. Der bald darauf als Artikel 12 zum Bestandteil der Verfassung von 1936 erhobene Satz „Wer nicht arbeitet, soll nicht essen" galt ebenso wie seine – schriftlich nicht fixierte – Erweiterung: „Wer mehr arbeitet, soll mehr essen."

Die Einführung des Leistungslohnes war – jedenfalls soziologisch gesehen – die wichtigste Maßnahme, die Stalin im Laufe seiner jahrzehntelangen Herrschaft getroffen hat. Indem er das gesamte Lohnsystem auf den Grundsatz aufbaute: Mehr Lohn für mehr (und bessere) Arbeit, verleugnete er selbst die These, wonach der Mensch nach gelungener Revolution freudig und nach besten Kräften arbeiten werde, weil er nun nicht mehr für einen fremden Kapitalisten, sondern für sich selbst tätig sei. Stalin hatte erkannt, daß Gleichheit nur in einer primitiven Agrargesellschaft oder auf dem Hungerniveau der Revolutions- und Bürgerkriegsjahre möglich war, nicht aber in einem modernen Industriestaat, in dem es Direktoren und Chefingenieure einerseits, Handarbeiter und Schreibkräfte andererseits geben muß. Er warf das Steuer herum, um nunmehr vor dem stetigeren Wind des menschlichen Egoismus zu segeln.

Stalins Politik führte zu einem immer weiter gehenden Ausbau des Akkordlohnes und einer rapiden Lohndifferenzierung. Bis dahin hatten sich die Unterschiede zwischen niedrigen und hohen Löhnen und Gehältern etwa wie 1 : 2 verhalten; nun stiegen sie rasch auf 1 : 10, 1 : 20, 1 : 30 und noch höher.

Auf dem Lande ist ebenfalls seit Anfang der dreißiger Jahre der differenzierte Lohn eingeführt worden; auch dort wird nach Leistung bezahlt. Diese wird nach sogenannten Arbeitstagen berechnet, wobei der Kolchosprominenz, die nicht im Handarbeitsprozeß steht, pro Tag mehrere „Arbeitstage" gutgeschrieben werden. Ja sogar die Stipendien der Studenten werden, wie wir ge-

sehen haben[3], nach Leistungen, das heißt entsprechend den Prüfungsnoten, differenziert.
Als ausgesprochene „Reizlöhne“ kann man die Gehälter bezeichnen, die der Staat seinen Wissenschaftlern zahlt; der Ordinarius einer Hochschule zum Beispiel erhält durchschnittlich sechstausend Rubel im Monat, wozu häufig bedeutende Nebeneinnahmen kommen. Überhaupt wird in den kommunistischen Staaten – wir wissen das auch aus der Sowjetzone Deutschlands – bei geistigen Arbeitern das Erwerbsstreben weit mehr angesprochen als bei uns. Bei uns erwartet man, zum Teil mit Recht, daß die geistig Tätigen die ihnen zuerkannte soziale Stellung als eine wesentliche Kompensation für ihre Leistung betrachten; drüben werden ihnen hohes Ansehen *und* hohe Einnahmen bewilligt. Auch sie werden übrigens wie Akkordarbeiter durch Zusatzzahlungen, zum Beispiel Erfinderprämien, zur Leistung angespornt. Diese Prämien werden nach den Ersparnissen berechnet, die dem Staat aus der Erfindung erwachsen. Bei einer Ersparnis von einer Million Rubel erhält der Erfinder rund vierzigtausend Rubel; seine Prämie steigt weiter bis zu einem Höchstsatz von zweihunderttausend Rubel pro Erfindung. In gewissen Fällen, zum Beispiel in der Atomforschung oder bei der Erfindung wichtiger Ersatzstoffe für seltenere Bodenschätze, kann die Erfinderprämie verdoppelt werden.[4]
Außer dem Akkordlohn mit seiner raschen Progression bei besonderer Anstrengung gibt es in zahllosen Varianten den *Bonus*. Der Zugführer des Zuges zum Beispiel, der mich im Herbst 1955 von Berlin nach Moskau brachte, erzählte mir, jedesmal, wenn er den Zug ohne Verspätung nach Moskau bringe, erhalte er einen Bonus von hundertfünfzig Rubel, ebenso der Lokomotivführer. Bei den Höherbezahlten fällt der Bonus erst recht ins Gewicht. Für die mittleren und vor allem für die oberen Wirtschaftsränge ist der Bonus das leistungssteigernde Anreizmittel wie der Akkordlohn für die niedrigen Stufen. Seine Höhe hängt ab von der Planerfüllung, und zwar einmal von der Erfüllung des allgemeinen Planes und ferner von der Erfüllung zahreicher Sonderpläne, wie zum Beispiel des Planes zur Einsparung von Brennstoffen, der Pläne zur Herabsetzung der Personalkosten oder der Materialausgaben.[5]

Nehmen wir einen Durchschnittsfall: Das Grundgehalt des Direktors ist angesetzt auf der Basis einer Planerfüllung zu achtzig Prozent. Für jedes weitere Prozent erhält er nun einen Bonus von je fünf Prozent des Grundgehaltes. Wenn er also den Plan zu neunzig Prozent erfüllt, macht sein Bonus schon zehnmal fünf, gleich fünfzig Prozent des Grundgehaltes aus. Erfüllt er den Plan zu hundert Prozent, so erhält er außer dem Grundgehalt noch einen Bonus von zwanzigmal fünf, gleich hundert Prozent; mit anderen Worten: bei hundertprozentiger Planerfüllung hat sich sein Gehalt verdoppelt. Für jedes Prozent über die hundertprozentige Planerfüllung hinaus bekommt er zwanzig Prozent des Grundgehaltes. Wenn er also den Plan zu hundertfünf Prozent erfüllt, erreicht er weitere fünfmal zwanzig gleich hundert Prozent: sein Gehalt hat sich nunmehr verdreifacht.
Der Chefingenieur des Betriebes wird gewöhnlich ebenso behandelt wie der Direktor. Die niedrigeren Chargen der Führungsgruppe erhalten weniger; ihr Bonus wird auch anders berechnet, nicht nach der Planerfüllung des ganzen Werkes, sondern nach der Erfüllung des Planes der betreffenden Werksabteilung oder der Sonderaufgabe, für die sie zuständig sind.
Vom Staat her gesehen hat das Bonussystem den Vorteil, daß es das Wirtschaftspersonal nachdrücklich zur Leistung anspornt. Es hat aber auch einen erheblichen Nachteil: Das Interesse aller potentiellen Bonusverdiener konzentriert sich unverzüglich dort, wo ein Bonus verdient werden kann. Setzen wir den Fall, daß im Werk X die Bonuszahlungen einsetzen, wenn es mehr als fünfzig Maschinen eines bestimmten Typs pro Monat herstellt. Der Direktor wird also bemüht sein, mehr als fünfzig Maschinen zu produzieren. Er wird zum Beispiel eine einundfünfzigste und zweiundfünfzigste Maschine herstellen und dafür bei den ersten fünfzig an Material und an Arbeit – etwa bei der Erzeugung von Ersatzteilen – sparen, um auf diese Weise Material und Arbeitsstunden für die beiden zusätzlichen Maschinen herauszuwirtschaften. Der Direktor bekommt dann seinen Bonus, aber die Qualität der ersten fünfzig Maschinen hat gelitten, und der Abnehmer bleibt ohne Ersatzteile. Ein ähnliches Resultat bringt der Bonus für Materialersparnis hervor. Wohl spart der Staat Material ein (und der Direktor kassiert einen Bonus), der Empfänger aber be-

kommt häufig Waren schlechterer Qualität. Der Bonus für die Einsparung von Kohlen bewirkt, daß der Direktor schon bei der Festsetzung des Planes möglichst viel Kohlen anfordert, um diese dann nicht voll zu verbrauchen, eine Einsparung melden und einen Bonus einstreichen zu können; der Gesamtwirtschaft aber erwächst der Nachteil, daß in diesem Werk – und zugleich in vielen anderen, die ebenso kalkulieren – Kohlen unwirtschaftlich festliegen, während sie bei der allgemeinen Mangelwirtschaft anderwärts fehlen.

Es gibt Direktoren, die sich dafür einsetzen, das Bonussystem auf das Personal der Planungsabteilung, welche bisher keinen Bonus erhalten hatte, auszudehnen. Denn erst dann entsteht bei den Angestellten dieser Abteilung ein persönliches materielles Interesse daran, daß eine Erfüllung und Übererfüllung des Planes gemeldet werden kann – sei es auch durch Fälschen oder wenigstens großzügiges Zurechtbiegen von Zahlen. Je weiter der Kreis derer, die einen Bonus bekommen, desto größer die Zahl der „Mitverschworenen". Es gibt Betriebe, in denen sogar die Leiter der Werksfeuerwehr einen Bonus erhalten! Es soll in der Oberschicht des Betriebes möglichst niemanden geben, der nicht vom Nachweis der Planerfüllung einen unmittelbaren Vorteil hat. Das führt zu ganz absurden Zuständen. Zum Beispiel wird in Restaurants je nach der Menge der gesammelten und abgelieferten Speisereste ein Bonus gezahlt, wodurch bei den Angestellten der Restaurants der Wunsch entsteht, möglichst viele, vom Gast aus Qualitätsgründen liegengelassene Speisereste als Abfall vorweisen zu können.

Warum bleibt der Staat trotz diesen offensichtlichen Mängeln beim Bonussystem? Warum versucht er alles und jedes mit dem Bonus zu erreichen? Die Antwort ist sehr einfach: Weil es anders nicht geht.

Als die Bolschewiken das Privateigentum an den Produktionsmitteln abschafften und also das für die Privatwirtschaft charakteristische private Gewinnstreben beseitigten, hofften sie, daß „der neue Mensch" aus Lust und Liebe zur Sache oder um der Ehre willen arbeiten werde. Diese Hoffnung hat sich, von Ausnahmen abgesehen, nicht erfüllt. Das Bonussystem ist also nichts anderes als ein Ersatz für den privatwirtschaftlichen Profit. Ebenso wie es – darüber später mehr – in der Sowjetunion Korruption gibt, nur daß sie in der Staatswirtschaft andere Formen annimmt als in der Privatwirtschaft, kennt sie auch ein Profitstreben, nur daß es sich anders ausdrückt als bei uns, nämlich im Bonussystem. Ich möchte sogar annehmen, daß die Sowjetwirtschaft eine Abschaffung des Bonus schwerer durchstehen würde als die „kapitalistische" eine Beseitigung des privaten Gewinns.

Im übrigen ist auch das Gewinnstreben nach der Art des neunzehnten Jahrhunderts noch durchaus lebendig. Es gibt auch heute zahlreiche Sowjetbürger, die vom Kaufen und Verkaufen leben: sie beschaffen sich Mangelartikel, die sie zu einem Überpreis weitervertreiben. Besonders beliebt sind dabei Automobile. Um diesen Praktiken einen Riegel vorzuschieben, hat der Staat 1954 eine Anordnung erlassen, wonach man sich ein neues Auto frühestens drei Jahre nach dem letzten Autokauf erwerben kann. Die „Autohändler" lassen sich aber dadurch nicht stören: sie kaufen gleich mehrere Autos, auf die Namen verschiedener Familienmitglieder. Es gab vor kurzem einen Fall, wo einer bereits das siebente Auto innerhalb kurzer Zeit erworben und mit erheblichem Aufschlag weiterverkauft hatte. Manche behalten auch die Autos und benützen sie als Transportmittel für private Geschäfte. Sie schaffen mit ihnen die ersten Kirschen aus Wladimir nach Moskau, die ersten Trauben aus Tiflis nach Iwanowo, die ersten Pfirsiche aus Eriwan nach Sotschi, die ersten Äpfel aus Gomel nach Kiew, die ersten Aprikosen aus Fergana nach Taschkent; sie transportieren alles, was einen Gewinn abwirft: Gänse zu Weihnachten, Eier zu Ostern.[6] Wo immer die staatlichen Aufkäufer schlafen, treten die Privathändler mit eigenen Wagen in Tätigkeit.

Wie ernst der Staat diese ihm höchst unerwünschte Situation nimmt, zeigt das 1957 in verschiedenen Teilen der Sowjetunion, zunächst in Usbekistan, in Kraft getretene Gesetz gegen die „Parasiten". (Das Strafrecht ist Sache der einzelnen Republiken, der „Länder", würden wir sagen.) Nach diesem neuen Gesetz können Personen, die nicht von dem Einkommen leben, das sie aus Arbeit für den Staat oder für eine Genossenschaft beziehen, durch einfachen Mehrheitsbeschluß ihrer Nachbarn (einer Straße oder eines großen Miethauses), der lediglich vom örtlichen Sowjet bestätigt werden muß, für zwei bis fünf Jahre zu Deportation und

Strafarbeit verurteilt werden. Da bei der Abstimmung nur die Anwesenheit der Hälfte der stimmberechtigten Nachbarn erforderlich ist, kann ein Mensch durch außergerichtlichen Beschluß eines Viertels seiner Nachbarn ins Straflager kommen. In der Sowjetunion gab es also vierzig Jahre nach der Revolution noch – oder vielleicht richtiger: wieder – so viele Menschen, die sich außerhalb der Staats- und Genossenschaftsarbeit zu halten versuchen, daß man sie mit dieser neuen Form von „gesellschaftlicher Einwirkung“ packen zu müssen glaubt.[7]

Vor Jahren erschien in Amerika ein Roman, der bald zum Bestseller wurde: „What Makes Sammy Run?“ Der Autor sucht in dem Roman nach einer Antwort auf die Frage, was Sammy, den kleinen Samuel, zu seiner ungeheuren (und höchst erfolgreichen) Aktivität ansporñte. Die Antwort auf die entsprechende Frage „What Makes Iwan Run?“ ist einfach: seine stärkste Triebfeder ist, um im bolschewistischen Jargon zu bleiben, die „materielle Interessiertheit“. Der Staat, der sich sozialistisch nennt und auf den Kommunismus zuzusteuern vorgibt, stachelt den Egoismus seiner Bürger an und schafft ein Klima, in dem skrupellose Erfolgsmenschen am besten gedeihen. Damit rückt er immer weiter von seinen Idealen ab.

Die bolschewistischen Führer wissen das; sie bemühen sich, dem Egoismus des Sowjetmenschen in einer Weise entgegenzuwirken, die ihre eigene Abstützung auf eben diesen Egoismus nicht gefährdet. Vor allem setzen sie ihre Hoffnung auf die Erziehung und Wandlung der Menschen im Kollektiv. Ich habe jedoch nicht gefunden, daß deren materielles Bedürfnis und Streben nach persönlichem Wohlergehen dadurch vermindert worden wären. Im Gegenteil, mir scheint, daß nach vier Jahrzehnten kollektivistischer Erziehung der Sowjetmensch mehr und nicht weniger egoistisch geworden ist, als er es zu Beginn der Revolution war; nicht zuletzt, weil der Staat selbst seit einem Vierteljahrhundert diesen Egoismus des einzelnen zu stimulieren bestrebt ist. Vielleicht könnte man sagen: Das Leben im Kollektiv, sozusagen die gesellschaftliche Seite des Lebens, ist *eine* Sache, das Streben nach Wohlstand eine andere.

Es wird in der Sowjetunion auf lebhafte Proteste stoßen, und doch möchte ich sagen, daß der Besucher, der über einige Jahrzehnte neuer russischer Geschichte hinweg aus eigener Beobachtung Vergleiche ziehen kann, die Überzeugung gewinnt: Das russische Volk ist in seine *bürgerliche Epoche* eingetreten. Gewiß ist seine neue Oberschicht kein Bürgertum im westlichen Sinn, sondern eine Staatsbourgeoisie, da alle Angehörigen der Oberschicht für den Staat arbeiten und von ihm abhängen; dieser Unterschied soll nicht bagatellisiert werden. Dennoch ähnelt der Lebensstil der heutigen Sowjetbourgeoisie in geradezu verblüffender Weise dem, welcher für die westlichen Bourgeoisien im Zeitalter ihres Aufblühens charakteristisch war, also etwa dem des deutschen Bürgertums der Gründerjahre nach dem Siebziger Krieg oder dem der victorianischen Epoche in England.
Das Wort Bourgeoisie drängt sich jedem auf, der mit den Angehörigen dieser neuen Schicht zu tun hat, der den Zuschnitt ihres Lebens verfolgt, ihre Wohnungen besucht, in ihren mit Spitzendeckchen belegten Plüschmöbeln sitzt und über dem Sofa mit den gestickten Kissen die Kopien sentimentaler Gemälde des neunzehnten Jahrhunderts – manchmal auch als Stickerei – betrachtet, etwa Prinz und Prinzessin auf einem Wolf durch den Wald reitend, nach einem russischen Märchenmotiv, oder die im Wald spielenden Bären des Malers Schischkin. Und diese Samtdecken auf dem Tisch, die Väschen und Figurinchen, die rosa Lampenschirme sind nicht so sehr von den Vorfahren ererbter Hausrat als Erzeugnisse der heutigen Sowjetindustrie, wie man sie in allen einschlägigen Läden finden kann.
Daß die Hotels aus der Zarenzeit im Moskauer Stadtzentrum heute noch in allen Details so erhalten werden, wie sie damals waren, samt ihren Bronzefiguren im Jugendstil, mag man vielleicht aus musealer Pietät erklären. Aber auch das Hotel, das die Sowjetregierung vor einigen Jahren in Moskau errichtet hat und ihren Staatsgästen, so auch im September 1955 dem Bundeskanzler, zur Verfügung stellt, verkörpert mit seinen Portieren und verschnörkelten Vitrinen nichts anderes als den ins Monumentale gesteigerten bourgeoisen Stil der Jahrhundertwende. Das Volk, von dem man uns weismachen will, daß es an der Spitze der Menschheit marschiert, konnte sich vier Jahrzehnte

nach der antibourgeoisen Revolution immer noch keine andere Wohnungseinrichtung ausdenken als die, welche russische Bürger oder Adelige am Tiefpunkt abendländischer Wohnkultur in ihre Häuser gestellt hatten, nur mit dem Unterschied, daß die Möbel damals solide waren, jetzt aber schlampig und ärmlich gearbeitet sind. Unser treffliches Wort Kitsch läßt sich leider ins Russische so wenig wie in andere Sprachen übersetzen. Erst in allerjüngster Zeit sind Bestrebungen für eine Geschmacksverbesserung festzustellen; so wurde zum Beispiel im Winter 1957/58 eine kunstgewerbliche Ausstellung veranstaltet, auf der auch moderne Formen anzutreffen waren[8], vermutlich eine Folge von Auslandsreisen, nicht zuletzt in die auf diesem Gebiet führenden skandinavischen Staaten.

Noch andere Charakterzüge bourgeoiser Lebenseinstellung lassen sich heute in der Sowjetunion feststellen, so zum Beispiel das Bestreben, in „gute Familien" hineinzuheiraten. Dafür als Beispiel ein Stück von Jewgenij Bermont: „Die Rückkehr des Wassilij Iwanowitsch", das ich 1956 in Moskau sah. Ort der Handlung: eine Möbelfabrik; die beiden Gegenspieler: Lobassow, der junge Abteilungsleiter, und der Innenarchitekt Giazintow. Zunächst war ich geneigt, in Giazintow den – im Sinne der Autors – positiven Helden zu vermuten. Er hat nicht nur seine Stellung als freier Künstler geopfert, um sich der Verschönerung der Sowjetmöbel zuzuwenden, er vertritt auch Ansichten, die zu der nach Stalins Tod so energisch geforderten (wenn auch nicht ganz so energisch geförderten) Produktion von Gebrauchsgütern passen; seine Linie entspricht dem neuen Kultura-Kurs.

Lobassow dagegen erscheint als der reine Utilitarist, der für nichts anderes Interesse zeigt als für die rein mengenmäßige Erhöhung des Ausstoßes seiner Fabrik. So hat er auch für die künstlerischen Leistungen seiner Braut, der Malerin Nadja, nicht das geringste Verständnis. An ihren Waldstücken interessiert ihn nur, ob die verschiedenen „Hölzer" naturgetreu wiedergegeben sind; zu diesem Zweck empfiehlt er unermüdlich ein bestimmtes, überaus zuverlässiges Baum- und Waldhandbuch.

Aber auch Giazintow scheint Nadja zu lieben. Er läßt sie mit dem Dienstwagen aus der Stadt in die von ihrer Familie bewohnte Datsche fahren, schickt ihr auf demselben Wege Blumen ins Haus

und hat auf diese Weise den ihm zustehenden Benzinetat schon beträchtlich überzogen. Bald aber muß das Publikum erkennen: Giazintow bemüht sich um Nadja gar nicht aus Liebe, sondern weil er heimlich in Erfahrung gebracht hat, daß ihr zur Zeit verreister Vater, eben jener im Titel genannte Wassilij Iwanowitsch, Minister werden soll! Giazintow ist also ein Karrierist, er will Schwiegersohn eines Ministers werden, um sich auf diese Weise fest in der neuen Bourgeoisie einzunisten.
Die Entlarvung Giazintows erfolgt durch Nadjas Vater, der inzwischen seine Ernennung zum Minister erhalten hat. Als er von seiner Dienstreise zurückkehrt, beschließt er, Giazintows Liebe auf die Probe zu stellen. Er erzählt seiner Tochter, er sei nicht nur nicht Minister geworden, sondern sogar für verschiedene Fehler von der Partei schwer gerügt worden. Kaum erfährt dies Giazintow, als er sich schleunigst von Nadja zurückzieht; ein Motiv, wie es dem Westen aus seiner bürgerlichen Epoche vertraut ist. Das Stück endet mit den Enttäuschungstränen Nadjas, die sich aber, wie der Zuschauer beim Fallen des Vorhangs ahnt, bald von dem wackeren Lobassow trocknen lassen werden.
Noch ein Beispiel für die Selbstverständlichkeit, mit der die bourgeoise Einstellung hingenommen wird, fand ich in den Diskussionen, welche Zeitungen und Zeitschriften – in dem Bestreben, etwas zeit- und volksnäher zu werden – in Form von Leserbriefen über Probleme aus dem täglichen Leben veranstalten. Sie sind recht aufschlußreich; aus einer ergab sich folgendes Bild:
Der junge Wikentij (Vinzenz), Sohn eines prominenten Vaters, interessiert sich für die junge Arbeiterin Katja. Als Mitglied der Jeunesse dorée hat er sonst nur sein Amüsement im Kopf. Er versucht Katja ähnlich zu stimmen und stört sie damit in ihren Bemühungen um weitere Ausbildung. Katja liebt Wikentij, aber ihre Eltern halten sie von ihm zurück und raten ihr, sich anstelle des verwöhnten Herrensohnes einen einfachen jungen Arbeiter zum Freunde zu nehmen. So zerbricht die junge Liebe. Unter den Leserbriefen waren solche, die Katjas Eltern recht gaben, andere, die Katja den Vorwurf machten, daß sie nicht energisch genug versucht habe, Wikentijs Lebenswandel zu verändern; die Tatsache des sozialen Unterschiedes zwischen der Schicht des jungen

Mannes und der des Mädchens dagegen wurde in den Leserbriefen gar nicht weiter diskutiert, sondern als selbstverständlich vorausgesetzt.[9]

Ein Symptom des bürgerlichen Zeitalters sehe ich auch in der schon erwähnten Tatsache, daß sich die Dichter am weitaus häufigsten mit dem Milieu der Oberschicht beschäftigen. Und wenn sie das nicht von allein tun, verlangen es andere von ihnen. Der Sowjetschriftsteller K. Minz zum Beispiel, den wir noch als Autor der Geschichte von der schönen aber nichtsnutzigen Poëma kennenlernen werden, hatte ein Drehbuch geschrieben, in dessen Mittelpunkt ein Bankkassier stand. Die Filmregisseure protestierten: Ein Kassier könne kein zugkräftiger Filmheld sein. Das Manuskript wurde umgeschrieben: der Held begann zwar als Kassier, endete aber als Bankdirektor. In einer literarischen Zeitschrift stand vor einiger Zeit zu lesen:

> „Der Jammer mit unseren Schriftstellern ist, daß sie zuviel über die Bosse [Natschalniki] schreiben und sich zuwenig für die Werktätigen interessieren. Es gibt bei uns sehr wenig Stücke und Drehbücher, in denen gewöhnliche Sowjetmenschen im Mittelpunkt stehen; meist dienen sie nur den Hauptpersonen als Staffage und tragen episodischen Charakter. Wenn ein Stück in der Industrie spielt, so haben sich die Zuschauer schon daran gewöhnt, daß die Hauptperson der Direktor ist, ... und wenn im Dorf, dann steht in seinem Mittelpunkt gewöhnlich der Kolchosvorsitzende.“ [10]

In demselben Aufsatz wird darauf hingewiesen, daß viele Dramatiker schon durch die Wahl der Namen ihrer Gestalten deren soziale Stellung charakterisieren. Im Russischen gibt es die Verkleinerungsformen -kin oder -ka, die Dingen und Personen, denen sie angehängt werden, einen familiären Ton geben. Im Zusammenhang mit einem Film, in dem ein Arbeiter namens Sacharkin vorkommt, schreibt der Kritiker, einen Ingenieur oder Offizier hätte der Autor zweifellos nicht Sacharkin, sondern Sacharow genannt. Er führt eine ganze Reihe von Filmen und Dramen auf, in denen Leute mit Namen auf -kin oder -ka untergeordnete soziale Positionen haben, darunter ein Stück aus der militärischen Welt, in dem ein Mann namens Minutka auftritt; der Kritiker schreibt:

„Dieser Familienname ist geradezu symbolisch, er charakterisiert die Rolle seines Trägers in dem Stück und zugleich seine dienstliche Stellung; jemand, der so heißt, kann natürlich kein General, nicht einmal ein Offizier sein, sondern nur ein gemeiner Gefreiter, allenfalls ein Unteroffizier... Minutka ist auch in dem ganzen Rollenverzeichnis der einzige, der ohne Vornamen aufgeführt wird."

In einem Drama, das ich in Moskau sah („Gefährlicher Gefährte"), gab es, wie in der klassischen Operette oder Shakespeare-Komödie, zwei Liebespaare auf verschiedenen sozialen Ebenen. Die Liebe des einen Paares ist ideal und erhaben, es ist Liebe auf Ingenieursebene. Das zweite Paar, mit einem Mann namens Matwejkin (also nicht Matwejew!) als Liebhaber, kommt aus einem sozial niedrigeren Milieu und wird durch halbgebildete Redensarten charakterisiert; hier haben wir die Liebe auf Proletarierebene.

Jeder Sowjetautor weiß, daß er in seinen Stücken Arbeiter oder Bauern auftreten lassen muß; aber auch da, wo er diesen Gestalten im Ablauf des Stückes einen nicht ganz unwesentlichen Platz zuweist, behandelt er sie oberflächlich, widmet ihnen allenfalls ein unernstes Wohlwollen. In „Garantie des Erfolges", einem Drama des schon genannten Jurij Trifonow, ist die Hauptperson ein junger Maler. Das Bild, das dieser von einem Kraftwerk der Provinz gemalt hat, findet in Moskau eine geteilte Aufnahme. Zwei Arbeiter des Werkes, die ihn in Moskau besuchen, sollen nun ein Urteil über Wert oder Unwert des Gemäldes abgeben, sozusagen als Stimme des Volkes. Sie benehmen sich genau so, wie sich der kleine Moritz aus bürgerlicher Familie zwei Arbeiter bei der Betrachtung eines Gemäldes vorstellt: sie treten von einem Bein aufs andere, drucksen herum, suchen nach Worten, zerknüllen vor Aufregung ihre Mützen und bringen schließlich ein einziges Wort heraus: „Groß!" (Das ist das Bild auch – mehrere Quadratmeter nämlich!)

Bleibt die Frage, wie weit die in diesem Kapitel geschilderte Entwicklung der materiellen Interessen als eine Konstante angesehen werden kann. Soll man aus der Beobachtung der letzten Jahrzehnte, in denen diese Linie überaus konstant war, den Schluß ziehen, daß sie auch weiterhin in genau derselben Richtung verlaufen, also konstant bleiben wird? Oder liegt ein Wandel im Bereich des Möglichen? Und wenn ja, wie müßte ein Mensch aussehen, der bereit wäre, auf lange Sicht und nicht nur in vorübergehender Aufwallung seine Arbeit ohne den Anreiz materieller Belohnung zu leisten? Zwei Menschentypen kommen in Frage. Auf der einen Seite Männer, welche der höchsten Kategorie des Leistungstyps angehören, die ihren Beruf so lieben, daß sie ihm mit allen Kräften nachleben, gleichgültig, was die Gesellschaft ihnen dafür zu zahlen bereit ist – besessene Erfinder, Forscher, Techniker, aber auch Ärzte, Künstler oder Seelsorger. Menschen dieser Art, Lopatkins gewissermaßen wie in Dudinzews Roman, hat es immer gegeben, und es wird sie auch in Zukunft immer geben; ihr Prozentsatz innerhalb der Gesamtbevölkerung dürfte im Laufe der Jahrtausende nur geringen Schwankungen unterworfen gewesen sein. Für den industriellen Aufbau einer Weltmacht kann er keinesfalls ausreichen.

Selbst bei den Parteileuten hat offenbar die Ehre allein und auch der bescheidene Anteil des einzelnen an der staatlichen Allmacht auf die Dauer als Ausgleich für ihre Mühen und Entbehrungen nicht ausgereicht – wäre man sonst gezwungen gewesen, das schon erwähnte Partmaximum, also die strenge Begrenzung der Einkommen von Parteimitgliedern auf zweihundert, später dreihundert Rubel, abzuschaffen? Auch der Loyalität des Offizierkorps – das ja in keiner Armee vorzugsweise aus Erfolgsmenschen besteht – hat sich die Regierung schon seit Anfang der dreißiger Jahre durch eine ungewöhnliche materielle Bevorzugung versichert. (Zu einem Grundgehalt von – je nach Rang – tausend bis zweieinhalbtausend Rubel erhalten die Offiziere zahlreiche Zulagen und Aufwandsentschädigungen; ein Leutnant, der auf einem Torpedoboot Dienst tut, bezieht alles in allem monatlich über dreitausend Rubel.[11]

Der andere Typ wäre am entgegengesetzten, am untersten Ende der Leistungsskala zu finden, in der Nachbarschaft des Tieres oder der Pflanze. Die Kuh liefert, wenn sie nur ihr Futter bekommt und ohne daß jemand mit der Peitsche neben ihr zu stehen hätte, täglich treu ihre Milch. Es gibt auch in der menschlichen Gesellschaft einen Typ, der allein für Obdach und Nahrung ohne Murren täglich die ihm bestimmte Arbeitsleistung vollbringt. Für manche unter uns verbindet sich gerade mit dem Wort Kommunismus die Vorstellung von Menschen, die roboterhaft den Befehlen ihrer Meister gehorchen, ohne selbst daran innerlich irgendwie beteiligt zu sein und ohne eines besonderen Ansporns zu bedürfen.

Nach allem, was ich über die Natur des Menschen zu wissen vermeine und was ich selbst gesehen habe, halte ich persönlich es für ausgeschlossen, daß die Sowjetunion – oder irgendein anderes Land – eines Tages von einer Mehrzahl solcher Roboter bewohnt würde. Erstens glaube ich nicht, daß der Mensch – abgesehen von Ausnahmen, die es immer gegeben hat – in dieser Weise auf die Dauer degradiert werden kann (daß es vorübergehend möglich ist, wissen wir). Und zweitens glaube ich nicht, daß die Bolschewiken das wollen, denn sie würden damit die Fortentwicklung ihrer Wirtschaft, ihres Aufbaus selbst lahmlegen. Mit Robotern kann man allenfalls vorhandene Maschinen bedienen, aber sicherlich nicht neue dazuerfinden.

Ich habe einmal in einem Gespräch mit einem Sowjetmanager die Probe aufs Exempel gemacht und ihn gefragt, was seiner Ansicht nach die Folge wäre, wenn der bolschewistische Staat die Peitsche der Norm und des Akkordlohnes aus der Hand legte. Der Mann war überrascht. Er hatte offenbar nie an diese Möglichkeit gedacht.

„Das ist unvorstellbar", sagte er.

„Versuchen Sie, es sich trotzdem einmal vorzustellen", erwiderte ich. „Was würde dann geschehen?"

„Das rasche Wachstum, in dem wir uns seit langem befinden, würde sofort absinken; wir brauchen diese Peitsche."

Ich ließ nicht locker: „Die Sowjetbürger von heute sind viel arbeitsamer als die von 1900 oder von 1850. Die Arbeit ist ihnen weit mehr als früher zur Gewohnheit geworden, wie das bei uns Deutschen schon seit langem der Fall ist. Wir haben in Deutschland den Ausdruck: Eine Sache um ihrer selbst willen tun. Er ist mehr als nur eine Redensart, er ist eine weit verbreitete Einstellung zum Leben und zur Arbeit, die Einstellung von Menschen, die aus Interesse arbeiten, aus Pflichtgefühl, aus Freude am gelungenen Werk. Es ist die Haltung einer Minderheit, gewiß, aber einer beispielgebenden Minderheit. Diese Leute bedürfen zur Leistung nicht des Anreizes durch Lohn oder Profit; sie arbeiten aus innerem Drang. Ließe sich nicht etwas Ähnliches im Laufe der Zeit auch für die Bewohner der Sowjetunion denken?"

Er blieb skeptisch. „Vielleicht. Ich kann es mir nicht vorstellen. Jedenfalls wäre es noch ein sehr weiter Weg bis dorthin. Ich könnte es mir nicht leisten, meine Leute nach dieser Methode zu behandeln; es ließe sich dann kein Plan mehr erfüllen."

Und doch bleibt es theoretisch denkbar, daß ein Sowjetführer aufsteht und sagt: Die Epoche, in der wir an den Egoismus der Menschen appellierten, ist zu Ende. Jetzt gilt es, unter völliger Hintansetzung persönlicher Wünsche alle Kräfte für die letzten hundert Meter des großen Rennens um den Sieg des Kommunismus in der Welt anzuspannen. Der Appell würde ähnlich lauten können wie im Sturmjahr 1917, in den Anfangsjahren des ersten Fünfjahrplans um 1930 oder wie während der bitteren Tage von 1941/42.

Läßt sich erwarten, daß die Bevölkerung der Sowjetunion einem solchen Ruf Folge leisten würde – nach allem, was sie an Entbehrungen und Enttäuschungen erlebt hat, auf der einen, nach der Gewöhnung breiter Schichten an ein gewisses Maß von persönlicher Sicherheit und bescheidenem Wohlstand auf der anderen Seite? Man kann das nicht einfach bestreiten. Wenn ein solcher Appell glaubwürdig und machtvoll ergeht, ist das Volk, und das gilt insbesondere für die eigentlichen Russen, in Ausnahmesituationen durchaus noch zu Leistungen fähig, die des Anreizes durch Mehrverdienst nicht bedürfen; liegt doch die große Chance des Bolschewismus gerade darin, daß er ein Volk von ungewöhnlicher Glaubens- und Leidensfähigkeit beherrscht. Aber eben doch nur in Ausnahmesituationen, in ungewöhnlichen Notständen, in denen der Mensch über sich selbst hinauswächst und zu Opfern großen Ausmaßes bereit ist; in normalen Zeiten, in Zeiten, da es sich nicht um die „letzten hundert Meter" handelt, sondern um die stetige und zuverlässige tägliche Arbeit, läßt sich auf den materiellen Anreiz nicht verzichten. Die Kurve der materiellen Lebensansprüche des Sowjetmenschen war zwar von

Zeit zu Zeit – eben um 1917, 1930 und 1942 – von heftigen Ausschlägen unterbrochen; ihren im ganzen konstant aufsteigenden Charakter haben diese nicht verändern können. Und ähnliches möchte ich für den künftigen Verlauf dieser Linie vermuten.

EIGENTUM

In den Wirren der Revolution hatte in Rußland die Achtung vor dem Eigentum einen Tiefpunkt erreicht. Alle Ordnung hatte sich aufgelöst, und das Eigentum war unter der Parole „Expropriation der Expropriateure“ jeder Willkür schutzlos preisgegeben. Die mit abscheulichen Gewalttaten verbundenen Enteignungen, vor allem der Grundbesitzer, beschränkten sich nicht auf deren Immobilien – ihr ganzes Eigentum war vogelfrei; und nicht nur das Eigentum der alten Oberschicht. Während der Periode des sogenannten Kriegskommunismus (bis etwa 1921) war der Begriff des Gemeineigentums überhaupt sehr weit gefaßt; es war die Stimmung des „Was dein ist, ist auch mein“. In den Kommunen sollte, wie wir sahen[1], grundsätzlich sogar alles allen gehören. Eine zweite Welle der gewalttätigen und blutigen Enteignung überflutete das Land im Zuge der Kollektivierung zu Beginn der dreißiger Jahre.

Diese Vorgänge haben sich infolge der mit ihnen verbundenen Greuel in das Bewußtsein der Welt eingegraben und deren Vorstellungen über die Unsicherheit der Eigentumsverhältnisse in der Sowjetunion geprägt. Das dadurch entstandene Bild entspricht aber schon lange nicht mehr der Wirklichkeit. Noch in den zwanziger Jahren begannen die kommunistischen Führer auf eine gewisse Ordnung zu drängen und dem Volk auseinanderzusetzen, daß es, nach Marx, zweierlei Eigentum gibt: das Eigentum an Produktionsmitteln einerseits, das dem Staat oder den vom Staat anerkannten Kollektiven vorbehalten sei, und das Eigentum an Konsumgütern andererseits, die der einzelne besitzen dürfe. Als Konsumgüter galten zunächst nicht viel mehr als Nahrungsmittel, Kleidung, Eßgerät. Allmählich fiel immer mehr unter diese Rubrik: Möbel, Haushaltgeräte, Bücher, Autos, Sparkonten samt Zinsen, Staatspapiere, Wohnhäuser. In den Artikeln sieben und zehn der Sowjetverfassung von 1936 wurde das belastete „persönliche" (man vermied das Wort „privat") „Eigentum" an Gütern dieser Art dem einzelnen ausdrücklich garantiert.

Der bekannteste Artikel des Strafgesetzbuches der RSFSR trägt die Nummer 58; unter diesem Artikel, der sich gegen die angeblichen oder wirklichen Feinde des Staates richtet, sind zahllose Sowjetbürger und, lange nach Kriegsende, Zehntausende deutscher Kriegsgefangener ihrer Freiheit beraubt worden. Auch das Zivilgesetzbuch hat einen Artikel 58; auch er ist wichtig, denn er enthält den Satz: „Innerhalb der durch das Gesetz festgelegten Grenzen hat der Eigentümer das Recht, sein Eigentum zu besitzen, zu verwenden und zu veräußern." Demgemäß wird – wie auch die veröffentlichten Gerichtsurteile zeigen – der Apparat des Staates eingesetzt, damit der rechtmäßige Eigentümer Gegenstände wiederbekommt, die ihm – zum Beispiel in den Wirren des Zweiten Weltkrieges – verloren gegangen sind. Ein wichtiger Schritt zur weiteren Sicherung des Eigentums war die beträchtliche Heraufsetzung des Strafmaßes für Diebstähle an persönlichem Eigentum im Jahr 1947.[2] Während das Strafgesetzbuch bis dahin für solche Vergehen nur geringe Strafen vorsah (von Sühnezahlungen, die drei Monate lang an den Löhnen einbehalten wurden, bis zu einem Jahr Gefängnis), wurden nun fünf bis sechs Jahre Arbeitslager verhängt; im Wiederholungsfall sechs bis zehn Jahre; wenn mit Gewaltanwendung verbunden: zehn bis fünfzehn Jahre, unter Konfiszierung des gesamten Vermögens; bei tätlicher Bedrohung fünfzehn bis zwanzig Jahre. Die klare Verankerung des Eigentums an Gebrauchsgütern in der Verfassung und seine Sicherung durch verschärfte Gesetze ist eine – fast automatische – Folge der im vorigen Kapitel[3] dargelegten Lohnpolitik; ohne zuverlässige Sicherung des Eigentums verliert die Aufforderung an die Bürger, durch harte Arbeit Eigentum zu erwerben, ihre Wirksamkeit.

Unter die allerjüngsten Maßnahmen zur Förderung des Eigentums an Konsumgütern gehören die Gesetze über den Bau von Privathäusern.[4] Im Laufe des Jahres 1959 plant der Staat Hunderttausende vorfabrizierter Häuser herzustellen, die von den künftigen Eigentümern in monatlichen Ratenzahlungen erworben werden können. Dabei sollen diese Darlehen nach Möglichkeit über die Betriebe, Behörden und Organisationen gewährt werden, in denen die Betreffenden arbeiten. Die Kosten eines solchen Hauses sollen ohne Montage zwischen fünfzehn- und fünfundzwanzigtausend Rubel liegen. Schon seit einiger Zeit ist es möglich, vom Staate Land für Hausbau langfristig zu pachten und Baudarlehen unter günstigen Bedingungen zu erhalten, freilich nur dann, wenn sich der Antragsteller dem Staate gegenüber als vertrauenswürdig und fördernswert erwiesen hat, das hieß meistens: wenn er zur neuen Oberschicht gehört.[5]

Eine besonders interessante Entwicklung machte das Erbrecht durch. Nachdem es erst ganz abgeschafft, dann auf zehntausend Rubel beschränkt worden war, wurde es durch Stalin grundsätzlich wiederhergestellt und schließlich in der Verfassung festgelegt. Das war ebenso logisch wie die Sicherung des Eigentums. Man konnte nicht die Menschen durch die Aussicht auf höheren Lohn zu größeren Leistungen anspornen, wenn man ihnen nicht zugleich die Möglichkeit gab, das Erworbene ihrer Familie zu hinterlassen. Im Artikel zehn der Verfassung heißt es: „Das Erbrecht an dem persönlichen Eigentum der Bürger wird durch das Gesetz geschützt." Dieser Schutz wird mit einer Konsequenz ausgeübt, die sogar dem Erbschleicher die Arbeit erleichtert. Da gab es etwa den Fall eines Sowjetbürgers, der, obgleich verheiratet, einer wohlhabenden und schwerkranken Frau den Hof machte und siebzehn Tage vor ihrem Tode die Ehe mit ihr registrieren ließ. Da seine frühere Ehe nicht registriert war und seit dem Ehegesetz von 1944 nur registrierte Ehen rechtliche Gültigkeit haben, sprach ihm das Gericht, trotz der offenkundigen Erbschleicherei, das Erbe zu.[6]

1943 wurde sogar die Erbschaftssteuer abgeschafft; es ist lediglich eine Gebühr zu bezahlen, die höchstens zehn Prozent beträgt[7], während bei uns in der Bundesrepublik die Erbschaftssteuer bis zu sechzig Prozent ansteigt.

Der bolschewistische Staat hat also für den Besitzenden nicht nur – wie wir sahen[8] – ein weit vorteilhafteres Einkommensteuerrecht, sondern auch ein unvergleichlich günstigeres Erbrecht, als wir es bei uns oder in anderen westlichen Ländern kennen, wo der Staat den Erben einen großen Teil der Erbschaft wegsteuert.

Zwar kann der Sowjetbürger seinen Nachkommen keine Fabriken und ähnliche Produktionsmittel vermachen, da er diese ja selbst nicht besitzen darf; nichts aber hindert ihn daran, ihnen bares Geld, Staatspapiere, Wertgegenstände, Wohnhäuser und Gebrauchsgüter aller Art zu hinterlassen.
Anders als die neue Familienpolitik des Staates, die den Wünschen breiter Volkskreise, vor allem der Frauen, entgegenkam und deshalb ihrer bereitwilligen Unterstützung gewiß war[9], hat seine Eigentumspolitik eine stark differenzierte Aufnahme gefunden. Die allmähliche Wiederherstellung des Privateigentums an Gebrauchsgütern ist auf grundsätzliche Zustimmung gestoßen. Wenn auch bei den unteren sozialen Schichten eine gewisse Mißstimmung über den Luxus der Oberschicht nicht übersehen werden darf[10], hält doch der einfache Mann selbst an seinem persönlichen Eigentum mit aller Zähigkeit fest. Das spürt man besonders in den Wohnungen, in denen mehrere Familien zusammen hausen. Der Eigentumsinstinkt verteidigt dort jede seiner häuslichen Positionen. In dem Badezimmer der Gemeinschaftswohnung, in der wir in den dreißiger Jahren eine Weile lebten, standen für neun Parteien neun Waschkübel.
Die kategorische Verurteilung des privaten Eigentums an Produktionsmitteln aber wird sehr unterschiedlich beurteilt, je nachdem, ob es sich um industrielle oder agrarische Güter handelt. Wer die kapitalistische Wirtschaft der Zeit vor der Revolution kennt, wird nicht erwarten, daß der russische Arbeiter, soweit er sie noch erlebt hat, diesen Zuständen nachtrauert. Denn diese Wirtschaft war noch nicht über die Frühform des Kapitalismus hinausgekommen, wie sie in Westeuropa vor hundert Jahren, also vor der Einführung der Sozial- und der Antimonopolgesetze bestand und dem Sowjetbürger noch heute als abschreckendes Beispiel vor Augen gehalten wird, als ob sie noch immer für unsere Welt charakteristisch wäre. Selbst in neuen Fabriken waren Sitten anzutreffen, die im Westen längst verpönt waren. Ich erinnere mich an das Mißbehagen, das ich als Kind empfand, wenn ich beim Besuch des großelterlichen Hauses in Moskau sah, wie die bei Schichtende aus der daneben gelegenen Fabrik strömenden Arbeiter von stämmigen Wächtern abgetastet wurden, ob sie nicht irgendwelche Waren unerlaubt mitgenommen hatten.

Wer in Rußland noch heute von der guten alten Zeit spricht, meint nicht die junge und noch recht ungebärdige Industrie, sondern den seelischen Gehalt einer Epoche, in der das Leben in einer patriarchalischen Ordnung geborgen, von dem Glanz und der Inbrunst kirchlichen Festbrauchs erhöht war, und soweit er sich der wirtschaftlichen Verhältnisse erinnert, meint er die niedrigen und stabilen Preise von damals.
Was immer die Gründe sein mögen, aus denen heraus ein Sowjetarbeiter gegen den Bolschewismus Abneigung oder gar Haß empfindet, die Verstaatlichung der Wirtschaft dürfte dabei kaum einen Faktor darstellen. Ich fand ihn bei allen Gesprächen über den Begriff Sozialismus bereit, die These des Regimes zu akzeptieren, daß die Produktionsmittel allen gehören müssen und die natürliche Form dieses sozialistischen Eigentums das Staatseigentum sei. Die Frage einer Übereignung der Betriebe an die Belegschaft, die in der Theorie des jugoslawischen Kommunismus eine solche Rolle spielt, scheint bisher unter den Arbeitern der Sowjetunion nicht als besonderes Problem empfunden zu werden. Daß dieser Gedanke, wenn immer er auftaucht, alsbald von oben als „anarcho-syndikalistisch" bekämpft wird, ist selbstverständlich. Da er aber in Polen und Ungarn umgeht, kann es durchaus sein, daß er auch in die Arbeiterschaft der Sowjetunion eindringt. Bis jetzt stand ihm wohl das mangelnde Selbstbewußtsein des russischen Arbeiters im Wege, der sich der Aufgabe, moderne Industriewerke zu leiten, nicht gewachsen fühlte.
Auf die Sozialgesetzgebung des Landes, mit Altersversicherung und kostenloser Krankenbehandlung, ist der Arbeiter stolz, in der Meinung, sie sei eine sowjetische Erfindung; überrascht und ein wenig ungläubig schaut er drein, wenn man ihm die Entwicklung der deutschen Sozialgesetzgebung seit Bismarck schildert. Sogar einer der weltoffensten Bolschewiken, Anastas Mikojan, glaubte sich berechtigt, in seiner Ansprache auf dem IV. Parteitag der SED ausgerechnet vor den deutschen Arbeitern – die Ansprache wurde in der gesamten Ostzonenpresse veröffentlicht – mit der Sozialversicherung der Sowjetunion zu prunken, die es in Deutschland früher nicht gegeben habe und auch heute in Westdeutschland nicht gebe, als vernähmen seine Zuhörer solche Wunderdinge zum ersten Mal.[11]

Nur in einem Grenzgebiet kommt es noch zu Spannungen zwischen den Wünschen des Arbeiters und den Eigentumsvorstellungen des Staates: Die bäuerliche Abstammung eines großen Teiles der Arbeiterschaft, jedenfalls soweit sie heute im mittleren oder höheren Lebensalter steht, kommt in dem Wunsch nach einer eigenen Kuh und noch dem einen oder anderen Stück Vieh zum Vorschein. In der Art, wie dieser Wunsch befriedigt wurde, zeigt sich freilich die Absurdität der Eigentumsfeindlichkeit des Regimes. Da es dem Arbeiter faktisch kaum möglich war, Heu für seine Kuh zu besorgen, fütterte er sie mit Getreide, Kartoffeln, ja mit Brot, das er sich legal kaufte. Das Fleisch und die Milch, die sie lieferte, brachte so viel ein, daß es sich immer noch lohnte, Kühe mit Brot zu füttern! Schließlich mußte eine regelrechte Verordnung gegen diesen Brauch erlassen werden.[12] Wie üblich wurde die Kampagne gegen ihn auch in Artikeln und Karikaturen geführt. Eine Zeichnung zeigte eine elegant aufgemachte Kuh, der man ihr Frühstück – Brot und Konditorwaren – auf einem Tablett servierte. Die Unterschrift hieß: „Bitte iß, liebe Kuh; nichts ist uns für dich zu schade. Denn vieles haben wir dir zu verdanken: ein neues Haus, einen Fernsehapparat und noch mehr."[13]

Wenn man die Haltung des Arbeiters zum Staatseigentum an den Produktionsmitteln als ein passives Hinnehmen bezeichnen kann, wie soll man die Einstellung der wirtschaftlichen Oberschicht, der Manager also, definieren? Werden sie vielleicht, wie im Westen manchmal erwartet wird, eines Tages das private Eigentum an den von ihnen geleiteten Betrieben fordern? Oder um es mit einem historischen Vergleich zu sagen: Wird sich etwa wiederholen, was sich vor Jahrhunderten in Europa abgespielt hat? Die Fürsten gaben ihren Gefolgsleuten Land als Existenzgrundlage, und dieses ging im Laufe der Zeit in das Privateigentum der Nachkommen jener Gefolgsleute über.

Zweimal habe ich sowjetischen Fabrikdirektoren, mit denen sich die Gelegenheit zu etwas ausführlicherem Gespräch bot, die Testfrage vorgelegt: „Sie sind der Direktor dieses Werkes, seine treibende Kraft; Sie stellen Ihre ganze Kraft, ja Ihr Leben in den Dienst seines Aufbaus, seiner Erweiterung; Sie plagen und schinden sich von früh bis spät, damit alles richtig läuft. Haben Sie nicht einmal den Wunsch verspürt, den Betrieb nicht nur im stets widerruflichen Auftrag des Staates zu verwalten, sondern auch als Eigentümer zu besitzen?"

Selbstverständlich erwartete ich in beiden Fällen nichts anderes als ein emphatisches Nein; welche andere Antwort könnte ein Sowjetmanager einem westlichen Besucher geben? Ich achtete daher nicht auf das Nein selbst, sondern auf die Art der Argumentation, als ich nach seiner Begründung fragte. Diese bestand natürlich erst einmal aus einigen Sätzen aus dem marxistisch-leninistischen Katechismus, sie enthielt aber auch andere Bemerkungen, aus denen eines deutlich hervorging: Schon lange ehe James Burnham sein bekanntes Buch „Die Revolution der Manager" schrieb, ist den Sowjetmanagern klar gewesen, was hier schon in anderem Zusammenhang ausgesprochen wurde: In der modernen Wirtschaft ist die *Verfügung* über die Produktionsmittel viel entscheidender als das *Eigentum* an ihnen. Auch ein „kapitalistischer" Generaldirektor hat unvergleichlich mehr zu sagen als die dreißig oder dreihundert oder dreitausend, wenn nicht dreißig- oder gar hundertdreißigtausend Aktionäre, welche in ihrer Gesamtheit Eigentümer des Unternehmens sind. Selbst wenn ihm keine einzige Aktie gehört, braucht er sich, solange er das Unternehmen erfolgreich führt, nicht viel Gedanken wegen der Eigentümer zu machen. Sie sind zufrieden, wenn er ihnen hohe Dividenden verschafft, und reden ihm im allgemeinen nicht ins Geschäft. Ja, er wird normalerweise seinen Beziehungen zu der ihm unterstellten Belegschaft weit mehr Sorgfalt schenken als denen zu den Aktionären, deren Angestellter er ist.

Der Sowjetdirektor, der einen Staatsbetrieb leitet, und der deutsche oder amerikanische Direktor an der Spitze eines Unternehmens, das irgendwelchen Aktionären gehört, unterscheiden sich nicht allzusehr in ihrer sozialen Position, ihrem Einkommen, ihrer Einstellung zur Arbeit; sie gehören eindeutig zur Oberschicht ihres Volkes. Worin sie sich aber sehr unterscheiden, das ist das Ausmaß ihrer Machtfülle gegenüber der Belegschaft. Der westliche Manager stößt allenthalben an die Schranken seiner Macht – den Betriebsrat, die Gewerkschaften, das Arbeitsgericht. Den Sowjetdirektor aber statten Partei und Staat mit gewaltigen Befugnissen aus, um ihn zu befähigen, auch ihre extremsten oder

unvernünftigsten Planziele zu erreichen, ganz abgesehen davon, daß – dies ist die überzeugende These von Djilas [14] – die unbegrenzte Verfügung über die Produktionsmittel *und* über den Mehrwert dem Staat und seinen Wirtschaftsführern eine außerordentliche Macht in die Hand gibt.
Was wirklich in den Köpfen der beiden Manager vorging, weiß ich nicht. Aber ich hatte den Eindruck, daß zum mindesten diesen beiden der Gedanke an die Übertragung ihrer Werke in ihr Privateigentum tatsächlich fernlag. Bohrte ich weiter, so fand ich, daß solche Fabrikdirektoren natürlich mancherlei an dem System und an ihrer Stellung auszusetzen hatten: die Aussicht, jeden Tag den Sturz in die Ungnade, den Verlust der Stellung, einen Prozeß wegen Nichterfüllung des Planes und die Verurteilung zu hoher Strafe zu erleben; oder auch nur eine Routineversetzung in ein Gebiet, in das man freiwillig nicht ginge, wo man wieder von vorne anfangen muß. Der Sowjetstaat liebt die häufigen Versetzungen, denn es paßt ihm nicht, wenn Leute längere Zeit an einem Platz arbeiten, mit den Menschen vertraut werden und so Gruppen, das heißt Zellen, bilden, die vielleicht ein Eigenleben annehmen können.
Vor allem leiden die Manager – wie alle Sowjetbürger – unter der Knute des „Plans", dessen allbeherrschende Macht im nächsten Kapitel deutlichere Umrisse gewinnen wird. Doch sehen sie nicht, daß ihre Beschwerden sich gegen das System als solches wenden; sie scheinen zu glauben, daß zur Behebung dieser Unannehmlichkeiten das System nicht beseitigt, sondern nur gemildert zu werden braucht. Man könnte es auch anders ausdrükken: Was sie anstreben, ist nicht, das zusätzliche Risiko zu übernehmen, das im Eigentum steckt, sondern das bestehende Risiko, dem sie in der Staatswirtschaft ausgesetzt sind, zu vermindern. Ein Manager sagte mir einmal in vorgerückter Stunde:
„Ich leite eine große Fabrik. Hinter mir steht die Macht des Staates. Mein Freund ist Abteilungsleiter im Ministerium. Sagen Sie selbst, was könnte ich mehr wollen?"
Sonst aber haben auch die Manager die normale Einstellung zum Privateigentum; sie möchten viel besitzen, auch wenn es keine Produktionsmittel sein dürfen; sie möchten gut leben und gut für ihre Familie sorgen. Auch möchten sie das Erworbene weiter-

vererben; daher war für diese Männer die Wiederherstellung des Erbrechts von besonderer Wichtigkeit.

Ganz anders als die Stadtbevölkerung reagierte das *Dorf* auf die Eigentumspolitik des Staates. Mit der ersten Phase der Agrarreform, der Enteignung der Grundbesitzer, waren die Bauern höchst einverstanden. Sie beteiligten sich kräftig an ihr, und die Greuel, deren sie sich damals jenen gegenüber schuldig machten, gehören zu den düstersten Kapiteln der Sowjetgeschichte; der entfesselte Mushik war kein schöner Anblick. Aber nur rund ein Jahrzehnt konnte sich der Bauer des auf diese Weise errungenen Landbesitzes freuen; dann kam die zweite, die eigentlich bolschewistische Agrarreform: die Kollektivierung, in der die Bauern ihr Privateigentum an das Kollektiv, an den Kolchos, übertragen mußten. Es folgte ein erbitterter, erbarmungsloser Kampf, in dem Millionen von Dorfbewohnern allen Besitz, Hunderttausende durch Gewalttaten, Verschickung und Hunger ihr Leben verloren, in dem der erneut entfesselte Mushik lieber sein Vieh schlachtete, als daß er es dem Kolchos übergab; fast ein Vierteljahrhundert verging, ehe sich die Landwirtschaft der Sowjetunion von dem damaligen Viehmorden erholte. Stalin sah sich zu einigen Konzessionen genötigt, um das Dorf einigermaßen zu beruhigen: Im Kolchos-Statut bewilligte er jedem Bauern eine Kuh und einen Privatgarten von – je nach Gebiet und Bodenart – einem viertel bis zu einem halben, in Sonderfällen auch einem ganzen Hektar.
Diesem Privatgarten, der also nicht der Kolchosverwaltung unterstand, galt hinfort in erster Linie die Liebe und Sorgfalt des Bauern; auf ihn konzentrierte sich sein zwar von den Bolschewiken hart mitgenommener, aber immer noch sehr lebendiger Eigentumsinstinkt. Millionen von Kolchosbauern waren, vor allem in Jahren, in denen der staatliche Druck auf ihren Lebensstandard zunahm, unvergleichlich mehr an der Arbeit in ihrem eigenen Garten interessiert als am Kolchos. Das offiziöse Witzblatt „Krokodil" ist eine Fundgrube von Beweisen dafür, mit der stereotypen prallen Privatkuh neben den mageren Kolchoskühen oder der Gruppe kräftiger Bauern, die mit Vehemenz und Schaffensfreude zwischen dem üppigen Gemüsewuchs des Gärtchens wer-

ken, während als einzige der Familie die alte Großmutter zur Arbeit auf das dürre Kolchosfeld zieht, von dem Ruf begleitet: „Geh schon, Babuschka, zur Arbeit im Kolchos; wir werden es hier irgendwie auch ohne dich schaffen." [15]
Die Bauern benützen jede sich bietende Gelegenheit, um ihren Privatgarten etwas „abzurunden"; vor allem in dem Durcheinander des Zweiten Weltkrieges fiel manches ab. Aber der Staat zwang sie immer wieder auf die ihnen zugebilligte Fläche zurück. Diese Auseinandersetzung kam nie zum Abschluß; es war ein Dauerkonflikt zwischen Bauer und Staat. 1956 brach der Staat das dem Bauern im Kolchosstatut gegebene Versprechen. [16] Während dieses ihm den Privatgarten ohne irgendwelche Bedingungen zugebilligt hatte, soll er ihm künftig nur belassen werden, wenn er bestimmte Voraussetzungen erfüllt, vor allem, wenn er ein Mindestmaß an Arbeit auf den Kolchosfeldern nachweisen kann. Das Gartenland soll nicht mehr sein unabdingbares Recht sein, sondern eine Belohnung für stetige Arbeit im Kolchos.
Einen ähnlichen Kampf führt der Bauer um die ihm zugesagte Kuh. Neuerdings versucht Chruschtschow[17], ihm diese mit dem Argument zu nehmen, er könne doch die Milch billig und ohne eigene Mühe im Kolchos kaufen und sich überdies die Mühe der eigenen Viehhaltung sparen, wenn er seine Privatkuh an den Kolchos verkaufe. Das mag für einen Städter plausibel klingen, keineswegs aber für den russischen Bauern. Zu oft hat er erlebt, daß er für sein Geld nichts bekam. Er weiß, daß er, um sicher zu seiner Milch zu kommen, die Kuh im eigenen Stall haben muß.
Die Sowjetbauern haben den Kampf um den Rest ihres Eigentums gegen den übermächtigen Staat seit bald drei Jahrzehnten mit einer erstaunlichen Zähigkeit geführt, obgleich das Dorf durch den Untergang der alten bäuerlichen Oberschicht und den ununterbrochenen, wenn auch allmählich abgeflauten Abzug gerade der Tüchtigsten in die Städte schwer ausgeblutet ist. Der russische Bauer, der auf den ausländischen Besucher leicht einen schläfrigen, manchmal sogar fast blöden Eindruck machen kann, ist alles andere als dumm. Er ist durchaus chitryj – am besten mit bauernschlau zu übersetzen – und nützt jeden kleinen Vorteil aus, der sich ihm bietet; er bewegt sich hier auf einem Boden, der ihm seit Generationen vertraut ist.

Der Kampf zwischen staatlichem Befehl und bäuerlicher Schlauheit hört nie auf. Davon zeugt die folgende Geschichte: Der formal gewählte, in Wirklichkeit von oben eingesetzte Vorsitzende eines Kolchos kaufte für Kolchosgelder von einer Brutstation über tausend Küken und verteilte sie unter den Bauern mit der Weisung, sie aufzuziehen. Sie dürften, sagte er, die Hälfte behalten, wenn sie jedes zweite Stück nach Aufzucht an die Hühnerfarm des Kolchos ablieferten. Die Bauern taten, wie ihnen geheißen, zogen die Küken auf und übergaben jedes zweite Stück zu gegebener Zeit dem Kolchos. Aber als der Vorsitzende einmal in der Hühnerfarm nach dem Rechten sehen wollte, stellte er fest, daß sie zu neunzig Prozent aus Hähnen bestand! Die Hühner hatten die Bauern selbst behalten ...[18]

Die entscheidende und mit Sicherheit noch nicht zu beantwortende Frage ist diese: Wird es den Bolschewiken gelingen, die Bauernschaft zu proletarisieren, ihren Eigentumsinstinkt auszulöschen und ihre Mentalität in die des reinen Lohnempfängers zu verwandeln? Gerade Chruschtschow widmet diesem Ziel seine Aufmerksamkeit. Nicht umsonst hat er schon vor Jahren den Gedanken der „Agrostädte“ lanciert. Damals ist er – Stalin lebte noch – nicht durchgedrungen. Aber er hat die Idee nicht fallengelassen. Er ist vermutlich nach wie vor entschlossen, den Bauern zum Proletarier zu machen, indem er ihn eines Tages aus seinem Dorf aussiedelt und in neu entstehenden Wohnsiedlungen für Landarbeiter unterbringt; diese würden so angelegt, daß das Gartenland nicht mehr unmittelbar vor der Haustüre, sondern möglichst entfernt, am Rande der Siedlung läge. Seine Bearbeitung würde also den Bauern viel zusätzliche Mühe bereiten und könnte nicht mehr wie bisher durch einen Sprung vor die Hütte wahrgenommen werden.

Dieser gegen die Interessen der Bauern gerichteten Politik scheint Chruschtschows Entschluß zu widersprechen, den Kolchosen den Maschinenpark, der bisher den staatlichen Maschinen-Traktoren-Stationen (MTS) gehörte, zu verkaufen; auf diese Weise müßten sich die Wirtschaftskraft und das Eigengewicht des Kolchos, auch dem Staat gegenüber, verstärken. Aber ohne hier auf die Hintergründe der bolschewistischen Agrarpolitik eingehen zu wollen, möchte ich meinen, daß dem Verkauf der Maschinen an die Kolchose in absehbarer Zeit ein zweiter Schritt folgen wird die Umwandlung der – im Grundsatz genossenschaftlichen, wenn auch in Wirklichkeit durch Zwang zusammengehaltenen – Kolchose in die reinen Staatsgüter, die sogenannten Sowchose, deren Belegschaft nichts anderes als Landarbeiter sind; Otto Schiller, der hervorragende deutsche Fachmann für Fragen der Sowjetlandwirtschaft, hat auf seinen Reisen im Jahr 1957 zahlreiche Anzeichen gefunden, die in diese Richtung weisen[19]. Eine Maßnahme, die den Bauern schon heute auf den Übergang vom Kolchos zum Sowchos vorbereiten soll, ist die seit 1956 auf Veranlassung von oben eingeführte Übung, dem Bauern seinen Anteil am Ertrag des Kolchos nicht einmal im Jahr, nach Abschluß der Ernte, auszuzahlen, sondern monatlich, als Vorschuß auf die Jahreszahlung. Sogar das Bestreben, seinen Ertragsanteil in einen festen Lohn zu verwandeln, tritt seit 1958 zunehmend hervor.

Was aber täte der Bauer, wenn er plötzlich die Möglichkeit hätte, sein Leben ganz nach eigenem Wunsch, ohne Diktat des Staates, zu gestalten? Darauf läßt sich nur mit Vermutungen antworten. Wenn diese Frage heute auftauchte, so würde er, denke ich, den Zwangskolchos in eine echte Genossenschaft zu verwandeln versuchen, in der er zwar seinen eigenen Boden und auch sein eigenes Vieh hätte, die Maschinen aber der Genossenschaft gehörten. Wie dies praktisch vor sich gehen könnte, darüber denkt wohl der Sowjetbauer nicht viel nach; er wird zu sehr absorbiert durch den täglichen Kampf mit Plan und Norm. Doch ist seine Ablehnung des Zwanges, unter dem er seit drei Jahrzehnten leidet, so stark, daß der Wunsch nach Aufhebung der zahlreichen Zwangsmaßnahmen eine ganz selbstverständliche Reaktion darstellt. In weiteren fünfzehn, zwanzig Jahren mag es anders aussehen. Vielleicht hat sich der Sowjetbauer dann an das Dasein eines Sowchosproletariers – mit festen Arbeitsstunden, mit Überstundenlohn und Fernsehapparat – so gewöhnt, daß ihm die Rückkehr zum selbständigen Genossenschaftsbauern nicht mehr wichtig scheint. Schon heute bildet der Leistungslohn mit allen seinen Begleiterscheinungen einen gemeinsamen Nenner für Industriearbeiter und Kolchosnik; er geht allmählich auch den Bauern in Fleisch und Blut über.

Bei aller Hochachtung für die Zähigkeit, mit welcher der russische Bauer seine letzten Eigentumspositionen verteidigt, möchte ich die Möglichkeit nicht ausschließen, daß es gelingt, ihn im Laufe der Zeit doch noch zum bloßen Lohnarbeiter zu machen. Eines Tages kann der Bauer den Kampf als hoffnungslos ansehen. Ich habe auch schon wohlhabende Musterkolchose, wie sie der Staat zur Anspornung der Landwirtschaft hochkommen läßt, kennengelernt, in denen der Privatgarten seine früher so große Bedeutung verloren hat und aus Interesselosigkeit zum Teil schon vernachlässigt wird.

Ist aus dem Kolchosnik erst einmal ein Sowchosnik geworden, so hat er einen weiteren Schritt auf dem Wege zum Arbeiter zurückgelegt. Ich habe Traktorenführer erlebt, die man eigentlich schon gar nicht mehr als Bauern ansprechen kann, die zum Teil auch, das gilt vor allem für die neuen Sowchose auf den jüngst umbrochenen Böden in Sibirien, aus der Jungarbeiterschaft der Städte, nicht mehr aus der Bauernschaft rekrutiert wurden; sie saßen auf ihren Traktoren oder Mähdreschern, als wären dies Dampfwalzen oder Hebekrane, mit denen man heute da, morgen dort eingesetzt wird, ohne Beziehung zu einer bestimmten Landschaft, zu einem bestimmten Stück Boden.

Dieser Wegfall jeder persönlichen Bindung hat jedoch eine für den Staat unerwünschte Folge. Aus meiner Kindheit erinnere ich mich an eine ständig wiederkehrende Redensart. Wann immer etwas kaputtging, etwa ein Geschirrstück in der Küche, hieß es prompt: „Bej possúdu; nje twojá!“ (Schmeiß ruhig hin; es gehört doch nicht dir!) Sie charakterisiert zugleich unübertrefflich die weitverbreitete Einstellung zum staatlichen Eigentum. Diese Haltung verstärkte sich noch, als sich der Staat alles, mit Ausnahme der paar Gebrauchsgegenstände, gewaltsam aneignete. Von der Hochachtung, die das Wort „staatlich“ im alten Preußen genoß und die der Kreml seinen Untertanen gern beibringen würde, ist wenig zu spüren. Ständig hört man von Beispielen, wie die Leute Staatseigentum für sich „organisieren“ oder verludern lassen. Ich erinnere mich etwa an den Mann in der Konfektionsfabrik, der die Anzüge schlecht näht, weil er Faden sparen will, um aus vier schlecht genähten Anzügen den Faden für einen fünften – privat in Auftrag genommenen – „herauszuwirtschaften“, oder ich denke an die zahllosen Maschinenteile, Baumaterialien, Drähte und so fort, die jährlich – vermutlich im Werte von Milliarden – der Volkswirtschaft verlorengehen, weil sich niemand ihrer annimmt und sie irgendwo bei Regen und Schnee vergessen herumstehen.

Es mag sein, daß sich im Laufe der Zeit diese Einstellung wandelt und die Zahl der Vergehen gegen das staatliche Eigentum zurückgeht, wenn die von harten Strafbestimmungen unterstützte Erziehungsarbeit an den nachwachsenden Generationen sich stärker auswirkt und andererseits mit dem Nachlassen direkter Not auch die Verlockung zum „Organisieren" geringer wird. Anzeichen dafür sind aber noch nicht festzustellen. Im Gegenteil, der Kampf des Staates gegen diese Vergehen verschlingt gewaltige Energien. 1932 war die Todesstrafe für Diebstahl staatlichen Eigentums eingeführt worden.[20] Als sie 1947 abgeschafft wurde, hätte man vielleicht denken können, die Verhältnisse hätten sich grundlegend verbessert. Aber 1950 wurde sie aufs neue proklamiert; offiziell zwar nur für Verräter, Spione und Staatsfeinde, doch zeigt die Rechtsprechung, daß schwere Fälle von Diebstahl staatlichen Eigentums als Vergehen gegen die Sicherheit des Staates interpretiert und mit dem Tode bestraft werden.

Trotz ununterbrochener Bearbeitung haben sich also weite Teile der Bevölkerung nicht davon überzeugen lassen, daß, was dem Staat gehört, „heilig" ist. Der ohnehin beim Russen nicht sehr große Respekt vor dem staatlichen Eigentum ist durch die Aufhebung des privaten Eigentums an den Produktionsmitteln (zu denen auch das Land oder das Vieh der Bauern gehört) noch weiter vermindert worden; wenn der Natschalnik, ohne daß ihm jemand dreinredet, Auto, Villa und Garten haben darf, während der Bauer verzweifelt um seine Kuh und sein Stückchen Gartenland kämpfen muß, dann muß das zu einer Verwirrung der Begriffe führen. Die Verletzung des Eigentumsgefühls der Sowjetbürger durch den Staat hatte nicht nur die Entwertung des privaten Eigentums zur Folge, sondern des Eigentums überhaupt, also auch und erst recht des staatlichen Eigentums.

ERFOLG

Der Typus des Leistungs- und Erfolgsmenschen, der über die vorgegebenen, durch Geburt und Familie bestimmten Lebensverhältnisse hinausstrebt, zu mehr Einkommen, mehr Geltung und „Sozialprestige“, dieser das zwanzigste Jahrhundert beherrschende Typus fehlt auch in der Sowjetunion nicht; sein Anteil an der Gesamtbevölkerung dürfte kaum kleiner sein als bei uns. Sein bevorzugtes Tätigkeitsfeld ist die Wirtschaft. Hier aber sind die Kriterien des Erfolges bei uns und in der Sowjetunion sehr verschieden. In der Marktwirtschaft entscheidet über Erfolg oder Mißerfolg der Markt, denn das Unternehmen muß seine Waren verkaufen; in der Staatswirtschaft dagegen entscheidet der Staat, denn er ist es, der nicht nur die Produktionspläne festsetzt, sondern auch die Waren abnimmt. So entsteht im Wirtschaftsleben der Sowjetunion eine von der unseren stark abweichende Atmosphäre. Nur wenn man sich von ihr eine Vorstellung machen kann, kennt man den Rahmen, in dem sich das Streben nach Erfolg in der Sowjetunion vollzieht.

Mir hat über diese Zusammenhänge eine Begegnung auf einem sibirischen Flughafen im Jahr 1956 mancherlei Aufschluß gegeben. Ich war abends angekommen. Das Anschlußflugzeug ging erst am nächsten Morgen. Im Flughafenhotel war kein Bett frei, wie mir die Angestellte mitteilte; im Laufe der Nacht werde eines frei werden, das könnte ich dann bekommen.

In einem Sessel in der Halle machte ich es mir bequem. Kurz darauf erschien ein Passagier mit zwei Handkoffern, der auch ein Bett wollte. Eifrig redete er auf die Angestellte ein, dann setzte er sich zu mir. Er hatte ein intelligentes, scharfgeschnittenes Gesicht und etwas kesse Manieren. Uns beiden wollte er gleich je einen Kognak (Kanják sagen die Russen) bestellen. Ich erwiderte, ein Glas Wodka wäre mir lieber; im Westen tränke ich gern Kognak, in der Sowjetunion zöge ich den Wodka vor. Auf diese Weise erfuhr er, daß er sich mit einem westlichen Ausländer unterhielt. Es sei eine Schande, sagte er, daß ich als Ausländer hier ohne Bett herumsitzen müsse; er werde mir schon eines verschaffen. Er bestellte den Wodka und begann mir mit Fragen zuzusetzen, die sich alle auf westliche Wirtschaftsformen bezogen. Er sagte:

„Nehmen wir dieses Beispiel. (Wosmjóm takój primér – einer seiner Lieblingssätze.) Ich weiß, Sie haben in Deutschland eine Volkswagenfabrik; sagen wir, sie hat einen Jahresplan von 10 000 Autos." (Ich unterbrach ihn: „Im letzten Jahr hat das Volkswagenwerk weit über 300 000 Autos geliefert.") „Hm – na schön. Also sagen wir, geplant habe man für das Jahr 300 000 Autos. Man braucht also Reifen für 300 000 Automobile, mit Reservereifen pro Auto 5 Reifen, insgesamt also anderthalb Millionen Reifen. Nun ist aber das Werk imstande, den Plan um 30 000 Autos überzuerfüllen. Es braucht also 150 000 Reifen mehr, als im Plan vorgesehen war. Was macht der Direktor, um diese Reifen über den Plan hinaus zu beschaffen? Bywájut takíje slútschai? (Es gibt doch solche Fälle?)" schloß er.

„Schwerlich", erwiderte ich. „Denn erstens rechnet das Volkswagenwerk mit einer stetigen Ausdehnung seiner Produktion, macht sich also rechtzeitig Gedanken, wie es die Teile zusammenbekommt. Und zweitens fällt es ihm nicht schwer, von der Firma, die ihm Reifen liefert, die zusätzlichen 150 000 Reifen zu beschaffen, da ja auch diese Gummifirma auf Ausdehnung eingestellt ist."

„Schön. Aber nehmen wir an, es ginge nicht. Die übliche Lieferfirma, nennen wir sie Firma A, hat die Reifen nicht, kann sie nicht liefern. Bywajut takije slutschai."

„Meinetwegen. Dann wendet sich das Volkswagenwerk an die Reifenfirma B."

„Ohne weiteres?"

„Ohne weiteres."

„Nun stellen Sie sich aber vor, die Firma B hat diese 150 000 Reifen auch nicht. Nehmen wir an, überhaupt keine Firma in Deutschland hat diese 150 000 Reifen. Bywajut takije slutschai."

„Höchst unwahrscheinlich. Aber meinetwegen. Dann wendet sich das Werk eben an eine ausländische Reifenfirma."
„Bekommt sie dafür Devisen?"
„Seit Jahren ohne Schwierigkeiten."
„Na, bei euch wäre ich arbeitslos", lachte der Mann.
„Ich glaube kaum. Sie machen mir einen sehr fixen Eindruck. Wahrscheinlich wären Sie im Westen ein recht erfolgreicher Kaufmann."
Er stellte mir noch ein paar Fragen, alle von derselben Art. Wir hatten inzwischen ein halbes Fläschchen leergetrunken. „Doch, doch", wiederholte er, „bei euch wäre ich arbeitslos, wenn das so ist, wie Sie mir hier erzählen."
„Was haben Sie denn für eine Tätigkeit?" fragte ich ihn, obgleich ich es mir fast denken konnte.
„Ich? Meine Spezialität ist es, Engpässe zu erweitern und in knirschendes Räderwerk Öl zu gießen."
„Sie sind also ein Mann mit SIS?" sagte ich.
Er lachte: „So, Sie kennen den Ausdruck auch!" (Das Wort ist doppelsinnig: SIS nennt man eine Limousine aus der Produktion des Stalinwerkes, auf russisch Sawod Imeni Stalina; man kann darunter aber auch die Anfangsbuchstaben der drei Worte Snakómstwa i Swjási verstehen, das heißt Bekanntschaften und Beziehungen.)
„Wie wirkt sich Ihre Tätigkeit praktisch aus?"
„Das will ich Ihnen kurz erzählen. Also nehmen wir an, in meinem Werk fehlt eine bestimmte Anzahl von Gummireifen. Man kann sie nicht auftreiben. Dann ruft mich der Direktor: ‚Stepan Alexejewitsch, beschaff mir vierzig Reifen; unsere Lastwagen stehen. Unser Lieferant versagt. Das Glawk [die zuständige Hauptverwaltung im Ministerium] versagt. Das Ministerium hat uns sitzenlassen. Zieh mit Gott!"
„Sagt er wirklich: mit Gott?"
Er lachte: „Das ist bei uns so eine Redensart. – Also ich gehe zum Oberbuchhalter und sage ihm: ‚Maxim Iwanowitsch, der Direktor schickt mich. Vierzig Reifen soll ich beschaffen. Leg mir Geld auf den Tisch.' Er ächzt und stöhnt. Das tut er immer, als wenn er mit einem Bein im Zuchthaus stünde." [Ein Buchhalter darf Geld, das im Plan für einen bestimmten Zweck vorgesehen ist,

nicht für einen anderen Zweck ausgeben, und selbstverständlich sind die SIS-Männer und ihre erheblichen Spesen im Plan nicht vorgesehen.] „Aber es ist klar, daß er das Geld herausrückt. Denn wenn wir wegen der fehlenden Reifen den Plan nicht erfüllen, dann hat auch er nichts zu lachen."

„Der Buchhalter überwindet also seine Angst und tut etwas Illegales?"

„Was bleibt ihm übrig? Wir müssen den Plan erfüllen. Aber er wird sich zu decken suchen, indem er die Unterschrift des Direktors anfordert und so tut, als wisse er nicht, worum es eigentlich geht. Also, er gibt mir das Reisegeld, den Tagessatz an Spesen, den höchsten, weil wir ein ordentliches Werk sind, und außerdem Geld für Geschenke und Einladungen zum Essen. (Er klopfte sich auf die Brusttasche.) Ehe ich losfahre, kommen auch noch andere. Der eine braucht soundso viel Kupferdraht, der andere sagt, ich solle ihm einen Feinmechaniker auftreiben. – Das kann ja bei euch nicht vorkommen, daß man krampfhaft nach einem Feinmechaniker sucht, bei eurer Arbeitslosigkeit."

„Im Gegenteil, wir haben auch Engpässe auf dem Arbeitsmarkt, und solange ist es schwer, Fachleute zu bekommen; aber ihr habt uns geholfen, jede Nacht laufen ein paar hundert Menschen aus eurer Zone Deutschlands zu uns herüber."

„Das werden wohl die Kapitalisten sein, denen es unter dem Regime der Arbeiter und Bauern nicht gefällt."

„Keineswegs. In den letzten Jahren sind von drüben mehr als zwei Millionen geflohen. So viel Kapitalisten gab es dort gar nicht. Sehr viele sind Arbeiter, sogar junge Arbeiter. Aber lassen Sie sich nicht drausbringen in Ihrer Erzählung."

„Also gut. Der eine will, daß ich ihm Kupferdraht besorge, der andere, daß ich einen Feinmechaniker finde."

„Was sagt eigentlich der Parteisekretär des Werkes zu Ihrer Mission? Er muß doch über die Moral wachen."

„Der Parteisekretär?" Er verdeckte die Augen mit der Hand und machte ein verschmitztes Gesicht.

„Der hält die Augen zu?"

„Klar, der will doch auch, daß der Plan erfüllt wird; und er muß an sich und seine Familie denken. Er ist besser dran, wenn der Betrieb, in dem er Parteisekretär ist, den Plan erfüllt."

Ich sagte: „Aber auf der anderen Seite kann doch der Parteisekretär, wenn er Unregelmäßigkeiten aufdeckt und weitermeldet, mit einem Lob rechnen, nicht wahr?"
„Mag sein. Immerhin kenne ich einen Fall, wo man dem Parteisekretär, der so etwas nach oben meldete, den Vorwurf machte, er sei ein zum Bürokratismus neigender Nörgler. Doch nehmen wir an, daß man ihn tatsächlich lobt; damit ist es aber auch aus. Denn von jetzt ab wird er keine Geheimnisse im Betrieb mehr erfahren. Alle sind daran interessiert, daß der Plan erfüllt wird – der Direktor, der Oberbuchhalter, der Parteisekretär, die Belegschaft, das Ministerium. Alle sind auf der Seite dessen, der den Plan erfüllt." (Mir fiel eine Stelle in Ehrenburgs Roman „Tauwetter" ein, in dem der Direktor Shurawljów vom Ministerium verwarnt worden ist, weil er für das im Plan zum Bau von Arbeitersiedlungen vorgesehene Geld eine Gießerei errichtet hat. Aber Shurawljow sagt sich: Das ist nur, um die Form zu wahren; das Ministerium ist ebenso wie ich an der Produktion interessiert. – Dieses Zusammenhalten ist ein Merkmal der neuen Oberschicht. Eine Hand wäscht die andere, lautet ihre Parole – im Russischen wörtlich wie im Deutschen.)
„Und das Ministerium für Staatskontrolle?" fragte ich.
„Das ist eine andere Sache. Die haben einen eigenen Apparat. Deren Planerfüllung bezieht sich nicht auf die Zahl produzierter Waren, sondern auf die Zahl überführter Missetäter. Dafür bekommen die ihre Orden. Doch auch das hat Grenzen. Sabotageabwehr, da ist der Staat groß. Aber Buchhaltung? Nein."
„So kommt also einer nach dem anderen und hat auch noch Wünsche für Ihre Reise? Und dann schließlich fahren Sie los?"
„Ja, dann fahre ich los und suche. Ich fahre hierhin und dorthin, besuche die Leute, plaudere mit ihnen, bringe ihnen allerlei Geschenke, lade sie zum Essen – und Trinken – ein, vermittle oder verspreche ihnen dieses und jenes, bis ich meine vierzig Reifen beieinander habe."
„Vor ein paar Jahren las ich im ‚Krokodil' ein Gedicht, das Leute Ihrer Art in etwas unfreundlicher Weise schildert."
„Ja, ich weiß schon, ich erinnere mich daran. Es enthielt manche Verleumdung gegen unsereinen, aber der Refrain stimmt, der uns als unersetzlich bezeichnet."

„Das scheint mir auch so. Man sollte Sie zum ‚Helden der Sowjetunion' ernennen. Denn ohne Sie und Ihresgleichen würde eure ganze Planwirtschaft steckenbleiben."
Er lachte geschmeichelt und trank mir zu. In diesem Augenblick meldete die Hotelangestellte, daß mein Bett frei geworden sei, und ich ging hinauf, um noch ein paar Stunden zu schlafen. – Der Erfolgsmensch in der Sowjetwirtschaft braucht, wie man sieht, neben Sachkenntnis, Fleiß und Energie die Fähigkeit, durch allerlei Gefälligkeiten Beziehungen aufzubauen; eine gewisse Treue gegenüber seiner Clique, zugleich aber auch die Bereitschaft, diese fallenzulassen, wenn es ihm selbst an den Kragen geht; ein Mindestmaß an Zimperlichkeit, ein Maximum an politischer Wendigkeit, um nicht an einer der zahlreichen Kurven der Generallinie aus dem Zuge zum Erfolg zu purzeln. Idealismus ist aus der Mode gekommen. Bezeichnend ist auch hier eine Bemerkung, die in Ehrenburgs „Tauwetter" fällt.
„Es ist völlig in Ordnung", sagt dort eine der Hauptfiguren, „wenn mein Vater von Idealen redet. Das ist sein gutes Recht. Er ist eben in einer solchen Zeit aufgewachsen, in einer revolutionären und romantischen. Aber Sawtschenko [eine weitere Figur des Romans] ist ein gewöhnlicher Ingenieur. Er hat es nicht mit Ideen zu tun, sondern mit Maschinen."
Typen von der Art jenes nächtlichen Gesprächspartners habe ich auf Reisen manchmal getroffen; sie bevölkern die Flugzeuge, die Erster-Klasse-Abteile der Eisenbahn, die Hotels. Allmählich bekam ich ein Auge für diese Leute. In der Presse werden sie häufig erwähnt, immer in unfreundlicher Weise, obgleich man sich wahrscheinlich in den Behörden darüber im klaren ist, daß man Männer dieser Art, wenn es sie nicht gäbe, erfinden müßte, da sich sonst die Engpässe so verstopfen würden, daß nichts mehr funktionierte. Im Jahr 1953 hatte allein die Erdölindustrie siebenhundert SIS-Leute nach dem Automobilwerk in Gorkij entsandt, um dort die von ihr benötigten Autos freizubekommen; zu ihren Aufgaben gehörte es auch, dafür zu sorgen, daß die Privatwagen, die sich die einzelnen Manager bestellt hatten, in der von jenen gewünschten Farbe gespritzt wurden.[1]
Manche sind Monate auf Reisen. Besonders gern finden sie Gründe, sich in Moskau aufzuhalten. Kein Wunder, daß es schwer

ist, Hotelzimmer zu bekommen. Auch die sogenannte Dezentralisation der Wirtschaft, die Chruschtschow 1957 durchsetzte, hat offenbar an diesem Verhältnis nichts geändert. Noch im Januar 1958 klagte die Presse:

„Im ganzen Lande tauchen zahlreiche Werksvertreter auf, die herumreisen, um zusätzliche außerplanmäßige Rohstoffe, Materialien und Ausrüstungen aufzuspüren und die normale Versorgung durcheinanderzubringen." [2]

So kommt es, daß ich recht kräftig reagiere, wenn mir russische Gesprächspartner vom Chaos des Kapitalismus sprechen. Einmal unterhielt ich mich auf einer Reise mit einem Zufallsbekannten, der sich als Chefingenieur eines Werkes für Landmaschinen herausstellte. Wir stritten uns über die Vor- und Nachteile unserer Wirtschaftssysteme. Ich wußte erheblich mehr über das seine als er über das unsere. Seine Vorstellungen waren recht sonderbar, etwa so, als hätten wir noch eine Wirtschaftsordnung wie zu der Zeit, da Marx vor mehr als hundert Jahren das Kommunistische Manifest schrieb. Diese Vorstellungen, die amtlich ständig genährt werden, sind trotz der wachsenden Zahl von Auslandsreisen noch weit verbreitet. Auch er sprach vom Chaos des Kapitalismus.

„Von uns aus gesehen", sagte ich, „ist das eigentliche Chaos in Ihrer, in der sowjetischen Wirtschaft zu finden." Er nahm das für ein leere Retourkutsche und lachte.

Ich fuhr fort: „Seit dreißig Jahren lese ich regelmäßig eure Presse. Ich will Ihnen sagen, was ich meine: Sie alle, die Sie in der Wirtschaft an führender Stelle stehen, leben unter dem ununterbrochenen Druck des Planes. Wer den Plan nicht erfüllt, muß es büßen; er muß eine hohe Geldstrafe zahlen, er kann sogar vor Gericht kommen.[3] Natürlich verhalten Sie sich dementsprechend. Erstens versucht jedes Werk bei der Festsetzung des nächsten Jahresplanes seine Produktionskapazität möglichst niedrig anzugeben, um größere Chancen für die Erfüllung und Übererfüllung des Planes zu haben. Ihr kämpft also bei der vorgesetzten Behörde um einen möglichst niedrigen Produktionsplan: ihr kämpft, weil eure Existenz von der späteren Planerfüllung abhängt. Wenn es euch dann, da ihr die Kapazität untertrieben

habt, möglich ist, den Plan überzuerfüllen, überlegt ihr euch sehr genau, ob ihr das den vorgesetzten Behörden wirklich zugeben sollt, weil ihr nämlich damit rechnen müßt, daß euch bei besonders guter Planerfüllung der Plan für das nächste Jahr bedeutend heraufgesetzt wird und ihr dadurch vielleicht später mehr riskiert, als ihr dieses Jahr an Bonus gewinnen könnt. Weil euer ganzes Denken von der Planerfüllung ausgeht, habt ihr auch kein besonderes Interesse an Neuerungen im Betrieb, da diese zunächst einmal den reibungslosen Ablauf und damit die Planerfüllung stören; abgesehen von solchen natürlich, die sich gleich auf der Stelle bezahlt machen. Die Neuerungen müssen euch also von den Behörden zudiktiert und aufgezwungen werden, auch ein Unterschied zuungunsten eures Systems. Selbst ein Werk, das jeden Monat den Plan glatt übererfüllen kann, wird sich häufig dazu entschließen, pro forma einige Monate ohne Planerfüllung einzulegen, um nicht durch allzu hohe Planerfüllung aufzufallen. Von diesen und ähnlichen Dingen steht in der berühmten Wirtschaftsrede Bulganins vom Sommer 1955 viel zu lesen." [4]
Mein Gesprächspartner hatte mehrfach versucht, mir ins Wort zu fallen, aber ich wollte mir, durch sein Wort vom Chaos gereizt, erst alles von der Seele reden und fuhr fort:
„Gelingt es euch trotz allem nicht, den Plan zu erfüllen, so versucht ihr trotzdem, nach oben Planerfüllung zu melden. Ihr habt dafür einen terminus technicus erfunden, den man ständig in eurer Presse findet, Otschkowtirátelstwo (von wterét otschki, jemandem Sand in die Augen streuen). Es gibt hunderterlei Formen von Otschkowtiratelstwo, und ihr müßt immer wieder neue erfinden, weil man euch immer wieder auf die Schliche kommt. Ferner seht ihr euch, um ja die Planerfüllung sicherzustellen, dazu gezwungen, Rohstoffe, Maschinen, Arbeiter zu hamstern, um für alle Eventualitäten gerüstet zu sein. Niemand weiß ein Jahr im voraus ganz genau, wieviel er von allen Rohstoffen, Maschinen und so weiter zur Planerfüllung braucht; daher fordert ihr auf alle Fälle soviel wie möglich an. Irgendwo in einer eurer Zeitschriften las ich, daß fast ein Drittel aller Arbeitsstockungen in der Maschinenindustrie durch verspätete Zulieferungen von Material und Ersatzteilen verursacht wird. Das Gehamsterte, das man nicht verwendet, gibt man auch nicht wieder zurück, denn

damit würde man sich ja dem Vorwurf aussetzen, zuviel angefordert zu haben, und das nächste Mal weniger bekommen; es liegt also irgendwo herum und verkommt. Für alle diese Erscheinungen eures Wirtschaftslebens gibt es in eurer eigenen Presse hundertfach Belege. Hand aufs Herz, habe ich nicht recht?"
Mein Gegenüber sagte:
„Im Rahmen unserer Selbstkritik kann man in unserer Presse vieles lesen. Das ist richtig. Das ist auch unsere Stärke. Vor allem: Es gibt Kontrollen, die sehr scharf aufpassen. Es gibt Ministerien, die dahinter her sind, daß nicht betrogen wird."
„Hören Sie einmal", sagte ich, „ihr steckt doch alle miteinander unter einer Decke. Alle wollen in einem erfolgreichen, den Plan erfüllenden Betrieb arbeiten, oder wenn sie im Ministerium sitzen, erfolgreiche, den Plan erfüllende Betriebe verwalten. Ihr habt zum Beispiel den Engros-Handel, der früher den Ministerien unterstand, deren Betriebe die betreffenden Waren produzierten, vor einigen Jahren, ich glaube, es war 1954, aus den Produktionsministerien ausgegliedert und dem Handelsministerium übertragen, weil die Produktionsministerien, wie offen zugegeben wurde, dazu neigten, die Augen vor der schlechten Qualität der Produktion ‚ihrer' Werke zu verschließen. Eure Regierung verspricht sich also nur von dem ‚fremden' Handelsministerium eine wirksame Kontrolle."
Da ich ihm sein Schlagwort von dem Chaos des Kapitalismus zurückgegeben hatte, warf mein Partner nun ein neues in die Debatte:
„Der Kapitalismus ist korrupt", sagte er, „und erzieht zur Korruption." Er nannte ein paar Beispiele aus Amerika und Frankreich, die in der Sowjetpresse erwähnt worden waren. Ich ließ ihn ausreden, dann sagte ich:
„Sie haben leider völlig recht. Es gibt eine ganze Reihe solcher Fälle. Meistens kommen sie früher oder später ans Tageslicht. Jedenfalls bemühen wir uns, bemüht sich die Presse, sie herauszufinden und Lärm zu schlagen. Die Opposition zum Beispiel ist im Westen daran interessiert, alles ans Licht zu ziehen, womit sie der Regierung etwas anhängen kann. Wo ist sie bei euch? Oder: wenn eine Firma sich durch Korrumpierung eines Beamten einen Vorteil zu verschaffen sucht, muß sie damit rechnen, daß

ihre erboste Konkurrenzfirma sie anzeigt. Auch dadurch hat die Allgemeinheit eine gewisse Sicherung dagegen, daß alles zugedeckt werden kann – wie bei euch. Dann gibt es Gerichtsverhandlungen und Strafen, die manchmal, das will ich Ihnen auch zugeben, leider zu niedrig ausfallen. Der Grundsatz ist jedenfalls, daß Korruption nicht geduldet werden darf und alles getan werden muß, um sie zu verhindern oder, sofern sie bereits stattgefunden hat, die Verantwortlichen zu bestrafen." Da dies nicht mein erstes Gespräch über den bei kommunistischen Gesprächspartnern beliebten Vorwurf der Korruption war, hatte ich schon eine gewisse Routine der Argumentation. Ich fragte ihn:
„Sie sind Marxist?"
„Ja", erwiderte er mit Nachdruck.
„Dann sind Sie auch davon überzeugt, daß sich, wie Marx das lehrte, der Überbau, zu dem die Ideen und die Gewohnheiten gehören, wandelt, wenn sich die wirtschaftliche Basis verändert?"
„Natürlich."
„Wozu gehört Ihrer Ansicht nach die Korruption, zum Überbau oder zur Basis?"
„Natürlich zum Überbau."
„Schön. Dann verändert sie sich, wenn sich die Basis verändert; aber sie verschwindet nicht. In der Privatwirtschaft haben wir daher die, nennen wir es so, privatwirtschaftliche Form der Korruption. Ich konstruiere einen Fall: Eine Stadt richtet eine neue Autobuslinie ein. Dazu braucht sie fünfzig Autobusse. Sie schreibt dieses Angebot aus, das heißt, sie erklärt öffentlich, daß sie fünfzig Autobusse kaufen will. Nun erhält sie Angebote von, sagen wir, drei Firmen, den Firmen A, B und C. Der Vertreter der Firma C lädt den zuständigen Beamten der Stadtverwaltung zum Abendessen ein, erzählt ihm, daß er, der Vertreter, von seiner Firma einen neuen Personenwagen als Provision bekommt, wenn es ihm gelingt, das Geschäft mit den fünfzig Autobussen für seine Firma abzuschließen. Er fügt hinzu: ‚Was soll ich mit zwei Wagen? Einen habe ich schon. Ich überlasse Ihnen den neuen für billiges Geld.' Wenn der Beamte darauf eingeht, und es gibt leider Beamte, die auf solche Vorschläge eingehen, so ist das ein klarer Fall von Korruption, von privatwirtschaftlicher

Korruption. Nicht schön. Aber warum leugnen? Nun habt ihr einen anderen Unterbau. Ihr nennt ihn Sozialismus, wir sagen Staatswirtschaft. Ich würde also die Korruption in eurem System als staatswirtschaftliche Korruption bezeichnen. Aber wenn Sie wollen, können Sie auch von sozialistischer Korruption sprechen. In Ihren Sowjetzeitungen finden sich tagtäglich Fälle solcher, eurem staatswirtschaftlichen System gemäßer Korruption. Einem Werk fehlt, sagen wir, Kohle oder Stabeisen oder eine größere Menge Chemikalien, oder was immer es sein mag. Das Werk versucht, die fehlenden Güter legal auf dem amtlichen Planungswege zu erhalten, aber es gelingt nicht. Das Werk muß den Plan erfüllen, koste es, was es wolle. Es wird daher mit illegalen Mitteln die fehlende Ware zu beschaffen suchen. Es bietet dem Werk, von dem es die fehlenden Waren bekommen will, Waren der eigenen Produktion zum Tausch. Obwohl auf solchen außerplanmäßigen, das heißt illegalen Tauschgeschäften während der Stalinzeit und auch einige Jahre darüber hinaus strenge Strafen standen, kamen sie täglich hundertfach vor. Der Direktor wußte es, der Oberbuchhalter, noch ein halbes Dutzend anderer Leute in der Werksleitung, alle wußten davon, aber alle hielten zusammen und schwiegen. Und wenn es auch mit diesen Mitteln des illegalen Tauschgeschäftes nicht gelingt, die fehlenden Artikel zu beschaffen, dann wird eben einfach die Ware ohne sie hergestellt, das heißt, die Produktion wird entsprechend verschlechtert, so daß das Produkt schon nach einem halben Jahr kaputtgeht, statt erst nach fünf Jahren; der Staat wird also geschädigt. Diese Qualitätsverschlechterung steht, wenn ich mich nicht irre, auch heute noch unter Strafe, mindestens fünf Jahre bekommt einer dafür; trotzdem wird es dauernd gemacht, oft sogar, um sich durch Planübererfüllung noch einen Bonus zu sichern. Der Produzent weiß, daß seine Abnehmer ihrerseits die Waren zu ihrer Planerfüllung so dringend brauchen, daß sie lieber schlechte Ware annehmen als gar keine.

Aber weiter: Da die Planerfüllung in erster Linie nach der Menge beurteilt wird, betrachtet es jeder in der Sowjetwirtschaft Tätige als seine erste und entscheidend wichtige Aufgabe, den Plan quantitativ zu erfüllen. *Wie* er das macht, ist nicht so wichtig, *wenn* er es nur macht. Man erzählte mir von einem Fall: Ein

Werksdirektor geriet mit der Planerfüllung ins Gedränge, also produzierte er die erforderliche *Zahl* von Stücken, aber alle in zu kleinem *Format;* die Strafe bei der Ablieferung von Stücken zu kleinen Formats ist nämlich viel geringer als die Strafe bei Ablieferung einer zu kleinen Stückzahl. Wirtschaftlich ist diese Bestimmung völlig widersinnig, aber solange sie besteht, richtet sich jeder Direktor nach ihr."

Der Ingenieur erwiderte: „Ich muß Ihnen zugeben, daß solche Dinge vorkommen. Ich kann es auch gar nicht leugnen, da solche Fälle bei uns in den Zeitungen angeprangert werden. Aber das ist doch keine Korruption. Die Leute, die in dieser Weise gegen das Gesetz verstoßen, tun das doch nicht für sich, sondern für das Werk, für die Planerfüllung. Sie stecken sich doch nicht ein Auto in die Tasche, wie Sie das vorhin von dem städtischen Beamten in Ihrem Beispiel zugaben."

„Doch!" sagte ich. „Wenn diese Leute den Plan nicht erfüllen, verlieren sie ihre Position mitsamt dem großen Dienstwagen. Wenn sie mit illegalen Mitteln den Plan erfüllen, behalten sie ihre Position und ihren großen Dienstwagen und bekommen hohe Prämien, um sich noch ein Privatauto zu kaufen. Sehen Sie, bei uns in der Überflußwirtschaft versucht in einem Korruptionsfall derjenige, der etwas zu verkaufen hat, den Käufer zu korrumpieren; in eurer Mangelwirtschaft ist es umgekehrt, da versucht es der Käufer mit dem Verkäufer. Überdies gibt es Fälle, wo Korruptionsgelder ganz glatt in die eigene Tasche des Betreffenden wandern. Sie haben doch sicher den Roman der Wera Panowa ‚Die Jahreszeiten' gelesen. Dort wird das mit allen Details erzählt."

Natürlich hatte er den seinerzeit viel diskutierten und auch alsbald von oben attackierten Roman gelesen. Er wechselte das Thema. Ich glaube zwar nicht, daß ich ihn mit meiner Vorlesung über marxistische Korruption überzeugt habe, aber vielleicht habe ich ihn wenigstens zum Nachdenken gebracht. Übrigens las ich einige Zeit später in einer populären Moskauer Zeitschrift eine Erzählung, in der ein kleiner Kontrollbeamter von dem Chefingenieur des Betriebes, den er kontrollieren sollte, einer Versuchung zur Korruption ausgesetzt wurde.[5] Der Beamte war jedoch ein Muster der Pflichterfüllung, was den Vertreter des Betriebes sehr überraschte, da er es offenbar bisher mit Kontrollbeamten von weniger einwandfreien Sitten zu tun gehabt hatte. Sicher gibt es derartige pflichteifrige Beamte. Freilich werden sie nicht ermutigt, wenn sie feststellen, daß man ihre Bemühungen manchmal gar nicht sehr schätzt. So berichtete zum Beispiel die Presse folgenden Fall:

> „Eine junge Kontrollbeamtin kam mit Tränen zum Werksleiter und erklärte, daß sie ihre Arbeit für vollkommen sinnlos halte und niederlege. Fast alle ihre Berichte über die mangelhafte Qualität der Produktion des Werkes würden vom Ministerium abgeändert und die von ihr als mangelhaft bezeichneten Erzeugnisse den Bestellern ausgeliefert. Die für die Ausschußware Verantwortlichen lachten sich ins Fäustchen über die junge Kontrolleurin und ihre vergeblichen Bemühungen, sie zur Rechenschaft zu ziehen.“ [6]

Aus Sowjetzeitungen läßt sich ersehen, daß es nichts gibt, was nicht verschoben wird. Einmal wurde sogar in Moskau am hellichten Tage ein Feuerwehrauto verschoben und später als Lastwagen an einen Kolchos verkauft. Auch im Sport wird, so liest man, geschoben. Neuerdings ist bekannt geworden, daß sogar die sowjetischen Pferderennen „kapitalistische Sünden“ übernommen haben: Jockeis lassen sich von Wettlustigen durch Geschenke dazu verleiten, schon vor dem Rennen die Reihenfolge der Sieger festzulegen.[7]

Es wäre ungerecht, die Sowjetwirtschaft mit ihren gewaltigen Erfolgen im industriellen Sektor nur unter den bisher erörterten Gesichtspunkten zu betrachten, aber sie sind mit dem System untrennbar verbunden und schaffen ein Klima, das der Entwicklung gewisser, in der menschlichen Natur angelegter Schwächen besonders günstig ist. Natürlich sind jene Methoden und Methödchen nicht Selbstzweck, sondern Mittel – Mittel zum Erfolg. Aber sie prägen die Mentalität und das Handeln der Menschen, die das eigentliche Thema dieses Buches sind.

Von jenen Schwächen ist eine besonders tief im russischen Volkscharakter verwurzelt und erschwert damit die Heranbildung der für den wirtschaftlichen Aufbau unerläßlichen Führungskader: die Scheu vor der persönlichen *Verantwortung*. Die bolschewistische Wirtschaftspolitik der ersten Jahre hatte diese Schwäche nur noch stärker hervortreten lassen, indem sie in ihrem ideologisch begründeten Vertrauen auf das Kollektiv ohne klare Abgrenzung der Befugnisse möglichst viele Menschen für ein und dieselbe Sache, eine Maschine zum Beispiel, verantwortlich machte. Das erwies sich als falsch und wurde schon gegen Ende der zwanziger Jahre aufgegeben, ja als „Linksabweichung“ gebrandmarkt; die kollektive Verantwortung, so hieß es nun, führe zur „Entpersönlichung“ (Obeslítschka) und schade der Wirtschaft; jeder einzelne müsse vielmehr an bestimmte Maschinen oder Arbeitsbereiche „angebunden“ werden und für diese eindeutig und persönlich verantwortlich sein. Jedinonatschálije, Einzelbefehlsgewalt, hieß jetzt die Losung.

Man kennt die blutige Konsequenz, mit der das neue Prinzip der individuellen Verantwortlichkeit angewandt wurde, wenn es galt, für das Versagen der Planwirtschaft Sündenböcke zu finden. Arbeiter, Monteure, Ingenieure, Fabrikdirektoren erschienen vor den sowjetischen Tribunalen und bekannten, durch sträfliche Nachlässigkeit und verräterische Sabotage im Auftrag des Klassenfeindes und des Auslandes jene Schäden verursacht zu haben, für die das Regime die Verantwortung abzuwälzen wünschte. Die Wirkung war tief und nachhaltig, und noch heute ist das Bestreben zu beobachten, „Rückversicherung“ zu suchen und auf alle Fälle einen Sündenbock parat zu haben. Ein sowjetischer Fachmann für Bergwerksmaschinen berichtete amerikanischen Befragern folgenden typischen Fall:

„Als Inspektor kam ich eines Tages in eine Fabrik, welche die bei ihr bestellten Bergwerksmaschinen nicht geliefert hatte. Als ich das Werksgelände betrat, sah ich die vermißten Maschinen überall herumstehen; aber sie waren unfertig. Der Direktor gab auf meine Fragen nur ausweichende Antworten. Als schließlich die Menge, die uns umdrängt hatte, verschwunden war, bat er mich in sein Büro.

‚Jetzt können wir reden‘, sagte er.

‚Warum liefert ihr nicht die Maschinen?‘ fragte ich. ‚Wir warten auf sie.‘

‚Das will ich Ihnen sagen‘, erwiderte er. ‚Nach den technischen Spezifikationen müssen die Maschinen mit einem ölfesten roten Anstrich versehen sein. Aber ich habe nur rote Farbe, die nicht ölfest, und ölfeste Farbe, die nicht rot, sondern grün ist; darum kann ich die Maschinen nicht fertigmachen. Sie müssen verstehen, daß ich, wenn ich die Maschinen mit dem falschen Anstrich liefere, die technischen Erfordernisse nicht erfüllt habe, und dafür kann ich acht Jahre Gefängnis bekommen. Wenn ich sie aber nicht liefere, dann fällt das unter die Anklage, daß ich den Abtransport verzögere. Und was werden sie dann mit mir machen? Schlimmstenfalls werden sie mich aus der Partei ausstoßen. Dann soll eben der Teufel mein Parteibuch holen. Was also soll ich tun?'

‚Aber hören Sie', erwiderte ich, ‚die Bergwerke können nicht arbeiten. Die warten auf die Maschinen, und Sie halten sie zurück, weil sie nicht den rechten Anstrich haben.'

‚Aber ich will keine acht Jahre bekommen. Geben Sie mir eine schriftliche Erklärung mit Ihrer Unterschrift, und ich werde Ihnen die Maschinen in kürzester Frist liefern.'

Ich wollte auch keine acht Jahre. Was also sollte ich machen? Ich telegrafierte dem Ministerium und bat, in diesem Fall den grünen Anstrich zu gestatten. Ich erwartete eine sofortige Antwort, aber es dauerte ungewöhnlich lange. Offenbar wollten die im Ministerium auch keine Risiken eingehen und sich erst einmal abdecken. Endlich erhielt ich die Genehmigung. Ich steckte das Telegramm des Ministeriums in meine Tasche, um es für den Rest meines Lebens griffbereit zu haben, und unterzeichnete mit Bezugnahme auf das Telegramm eine Erklärung, daß grüne Farbe verwendet werden könne. Alsbald begannen die Maschinen in die Bergwerke zu rollen." [8]

Man kann dieses Übermaß an Vorsicht verstehen. Einerseits muß der sowjetische Manager unter allen Umständen den Plan erfüllen; wer hier versagt, riskiert zum mindesten den Verlust seiner Stellung, meist aber Schlimmeres. Die Angst vor diesen Folgen ist heute in der Regel stärker als die vor den Strafen, die auf jenen ungesetzlichen Praktiken stehen, ohne die – wie wir gesehen haben – der Plan kaum erfüllt werden kann. Der Direktor weiß zugleich, daß auch die ihm vorgesetzten Instanzen dem Gesetz der Planerfüllung unterworfen sind und sich mehr dafür interessieren, daß er ihnen diese Erfüllung des Planes ermöglicht, als für die Methoden, mit denen er das zustande bringt. Gerade die Erfolgreichen kommen am wenigsten ohne Verstöße aus.

Andererseits aber weiß jeder sowjetische Wirtschaftsführer, daß über ihn und seine Verstöße gegen das Gesetz eine dicke und ständig anschwellende Akte geführt wird, die jederzeit hervorgeholt werden kann und deren Inhalt genügt, ihn für den Rest seines Lebens in ein Neubaugebiet am Eismeer zu schicken. Er rechnet zwar damit, daß in den meisten Fällen die Akte keine praktischen Auswirkungen hat, da der Staat den Planerfüllern gegenüber tolerant ist, aber sie schwebt als ständige Mahnung, als Damoklesschwert über ihnen. Diese Toleranz war relativ am größten in den Jahren nach Stalins Tod. Es hat ohne Zweifel auf die Manager beruhigend und zugleich stimulierend gewirkt, daß in dieser Periode ihrem raschen Aufstieg auf einen Direktorsessel nicht mehr – wie in bestimmten Jahren der Stalinzeit – ein noch rapiderer Abstieg in GPU-Keller oder sibirische Lager entsprach.

Das Problem der Verantwortung ist auf das engste verknüpft mit dem der *Kontrollen*. Der Staat braucht die Kontrollen, weil er sich nicht auf die Verantwortungsbereitschaft des verbeamteten Sowjetbürgers verlassen kann, und dieser entwickelt die Tugend der Verantwortungsfreude nur langsam, da ihm die Kontrollen keinen Spielraum lassen. Als ich einmal im Jahre 1956 ein Werk mittlerer Größe bei Moskau besuchte, fragte ich, wieviel Leute dort im OTK, in der Abteilung (Otdel) für technische Kontrolle, tätig seien.
„Siebenundvierzig", erwiderte der Direktor.
Ich drückte mein Erstaunen über diese hohe Zahl von Kontrolleuren in einem Betrieb dieser Größe aus. Das sei noch gar nichts, meinte er, es gebe Betriebe mit Hunderten von Kontrolleuren. Später fand ich in der Presse einen Hinweis, daß die Maschinenfabrik von Nowo-Kramatorsk fünfhundertachtzehn Kontrolleure habe; in anderen Betrieben, so wurde berichtet, finde man noch höhere Ziffern; dort komme „auf alle paar Arbeiter ein Kontrolleur." [9]
Das leitende Personal eines Sowjetwerkes denkt also nicht an die Käufer, sondern an die Kontrolleure und Bürokraten auf den verschiedensten Etagen der Wirtschaftsorganisation, bis hinauf zu dem sie leitenden Minister. In dem stillen Ringen zwischen dem Direktor und den Kontrolleuren, in dem dieser jene zu

überlisten, jene ihm auf die Schliche zu kommen suchen, ist der Direktor meist im Vorteil, da er im allgemeinen über sein Werk und dessen Produktion genauer Bescheid weiß als die ihn überwachenden Behörden und Behördenvertreter.
Diese in einem System der Staatswirtschaft unerläßlichen Dauerkontrollen werden von den Managern, wie nicht anders zu erwarten, als äußerst lästig empfunden und drücken auf ihre Initiativfreudigkeit. Häufig hört man daher von ihrer Seite den Ruf: „Die Rechte der Betriebsführer erweitern." So war auch ein charakteristischer Zeitungsartikel aus dem Jahr 1957 überschrieben, in dem ein Fabrikdirektor erklärte:

> „Nach unserer Überzeugung ist die Notwendigkeit herangereift, den Fabriken und Betrieben größere Selbständigkeit zu gewähren und die Rechte ihrer Leiter zu erweitern... Es ist unerläßlich, den überflüssigen und überlebten Überbau des Kontrollapparates zu liquidieren; das heißt nicht, daß man die Kontrolle als solche beseitigen muß, diese kann aber vom werkseigenen Apparat wahrgenommen werden... Wir halten es für notwendig, den Direktoren das Recht zu geben, Struktur und Personal der Werksabteilungen festzulegen und abzuändern sowie die Bezüge der leitenden Angestellten im Rahmen des dem Betrieb bewilligten Lohnfonds zu erhöhen oder zu senken." [10]

Verantwortung und Risiko sind nicht nur für den Wirtschaftler ein Problem, sondern für jeden Sowjetbürger; je höher der Rang Desto höher das Risiko – das ist der Preis des Erfolges. Vielen ist er zu hoch.
Der stärkste Gegentypus des unternehmungsfreudigen Managers ist der Bürokrat, der seinen Weg möglichst risikolos zu gehen sucht und lieber Intrigen spinnt als Verantwortungen übernimmt. Er beschränkt sich keineswegs auf die eigentliche Beamtenschaft, sondern findet sich ebenso auf allen Stufen der Wirtschaftsverwaltung und liefert der literarischen Darstellung ein fast unerschöpfliches Thema; man bekommt geradezu den Eindruck, daß sogar die Wirtschaftsführer ein Großteil ihrer Zeit auf das Intrigieren verwenden. Das liegt in der Natur der Staatswirtschaft begründet, die praktisch jeden Bürger zum Beamten, das heißt, vom Staat Abhängigen macht und die Auseinandersetzungen aus der offenen Arena des Wettbewerbs, wo sie in der freien

Wirtschaft ausgetragen werden, in die Hinterzimmer und Gerüchtekammern der Behörden verlegt. Hier erst wird über Erfolg und Mißerfolg entschieden. Nur wer die Zufriedenheit der Vorgesetzten erwirbt und sich seinen Rivalen gegenüber bei ihnen in das bessere Licht zu setzen versteht, darf auf Anerkennung, Belohnung, Beförderung rechnen.
Auch die geistigen Berufe werden von dem Vorwurf der Verantwortungsscheu nicht ausgenommen. So hören die Klagen in der Presse nicht auf, daß sich die Geisteswissenschaftler statt aktueller Aufgaben von politisch-sozialer Bedeutung abseitige Probleme heraussuchen, die zwar weniger Ruhm und Ehre versprechen, aber dafür auch nicht das Risiko enthalten, mit irgendeiner Generallinie in Konflikt zu geraten.
In den oberen Rängen der Wirtschafts- und der Parteipyramide aber ist nach meinen Eindrücken die Bereitschaft zur Übernahme von Risiken gewachsen, eine Tatsache, in der nicht nur das Nachlassen des staatlichen Terrors, sondern auch das gestiegene Selbstbewußtsein der Managerschicht deutlich zum Ausdruck kommt. Denn wer Erfolg will, muß Verantwortung tragen, muß Risiken auf sich nehmen.

Für den Erfolgreichen drückt sich – abgesehen von den materiellen Vorteilen, über die schon gesprochen wurde[11] – der Erfolg in zweierlei aus: in *Ansehen* und *Macht*. Dem einen wird das erste, dem anderen das zweite wichtiger sein; meist werden beide gemeinsam als Triebfeder wirken. Das Streben der Menschen nach erhöhtem Prestige wurde von den Bolschewiken schon bald nach der Revolution angesprochen: durch Erwähnung in der Öffentlichkeit, angefangen von der niedersten Stufe, der Wandzeitung in Schule oder Betrieb, über die lokale Presse bis hinauf zu den Moskauer Zentralzeitungen mit ihren Millionenauflagen, womöglich mit dem Bild des zu Ehrenden; durch Uniformen, Abzeichen und Orden, deren es heute eine Unzahl gibt; durch Rangstufen und Ehrentitel – bis zum „Verdienten Künstler" und „Volkskünstler", bis zum „Meister großer Fänge" (im Fischereiwesen)[12].
Nach der Revolution ließ sich zum Beispiel rund anderthalb Jahrzehnte lang ein äußerer Unterschied zwischen Offizieren (damals noch „Kommandeuren", um das verhaßte und vielgeschmähte

Wort Offizier zu vermeiden) und Mannschaften selbst auf wenige Meter kaum erkennen, da er lediglich in den kleinen, am Kragen angebrachten Abzeichen zum Ausdruck kam. Dann aber wurden die Uniformen der Offiziere immer schnittiger, so daß man von weitem wußte, mit wem man es zu tun hatte. Die in der Revolution abgeschafften Offiziersränge wurden wieder hervorgeholt.

Ebenso wurde im Zivilsektor ein immer weiter differenziertes System von Rangstufen aufgebaut. Bereits 1930 erschien ein Handbuch, das allein für Beamte zweihundert Ränge und Stellungen enthielt.[13] Das klassische Beispiel sind die Staatsanwälte, bei denen es die folgenden Ränge gibt: Hauptjustizstaatsrat, Justizstaatsrat erster, zweiter und dritter Klasse; Hauptjustizrat; Justizrat, Zweiter Justizrat, Jurist erster, zweiter und dritter Klasse. Die Verordnung, die diese Rangordnung festlegte, gab auch an, welchem Rang in der Armee (vom Armeegeneral bis herunter zum Leutnant) der einzelne Rang in der Staatsanwaltschaft entspricht.[14] Nach Stalins Tod hat die Manie des Rangstrebens wieder etwas nachgelassen.[15] Im übrigen ist sie in der russischen Geschichte nichts Neues.

Von Zeit zu Zeit werden neue Formen des Sozialprestiges erfunden. So tauchte gegen Mitte der dreißiger Jahre plötzlich ein neues Stichwort auf: snátnyje Ljúdi, wörtlich: angesehene Leute; die Prominenten, würden wir sagen. Zu ihnen gehörten die Mitglieder der damals immer deutlicher in Erscheinung tretenden neuen Oberschicht, einschließlich der Stachanow-Arbeiter oder bekannten Sportler. Als eine Art neuer Gotha erschienen „Rote Bücher der angesehenen Leute", in denen diese namentlich aufgeführt wurden. Die „Bälle der angesehenen Leute" zeichneten sich durch besonderen Pomp aus. Auch das ist nicht neu: schon seit Peter dem Großen wurde die Rangstufe des russischen Adeligen vorwiegend von Leistung und Dienstjahren bestimmt. In dieser Beziehung sind Stalin und Chruschtschow seine Nachfolger.

Um den Erfolgsbeweis, der in alledem für die öffentlich Geehrten lag, noch deutlicher hervortreten zu lassen, arbeitet man zugleich auch mit dem entgegengesetzten Mittel, der öffentlichen Anprangerung. In den Betrieben gibt es, neben dem Roten Brett für die Namen der Erfolgreichen, das Schwarze Brett, auch Brett der Schande genannt, für alle, die sich nicht genügend angestrengt oder gar irgendwie gegen die Arbeitsdisziplin vergangen haben; Karikaturen und Spottgedichte auf die Betreffenden sind dort zu sehen.

Da das alte Rußland wie kaum ein anderer Staat diese und ähnliche Formen der öffentlichen Ehrung und Brandmarkung gekannt hatte, fiel es den Menschen nicht schwer, sie zu akzeptieren und alsbald ein deutliches Bewußtsein der neuen Rangunterschiede zu entwickeln. Als ich mich einmal mit einem kurz zuvor aus der Sowjetzone geflüchteten Sowjetmajor unterhielt und ihn nach seinen Eindrücken im Westen fragte, sagte er:

„Die ersten Wochen wohnte ich in einer amerikanischen Kaserne. Was mich dort am meisten überraschte, war der freie Ton zwischen den Angehörigen verschiedener Ränge. Stellen Sie sich vor: Im Speiseraum sah ich einen General und einen Leutnant am gleichen Tisch sitzen! Nicht einmal ich als Major setzte mich in unserem Kasino mit einem Leutnant zusammen. Man muß die Rangunterschiede respektieren, Leutnants und Hauptleute gehören in eine Kategorie, Majore und Obersten in eine andere. Außerdem kann man dabei in Teufels Küche kommen: So ein junger Leutnant schlägt plötzlich über die Stränge, und wenn man dabei war, muß man für ihn geradestehen."

Die Jugend der neuen Oberschicht ist besonders geneigt, das elterliche Prestige für sich in Anspruch zu nehmen. Sie hält es für selbstverständlich, daß die Sonderstellung, welche sich ihre Väter durch Leistungen – welcher Art auch immer – erworben haben, automatisch auf sie selbst übergeht. Ich hörte einmal, wie ein kleiner Junge bei einem Streit mit einem anderen diesem zurief: „Mein Vater ist Direktor; der wird's dir schon zeigen." Dies spielte sich in einer Werkssiedlung ab, so daß man annehmen kann, daß der Vater des anderen Jungen ein Untergebener des Direktors war und die Worte also mehr als eine leere Drohung darstellten. Als vor einiger Zeit ein paar Rowdies im Zentrum Moskaus, in der Gorkij-Straße, verhaftet wurden, benahmen sie sich auf der Polizeistation höchst indigniert: „Mein Vater ist Mitglied der Akademie der Wissenschaften", sagte einer von ihnen, ein anderer: „Und meiner Oberst."

Zunächst waren es solche Ehrungen nichtmaterieller Art gewesen, mit denen der Staat das Prestigebedürfnis der Menschen ansprach. Bald aber ging man einen Schritt weiter und gab dem Repräsentationsbedürfnis der Arrivierten auch den gesellschaftlichen Hintergrund. Noch um 1930 waren Hotels wie das ‚Metropol' mit ihrer wiederaufgefrischten Vorkriegseleganz im Jugendstil den Ausländern vorbehalten, einsame westlich-bourgeoise Inseln im proletarisch-revolutionären Moskau. Junge Russen, mit denen ich in jenen Jahren dort vorüberging, zuckten spöttisch die Achseln; hineinzugehen – auf diese Idee wäre keiner gekommen. Nur einmal war eine Studentin mit mir gegangen, um für eine Minute einen verstohlenen Blick in diese verderbte Welt zu werfen. Im Jahr 1934 aber wurde das ‚Metropol' – fast über Nacht und ohne sich seinerseits im geringsten gewandelt zu haben – ein Teil Moskaus, der nicht weiter auffiel. Wohl traf man dort auch weiterhin Ausländer an, aber in der großen Mehrzahl waren die Gäste nun Russen; vor allem an den Abenden vor den arbeitsfreien Tagen herrschte Hochbetrieb. Der Theaterplatz vor dem Hotel wurde mit riesigen Scheinwerfern hell erleuchtet, vor dem Hotelportal hielten zahlreiche Wagen; nur einige, am Wimpel kenntlich, gehörten Ausländern. Den meisten – blitzenden Lincoln-Limousinen, deren man einige tausend aus Amerika importiert hatte – entstiegen gut angezogene Russen mit ihren Damen, die sich auch wieder schminkten und viel Parfüm benützten. Das alles waren die snatnyje Ljudi, die durch ihre Beteiligung an diesem zwar bescheidenen, aber immerhin weit aus dem Rahmen des übrigen Lebens fallenden Luxus ihren Erfolg zur Schau trugen.
Ein weiteres auffallendes Kriterium des Prestiges, das sich der Einzelne zu erwerben verstand, hat sich in der Sowjetunion herausgebildet: *das Leben in der Großstadt.* Der Bewohner der Großstadt weiß sich nicht nur materiell bevorzugt, sondern fühlt sich hoch erhaben über die Bewohner der Provinz. Der Drang zur Stadt ist daher ungewöhnlich stark. Die neue Oberschicht – und erst recht ihre Jugend – möchte in den Großstädten leben, wo sie sich am stärksten durchgesetzt und einen ihr gemäßen Lebensstil gefunden hat. Bei vielen begabten jungen Russen ist das eigentliche Ziel ihrer beruflichen Anstrengungen weniger ein etwas höheres Einkommen als die Chance, aus der grauen Pro-

vinz in die Hauptstadt zu gelangen; und wer sich erst einmal zu einer Stellung in Moskau hinaufgearbeitet hat, verspürt wenig Lust, in die Provinz zurückzukehren.
Diese Flucht aus der Provinz ist eines der Haupthindernisse auf dem Weg zu der von Chruschtschow angestrebten Dezentralisation der Wirtschaftsverwaltung. Würde der Kreml gar die volle Freizügigkeit gewähren, so würde das ohnehin bedrohlich übervölkerte Moskau ganz aus seinen Nähten platzen. Die bewußte und propagandistisch für notwendig gehaltene Schwerpunktbildung des Wohlstandes in einigen wenigen Städten hat also ein im Westen so doch nicht bekanntes Gefälle geschaffen, das die Menschen an die Großstädte bindet.
Dieses Gefälle ist noch dadurch differenziert, daß auch unter den Städten eine ausgesprochene Rangordnung besteht. Moskau und Leningrad sind eine Kategorie für sich. Dabei hat Leningrad seinen Rang erstaunlich gut behauptet, obgleich es mit der Verlegung der Akademie der Wissenschaften nach Moskau im Jahre 1935 die letzte sichtbare Position als zweite Hauptstadt eingebüßt hatte. Moskau – in diesem Namen schwingt für den Russen selbst heute noch ein intimer Klang mit; es war die alte Hauptstadt der vorpetrinischen Zeit, des Mittelalters sozusagen, die Stadt der winkligen Gassen, der Kaufleute und Handwerker; erst in den letzten Jahrzehnten ist es Zentrum einer Weltmacht geworden. Leningrad aber war als ‚St. Petersburg' die Hauptstadt im achtzehnten und neunzehnten Jahrhundert; es symbolisiert zugleich die größte Epoche der russischen Geistesgeschichte, in ihm strahlt für den Russen noch der Glanz Peters und Puschkins. Für viele ist Leningrad auch heute noch die Metropole des russischen Geistes, und die Beweglichkeit und Vielgestaltigkeit des intellektuellen Lebens der Stadt gibt diesem Anspruch recht. Als die – von den im Zweiten Weltkrieg gewonnenen Städten abgesehen – westlichste Stadt Rußlands, ja vielleicht seine einzige auch in ihrem Wesen „westliche" Stadt, hat Leningrad auch heute noch stärker als das übrige Land den geistigen Kontakt mit dem Westen aufrechterhalten. Von der Bedrohung ihrer Existenz in der Kriegszeit, die nicht nur schwere Zerstörungen zur Folge hatte, sondern auch die Verlegung vieler Industrien ins Innere, hat sich die Stadt erstaunlich rasch wieder erholt. Die zweite

Kategorie der Städte wird allein von Kiew repräsentiert, der Hauptstadt der Ukraine und zugleich des frühen, des vormoskowitischen russischen Staates, mit ihrem reichen Kulturleben, ihrer geschichtlichen Tradition, die sie vor allem jedem Ukrainer ans Herz bindet, und ihrer prachtvollen Lage über dem Dnjepr. Alles andere ist schon Provinz.
Da nun auch der Kreml den Menschen nicht nur mit Zwang in der Provinz halten kann, bemüht er sich, das Leben dort attraktiver zu machen, wozu vor allem der rasche Ausbau des Fernsehnetzes beitragen soll. Im einzelnen zeigen auch in der Provinz die Städte große Unterschiede. Es gibt Städte mit alter Geschichte und schöner Lage – Gorkij, das ehemalige Nishnij Nowgorod an der Wolga, Odessa am Schwarzen Meer, Tiflis im Kaukasus; es gibt andere, die erst vor wenigen Jahrzehnten entstanden – Magnitogorsk, Chibinogorsk – oder jedenfalls erst durch die moderne Industrialisierung eine Bedeutung erlangten wie Swerdlowsk (vormals Jekaterinburg) und Nowosibirsk. Es gibt Städte mit Polarklima und halbjähriger Nacht – Murmansk, Norilsk, Igarka – und andere, die von der Wüstenhitze versengt werden wie Aschchabad oder Merw.
Das Wort Stadt ruft freilich im deutschen Leser Vorstellungen hervor, die für die Sowjetunion nur sehr bedingt zutreffen. Zur städtischen Bevölkerung rechnet die Sowjetstatistik auch Menschen, die in sogenannten Arbeitersiedlungen wohnen, das heißt in Barackenlagern, die zwar einen „Klub" und ein Kino, sonst aber nichts von unserer städtischen Zivilisation und Tradition aufzuweisen haben. Zwischen diesen primitiven Arbeitersiedlungen und den Häusern oder Baracken, in denen die landwirtschaftlichen Arbeiter eines Staatsguts leben, sind die Unterschiede sehr gering. Auch insofern ist die früher klare Trennung zwischen Dorf- und Stadtbevölkerung heute verwischt. Aber lange Zeit waren die Zustände auf dem Lande so furchtbar, daß es nicht schwerfiel, dort Arbeiter für die Industrie zu rekrutieren.
Nie werde ich die Eindrücke bei meinem ersten Besuch von Magnitogorsk, einem der großen neuen Industriezentren, im Jahre 1934 vergessen. Damals lebte die überwältigende Mehrheit der rund hunderttausend Arbeiter und Angestellten, zusammen mit ihren Angehörigen etwa eine Viertelmillion Menschen, in Barak-

ken. Diese bestanden aus großen Schlafsälen mit zwanzig oder mehr Pritschen, einem Tisch, ein paar Stühlen, das Ganze von einer oder zwei Birnen erleuchtet, die ohne Schirm von der Decke baumelten. Besonders schwer hatten es die Familien; in manchen Baracken hausten ihrer zehn, fünfzehn, mit zahlreichen Kindern, in einem einzigen Raum. Viele zogen es vor, sich draußen vor der Stadt Behausungen in die Erde zu graben und dort wie Höhlenmenschen der Vorzeit zu leben. Nur wenige Familien besaßen ein Zimmer für sich und empfanden das schon als einen gewaltigen und beglückenden Fortschritt. Aber wenn ich die Frage stellte: „Wollt ihr nicht lieber zurück aufs Land?", dann wurde ich ausgelacht. „Nein, gewiß nicht. Hier gefällt es uns viel besser." Das Leben in der „Stadt" verlieh Ansehen und das Gefühl, die erste Aufstiegssprosse erklommen zu haben.

Der Drang zur Stadt, zumal in die drei Metropolen, ist so stark, daß man ihn sogar immer wieder mit negativen Vorzeichen in der Belletristik behandelt findet, vermutlich, weil dies den Schriftstellern nahegelegt wird. In auffallend vielen Theaterstücken, die ich in den letzten Jahren auf Moskauer Bühnen sah, lieferte dieses Thema den dramatischen Konflikt, so zum Beispiel in einem Lustspiel des Sowjetautors K. Minz, den wir schon als Drehbuchautor kennenlernten, mit dem sonderbaren Titel „Nje nasywája Famílii", in freier Übersetzung etwa: „Der Name tut nichts zur Sache", der wohl andeuten soll, daß sich die Satire nicht gegen einzelne Personen richtet, sondern gegen eine weit verbreitete Tendenz.

Das Stück spielt vorwiegend in Kiew, im Haus eines Stellvertretenden Ministers der Ukraine. Die Hauptfigur, die negative Heldin sozusagen, ist seine Tochter, die von ihren liebevollen Eltern den klangvollen Namen Poëma erhalten hat, aber – von feierlichen Anlässen abgesehen – Émotschka genannt wird. Die Fabel ist einfach. Poëma hat nur einen Gedanken im Kopf: Sie sucht einen Mann mit einer Stellung in Kiew, die so sicher ist, daß er eine Versetzung in eine Provinzstadt nicht zu befürchten braucht. Im Verlauf des Stückes bringt es Emotschka zu mehreren Verlobungen, die sie aber sämtlich wieder löst, sobald sie erkennt, daß der Auserwählte die gewünschte Garantie gegen ein Dasein in der Provinz doch nicht zu bieten vermag.

Daß Emotschka so ist, wie sie ist, wundert den Zuschauer nicht, nachdem er die Bekanntschaft ihrer Eltern gemacht hat. Der Genosse Stellvertretende Minister ist ein Schwächling, der seine Unfähigkeit im Amt durch ruhmredige Worte über seine Verdienste um die Revolution zu verdecken sucht. Er ist ein Spießer, wie er im Buche steht, und wird als solcher auch äußerlich vorgeführt, als er bei einem Besuch bei Verwandten auf dem Lande in langen Unterhosen mit Sockenhaltern zu einem Mittagsschläfchen in den Garten wandelt.

Ist Papa ein Spießer, so ist seine rundliche Gattin eine Spießerin im Quadrat. Ihr Dasein ist ausgefüllt von einer wahren Affenliebe zu Poëma, ihrem ganzen Stolz, dazu von dem Bestreben, sich gut zu kleiden und ein bequemes Leben zu führen. Wenn man der Szene folgt, in der die Mama mit schmeichelnden Worten dem nur zaghaft widerstrebenden Gatten das Geld für einige Meter Samt aus der Tasche zieht, einen ihr unter der Hand angebotenen „einmaligen Gelegenheitskauf", könnte man meinen, ein Stück aus der Blütezeit der bourgeoisen Komödie zu sehen; und wer gar sieht, wie sich Mutter und Tochter dem Dienstmädchen gegenüber benehmen, fühlt sich in die Epoche des Feudalismus zurückversetzt: Die beiden kujonieren das arme Ding nach Strich und Faden und behandeln es wie eine Art Haustier. Als Emotschka auf einem ihrer Kleider einen Flecken entdeckt, gerät sie in eine unbeherrschte Wut und fängt an, mit dem Dienstmädchen herumzuschreien, sicher habe diese mit ihren ungewaschenen Fingern das Kleid verdorben. Die Arme muß auf der Stelle die Hände vorzeigen, und es fehlt nur noch, daß sie, wie in den Zeiten der Leibeigenschaft, den Knechten zum Auspeitschen übergeben wird.

Aber Hochmut kommt vor dem Fall. Der Lebensstil im Hause des Genossen Stellvertretender Minister ist so kostspielig, daß es nicht ganz ohne – erst kleinere, dann größere – Schiebungen abgeht. Diese besorgt, mit stillschweigender Duldung seines Chefs, der persönliche Referent; einen Teil der Beute hat er jeweils an die Genossin Stellvertretende Ministerin abzuliefern. Als der Schwindel aufkommt, wird der Referent verhaftet; der Stellvertretende Minister verliert seinen Posten und wird in die gefürchtete Provinz versetzt. Emotschka, die in der sicheren Erwartung einer guten Partie keinen Beruf gelernt hat, muß sich in einer untergeordneten Stellung selbst ihr Brot verdienen, und zwar, um das Maß der Erniedrigung voll zu machen, im gleichen Standesamt, in dem die von ihr einst verschmähten Freier, achtbare und wohlsituierte Staatsbürger, anderen Mädchen die Hand zum glücklichen Ehebund reichen oder auch schon als strahlende Väter ihre ersten Kinder registrieren lassen.

Die äußeren Zeichen des sozialen Aufstiegs bedeuten im Sowjetstaat mehr, als sie in Ländern mit privatwirtschaftlicher Ordnung ausdrücken können. Denn die sowjetische Oberschicht ist von der Masse nicht nur durch ihr weit höheres Einkommen und ihre sozialen Privilegien getrennt, sondern auch – und vielleicht noch mehr – durch den ausschließlichen Besitz der *Macht*. Unter dem Staatskapitalismus, wo jedes Wirtschaftsgut dem Staat gehört, ist jeder, auch der Wirtschaftler, ein Staatsbeamter. Der Direktor einer Fabrik ist in ihrem Bereich zugleich der höchste Vertreter des Staates, er besitzt daher unvergleichlich größere Vollmachten als sein westlicher Kollege.

Wenn bei uns ein Arbeiter oder Angestellter der Ansicht ist, daß ihm Unrecht geschieht, so kann er sich an eine ganze Reihe von Instanzen wenden, um sein Recht zu suchen: an den Betriebsrat, an die Gewerkschaft, an die Presse, an die Gerichte, an seinen Abgeordneten und so fort. Diese Institutionen gibt es zwar auch in der Sowjetunion, aber sie gleichen den unseren nur formal. Sie sind sämtlich Instrumente der Staatsmacht; auch die Gewerkschaften bilden nur einen zusätzlichen „Treibriemen", mit dessen Hilfe der Staat die Arbeiterschaft zur Normerfüllung anhält; wieweit daran das neue Dekret vom 17. Juli 1958, das den Gewerkschaften formal zusätzliche Befugnisse – selbst ein Mitspracherecht bei der Bestellung und Abberufung der Wirtschaftsfunktionäre – einräumt, auch in der Praxis etwas Wesentliches ändern wird, ist bei dem bekannten Widerspruch zwischen Papierdemokratie und Wirklichkeit im politischen Leben der Sowjetunion schwer vorauszusagen. Wohin auch immer sich also der Sowjetarbeiter oder -angestellte mit einer Klage wenden mag, überall trifft er auf denselben allmächtigen Staat, gegen den – in der Person des Direktors – er sich sein Recht holen will.

Der Machttrieb erhält bei der sowjetischen Führung eine besondere Note dadurch, daß die Mächtigen den Anspruch erheben, im Namen des alleinseligmachenden Fortschritts zu handeln, als Führer auf dem unaufhaltsamen Marsch in eine bessere Zukunft. Die Weltgeschichte bietet mehr als ein Beispiel dafür, wie leicht das Bewußtsein einer höheren Sendung selbst Priester zu harten, unduldsamen Tyrannen entarten läßt. Wenn aber solches selbst bei Menschen geschehen konnte, die religiösen Antrieben folgten, wie groß muß dann die Gefahr sein, wenn der Herrscherwille der Machthaber nicht mehr durch die Gebote der Nächstenliebe und die Verantwortung vor einem höheren Richter gezügelt wird.

Die Erfolgreichen der Sowjetunion sind – wie überall in der Welt – mehr Leistungs- als Genußtypen; sie haben sich einen Lebensweg gewählt, auf dem Genuß nicht ungefährlich ist. Alkohol – macht geschwätzig; und jeder hat zuviel zu verbergen. Weibergeschichten – rufen oben Stirnrunzeln hervor und erschweren den Aufstieg; denn Skandale sind unerwünscht. Sorgloser Urlaub – nicht für den, der einem Betrieb vorsteht und seinen Kopf hinhalten muß, auch wenn in seiner Abwesenheit etwas schiefgeht. Von den lebens- und genußfrohen Gestalten des alten russischen Kapitalismus ist wenig mehr übriggeblieben; der neue Typus erinnert in manchen Zügen sogar an das Puritanertum des siebzehnten Jahrhunderts, das seit Max Weber als der geistige Nährboden des angelsächsischen Kapitalismus gilt.
Das äußere Erscheinungsbild des Erfolgreichen hat freilich nichts mehr mit puritanischer Einfachheit gemeinsam. Es wird von dem Grundsatz bestimmt, daß der Erfolg sich in einem erhöhten Lebensstandard sichtbar ausweisen muß. In einem Staatswesen, in dem erst vor wenigen Jahrzehnten alles umgekrempelt wurde und praktisch jeder bei Null anfangen mußte, entspricht der Erfolg – oder Mißerfolg – weithin dem Lebensstandard. Der Lebensstandard wird so zum Maßstab der Erfolges. Der Sowjetstudent, der ein höheres Stipendium erhält, sich einen besseren Anzug kaufen und auch sonst mehr leisten kann, ist nicht nur der bessergestellte Student, sondern auch der nach der Leistung bessere; der bessere Anzug weist ihn als den besseren Studenten aus. Der Manager mit den höheren Einkünften ist zugleich der erfolgreiche Manager; er bewohnt mit seiner Familie die Zimmer eines

Hotels am Schwarzen Meer, die täglich fünfundsiebzig Rubel und mehr kosten; seine Frau ist Kundin in den Juwelierläden, wo der Schmuck zum Preise von tausend bis zweitausend Rubel angeboten wird.

Wer besser wohnt, wer ein schöneres Auto, eine teurer angezogene Frau hat, ist der Erfolgreiche im Sinne des Sowjetstaates und gehört zu dessen Elite. Die ständig wiederholte Forderung des Staates, das Prinzip der „materiellen Interessiertheit" als Leistungsanreiz zu berücksichtigen, bedeutet: Ausrichtung auf den Egoismus des Einzelnen zum Zwecke der Leistungsförderung. Jeder soll sehen, daß es ihm bessergehen könnte, wenn er fleißiger und diensteifriger wäre. Dem Arbeiter wird der vielfach prämiierte, hoch entlohnte Stachanow vor Augen gestellt, dem normalen Kolchos der Musterkolchos, der seinen Mitgliedern höhere Beträge auszahlt, und der Bevölkerung insgesamt zeigt man einzelne Wohlstandsschwerpunkte, auf die dann das Licht der propagandistischen Scheinwerfer gerichtet wird.

Die übertrieben pompöse und jedermann für wenig Kopeken zugängliche Untergrundbahn soll bei den Massen der Moskauer und der aus dem Land hereinströmenden Besucher den Eindruck schaffen, daß man die ganze Sowjetunion, auch das eigene triste Heim, in Paläste verwandeln könnte, wenn man sich nur entsprechend anstrengte. Der Riesenbau der Moskauer Universität, die Prunkbahnhöfe vieler Städte, die zu einem künstlich nieder gehaltenen Preis verkauften Fernsehgeräte, die ihren Besitzern das Gefühl des Wohlstandes geben und überdies Abend für Abend die Regierungspropaganda in attraktiver Form ins Zimmer bringen sollen, die ständigen Erfolgsgeschichten in Büchern und Zeitschriften, die in vielem an die traditionellen Selfmademan-Stories Amerikas erinnern, dies alles dient dem Zweck, den Erfolgs- und Leistungswillen ständig neu zu stimulieren. Durch Leistung zu Erfolg und Wohlstand, zu Prestige und Macht, das ist die Parole.

Welcher Abstand zu den egalitären Gedanken der Revolution! Und auf diesem Weg sind die Männer am weitesten gekommen, die sich von dem, was die Welt von alters her unter Sozialisten versteht, am stärksten unterscheiden, und deren harte These lautet: Wer mehr leistet, kann sich mehr leisten!

UND GLEICHHEIT?

Das am meisten diskutierte – und auch dem Leser nicht mehr unbekannte – Theaterstück der Moskauer Herbstsaison von 1955 hieß „Flügel“; sein Autor ist der aus der Ukraine stammende Alexander Kornejtschuk. Was ich im Kleinen Theater, wo das Drama uraufgeführt wurde, auf der Bühne und – im Waschraum erlebte, war aufschlußreich genug, um hier erzählt zu werden.

Der Held – auch hier ein „negativer“ Held – ist Vorsitzender eines Provinzialvollzugsausschusses, Provinzgouverneur sozusagen. Schon sein Name deutet an, warum er vom Dichter aufs Korn genommen wird: Er heißt mit Vornamen Gordej (gordyj = stolz), mit Nachnamen Dremljuga (drematj = dösen). Auch Dremljuga könnte mit einigen nicht sehr wesentlichen Änderungen aus einem Theaterstück des neunzehnten Jahrhunderts auferstanden und ebensogut ein auf vergilbten Lorbeeren ausruhender zaristischer Provinzgouverneur sein. Er ist ein Tyrann, der alle zittern läßt und seinen Gärtner, einen Veteran mit vielen Orden, stundenlang mit Würmersuchen beschäftigt, damit er fischen gehen kann. Sein unsoziales Verhalten entschuldigt Dremljuga vor sich und anderen damit, daß er sehr beschäftigt ist, „den Kommunismus zu bauen“, nicht anders als ein unfähiger Bürokrat aus der Zarenzeit seine Missetaten hinter seiner Loyalität zum Väterchen Zar zu verbergen pflegte.

„Bei uns sagt man den Vorgesetzten nur die heilige – Unwahrheit“, ironisiert eine Figur des Stückes die Verhältnisse in der Provinz. Als die Frau des Bürgermeisters einem Neuankömmling gegenüber erwähnt, der Stadtpark sei das Werk des Bürgermeisters, wird sie von Frau Dremljuga unterbrochen: „So? Und wo war damals der Genosse Dremljuga? Verreist, was?“ Worauf der Bürgermeister eilig und vorwurfsvoll seine Frau belehrt:

„Richtig: Du darfst nicht vergessen, daß wir den Park unter der persönlichen Leitung des Genossen Dremljuga angelegt haben." Dremljuga läßt auch sonntags am Bau einer Privatgarage arbeiten; als zwei Arbeiterinnen mit Ziegelsteinen vorbeikommen, faucht er sie an: „Wie lange werdet ihr hier noch herumfaulenzen? ... Wenn die Garage nicht in zwei Tagen fertig ist, jage ich euch davon. Verstanden?" Die eine Arbeiterin gibt eine nicht ganz unterwürfige Antwort; da fällt ihr der Sekretär Dremljugas ins Wort: „Weißt du denn [du, nicht Sie!], mit wem du redest? Das ist der Genosse Dremljuga, der Vorsitzende des Provinzialvollzugsausschusses!" Derselbe Dremljuga, der sich so großspurig als Vater der Provinz aufzuspielen pflegt, weiß nicht Bescheid über die einfachsten Dinge, die dort vor sich gehen. Als er dem neuernannten Parteisekretär über die Lage berichten soll, versteckt er vorsorglich seinen Gehilfen in den Büschen des Gartens, um ihn jederzeit fragen zu können, wenn er selbst keine Auskunft geben kann.

Auf einer Besprechung, die der Vorbereitung einer wichtigen Sitzung dient, stellt sich heraus, daß sich Dremljuga sämtliche Reden, die gehalten werden sollen, vorher hat vorlegen lassen und aus ihnen alles herausgestrichen hat, was auch nur den Schatten einer Kritik an seinem Regiment enthielt; manche Reden hat er völlig umgeschrieben. Auf die Frage, wieviel Reden gehalten würden, erwidert er: „Ich habe mit Kiew telefoniert; dort werden fünfunddreißig gehalten, in Odessa ebenfalls fünfunddreißig. Das scheint die Norm zu sein. Also bei uns auch fünfunddreißig."

Die Genossin Dremljuga ist eitel, ungebildet und zu nichts nütze. Sie spricht wie bei uns in den sarkastischen Witzen der Inflationszeit nach dem Ersten Weltkrieg die neureiche Frau Raffke zu reden pflegte. Als einer ihrer Gäste zum Lobe ihres Parks sagt: „Die Allee ist so schön wie bei Lewitan" (Lewitan, der bekannteste russische Landschaftsmaler, ist bis zum heutigen Tage ein Liebling des russischen Publikums), erwidert sie: „Lewitan? Wo liegt das? In welcher Provinz?"

Auch andere Angehörige dieser bürokratischen Oberschicht der Provinzhauptstadt werden vom Autor nicht verschont. Der Leiter der Gemüseversorgung der Provinz, wie Dremljuga ein altes

Parteimitglied, ist faul, unzuverlässig, häufig betrunken; sein Gesicht zeigt noch die Spuren einer Ohrfeige, die ihm eine Frau verabreicht hat, mit der er, der Verheiratete, anzubandeln suchte. Der MTS-Direktor ist weit weniger an seiner Arbeit interessiert als an der Entenjagd und seinem Jagdhund (namens Tarzan). Zum Schluß triumphieren dann natürlich die guten über die schlechten Bolschewiken.

Als ich während der Aufführung der „Flügel" in der Pause in den Waschraum kam, geriet ich in eine ziemlich laute Szene. Drei junge Männer, offenbar Arbeiter eines Betriebes, die in einer Art von KdF-Unternehmen mit ihren Vorgesetzten ins Theater gegangen waren, äußerten in drastischen, im vollen Wortlaut nicht wiederzugebenden Ausdrücken ihren Unwillen:

„Wenn wir das gewußt hätten, wären wir nicht gekommen! So eine Schweinerei! Unsere Chefs [Natschalniki] sitzen dick und rund im Parkett, und uns haben sie Plätze unter dem Dach gegeben, wo man weder etwas hören noch sehen kann! Ein Glück, daß den Chefs in diesem Stück eins 'reingewürgt wird. Hoffentlich merken sie es auch! Aber länger zu bleiben hat keinen Sinn; wir gehen jetzt nach Hause."

Einer rief, mit vor Ärger rotem Gesicht: „Wißt ihr, was das Tollste war? Damit ich von meinem Galerieplatz wenigstens die Füße der Schauspieler sehen konnte, mußte ich mich über die vor mir sitzende Bürgerin beugen. Und was glaubt ihr wohl, was dieses Dämchen [Dámotschka] gesagt hat? Sie sagte ganz vornehm: ‚Wer riecht hier so nach Schweiß?' Das schlug bei mir dem Faß den Boden aus!"

Diese kleine Szene, der im Laufe meiner letzten Rußlandreisen noch ähnliche folgen sollten, zeigt eine gewisse Mißstimmung derer, die unten sind, gegen die oben, die Erfolgreichen, mit denen wir uns im letzten Kapitel beschäftigt haben. Die Bolschewiken haben im Volk durch das ununterbrochene Drängen auf Leistung und mit Hilfe der für die Leistung ausgesetzten Belohnungen einen Anspruch auf höheren Verdienst und gesellschaftliche Anerkennung geweckt, der für sie nicht nur Vorteile hat. Wenn man alles auf den Erfolg und auf den Aufstiegswillen abstellt, dann muß sich unvermeidlich bei denen, die auf den untersten Sprossen der Leiter geblieben sind, eine Animosität gegen die Erfolgreichen bilden. Und sie hat sich gebildet. Die Zeitschriften erhalten schon Leserbriefe, in denen die Abschaffung der ungleichen Löhne gefordert wird.[1] Man sollte diese Stimmung nicht überschätzen, aber man muß feststellen, daß es viele Sowjetbürger gibt, die im Hinblick auf die Bevorzugten sagen: Warum nur die? Heißt es nicht ständig, daß wir in einem sozialistischen Staat leben? Wo steht geschrieben, daß es den Natschalniki so viel besser gehen soll? Was die bekommen, wollen wir auch haben! Mit anderen Worten: Der Bolschewismus ist dabei, seine Untertanen in eine Stimmung zu bringen, die diese früher gar nicht kannten und für welche die Angelsachsen die Formel geprägt haben: „Keeping up with the Joneses." (Etwa: Was der Nachbar Müller hat, muß ich auch haben.)

Dieses Streben ist nicht nur bei Männern wie denen, die ich im Waschraum des Kleinen Theaters beobachtet hatte, sondern auch bei Frauen unverkennbar vorhanden. In einer der Hauptgeschäftsstraßen der Hauptstadt, dem Kusnezkij Most, den die alte deutsche Kolonie Moskaus wörtlich übersetzt „Die Schmiedebrücke" nannte, liegen zwei Geschäfte einander unmittelbar gegenüber. Das eine ist ein Modesalon; vor seiner Türe halten elegante Autos; Chauffeure reißen den Schlag auf; Frauen, Töchter oder Bräute der neuen hohen Herren steigen aus, um sich für Tausende von Rubeln aus importierten Stoffen von hochherrschaftlichen Schneiderinnen die Abendtoilette individuell nähen zu lassen. Gegenüber liegt ein Konfektionshaus, wo man „von der Stange" kauft. Dort hielt ich mich auf einer meiner letzten Reisen eine Weile in einem der Räume auf, in dem – der Sommer ging eben zu Ende – Kleider aus wärmeren Stoffen verkauft wurden. Der eigentliche Verkaufsraum war durch eine Holzbarriere abgetrennt, vor der Frauen in langer Schlange standen. Jenseits der Barriere waren fünf Verkäuferinnen am Werk. Immer, wenn eine Kundin abgefertigt war, ging sie durch ein Pförtchen in der Barriere hinaus, und die nächste Kundin rückte nach. Die Verkäuferin fragte: „Ihre Größe, Genossin?" Die Kundin nannte eine Zahl und wurde an das Gestell geschoben, an dem die Kleider dieser Größe hingen. Es gab nur drei oder vier Farbtöne und nur drei bis vier verschiedene Modelle.

Wenn nun die Kundin etwas unschlüssig, aber der Ungeduld der hinter ihr Wartenden bewußt, auch nur einen Rockzipfel anfaßte, um den Stoff zu prüfen, nahm die Verkäuferin auch schon das Kleid herunter und wies sie in eine der kleinen Kabinen. Nach einer Minute kam die Kundin wieder heraus und stellte sich vor den Spiegel, unter den anfeuernden oder abfälligen Bemerkungen der Ehemänner, die außerhalb der Barriere in einer Ecke des Raumes dicht gedrängt beieinander standen. (Auch ich gesellte mich zu dieser Gruppe.) Murmelte sie dann zaghaft: „Könnte ich nicht noch ein anderes ...", so fiel ihr die Verkäuferin ins Wort. „Entschließen Sie sich, Genossin, entschließen Sie sich! Die anderen Bürgerinnen wollen auch noch einkaufen!" Und die wenigsten Frauen hatten die Energie, sich eine zweite oder dritte Anprobe zu erzwingen.

Als ich das Geschäft wieder verließ, trat neben mir ein Ehepaar auf die Straße. Die Frau hatte sich vorhin ein Kleid erkämpft, das sie nun als Paket bei sich trug. Man sah ihrem Gesicht noch die Aufregung der letzten Stunde an. Gegenüber vor dem Modesalon hielt gerade wieder eine riesige Limousine. Die Frau sah das. „Im légtsche!" murmelte sie („Die haben es leichter"). Dann machte sie eine Bewegung mit der Hand, als verscheuche sie einen Gedanken, drückte mit der anderen das Paket fester an sich und ging mit ihrem Mann weiter.

Solche Bemerkungen erlebte ich immer wieder. Bei einer Fahrt in die Umgebung Moskaus passierte der Zug eine Gruppe mächtiger neuer Wohnblöcke. Ich fuhr die Strecke zum ersten Male und sagte zu meinem Nebensitzer, einem mir nicht bekannten Mann: „Eine Menge neuer Wohnungen."

„Alles nur für Natschalniki", war seine brummige Antwort.

Eines Abends sah ich den Film „Lehre des Lebens". Ich war hingegangen, weil ich aus einer Besprechung in der Zeitung ersehen hatte, daß er im Milieu der neuen Oberschicht spielt. Er beginnt auf der Moskauer Universität. Das Leben einer Studentengruppe und insbesonders einer Studentin wird in Unruhe versetzt durch den Besuch eines jungen Ingenieurs, der äußerlich den derzeitigen sowjetischen Heldentyp verkörpert: groß, breitschultrig, gut aussehend, mit energischen Gesichtszügen, Gesundheit und Energie ausstrahlend. Obgleich die Studentin bereits einen Freund hat (einen stillen, ernsten, fleißigen Studiosus der Literaturwis-

senschaft), gelingt es dem Ingenieur, sie durch seine ungestüme und alle Widerstände überrollende Werbung für sich zu gewinnen.
Die beiden heiraten. Einige Jahre vergehen, über deren Verlauf der Zuschauer nichts erfährt. Als er das Paar wiederfindet, ist der junge Ehemann von Erfolg zu Erfolg gestiegen und Chefingenieur bei einem bedeutenden Dammbau geworden. Auch ein Stammhalter ist da, mittlerweile vier oder fünf Jahre alt. Die äußeren Lebensumstände der Familie sind sehr günstig, aber der Zuschauer sieht: Die Ehe ist nicht glücklich. Die junge Frau ist von ihrem Mann doppelt enttäuscht, einmal, weil er sie infolge seiner Arbeitsbesessenheit vernachlässigt und als Spielzeug behandelt, zum zweiten, weil er sich, wie sie meint, nicht nur ihr, sondern auch seiner Arbeit gegenüber falsch verhält. Er hat sich zu einem Tyrannen entwickelt, wie man ihn in den Reihen seiner westlichen Kollegen, der „kapitalistischen Manager", vor einigen Jahrzehnten antreffen mochte, aber heute nur in Ausnahmefällen noch finden wird. Alles muß nach seiner Pfeife tanzen; jeden Einwand, auch von den ihm am nächsten stehenden Mitarbeitern, wischt er unter den Tisch mit einem herrischen: „Wir bauen den Kommunismus, da können wir nicht so zimperlich sein."
Ein Vorfall führt schließlich zur offenen Krise: Bemüht, der wachsenden Feindseligkeit der Arbeiter ihrem Mann gegenüber entgegenzuwirken, kommt die Frau auf die – auch uns nicht völlig fremde – Idee, zur Verbesserung des „Betriebsklimas", wie man bei uns so schön sagt, einen Betriebsausflug für die Arbeiter und deren Familien zu organisieren. Ihr Mann verspricht ihr die für die Fahrt notwendigen Lastwagen.
Der Sonntag kommt, eine große Menschenmenge drängt sich erwartungsvoll auf dem Platz, von dem sie zum Ausflugsziel gebracht werden soll. Aber die Lastwagen kommen nicht. Eine halbe, eine ganze Stunde vergeht; die Menschen werden unruhig. Zunächst vertröstet die junge Frau sie mit der Bitte, noch ein wenig Geduld zu haben. Aber schließlich wird auch sie unsicher und ruft ihren Mann an. Der ist in einer Sitzung und antwortet barsch:
„Was für Lastwagen?"
„Aber du weißt doch, für den Ausflug; du hast sie mir verspro-

chen, und ich habe dich immer wieder – zuletzt noch gestern abend – daran erinnert."
„Ach so, die! Wir haben doch wirklich Wichtigeres zu tun. Wir bauen den Kommunismus und brauchen unsere Lastwagen für ernstere Zwecke."
„Aber versuche doch einmal, dich in meine Lage zu versetzen! Hier stehen Hunderte deiner Arbeiter und Angestellten, die ich im Vertrauen auf dein Wort zu dem Ausflug eingeladen habe, sie haben sich seit Tagen gefreut. Ich kann sie doch nicht einfach wieder nach Hause schicken."
„Na schön, dann sag ihnen, daß sie die Lastwagen am nächsten Sonntag bekommen."
Das ist mehr, als die junge Frau ertragen kann; sie ist in ihrer menschlichen Würde und in ihrem Ansehen als Frau des Chefingenieurs aufs tiefste verletzt. Er merkt das, als er abends kein Abendessen auf dem Tisch findet. Erregt geht er in ihr Zimmer; sie sitzt mit dem Rücken zur Tür und antwortet kaum. Ironisch wirft er hin: „So so, die diplomatischen Beziehungen sind abgebrochen", dann geht er türenknallend durch seine große Wohnung in die Küche, um sich selbst etwas herzurichten. In diesem Augenblick hörte ich, wie die Frau neben mir – sie mochte in den Fünfzigern sein – zu ihrem Begleiter sagte:
„Die haben gut diplomatische Beziehungen abbrechen, wenn sie acht Zimmer haben." Vermutlich hauste sie selbst mit Mann und Kindern, wie die große Mehrzahl der Bewohner Moskaus, in einem einzigen Zimmer, in dem man sich den Luxus solcher Szenen nicht leisten kann.
Es ist wohl kein Zufall, daß sich von den kleinen Vorfällen, die ich hier erzählte, zwei im Zusammenhang mit Theater- und Filmvorführungen zutrugen. In beiden Fällen waren es die privilegierte Stellung und die unsoziale Haltung der Erfolgreichen, deren Darstellung zu bitteren Bemerkungen führte. Auch hier also ist ein Dilemma der Führung festzustellen: Auf der einen Seite spürt sie den Unwillen, den das Verhalten eines Teiles der Oberschicht in den Massen verursacht, und sucht sich davon durch offene Kritik in Presse und Literatur – so am Beispiel des Dremljuga in „Flügel" oder des Chefingenieurs in „Lehre des Lebens" – zu distanzieren und zugleich die Oberschicht zu maß-

vollerem Verhalten zu erziehen, auf der anderen Seite fördert sie eben diesen Unwillen, indem sie dem Volk die Möglichkeit zum Besuch solcher zeitkritischen Stücke oder Filme gibt. Im Zuschauer verdichten sich dann die ohnehin vorhandenen Empfindungen, sein Ärger über die Rücksichtslosigkeit der Erfolgreichen und sein Pochen auf Gleichberechtigung zu einem hörbaren Aufbegehren.
Die Enttäuschung des Anspruchs auf soziale Gleichberechtigung kann im Einzelfall zu weitreichenden Folgen führen. Vor einigen Jahren hatte ich Gelegenheit, mich zwei Tage lang sehr intensiv mit einem intelligenten jungen Sowjetrussen zu unterhalten, der kurz zuvor aus der Sowjetzone in den Westen geflohen war. Im Verlauf unserer Unterhaltung bemühte ich mich vor allem, dahinterzukommen, zu welchem Zeitpunkt seine Loyalität zum Regime zum ersten Male ernstlich erschüttert worden war, wo also die Keimzelle seines späteren Entschlusses zur Flucht lag. Es stellte sich heraus, daß sie in dem Schock zu finden war, den die Wiedereinführung des Schulgeldes ausgelöst hatte, da diese ihn damals zum Abbruch seiner Studien zwang. Während nämlich nach der Revolution Schulgeld und Hochschulgebühren abgeschafft worden waren, hatte man das Schulgeld für die Oberklassen und die Hochschulgebühren im Jahre 1940 wieder eingeführt. Dies wurde im Volk als eine Maßnahme empfunden, mit deren Hilfe die neue Oberschicht den Zugang zur Hochschule ihrem eigenen Nachwuchs vorbehalten wollte: Für sie spielten die paar hundert Rubel keine Rolle, unter den Kindern der unteren sozialen Schichten dagegen mußten nun viele die weitere Ausbildung einstellen.
Nach der erneuten Abschaffung des Schulgeldes und der Studiengebühren ab 1. September 1956 fanden die wohlhabenden Familien andere Methoden, ihre Kinder, selbst wenn diese weniger begabt und fleißig waren, durch die Oberklassen und auf die Hochschulen zu bringen und so, da die Plätze dort beschränkt sind, die Jugend der anderen Schichten zu benachteiligen: Sie setzten ihre persönlichen Beziehungen zu den Aufnahmekommissionen, Direktoren und Professoren ein. Das schürte den Unwillen unten aufs neue; dies jedenfalls muß man den Karikaturen entnehmen, auf denen elegant angezogene Mütter die Universitätsbeamten bestürmen.

Mir scheint, daß unter den Führern der Zeit nach Stalin Chruschtschow am meisten Verständnis für diese Volksstimmung hat. Er war es, der die Heraufsetzung der niedrigsten Löhne und Renten[2] beschloß und die Preise für Luxusartikel erhöhte, um die Finanzkraft der Oberschicht stärker für den Staat in Anspruch zu nehmen[3], er war es, der auf dem XX. Parteitag die Wiederabschaffung des Schulgeldes verkündete[4] und der seit seiner Rede vor dem XIII. Komsomol-Kongreß[5] immer wieder gegen die Familien der Oberschicht wetterte, die mit allen Mitteln ihre Kinder auf die Hochschulen bringen wollen. Besonders ereiferte er sich dagegen, daß es Eltern gebe, die ihren Sprößlingen mit der gewöhnlichen Handarbeit wie mit dem schwarzen Mann drohen und sagen: „Wenn du schlecht lernst, kommst du nicht auf die Hochschule und mußt als einfacher Arbeiter in die Fabrik." Hier liegt auch einer der Gründe für die von Chruschtschow durchgedrückte Schul- und Hochschulreform, von der im folgenden Kapitel zu sprechen sein wird.
Chruschtschow sollte sich darüber nicht wundern, denn die bolschewistische Politik hat mit ihrer ständigen Einwirkung auf das Volk, es solle über die Aneignung von Kenntnissen den Erfolg anstreben und diesen zum Maßstab des menschlichen Wertes machen, eben den Geist gezüchtet, der nun die Beschränkung auf die Handarbeit als Beweis des Mißerfolgs betrachtet. Mehr zu begehren, als er gestern hatte, mehr zu begehren, als der Nachbar hat, dazu wird der Sowjetmensch durch den extremen Ausbau des Leistungslohnes seit mehr als einem Vierteljahrhundert unablässig angespornt.
Mehr noch als die materielle Benachteiligung ist der hochfahrende Ton vieler Angehörigen der Oberschicht, vieler „Natschalniki", für die Mißstimmung im Volke verantwortlich. In dem Staat, der sich als sozialistisch bezeichnet, fehlt es sehr an menschlicher Wärme zwischen den einzelnen sozialen Schichten; der Abstand zwischen ihnen ist größer als in Amerika. Der Typ des brutalen Antreibers, wie ihn der Film „Lehre des Lebens" zeichnete, ist weit verbreitet. Wer Erfolg haben will, darf nicht zimperlich sein – das sahen wir schon im letzten Kapitel; ein unbarmherziges System schafft sich unbarmherzige Diener. Auch neigen die Erfolgreichen dazu, auf die anderen herabzublicken;

sie sagen sich: Wer in der sozialen Pyramide unten hängen geblieben ist, der beweist dadurch, daß er keine beruflichen Qualifikationen und keine Energie besitzt, denn sonst wäre er aufgestiegen.

Als ich vor ein paar Jahren nach Gorkij kam, um mir das Automobilwerk anzusehen, fuhr mich ein hoher Angestellter des Werkes einige Kilometer über Land. Die Straße war schlecht, und wir blieben im Schlamm stecken. Ein des Weges kommender, recht abgerissen aussehender Mann half uns heraus. Als wir weiterfuhren, sagte ich: „Wir hätten eigentlich den Mann ein Stück weit mitnehmen können." Mein Begleiter erwiderte mit erstaunt gehobenen Augenbrauen:

„Den? Das ist ein Tagedieb. Das konnten Sie doch schon an seiner Kleidung erkennen."

Die moderne Sowjetliteratur bietet noch manches weitere Anschauungsmaterial für die These einer wachsenden Distanz zwischen den sozialen Schichten, etwa die Erzählung „Das Schicksal des Kameraden" von M. Parchomow, die vor ein paar Jahren erschien. Es gibt dort eine Szene, in der ein Natschalnik namens Meshewitsch einen neuen Untergebenen, den Arbeiter Odinzow, betont kühl begrüßt. Odinzow hat nämlich – durch Zufall und ganz ohne es zu wollen – den Fehler begangen, den Vorgesetzten en famille auf dessen Datsche kennenzulernen. Der Dichter schildert das so:

> „Mit jedem Wort und jeder Geste unterstrich Meshewitsch den Abstand zwischen sich und Odinzow und gab damit zu verstehen, daß er die Begegnung auf der Datsche als zufällig betrachtete. Wenn es von ihm, Meshewitsch, abhinge, würde er die Regel einführen: Ein Vorgesetzter soll sich nie in häuslichen Verhältnissen mit Leuten treffen, die ihm unterstellt sind und die nicht zum persönlichen Freundeskreis gehören." [6]

Oder aus einer anderen Erzählung: Ein Lastwagenfahrer verspürt keine Lust, einen steckengebliebenen Wagen, den er auf dem Wege findet, aus dem Schlamm zu ziehen; aber als er erfährt, daß sich in dem Auto die – ihm bisher unbekannte, eben angekommene – Frau des Chefingenieurs befindet, sagt er: „Ah! Das ist eine andere Sache", und hilft ihren Wagen wieder flottzumachen.[7]

Daß es auch Schriftsteller gibt, die – im wörtlichen Sinne – einen Zaun zwischen sich und der Masse errichten, lehrt der Fall des Dichters Nikolaj Wirta: Dieser baute sich auf dem Lande eine zweistöckige Villa hinter einem blauen Zaun. Zum Hausbau mobilisierte er die Komsomolzen des Dorfes ohne Bezahlung, indem er ihnen erklärte, es handle sich hier um einen „Subbotnik", also um jene aus der Revolutionszeit überkommene und durch sie geheiligte Einrichtung, bei der für bestimmte Gemeinschaftsaufgaben dringender Natur die Bürger außerhalb ihrer beruflichen Arbeitszeit zu unbezahlter Leistung herangezogen werden können. Die Villa wurde durch eine eigene Kraftanlage elektrifiziert. Wenn die Kolchosfrauen morgens zu schwerer Arbeit auf die Äcker marschierten, sahen sie die Genossin Wirta in buntem Cowboyhemd und knapp geschnittenen Reithosen beim Morgenritt. Da sie gerne Schlittschuh laufen wollte, ließ Wirta – durch die Dorfkomsomolzen – einen Eisplatz anlegen. Kein Wunder, daß die Leute im Dorf von ihm – wie zu Zeiten der Gutsbesitzer – als vom Herrn, vom Barin, sprachen.[8] Wirta war ein Protektionskind des Regimes und für seine parteifrommen, zum Teil antiwestlichen Werke mit mehreren Stalinprämien ausgezeichnet worden. Er ist nicht der einzige Schriftsteller, den die Sonne des Ruhms und hohe Einkünfte vom Volke immer weiter entfernt haben. Viele – doch keinesfalls alle! – erfolgreiche Künstler führen ein Leben für sich, in ihrem eigenen Milieu, und sind häufig privilegierte Gäste bei Staatsempfängen. Sie haben in Moskau ihren eigenen Datschenvorort, dessen Name Peredélkino Anlaß zu Witzen gibt, da das Wort peredelatj um-machen, verändern heißt, und gar mancher Schriftsteller seine Zeit je nach wechselnder Generallinie mit dem Umschreiben seiner Werke zubringt; das klassische und tragisch endende Beispiel solchen von oben befohlenen Umschreibens bietet der Dichter Fadejew, der daran zugrunde ging; ein weniger tragisches, das ich durch Zufall miterlebte, wird zu Beginn des Kapitels „Geistige Freiheit" erzählt werden.

Doch was immer die Sowjetbürger, die auf den unteren Etagen der sozialen Pyramide leben, in ihren Herzen denken mögen, ihr Verhalten den Höhergestellten gegenüber ist in der Regel durchaus höflich, zuvorkommend, ja sogar ein wenig devot. Aufs Ganze gesehen hat man den Eindruck, daß bei den Gefühlen der unteren sozialen Schichten den oberen gegenüber der Respekt stärker ist als der Neid. Und das in einem Lande, in dem der Widerspruch zwischen der proklamierten Klassenlosigkeit und den Tatsachen so überdeutlich ist, in dem jedem Sowjetbürger auf Schritt und Tritt das weite Auseinanderklaffen von Oben und Unten ins Auge fällt, in einem Land, dem zu allem hin offiziell das Kommunistische Manifest als Richtschnur dient, eine Deklaration also, deren Zehn-Punkte-Programm mehrfach die Forderung enthält, die wirtschaftlichen Unterschiede und Privilegien, welche die sozialen Klassen bestimmen, müßten verschwinden.

Die Menschen in der Sowjetunion sind sich der gesellschaftlichen Unterschiede offensichtlich nicht weniger bewußt, als dies im alten Rußland – oder einst auch in Heer und Beamtenschaft des kaiserlichen Deutschland – die Regel war; stets haben sie den Rang ihres Gesprächspartners vor Augen. Sie „kennen ihren Platz". Dieses Rangbewußtsein ist in der russischen Literatur oft dargestellt worden, auf klassische Weise in Gogols Revisor. Mancher Leser mag sich auch noch jener großartig knappen Erzählung Tschechows erinnern, die „Der Tod des Beamten" heißt und 1883 erstmalig veröffentlicht wurde. Ein mittlerer Beamter, Tscherwjaków (von Tscherw = Wurm) mit Namen, sitzt eines Abends im Theater, als er niesen muß; dabei bespritzt er die Glatze eines Beamten im Generalsrang. Er entschuldigt sich unverzüglich mitten im Stück, in der Pause zum zweiten Male, am nächsten Tag und am übernächsten wieder im Dienstzimmer des hohen Herrn, bis es diesem, der dem ganzen Vorfall keine Bedeutung zugemessen hat, zu dumm wird und er ihn aus seinem Zimmer weist. Tscherwjakow regt sich darüber so auf, daß er sich, kaum nach Hause gekommen, aufs Sofa legt und – stirbt.

Zwei Menschenalter später, als der angeblich sozialistische Sowjetstaat bereits ein Dritteljahrhundert alt war, fuhr auf der Moskwa ein Dampfer unter dem Kommando des Kapitäns Winogradow. Ein ihm entgegenkommender Kutter kam durch eigene Schuld – also nicht durch Schuld Winogradows – der Bugwelle des Dampfers zu nahe; dabei wurde der Anzug des an Bord des Kutters befindlichen Stellvertretenden Chefs der Binnenschiffahrt bespritzt. Dieser verlangte unverzüglich, daß dem Kapitän Winogradow wegen unehrerbietigen Verhaltens einem Vorgesetzten gegenüber ein Verweis erteilt und eine bereits zugesagte Prämie entzogen werde.[9] Der sozialistische hohe Beamte benahm sich also schlimmer als sein von Tschechow erfundener zaristischer Vorgänger.

Was es nach der Revolution jahrelang nicht gab, kann man heute wieder hören: daß der Untergebene über seinen Vorgesetzten (oder einen anderen Menschen aus der Oberschicht) in dessen Abwesenheit in der dritten Person spricht. „Wo ist seine Frau?" erkundigt sich in dem schon genannten Drama „Flügel" ein Gast beim Gärtner des Provinzgouverneurs Dremljuga.

„Seine Gattin sind baden gegangen", lautet die Antwort.

Die jahrhundertealte Tradition der Unterwürfigkeit hatte also ein Gefühlsgeleise geschaffen, in das die Menschen ohne große Schwierigkeit zurückfanden, als sich die Verhältnisse entsprechend gestalteten; den Spielraum mehrerer Menschenalter, in denen sich im Westen bei Bürgern und dann auch Arbeitern ein demokratisches Selbstbewußtsein entwickeln konnte, hat die Geschichte dem russischen Volk versagt. Das scheint mir die erste Erklärung für das Verhalten der unteren zu den neuen oberen Schichten zu sein. Neu hinzugekommen ist die Furcht vor unangenehmen Folgen; der Höherstehende, der Vorgesetzte, ist ja in jedem Fall zugleich Vertreter der Staatsmacht und kann dem Untergebenen viel gefährlicher werden als ein Höherstehender in einem westlichen Land.

Man täte indessen den Russen – von einst und jetzt – Unrecht, wollte man in solchem Verhalten nur ängstliche, unfreie Subalternität erblicken. Sie sind vielmehr grundsätzlich bereit, das Leistungsprinzip als Grundlage des sozialen Aufstiegs anzuerkennen, und empfinden vor dem tüchtigen Fachmann eine echte und aufrichtige Hochachtung. Wo immer ein Angehöriger der Oberschicht als Könner, gleichgültig auf welchem Gebiet, bekannt ist, gönnt man ihm den höheren Lebensstandard; der Neid war im Wesen des Russen nie stark ausgeprägt. Wenn ich mich mit einem Russen unterhielt und wir dabei auf meine Weltreisen zu sprechen kamen, war bei meinen Gesprächspartnern alsbald ein besonderer Respekt zu spüren, der aus der Vorstellung kam,

ich müßte – wenn ich mir solches leisten könnte – zur Spitzengruppe der Intelligenzia meines Landes gehören. Das gilt auch für die Einstellung zu dem exorbitanten Einkommen der Künstler und Dichter. Die Hochachtung vor der „Kultura“ steckt so tief im Russen, daß es ihm leichtfällt, denen, die an führender Stelle für sie arbeiten, ein Leben im Wohlstand zuzubilligen. Unwillen und Mißgunst gegenüber dem einzelnen Mitglied der Oberschicht sind dementsprechend im allgemeinen nur dann festzustellen, wenn dessen Stellung nicht seinem Können entspricht, also vor allem denjenigen Parteifunktionären gegenüber, die auf der Rangleiter des Funktionärs und nicht auf der des Fachmanns aufgestiegen sind.
Eine weitere Ursache des Fehlens stärkerer sozialer Spannungen, bei so ungewöhnlich krassen Unterschieden des Einkommens und Lebensstandards, ist jüngeren Datums. Sie liegt darin, daß bei Unten und Oben – jedenfalls heute noch – die gemeinsame Herkunft aus der gleichen sozialen Grundschicht der Bauern und Arbeiter spürbar ist. Die gemeinsamen Schuljahre in einer Standardschule mit einheitlichem Lehrplan geben diesem von der Propaganda ständig genährten Bewußtsein auch in den nachwachsenden Generationen eine gewisse Stabilität. Die Unterschiede zwischen Oben und Unten, so schroff sie sich, an der egalitären Ausgangsposition gemessen, dem Betrachter darstellen mögen, sind heute doch fast nur quantitativer Natur und noch nicht in ein qualitatives Geschiedensein umgeschlagen. Dies tritt am deutlichsten in den Dingen des Geschmacks auf der Ebene des privaten Lebens zutage; der von uns als kleinbürgerlich empfundene Stil der Jahrhundertwende gilt „oben“ wie „unten“ als vorbildlich und erstrebenswert.
Nicht zu übersehen ist schließlich die psychologische Wirkung des offiziellen Mythos, der den Arbeitern den höchsten Rang im Staat zuweist und durch das bestehende Schulsystem mit den theoretisch unbegrenzten Aufstiegsmöglichkeiten für die Begabten für viele glaubhaft gemacht wird. In Wirklichkeit freilich rekrutiert sich die Oberschicht zunehmend aus sich selbst; der Sohn eines zur Oberschicht gehörigen Sowjetbürgers hat größere Aussichten, seinerseits der Oberschicht anzugehören, als der Sohn des Arbeiters. Eine von fast dreitausend ehemaligen Sowjet-

bürgern in den Jahren nach dem letzten Kriege beantwortete Umfrage hat gezeigt: Nur zwölf Prozent der Antworter, deren Väter vor der Revolution als Handarbeiter ihr Brot verdient hatten, waren in Stellungen aufgestiegen, in denen sie selbst keine Handarbeit mehr zu verrichten hatten; umgekehrt gehörten sechsundachtzig Prozent derjenigen, deren Väter schon vor der Revolution keine Handarbeiter waren, auch in Stalins Reich ihrerseits den Berufen ohne Handarbeit an. Das Verhältnis der aus dem Handarbeiter- in den Nicht-Handarbeiterstand Aufgestiegenen zu den schon selbst von Nicht-Handarbeitern abstammenden Angehörigen der geistig tätigen Schicht belief sich also auf eins zu sieben. Eine entsprechende Untersuchung über die soziale Gliederung in Nord-Amerika ergab dort ein Verhältnis von eins zu drei, was darauf hinweisen würde, daß die Aufstiegsmöglichkeiten in Amerika größer waren als in der Sowjetunion.[10]
Aber solche Enqueten und Vergleiche können die Sowjetarbeiter selbst nicht anstellen; für ihr Verhalten dem Staat gegenüber kommt es darauf an, ob sie, was immer die Wirklichkeit sein mag, daran glauben, daß ihren Kindern die Wege zum Erfolg offen stehen. Chruschtschow ist sehr bemüht, diesen Glauben zu stärken, und dient in seiner Person als lebender Beweis dafür. In der Oberschicht sind es vor allem einzelne Dichter, die die Probleme des Oben und Unten aufgriffen und ihnen künstlerischen Ausdruck verliehen. Zu ihnen gehören Wera Panowa, Wladimir Dudinzew und Leonid Sorin.

Unter den ersten Büchern, die nach Stalins Tod erschienen, war Wera Panowas Roman „Die Jahreszeiten", der uns als literarisches Zeugnis der neuen Korruption schon einmal beschäftigte. Er hat, indem er das Leben in einer Provinzstadt mit seinen Freuden und Leiden, seinen Licht- und Schattenseiten schildert, die alte und ehrwürdige Tradition der russischen Literatur wieder aufgenommen, die Dinge beim Namen zu nennen, sich für die „Erniedrigten und Beleidigten" einzusetzen, und die Fehler der jeweiligen Oberschicht offen zu zeigen. Das Mitgefühl mit den Armen, ja sogar mit den Sündern, ist ein Grundgefühl des russischen Menschen; es drückt sich in Sprichwörtern wie diesem aus: Mit der Sünde sollst du streiten, mit dem Sünder aber dich versöhnen.[11]
Der negative Typ in den „Jahreszeiten", Bortaschewitsch, hat

einen hohen Rang, in Wirtschaft und Partei. Während der ersten zwei Drittel des Romans wird er von der Verfasserin durchaus sympathisch gezeichnet, als treusorgender Vater und eifriger Funktionär. Erst später kommt heraus, daß er schon seit Jahrzehnten ein übler Schieber ist. Wen in der Oberschicht, muß sich da der Leser fragen, soll ich noch für integer halten, wenn sich ein „alter Kämpfer" wie Bortaschewitsch, der zu den Stützen des neuen Staates gehört, als Gauner entpuppt? Auch der Genosse Redkowskij denkt nur an sich und betrügt den Staat; als Leiter eines staatlichen Bauunternehmens läßt er sich auf Kosten des Betriebes „hinten herum" eine Villa, ringsum mit zwei Meter hoher Mauer, bauen und sicherheitshalber statt auf seinen Namen auf den seiner Schwiegermutter eintragen. Angestellte, die Redkowskij gegenüber Bedenken äußern, werden von ihm kurzerhand entlassen. Wollen sie sich beim Parteisekretär oder beim Redakteur der örtlichen Zeitung beschweren, so dringen sie nicht durch, weil beide – als Kumpane auf Redkowskijs Saufgelagen – nicht gegen ihn aufzutreten wagen.

Die Verfasserin will aber offensichtlich nicht den Eindruck entstehen lassen, es handle sich hier um das Generationsproblem, und nur die ältere Generation schleppe noch die Merkmale einer egoistischen Vergangenheit mit sich herum. Ihr Roman enthält daher neben Bortaschewitsch eine zweite negative Hauptfigur, den jungen Gennadij, der erst lange nach der Revolution geboren ist, zudem von Eltern, die selbst stramme Kommunisten sind und aus einfachsten Verhältnissen stammen, und der als raffgieriger, haltloser Gauner dargestellt wird.

Der Roman fand wegen seiner Lebensnähe bei den Dichtern eine günstige, ja begeisterte Aufnahme. Die Schriftstellerin Marietta Schaginján schrieb: „Wir möchten über die einzelnen Personen dieses großen Romans nicht sechs Seiten lesen, sondern sechzig, sechshundert; wir möchten von jedem Tag in ihrem Leben lesen ... Nirgends in ihrem Roman gerät Wera Panowa ins Moralisieren" [12], das heißt nirgends verwendet die Dichterin die bis dahin unerläßlichen bolschewistischen Phrasen.

Die Schaginjan lobte dabei ein Kapitel des Romans, in dem recht ungeschminkt die Verhältnisse in einem Wohnheim für Arbeiterinnen geschildert werden. Es ist sicher kein Zufall, daß in der etwas gekürzten sowjetamtlichen deutschen Übersetzung[13] gerade dieses Kapitel fehlt. Auch zahlreiche andere Stellen, die mir beim Lesen des russischen Originals als geglückt auffielen, sind in der deutschen Übersetzung nicht enthalten. Offenbar haben wir, der sowjetische Redakteur, der für die deutsche Ausgabe verantwortlich ist, und ich beim Lesen dieselben Stellen angestrichen – ich, weil sie mir besonders echt, lebendig und künstlerisch gelungen schienen, er, um sie aus der deutschen Ausgabe fernzuhalten.

Bald wurde der Roman heftig angegriffen; die Oberschicht hatte mit Mißvergnügen festgestellt, daß sie dort recht wenig schmeichelhaft gezeichnet ist. Das Sprachrohr der Partei warf der Autorin vor, nach dem Motto zu arbeiten: So ist es im Leben.[14] (Bekanntlich heißt das Motto des von der Partei gepredigten „sozialistischen Realismus": So *sollte* es im Leben sein.) Da die Panowa über gewöhnliche Menschen schrieb, wurde ihr Werk als „kleinbürgerliche Literatur" (meschtschánskaja Literatúra) abgetan, der die besonderen Merkmale unserer Zeit fehlten. „Kleinbürgerliches Glück und kleinbürgerlicher Kummer", schrieb die Prawda, „sind stets aus einer Epoche in die nächste gewandert, ohne sich viel zu verändern." Aufgabe des Schriftstellers ist es also nicht, das ewig Menschliche zu schildern. Im Gegenteil: „Unsere Schriftsteller sind berufen, in positiven künstlerischen Gestalten die Menschen des neuen Typs darzustellen in der ganzen erhabenen Größe ihrer menschlichen Würde." Auch wenn es diese Menschen gar nicht gibt.

Ähnliche Vorwürfe wurden gegen Dudinzew[15] erhoben, dessen Roman nicht zuletzt deshalb in aller Welt Aufmerksamkeit erregt hat, weil er die Schattenseiten der neuen Oberschicht so deutlich sichtbar macht. Das Buch ist kein literarisches Meisterwerk; aber auch der Roman „Was tun?", den Tschernyschéwskij in den sechziger Jahren des vorigen Jahrhunderts schrieb, war literarisch schwach, und doch von nachhaltiger Wirkung auf die junge Generation. Auch Dudinzew ergriff nach der klassischen Tradition für die Unterdrückten Partei. Statt die Mächtigen zu loben, stellt er sie bloß und wendet die ganze Sympathie des Lesers einem Helden zu, der sich mühsam gegen sie durchsetzt, dem ehemaligen Physiklehrer und freien Erfinder Lopatkin.

Der Roman berichtet von den Bemühungen Lopatkins, seine Erfindung, eine neue Gießmaschine, die die Massenfertigung von Zementröhren ermöglichen und der Staatswirtschaft ungezählte Millionen ersparen würde, aus der Blaupause in die technische Wirklichkeit umzusetzen. Die immer neuen Schwierigkeiten, die sich vor ihm auftürmen, liegen nicht etwa im Wesen der Erfindung, sondern werden von intriganten Gegnern künstlich hervorgerufen. Die einen lassen ihn abfahren, um durch den rastlosen und unbequemen Erfinder nicht in ihrer faulen Ruhe gestört zu werden, die anderen versuchen, seine Erfindung zu sabotieren, weil sie seine Konkurrenten sind, wieder andere verstehen gar nicht, worum es sich handelt. Aber Lopatkin läßt nicht locker; erst in der Provinz, später in Moskau widmet er sich unter schweren Entbehrungen ganz seiner Erfindung und seinem Kampf. Seine tatkräftige Helferin wird jene Nadja, die wir schon kennen. Bis zum Ausscheiden Lopatkins seine Kollegin an derselben Schule, ist sie auch nach ihrer Heirat im Dienst geblieben. Ihr Mann – und bald Lopatkins gefährlichster Gegner – ist der Direktor eben jenes sibirischen Röhrenwerkes, in dem die Leidensgeschichte Lopatkins begann. Sie, die Idealistin, will das Unrecht wiedergutmachen, das Drosdow – inzwischen als Abteilungsleiter in die hohe Ministerialbürokratie nach Moskau versetzt – an Lopatkin begangen hat. Sie steckt Lopatkin unbemerkt Geld zu, wofür sie eigene Sachen verkauft (darunter einen Nerzmantel, den ihr Drosdow für zweiundzwanzigtausend Rubel, nach dem amtlichen Handelskurs ebensoviel D-Mark, geschenkt hat), hilft ihm als freiwillige und unbezahlte Sekretärin und verläßt schließlich ihren Mann, um mit Lopatkin zu leben.
Erst scheint sich für den Erfinder das Blatt zum Bessern zu wenden; eine nicht näher bezeichnete militärische Behörde interessiert sich für seine Maschine. Er erhält sogar ein Konstruktionsbüro mit einigen Mitarbeitern und scheint dem Ziel seiner Wünsche nahe. Da aber denunzieren ihn seine Feinde: Obgleich zur Geheimhaltung seiner Arbeit verpflichtet, habe er seiner Geliebten in seine Arbeit Einblick gegeben. Es kommt zu einem Gerichtsverfahren unter Ausschluß der Öffentlichkeit, und Lopatkin wird zu acht Jahren Zwangsarbeit in Sibirien verurteilt; inzwischen bauen seine Gegner die von ihm erfundene Maschine mit gering-

fügigen Veränderungen (und Verschlechterungen) als ihre eigene Erfindung nach. Nach anderthalbjähriger Haft wird das Urteil vom Obersten Gerichtshof wegen erwiesener Unschuld aufgehoben; vermutlich will der Schriftsteller damit die Lockerung des Terrors nach Stalins Tod andeuten. Lopatkin kehrt nach Moskau zurück und vermag sich endlich durchzusetzen; die intriganten Gegner aber, auch Drosdow, bleiben – mit einer Ausnahme – unangefochten in ihren Stellungen, obwohl sie dem Staat durch die Unterdrückung der besseren Maschine Millionenverluste verursacht haben.

Kein Wunder, daß Dudinzew seither zum Prügelknaben derer wurde, die mit den Mitteln des Parteiapparates die Privilegien der Oberschicht zu schützen suchen. Es kennzeichnet das Dilemma Chruschtschows, daß er, der sich gerne als Verteidiger des kleinen Mannes ausgibt, Dudinzew ebenfalls schroff verurteilt hat.[16]

Den am präzisesten formulierten Angriff gegen die hohe Bürokratie führte Leonid Sorin in seinem Drama „Die Gäste", das im Winter 1953/54, also im ersten Überschwang nach Stalins Tod, einige Male aufgeführt und im Publikum lebhaft beachtet wurde.[17] Die negative Hauptfigur ist hier Pjotr Kirpitschow, Abteilungsleiter im Justizministerium; die Gegenspieler sind sein Vater, ein idealisierter „alter Bolschewik", und seine nicht minder idealgesinnte Schwester Warwára, die sich beide einig sind in der Verurteilung der überheblichen und kaltherzigen Einstellung Pjotrs zum Volk. Ihnen legt der Dichter die schärfsten Worte in den Mund.

Der Alte nennt seinen Sohn einen vollgefressenen, eingebildeten, volksfremden Bonzen, einen aufgeblasenen Karrieristen, dessen Seele der Ehrgeiz zu Asche verbrannt habe. Und Warwara geht einen entscheidend wichtigen Schritt weiter; sie spricht nicht mehr nur von einem Einzelnen – ihrem Bruder –, auch nicht von einer Schicht oder Generation; aus ihrem Munde fällt bereits das entscheidende Wort: Klasse.

> *Warwara* (im Gespräch mit dem Journalisten Trubin, der innerlich auf ihrer Seite steht): „Mir scheint, daß in einem Leben, wo die Hauptsache nicht die Leistung, sondern die Stellung ist, nicht das Erringen, sondern der Besitz, daß in einem lahmen, stumpfen, selbstgefälligen Leben ohne Schwung etwas Fremdes und

> Beleidigendes liegt... Das ist nicht Haß, nein. Es mag komisch klingen, aber es ist etwas, das an Klassengefühl erinnert... Woher ist eigentlich diese Oberschicht (wysschyj Swjet) in unser Land gekommen?“

Die folgenden Sätze geben den Schlüssel zum eigentlichen Sinn des Stückes und – zu seiner Verurteilung durch den Kreml:

> *Trubin:* „Woher diese Oberschicht gekommen ist? Aus der Gemeinheit, aus der Gier, aus dem Ehrgeiz, aus ihrer Unfähigkeit und aus unserer Toleranz. Wenn denen viel gegeben wird, von denen man wenig erwarten kann, dann kann nichts Gutes herauskommen.“
> *Warwara:* „Es gibt ein kurzes Wort – Macht.“

Warwara spricht aber nicht nur von der Klasse und von der Macht, die den Charakter verdirbt, sie sagt sogar ganz unmißverständlich, wie diese neue Klasse heißt. Als am Ende des ersten Aktes Pjotr und sein nach ihm geratener Sohn („Alle Ober Moskaus kennen ihn“) die Bühne verlassen, sagt Warwara, während sie ihnen nachblickt: „Wie ich diese bürgerlichen Typen [Burshuj] hasse!“ Der Vorhang fällt unmittelbar nach diesen Worten und gibt ihnen damit ein Gewicht, das eine Pause lang – und vermutlich noch länger – den Hörern im Ohr blieb. Warwara benützt den während der Revolution gegen die Klassenfeinde gebrauchten populären Ausdruck „Burshuj“, die vulgäre Form für Bourgeois, und bezeichnet damit die Vertreter der neuen sowjetischen Oberschicht als – Klassenfeinde. Die Worte, mit denen sich der andere, der positiv gezeichnete Sohn Pjotrs, von jenem verabschiedet, sind ein Klassenkampf-Aufruf reinsten Wassers:

> „Ich erkläre dir den Krieg! Wo immer ich dich treffe – in jeder Dienststelle, in jedem Sessel –, wie immer du aussiehst, wie immer du dich bezeichnest, welchen Namen auch immer du tragen magst — ich werde dich sofort erkennen und werde mit dir kämpfen, auf Leben und Tod.“

Diesen Worten ist nur noch eines hinzuzufügen: Nach wenigen Aufführungen wurde das Drama abgesetzt.

NICHT VOM BROT ALLEIN...

WISSEN

In einer sibirischen Provinzstadt. Frühjahr 1956.
Die Inschrift über der Eingangstür kennzeichnet das große Gebäude als zehnklassige Schule. Ich frage mich durch zum Direktor, einem Mann in den Vierzigern, mit klugen, ein wenig müden Augen hinter dicken Brillengläsern. Zunächst führen wir eine allgemeine Unterhaltung, in der ich mein Woher und mein Wohin schildere und Fragen stelle. Ich bin der erste Gast aus der „Federatiwnaja Respublika", und das Interesse meines Gesprächspartners ist dementsprechend groß.
„Am besten", sagt der Direktor, „machen wir einen Rundgang durch die Schule."
Wegen der langen und harten Winter haben viele Schulen auf jedem Stockwerk einen großen Flur, in dem sich die Schüler bei schlechtem Wetter während der Pausen aufhalten. Es ist gerade Pause, und es herrscht ein starkes Gewimmel; aber es geht nicht laut, es geht recht gesittet zu. Die Mädchen tragen in ihrer Mehrzahl Einheitskleidung: schwarze und dunkelbraune Kleider, Kragen und Manschetten weiß, dazu helle Schürzen, die immer sauber sein müssen; von den Jungen steckt nur die Minderheit in den grauen Uniformen, die aus langer Hose, Jacke, Gürtel, Tellermütze mit Schirm bestehen und zweihundert Rubel kosten. Sie unterscheiden sich kaum von denen der Zarenzeit, wie sie mir von den Jugendbildern meines Vaters aus den Moskauer Schuljahren vertraut sind. Die gleiche Wiederannäherung an jene einst von den Revolutionären verdammte Vergangenheit zeigt auch der ganze auf Disziplin gerichtete Charakter der Erziehung. Seit den zwanziger Jahren, da als Aufgabe der Schule die „freie Entwicklung des Kindes" proklamiert worden war, hat sich also sehr vieles geändert. Körperstrafen allerdings sind verboten; die

Brandmarkung als „Feind der Gesellschaft", als Fremdkörper in der Gemeinschaft der Klassenkameraden wird als härteste Strafe betrachtet.[1] Ich habe nicht den Eindruck, daß die Jugendlichen unter der strengen Disziplin leiden. Die junge Generation hat nichts dagegen, von kräftiger Hand gelenkt zu werden, wenn dies mit einer gewissen Stetigkeit geschieht und nach Regeln, die nicht allzuoft wechseln; vor allem das Kind verlangt nach einer festgefügten Umwelt, in der es sich auskennt, wie immer diese beschaffen sein mag.

Die Wände der Flure bedecken Schaubilder aller Art, politische und allgemein-erzieherische. Da hängt zum Beispiel ein großes Plakat, von den Schülern einer Klasse gemeinsam angefertigt, auf dem Zitate bekannter russischer (meist revolutionärer) Dichter über die russische Sprache aufgeklebt sind, dazu jeweils das Bild des Zitatvaters. Oder ein Plakat über die „Eroberung der Steppe" mit Bildern von Traktoren auf den weiten Feldern Kasachstans, Auszügen aus Chruschtschow-Reden, Parteiresolutionen, Gedichten.

Die Ausschnitt- und Plakatmanie hat einen großen – jedenfalls quantitativ großen – Aufschwung des Kunstdruckes ausgelöst. In vielen Buchhandlungen, vor allem in der Provinz, ist jeweils eine ganze Abteilung dem Kunstdruck gewidmet. Auch bringen die Unterhaltungszeitschriften, vor allem „Ogonjók" (Flämmchen), einen Kunstdruck-Teil, der in den Schulen weidlich ausgeschlachtet wird. Sehr beliebt sind in Schulfluren und Klassenzimmern handgemalte Kopien von Ölgemälden der jüngeren Zeit, etwa eines Bildes von S. A. Grigorjew: Lehrer und Mitschüler besprechen die schlechte Note eines zerknirscht dastehenden Schülers, oder von I. W. Schewandronow: Kinder als Leser einer Dorfbibliothek, oder: Stalin und Molotow spazieren mit Kindern über eine blumige Wiese.

Daneben hängen „Wandzeitungen", in denen die Kinder – wie das auch von den Erwachsenen in den Betrieben verlangt wird – die Ereignisse in der Schule „selbstkritisch" beschreiben und zum Teil mit Zeichnungen versehen. Da sieht man Viktor verewigt, der seine Mitschülerin Lena an den Haaren gezogen, oder Andrej, der dreimal hintereinander unentschuldigt gefehlt hat, oder Natascha, die durch ihre Schwatzhaftigkeit die Klasse daran

hindert, sich musterhaft zu verhalten. Schließlich findet man an den Wänden die Ergebnisse der verschiedenen Wettbewerbe zwischen den einzelnen Klassen, denn es ist ein wesentlicher Bestandteil des Lebens in der Sowjetunion, daß unbedingt jede Gruppe, gleich welcher Art – eine Schulklasse, eine Molkerei oder eine ganze Provinz – mit irgend jemand oder möglichst mit einem halben Dutzend anderer im Wettbewerb liegt; auf diesen Plakaten kann man dann den neuesten Stand der betreffenden Wettbewerbe feststellen. Ich habe den Eindruck, daß Kindern dieses ständige „Gemeinsam-Machen" verhältnismäßig leichtfällt; die Opposition des Sowjetmenschen gegen die von oben geforderte Überintegration macht sich – wie in Deutschland unter Hitler – erst in späteren Jahren bemerkbar, beginnend mit der Adoleszenz, wenn der Mensch sich selbst entdeckt hat.
Inzwischen ist die Pause zu Ende; es ist die große, dreißig Minuten dauernde Pause nach der zweiten Stunde; die anderen Pausen sind je zehn Minuten lang. Die untersten Klassen haben wöchentlich vierundzwanzig Unterrichtsstunden, die obersten dreiunddreißig, zu je fünfundvierzig Minuten. Die Schüler kehren in ihre Klassen zurück, in denen sie sich während der Pause nicht aufhalten dürfen. Der Direktor erkundigt sich nach meinen weiteren Wünschen. Bei meinen zahlreichen Schulbesuchen in der Sowjetunion habe ich gefunden, daß der Unterricht in Geschichte und Literatur besonders aufschlußreich ist; ich sage ihm das, und er führt mich in eine zehnte Klasse, die eine Stunde über moderne Geschichte haben soll. Der Unterricht hat noch nicht begonnen, der Lehrer studiert noch das Klassenbuch. Bei meinem Erscheinen erheben sich die Schüler und antworten im Chor auf meinen Gruß. Ich setze mich in die hinterste Bank.
In dieser Stunde wird, wie sich schon nach zwei Minuten herausstellt, eher Gemeinschaftskunde als Geschichte getrieben. Man ist dabei, die zwei Monate zuvor gehaltene Rede Chruschtschows auf dem XX. Parteikongreß durchzunehmen. Das vorige Mal hat der Lehrer die Thesen Chruschtschows über „verschiedene Wege zum Sozialismus" und „Koexistenz" dargelegt; nun hört er die Schüler ab. Dieses Abhören geschieht sehr ausführlich. Einzeln müssen verschiedene Schüler an die Tafel treten und möglichst wörtlich das wiederholen, was sie sich zwei Tage vorher auf

Diktat des Lehrers in ihre Hefte geschrieben haben. Im Verlaufe einer halben Stunde kommen nur drei Schüler an die Reihe. Die Note wird jedem Schüler in sein Zeugnisheft eingetragen, das er den Eltern zur Unterschrift vorlegen muß, und außerdem im Klassenbuch vermerkt; fünf ist die beste, eins die schlechteste Note, halbe Noten gibt es nicht. Den Rest der Unterrichtsstunde verwendet der Lehrer dazu, wieder eine Kondensierung mehrerer weiterer Abschnitte der Chruschtschow-Rede zu diktieren, nach 1, 2, 3 und a, b und c aufgegliedert.

Es ist die Atmosphäre einer reinen Lernschule. Die Absicht ist, den Schülern – die dem Alter nach fast unseren Primanern vergleichbar wären – *beizubringen*, was Chruschtschow gesagt hat, nicht aber darüber zu *diskutieren*. Dabei gäbe es viel zu diskutieren in diesem Zusammenhang; welche Fragen wirft allein die These der verschiedenen Wege zum Sozialismus auf! Oder das Problem: Muß in der Sowjetunion wirklich auch jetzt noch, wie Chruschtschow fordert, die Schwerindustrie stärker berücksichtigt werden als die Leichtindustrie? Aber keine Spur solcher Diskussion. Sondern: „Was hat der Genosse Chruschtschow über die verschiedenen Wege zum Sozialismus gesagt?“ Und die Antwort: „Erstens . . ., zweitens . . .“ und so fort – Scholastik im zwanzigsten Jahrhundert. Dabei ist der Lehrer durchaus temperamentvoll; er spricht eindringlich, mit lebhaften Gesten, wirft den Kopf zurück, daß die Haare fliegen. Offensichtlich besitzt er eine starke Autorität; er könnte sich eine Diskussion unbesorgt leisten.

Am Nachmittag, als wir eine halbe Stunde zusammensitzen, fragt er:

„Wie hätte ein Lehrer bei Ihnen einen entsprechenden Stoff behandelt?“

„Er hätte nicht doziert“, sage ich, „sondern zur Diskussion gestellt, wenigstens wenn er die pädagogische Begabung besäße, über die Sie verfügen.“ Mein Partner fragt interessiert, was ich damit meine; offenbar hat er die Möglichkeit, es so zu machen, gar nicht erwogen. Woher sollte er auch? In einem totalitären Staat wird unten auswendig gelernt, was oben gelehrt wird, und wenn man dortzulande „schöpferisch“ sagt, dann meint man die Arabesken, mit denen der Einzelne das von oben Befohlene verziert, ohne es auch nur im geringsten sachlich in Frage zu stellen.

Wenn die Männer oben von „schöpferisch" sprechen, verstehen sie darunter nur ihr eigenes Recht, ihre Meinung zu ändern, etwa vorgestern Stalin zu preisen, gestern zu verdammen und heute wieder zu preisen. Ich sah davon ab, solche Gedanken laut werden zu lassen und sagte nur:

„Wie kam es, daß Sie in einer Geschichtsstunde die vor knapp zwei Monaten gehaltene Rede Chruschtschows behandelten?"

Er antwortete: „In der zehnten Klasse nehmen wir die Geschichte der Sowjetunion durch, beginnen also mit der Revolution von 1917. Das Schuljahr geht zu Ende, wir waren inzwischen ohnehin in der Gegenwart angelangt . . ."

„Und außerdem kam wohl eine entsprechende Weisung vom Ministerium?"

Er nickte.

Anschließend an die Geschichtsstunde in der zehnten hörte ich mir die in der fünften Klasse an. Der Geschichtsunterricht setzt in der vierten Klasse ein, und zwar mit einer Kurzfassung der russischen Geschichte von den Anfängen des Kiewer Staates bis zur Gegenwart. In der fünften Klasse wird die Weltgeschichte bis zum Ausgang der griechischen Geschichte behandelt; in der sechsten Rom bis zur Völkerwanderung; in der siebten das Mittelalter und die frühe Neuzeit bis zur „bürgerlichen Revolution in England 1648"; in der achten die Weltgeschichte der Neuzeit; und in der neunten und zehnten zum zweiten Mal die russische Geschichte, in der neunten die Epoche vor, in der zehnten – wie wir sahen – die nach der Revolution von 1917.

Die Fünftkläßler nahmen also das griechische Altertum durch und waren gerade bei der Zeit des Perikles angekommen. Welche Epoche, um den Geist des Jugendlichen zu beflügeln und seinen Sinn für das Schöne aufzuschließen! Doch die ganze Stunde redet die Lehrerin über nichts anderes als über die Grausamkeit der Sklaverei. Große, grellbunte Bilder hängen an der Tafel, auf denen die Leiden der Sklaven kraß dargestellt sind. Es war geradezu eine Qual, sich das anzuhören. Kein Wort von der Größe des perikleischen Zeitalters. Zu allem hin war die Lehrerin langweilig und unsicher, vielleicht auch durch den Fremden aus dem Konzept gebracht; alles, was sie tat, war ein monotones Reproduzieren dessen, was im Schulbuch stand. Aber in der Sowjetunion ist der Pauker, sogar in den geisteswissenschaftlichen Fächern, der erwünschte, vielleicht sogar der einzig mögliche Typ. Die Lernbegier des jungen Russen, seine Ehrfurcht vor dem Wissen, sein Mangel an Skepsis kommen diesem Lehrertyp entgegen.

Während ich in der fünften Klasse über die grausame Behandlung der griechischen Sklaven belehrt werde, sage ich mir: Heute sitzen von Königsberg und Lemberg im Westen bis Wladiwostok im Fernen Osten rund zweieinhalb Millionen Fünftkläßler vor diesen selben bunten Bildern und erfahren über Perikles, daß er ein Militarist war und das Haupt der sklavenbesitzenden Klasse. In der Sowjetunion gibt es nämlich zwar kein zentrales Erziehungsministerium (die Schulen sind wie bei uns „Ländersache", das heißt, den Volksbildungsministerien der einzelnen Republiken, aus denen die Union besteht, unterstellt; nur das Hochschulministerium ist für die ganze UdSSR zuständig), wohl aber gab es seit Beginn der dreißiger Jahre bis zur jüngsten Schulreform Chruschtschows vom Dezember 1958, über die gleich noch zu sprechen sein wird, ein einziges Schulsystem für das ganze Land; ob einer im Dorf die Siebenjahrschule oder in der Stadt die Zehnjahrschule besuchte – das Pensum war für jede Klasse überall dasselbe, mit gewissen Abweichungen bei Kindern, deren Muttersprache nicht Russisch ist.

Und das Pensum ist nicht das einzige, was für das ganze Land einheitlich geregelt war; dasselbe galt für die Schulbücher, die bunten Wandbilder, die Koedukation (seit 1955 wieder eingeführt; 1943 bis 1955 wurden Mädchen und Jungen in den Städten getrennt erzogen), die Noten, die Examina (im ganzen Lande für die gleiche Klasse gleichzeitig und mit identischer Themenstellung; den erfolgreichen Abschluß der Zehnklassenschule bestätigt ein „Attestát Srélosti", wörtlich: Reifezeugnis), die Hausaufgaben (für Schüler der ersten Klasse eine Stunde täglich, dann steigend, für Schüler der letzten Klassen drei bis vier Stunden täglich).

Als die Schulglocke das Ende der Stunde über Perikles ankündigt, steht der Direktor schon vor der Tür der Klasse Vc; ob ich noch einen Wunsch habe? „Ja, wenn Sie erlauben, möchte ich mir noch eine Stunde über russische Literatur anhören."

Wir gehen ins Direktorzimmer und sehen uns den Stundenplan an. Eine achte Klasse kommt in der nächsten Stunde an dieses Fach. Der Direktor macht mich mit der Lehrerin bekannt, einer grauhaarigen Frau, wohl Mitte der Fünfzig, sorgfältig gekleidet und frisiert, mit mütterlichem Gesicht, ein wenig füllig und – das ist deutlich, sobald sie nur die Klasse betritt – von den Kindern geliebt; die Klasse ist wach und ganz bei der Sache, und in dem Ton, mit dem die Schüler ihren Namen Márja Petrówna aussprechen, klingt Verehrung und Sympathie. Man behandelt gerade Gogols unsterbliches Lustspiel, den „Revisor", jene beißende Satire auf Kleinbürgertum, Bürokratismus und devote Katzbuckelei.
Immer, wenn mich beim Besuch einer Sowjetschule der Geschichtsunterricht irritiert hatte, ging ich zur Erholung in eine Literaturstunde. Das Fach Russische Sprache und Literatur lag auch nach der Reform von 1955 noch an der Spitze, mit 2856 von insgesamt – Werkarbeit nicht gerechnet – 9350 Schulstunden, die der Schüler (wenn er keinen Tag fehlt!) im Verlaufe seiner zehn Schuljahre hinter sich gebracht hat.[2] Fast jede dritte Schulstunde widmet also der Sowjetschüler diesem Fach, das zwar auch ausländische Literatur heranzieht (sogar mehr als bei uns der Deutschunterricht), aber vorwiegend eben der russischen Sprache und der russischen Literatur gewidmet ist. In den Unterklassen herrscht natürlich das Sprachliche, vor allem die Grammatik, vor; doch erhalten die Kinder schon in den ersten vier Schuljahren eine Vorstellung von Dichtern wie Puschkin und Tolstoj. Am wichtigsten waren bisher das achte und das neunte Schuljahr, denen die russische Literatur von den Anfängen bis Tschechow zugewiesen war; die zehnte Klasse behandelt vorzugsweise die Sowjetliteratur, beginnend mit Gorkij. Die Auswirkung der Schulreform auf den Literatur-Unterricht wird erst in ein oder zwei Jahren deutlich werden.
Die Lehrerin macht ihre Sache ausgezeichnet. Sie läßt Gogol vorwiegend selbst sprechen, erklärt dann seinen sarkastischen Humor, seine Charakterzeichnung, läßt einzelne Szenen vorlesen, flicht Bemerkungen ein über die soziale Situation der Periode, in der Gogol schrieb, und läßt dem Stück doch den Wert, den es besitzt: eine Satire nicht nur auf eine bestimmte Epoche und

Schicht, sondern auf die menschlichen Schwächen überhaupt zu sein. Sie erklärt den Unterschied zwischen der Kunstart Gogols und der Karikatur; bei aller Übertreibung seien Gogols Gestalten lebendige Menschen. Sie trügen zwar zeitbestimmte Uniformen, aber darunter steckten Typen, wie es sie nicht nur damals gab. Einige Schüler lachen verständnisvoll; offenbar sind ihnen Menschen aus ihrer eigenen Umgebung eingefallen, die sie an Gogols Figuren erinnern.

Der satirische Realismus eines Gogol, die Klassik eines Puschkin, Tolstojs Religiosität, Lermontows Romantik, Nekrassows Mitleid mit den Geplagten – man könnte sich für die Jugend des Sowjetstaates kaum ein besseres Gegengewicht zur bolschewistischen Schulung denken als die Lektüre der großen russischen Dichter. Ihre Werke, die zu den Gipfeln der Weltliteratur gehören, können keinen anderen als einen – in unserem Sinne – guten Einfluß ausüben; sie stehen nicht nur ästhetisch, sondern auch ethisch auf einem hohen Niveau.

Wer glauben sollte, daß die Werke dieser Klassiker den jungen Sowjetbürger nicht mehr interessieren, wird bei näherer Kenntnis rasch eines Besseren belehrt. In seiner völlig dem Materiellen und Utilitaristischen zugewandten Umgebung empfindet der junge Russe ein Bedürfnis nach etwas, das nicht nur der wirtschaftlichen Produktion dient oder gereimte Propaganda ist, wie so vieles aus der Literatur der letzten Jahrzehnte, vielmehr nach Bildungsgütern, die seinen inneren Hunger nach Schönheit und romantischen Gefühlserlebnissen zu stillen vermögen. Dies findet er in den Werken seiner großen Dichter (und mancher moderner Lyriker [3]). Ihre Worte trinkt er in sich hinein mit dem Durst einer Pflanze auf dürrem Feld.

Natürlich wird die Literaturgeschichte in den Sowjetschulen ebenso wie jedes geisteswissenschaftliche Fach „marxistisch" dargeboten. Wenn Puschkins Versroman „Jewgénij [Eugen] Onégin" im Unterricht erscheint, dann berichtet der Lehrer erst einmal pflichtgemäß über die „Klassenverhältnisse", aus denen heraus Puschkin dichtete und die er in seinem Werk schilderte; alles wird nachgebetet, was die bolschewistische Führung verlangt. Aber irgendwann kommt der Augenblick, da der Lehrer seinen Mund schließt und die Schüler das Buch öffnen. Vom ersten Vers an spricht

Puschkin die Jugendlichen an. Was immer der Genosse Lehrer über die Klassenkampfsituation des beginnenden neunzehnten Jahrhunderts oder über die Ausbeutung der russischen Leibeigenen durch die Grundbesitzer gesagt haben mag, es verblaßt, wenn die Gestalten der Puschkinschen Phantasie vor der Jugend aufleuchten; in deren Beziehungen zueinander ist nicht das abstrakte Klassenschema bestimmend, sondern das Menschliche. Ich habe manchmal die Probe aufs Exempel gemacht und junge Leute nach ihren Lieblingsautoren gefragt; fast immer war Puschkin darunter, besonders bei den Mädchen, und oft wurde Jewgenij Onegin ausdrücklich genannt. Wenn man heute in der Sowjetunion auf unzählige Mädchen und Frauen mit den Namen Tatjana oder Olga stößt[4] – Gestalten aus der gleichen Dichtung –, so kommt darin auch jene in der Schulzeit fürs ganze Leben geweckte Puschkin-Verehrung zum Ausdruck. Es gibt keine Statistiken darüber, aber ich möchte annehmen, daß in der Sowjetunion Hunderttausende von Mädchen ganze Passagen aus diesem Werk Puschkins auswendig können, und sei es nur den berühmten Liebesbrief der Tatjana an Onegin, der mit den Zeilen beginnt:

> „Ich bin so kühn, an Sie zu schreiben –
> Ach, braucht es mehr als dies allein?
> Nun wird gewiß – was soll mir bleiben? –
> Verachtung meine Strafe sein!"

Puschkins Onegin ist nur ein Beispiel unter vielen. Seine Hauptmannstochter, Lérmontows Petschórin und Prinzessin Mary, Tolstojs Anna Karenina, Turgenjews Lisa und Lawrézkij, die Katerina aus Ostrówskijs „Gewitter" – diese und zahllose andere Gestalten sind heute in so vielen Russen lebendig wie noch nie zuvor in der Geschichte des Volkes; über den Sonderfall Dostojewskij wird später zu sprechen sein, da er mehr die Erwachsenen als die Jugend angeht.[5] Vor der Revolution ist dieses Erlebnis nur der weit geringeren Zahl damaliger Oberschüler (etwa dreißig- bis vierzigtausend Abiturienten im Jahr) zuteil geworden. In den letzten Jahren gab es in der Sowjetunion jährlich weit über eine Million Absolventen der Zehnjahrschule (1958: 1,6 Millionen[6]); sie alle haben fast dreitausend Stunden Russische Sprache und Literatur hinter sich und nahmen diese Anregungen sehr intensiv in sich auf. Denn wer aus einer ärmlichen Bauernhütte oder einer übervölkerten Mietskaserne kommend die geistige Welt, und sei es durch das Medium von Romanen, betritt, auf den wirkt diese erregender als auf den Sohn aus bürgerlichem Hause, der aus den Gesprächen der Eltern und deren Freunden von klein auf Ähnliches vernommen hat und in einer Umgebung lebt, der entrinnen zu wollen er keine Veranlassung hat.

Man mag sich fragen, welche Gründe denn die Bolschewiken hatten, ihrer jüngeren Generation den Zugang zu den wahrlich nicht materialistischen oder gar marxistischen großen russischen Schriftstellern des neunzehnten Jahrhunderts zu öffnen. Einen dieser Gründe sehe ich in der Pflege des Patriotismus und des Traditionsgefühls, auf die man in der Sowjetunion seit den dreißiger Jahren erheblichen und seit den Erfahrungen des Zweiten Weltkriegs sehr großen Wert legt[7]; einen zweiten Grund scheint mir der folgende Gedankengang zu bieten:

In der Sowjetunion leben rund zweihundert Millionen Menschen, aufgerührt durch eine der wildesten und blutigsten Umwälzungen der Weltgeschichte, aus der Geborgenheit einer alten Tradition verstoßen in eine diesseitige, aller metaphysischen Bindungen entblößte Gegenwart. Um diese Massen im Zaume zu halten, bedient sich der Staat der zahlreichen von ihm gelenkten Institutionen (Verwaltung, Polizei, Gewerkschaften), die den Einzelnen *von außen* her auf dem rechten Weg des braven Staatsbürgers halten sollen. Das reichte nicht aus. Der Staat mußte also versuchen, seine Untertanen *von innen* her zu Gesittung und Ordnung zu erziehen. Wie sollte er das machen? Die gewaltige sittliche Kraft der Religion leugnet und verspottet er. Die ständig zitierte „kommunistische Moral" bietet infolge ihrer „dialektischen" Interpretation alles andere als eine feste Grundlage; jedenfalls muß es auffallen, wenn im einundvierzigsten Jahr nach der Revolution Aufsätze in der Moskauer Zentralpresse erscheinen, in denen die Einführung einer „Erziehung des Sowjetmenschen zur Ethik" in den Schulunterricht gefordert wird.[8] Da kam dem Staat die Menschlichkeit, der Humanismus und Idealismus der klassischen russischen Literatur sehr zustatten. Uns erscheint es mit Recht grotesk, wenn die Führer eines Staates, der auf seinem geschichtlichen Weg Millionen von Toten,

Gemarterten, Verbannten hinter sich ließ, die Worte Humanismus und Humanität im Munde führen. Aber wer die Religion ausschließt und nicht nur mit Terror arbeiten will, muß diesen Humanismus beschwören, wenn er verhindern will, daß ein Zustand entsteht, für den die Römer das Wort prägten „Der Mensch ist des Menschen Wolf".

Man lese etwa die Erzählung von B. Gorbátow „Ein Kind wird geboren im Gurkenland", erschienen auf dem Höhepunkt des Stalinismus.

Auf einer Insel im Nördlichen Eismeer mit dem Phantasienamen Gurkenland, am achtundsiebzigsten Breitengrad, weit von aller Zivilisation, kommt in der winterlichen Polarnacht eine Frau in die Wehen, die mit ihrem Mann auf einem meteorologischen Posten lebt. Bei der Geburt ergeben sich schwere Komplikationen, denen der junge Arzt der Station nicht gewachsen ist. Der nächste Gynäkologe wohnt tausend Kilometer entfernt, auf einer anderen arktischen Insel. Der junge Arzt morst ihm den Befund und erhält auf demselben Wege detaillierte Instruktionen. Der ganze Vorgang dauert drei Stunden. Während dieser Zeit schweigen sämtliche arktischen Stationen, um den Empfang nicht zu stören.

> „Und die ganze Arktis hielt den Atem an und wartete auf die Geburt, als stünden alle diese harten und tapferen Leute – Bergarbeiter von Nordwik, Wissenschaftler am Kap Tscheljuskin, Funker von Dikson, die Erbauer des Hafens von Tiksi, Männer in den Winterquartieren der Insel Belyj – als stünden sie alle am Bett der Mutter, bemüht, sich nicht zu rühren, nicht zu husten, in Erwartung des winzigen neuen Bürgers dieser Welt." [9]

Die Entbindung in absentia ist ein Erfolg – ein Kind ist geboren im Gurkenland.

Für unsere Ohren klingt es wie ein böses Paradox, wenn in einem Land, dessen Herrscher damals Stalin hieß, die Geburt eines einzelnen Säuglings eine derartige Aufregung und Anteilnahme verursachen soll; aber Stalin hat, wenn er diese Erzählung je gelesen hat, vermutlich nicht den geringsten Widerspruch empfunden zwischen diesem Anruf zur Menschlichkeit und seinem eigenen brutalen Regiment. Als unbeschränkter Autokrat nahm

er für sich das Recht in Anspruch, mit dem Menschen zu tun, was ihm gut schien, denn er betrachtete sich (und darin unterscheiden sich seine Nachfolger nicht von ihm) als den berufenen Repräsentanten und Realisator der von Marx statuierten Gesetze, welche die Entwicklung des Menschengeschlechtes bestimmen sollen. Aber je grenzenloser sein eigener Machtanspruch war, desto fügsamer wünschte er sich seine Untergebenen; sie sollten gesittet sein, ein gutes Familienleben führen, sich kräftig vermehren, pünktlich zur Arbeit kommen und alle sonstigen Pflichten erfüllen, die er ihnen auferlegte. Ihre Aufgabe war es daher auch, sich um die Bewahrung jedes einzelnen Lebens zu kümmern, wie er es als sein Recht ansah, Millionen Leben zu nehmen.
Nicht alle diese Überlegungen stelle ich an, während ich den Erklärungen der freundlichen Marja Petrowna zu Gogols „Revisor“ zuhöre; aber es sind Gedanken, die mir kamen, wenn immer ich in Sowjetschulen eine Klasse besuchte, die Literaturstunde hatte. Andere ergaben sich später, als Chruschtschow seine Schulreform zu propagieren begann.
Während der folgenden Stunde führt mich der Direktor zum Abschluß noch durch die Räume, in denen der „polytechnische“ Unterricht erteilt wird. Für die Achtkläßler ist es ein Zimmer mit Hobelbänken und einigen Schraubstöcken; hier werden den Schülern in drei Stunden je Woche die ersten handwerklichen Griffe und Gewohnheiten beigebracht. Für die neunte Klasse ist ein Raum eingerichtet, in dem die Schüler in vier Wochenstunden Automobilmotoren zerlegen, reparieren, zusammensetzen. Außerdem verbringen sie als Praktikanten an zwei Wochentagen je zwei Stunden in einer Großgarage der Stadt; der Betrieb holt sie in einem Lastwagen ab und schafft sie dann wieder in die Schule. In der zehnten Klasse ist die Elektrotechnik an der Reihe; man lernt allerlei über Beleuchtungsanlagen, Telefone, Rundfunkgeräte und arbeitet zugleich auch wieder als Lehrling in einer entsprechenden Fabrik. Diese Einrichtung hat mir nicht schlecht gefallen; man kann mit den Sowjets streiten, ob sie nun gerade als sozialistisch zu bezeichnen ist oder nicht: jedenfalls paßt sie in unser Zeitalter. Auch hatte ich den Eindruck, daß die Schüler mit Vergnügen bei der Sache waren; welcher Jugendliche bastelt auch nicht gerne an Motoren?

Aber für Chruschtschow war das nicht genug. Es geht bei dieser „Polytechnik“ um weit mehr als Handfertigkeit; sie offenbart vielmehr die ganze Problematik des sowjetischen Schulsystems. Der Sinn der „Polytechnisierung“, von der fast seit Anbeginn der Sowjetunion stoßweise immer wieder geredet wird, hat sich im Laufe der Zeit etwas verschoben. Zunächst kam darin die Abneigung der früheren, vom proletarischen Mythos erfüllten Revolutionäre gegen eine vorwiegend geistige oder gar klassische Ausbildung zum Ausdruck; man war aus ideologischen Gründen für eine enge Verbindung zwischen Schule und Fabrik und überdies – unter dem Einfluß amerikanischer pädagogischer Ideen, vor allem Deweys und der „progressive education“ – darauf bedacht, dem Kind eine nicht nur intellektuelle Entwicklung zu sichern. In späteren Jahren trat diese Art „Polytechnisierung“ in den Hintergrund, weil man fand, daß sie die rasche und gründliche geistige Ausbildung verzögerte und weil man vor allem Wert darauf legte, möglichst schnell erstklassige technische und sonstige Führungskräfte, im Sowjetjargon „Kader“, für die Aufgaben des wirtschaftlichen und staatlichen Aufbaus auszubilden. So entstand jene strenge Lern-, um nicht zu sagen: Paukschule. Hauptaufgabe der Klassen acht bis zehn wurde es, den Nachwuchs für die Hochschule auszubilden.

Dieses in den dreißiger Jahren enstandene Schulsystem hat sich – bis vor kurzem – wenig verändert; es hat nur immer mehr Schüler erfaßt. Das Ergebnis war die uns bekannte zehnklassige Einheitsschule, die in den Städten und größeren Siedlungen obligatorisch wurde, während auf dem flachen Lande die Siebenjahrschule vorherrschte und zum Teil auch noch die Vierjahrschule anzutreffen war. Da der Lehrplan einheitlich war, konnte der Absolvent der Vierjahrschule ohne weiteres in die fünfte Klasse einer Sieben- oder Zehnjahrschule übergehen, der Absolvent einer Siebenjahrschule in die achte Klasse einer Zehnjahrschule. Es gab also weder die uns geläufige Trennung von Volks-, Mittel- und Oberschule (Gymnasium), noch ein Nebeneinander „grundständiger“, das heißt von Klasse I an auseinanderlaufender Schultypen, noch selbst deren Differenzierung nach Zügen mit verschiedenen Schwerpunkten. Doch muß berücksichtigt werden, daß der begabte Schüler außerhalb der Schule, in den „Klubs“

oder „Kreisen“ der Jugendorganisationen, großzügige Möglichkeiten findet, seine Talente zu entwickeln.[10]
Die nebenstehende Stundentafel zeigt die Einzelheiten (gültig bis zum Sommer 1959). Zum Vergleich sind die entsprechenden Zahlen eines deutschen Gymnasiums mit vorgeschalteter Grundschule beigegeben; was sich dort auf vier plus neun Jahre verteilen läßt, war in der sowjetischen Einheitsschule auf zehn Jahre zusammengedrängt.
Nach diesem einheitlichen Plan sind im Schuljahr 1956/57 rund 28 Millionen Schüler ausgebildet worden (15,6 Millionen in den vier unteren Klassen, 7,4 in den Klassen fünf bis sieben und 5 Millionen in drei Oberklassen); im Schuljahr 1957/58 waren es rund 29 Millionen.[11] Eine Einheitsschule in einer solchen Größenordnung hat es in der ganzen Welt noch nie gegeben. Und was noch bemerkenswerter und völlig neu war: praktisch erlernte die gesamte städtische Jugend einer Weltmacht (soweit es Zehnjahrschulen in ländlichen Bezirken gab, auch die dörfliche Jugend) in sechsjährigem Kursus eine Fremdsprache; im Schuljahr 1956/57 waren das insgesamt rund zwölfeinhalb Millionen Schüler! Die beiden führenden Fremdsprachen sind Englisch und Deutsch, wobei Englisch in der letzten Zeit von sechs, Deutsch von etwa fünfeinhalb Millionen gelernt wurde; Französisch liegt weit zurück. Neuerdings werden in einigen Schulen – vor allem grenznaher Gebiete – andere Sprachen an Stelle der westlichen unterrichtet, und zwar Arabisch, Persisch, Urdu (Pakistans Hauptsprache), Hindi und Chinesisch.[12]

Ein imposantes Zahlenbild, das uns vor Augen führt, daß wir – die Deutschen, der Westen insgesamt – auf dem Gebiet der Schulbildung, auf dem wir einst weit an der Spitze lagen, die Führung mindestens quantitativ, hinsichtlich der jedermann zugänglichen Bildungschancen und dadurch auch der Zahl der qualifiziert Ausgebildeten, an die Sowjetunion abgegeben haben. In der Bundesrepublik, die mit ihren rund fünfzig Millionen ziemlich genau ein Viertel der Einwohnerzahl der Sowjetunion aufweist, gab es 1954/55 noch nicht einmal vierzigtausend Abiturienten, denen die knapp fünfzigtausend Absolventen der – sechsklassigen – Mittelschule nur bedingt zugerechnet werden können, in der Sowjet-

STUNDENTAFEL DER SOWJETISCHEN ZEHNJAHRSCHULE [13]

1957/58 (gültig bis Sommer 1959)

In Kursiv die Stundentafel des mathematisch-naturwissenschaftlichen Gymnasiums und – in kleinen Ziffern – die der Grundschule, beide in Baden-Württemberg. Wo das Gymnasium verwandte zweistündige Fächer (Erdkunde/Biologie; Kunst/Musik) in halbjährigem Wechsel erteilt, ist zur Vereinfachung die für das ganze Schuljahr zutreffende Durchschnittszahl 1 gesetzt; freiwillige Fächer (Arbeitsgemeinschaften) sind nicht berücksichtigt. An vollen Arbeitswochen erreichte die sowjetische Schule 34, die zum Vergleich herangezogene deutsche 39.

Fächer	Wochenstunden													Stunden wöchentl.	Stunden insges.
Klasse der Sowjetschule				I	II	III	IV	V	VI	VII	VIII	IX	X		in 10 bzw. 13 Jahren
Russ. Sprache u. Lit.				13	13	13	9	9	8	6	5	4	4	84	2856
Deut. Sprache u. Lit.	8	9	9	10	*5*	*5*	*4*	*4*	*4*	*4*	*4*	*4*	*4*	36+*38*	*2886*
Mathematik				6	6	6	6	6	6	6	6	6	5½	59½	2023
Mathematik	3	4	5	5	*5*	*5*	*4*	*4*	*4*	*4*	*4*	*4*	*5*	17+*39*	*2184*
Geschichte							2	2	2	2	4	3	4½	19½	663
Geschichte[1]							*2*	*2*	*2*	*2+2*	*2*	*2*	*2+2*	*18*	*702*
Geographie							3	2	2	2	2½	3		14½	493
Geogr. u. Heimatk.	3	3	3	4	*2*	*2*	*2*	*2*	*2*	*1*	*2*	*2*	*2*	13+*17*	*1170*
Biologie							2	2	3	2	2	1		12	408
Biologie					*2*	*2*	*2*	*2*	*2*	*1*	*2*	*2*	*2*	*17*	*663*
Physik									2	3	3	3½	4	15½	527
Physik									*2*	*2*	*3*	*3*	*3*	*13*	*507*
Astronomie													1	1	34
Chemie										2	2	2	4	10	340
Chemie										*2*	*2*	*2*	*2*	*8*	*312*
Eine Fremdsprache								4	4	3	3	3	3	20	680
Zwei Fremdsprachen					*6*	*6*	*5+5*	*5+5*	*4+5*	*3+4*	*3+3*	*3+3*	*3+3*	*66*	*2574*
Sport				2	2	2	2	2	2	2	3	3	3	23	782
Sport	1	1	2	2	*2*	*2*	*2*	*2*	*2*	*2*	*2*	*2*	*2*	6+*18*	*936*
Zeichnen[2]				1	1	1	1	1	1	1	1	1	1	10	340
Zeichnen					*2*	*2*	*2*	*2*	*2*	*2*	*2*	*2*	*1*	*17*	*663*
Singen und Musik				1	1	1	1	1	1					6	204
Singen und Musik	2	2	2	2	*2*	*2*	*2*	*2*	*1*	*1*	*1*	*1*	*1*	8+*13*	*819*
Werkunterricht[3]				1	1	2	2	2	2	2	3	4	4	23	782
Religion	2	2	3	3	*2*	*2*	*2*	*2*	*2*	*2*	*2*	*2*	*2*	10+*18*	*1092*
Insgesamt														298	10132
														90+*282*	*14508*[4]

[1] An Klasse VI (Untersekunda) und IX (Oberprima) des Gymnasiums einschließlich je zwei Stunden Gemeinschaftskunde; sie ist in der Sowjetschule nach meinen Beobachtungen (siehe Seite 195) in den Geschichtsunterricht einbezogen.

[2] In der Sowjetschule von Klasse VII bis X als Zeichnen am Reißbrett.

[3] Die Stundentafel des deutschen Gymnasiums enthält das Fach nicht mehr (abgesehen von der „Handarbeit" der Mädchen, die hier unberücksichtigt geblieben ist). Hier wäre zum Vergleich die deutsche Mittelschule heranzuziehen.

[4] Von den insgesamt 14 508 Schulstunden des deutschen Abiturienten entfallen 3510 auf die Grundschule und 10 998 auf das Gymnasium.

union aber weit über eine Million Absolventen der Zehnjahrschule. Das liegt nicht nur daran, daß das Absinken der Geburtenzahlen und damit auch der nachwachsenden Schuljahrgänge in der Sowjetunion bei weitem nicht das beängstigende Ausmaß der Bundesrepublik erreicht hat. Auch soll man diesen für uns so ungünstigen Vergleich nicht mit dem Hinweis verharmlosen, bei uns habe der Abiturient zwei bis drei Schuljahre mehr hinter sich als der junge Sowjetbürger, der das Reifezeugnis erhielt. Gewiß, das deutsche Reifezeugnis ist gewichtiger als das sowjetische; der deutsche Abiturient hat rund 4400 Unterrichtsstunden mehr absolviert, eine weiter differenzierte, auch in den Einzelfächern anspruchsvollere Bildung erhalten und in einer nach der Begabung ausgelesenen Klassengemeinschaft mindestens die Möglichkeit einer intensiveren Denkschulung, eines schärferen geistigen Trainings gehabt, als das in einer Einheitsschule mit ihren auf den breiten Durchschnitt ausgerichteten Anforderungen erreicht werden kann. Wieweit diese Chance vom deutschen Schüler auch wirklich ergriffen und realisiert wird, ist angesichts der nie verstummenden Klagen über den Leistungsabfall eine andere Frage. In der Sowjetschule jedenfalls wurden, soweit ich sehen konnte, die zehn Jahre intensiv genützt; ich habe mich zum Beispiel mehrfach beim Besuch des Deutschunterrichts einer zehnten Klasse mit den Schülern so gut auf deutsch unterhalten können wie mit einer deutschen Oberprima auf englisch, und das ist nicht nur der bekannten Sprachbegabung der Russen zu danken, sondern auch als die Frucht einer zielbewußten Schularbeit zu verstehen.

Andererseits kennt naturgemäß die sowjetische Schule so gut wie jede andere, wahrscheinlich sogar noch besser, das Problem der Schüler mit unzureichender Begabung; das russische Stichwort ist Ne-uspewájemost, das heißt Nicht-Nachkommen, Zurückbleiben. Einzelangaben weisen darauf hin, daß in manchen Fällen bis zu zwanzig, ja bis zu fünfzig Prozent der Schüler das Klassenziel nicht erreichten. „Wtorogódniki“ (Zweitjährler, das heißt Schüler, die dieselbe Klasse ein zweites Jahr durchlaufen) gibt es also auch in der Sowjetschule, kaum aber Förderklassen oder gar Hilfsschulen; das verbietet die kommunistische Doktrin, die angeborene, also vererbte Begabungsunterschiede nicht anerkennt. Darum wurde und wird auch öffentlich über die – 1940 eingeführten[14] – „Schulen der Arbeitsreserven" kaum gesprochen, deren Zöglinge auf dem Wege der Zwangsmobilisierung – rund eine Million jährlich – rekrutiert und für rein körperliche Arbeit trainiert werden. Wer diese Schule absolviert hat, muß für die Dauer von vier Jahren jede ihm zugewiesene Arbeit ausführen.

In der Diskussion, wie man mit dem Problem des Zurückbleibens vieler Schüler fertig werden könnte, ist bezeichnenderweise auch der Vorschlag gemacht worden, man solle den Eltern schlecht lernender Kinder Geldstrafen auferlegen; dann würden sie schon dafür sorgen, daß die Kinder der Schule größere Aufmerksamkeit widmen![15] Noch weiter kann man das Leistungsprinzip kaum treiben.

Im ganzen schien sich – wenn man die sowjetischen Fachleute hörte – das hier kurz dargestellte System zu bewähren. Aber schon vor einigen Jahren begannen die ersten Zweifel aufzutauchen; man mußte feststellen, daß man auf dem besten Wege war, zu viele „Offiziere" und zu wenig „Unteroffiziere" und „Mannschaften" auszubilden. Die Hochschulen quollen über; viele hörten auf, alle Inhaber von Reifezeugnissen aufzunehmen, und führten besondere Prüfungen ein, auf Grund deren sie die Besten auswählten, die übrigen aber von der Hochschule ausschlossen. Die Zahl der Absolventen von Zehnjahrschulen, die nicht auf die Hochschule kamen, wuchs von Jahr zu Jahr. Im Jahre 1956 zum Beispiel wurden 263 800 Studenten in den Hochschulen neu immatrikuliert (die Studenten mit Fernkursen nicht gerechnet); die Zahl derer, die im gleichen Jahr das Reifezeugnis erwarben, war fast fünfmal so groß.[16] 1958 legten 1,6 Millionen die Reifeprüfung ab.[17] Nun hatte wohl nicht jeder von ihnen die Absicht, die Hochschule zu besuchen, und mancher bestand die Abschlußprüfung so knapp, daß er dafür ohnehin nicht in Betracht kam. Aber die überwältigende Mehrheit der Absolventen drängte auf die Hochschule. Chruschtschow erklärte im Frühjahr 1958, in den Jahren 1953–1957 seien fast drei Millionen Schulabsolventen, die eine Hochschule oder ein Technikum besuchen wollten, dort nicht aufgenommen worden.[18]

Eine solche Entwicklung konnte auch nicht ohne Rückwirkung auf die Schule selbst und die Haltung der Schüler bleiben. Charakteristische Beispiele dafür finden sich immer wieder in der Sowjetpresse; eine Schülerin erwiderte, als man ihr Vorwürfe über mangelhafte Kenntnisse machte: „Was soll mir das? Ich muß ja sowieso in die Fabrik." Und eine andere sagte: „Ich gehe in die Fabrik. Wozu also Kultur?"[19] Die nicht zugelassenen Absolventen der Zehnjahrschule bildeten ein unzufriedenes Element, das nirgends recht hineinpaßte – die Hochschule war verschlossen, in die Fabrik wollte man nicht, weil man sich mit dem Reifezeugnis in der Tasche als zu fein für die Stellung eines Arbeiters vorkam. Zehntausende, alles in allem vielleicht Hunderttausende von Jugendlichen zogen es vor, zunächst einmal ein Jahr ohne Arbeit zu Hause zu sitzen und zu versuchen, irgendwie doch noch auf eine Hochschule zu gelangen. Der Widerspruch der sowjetischen Schulpolitik lag offen zutage: Zwar lieferte die Sowjetschule dem Staat ein Millionenheer qualifizierter Nachwuchskräfte für Wirtschaft, Forschung und Lehre, zugleich aber weckte sie in der Jugend Ansprüche, die der Staat auch nicht entfernt zu befriedigen vermochte.

Schon rein zahlenmäßig verschärfte sich das Problem von Jahr zu Jahr. Auf den sowjetischen Hochschulen gab es im akademischen Jahr 1927/28 (mit Abendkursen, aber ohne Fernkurse) 169 000 Vollstudenten, 1956/57 waren es ihrer 1 278 000, darunter 263 800 erste Semester, einschließlich der Fernstudenten sogar rund zwei Millionen. Die 1 227 900 Vollstudenten des Jahres 1955/56 verteilten sich, nach dem künftigen Beruf aufgeschlüsselt, folgendermaßen:

Industrie, Bau-, Transport-, Nachrichtenwesen	497 700
Landwirtschaft	150 000
Erziehungswesen	368 000
Gesundheitswesen und Sport	152 400
Verwaltung und Recht	47 300
Künstlerische Berufe	12 500

Dazu kommen die Technika aller Art, in denen Fachleute mit mittleren Qualifikationen ausgebildet werden. 1956/57 hatten sie 1 673 900 Studenten, darunter 464 300 Neuaufgenommene, mit Fernstudenten auch über zwei Millionen.[20]

Wer zu dieser ungeheuren Armee von fast drei Millionen Vollstudenten in Hochschule und Technikum gehörte, fühlte sich als Teil der Elite. Er hatte es geschafft; sofern er nicht während des

Studiums bei einer der zahlreichen Zwischenprüfungen versagte, konnte er, von unerwarteten Katastrophen abgesehen, damit rechnen, daß er für den Rest seines Lebens zur Oberschicht gehören und auf der Leiter des Erfolges weitersteigen würde.

Die Studenten waren schon seit Jahren die verwöhntesten Lieblinge des Regimes und auch des Volkes. Symbol ihrer Vorzugsbehandlung ist die neue Moskauer Universität mit ihren sechzehntausend Studenten, von denen sechstausend in der Universität selbst wohnen. Bei Nowosibirsk machte man sich an den Bau einer ganzen Studenten- und Gelehrtenstadt[21]. Vier Fünftel der Moskauer Studenten haben Stipendien erhalten, die Tüchtigsten unter ihnen bis zu vier- oder fünfhundert Rubel im Monat; für ein Einzelzimmer im Moskauer Universitätspalast zahlt der Student nicht mehr als fünfundzwanzig Rubel im Monat, auch die Mahlzeiten werden zu ungewöhnlich niedrigen Sonderpreisen ausgegeben. Die Hallen, Treppenhäuser, Gemeinschaftsräume sind luxuriös ausgestattet; die besten Theatergruppen und Orchester treten im Festsaal auf; fast jeden Abend ist Tanz. Manchen verdrehte dieses Leben den Kopf; aber wer in seinen Leistungen absinkt, wird rücksichtslos aus der Universität entfernt und einer anderen Tätigkeit – meist in der Industrie – zugeführt. Die Mehrzahl, so scheint mir, ist von den weiten Perspektiven der Wissenschaft und Forschung mitgerissen und arbeitet mit Fleiß und Hingabe. Aber eben: von den Perspektiven der Wissenschaft und Forschung, nicht von der Politik, nicht vom Marxismus-Leninismus, wenn auch natürlich von diesen Lehren einiges hängen blieb und einiges sogar in Fleisch und Blut überging; doch das gehört in einen anderen Zusammenhang.[22] Die apolitische Einstellung ist jedenfalls nirgends deutlicher zu spüren als unter den Studenten.[23]

Ein zusätzlicher Anreiz zum Studium liegt darin, daß Studenten praktisch vom normalen Wehrdienst befreit waren. Ihnen wurden während der Studienzeit die militärischen Grundbegriffe beigebracht; man konnte beim Besuch einer Hochschule die jungen Leute beim Linksum – Rechtsum antreffen, auch die Schüler der drei Oberklassen, die eine der drei Wochenstunden für „Sport“ mit militärischer Ausbildung verbrachten. Aber solche äußeren Vorteile sind nicht ausschlaggebend; der Bau von Universitätspalästen und von Zehntausenden von neuen Schulen würde für sich allein noch keine entscheidenden Erfolge herbeizaubern. Worauf es ankommt, ist der Grad der geistigen Intensität. Er ist heute in der Sowjetunion stärker als in der auf diesem Felde etwas müde gewordenen westlichen Welt; nicht nur unter den Studenten.

Doch das ungelöste Problem blieb; es lag auf einer anderen Ebene, nämlich in den Schwierigkeiten, die sich aus einer Ausdehnung des Abiturs auf die gesamte Jugend der Sowjetunion ergeben mußten. Die ersten Anzeichen einer veränderten Einstellung bei der Führung fanden sich in der Presse und in der Belletristik; vermutlich war man zunächst der Meinung, gutes Zureden würde genügen, um die Haltung der Jugend zu wandeln. In der Prawda zum Beispiel fand sich eine Karikatur mit dem Text: „Einige junge Leute und junge Mädchen, welche die Zehnjahrschule absolviert haben, sind der Meinung, daß es für sie eine Schande wäre, in einer Fabrik oder in einem Kolchos zu arbeiten; jahrelang lungern sie herum und leben auf Kosten ihrer Eltern." Auf dem Bild sieht man einen langhaarigen jungen Mann zigarettenrauchend auf dem Bauche in einer Wiese liegen, zugedeckt mit einem Reifezeugnis. Demonstrativ schaut er fort von dem Wegweiser, auf dem „In die Fabrik", „Auf den Bau", „In den Kolchos" steht, und sagt seufzend: „Wenn ich bloß wüßte, was ich mit mir anfangen soll!" [24]

Im Winter 1956/57 ging über die Sowjetbühnen das Drama des jungen Autors Michail Schatrow „Der Platz im Leben". Im Mittelpunkt stehen drei Freunde, die gerade die Zehnjahrschule in einer entlegenen Bergwerkstadt mit dem Phantasienamen Rudogorsk erfolgreich beendet hatten. Zwei der jungen Leute, Mischa und Igor, haben keinen anderen Gedanken im Kopf als die Übersiedlung nach Moskau zum Besuch der Hochschule. Anerkennenswert! denkt der Zuschauer. Weit gefehlt – Mischa und Igor sind die „negativen" Charaktere, der wahre Held aber ist Jurij, der dritte im Freundschaftsbunde; er faßt den Entschluß, als Arbeiter in einem Bergwerk von Rudogorsk zu bleiben. Sein Einfluß bringt es zuwege, daß auch Mischa Moskau und die Hochschule aufgibt und ins Bergwerk geht. Soweit war es also schon gekommen: In einem modernen Sowjetdrama war die Idealfigur nicht

mehr der bildungsbeflissene junge Mann, der nach erfolgreicher Reifeprüfung auf die Universität geht, sondern im Gegenteil ein Jurij, der auf die Hochschule verzichtet und sogar auch noch einen Kameraden zum gleichen Entschluß bringt.
Auch mit ein paar Wochenstunden Werkunterricht ließ sich eine grundsätzlich andere Einstellung der Jugend zur Handarbeit nicht erreichen; die Abneigung gegen sie entstammt ja nicht einer Unkenntnis der Handarbeit, sondern ist eine Folge der bereits dargelegten[25] Propaganda für Aufstieg und Erfolg durch höhere Qualifizierung; die höchsten Qualifikationen aber sind – von der nicht sehr beliebten Parteilaufbahn abgesehen – nur noch über die Hochschule zu erreichen. Wann der Gedanke an eine Reform des gesamten Schulwesens in der Parteispitze sich durchzusetzen begann, ist schwer zu sagen. Noch auf dem XX. Parteitag Anfang 1956 scheint Chruschtschow geglaubt zu haben, daß es möglich sei, ohne umfassende Neuorganisation auszukommen; er forderte eine stärkere „Polytechnisierung der Schule", stellte aber immer noch die obligatorische Zehnjahrschule als das schon in greifbare Nähe gerückte, bis Ende 1960 ganz zu verwirklichende Ziel hin.[26] Selbst ein Jahr später glaubten führende sowjetische Pädagogen, wie der Vizepräsident der Akademie der Pädagogischen Wissenschaften N. K. Gontscharów[27], die Lösung des Problems in einer *Verlängerung* der Schulzeit von zehn auf zwölf Jahre zu sehen; diese sollte der Schule die Möglichkeit geben, die Jugend auf praktische Berufe vorzubereiten. Zu gleicher Zeit experimentierte man in zahlreichen Zehnjahrschulen mit der Verstärkung des Werkunterrichts, den man von 782 auf 1160 Stunden (insgesamt im Verlaufe von zehn Klassen) ausdehnte[28], ohne zunächst an das System der Zehnjahrschule zu rühren.
Anfang 1958 muß Chruschtschow eingesehen haben, daß mit Teilreformen wenig auszurichten ist. Er ging nun aufs Ganze. Programmatisch hat er zum erstenmal eine entschiedene Wendung angekündigt, als er im April 1958 vor dem XIII. Kongreß des Komsomol auftrat, die Jugend wegen ihrer verächtlichen Einstellung zur Handarbeit tadelte und von der Notwendigkeit einer Schulreform sprach.[29] Wenige Wochen später wurde die erste Maßnahme bekanntgegeben: Im Herbst 1958 würden, so hieß es, achtzig Prozent der fürs erste Semester zur Verfügung stehenden

Hochschulplätze für Anwärter reserviert werden, die bereits zwei Jahre praktische Arbeit hinter sich hätten, und nur zwanzig Prozent für solche, die eben erst die Schulbank verlassen hatten.[30] (In Wirklichkeit waren es dann doch nur fünfundvierzig Prozent, die von der Werkbank kamen.[31]) Denen, welche die Zehnjahrschule mit einer Goldmedaille absolviert hatten, wurde das ihnen bisher zustehende Recht der automatischen Aufnahme in die Hochschule genommen.[30]

Dies aber war nur ein Vorspiel. Denn wenn sich der dynamische Parteichef erst einmal etwas in den Kopf gesetzt hat, muß die Verwirklichung des neuen Gedankens in rascher Folge vorangetrieben werden. Bereits im September legte er ein Memorandum über das Erziehungswesen vor, aus ihm gingen dann die „Thesen" hervor, welche das Zentralkomitee der Partei und der Ministerrat zwei Monate später veröffentlichten[32], und diese wiederum wurden – nach einer recht ausgiebigen Diskussion in der Presse – dem neuen Schulgesetz zugrunde gelegt, welches der Oberste Sowjet am 24. Dezember erließ.[33]

Das neue Gesetz stellt einen völligen Bruch mit dem bisherigen Schulsystem dar. Die zehnklassige Schule, bis vor kurzem noch der angestrebte Idealtyp, wird aufgegeben; die Einheitsschule hat künftig nur acht Klassen. Deren Absolventen sollen grundsätzlich ohne Ausnahme erst einmal in die praktische – und das heißt vorwiegend manuelle – Arbeit in Industrie, Landwirtschaft oder Verwaltung gehen. Für die daneben mögliche Weiterbildung sind verschiedene Formen vorgesehen, die hier im einzelnen nicht dargelegt zu werden brauchen, da ihre praktische Erprobung erst bevorsteht; dem fachlich Interessierten stehen in der einschlägigen Fachliteratur ausführliche Kommentare zu diesem Gesetz zur Verfügung[34]. Für uns genügt die Feststellung, daß der Absolvent der Achtjahrschule sich die für das Reifezeugnis notwendigen Kenntnisse in dreijährigen Kursen neben der praktischen Arbeit aneignen kann. Aber auch auf der Hochschule darf er die ersten Jahre nur als Fern- oder Abendstudent studieren, da er weiterhin praktisch arbeiten muß. Erst wenn er sich auch dabei bewährt hat, darf er sich während der letzten Semester ganz dem Studium widmen.

Da mit der Verwirklichung dieser umstürzenden Reformen erst

im Laufe des Jahres 1959 begonnen wird und deren Durchführung zwei bis drei Jahre in Anspruch nehmen dürfte, wird sich die Auswirkung des neuen Schulsystems auf den Sowjetmenschen von morgen frühestens in sechs oder sieben Jahren erkennen lassen. Spekulationen darüber gehören nicht in dieses Buch. Wohl aber müssen wir uns die Frage stellen, welches Licht Chruschtschows Reform auf den Sowjetbürger von heute wirft, insbesondere auf die jüngere Generation.

Ein Motiv der Reform wurde bereits angedeutet, und ich halte es für das wichtigste: Chruschtschow hat die *politische* Gefährlichkeit einer Entwicklung erkannt, die auf dem Wege über Schule und Hochschule die weitere Absonderung der Oberschicht von der Masse begünstigt und zugleich ihre Ansprüche anwachsen läßt, ohne sie doch befriedigen zu können. Daher hat er den Entschluß gefaßt, schon vor dem Abitur – wie wir sahen: nach acht Schuljahren, was also bezüglich der Dauer unserer Volksschule entspricht – die Weiche zur Handarbeit herüberzustellen.

Der Hauptgrund für diese Neuerung ist nicht praktischer, sondern soziologischer und ideologischer Natur. Mit Hilfe des neuen Schulgesetzes hofft Chruschtschow, jene Kluft wenn nicht ganz so doch wenigstens teilweise zuzuschütten, die sich während des letzten Vierteljahrhunderts zunehmend zwischen der neuen Oberschicht und den handarbeitenden Massen aufgetan hat. Mit anderen Worten: Chruschtschows neues Schulgesetz ist der beste Beweis dafür, daß die Sowjetunion heute ein Klassenstaat geworden ist. „Von Jahr zu Jahr wächst unter den Studenten, die auf die Universitäten und die führenden Technischen Hochschulen kommen, der Prozentsatz von Kindern der Intelligenzia" (das heißt der Oberschicht), stellte noch 1958 das Akademiemitglied A. Kolmogórow fest[35]. Nur mit so radikalen Maßnahmen, welche das gesamte – schulisch recht erfolgreiche und den Erfordernissen der Sowjetunion gemäße – Schulsystem über den Haufen werfen, kann der Kreml überhaupt noch hoffen, die sich vertiefenden Klassenunterschiede zu vermindern.

Daß dies der eigentliche Sinn der neuen Maßnahmen ist, wird auch durch deren literarische Begleitmusik unterstrichen. Fast gleichzeitig mit jenem September-Memorandum Chruschtschows erschien in Moskau – in einer bewußt billigen Auflage von einer

halben Million – der Roman des achtundzwanzigjährigen und bis dahin praktisch unbekannten Anatólij Kusnezów: „Die Fortsetzung der Legende“ [36], der die Tendenz des oben besprochenen zwei Jahre älteren Dramas „Der Platz im Leben“ noch wesentlich weiter führt. Tolja, der Held des Romans, erscheint zunächst als typisches Produkt der neuen städtischen Oberschicht, als durchaus bourgeoiser Typ. Die schlechten Noten bei der Reifeprüfung verschließen ihm den Weg zur Hochschule; er fährt auf einen Großbau nach Ostsibirien, während sich sein Schulfreund Viktor in Leningrad auf dem Polytechnikum immatrikulieren läßt. Viktor wird als äußerst unerfreulicher, spießerhafter, egoistischer Bursche gezeichnet, der sich frühzeitig zum reinen Schmarotzer entwickelt. Tolja aber beißt sich nach anfänglichen Schwierigkeiten körperlicher und seelischer Art durch und wird ein tüchtiger und glücklicher junger Arbeiter, dem auch, wie der Leser gegen Ende zu hoffen Veranlassung hat, die Liebe der gleichfalls tüchtigen und glücklichen jungen Arbeiterin Tonja winkt.
Selten habe ich beim Lesen eines Sowjetromans so stark die Bestätigung des Klassencharakters der Sowjetgesellschaft gefunden wie hier. Ganze Abschnitte erinnerten mich an eigene Erlebnisse vor bald dreißig Jahren. Damals war ich in einer ganz eindeutigen Klassensituation, als ein Sohn des deutschen Bürgertums, in ein Bergwerk an der Ruhr gegangen, um den mir bis dahin völlig unbekannten deutschen Arbeiter kennenzulernen. Meine Erfahrungen[37] decken sich stellenweise fast wörtlich mit den Eintragungen in Kusnezows sibirischem Tagebuch.
Chruschtschows Schulreform hängt wohl auch mit seinem Wunsch zusammen, den Nachwuchs der ihm politisch unzuverlässig erscheinenden Intelligenzia stärker zu sieben und an die Kandare zu nehmen; zu diesem Zweck will er im besonderen die „akademische Freiheit“ radikal beschneiden. Seit dem „ungarischen Herbst“ finden sich in der Sowjetpresse immer wieder Anschuldigungen wie diese, welche gegen die Studenten und Professoren von Leningrad gerichtet waren:

> „In einem Teil der akademischen Jugend Leningrads sind ungesunde Einstellungen festzustellen. Es wirkt sich ungünstig auf die Erziehung der Studenten aus, daß einige Professoren der

Jugend nicht helfen, sich in den sie bewegenden schwierigen Lebensfragen zurechtzufinden, und daß sie verschiedenen unrichtigen und demagogischen Erklärungen [der Studenten] nicht entgegentreten ...

Bedeutende Mängel sind festzustellen in den Vorlesungen über Gesellschaftswissenschaften. Oft werden Vorlesungen über die Geschichte der Kommunistischen Partei der Sowjetunion, über Nationalökonomie und Philosophie auf einem niedrigen ideellen und politischen Niveau gehalten. Buchstabengelehrsamkeit und Dogmatismus sind nicht überwunden. Das führt dazu, daß die Studenten einzelne Thesen und Zitate gedankenlos und mechanisch auswendig lernen.

Vor allem kann es nicht länger geduldet werden, daß sich ein Teil der Dozenten feige und spießbürgerlich davor zu drücken sucht, schwierige Vorgänge im politischen Leben zu erklären und die Gründe einzelner Mängel in der Praxis des sozialistischen Aufbaus aufzudecken.. Künftig müssen unter den Jugendlichen, welche in den Hochschulen Aufnahme finden, möglichst viele aus der Industrie stammen ...“ [38]

Um künftig möglichst zu verhindern, daß es Studenten mit „ungesunden Einstellungen“ gibt, sieht Paragraph 28 des neuen Schulgesetzes vor, daß nur in die Hochschule gelangt, wer entsprechende Empfehlungen seiner Partei-, Komsomol- und Gewerkschaftsfunktionäre vorlegen kann, für dessen politische Zuverlässigkeit also eine gewisse Sicherheit besteht. Der „Fall Pasternak“ [39] hat den Argwohn der Parteiführung gegen die Intellektuellen nur noch verstärkt.

Es wäre jedoch wohl falsch, die Erklärung für den abrupten Wechsel in der Schul- und Hochschulpolitik ausschließlich in den bisher genannten, vorwiegend politischen Ursachen zu sehen; es ist durchaus anzunehmen, daß auch praktische Überlegungen dahinterstehen. Die „zweite industrielle Revolution“, deren Schwelle die modernen Staaten einschließlich der UdSSR mit den Anfängen der Automation überschritten haben, erfordert einen Menschentyp, der sich vom bisherigen Industriearbeiter durch einen höheren Grad von Schulung unterscheidet; der junge Sowjetbürger von durchschnittlicher Intelligenz, der nach der achtklassigen Schule einige Jahre halb im Betrieb, halb in der schulischen Fortbildung steht, dürfte den Anforderungen, die an die Arbeiter-

schaft zunehmend gestellt werden, recht gut entsprechen. Ob auch der zu besonderer geistiger Leistung als Techniker und Spezialist auf anderen Fachgebieten Befähigte von dem langwierigen Umweg über die Handarbeit gefördert wird, ist eine andere Frage; in der Sowjetunion jedenfalls haben einzelne Wissenschaftler in dieser Hinsicht deutliche Zweifel angemeldet.[40]
Noch weiß niemand genau, wohin der neue Weg führen wird. Eines aber läßt sich mit Sicherheit voraussagen: Die hohe Einschätzung des Wissens, die für die heutigen Sowjetmenschen so bezeichnend ist, wird sich nicht vermindern; dafür sitzt sie zu tief. Nichts zeigt dies anschaulicher als die in einem Land der Revolution auffallende Verehrung, welche den überlebenden Angehörigen der vorrevolutionären Intelligenzia zuteil wird. Häufig stieß ich beim Besuch von Schulen auf alte Lehrer, noch häufiger Lehrerinnen, wie jene Marja Petrowna, welche die Liebe ihrer Zöglinge genießen. Keine kulturelle Veranstaltung ist vollständig ohne eine oder mehrere weißhaarige Gestalten mit den typischen Zügen eines geistigen Menschen der alten Zeit. Das Wort Akademiker hat dort einen stolzen Klang; es meint in Rußland den echten „Akademiker", nämlich das Mitglied einer Akademie der Wissenschaften. In Gemäldegalerien findet man immer wieder Porträts von solchen Akademikern, Greisen mit klugen und gütigen Zügen, häufig einem Spitzbärtchen und fast immer dem kleinen flachen schwarzen Zimmermützchen auf dem Kopf, das schon im alten Rußland den Gelehrten kennzeichnete. Dieser Typ erscheint auch häufig in Romanen oder auf der Bühne.
Es gibt ein Drama, das seit Jahren auf dem Spielplan der Sowjettheater seinen Platz zu behaupten vermochte und das von den Angehörigen der alten Intelligenzia gern besucht wird, da es ihr Selbstbewußtsein hebt. Es heißt „Die Turmuhren des Kreml" (Kremljówskije Kuránty) von Nikolaj Pogódin. Die Hauptfiguren sind Lenin persönlich und ein alter Ingenieur, einer der bedeutendsten Vertreter seines Fachs aus der älteren Generation, der den Bolschewismus haßt und sein Leben mit dem Verkauf von Streichhölzern fristet. Da Lenin entschlossen ist, die vorrevolutionären Fachleute zur Arbeit heranzuziehen, läßt er den Alten in den Kreml holen. Als er erfährt, womit dieser seine Tage verbringt, ruft Lenin:

„In unserer Zeit mit Zündhölzern handeln! Für solche Geschichten müßte man Sie ohne weiteres erschießen!"
Das soll ein Scherz sein, aber aus dem Munde eines Lenin klingt er recht makaber, um so mehr als – neben Stalin – auch der berüchtigte erste Chef der Tscheka (später GPU) Dsershinskij anwesend ist. Stalin erklärt, worum es sich handelt: Rußland soll elektrifiziert werden. Der Alte ist von dieser Idee so fasziniert, daß er seine politischen Gefühle vergißt und in den Dienst des bolschewistischen Staates tritt. Lenin schließt die Szene mit den Worten: „Könnte man nur rascher solche Bären aufrütteln; zu Hunderten haben sie sich versteckt." [41]
Zu Stalins Lebzeiten wurden freilich die alten Intellektuellen häufig als unverbesserliche Reaktionäre und Dunkelmänner dargestellt, so etwa der Professor der Physik Jáchontow in dem 1950 veröffentlichten Roman „Shénia Máslowa" von Wladimir Dobrowólskij [42]. Aber selbst dann macht der Vertreter der Vorkriegsintelligenzia auf die ihn umgebende Jugend einen weit nachhaltigeren Eindruck als sein parteifrommer Widerpart. Nach Stalins Tod werden die widerborstigen Alten immer häufiger in positiver Beleuchtung gezeigt, zum Beispiel der alte Professor Nikólzew in der 1954 erschienenen Erzählung „In seiner Heimatstadt" von Viktor Nekrassow.[43] Aus Verehrung für ihn gibt einer seiner Studenten dem Dekan der Fakultät, der sich wie ein Spitzel benimmt und Nikolzew politisch verdächtigen will (dieser war während des Krieges in dem von der deutschen Wehrmacht besetzten Gebiet zurückgeblieben), eine vom Autor offensichtlich als richtig anerkannte Ohrfeige. Gern wird auch die fachliche Souveränität der „Alten" herausgestellt. In der Novelle „Ferne Brunnen" von G. Kalinowskij (1956) kommt eine alternde Geologin vor, die immer noch die Unbilden und Strapazen ihres Berufes auf sich nehmen muß und die sich den jüngeren Geologen weit überlegen zeigt, als diese gegen ihren Rat eine „Trinkwasserquelle" erbohren, die sich dann als Salzwasserquelle erweist.[44]
Ein eindrucksvolles Porträt eines alten „Akademikers" gibt der Dichter Daniil Granin in seinem Roman, der das Leben in einem wissenschaftlichen Institut schildert. Der Alte erscheint dort unter den Zuhörern eines Vortrags über Physik:

„In der ersten Reihe saß ein korpulenter Greis mit wuscheligem graumeliertem Haar. Er hatte beide Hände auf einen knorrigen Stock gestützt, den er zwischen den Knien hielt... Dieser Gelehrte war schon zu Lebzeiten eine Legende geworden... Schon längst hatte sich die Radiotechnik zu einer selbständigen Wissenschaft entwickelt und in Dutzende neuer Disziplinen verästelt; schon konnten die Spezialisten für Transformatoren sogar ihr begrenztes Gebiet nicht mehr voll beherrschen und befaßten sich entweder mit kleinen oder mit großen Transformatoren. Er aber schritt, besorgt mit seinem berühmten Stock aufstoßend, aus einem Wissensgebiet ins andere und regierte mit sicherer Hand sein unermeßliches Reich. Was er auch anpacken mochte, immer vermittelte er großzügig kühne Ideen, an denen ganze Forschergruppen arbeiteten und noch arbeiten werden. Von denen, die hier im Saale saßen, waren viele entweder seine Schüler oder Schüler seiner Schüler." [45]

Natürlich gibt es in den Romanen auch „böse" Vertreter der alten Intelligenzia, wie die Intriganten Awdíjew (bei Dudinzew), Koselskij in den „Studenten" von Trífonow[46] und Krámow in „Suchen und Hoffen" von W. Kawérin.[47] Aber diese drei und die meisten ihrer Art gehören schon der Übergangsgeneration an und sind nicht mehr vom alten Schlag; überdies findet sich in jedem dieser drei Romane auch der Typ des edlen Greises.
Daß der Staat solche Huldigungen an die Intellektuellen der Vorkriegszeit zuließ, ist wohl zu verstehen: Ihm können die Greise nicht mehr gefährlich werden; sie dienen ihm gleichsam als lebende Beweise für Alter, Würde und Tradition der russischen Forschung und fördern das Vertrauen in die vaterländische Wissenschaft. Überdies sterben sie allmählich aus.
Entscheidend ist daher das Verhältnis des Staates nicht zu der alten Intelligenzia, sondern zu der jungen. Dieses aber befindet sich – das haben die letzten Jahre, das hat vor allem die Schulreform gezeigt – in einer Krise. Daß die Machthaber im Kreml der jungen Generation und vorzüglich den Bürgern der Civitas academica sovietica nicht ohne Grund mißtrauen, wird noch in anderem Zusammenhang deutlich werden.[48] Auch diese akademische Jugend konnte der stolzen studentischen Tradition, Hüter der Freiheitsflamme zu sein, nicht ganz entfremdet werden.

NEUGIER

Während ich im Frühjahr 1956 einige Monate lang von Moskau aus für die Sender der Bundesrepublik tätig war, führte mich mein täglicher Weg – vom Hotel Savoy zum Zentralen Telegraphenamt, wo die Zensur saß – an einem fliegenden Buchhändler vorbei. Auf ein paar Brettern hatte er seine Waren ausgebreitet, und immer standen einige Neugierige davor. Einmal sah ich schon von weitem ein großes Gedränge an der Ecke, wo sein Büchertisch stand. Eine aufgeregte Menschenschlange hatte sich gebildet, vorn am Tisch war ein wildes Durcheinander. Ich schob mich so nahe wie möglich heran, um gerade noch zu sehen, wie die letzten Exemplare des so begehrten Buches verkauft wurden. Sechzig oder siebzig Menschen, die bereits in der Schlange gestanden hatten, zogen enttäuscht wieder ab. Aus Gesprächen entnahm ich, daß der Verkäufer kaum eine Viertelstunde vorher den Handel mit hundert Exemplaren dieses Buches begonnen und daß sich sofort eine Menge gebildet hatte, die ihm in Windeseile alle aus der Hand riß. Er hätte ebensogut auch tausend Stück absetzen können. Wie das Buch hieß? Es war eine russische Ausgabe der Sagen des klassischen Altertums. Auflage: hunderttausend.

Der Vorgang hat nichts Ungewönliches. Jedem Besucher drängen sie sich auf – die stets von Käufern überfüllten Buchhandlungen, die riesigen Auflagen der Klassiker (auch der ausländischen), die bis zum letzten Platz besetzten Theater (jedenfalls, wenn sie Klassiker spielen), die allenthalben geführten Gespräche über künstlerische Fragen, die stark besuchten Vorträge und Diskussionen über Neuerscheinungen und die Unzahl lebhaft gefragter literarischer und belletristischer Zeitschriften (Nówyj Mir mit einer Auflage von 150000 und rund 3500 Seiten im Jahr und Oktjábr – Auflage: 150000, rund 2250 Seiten im Jahr – sind die bekanntesten, daneben Snámja und Swesdá, ferner Moskwá und zahlreiche andere regionale Zeitschriften der gleichen Art in den Republiken und Provinzen).

Dies sind eindrucksvolle Zahlen, die sich im geistigen Wettstreit der Völker sehen lassen können. Das kleine Erlebnis am Stand des Moskauer Bouquinisten aber schien mir noch aus einem anderen Grund bedeutsam. Läßt sich ein deutlicherer Beweis dafür denken, daß der Wissensdrang des Sowjetmenschen aus jenem einen höchst realen Grund allein nicht zu erklären ist, den man, das alte Wort sowjetisch variierend, auf die Formel bringen könnte: Wissen ist Aufstieg, ist der Weg zum Erfolg? Gewiß ist in einem Staat, in dem ein höherer Lebensstandard nicht durch Eigentum, durch den Ertrag eines wie immer angelegten privaten Vermögens, sondern nur durch Leistung errungen werden kann, der persönliche Besitz an Wissen die sicherste Treppe zum materiellen Glück. Aber schon das ungewöhnlich starke technische Interesse, vor allem der Jugend, das bald nach der Revolution deutlich in Erscheinung trat, reicht über solche utilitaristische Beschränkung hinaus. Ich erinnere mich an meine Erlebnisse mit russischen Drachenbastlern und Segelfliegern zu Beginn der dreißiger Jahre. Es war geradezu ein technischer Rausch. Was der angebliche Lama in seinem Buch „Das dritte Auge" über den Drachenflug der Mönche im Hochgebirge von Tibet berichtet, habe ich damals schon ohne mystisches Brimborium auf den Wiesen an der Moskwa erlebt. Die jungen Leute ließen erst einen Drachen steigen, knüpften einen zweiten, einen dritten, einen vierten dran, bis der Auftrieb so stark war, daß er Buben zwanzig Meter oder höher in die Luft hob.

Seither hat sich das allgemeine Interesse an der Technik ständig verstärkt, nicht zuletzt auf Kosten der Politik. Politische Bücher und Zeitschriften werden zwar in gewaltigen Mengen produziert, wohl auch gekauft, aber verhältnismäßig wenig gelesen; sie stellen eine Pflichtlektüre dar, der man sich in Anbetracht der zahllosen Schulungskurse aller Art nicht entziehen kann, zu der man aber selten freiwillig greift. Also liest man sehr viel Belletristik und alles, was zur Weiterbildung führt.

Den echten Bildungsgütern kommt beim Lesepublikum zugute, daß in der Sowjetunion bestimmte Kategorien von Büchern ausfallen. Das sind vor allem jene unzähligen, uns täglich aufs neue mit Beschämung erfüllenden Druckerzeugnisse niedriger Art, die mit ihren Sensationen, Banalitäten, Nuditäten, Intimitäten in riesigen Auflagen die Kioske der westlichen Welt überschwemmen und für Millionen unserer Mitbürger den bevorzugten Lesestoff liefern. Dieser Typus von „Literatur" existiert in der Sowjetunion nicht, von wenigen Ausnahmen abgesehen, von denen noch die Rede sein wird.[1] Ein großer Teil der Milliarden von Lesestunden, die bei uns jährlich mit diesen Machwerken sinnlos verludert werden, die seelische Entwicklung vor allem der Jugend schädigend und die Phantasie mit häßlichen Bildern füllend, werden in der Sowjetunion für die ernste Lektüre frei. Dasselbe zeigt sich beim Theater: Wenn keine Entkleidungsrevuen zur Verfügung stehen, besucht man eben das echte Theater, vor allem in einem Land, in dem die Menschen, da sie unerträglich eng aufeinander wohnen, abends gerne ausgehen.

Mir scheint, daß gerade die von Staats wegen geförderte unerotische Atmosphäre in der Sowjetunion eine gewisse Erklärung für die Intensität des geistigen Lebens bietet. Während im Westen, in extremer Weise in Amerika, die sexuellen Interessen schon unter Jugendlichen erregt werden und „dating", „petting" und wie die Praktiken alle heißen mögen, das Denken der „Teenagers" beherrschen, sie „zerstreuen" und von geistiger Konzentration abhalten, wird in der Öffentlichkeit der Sowjetunion weder an den Plakatsäulen noch in den Reklameanzeigen der Zeitschriften, weder auf der Bühne noch im Film, mit einem Wort: nirgends in der Öffentlichkeit die Sexualität stimuliert. Es wirkte schon als Sensation, als im Winter 1956/57 auf einer zeitgenössischen Gemäldeausstellung in Moskau ein weiblicher Akt zu sehen war.

Was sich jedem Beobachter auf so vielfältige, gerade durch seine stürmische Naivität eindrucksvolle Art offenbart, ist der *Wissensdurst* eines begabten, nach tausendjährigem Schlaf erwachten Volkes, das erst vor kurzem lesen und schreiben gelernt hat und mit dem Elan des Entdeckers an geistige Aufgaben herangeht.

Bis vor wenigen Jahrzehnten lebte die große Masse der Bevölkerung ein geschichtsloses Dasein. Sie schlummerte – wie eine Prärie, die den Pflug nicht kennt, nur den gelegentlichen Hufschlag des schweifenden Nomaden. Was immer heranwuchs an Begabung, welkte und starb an Ort und Stelle, ging ein in die Humusschicht – bis der Pflug kam und die Welt verwandelte. Dieser Pflug war nicht so sehr die politische Revolution der Bolschewiken als jene nun erst auch in Rußland mit voller Gewalt einsetzende Umwälzung aller Lebensverhältnisse, für die die Historiker den Namen „industrielle Revolution“ geprägt haben. Sie riß die Menschen heraus aus dem gewohnten Gleichmaß ihres Daseins, wirbelte sie durcheinander, zwang sie zu immer neuer Umstellung und Entfaltung. Nach Jahrtausenden geistigen Schlummers ist mit ihr die große Unruhe in das Volk gekommen.

Diese Eruption erklärt auch die Fülle der Begabungen, die man antrifft. Im Westen steht der Weg nach oben den Begabten nun schon fast zwei Jahrhunderte offen, seit sich in der Epoche der Aufklärung die ständischen Bindungen lockerten und die Regierenden gemeinsam mit der geistigen Elite die Bildung auch des Volkes bewußt in Angriff nahmen. Der umbrochene Boden wurde – um im Bilde zu bleiben – Jahr für Jahr bearbeitet; was an wertvollen Säften in ihm war, stieg auf den Feldern unserer Kultur und Zivilisation nach oben, wurde Blüte und Frucht. Seit dem siebzehnten Jahrhundert haben wir auf deutschem Boden die Volksschule, seit Jahrzehnten keine Analphabeten. In ununterbrochener Auslese konnten die Talente emporwachsen.

Anders im alten Rußland mit seiner statischen Gesellschaftsform, die erst Ende des vorigen Jahrhunderts in Bewegung zu geraten begann. Hier lag das mächtige Reservoir ursprünglicher Begabungen noch fast unberührt in der Grundschicht bereit, als das beginnende Maschinenzeitalter und bald darauf die bolschewistische Revolution, planmäßig das Unterste zuoberst kehrend, den Zugang aufbrachen und die Ströme der Tiefe entbanden.

Dieser Vorgang liegt nur ein, zwei Menschenalter zurück. So haben sich die Menschen des weiten Landes das naive Vertrauen in Fortschritt und Wissen bis heute bewahrt; sie durchlaufen jene Frühzeit des erwachenden Geistes, die bei uns schon längst vergessen und durch Skepsis, zum Teil durch Blasiertheit abgelöst worden ist.

Eine elementare Neugier ist in diesem geschichtlich noch jungen Volke am Werk. Neugier – dieses Wort hat im Deutschen einen abschätzigen Klang, als handelte es sich nur um eine menschliche Schwäche. Gewiß kann sie eine Schwäche, ja ein Laster sein, wenn sie sich auch des privaten Lebens bemächtigt und vor dem Tisch und Bett des Nachbarn nicht haltmacht. Wo aber die Neugier zur Wißbegier wird, wo sie dem Hunger nach Kenntnissen und Erkenntnis entspringt, da gehört sie zu den fruchtbarsten Eigenschaften des Menschengeistes. Der Sowjetmensch würde sich in der Tat nach seiner Substanz von anderen Menschen unterscheiden, wenn er die Neugier eingebüßt, wenn er sich dazu bequemt hätte, alles ungeprüft anzunehmen, was die Regierenden ihm als Wahrheit vorsetzen, und auf alles zu verzichten, was sie ihm vorenthalten. In Wahrheit aber hat der Sowjetmensch seine Neugier, sein Bedürfnis, den Dingen auf die Spur zu kommen, nicht verloren, im Gegenteil. Sie erstreckt sich auf alles zwischen Himmel und Erde und macht auch an den politischen Grenzen nicht halt.

Es gab eine Zeit, in den bitteren Jahren nach dem Zweiten Weltkrieg, da sich bei uns in Deutschland ein starker Nachholbedarf an Auslandsreisen angesammelt hatte, der sichtbar wurde, sobald es wieder Visa und Devisen gab. Seit 1950 sind Millionen Bundesbürger – ein Viertel der Erwachsenen – ins Ausland gereist. In der Sowjetunion dürfte der aufgestaute Nachholbedarf an Auslandsreisen noch viel größer sein. Die heutige Oberschicht ist, von sehr wenigen Ausnahmen abgesehen (Diplomaten, Handelsvertretern, Technikern, Gelehrten, Künstlern), überhaupt noch nie im Ausland gewesen, da ein freier Reiseverkehr mit der übrigen Welt seit der bolschewistischen Machtergreifung nicht mehr bestanden hat (auch vorher nur in beschränktem Umfang). Sollte die Sowjetregierung eines Tages mitteilen, daß jeder, der es wünscht, einen Reisepaß und ausländische Devisen im Gegenwert von – sagen wir – zweitausend Rubel erhalten kann, würden mindestens fünf oder zehn Millionen reiselustiger Sowjetbürger diese Gelegenheit wahrnehmen wollen. Unter ihnen täten es gewiß manche mit der Absicht, nie wiederzukehren; sehr viele aber würden die Reise nur aus dem unbändigen Bedürfnis machen, mit eigenen Augen die Außenwelt zu sehen.

Doch die Leser dieses Buches brauchen sich nicht von der Vorstellung einer Flut von Millionen Sowjettouristen Alpträume verursachen zu lassen; die Sowjetregierung hat gute Gründe, von solcher Großzügigkeit abzusehen. Immerhin weiß sie, daß der Wunsch nach Auslandsreisen sehr stark ist. Sie trug ihm vorsichtig Rechnung, indem sie in den letzten Jahren einigen Gruppen sowjetischer Touristen den Besuch fremder Länder gestattete. Jede dieser Reisen wurde publizistisch groß aufgemacht. Erst wurde sie in der Presse angekündigt, dann die vollzogene Abfahrt gemeldet, dann die Heimkehr der Reisenden mitgeteilt; schließlich wurden die Reiseberichte gedruckt. Es sollte der Eindruck entstehen, daß touristische Auslandsreisen bereits an der Tagesordnung sind, obgleich jedermann weiß, daß die Zahl der Sowjetbürger, die als Touristen im „echten" Ausland waren, bis jetzt nur recht klein war; offiziell wird die Zahl derer, die als Touristen oder aus anderen privaten Gründen 1956 ins nichtkommunistische Ausland reisten, mit 8941 angegeben.[2] In die Bundesrepublik kamen 1958 nur zwei sowjetische Reisegesellschaften.

Bis 1955 waren die in Sowjetzeitschriften veröffentlichten Berichte über Auslandsreisen meist in der bekannten Schwarz-Weiß-Manier gehalten und voll von gehässigen Einseitigkeiten. 1956 wurde es besser. Im Vergleich zu früheren Veröffentlichungen ließen sich jetzt einige Schilderungen reisender Russen über das westliche Ausland schon fast als objektiv bezeichnen. Eine Aufsatzreihe der schon genannten Schriftstellerin Marietta Schaginjan über ihre Reise nach England war geradezu ein Loblied auf dieses Land. Seine Bevölkerung, „stolz auf die Unverletzlichkeit ihres Privatlebens", mache Ernst mit dem Wahlspruch: Mein Haus ist meine Burg, und habe es verstanden, sich inmitten des Industriezeitalters die persönliche Freiheit zu bewahren. Die Dichterin schildert den Applaus des englischen Publikums für das Theaterstück „1066 and All That", dessen Held sich – als letzter Individualist – aus Protest gegen den Zwang der modernen Zivilisation auf einem Fußgänger-Zebrastreifen mitten in London niederläßt, wo ihn tatsächlich niemand anzutasten wagt. Nach einem Besuch des Shakespeareschen Richard II. notiert sie:

> „Alle Achtung! Eine solche Sache zu schreiben, kurz nachdem sich die Ereignisse zugetragen haben, ohne sich vor der Zensur zu fürchten! Welche Kühnheit!"

Und an anderer Stelle:

„Ich erinnere mich nicht mehr, wann man zum letzten Male bei uns einen Stadtplan von Moskau kaufen konnte, von den Karten anderer Sowjetstädte ganz zu schweigen ... In London kann man in jedem Laden nicht nur einen, sondern Dutzende aller möglichen Pläne dieser Stadt finden, ja sogar ein ganzes Buch, in dem ganz London, in einzelne Quadrate aufgeteilt, gezeigt wird, jede Straße, jedes Gäßchen." Alles gefällt ihr, sogar die WCs in der Untergrundbahn, „großartige, geräumige Toiletten, deren Fehlen in der Moskauer Untergrundbahn den Ausländer befremdet, in denen man für drei Penny ein Stückchen Seife erhält und ein frisches Handtuch, das man nach Gebrauch in einen Korb wirft." [3]

Der bereits erwähnte junge Dichter Jewtuschenko veröffentlichte 1958 in einem Gedichtband die Verse:

Die Grenzen stören mich.
Und mich verdrießt es,
Buenos Aires nicht zu kennen
noch New York.
Will alles sehen,
was mich reizt
in London,
mit allen reden,
sei es auch nur schlecht!
An einem Autobus
wie Straßenjungen hängen
und durch Paris
am frühen Morgen fahren! [4]

Diese Verse sind nicht weniger bezeichnend für die Stimmung der Jugend als der philisterhafte Vorwurf, der gegen den Autor erhoben wird, für die Haltung der Literaturbürokratie. Sie hat für dieses überschäumende Die-Welt-sehen-Wollen des jungen Dichters nur eine dürre Rüge:

„Auch Majakowskij [führender bolschewistischer Dichter, der 1930 durch Selbstmord endete] reiste ins Ausland, aber nicht um eines leeren Amüsements willen ... Majakowskij reiste ins Ausland als Kommunist, als Botschafter der sowjetischen proletarischen Kultur, er tat es von exakten ideologischen Positionen aus." [5]

Das Ausland fasziniert nicht nur als Reiseziel, sondern in allen seinen Erscheinungsformen, nicht zuletzt in seiner Literatur. Lange Zeit war es den Sowjetbürgern unmöglich, einen „echten" ausländischen Roman in die Hand zu bekommen. Ihnen wurden lediglich die Bücher der „unechten" Ausländer freigegeben, der Kommunisten oder Mitläufer aus den osteuropäischen Staaten und der Sowjetzone Deutschlands oder aus der übrigen Welt, Bücher also, in denen die Verhältnisse im Ausland so tendenziös und verzerrt geschildert wurden, daß sie das Bedürfnis des russischen Lesers nach echten Auslandsinformationen überhaupt nicht zu befriedigen vermochten. Als sich einer der meistgedruckten Ausländer, der Amerikaner Howard Fast, 1957 zur peinlichen Überraschung Moskaus zum desillusionierten und bitterbösen Antikommunisten wandelte, wurde dies seinen nach Hunderttausenden zählenden Sowjetlesern fast ein Jahr lang verheimlicht.

Erst in der jüngsten Zeit trat auch hier eine Lockerung ein. Aber es war doch nur ein dünnes Rinnsal ausländischen Geistesgutes, das auf diese Weise in die Sowjetunion gelangte und das den Appetit der geistigen Oberschicht weit mehr anregte als stillte. Daß man überhaupt etwas erfuhr, ist nicht zuletzt das Verdienst der neuen Zeitschrift „Inostránnaja Literatura" (Ausländische Literatur). Hemingways „Der alte Mann und das Meer" zum Beispiel hat in russischer Übersetzung einen tiefen Eindruck auf die sowjetischen Leser (und Schriftsteller!) gemacht. So auch auf einen Sowjetautor, mit dem ich mich 1956 über dieses Buch unterhielt. Er hatte nicht lange vor dem Erscheinen der russischen Ausgabe selbst einen Roman geschrieben, der auch das Meer in den Mittelpunkt stellte, freilich nicht als schicksalbestimmende Macht im Leben des Menschen, sondern als Transportweg und Fischlieferant, und dem Leser geradezu eine Dienstanweisung für das Fischereiwesen gab, samt allem Nötigen über Wind, Wetter und Strömungen – ein Fischereikurs in Romanform. Auf meine Frage, wie ihm Hemingways Erzählung gefallen habe, sagte er freimütig:

„Hemingway hat ein großartiges Buch geschrieben. Ich hatte mir bei meinem Buch ungefähr dasselbe Ziel gesetzt, aber bei mir ist es wieder nur ein ‚Produktionsroman' geworden." (So nennen die Russen Romane, die statt Menschen Produktionsprozesse zum Thema haben.)

Unter anderen Büchern, die in den letzten Jahren in der Sowjetunion auf russisch erschienen, hat „Der stille Amerikaner" von Graham Greene viele Leser gefunden. Als sehr populär erwiesen sich A. J. Cronins Novellen und Daphne du Mauriers „Rebecca". Unter den zeitgenössischen deutschen Schriftstellern ist Heinrich Böll am bekanntesten geworden.

Am stärksten – weil unmittelbarsten – aber dürfte die Wirkung ausländischer Dramen sein; schon hat die führende Literaturzeitung Alarm geschlagen, weil zu viele zeitgenössische Stücke aus dem Westen auf Sowjetbühnen aufgeführt würden.[6] Noch populärer freilich, so scheint mir, als westliche Romane, Dramen und Filme sind westliche Modejournale. Ich nehme mir jedesmal, wenn ich hinüberfahre, für meine Bekannten einige mit, vor allem für deren Frauen.

Im ganzen ist es nicht allzuviel, was der Sowjetbürger über die westliche Literatur erfährt, aber es ist weit mehr als zu Stalins Zeiten, und da er das, was er zu lesen bekommt, sehr genau liest, kann er sich ein gewisses Bild machen von der geistigen Entwicklung bei uns. Was immer aus dem Ausland kommt, stößt auf lebhafte Aufmerksamkeit – Orchester, Solisten, das Negertheater mit „Porgy and Bess", Gemäldeausstellungen, sogar einige Gemälde Picassos aus seiner „blauen" Periode. Weitere moderne Gemälde westlicher Herkunft wurden auf dem Moskauer Jugendfestival vom Sommer 1957 ausgestellt. Als die Schätze der Dresdner Gemäldegalerie im Sommer 1955 in Moskau gezeigt wurden, gab es einen solchen Ansturm, daß sich Leute abends in die Schlange stellten, um am nächsten Morgen in die Galerie zu gelangen.

So bedeutsam für die Politik in Gegenwart und Zukunft solche persönlichen oder geistigen Kontakte noch werden mögen – ein anderes und diesmal rein innerrussisches Ereignis, das ich an Ort und Stelle miterlebte, scheint mir für eine Konzeption, die ihre Hoffnung auf den russischen *Menschen* setzt, noch wichtiger zu sein; es beweist, daß der Druck eines geistigen Verlangens auch in der Sowjetunion stark genug werden kann, um ein durch lange Jahre festgehaltenes politisches Tabu endlich aufzusprengen.

Als ich Anfang Februar 1956 meine Koffer packte, um als Beobachter zum XX. Parteitag nach Moskau zu fahren, las ich in einer der letzten Moskauer Zeitungen, die noch vor der Abreise auf meinen Schreibtisch kamen, am 9. Februar, dem fünfundsiebzigsten Todestag Dostojewskijs, werde die Subskription auf eine neue zehnbändige Ausgabe seiner Werke eröffnet. Auflage: 300 000.[7] Ich wollte am 12. Februar in Moskau eintreffen (der Parteitag begann am 14. Februar); da würde ich mich also gleich nach der Ankunft zur Subskription eintragen können ...

Im Moskauer Stadtzentrum, halbwegs zwischen dem Bolschoj- und dem Künstler-Theater, befindet sich schon seit langem die Zentralbuchhandlung, die Subskriptionen entgegennimmt. Sie fällt dem Passanten dadurch auf, daß vor ihrem Eingang Gruppen von diskutierenden Menschen stehen, gewöhnlich mit Bücherpaketen unter dem Arm. Sie wollen Tauschgeschäfte machen. Die einen möchten Veröffentlichungen, die sie subskribiert haben, nicht mehr bis zum Ende beziehen und deshalb die schon erschienenen Lieferungen abstoßen; die gleichen Lieferungen werden umgekehrt oft von anderen gesucht, die sich erst nachträglich zur Subskription entschlossen haben.

Der Ladenraum hat etwa die Größe eines Schulzimmers. Er war an jenem Tag besonders voll; es war der bitterkalte Februar 1956, an den sich ganz Europa fröstelnd erinnert. Die Tauschgeschäfte waren daher von der Straße nach innen verlegt worden. Statt in dem Menschengewimmel mühsam nach dem Tisch zu suchen, an dem man sich für Dostojewskij eintrug, fragte ich laut in den Raum hinein:

„Wo kann man hier den Dostojewskij subskribieren?"

Das muntere Stimmengewirr im Laden brach plötzlich ab. Aber nach einer oder zwei Sekunden erscholl ein allgemeines und lautes Gelächter. Verdutzt schaute ich mich um. Was hatte ich Komisches gesagt? Ich erfuhr es schnell genug. Als am 9. Februar morgens die Subskription auf Dostojewskij eröffnet wurde, war die auf diese Buchhandlung entfallende Quote – die relativ größte, da es sich hier um den bedeutendsten Bücherladen dieser Art im Lande handelte – noch am gleichen Vormittag vergriffen.

Viele Menschen hatten sich schon am 8. Februar abends vor dem Laden aufgestellt (bei dreißig Grad Kälte!), sich gegenseitig in der Schlange ablösend, um nur sicher am nächsten Morgen zu den Glücklichen zu gehören, die sich das Anrecht auf die gesammelten Werke Dostojewskijs erwarben. Und nun kam da einer drei Tage später und bildete sich ein, er hätte nur an einen Tisch zu treten und seinen Namen auf den Subskriptionsschein zu setzen! Das fanden die Leute so lustig, daß sie sich vor Lachen schüttelten.

Ähnliches wie in Moskau hatte sich am 9. Februar 1956 in allen Städten der Sowjetunion abgespielt; innerhalb weniger Stunden war die Auflage von fast einer Drittelmillion ausverkauft. Bis zum Abend hätte man wahrscheinlich auch eine Auflage von einer halben oder einer ganzen Million absetzen können.

Unter den großen Klassikern der russischen Literatur war Dostojewskij den Bolschewiken am unbequemsten gewesen. Sie haben daher versucht, ihn in der Versenkung des Vergessens verschwinden zu lassen. Zum letzten Mal waren seine sämtlichen Romane und Erzählungen in einer kleinen Auflage 1926–1930 (13 Bände) erschienen, also vor Beginn der Alleinherrschaft Stalins, zu einem Zeitpunkt relativer geistiger Freiheit, als der Staat die Literatur noch nicht ganz unter seine Kontrolle genommen hatte. 1931 kamen noch einmal „Werke" heraus, dann nichts mehr. Sogar die Dostojewskij-Forschung mußte seit Beginn der dreißiger Jahre versanden.[8] Noch 1950 hat man in dem dreibändigen Werk über die russische Literatur für die drei letzten Klassen der Oberschule den großen Dichter keines eigenen Kapitels gewürdigt, sondern ihn als einen unter vielen anderen im Kapitel „Die siebziger und achtziger Jahre" kurz mitbehandelt, ohne ihn im Inhaltsverzeichnis aufzuführen.[9]

Dies alles darf nicht wundernehmen. Der ewige Gottsucher Dostojewskij, dessen bohrendes Interesse der Einzelseele und ihrem Verhältnis zu Gott galt, vertrat eine Welt, die dem Bolschewismus in unversöhnlicher Feindschaft gegenüberstand; sein Pjotr Werchowenskij in den „Dämonen" nahm die Gestalt des skrupellosen Funktionärs in einem prophetischen und wenig schmeichelhaften Bilde voraus. Mir war es geradezu als Testfall erschienen, ob es den Bolschewiken gelingen würde, Dostojewskij aus dem Bewußtsein des russischen Volkes zu tilgen.

Es hätte gar nicht so schwer sein dürfen: die heutige geistige Oberschicht stammt zu neun Zehnteln (diese Zahl ist geschätzt, Statistiken gibt es darüber nicht) aus Familien, die niemals Dostojewskijs Gesammelte Werke oder Ausgaben seiner großen Romane besessen hatten. Die Familien aber, in deren Bücherschränken einst Dostojewskij vertreten war, haben so schwere Zeiten hinter sich, daß es kaum einer von ihnen gelungen ist, die alten Bücherbestände durch die Jahre der Revolution, des Bürgerkriegs, des Hungers, der Geldentwertung, der politischen Säuberungen und des Zweiten Weltkrieges hindurchzubringen. Man hätte sich also denken können, daß Dostojewskij mit Hilfe einer aus Verschweigen und abschätzigen Bemerkungen gemischten Taktik nach einigen Jahrzehnten aus dem Bewußtsein der Russen ausgelöscht werden könnte.
Das ist nicht geglückt. Die neue geistige Oberschicht war auf die Dauer nicht gewillt, sich ihr Bild der Geistesgeschichte ihres Volkes ausschließlich von der Partei diktieren zu lassen und aus parteiamtlichen Schriften oder Bannbullen zu formen. Ihre Neugier, ihr Bedürfnis, sich einen eigenen Eindruck von den Werken Dostojewskijs zu bilden, war so überwältigend stark, daß die Nachfolger Stalins in diesem Punkt schließlich kapitulierten. 1955 wurden einzelne Werke Dostojewskijs in einer Gesamtauflage von 1,3 Millionen gedruckt[10]. Inzwischen ist auch die zehnbändige Ausgabe erschienen, die ich in jenem Februar 1956 subskribierte; sie enthält alle seine abgeschlossenen künstlerischen Werke, sogar die „Dämonen", von denen Gorkij, sein erbittertster Kritiker, einst sagte, sie seien „der talentierteste und böseste der unzähligen Versuche, die revolutionäre Bewegung der siebziger Jahre zu verleumden".
Es ist also den Bolschewiken nicht gelungen, Dostojewskij posthum zu „liquidieren". Die Neugierde der geistigen Oberschicht, den Verfemten selbst kennenzulernen, war so drängend, daß der Staat ihr Rechnung tragen mußte.
Jener stürmische Wissensdrang gehört heute zu den auffallenden Merkmalen des sowjetischen Lebens. Welchen Anteil der Bevölkerung er erfaßt hat, ja auch nur, ob er wenigstens die Mehrheit beherrscht, vermöchte ich nicht abzuschätzen; darüber gibt es keine Zahlen, und was der einzelne Beobachter mit eigenen

Augen sieht, kann immer nur ein schmaler Ausschnitt sein. Jedenfalls wäre das in diesem Kapitel gebotene Bild einseitig, wenn es nicht auch die entgegengesetzten Eindrücke und Überlegungen verzeichnete.

So darf man nicht übersehen, daß bei der Lesebeflissenheit weiter Kreise und den hohen Auflagen ernster Bücher und Zeitschriften neben der spontanen Neugier, neben dem echten Bildungshunger eine weitere Triebfeder mitwirkt: das Bedürfnis vieler, mit ihrer Bildung vor den Mitmenschen zu prunken; dieses Bedürfnis kennen wir auch aus anderen Völkern, die sich in der ersten Phase ihrer bürgerlichen Epoche befinden; der bekannte Schwank „Der Raub der Sabinerinnen" ist eine Satire auf die Halbgebildeten, auf die das Bürgertum von seiner klassischen Bildung stolz herunterblickt. Eine ähnliche Geisteshaltung verraten manche literarischen Erzeugnisse der Sowjetmuse; von S. Mawritsch zum Beispiel wird ein junges Ehepaar dem Spott preisgegeben, das, um seine musikalische Bildung zu beweisen und originell zu sein, seine Tochter Traviata genannt hat und zu seinem Entsetzen von einem Zufallsbekannten, der Italienisch unterrichtet, erfahren muß, daß der wohlklingende Name der schönen Opernheldin wegen ihres unkeuschen Lebenswandels gegeben wurde und eine überaus anrüchige Bedeutung hat. In der gleichen Geschichte wird noch eine weitere Schwäche der Halbbildung lächerlich gemacht, jene, der die ironische Wendung gilt: „Fremdwörter sind Glückssache." Traviatas junger Papa hat ein Lieblingsfremdwort: Nonsense, das er grundsätzlich am falschen Platz verwendet. „Die Straße ist Nonsense", sagt er, wenn er ausdrücken will, daß die Straße schlecht ist.[11]

Gern prunkt ein neues Bildungsbürgertum mit Zitaten; auch in der Sowjetunion ist das nicht anders. Ende 1955 erschien in Moskau ein russischer Zitatenschatz, der von unserem „Büchmann" sogar den Titel entlehnt hat: Krylátyje Slowá = Geflügelte Worte.[12] Nur mit Mühe und Not konnte ich ein Exemplar erstehen, weil es trotz seiner Auflage von 165 000 sofort vergriffen war. Selbst in Alltagsgesprächen kann man manchmal literarische Zitate hören. Bei Dudinzew begrüßen sich Held und Heldin einmal: „Guten Tag, Mephisto!" – „Guten Tag, Gretchen!"

Außer denen, die nur nach Bildung streben, um damit einen Effekt zu erzielen, gibt es die breite Masse derer, denen Wissen und Bildung überhaupt nichts bedeuten. Sie sagen etwa: „Warum soll ich mich anstrengen? Das Fett schöpfen doch die oben ab." „Die oben", russisch „oní", wörtlich: sie – ein Lieblingswort der Volkssprache von heute –, das sind die Leute in der Oberschicht, vor allem die Leute im Partei- und Staatsapparat, die Mächtigen, die Befehlenden, die Männer in den dicken, schwarzlackierten Limousinen, die alle Genüsse des Lebens kennen. Daß es solche Stimmen gibt, ist nicht verwunderlich; auch nicht, daß man auf Menschen stoßen kann, die sich nicht anstrengen wollen, weil jede Leistung einem Staate zugute kommt, den sie ablehnen.

Überraschender ist, daß man auch unter denen, die beruflich tüchtig sind und dem Staate nicht feindselig gegenüberstehen, Menschen findet, deren Haltung derjenigen vergleichbar ist, die man leider nicht selten im Westen antreffen kann und die sich in die Worte zusammenfassen läßt: Ich habe mein Auskommen und ein Motorrad; alles andere soll der Teufel holen. Solche Typen habe ich da und dort in der Sowjetunion getroffen. Hier möge ein bekannter Sowjetschriftsteller selbst sprechen, Lew Kassil, der die folgende Unterhaltung mit einem jungen Bauarbeiter in einem Wohnheim bei Moskau wiedergibt:

> „Mein ansehnlicher, breitschultriger Gesprächspartner trug ein Jackett von modischem Schnitt, dazu ein Hemd von russischem Schnitt mit lässig aufgeknöpftem Kragen, und Stiefel, an deren Schäften die auf besondere Art eingeschlagene Hose herabhing. Kaum war zwischen uns ein allgemeines Gespräch über Bücher, Kunst und wissenschaftliche Entdeckungen angebahnt, als er auch schon abwinkte und in hohem Bogen in eine entfernte Ecke spuckte. ‚Nein, Sie müssen schon entschuldigen', sagte er, ‚mit diesem Zeug bin ich fertig. Ich habe meine Ausbildung, und damit basta. Wozu auch? Ich bin mit der Handwerksschule durch und habe meine Arbeit; das langt mir. Wir sind momentan sehr gefragt. Ohne unsere Fachkenntnisse geht es eben nicht. Das Bauen, vor allem der Wohnungsbau, wird heute groß geschrieben ... Stimmt's?'
>
> ‚Sie gelten hier aber als guter Brigadeführer', warf ich ein. ‚Sie

sind doch nicht faul, scheinen ein fähiger Mensch zu sein und könnten weiterkommen. Haben Sie kein Interesse daran?'

,Was ist daran schon interessant? Ich ... werde mir bald ein Motorrad anschaffen. Das genügt mir. Monatlich verdiene ich über einen Tausender. Die Hauptsache ist, daß man nach Feierabend fertig ist. Läßt man sich weiter ausbilden, dann sitzt man bestenfalls mit einem Dreihundert-Rubel-Stipendium herum. Aber auch nur, wenn man die Prüfungen besteht. Wird man schließlich Ingenieur, dann machen sie einen zum Natschalnik. Verdienen tut man dann auch kaum mehr, als ich jetzt bekomme, und die Verantwortung, die wird man bis zum Grabe nicht mehr los. Was für Nutzen habe ich davon? Das ist doch sinnlos, absurd!' ...

,Es reicht allemal, um sich einen hinter die Binde zu gießen', sagt er, und auf alles andere spuckt er ... [Seine Kollegen sagen von ihm:] ,In der Arbeit ist er der Erste, und natürlich denkt er auch an sich selbst zuerst.'" [13]

Ein anderer Erzähler läßt in einem Gespräch mit einer jungen Frau erkennen, daß diese Einstellung nicht nur bei Männern anzutreffen ist. Galina hat in Moskau Medizin studiert, aber ihr Studium abgebrochen und einen Ingenieur geheiratet. Einige Jahre später trifft sie zufällig ihren früheren Klassenlehrer, der später sein Gespräch mit ihr erzählt. Galina spricht dort Sätze wie diese:

„Und dennoch reifte im stillen allmählich das Verlangen heran, meine Zukunft so einzurichten, daß ich vom Leben für meine Bereitschaft, das ihm Zustehende zu leisten, als Entgelt die Chance erhielte, alle seine Reize bis zur Neige auszukosten. So applaudierte ich einerseits im Film den großartigen und hochgesinnten Gefühlen, während ich andererseits zur gleichen Zeit auf das ,schöne' Leben neidisch war, mochte es auch ein Aristokratenleben sein. Mein Herz lehnte jene Selbstaufopferung ab, von der in unseren sowjetischen Büchern so viel geschrieben wird. Doch das ist noch nicht alles; schon damals begann ich mit meiner Freundin Rimma (Sie werden sich gewiß an sie erinnern) über die Frage zu ,philosophieren': Wie lange wird man diese Opferbereitschaft denn noch von den Menschen fordern? Wird es nicht auch nach dem Übergang zum Kommunismus so bleiben, daß der Held sich selbst, genauer: sein Wohlergehen, seine Zeit, manchmal seine Gesundheit, seine Ruhe bedingungslos opfern muß? – Bei den Eltern Rimmas kam regelmäßig ein kleiner Kreis von Ingenieuren und anderen Mitarbeitern der Werksleitung zusammen. Auch sie haben in ihrem Gespräch am runden Tisch – ohne uns zu bemerken – dasselbe gesagt. Und ich dachte damals: So ist das also mit den Lehrern; sie versuchen uns nur deshalb zu überzeugen, weil sie sich dazu verpflichtet fühlen, weil das Schulprogramm es ihnen vorschreibt. Diese klugen, belesenen und über ein großes Wissen verfügenden Ingenieure dagegen haben niemanden zu überzeugen gehabt und deshalb frei ihre persönlichen Ansichten aussprechen können. Was einem aber im Kino, in den Büchern, in Vorlesungen und Unterrichtsstunden geboten wird, ist nichts weiter als Propaganda...

Ja, ich bin auch heute nicht bereit, mich aufzuopfern. Wenn große Menschen die Selbstaufopferung bejahen, so ist das eine andere Sache. Ihr Verhalten ist begreiflich und gerechtfertigt. Mein kleines Opfer dagegen wird niemandes Leben bereichern. Verstehen Sie mich nicht falsch: ich habe nicht die Absicht, vom Leben nur zu nehmen, ohne von mir aus etwas zu geben. Ich bin zum Beispiel nicht wie Rimma damit einverstanden, ohne Arbeit zu leben. Ich will dafür aber den uneingeschränkten Genuß meines Lebens. Ist es denn nicht möglich, diese beiden Gesichtspunkte zu vereinbaren? Warum hält man diese Ansicht für verabscheuungswürdig?...

Wenn ich vom wahren Glück in einer kalten Bude im Neuland oder weit draußen in der Taiga, wo die Welt mit Brettern vernagelt ist, sprechen höre, so denke ich: ‚Offensichtlich stellen diese Menschen sehr geringe Anforderungen an das Glück.'" [14]

Dieser einem leichteren Leben zugeneigte Typus sucht auch nach Feierabend zu seiner Unterhaltung die „leichtere Ware", die ihm zunehmend auch in Gestalt ausländischer Filme angeboten wird; deren große Beliebtheit erklärt sich eben daraus, daß sie eine völlig unproblematische und unpolitische Entspannung gewähren. Westliche Filme höheren Ranges, in denen um unsere Probleme ernsthaft gerungen wird, werden von der Zensur ohnehin ferngehalten, da sie zwar die westliche Welt nicht gerade anziehend schildern, aber mindestens zum Nachdenken anregen und die Propagandathesen vom „faulen Westen" Lügen strafen, der stupide dem eigenen Untergang entgegentaumelt. Die Tingeltangel-Ware aber, die in solchem Umfang von den westlichen

Studios produziert wird, betrachtet der Kreml als unbedenklich, ja, sie paßt ihm in seine antiwestliche Propaganda.
Sogar in der einheimischen Filmproduktion und Belletristik hat sich in den letzten Jahren eine bestimmte leichtere Gattung einigermaßen durchzusetzen vermocht, die Kriminalgeschichte, von der wir später noch sprechen werden.[15]
Auch wer diese neuen Züge im Bild aufmerksam und nüchtern registriert, wird sich vor dem Irrtum hüten, daß es von ihnen maßgebend bestimmt wird, und aus den Reden des Moskauer Bauarbeiters oder der Ex-Studentin Galina nicht den Schluß ziehen wollen, daß alles nicht so schlimm ist und der Sputnik ein Zufallstreffer war. Die geistige Intensität in Volk und Oberschicht ist unbestreitbar und beherrscht noch heute Stil und Rhythmus des Lebens. Sie wird, wenn nicht alles täuscht, auch noch eine ganze Reihe von Jahren vorhalten; wir müssen sie also in unsere weltpolitischen Kalkulationen einsetzen.
Aber auch der Kreml muß sie berücksichtigen, und nicht nur zu seinen Gunsten. Es kann nicht ausbleiben, daß der natürliche und vom Staat ausgenützte Wissenstrieb des Volkes als Nebenprodukt auch eine – in dieser Form von der Führung sicher nicht beabsichtigte – Aktivierung des kritischen Denkens zur Folge hat. Gewiß haben die letzten Jahrzehnte gezeigt, daß es möglich ist, die brachliegenden geistigen Kräfte eines intelligenten Volkes mit großer Schnelligkeit zu entwickeln und zur Bewältigung schwieriger Aufgaben zu befähigen. Entwickelt man aber das Denken eines Menschen, so entwickelt man es als Ganzes, nicht partiell – etwa nur die Region des Gehirns, die für die Schwachstromtechnik oder für den Bau von Schiffsturbinen zuständig wäre.
Seit Jahr und Tag hämmert nun dieser Staat seinen Bürgern in Zeitungen, Zeitschriften, Filmen, Rundfunk, Fernsehen, Parteiversammlungen die eine Parole in Hirne und Herzen: Es muß rascher und mehr produziert werden! Erfindet neue Maschinen neue Methoden, neue Verfahren, die besser sind als die bisherigen! Baut raschere Fließbänder, schnellere Flugzeuge! Und jeder dieser Aufrufe ist ein Appell an das kritische Denken der Menschen. Denn was heißt es, eine wirksamere Maschine oder ein schnelleres Flugzeug zu konstruieren? Es heißt zuerst einmal nichts anderes, als die alte Maschine, das vorhandene Flugzeug

kritisch zu betrachten, jeden einzelnen Teil unter die Lupe zu nehmen und sich zu fragen: Was daran ist unbefriedigend und bedarf der Verbesserung?
Es ist aber unmöglich, dieses kritische Denken in bezug auf Maschinen zu fördern und in bezug auf alles andere, also zum Beispiel auf die Fragen des Staates und des menschlichen Zusammenlebens, auszuschalten oder verkümmern zu lassen. Erziehung zum Denken ist, ob man will oder nicht, Erziehung zu kritischem Denken. Das ist unsere Hoffnung, eine der Hoffnungen, mit denen wir den Weg des russischen Volkes begleiten – und nicht die geringste.

GEISTIGE FREIHEIT

Im Frühjahr 1956, auf einer Reise durch Sibirien, verbrachte ich zwei Tage ohne Umsteigen im selben Zug. Nichts wies darauf hin, daß ich hier einem Vertreter und gar einem aktuellen Problem des sowjetischen Geisteslebens begegnen würde. Zwar kamen bald auch Fahrgäste aus anderen Wagen zu uns herüber, aber das hatte seinen guten Grund: Unser Wagen hatte eine besondere Attraktion aufzuweisen, zwei höchst fidele Schaffnerinnen. Die eine, die auffallend hübsch war, hieß Tamára, wurde freilich häufiger mit der Koseform Tamárotschka gerufen. Wie der Nektar die Bienen, so zog Tamarotschka die Kavaliere des Zuges an, und wenn einmal in ihrem Abteil weder sie noch ihre Kollegin schlief (die beiden arbeiteten im Schichtwechsel), versammelten sich ihre Verehrer dort auf engem Raum; auch ich saß manchmal dabei. Es wurde erzählt, gesungen, an Süßigkeiten geknabbert. Bis der gestrenge Oberschaffner dahinterkam und diesem vorschriftswidrigen Treiben ein Ende machte, indem er uns alle aus Tamarotschkas Abteil vertrieb.

Als wir betrübt abzogen, nahm ich einen der Schicksalsgefährten, der aus einem anderen Wagen herübergekommen war, mit zu mir ins Abteil, um mit ihm noch ein Weilchen weiterzuplaudern. Er hatte sich als Schriftsteller bezeichnet und war immer mit einem dicken, mit der Maschine geschriebenen Manuskript herumgelaufen, das er jedem als Beleg für seinen Beruf vorwies.

„Was machen Sie denn hier im fernen Sibirien?" fragte ich ihn.

„Thema suchen!" erwiderte er heftig. „Thema suchen!"

„Ist das so schwer?" wollte ich wissen.

Darauf erzählte er mir seine Leidensgeschichte: Er hatte einen Roman entworfen und den Plan mit einem der staatlichen Verlage abgesprochen. Immer, wenn er wieder einige Kapitel fertig

hatte, lieferte er sie ab und nahm den fälligen Vorschuß in Empfang. Stolz erhobenen Hauptes erschien er schließlich mit dem letzten Kapitel im Verlag. Dort aber erwartete ihn eine entsetzliche Nachricht: Es tut uns leid, sagte man ihm, wir werden Ihren Roman nicht veröffentlichen; zahlen Sie uns bitte bis zum Soundsovielten den Vorschuß wieder zurück oder bringen Sie uns bis dahin ein anderes druckfähiges Manuskript.
Was war der Grund? Eine Kurve in der Generallinie: Auf dem XX. Parteitag war Stalin soeben als Schädling entlarvt worden, und im Manuskript war er noch als großer Held dargestellt.
Ich suchte den Mann zu trösten: „Können Sie denn den Stalin nicht wieder aus Ihrem Roman herausoperieren und diesen dann doch noch drucken lassen?"
„Das ist ja gerade die Katastrophe", erwiderte er mit einer Gebärde gereizten Mißmuts. „Der Stalin liefert ja den roten Faden in meinem Roman! Ich war sogar ganz besonders stolz darauf, daß es mir gelungen war, Stalin und die Handlung des Buches so miteinander zu verweben, daß sie zusammen eine unlösliche Einheit darstellen. Wenn ich den Stalin herausschneide, ist der ganze Roman zum Teufel."
Ich drückte ihm mein Mitgefühl aus, aber damit war ihm nicht gedient. Er war wirklich wütend und zeigte das sogar einem unbekannten Ausländer gegenüber. Und so jagte er nun erbittert durch Sibirien, auf der Suche nach einem neuen Thema. Vielleicht hätte er es in Tamarotschkas Abteil gefunden; auch damit war es nun nichts.
Zum Abschied sagte ich ihm:
„Ich will Ihnen einen guten Rat geben: Warten Sie drei Jahre, dann ist Stalin wieder rehabilitiert, und Sie können das Manuskript drucken, wie es ist."
Er knurrte, und sein Gesicht zeigte, daß er nicht zu Scherzen aufgelegt war. Dabei waren meine Worte gar nicht als Scherz gemeint, sondern als Prognose. Freilich erwies ich mich als recht mangelhafter Prophet: Stalins Rehabilitierung vollzog sich viel rascher; schon *ein* Jahr später hätte mein Reisebekannter den Roman fast unverändert veröffentlichen können. Vielleicht hat er das getan.
Dieses kleine Erlebnis erschien mir aus zwei Gründen aufschluß-

reich: Erstens zeigt es, daß sogar im Frühjahr 1956, in den Wochen nach dem XX. Parteitag, als sich die Sowjetunion der Welt von ihrer – relativ – freundlichsten und liberalsten Seite zeigte, der – nunmehr antistalinistische – Druck auf die geistig Arbeitenden in manchen Fällen kaum weniger wirkte, als es zuvor der stalinistische getan hatte. Zum zweiten aber: Ein paar Jahre zuvor, als der alte Diktator noch lebte, hätte ein junger Sowjetautor eine solche Behandlung als selbstverständlich angesehen und sich ohne viel Worte in sie geschickt. Unter Stalin hatte die ganze Bevölkerung wie in einer großen Kaserne gelebt, in der es niemals Urlaub gab und der Tageslauf eines jeden von früh bis abends feststand. Man war es nicht anders gewöhnt und marschierte ohne allzu hörbares Murren in Reih und Glied mit. Es gehört aber zur Natur des Menschen, daß es ihm leichter fällt, sich einem dauernden und gewohnten Zwang unterzuordnen als ihn zu ertragen, nachdem er eine Spur von Freiheit kennengelernt hat. Dinge, die er vorher als selbstverständlich hinnahm, beginnen ihn nun plötzlich zu irritieren.

Gespräche wie dieses sibirische beschäftigten mich deshalb so stark, weil sie mit der Zentralfrage nach dem Verhältnis von Staat und Geist zusammenhingen, konkret: mit der Frage, ob sich der lebendige russische Geist auf die Dauer an die engen, seit Stalin vorgeschriebenen Bahnen gewöhnen, oder ob er eines Tages den Drang verspüren würde, aus ihnen auszubrechen. Diese Frage geht uns alle an. Denn wäre in der Tat vom russischen Geist nach vier Jahrzehnten Bolschewismus, nach einem Vierteljahrhundert Stalinismus nichts übriggeblieben, so müßte man folgern, daß vermutlich nach einem Vierteljahrhundert Ulbricht in der Zone nichts vom Geist der Deutschen übrigbleiben würde und nach einem Vierteljahrhundert unter Mao auch nichts vom Geist der Chinesen.

Die Diktatur Stalins hatte sich über das geistige Leben des Volkes gelegt wie ein schwerer Deckel über einen eisernen Topf. Niemand wußte schließlich, wie es darunter aussah, ob überhaupt noch etwas in dem Topf war – außer der trüben Scholastik der Literatur nach dem parteiamtlichen Kochbuch, die man uns fast ein Vierteljahrhundert lang als Erzeugnis des sowjetischen Geisteslebens vorgeführt hatte. Für mich gab es in den letzten Jahren vor Stalins Tod kaum eine Frage, die meine Neugierde so reizte wie die nach dem Inhalt dieses verschlossenen Topfes. Mit besonderer Spannung wartete ich darauf, wie er literarisch Gestalt gewinnen würde, denn kein Gebiet des geistigen Lebens ist so zugänglich, charakteristisch und deutbar wie die Belletristik, vor allem wenn man auf die Zwischentöne achtet, wie sie besonders dem Dichter zur Verfügung stehen.

Kaum war Stalin tot, der Deckel abgehoben, da begann es in dem Topf sichtbar zu brodeln; erleichtert erkannte die Welt, daß er doch nicht nur jenen sattsam bekannten Einheitsbrei enthielt. Die ersten Anzeichen eines erwachenden Frühlings nach hartem Winterfrost wurden alsbald sichtbar, zunächst in der Form heftiger Kritik an dem konzessionierten Literaturbetrieb. Keine sechs Wochen nach Stalins Tode veröffentlichte die Lyrikerin Olga Berggolz die folgenden Zeilen:

> „Die Dichter schreiben über gewichtige Themen, aber, wie uns die Bibliothekare sagen, bleiben viele neue Gedichtbände unberührt auf ihren Regalen stehen. Auf literarischen Abenden, an denen Lyriker auftreten, kommen oft Zettel aus dem Publikum: ‚Bitte lesen Sie uns etwas Lyrisches!' Da haben wir's! Das, was wir vorlasen, ... hatten die Hörer gar nicht als Lyrik angesehen. Das kommt, meine ich, davon, daß in vielen lyrischen Werken das Wichtigste fehlt: das Menschliche, der Mensch ...
> Nicht wenig Schuld an dieser Verdrängung starker menschlicher Gefühle durch Surrogaterlebnisse tragen die scheinheiligen Kritiker, die zum Beispiel ein großes Geschrei von ‚Pessimismus und Dekadenz' erheben, wenn sie in einem Gedicht die Nachdenklichkeit oder – Gott behüte! – Schwermut des Dichters spüren (etwa bei einer Trennung von der Geliebten), zumal dann, wenn diese Melancholie nicht alsbald durch irgendein anderes, ein freudiges Ereignis wieder gutgemacht und ausgeglichen wird, dadurch etwa, daß der von seiner Geliebten Verlassene nunmehr den Plan der Heuproduktion übererfüllt ... Dieses tödliche Gleichgewicht von Surrogatgefühlen ... führt auch dazu, daß der Leser sich selbst, seine vielfältigen brennenden Lebensfragen, Leidenschaften, Erlebnisse in der Dichtung nicht erkennt ... Die Liebe ist aus unserer Lyrik fast verschwunden." [1]

Ilja Ehrenburg kritisierte öffentlich, daß in der kontrollierten Literatur nicht Menschen, sondern Werkzeugmaschinen, nicht

menschliche Empfindungen, sondern Produktionsprozesse dargestellt werden. Selbst die unverschämtesten Redakteure der zaristischen Zeit hätten sich gehütet, einem Tschechow, Tolstoj oder Gorkij seine Themen vorzuschreiben; in der UdSSR dagegen, wo dies gang und gäbe sei, verdankten zahllose Bücher ihre Entstehung nicht der inneren Ergriffenheit des Autors, sondern der Anweisung eines Redakteurs. In ihrer durch das ständige Hineinreden entstandenen Verschüchterung wagten die Schriftsteller überhaupt nichts Negatives mehr über die Gegenwart – kaum noch über schlechtes Wetter! – zu schreiben. Man habe die Dichter zu Stabsschreibern degradiert.[2]
Der Kritiker W. Pomeranzew ging noch einen Schritt weiter. Er begnügte sich nicht mehr wie Ehrenburg mit Aperçus, sondern fragte mit grundsätzlichem Ernst neu nach dem Beruf des Schriftstellers. Die Forderung der politischen Instanzen, alles in rosigem Licht zu zeigen, habe dazu geführt, daß die Schriftsteller „Phantasiebilder des Wohlstandes" zeichneten, in denen der „aromatische Duft von Fleischklößchen" vorherrsche. Alles Dunkle werde vertuscht, sogar das Schwarzbrot. Das Ergebnis seien unlesbare Bücher, in denen alles stereotyp sei.

> „Das sind nicht Romane, sondern Serienprodukte. Man braucht nur eines oder zwei zu lesen, um zu wissen, wie das dritte ist... Man könnte denken, sie würden nicht von Menschen hergestellt, sondern von Fließbändern... Wenn ein Autor ‚mein Buch' sagt, frage ich ihn: ‚Wieso deins? Was ist denn von dir darin?'" [3]

Pomeranzew ist empört über die Feigheit der Schriftsteller, ihr Streben nach Rückversicherung (Perestrachówka); er gießt bitteren Spott aus über alle, die mit ängstlicher Sorgfalt die jeweilige (und so häufig wechselnde) politisch-literarische Generallinie zur Richtschnur ihrer Arbeit nehmen und dann von einer Nachrichtensendung zur anderen am Rundfunkapparat zittern, weil eine Kurve in der Generallinie ihr Werk zunichte machen könnte. Als die Generallinie, die eine Zeitlang von den Dichtern ausschließlich „positive" Charaktere gefordert hatte, auf die Gegenüberstellung positiver *und* negativer Figuren umgeschaltet worden war, habe ein Autor voll Verzweiflung im „Haus der Schriftsteller" ausgerufen: „Genossen, was soll ich tun? Eben habe ich ein Manuskript beendet, in dem es nur positive Gestalten gibt!" Pomeranzew gibt zu, daß die Schriftsteller nicht ohne Grund ängstlich sind: Sie seien dem Monopol der Staatsverlage ausgeliefert; sie hätten es mit Kritikern zu tun, die „berufsmäßige Verleumder und Detektive" seien und „nicht Rezensionen, sondern Gerichtsurteile schreiben". Beschwörend ruft er den Sowjetschriftstellern zu:

> „Ihr müßt wissen, wofür ihr kämpft. Denkt nicht an die Staatsanwälte. Schreibt nicht eine einzige Zeile, die ihr nicht fühlt. Seid unabhängig ... Wer ehrlich schreiben will, darf sich nicht um den Gesichtsausdruck des Lesers kümmern, sei er hoch oder niedrig." [3]

Noch überzeugender als in solchen literartheoretischen Aufsätzen kam der neue Geist in den Werken der Dichter selbst zum Ausdruck. Mit als erster machte, wie erwähnt, Wera Panowas Roman „Die Jahreszeiten" [4] von sich reden – durch den Mangel an politisch-ideologischen Schlagworten, durch die Konzentration auf das Menschliche. Wo das Politische doch auftauchte, war es offensichtlich als Konzession an die Zensur nachträglich aufgeklebt worden und erweckte den Eindruck des Unorganischen und Peripheren, wenn nicht gar des versteckt Parodistischen. Man vergleiche zum Beispiel die ersten Eintragungen eines in den Roman eingeblendeten Tagebuchs mit der letzten, vom 15. Februar (1950) datierten; Verfasser des Tagebuchs ist der Schüler Serjosha, der an Knochentuberkulose leidende Sohn des uns bereits bekannten Bortaschewitsch:

> „12. Januar. Die Unbekannte war wieder auf der Eisbahn. Die Jungen schwirrten nur so um sie herum. Sie beachtete niemanden.
> 13. Januar. Ich war auf der Eisbahn. Die Unbekannte lief an mir vorbei und sah mich an. Unsere Blicke trafen sich. Ich blieb absichtlich stehen, bis sie noch einmal vorbeikam. Und wieder sah sie mich an. – Ich denke, im Prinzip kann eine Frau auch einen Menschen mit einem körperlichen Fehler liebgewinnen. Aber das Problem ist: Kann sie ihn lieben, ohne das für einen Mann so kränkende Gefühl des Mitleids? Wenn nicht, dann ist zwischen uns alles aus. Sie hat eine weiße Pelzmütze mit langen Ohrenklappen.

18. Januar. Die Unbekannte war wieder nicht da. Ich ging auf die ‚Dynamo'-Eisbahn. Drei weiße Mützen gab es dort, aber die richtige war nicht darunter.
19. Januar. Ich war auf der Eisbahn der Binnenschiffer-Gewerkschaft. Eine miserable Eisbahn. Die haben von Berufs wegen mit dem Wasser zu tun, aber eine anständige Eisbahn kriegen sie nicht hin...
5. Februar. O diese Frauen! Heute war ich im Kino, das Licht sollte schon ausgehen, da erschien sie in ihrer weißen Mütze, Arm in Arm mit irgendeinem Laffen. Die Platzanweiserin zeigte ihnen ihre Stühle. Sie faßten sich bei den Händen und liefen durch den Gang. Nach der Vorführung sah ich sie nicht mehr und war sehr froh darüber.

Genug der Tränen, schweige Schmerz!
O schändlicher Verrat!
Fluch Dir, Du Schlange, die mein Herz
so schnöd betrogen hat!

Eine ausgezeichnete Lehre für Idioten, die sich auf der Eisbahn herumtreiben und sich beinahe eine Lungenentzündung holen. – Ich reiße Dich aus meinem Herzen für immer und ewig!"

Und darauf folgt dann unvermittelt die Eintragung:

„15. Februar! Nachts. Eben war eine Radiomeldung. Ein Ereignis von geschichtlicher Bedeutung: Die UdSSR und die Volksrepublik China haben einen Vertrag abgeschlossen."

Bekannter als der Roman der Panowa wurde im Westen Ilja Ehrenburgs „Tauwetter". Ehrenburg, der eine besonders gute Spürnase für Veränderungen des politischen Klimas hat, veröffentlichte diesen Roman bald nach Stalins Tod. Der Titel, auf russisch Óttepel, hat das Schlagwort abgegeben, mit dem man in aller Welt die ersten Jahre der nachstalinschen Periode bezeichnete. Auf deutsch hat sich die Übersetzung Tauwetter durchgesetzt, obgleich sie dem russischen Wort nicht ganz entspricht. Denn Óttepel, mit dem Wort tepló = warm verwandt, bedeutet für den Russen mehr: das Ende des Winters, den Eisgang, die ersten Anzeichen des wärmenden Frühlings; in unseren Gegenden dagegen wechseln Tauwetter und Frost allzuoft, als daß

das Wort die umfassende und lebensbejahende Vorstellung des neuen Werdens ausdrücken könnte.
Auch Ehrenburgs Roman ist eine Absage an politische Phraseologie. „Ideen machen sich nicht bezahlt", sagte einer seiner Helden, ein junger Maler, „mit Ideen kann man sich allenfalls das Genick brechen." Wie oft in Sowjetromanen der jüngeren Zeit stehen sich die immer noch „idealistischen" Alten und die nüchternen, ja zum Teil zynischen Jungen gegenüber. Die positivste Gestalt ist ein alter Lehrer, der noch selbst zum Siege der Revolution beigetragen hatte. Er leidet darunter, daß er, wie er meint, die Sprache der Vergangenheit redet und darum die Jungen nicht mehr versteht. Diese wiederum sagen von ihm:

> „Komisch, Vater macht alle zu Idealfiguren; er denkt wohl noch an die Mädchen, die ‚ins Volk gingen' [beliebter Ausdruck der Revolutionäre des neunzehnten Jahrhunderts] oder für die Revolution kämpften, ins Straflager kamen. Heutzutage heiraten die Mädchen einen Filmregisseur, einen General oder, wie diese da, einen Fabrikdirektor." [5]

Das Tauwetter war nicht von langer Dauer. Anfang 1954, weniger als ein Jahr nach Stalins Tod, wehten wieder eisige Winde. Die Gegenoffensive verlief, wie wir im Falle der Wera Panowa sahen[6], nach dem aus der Stalinzeit bekannten Muster, wenn auch mit weniger katastrophalen Folgen für die Dichter. Äußerlich waren die Bemühungen der Partei erfolgreich. Bei ihrem zweiten Kongreß Ende 1954 marschierten die Schriftsteller wieder in Reih und Glied auf. Vergleiche ich ihn mit seinem Vorgänger, dem ersten Schriftstellerkongreß von 1934, den ich in Moskau miterlebte, so ist das Absinken des Niveaus unverkennbar.
Damals war Maxim Gorkij der Hauptredner des Kongresses gewesen. Seinen literarischen Höhepunkt allerdings hatte er damals längst hinter sich; mit seinen sechsundsechzig Jahren war er bereits ein Greis, gebeugt von einem schweren Leben, das vielleicht nie bitterer gewesen war als gerade in jenen letzten Jahren, in denen er Gnade und Gunst Stalins mit unzähligen, sein empfindliches Gewissen belastenden Kompromissen hatte bezahlen müssen. Der Kreml hütete ihn, den man nur mit Mühe aus

der Emigration in Italien hatte zurückholen können, wie einen Schatz, der den bolschewistischen Kredit im In- und Ausland hob. Aber die einst so produktive Feder des Dichters war vertrocknet; dieser Vortrag mit den oberflächlichen Urteilen über die Weltliteratur der vorbolschewistischen Zeit, als deren Helden er Till Eulenspiegel und Sherlok Holmes bezeichnete, war seiner nicht würdig. Dennoch hatte seine Menschlichkeit, hatten seine aller Welt vertrauten, von Leid und Mitleid geprägten Züge dem Kongreß eine Weihe verliehen, welche auch die scharfmacherische Rede Shdanows nicht zerstören konnte.
Geistiger Höhepunkt jenes ersten Kongresses war freilich der Vortrag Bucharins. Der damals noch führende Parteiideologe, unter Lenins Kampfgefährten der Berühmtesten einer, warf sich in seinem Referat über Lyrik der herrschenden Tendenz entgegen, die Literatur zu einer bloßen Funktion von Politik und Wirtschaft zu machen. Er mühte sich um die Aufrichtung künstlerischer Maßstäbe, die verlorengegangen waren in jener Zeit, da jede Zeile, die sich ein gestern noch des Lesens unkundiger Nomade abgequält hatte, als Literatur gefeiert wurde, sofern nur sein Verfasser „Proletarier" war. Mutig zitierte Bucharin das klassische Wort, das dem Geist des Stalinismus diametral entgegengesetzt war: Nascuntur poetae (zum Dichter muß man geboren sein, das heißt: Zum Dichter kann man niemanden machen, der es nicht aus sich selbst ist). Seinen Hörern, die in der Mehrzahl damals unlebendige Helden aus Gußeisen und Beton wie am laufenden Band produzierten, führte er Goethes Faust als nicht wieder erreichtes, aber anzustrebendes Vorbild vor Augen und erklärte mit dürren Worten, Demjan Bednyj, der gefeierte Hofpoet des Kreml, und seinesgleichen täten nichts anderes, als „politische Parolen rhythmisch zusammenzukoppeln". Ein wahrer Dichter dagegen sei der – exklusive und damals nur wenigen Kennern bekannte – Lyriker Boris Pasternak. Kein Wunder, daß Bucharin die Sonne Stalins nicht mehr lange erleben sollte; vier Jahre später endete er sein Leben nach einem wüsten Schauprozeß in einem Hinrichtungskeller der GPU.
Im Vergleich zum Kongreß von 1934 war der von 1954 eine brave und langweilige Angelegenheit. In der Terrorperiode Stalins waren die Reihen der Dichter schmerzlich gelichtet worden,

und die Überlebenden waren nach dem hoffnungsvollen Aufbruch von 1953 auf die Generallinie zurückgeschwenkt. Doch unter der wieder konformistischen Oberfläche brodelte es weiter.
Der Aufbruch des dichterischen Gewissens in dem Jahr nach Stalins Tod wiederholte sich nach Stalins „zweitem Tod" auf dem XX. Parteitag vom Februar 1956, wo der tote Diktator von seinen Nachfolgern nun noch moralisch erschlagen wurde. Zwar hatte sich Chruschtschow nicht an die Schriftsteller gewandt, als er von der Notwendigkeit einer Neubewertung der Stalinzeit durch die Parteihistoriker sprach; aber sie wollten hinter jenen nicht zurückbleiben. Alsbald erschien eine Anzahl mutiger Werke, unter denen der Roman Dudinzews mit seinem programmatischen, der Bibel entnommenen Titel „Der Mensch lebt nicht vom Brot allein" nur der bekannteste ist.[7] In dieselbe Kerbe schlug etwa gleichzeitig Daniil Granin mit seiner Erzählung „Die eigene Meinung", die gleichfalls den Kampf eines idealistischen jungen Erfinders gegen die Bürokratie schilderte.[8] Granin ging in seinem Pessimismus, für den er scharf angegriffen wurde, noch weiter als Dudinzew: Er gab dem jungen Idealisten einen Bürokraten zum Gegenspieler, der auch einmal jung und idealistisch gewesen ist. Damit deutet der Dichter an: Auch sein junger Held wird eines Tages älter, vorsichtiger und egoistischer werden und alle Dinge nicht mehr nach ihrem wirklichen Wert, sondern nur noch unter dem Gesichtspunkt der Taktik betrachten.
Selbst der vorsichtig gedämpften Sowjetpresse war zu entnehmen, daß Werke wie diese einen starken Einfluß auf die Intelligenzia, vor allem auf die jüngere Generation ausgeübt hatten. Noch im Mai 1957 verglich der parteifromme Schriftsteller Leonid Sóbolew die Wirkung des Romans Dudinzews mit einer Atomexplosion.[9] Aber während die literarischen Helden Granins und Dudinzews als Einzelgänger geschildert wurden, fanden die Verfasser selbst eine Fülle von Gesinnungsgenossen. Zahlreiche Namen – manche neu und manche schon bekannte in neuem Licht – drangen im Winter 1956/57 in das Bewußtsein der sowjetischen Öffentlichkeit.
Stark diskutiert wurde das lange Gedicht „Die sieben Wochentage" von Semjón Kirssánow. Ein neues Herz ist in diesem allegorischen Werk für das Sowjetvolk erfunden worden, das an die

Stelle des verbrauchten und verhärteten Herzens treten soll. Sieben Tage lang (auch eine biblische Reminiszenz) versucht der Erfinder (wieder ein Erfinder! fast könnte man von einem Aufstand der Erfinder sprechen) ohne Erfolg, sein Werk beim Staate anzubringen. Eine besondere Kommission wird eingesetzt; sie besteht aus Leuten, deren Namen – wie „der Gleichgültige", „der Doppelzüngige" – ihren Bürokratencharakter enthüllen. Das Urteil der Kommission lautet, in freier Nachbildung:

Schon erklärt ein Protokoll:
„Funktioniert nicht, wie es soll.
Ungeeignet.
Punkt.
Erledigt.
So ein Herz wird nicht benötigt.
Überhaupt ist, klar gesagt,
Neues bei uns nicht gefragt.
Kompliziertes taugt nicht – besser
sind, zum Beispiel, Eisenschlösser.
So ein Herz ist uns genehm:
unverwüstlich und bequem
im Gebrauch, mit dem ein Mann
dies *und* das verrichten kann ..."

Der Gleichgültige und der Doppelzüngige sind sich darüber einig, daß das von ihnen gewünschte Herz wie eine Marionette auf Befehl alles zu tun imstande sein muß, auch das Gegensätzliche – zu brüllen und zu schweigen, zu denunzieren und zu schmeicheln, zu vernichten und zu lieben. Ihr Urteil schließt mit den Worten:

„Und setzt's mal aus – kein Kardiogramm:
ein Schnaps bringt's wieder auf den Damm.
Und wer uns wieder Unruh schafft
mit Neuerungen, wird
bestraft." [10]

Als besonders gefährlich betrachtete die Partei, nach den Worten Chruschtschows [11] zu urteilen, den Ende 1956 in einer Auflage von 75 000 erschienenen zweiten Band des Almanachs „Literaturnaja Moskwa", auf dessen fast achthundert Textseiten zahlreiche ketzerisch anmutende Gedanken über die Sowjetwirklichkeit ausgesprochen werden[12]; dort finden sich Verse von der Partei so unerwünschten Dichtern wie Iwan Katájew, der – anders als sein glücklicherer Namensvetter, der Erfolgsautor Valentin Katajew – sein Leben als Deportierter beschloß, oder Marina Zwetájewa, die 1941 nach der Rückkehr aus der Emigration durch Selbstmord endete, dort auch die Worte über die Wahrheit und über den Tod[13], die uns im nächsten Kapitel beschäftigen werden. Nicht minder aufschlußreich ist der Almanach „Den Poesii“[14]; aus ihm stammen die Verse von den spielenden Mädchen[15] und Pasternaks doppelsinnige Worte über den lange vermißten Freund[16] aus dem Anhang des „Doktor Shiwago“, die – mit einigen anderen Gedichten aus dem Roman – das einzige sind, was dem Sowjetpublikum von Pasternaks Meisterwerk gedruckt vor Augen kam.[17] Die Werke des jahrzehntelang verketzerten Emigranten und Nobelpreisträgers Iwan Búnin wurden 1956 in fünf Bänden verlegt. Unter den neuen Prosawerken erregte besonderes Aufsehen die Erzählung „Wohnung Nr. 13“ von Anna Wálzewa[18] mit ihrer mutigen Schilderung der verschiedenen sozialen Schichten der Sowjetgesellschaft, am Beispiel einer unter demselben Dach lebenden Menschengruppe dargestellt – vom Offizier des Sicherheitsdienstes bis zum politisch „Belasteten“, der eben aus einem sibirischen Lager amnestiert zurückgekehrt ist.

Daß die meisten dieser Werke in denselben Monaten veröffentlicht wurden, in denen das gesamte Sowjetimperium durch die polnischen und ungarischen Ereignisse schwer erschüttert wurde, hat die Parteiführung aufs äußerste erbittert. Fast verzweifelt bemühte sie sich, die ungebärdigen Dichter zu bändigen. Insbesondere wandte sie sich gegen deren Forderung nach geistiger Freiheit. Die Prawda attackierte alle, „die sich für die Freiheit des Schaffens einsetzen, während sie in Wirklichkeit gegen die Lenkung der Kunst durch die Partei auftreten“.[19] Der Künstler soll also nur Scholastiker sein; ihm ist lediglich gestattet, die Richtlinien der Partei auszuführen. Vor allem bediente sich die Partei des Zentralorgans des Schriftstellerverbandes, der Literaturnaja Gaseta. Einige Zitate:

> „Noch nie und von niemandem ist so laut über Freiheit und Demokratie geschrien worden wie heute von den Mördern ägyp-

tischer Kinder [am Suez-Kanal] und den Anstiftern des konterrevolutionären Aufstandes in Ungarn ... Die bürgerliche Reaktion versucht immer und immer wieder, sich die schon längst vom Marxismus-Leninismus entlarvten Losungen – wie absolute Schaffensfreiheit, Unabhängigkeit der Literatur von der Politik, über den Klassen stehende Kunst – zunutze zu machen." [20]

„Unter den Bedingungen des Klassenkampfes kann keine wahre Freiheit der Kultur gewährleistet werden ohne Führung und Stützung von seiten der Volksregierung." [21]

„Wir sind keine Freunde der Freiheit an sich. Wir sind gegen jene literarische Freiheit, welche den Grundsätzen der Parteilichkeit widerspricht, wir sind nur für *die* Gedankenfreiheit, die auf den Grundlagen des Marxismus-Leninismus basiert." [22]

Ab Anfang 1957 mußten die freiheitlich gestimmten Schriftsteller ein wahres Trommelfeuer von Ermahnungen und Drohungen über sich ergehen lassen. Aber zum erstenmal seit Jahrzehnten zeigten sie Standfestigkeit. Allen voran Dudinzew. Auf einer Sitzung des Vorstandes der Moskauer – also der weitaus wichtigsten – Gruppe des Schriftstellerverbandes im Frühjahr 1957, auf der er von den Verbandsfunktionären heftig angegriffen wurde, hatte er den Mut, die Freiheit des Dichters zu fordern. Er tat dies, indem er ein persönliches Erlebnis aus den katastrophalen Niederlagen von 1941 beschwor:

„Ich erinnere mich an die ersten Tage des Vaterländischen Krieges. Ich liege im Graben, und über mir tobt ein Luftkampf; die Messerschmitts schießen unsere Flugzeuge ab, obgleich diese in der Überzahl sind. In diesem Augenblick begann in mir irgendein Bruch, denn bis dahin hatte ich immer nur gehört, daß unsere Luftwaffe besser und rascher fliege als alle anderen. Man wirft mir vor, daß ich schwarzmalerische Tendenzen habe. Dem ist nicht so. Ich will lediglich, daß das, was wir gesehen haben, sich nicht wiederhole. Und ich habe ein Recht darauf, das zu wollen."

Seine Kritiker nannte Dudinzew Panikmacher; er warf ihnen vor, eine echte und schöpferische Diskussion zu verhindern:

„Ich meine, es sollte möglich sein, uns wie junge Schwimmer loszulassen, damit wir selbständig das Schwimmen ausprobieren. Wir werden schon nicht ertrinken! Aber ach, ich spüre die ganze

Zeit die Leine an mir, an der man manchmal kleine Kinder hält, und sie hindert mich am Schwimmen.“ [23]

Im Mai 1957 fand eine Plenarsitzung der Leitung des Schriftstellerverbandes statt, auf der die wichtigsten Angegriffenen entweder nicht anwesend waren oder jedenfalls nicht das Wort ergriffen, so daß man von einer „Verschwörung des Schweigens“ sprach. Der linientreue Sobolew erhob sich in äußerster Erregung („Ich rege mich mehr auf, als mir mein Arzt erlaubt“) und beschwor die rebellischen Dichter, ihr Schweigen zu brechen:

„Euer Schweigen ist gefährlich. Es verwirrt die Leser. Was heißt es? ... Wißt ihr, daß ihr – die ihr heute hier auftreten müßtet, aber nicht aufgetreten seid – in der westlichen Presse heuchlerisch ermuntert werdet und daß man euch die ‚Freundeshand‘ voll Gift entgegenstreckt? Die Arme öffnet, um euch, wenn ihr ihnen vertraut, zu erwürgen? Euch schon das Lasso übergeworfen hat, um euch immer weiter von eurem Volk wegzuziehen? Wißt ihr, daß man euch zur Heldentat des Schweigens aufruft? Heldentat des Schweigens! Welche schrecklichen, vergifteten Worte! Schweigt denn! Eure ‚Heldentat des Schweigens‘ wird von der Geschichte gewertet werden.
Und wer soll schweigen? Der Schriftsteller, der Dichter sollte schweigen? Wofür dann sein Talent, seine Intelligenz? Wofür sein heißes Gewissen? Wofür leben, wenn er dieses Leben in der Heldentat des Schweigens verbringt? Ich kann es nicht glauben, daß ihr diesem teuflischen Rat folgen werdet. Ich kann es nicht glauben.“ [24]

Chruschtschow selbst mußte eingreifen; er hielt drei Reden an die Schriftsteller, mit schweren Drohungen und genauen Richtlinien für ihre weitere Arbeit. Einige Proben daraus:

„... Leute, die den Boden unter den Füßen verlieren und vom rechten Weg abkommen. Diese Leute behandeln die Aufgaben der Literatur falsch und verzerrt ... als seien sie dazu berufen, nur die Mängel herauszusuchen, hauptsächlich über negative Dinge im Leben zu sprechen ... Sie sind Träger falscher und schädlicher Ansichten und Stimmungen ... In Dudinzews Buch werden voll Voreingenommenheit negative Tatsachen zusammengeklaubt und von einer uns feindseligen Position aus tendenziös beleuchtet ... Absichtlich verwendet er grelle Farben und ist voll

Schadenfreude über vorhandene Mängel... der Versuch, die Wirklichkeit im Zerrspiegel zu zeigen... ein verleumderisches Buch wie das Dudinzews ... der Versuch, in unsere Literatur und Kunst den Sowjetmenschen fremde, bürgerliche Ansichten hereinzuzerren." [25]

Einem so massiven Druck mußten sich schließlich die Oppositionellen beugen. Auf einer Sitzung der Sektion Prosa der Moskauer Abteilung des Schriftstellerverbandes erklärte Dudinzew, daß er „im großen und ganzen die Richtigkeit und Wahrheit der Kritik" an seinem Roman anerkenne, und versprach, in einem neuen Werk die ihm erteilten Lehren zu beherzigen.[26] Wera Panowas neuer „Sentimentaler Roman" [27] ist gänzlich farblos gehalten und spielt in den bereits Geschichte gewordenen zwanziger Jahren. Granin schließlich sang in „Nach der Hochzeit" ein Loblied auf Chruschtschows Agrarpolitik.[28]

Aber man konnte noch mehr tun, wenn man sich in den Augen der Parteigrößen besonders verdient machen wollte: man konnte die oppositionellen Kollegen in Romanform direkt attackieren. Wsévolod Kótschetow hat mit „Die Brüder Jerschów" geradezu einen Anti-Dudinzew-Roman geliefert[29]. Seine Absicht, Dudinzew zu treffen, ist hier durchweg mit Händen zu greifen. Eine der Hauptfiguren ist ebenfalls Erfinder, freilich von sehr anderer Art als Dudinzews Lopatkin: dieser ist ein asketischer Fanatiker der Technik – Kotschetows Krutílitsch ein haltloser Mensch, der Kellnerinnen nachsteigt; Lopatkin kämpft um eine gute Sache, Krutilitsch denkt ausschließlich an sich; Lopatkin ist wirklich ein Erfinder – Krutilitsch aber spielt ihn nur; und wenn doch einmal etwas Brauchbares von seinem Schreibtisch kommt, ist es ein Plagiat. Nach dem gleichen simplen Rezept verfährt Kotschetow durchweg: Er bekämpft alle der Partei unangenehmen Tendenzen der letzten Jahre, indem er Halunken zu ihren Trägern macht.

Bei den Kulturfunktionären hat sich Kotschetow mit diesem Buch viel Lob verdient, bei seinen Kollegen aber scheint er sich nicht gerade beliebt gemacht zu haben. Auf einer Moskauer Konferenz über Theaterfragen im Herbst 1958 kam die Rede auf seinen neuen Roman, da der eifrige Autor ihn inzwischen auch für die Bühne zurechtgemacht hatte; der Dramatiker A. Arbúsow erklärte öffentlich, er für seine Person wünsche in Zukunft mit

Kotschetow nichts mehr zu tun zu haben und wolle mit ihm nicht einmal im selben Repertoire benachbart sein.[30]

Die „Cause célèbre" der Kampagne gegen die Freiheit der Schriftsteller ist der „Fall Pasternak". Der Dichter war in der Zeit des „Tauwetters" optimistisch genug, seinen stark autobiographischen „Doktor Shiwago" der literarischen Zeitschrift Nowyj Mir zum Abdruck anzubieten. Das Redaktionskollegium lehnte nach einiger Zeit in einem langen, erst zwei Jahre später bekannt gewordenen Brief[31] die Veröffentlichung ab, da der Roman dem Geist der Zeit widerspreche. Doch war eine Abschrift des Werkes inzwischen schon in die Hände des Mailänder Verlegers Feltrinelli gelangt. Als in Moskau bekannt wurde, daß er eine italienische Ausgabe vorbereitete, versuchte die Sowjetbotschaft in Rom ihn davon abzubringen; auch einer der führenden Literaturfunktionäre, der Erste Sekretär des Schriftstellerverbandes Alexej Surkow, bemühte sich darum. Diese Intervention Moskaus in Italien war es, die ein Jahr vor der Verleihung des Nobelpreises den Roman und seinen Autor in die Schlagzeilen der Weltpresse brachte. Feltrinelli, obgleich Mitglied der Kommunistischen Partei, blieb standhaft und brachte das Buch im Herbst 1957 heraus. Andere Länder folgten, auch die Bundesrepublik, wo der Roman zum weitaus größten Bucherfolg seit Jahren wurde.[32] Die Königlich Schwedische Akademie der Wissenschaften sprach ihm am 23. Oktober 1958 den Nobelpreis für Literatur zu, den er in einem beglückten Telegramm annahm: „Unendlich dankbar, bewegt, stolz, erstaunt, beschämt."

Zwei Tage später brach der Sturm los. Die Literaturnaja Gaseta vom 25. Oktober verleumdete den Dichter als „Verräter" und „Judas", die Prawda vom 26. als „Unkraut", als „kümmerlichen Snob", als „überflüssigen Mensch", als „bösartigen Spießer". Am 27. wurde Pasternak auf einer eilig zusammengerufenen Sitzung dreier in Moskau ansässiger Führungsgremien des sowjetischen Schriftstellerverbandes – natürlich „einstimmig" – aus diesem ausgestoßen.[33]. In dem Dorf bei Moskau, wo Pasternak lebt, fanden Demonstrationen gegen ihn statt. Die Zeitungen brachten entrüstete Briefe von Menschen, die doch den Roman gar nicht gelesen hatten. Pasternak entschloß sich, in einem würdigen Telegramm den Nobelpreis abzulehnen.[34]

Am 29. Oktober fand der Erste Sekretär des Komsomol, S. Je Semitschástnyj, in Anwesenheit Chruschtschows auf einer Plenarsitzung des Komsomol-ZK den geschmacklosen Vergleich, Pasternak sei schlimmer als ein Schwein, da dieses – im Unterschied zu ihm – den Platz, an dem es fresse, nicht beschmutze; das beste wäre, wenn Pasternak das Land verließe, um die durch seine Gegenwart verunreinigte Luft wieder zu säubern.[35] Diese Drohung mit der Ausweisung veranlaßte den Dichter am 31. Oktober zu einem Brief an Chruschtschow, in dem es hieß:

> „Wie immer meine Fehler und Irrungen gewesen sein mögen, so habe ich mir doch nicht vorstellen können, daß ich in den Mittelpunkt einer politischen Kampagne geraten würde, die man im Westen um meinen Namen zu entfalten begonnen hat ... Das Verlassen meines Landes ist für mich gleichbedeutend mit dem Tod, und deshalb bitte ich Sie, diese äußerste Maßnahme nicht gegen mich zu ergreifen.[36]"

Was hatte den Kreml dazu gebracht, mit solcher Wut über einen Mann herzufallen, der völlig unpolitisch ist und auch seinen Roman als unpolitisches Kunstwerk betrachtet? So sonderbar es klingen mag – gerade das Unpolitische des Werkes ist es, was die Verantwortlichen zu ihrem eines mächtigen Staates unwürdigen Verhalten trieb; die Erklärung für dieses scheinbare Paradox wird der Leser in einem späteren Zusammenhang finden.[37]
Aber während Partei und Literaturfunktionäre auf jede Bewegung der Prominenten unter den oppositionellen Schriftstellern lauerten und sie zu öffentlichen Reueerklärungen zwangen, schlüpften immer wieder junge und bisher kaum bekannte Autoren durch die Maschen der Zensur. Man kann geradezu – nach der ersten Welle von 1953 und der zweiten von 1956 – von einer dritten schöpferischen Welle sprechen, die 1957 unter dem jungen Nachwuchs einsetzte und bis ins Jahr 1958 reichte.
Die bemerkenswerteste Gestalt aus dieser Gruppe ist Jewgenij Jewtuschénko, der erst im Anfang der Zwanzig steht und uns in diesem Buch mehrfach begegnet.[38]. Alles, was Jewtuschenko schreibt, scheint erregend neu; er blickt gleichsam mit den Augen eines eben erst Erwachten um sich. Nicht zufällig nennt er einige seiner Verse „Morgengedichte".[39] Was er sagt, klingt in der Um-

gebung, in der er es sagt, höchst ketzerisch, denn er scheut sich nicht, ihr den Spiegel vorzuhalten, etwa in einem der Morgengedichte:

Wie schrecklich, wenn man nichts im Leben lernt,
stets nur für sich das Richteramt beansprucht
und ringender, doch reiner Jugend nur
unreines Streben unterstellen kann.
Im Argwohn Eifer – das ist kein Verdienst.
Ein blinder Richter dient dem Volke nicht.
Noch schlimmer, als den Feind für einen Freund,
ist es, den Freund für einen Feind zu halten.

Es war, wie wir wissen, vor allem Stalin selbst, der seine Untertanen mit diesem blinden Argwohn betrachtet und behandelt hat; um so bemerkenswerter, daß dieser Protest von einem jungen Menschen kommt, der beim Tode Stalins siebzehn oder achtzehn Jahre alt war und also den schlimmsten Terror zu Lebzeiten des alten Diktators gar nicht mehr mit Bewußtsein erlebt haben kann.

Es ist bezeichnend – und für die Bolschewiken sicher höchst unangenehm, wenn nicht entmutigend –, daß sich ausgerechnet das Moskauer Gorkij-Institut für Literatur, das 1932 vom Verband der Sowjetschriftsteller gegründet wurde, um „schöpferisch bewährte jugendliche Schriftstellerkader" auszubilden, als Brutstätte oppositioneller Gedanken herausgestellt hat. In einem Seminar für Poesie bekannte dort die junge Studentin des Instituts Bella Achmadullina:

„Ich bin apolitisch ... Man sagt, daß die Poesie lebensbejahend, freudig sein soll. Meiner Meinung nach ist die Kunst nicht berufen, die Menschen zu erfreuen, sondern ihnen Leiden zu bringen." [40]

Aus ihrer Feder stammen auch die folgenden Verse, die in schneidendem Gegensatz zu dem von Staats wegen geforderten Optimismus stehen:

Wir gehen ermüdet,
die Hände sind kalt.
Vor Zeiten gealtert,

vor Zeiten schon alt.
Zu nichts mehr von Nutzen
im jungen Wald.[41]

Um ihre Opposition gegen den faden „Sozialistischen Realismus" so deutlich wie möglich zu bekunden, beschäftigen sich die Studenten des Gorkij-Instituts mit – rosafarbenen Pferden! Einer der Studenten erklärte geradeheraus:

> „Mir scheint, ich habe mich deutlich ausgedrückt, was für ein Pferd mir im Traume erscheint. Ein rosafarbenes! Ein solches, das es nicht gab, nicht gibt und nicht geben wird, und welches vor allen Dingen niemand auf der Welt braucht, niemand, verstehen Sie? Nur das Nutzlose ist schön." [42]

Das war im Sommer 1957. Man sollte denken, dies sei das Ende aller bunten Pferde gewesen. Anfang 1959 aber erfahren wir, daß es in Charkow eine Gruppe kunstbegeisterter Jugendlicher gibt, die sich „hellblaue Pferde" nennen – nach der Novelle „Ich möchte ein hellblaues Pferd sein" aus der Feder eines der Ihren, Jewgenij Grebenjúk.[43] Und sogar Dudinzew, der doch, wie wir sahen, ein linientreues Werk versprochen hatte, trat ein Jahr später mit einer Erzählung auf den Plan („Verrückter Bengel"), in der er erneut die Oberschicht in einem Ton kritisierte, der an seinen berühmten Roman erinnert.[44]

Was läßt sich aus all dem ersehen? Jedesmal, wenn der Druck nachläßt, der auf den Schriftstellern lastet, wie nach Stalins Tod und nach seiner moralischen Verurteilung drei Jahre später, oder wenn der Zensor in die falsche Richtung blickt, erfolgt ein Ausbruch. Ein Ausbruch wovon? Das wird sehr deutlich, wenn man einige Stichwörter betrachtet, um welche die Auseinandersetzung geht.

Da ist zuerst der Vorwurf des *Naturalismus.* Seine erbitterte Ablehnung durch die literarischen Inquisitoren des Kreml ist leicht zu verstehen. Sie wünschen, heute wie unter Stalin, daß die Menschen ihre Sorgen über das Heute unter dem Eindruck der in Romanen, auf der Bühne, im Film dargestellten Visionen des Morgen vergessen. Jahrzehntelang haben die Jünger Marx' mit Hohn und Verachtung diejenige Literatur der bürgerlichen Welt abgetan, die – wie die Bücher der Marlitt oder Courths-Mahler, um Typen zu nennen – den unteren Volksschichten die rauhe Wirklichkeit mit parfümiertem Zuckerwasser versüßte. Was der Kreml heute von seinen Schriftstellern fordert, ist im Grund nichts anderes als eine neue Courths-Mahler-Literatur; nur soll in ihr natürlich nicht die Romantik des gestrigen Milieus, also der in das bürgerliche Zeitalter hineinragenden feudalen Traditionen wiederbelebt werden (reicher Graf heiratet tugendhafte Näherin), sondern sie soll der Idealisierung des Sowjetsystems dienen (Schweinehirtin erfindet neue Mastkur, gewinnt Prämie von zehntausend Rubel, stiftet sie dem Kolchos zum Bau eines Stalles, kommt in die Zeitung und wird von Chruschtschow empfangen). Der Hauptunterschied zwischen den beiden Sorten Zuckerwasser liegt darin, daß vom Sowjetautor eine sehr viel größere Dosis lehrhafter und moralisierender Schulmeisterei verlangt wird, als eine Marlitt je aufzubringen hatte. Die Lektüre von Romanen à la Courths-Mahler trug wohl, ohne daß die Autoren dies bewußt beabsichtigten, dazu bei, daß sich die Leser mit den sozialen Verhältnissen abfanden; die Träume vom edlen Grafen entschädigten sie für ihr eigenes Mißgeschick. Die Lektüre von Romanen des stalinistischen Typs – ich denke etwa an den mit dem Stalinpreis ausgezeichneten Nachkriegsroman „Der Ritter vom Goldenen Stern" von Semjon Babajewskij[45] – soll den Leser nicht nur dazu bringen, sich mit dem System, an das er ausgeliefert ist, abzufinden; er soll auch noch an dessen unbezweifelbare Richtigkeit und an die Weisheit und Güte der Führung glauben. Einst hatten die Marxisten die Religion als „Opium für das Volk" bezeichnet. Sie mußten feststellen, daß sie selbst ohne Opium für das Volk nicht auskommen, und haben die Schriftsteller beauftragt, es zu liefern. Die naturalistischen Künstler entziehen sich diesem Auftrag, daher sind sie Feinde. Es ist kein Zufall, daß Pomeranzew in seinem bereits zitierten Artikel sagte:

> „Bourgeoise Romane und Filme wollen ganz bewußt die Arbeiterschaft in eine zweistündige Traumwelt versetzen; wir sollten nicht dasselbe tun."

Kein Wunder auch, daß ein weiteres reifes und edles Wort Pomeranzews in demselben Aufsatz, das man sich merken sollte, besonders erbittert angegriffen wurde: Eh und je habe die Aufgabe des Dichters nicht nur in der Predigt (Própowed), sondern auch in der Beichte (Íspowed) gelegen.[46] Er trat damit für das Recht des Schriftstellers ein, nicht nur bewußt propagandistisch auf die Leser in dem von der Partei gewünschten Sinne einzuwirken, sondern auch das offen auszusprechen, was ihn persönlich, seine Seele und sein Gewissen, beim Anblick der ihn umgebenden Wirklichkeit bedrückt. Diese Auffassung Pomeranzews wurde als „nihilistisch" verurteilt.[47]

In der Geschichte der europäischen Literatur ist der Naturalismus – man denke an Gerhart Hauptmanns „Weber" – aufs engste mit sozialkritischen Absichten verbunden; schon deshalb ist er für die Partei Anathema. Der den Künstlern aufgedrängte „Sozialistische Realismus" soll dem Schriftsteller die Möglichkeit nehmen, kritische Bemerkungen über die Wirklichkeit zu machen, soll ihn zwingen, die Dinge nicht so zu schildern, wie sie sind, sondern wie sie die Parteidoktrin jeweils gesehen haben will. In der bolschewistischen Sprache heißt das, „den Menschen nicht statisch, sondern in der Entwicklung zeigen", „die Wirklichkeit in ihrem revolutionären Entwicklungsprozeß darstellen".[48] Bei näherem Zusehen ist hier also gar kein Realismus zu finden, sondern ein lehrhafter Utopismus, der vom Künstler fordert, er solle nicht von den Realitäten, sondern vom Ziel, vom Willen der Partei, ausgehen.

Ohne Unterlaß verlangt der Staat von den Dichtern Parteinahme (Partíjnost) für die Wünsche des Kreml. Er stellt ihnen die politische Tendenzliteratur als Vorbild hin und tut so, als betrieben sie ein tendenzloses, neutralistisches L'art pour l'art. Wie ungerecht der Vorwurf ist, zeigt ein Blick auf die großen russischen Schriftsteller des neunzehnten Jahrhunderts: auch sie waren in ihren unsterblichen Werken im höchsten Sinne des Wortes Tendenzdichter; sie suchten durchaus die Wirklichkeit zu beeinflussen und zu gestalten. Annähernd dasselbe gilt auf einem weniger hohen Niveau auch für die von den bolschewistischen Literatur-Inquisitoren verleumdeten Schriftsteller der jüngsten Gegenwart. Der Unterschied zwischen den vom Kreml gelobten und den von seinem Bannstrahl getroffenen Dichtern liegt nicht darin, daß die einen Partei nahmen und die anderen im luftleeren

Raum ohne Parteinahme schreiben, er liegt vielmehr darin, daß die einen Partei nehmen für das, was der Kreml fordert, die anderen aber für das, was ihnen ihr Gewissen gebietet.
Es liegt mir fern, die Dudinzews und Kirssanows mit den Gogols und Tschechows gleichzustellen; diesem Maß vermöchte unter den Lebenden wohl nur Pasternak standzuhalten. Wohl aber ließe sich aus ihren Werken die Vermutung ableiten, daß sie ihren großen literarischen Vorfahren verwandt sind in der Fähigkeit, das Böse zu erkennen, und in dem Wunsch, es beim Namen zu nennen und damit zu seiner Beseitigung beizutragen. Das ist Parteinahme, aber eine Parteinahme, die den Bolschewiken ganz und gar nicht paßt, ja sogar gefährlich scheint, und diese zu dem besorgten Ausruf veranlaßt:

> „Es genügt, wenn auf irgendeinem Abschnitt die Aufmerksamkeit gegenüber ideologischen Fragen nachläßt, und schon tauchen Stimmungen und Theorien auf, die uns feindlich sind.“ [49]

Statt Naturalismus wird von der Partei, die sich der geringen Popularität aller nach dem Schema der Generallinie geschriebenen Bücher bewußt ist, den Dichtern empfohlen, die junge Generation durch *Romantik* zu gewinnen. Aber auch dieser Begriff wird vom Kreml „dialektisch“ mißbraucht. Die Partei versteht darunter gern die Begeisterung über den Befehl, zur Arbeit im sibirischen Neuland oder zum Bau eines Staudammes in die Wildnis zu gehen. Was dagegen die Jugend unter Romantik versteht, findet sie etwa in den auch heute noch in der Sowjetunion ungemein populären Geschichten eines Jack London oder – und das ist vom Standpunkt der Partei noch viel bedenklicher – in dem Roman Dudinzews. Ein Lopatkin, der gegen die Bürokratie kämpft, ja selbst ein weltfremder Shiwago, scheint der jungen Generation weit romantischer als ein strammer Komsomolze, der brav alle Kurven der Generallinie mitmacht.
Seit Jahren steht die Diskussion über die Rolle und Gestalt des *Helden* im Mittelpunkt der literarpolitischen Auseinandersetzung. Das Problem „Held unserer Zeit“ geht auf den gleichnamigen Roman Lermontows zurück, der 1840 zum erstenmal erschien und in kurzer Frist die Herzen der russischen Leser gewann. Lermontows Petschórin hat in der russischen Geistes-

geschichte eine bedeutende Rolle gespielt; er hat nicht nur Lermontows Zeit verkörpert, er hat auch, indem er von der Phantasie der Russen Besitz ergriff und – selbst ewig jung und durch die Generationen weiterlebend – ihre Ansichten beeinflußte, zur Formung des russischen Menschentyps maßgebend beigetragen. Andere typenbildende „Helden ihrer Zeit“ waren Puschkins Eugen Onegin oder Turgenjews Basarow in „Väter und Söhne“.
Den Bolschewiken schweben also bei ihrer Forderung nach „Helden unserer Zeit“ ganz bestimmte Erfahrungen der russischen Geschichte vor, und sie möchten gern, daß ihnen der Schriftsteller von heute bolschewistische Helden produzierte, die – als Leitbilder – ihnen helfen, den Sowjetmenschen zu gestalten, das heißt, zu bolschewisieren. Aber sie machen den Sowjetschriftstellern die Erfüllung dieser Aufgabe unmöglich, indem sie von ihnen die Darstellung von Menschentypen verlangen, die es gar nicht gibt, die daher unlebendig wirken müssen. Petschorin wurde Millionen von Russen zum Helden, gerade weil er nicht nur „positive“, dem Regime seiner Zeit erwünschte Charakterzüge trägt, sondern weil er ein Mensch mit Widersprüchen ist, mit guten *und* schlechten Eigenschaften.
Vor allem während des Zweiten Weltkrieges haben sich die Sowjets verzweifelt bemüht, ihre Schriftsteller zur Lieferung heldischer Leitbilder anzuregen. Damals erschienen auch zahlreiche Bücher mit Heldengestalten, bei denen die Verfasser weder an Farben noch an Phantasie gespart haben. Aber die Sowjetkritiker erklärten immer wieder: „Die Sowjetverfasser waren bis jetzt nicht imstande, eine heldische Gestalt hervorzubringen.“
Daß die Diskussion über den „Helden unserer Zeit“ im und seit dem Zweiten Weltkrieg mit so besonderer Schärfe geführt wurde, hat seine guten Gründe. Bis dahin hatten die Bolschewiken in der Illusion gelebt, der rote Held sei in der Sowjetliteratur bereits längst gegenwärtig. Wer sich an die bolschewistischen Romane oder Dramen der zwanziger und dreißiger Jahre erinnert, weiß, daß sie von „neuen Menschen“ geradezu wimmeln, von Bürgerkriegskommandanten, Kommissaren, Parteimännern in Lederjacken und so fort. Alle diese Gestalten, die zum Teil auf den ausgezeichneten Moskauer Bühnen oder in früheren Sowjetfilmen zu eindrucksvollem Leben gebracht wurden, erschienen

in der Tat als neue Menschen. Sie lebten und starben unter Bedingungen, die früher nicht bestanden hatten. Kaum aber war der Glanz der Neuheit verblichen, da wurde es offenkundig, daß nicht die Menschen neu waren, sondern nur die Umstände, unter denen sie auftraten. Die angeblich neuen Menschen wirkten bald schablonenhaft und – was schlimmer war – langweilig.
Dieser Vitaminmangel der rechtgläubigen Literatur wurde den Menschen erst klar bewußt, als eine neue und fast vergessene Wirklichkeit mit jäher Gewalt in ihr Leben einbrach: der Krieg. Er hat den Sowjetmenschen veranlaßt, viele Dinge aufs neue zu denken und zu fühlen. Die damals erlebten Erschütterungen haben weiter gewirkt, und neue sind dazugekommen: die Enttäuschung, daß es nach dem Kriege nicht besser wurde; die Möglichkeiten, die sich durch den Tod Stalins zu eröffnen schienen; die Aufstände gegen das Sowjetregime in Ländern, von denen es geheißen hatte, sie seien treue Volksdemokratien.
Die Führung sah ein, daß die ideologische Krise viel zu tief ging, als daß man ihr nur mit marxistisch-leninistischen Schulungskursen beikommen konnte. Daher wandte sie sich an die Dichter; sie sollten dem Volk ein zwingendes Vorbild vor Augen stellen, seine Phantasie gewinnen, die Menschen mit dem Wunsch beseelen, in der vom Kreml vorgeschriebenen Richtung zu marschieren. Viele Sowjetschriftsteller haben das versucht; es ist ihnen nicht gelungen, und als dann plötzlich ein „Held unserer Zeit“ in einem Sowjetroman erschien, der die Phantasie der Jugend ansprach und bewegte, da war es der Einzelgänger Lopatkin, der sein Leben im Kampf mit dem bürokratischen Staat verbrachte.
Einst haben die großen Dichter Rußlands das Volk oft mächtig bewegt. Die Kostproben der letzten Jahre deuten darauf hin, daß es auch heute ganz ähnlich käme, wenn sich der Kreml entschlösse, den Dichtern die Bahn freizugeben; die in ihren Werken verkörperten Gestalten wirken ungleich stärker auf die Menschen als die Ideologien der Parteitalmudisten, jedenfalls dann, wenn die Dichter den Mut haben, die Probleme, welche die Menschen beschäftigen, offen beim Namen zu nennen.

Die gleichfalls lange streng bevormundeten, nicht selten gemaßregelten *Komponisten* erlebten ihre persönliche Rehabilitierung

Ende Mai 1958. In einer Entschließung hat das Zentralkomitee der Partei Kritik geübt an den Ukasen, die in den Jahren nach dem Kriege, als Shdanow im kulturellen Garten des Landes wütete, führende Sowjetkomponisten zu schroff verurteilt hätten. Aber im Prinzip wurde die Kulturpolitik der späten Stalinzeit ausdrücklich gutgeheißen. Eine teils komische, teils makabre Note erhielt die neue Entschließung dadurch, daß als die bösen Inspiratoren jener Ukase ausdrücklich Chruschtschows Gegner – Mólotow, Malenków und Bérija – bezeichnet und so mit zusätzlichen Sünden belastet wurden.[50] Es kann demnach zweifelhaft sein, ob es Chruschtschow wirklich um die Musik ging. Den Musikern aber – und nicht nur den sechs namentlich Rehabilitierten, darunter D. Schostakówitsch, S. Prokófjew und A. Chatschaturján – wird der Widerruf der früheren Urteile bis auf weiteres das Leben erleichtern.

Am wenigsten zeigen sich die Spuren der geistigen Unruhe auf dem Gebiet der *bildenden Künste.* Das ist nicht verwunderlich, hat sich doch in ihnen der russische Geist von jeher mehr rezeptiv und traditionsgebunden als eigenschöpferisch gezeigt. In den anderthalb Jahrzehnten nach der Revolution war die sowjetische Kunst noch mit der des Westens durch gemeinsame Impulse, gemeinsames Suchen nach neuen Formen verbunden gewesen. Das äußerte sich zu Beginn der dreißiger Jahre besonders sichtbar in der Architektur. Ich erinnere mich noch an meine Überraschung, als auf dem Manege-Platz im Zentrum Moskaus – es war wohl 1932 – an einem Neubau, der als „Haus der Gelehrten" vorgesehen war, die ersten Anzeichen von Säulen auftauchten, die man bis dahin als reaktionär schroff abgelehnt hatte – als typischen Bestandteil vergangener Kulturen, nicht zuletzt des russischen Feudalismus mit seinen Säulenfassaden. Jedesmal, wenn ich vorbeikam, schaute ich nach, ob die Säulenstümpfe nicht verschwunden waren; aber nein, Meter für Meter wuchsen sie empor, und schließlich durchzogen sie die ganze Fassade des mehrere Stockwerke hohen Gebäudes und erhielten zu allem hin korinthische Kapitelle.

Man war sehr stolz auf den Neubau, obgleich kein Grund dazu vorlag. Die Halbsäulen waren reiner Zierat und hatten nichts zu tragen; man hätte sie, von den Funktionen des Baues her gesehen, ebensogut auch fortlassen können. Übrigens sind die Gelehrten dort niemals eingezogen, denn gerade um jene Zeit beschlossen Washington und Moskau, Botschaften auszutauschen, und in seiner Genugtuung über dieses so lange vergeblich angestrebte Ereignis bot der Kreml den Amerikanern den Neubau, den er für den schönsten der Stadt hielt, für Kanzleien und Wohnungen an. Später freilich mußten sie wieder ausziehen, weil Stalin sie nicht so nahe am Kreml haben wollte.

Noch lange waren pseudoklassizistische Säulen Trumpf. Nach dem Kriege entwickelte sich, vermutlich nicht ohne persönliche Einwirkung Stalins, jener neoklassizistische, mit mittelalterlichen russischen Bauelementen vermengte Zuckerbäckerstil, der in den Moskauer Hochhäusern, vor allem dem Neubau der Universität auf den Sperlingsbergen und dem Wolkenkratzer des Außenministeriums am Smolensker Platz, seinen bekanntesten Ausdruck gefunden hat. Im Volk hat, so scheint mir, dieser Stil durch die Wucht seiner Steinmassen und seiner Ornamentik imponiert; sprach man mit Sowjetarchitekten, so wechselten sie lieber das Thema. Aber sie waren an den Superformalismus der Parteiführung gebunden. Auch hier hat erst der Tod Stalins einen gewissen Wandel geschaffen. Der spätstalinistische Stil ist nicht mehr Mode; Chruschtschow selbst hat ihn kritisiert.[51] Die riesigen neuen Wohnblöcke im Süden Moskaus sind klarer und einfacher gehalten und wirken dadurch auch wieder moderner.

In der Malerei hat Rußland (von den Ikonen abgesehen) – im Gegensatz zu den großen Leistungen der russischen Literatur und Musik – niemals Weltgeltung erlangt; geniale Einzelgänger wie Kandinskij und Chagall haben der Heimat nicht zufällig so früh den Rücken gekehrt. Auch heute ist die Malerei die unlebendigste unter den Künsten in der Sowjetunion. Um ihre Vertreter hat es – anders als um Dichter und Komponisten – keine großen, die Intelligenzia bewegenden Auseinandersetzungen gegeben. Sie sind im ganzen brav und linientreu geblieben, haben eifrig Lenin und Stalin in riesigem Format und in allen erdenklichen Lebenslagen auf die Leinwand gebracht und Ereignisse aus der Geschichte Rußlands und der Sowjetunion in Form historischer „Schinken“, meist recht pathetisch, dargestellt. Relativ am wertvollsten sind die Porträts, die freilich meistens ebenfalls konventionellen Charakter tragen; auch einige Landschaften, die an die Tradition eines Lewitán († 1900) anknüpfen, heben sich aus dem Durchschnitt heraus. Der in erster Linie wegen seiner Kolossalgemälde (wie „Stalin und Woroschilow im Kreml“ [52]) bekannte Maler A. M. Gerássimow hat in seinen wenigen Landschaften, vor allem dem „Sommergewitter“, weit Wertvolleres geleistet als in seiner politischen „Ikonographie“. Ganz wohl ist den Künstlern freilich nicht bei einem so unideologischen Sujet. Darum suchen sie manchmal sogar Landschaften einen politischen Akzent zu geben. So setzte zum Beispiel A. A. Rylów in sein dramatisches Bild „Hochwasser und Gewitter“ (1934) einen energisch einherschreitenden Lenin, und W. N. Jákowlew aktualisierte seine friedliche Landschaft mit ihren Seen, Wäldern und Kühen, indem er sie „Kolchosherde“ taufte.

Die auffallendste und ohne große Konflikte eingetretene Entwicklung ist der in den letzten Jahren offenkundige Sieg des *Genre* als der vorherrschenden Form der Sowjetmalerei; er verdient erwähnt zu werden, da er Rückschlüsse auf die Gemütslage des Volks zuläßt. Das Genrebild ist heute drüben unter Malern und Konsumenten gleich populär; vor ihm stauen sich die Menschen in der Moskauer Tretjaków-Galerie; unzählige Reproduktionen hängen in Schulen und Klubs. Seine Vorwürfe stammen aus den verschiedensten Gebieten, aus dem Kriege zum Beispiel wie A. I. Laktiónows „Brief aus dem Feld“: Eine junge Frau, ein verwundeter Soldat und zwei Mädchen lauschen, während ein Junge einen Feldpostbrief vorliest. Viele Bilder haben dörflichen Hintergrund wie A. P. und S. P. Tkatschóws „Am Brunnen“, auf dem sich ein junger Bursche, umringt von lachenden Bauernmädchen, am Dorfbrunnen wäscht. Kinder und Jugendliche sind die beliebtesten Einzelsujets. Beispiele bieten das Bild „Am Stickrahmen“ von A. I. Laktiónow, das ein Mädchen neben einem Blumentopf am offenen Fenster zeigt; „Das Semester beginnt“ von A. Panján (Studenten schauen aus einem Zugfenster auf die ferne Silhouette der neuen Moskauer Universität).

Liebe, Familie, Freundschaft sind für die Genremalerei unerschöpfliche Quellen, von W. Gawrílows „Mainacht“ über F. W. Antónows „Hochzeit“ und W. Lawrénkos „Abschied am Bahnhof“ bis zum Ehestreit („Fremde“) von M. Stríshenow. Ein Bild,

das in der Tretjakow-Galerie immer umlagert war, hieß „Er kam zurück" (von S. A. Grigórjew): Ein Mann, der die Familie böswillig verlassen hatte, ist zu Frau und Kindern heimgekehrt; offenbar ein Ereignis, das auf das Gemüt der russischen Galeriebesucher einen tiefen Eindruck macht. Sehr populär ist auch W. P. Reschétnikows „Heimkehr in den Ferien": Der junge Kadett der Suworow-Kriegsschule grüßt seinen Großvater neben dem „Neujahrsbaum" so zackig, daß diesem automatisch die Hände an die Hosennaht fahren. Zahlreiche Genrebilder gelten dem Sport. Wenn ihre Mannschaft verloren hat, dann sehen die sowjetischen Fußballfanatiker so aus, wie sie G. S. Chandshján in seinem Bild „Getäuschte Hoffnungen" dargestellt hat. Politische Motive bezieht das Genre der jüngsten Zeit nur noch selten mit ein.
Auf die sowjetische Plastik kann hier nicht weiter eingegangen werden; auch sie zeigt ähnliche Züge, so bei den „Fußballern" von I. M. Tschaików. In unserem Zusammenhang ist die unverkennbare und auch von sowjetischen Autoren festgestellte Abkehr vom Politisch-Monumentalen bedeutsam als ein weiteres Symptom der Emanzipation des Menschen vom Totalitätsanspruch des kommunistischen Staates. Die Große Sowjetenzyklopädie versucht zwar, in ihrem sechsseitigen Artikel über das Genre auch dieser Entwicklung eine in ihrem Sinn positive Deutung zu geben: „Ein Aufblühen der Genrekunst ist gewöhnlich verbunden mit einer Entwicklung demokratischer Tendenzen in der Kunst." [53] Aber das stimmt nur zum Teil. Die Genremalerei, vor allem die französische, hat auch in der Welt der Aristokratie ihre Themen gesucht und gefunden. Nicht die dargestellte Klasse, der dargestellte Stand, macht das Genre, sondern die Hinwendung zum schlichten Alltag, den es in jedem Stand gibt. Das Genre war in der Geschichte der Kunst immer ein Protest gegen das Gestellte und Pathetische, gegen das Monumentale, das Didaktische und Programmatische, Mythologische und Symbolische, kurz gegen das Übermenschliche in jeder Form (sei es religiöser oder ideologischer Art). Das Genre ist die Entdeckung des „gewöhnlichen" Menschen, unabhängig von seinem Stande.
Es wäre gewiß übertrieben, Genre mit Biedermeier gleichzusetzen. Aber sicher ist echtes Genre unheroisch. Das erkennt auch der Filmregisseur und Stalinpreisträger Dowshénko, wenn er sagt

daß die Menschen der Genregemälde keine Helden sind.[54] Dowshenko, der selbst noch aus einer anderen Periode der Kunst stammt, ist kein Verehrer dieser Gattung des Genre; er hängt daher der zeitgenössischen Genremalerei das abwertende Etikett „Bytowismus“ an (von Byt = alltägliches Leben; Sitten und Gebräuche). Ähnlich lauten die scharfen Urteile der Literaturfunktionäre über die dem Menschlichen zuneigende Literatur der letzten Jahre, wenn sie mit einem abschätzigen neuen Fachausdruck ihre „sáksowskaja Temátika“ kritisieren (SAKS heißt Standesamt).[55] In der Tat ist das Genre sicherlich alles eher als „Sozialistischer Realismus“ in dem von Partei und Staat geforderten Sinne.
Das Vorherrschen des Genre in der Sowjetmalerei ist deutliches Symptom eines gewissen Ruhebedürfnisses nach der Überbeanspruchung durch das Unpersönliche (den Staat, die Ideologie) in den Jahren der Revolution und des Stalinismus. Unverkennbar ist die Tendenz, sich dem Privaten zuzuwenden, ja sich in es zu versenken, das Anekdotische zu pflegen, sogar das Idyllische; dieses vielleicht nirgends so deutlich wie im „Frühling“ von B. M. Némenskij, der einen lieblichen Jüngling in Soldatenuniform während des Krieges, zwischen Panzern träumend, in die Frühlingsnacht blicken läßt.[56]

Was in diesem Kapitel über das Ringen um größere Freiheit in der Dichtung gesagt wurde, trifft bis zu einem gewissen Grade auch auf die Geisteswissenschaften zu. Am wenigsten allerdings auf die Historie. Ihre Jünger sind streng erzogene Prügelknaben; sie spüren noch die Narben der Stalinzeit auf ihrem Körper und haben nur zaghaft von der Aufforderung Gebrauch gemacht, das Geschichtsbild der Stalinzeit neu zu durchdenken. Ähnliches ist über die Literaturhistoriker zu sagen. Wie sehr ihr Leben von politischen Entscheidungen abhängt, schildert in aller Unbefangenheit der junge Autor Trifonow in seinem psychologisch aufschlußreichen Studenten-Roman, den wir schon kennen.[57] Der negative Held, ein Professor der Literaturgeschichte, wird im Laufe des Buches, wie sich das gehört, entlarvt; er stürzt, nachdem die Iswestija sein Buch über Dostojewskij unfreundlich besprochen hat. Seine weiteren Sünden: Er ist Sohn eines Rechts-

anwaltes der Zarenzeit, „Formalist", „Ästhet", „Vertreter eines komfortablen Skeptizismus", „Tiefverneiger" (vor dem Westen) und ohne Verständnis für die linientreue Sowjetliteratur.
Etwas lebendiger geht es in der Philosophie zu, die unter dem Zwang steht, das Auseinanderklaffen zwischen den stürmisch fortschreitenden Naturwissenschaften und der seit Jahrzehnten stagnierenden Ideologie zu überbrücken; diese Kluft wird in einem Land, in dem die Philosophie materialistisch sein muß, weit stärker empfunden als in der westlichen Welt, in der die Abhängigkeit des Geistes von der Materie nicht ein absolutes und für alle verbindliches Dogma darstellt.
Verhältnismäßig weit haben sich die Nationalökonomen in Neuland vorgewagt; bei ihnen ist der Zwang, die Theorien mit der wirtschaftlichen Wirklichkeit in Übereinstimmung zu bringen, noch größer. Unter Stalin hatte die Nationalökonomie völlig auf der Stelle getreten; sie war zum bloßen Zitieren Stalinscher Gedanken abgesunken und hat erst Jahre nach seinem Tod den Mut zum Denken gefunden. Auch bei ihr fallen die ersten Zeichen des Aufschwungs in den seit Jahrzehnten geistig fruchtbarsten Winter der Sowjetunion, den Winter 1956/57. Ein Markstein war die Konferenz des Wirtschaftsinstitutes in Moskau, auf der die Diskussion über das Wertgesetz im Mittelpunkt stand; dahinter tauchte der Versuch auf, die bisher übliche willkürliche Festsetzung von Preisen und Löhnen an objektive Maßstäbe zu binden.[58]
Auch die soziologische Diskussion ist, vom Ausland angeregt[59], in Gang gekommen. Dabei machte man die Entdeckung, daß die Sowjetunion eine eigene Soziologie gar nicht besitzt. Sie konnte sie bisher auch gar nicht haben, weil der sowjetische Nationalökonom oder „Soziologe" während der Stalinzeit nie von den Tatsachen, sondern immer nur vom Dogma und von der Theorie ausgehen durfte; auch wir haben in der Hitlerzeit eine Soziologie, die diesen Namen verdient hätte, nicht besessen. Was für die westliche Soziologie charakteristisch ist, das Ausgehen von den Fakten, sei es von statistischen Aufnahmen, sei es von der Untersuchung einzelner als Modell betrachteter Objekte, etwa eines Landwirtschaftsbetriebes, eines Dorfes, einer Industriestadt, einer Berufsgruppe und so fort – diese induktive Methode war bis in die jüngste Zeit hinein in der Sowjetunion verpönt.

Der Sowjetsoziologe sollte ebensowenig wie der Sowjetdichter die Wirklichkeit darstellen, er sollte im Gegenteil einen nicht vorhandenen Zustand aus der Theorie ableiten und für Wirklichkeit ausgeben. Während es in unseren landwirtschaftlichen Hochschulen Hunderte von Dissertationen über die Lage auf dem flachen Lande gibt, fand man bis vor kurzem in der Leninbibliothek in Moskau, der größten in der Sowjetunion, so gut wie nichts über die tatsächlichen Verhältnisse in den Sowjetdörfern. Untersuchungen dieser Art waren unerwünscht, da man mit ihnen Gefahr lief, unbestreitbare Tatsachen ans Tageslicht zu fördern, die sich mit der Doktrin nicht in Einklang bringen ließen.

Erst in den letzten Monaten jenes ereignisreichen Jahres 1956, auf Konferenzen, die im Oktober und Dezember im Philosophischen Institut in Moskau veranstaltet wurden, erhob sich der Ruf nach einer zeitgemäßen Soziologie; man forderte das Studium der Sitten, der Familie, der sozialen Gebräuche, der sozialen Wandlungen, überhaupt der „Sozialphänomene des wirklichen Lebens". Einer der Redner beklagte die Behinderung der Sowjetsoziologie und „die Tendenz mancher Autoren, das Gebiet der Soziologie einzuengen, seinen Umfang auf die allgemeinsten Fragen der Gesellschaftsentwicklung zu reduzieren." [60]

Die russische Wissenschaft hat wie die Literatur eine bedeutende Tradition des Ringens um geistige Freiheit, um ein tolerantes Verhalten des Staates im Bereich des geistigen Lebens. Diese ist trotz Revolution und Diktatur nicht abgestorben, denn in Teilen der heutigen sowjetischen Intelligenzia lebt noch manches von dem Wesen der alten Intelligenzia, von ihrer Humanität und ihrem Idealismus, und diese Saat ist heute, da die neue Intelligenzia eine zahlenmäßig ungleich größere Schicht darstellt als die der Zarenzeit, weiter gestreut als je in der Geschichte des Landes.

Über die besonderen Probleme der Justiz und Jurisprudenz wird in einem eigenen Kapitel zu sprechen sein.[61] Hier ist noch auf einen anderen akademischen Berufsstand hinzuweisen, der seine humanitäre Traditon nicht verleugnet hat: die Ärzte. Zehntausende sowjetischer Ärzte und Ärztinnen haben – bewußt oder unbewußt – auch in den schlimmsten Jahren des Terrors in ihren Sprechzimmern und Kliniken Refugien geschaffen, Oasen verminderter Angst. Vor allem in den sechzehn Jahren, in denen die

barbarischen Arbeitsgesetze von 1940 Geltung hatten[62], waren die Ärzte die einzigen, die mildernd eingreifen konnten. Ich habe eine Ärztin gesprochen, die erst in den dreißiger Jahren, also schon unter dem Bolschewismus, ihre medizinische Ausbildung erhielt. Sie erzählte mir, mit welchem Grauen sie an die Zeit zurückdenkt, in der bei verspätetem Eintreffen an der Arbeitsstelle oder bei Arbeitsversäumnis nur ein ärztliches Attest (Bjulletén) vor bösem Verdacht und schweren Strafen schützen konnte. Es habe damals keinen Tag gegeben, an dem sie nicht – wie fast die gesamte Ärzteschaft – vor der Gewissensfrage stand, ob sie einem Besucher, der nicht ernstlich krank war, einen Krankenschein ausstellen sollte, wenn dieser flehentlich darum bat. Es kamen Fälle vor, in denen Mütter, die wegen kranker Kinder die Arbeit versäumten, zu Strafarbeit verurteilt wurden, bis das Oberste Gericht anders entschied; und andere, in denen Arbeiter wegen Arbeitsversäumnis vom Krankenhaus weg ins Gefängnis geholt wurden.[63]
Dabei wußten die Ärzte, daß es unter den Bittstellern zahllose Simulanten gab; eine amerikanische Befragung von DPs förderte an die zweihundert Methoden zum Vortäuschen von Krankheiten zu Tage, bis zu Injektionen mit Petroleum oder Milch.[64] Ebenso wußten sie, daß sie als „Saboteure der Wirtschaft" schwerer Strafen gewärtig sein mußten, wenn sie dabei ertappt wurden, aus Mitleid falsche Krankenscheine ausgestellt zu haben. Dennoch folgten zahllose unter ihnen dem Gebot ihres Herzens. Seit der kürzlichen Aufhebung des Gesetzes von 1940 hat dieses Problem an Schärfe verloren, obgleich das „Bjulletén" immer noch eine sehr große Bedeutung hat.
Die wachsenden geistigen Bedürfnisse der neuen Intelligenzia, ihr Drängen auf größere Gedanken- und Schaffensfreiheit, auf die Erneuerung der liberalen Tradition – dies möchte ich, nicht anders als die zunehmenden materiellen Bedürfnisse, als eine der Konstanten in der Entwicklung der Sowjetunion bezeichnen. Ich bin freilich der Meinung, daß – ebenso wie bei den materiellen Wünschen – diese geistigen Bedürfnisse wesentlich rascher wachsen als die Bereitschaft von Staat und Partei, ihnen Rechnung zu tragen. Auch hier also laufen die Kurve der Bedürfnisse und die ihrer Befriedigung auseinander; diese Schere bringt ein weiteres Spannungsmoment in das Leben der Sowjetunion.

RELIGION

Das Haus, in dem ich als Kind aufwuchs, lag nicht weit vom Kreml, jenseits der Moskwa. Mit Vorliebe ging meine alte russische Kinderfrau bei schönem Wetter mit mir im Kremlgarten spazieren. In jenen Jahren stand der Kreml immer offen, von den Tagen abgesehen, an denen der Zar bei seinen Besuchen in Moskau dort residierte. Die alte Njanja war sehr fromm und versäumte es nie, in den Kremlkirchen zu beten; am liebsten in der berühmten Blagowéschtschenskaja aus dem fünfzehnten Jahrhundert. Dorthin folgte ich ihr nur ungern wegen des großen Freskos an der Innenwand, auf dem Jonas vom Walfisch verschlungen wird. Dieser Fisch erschien mir riesengroß und grauenerregend und begleitete mich in meine kindlichen Träume. Als ich nun im September 1955, mit dem nötigen Eintrittsausweis versehen, zum erstenmal wieder den Kreml betrat, lenkte ich stracks meine Schritte zum Propheten Jonas. Ich habe ihn kaum wiedererkannt: der mächtige Walfisch meiner Erinnerung war zu einem, sagen wir, Hecht zusammengeschrumpft; so geht es ja oft mit den Erinnerungen der Kindheit.

Während ich vor dem Fresko stand und der guten Njanja einige freundliche Gedanken nachsandte, kam eine Mädchengruppe auf einer Museumsführung vorbei. „Schauen Sie, Anna Iwánowna", rief ein Mädchen der jungen Lehrerin zu und zeigte auf das Fresko, „was bedeutet denn das?"

Die Lehrerin warf einen Blick auf das Bild. Sie kannte sichtlich den biblischen Zusammenhang nicht. Aber als Lehrerin fühlte sie sich verpflichtet, auf jede Frage eine Antwort zu wissen, und erklärte sachlich, als wäre man im Naturkunde-Unterricht: „Da frißt ein Fisch einen Menschen." Die Mädchen gingen weiter. Vielleicht hatte keines von ihnen je ein Altes Testament in der Hand gehabt.

Einige Tage später, am Sonntag nach dem Abflug des Bundeskanzlers, fuhr ich zur Jelóchowskaja-Kirche, der derzeitigen Haupt- und Patriarchalkirche Moskaus. Sie liegt in einem der östlichen Vororte; die viel älteren und schöneren Kirchen im Zentrum der Stadt sind heute entweder ganz verschwunden oder in Museen umgewandelt. Als ich aus dem Wagen stieg, dröhnten mir die Glocken entgegen. Die Kirche mußte überfüllt sein; die Menschen standen bis auf die Straße. Als ich sah, wie ein junger Mann eine Wendeltreppe herunterkam, kletterte ich auf dem gleichen Weg empor und gelangte, den Deckel der Luke am oberen Ende beiseite schiebend, über eine weitere Treppe zu einer Türe, die mich direkt auf die Sängerempore führte.
Russische Kirchen kennen keine Orgeln; alle Musik kommt aus menschlichen Kehlen. Der Chor, bei dem ich hier eingedrungen war, bestand aus etwa vierzig Frauen und Männern; es waren alle Altersgruppen vertreten, von den Zwanzig- bis zu den Sechzigjährigen. Sie merkten nicht, daß ein Fremder hereingekommen war, mit so heiligem Eifer waren sie bei der Sache. Gebannt blickten sie auf den Dirigenten. Dessen Kopf werde ich nie vergessen: ein Mann in den Fünfzigern mit edlen, durchgeistigten Zügen, Güte in den Augen und Strenge um den Mund, völlig hingegeben an die Musik und sein Amt. Ich stellte mich in eine dunkle Ecke und hörte zu. Plötzlich, mitten im Gesang, wurde einer der Sänger ohnmächtig und brach zusammen, ein Mann von etwa sechzig Jahren. Der Gesang stockte keine Sekunde; der Chor sang weiter wie eine Kompanie, die im Gefecht ist und weiter vorgeht, auch wenn einer ausfällt.
Ich kümmerte mich um den Mann, flößte ihm Wasser ein aus einer Karaffe, die auf einem Tisch neben der Tür stand. Als er zu sich kam, fragte ich ihn, ob ich ihn nach Hause fahren solle; ich habe ein Auto vor der Kirche stehen. Er schüttelte den Kopf. „Ich bleibe hier", flüsterte er. Er richtete sich halb auf, lehnte sich mit dem Rücken gegen die Wand und blieb so sitzen. Vielleicht dachte er, sein letztes Stündlein sei gekommen, und wollte, wenn schon, dann in der Kirche sterben. Er sah unterernährt aus und war ärmlich gekleidet.
Von der Empore aus hatte ich einen guten Überblick. Rechts von mir sah ich die hohe Ikonostase, die aus großen, mit viel Zierat

und Gold geschmückten Heiligenbildern bestehende Wand, deren Türe zum Altarraum und zum Allerheiligsten führte. Unter mir standen Kopf an Kopf, so dicht gedrängt, daß sie nur mit Mühe zum Gebet niederknien konnten, Frauen, Männer und Kinder. Die Alten und Leute in den mittleren Jahren herrschten vor; aber auch die Jüngeren unter Dreißig waren, wenngleich nicht zahlreich, vertreten. Etwa zwei Drittel mochten Frauen sein.

Religiöse Indifferenz und Unwissenheit, aus atheistischer Erziehung erwachsen, und tiefe, selbstvergessene Gläubigkeit leben heute in der Sowjetunion Seite an Seite. Es ist für den Außenstehenden und sogar für den Sowjetbürger nicht möglich, zu sagen, wieviel Gewicht der einen, wieviel der anderen Haltung zuzuerkennen ist. Wer könnte auch über die intimste aller intimen Fragen, über die Stellung des Menschen zur Religion, Zuverlässiges sagen?

Daß diese Frage nach vierzig Jahren Bolschewismus überhaupt noch existiert, hat nicht zuletzt das Mißverständnis hervorgerufen, die Bolschewiken hätten sich von dem radikalen Fanatismus ihrer Ursprünge entfernt und seien heute doch eigentlich recht umgängliche und tolerante Leute geworden. Wenn Materialisten als Herren eines totalen Staates die Kirche bestehen lassen, ist dann ihr Materialismus überhaupt noch ernst zu nehmen?

Wer so denkt, hat die Bolschewiken nie verstanden und stiftet – wissentlich oder nicht – Verwirrung. Ihre Einstellung zur Religion ist *eine* Sache, die jeweilige Behandlung der bestehenden Kirche eine *andere*. Die Einstellung der Sowjets zur Religion hat sich in den mehr als vierzig Jahren ihrer Herrschaft nicht wesentlich geändert: Religion ist für sie kein metaphysisches, sondern ein diesseitig-historisches Phänomen, ist heute „Opium für das Volk", Hemmschuh des Fortschritts. Sie glauben, daß die Materie das Primäre, der Geist das Abgeleitete sei. Diese These ist für sie kein Ornament ihrer Lehre, sondern ein Herzstück; aus ihr folgt – wie sehr sie auch auf philosophisch-wissenschaftlicher Ebene den Materie-Begriff zu verfeinern suchen – der kausal-mechanische, sich in dialektischen Sprüngen vollziehende und durch die Marxschen Gesetze determinierte Ablauf der Menschheitsentwicklung, die Betrachtung der Geschichte als einer Kette von Klassenkämpfen, die Planbarkeit des Daseins, die Ablehnung einer autonomen

Moral (was dem postulierten „Fortschritt“ dient, ist „moralisch“, so unmoralisch es in unserem Sinne auch sein mag), die Überzeugung vom unabwendbaren kommunistischen Endsieg wie umgekehrt vom Untergang aller entgegenstehenden geistigen, auch der religiösen Mächte, die für sie Ausdruck überwundener Klassenverhältnisse und also zum Absterben verurteilt sind.

Wer an den autonomen Geist und gar an eine transzendente Macht glaubt, der verneint die philosophische Grundlage, auf der die Bolschewiken stehen, und damit ihre Daseinsberechtigung; wer an Gottes Gebote glaubt, erscheint ihnen wie einer, der einem fremden König dient. Dies aber bedeutet noch nicht, daß die Kirche, mit der sie es in ihrem Machtbereich zu tun haben, in frontalem Angriff vernichtet werden muß; es gibt noch andere Methoden des Kampfes. Wenn ein Gegner nicht oder nur um den Preis großer Risiken gewaltsam vernichtet werden kann, dann proklamieren die Bolschewiken die Koexistenz und warten ab, ob er nicht von selbst degeneriert und zusammenbricht. Diese Taktik bestimmt nach außen ihr Verhältnis zum Westen, im Innern die Behandlung der Kirche.

Die westliche Welt braucht für die Koexistenz keinen sichtbaren Preis zu zahlen, da sie sich nicht in der Gewalt des Bolschewismus befindet. Wer aber wie die orthodoxe Kirche der Sowjetunion von seiner Gnade abhängt, der muß, um am Leben zu bleiben, einen hohen Preis entrichten. Dieser Preis besteht nicht nur in einer loyalen Haltung, die jede Kritik, sogar jede geistige Auseinandersetzung mit dem Regime, ausschließt, sondern auch in dessen aktiver und vorbehaltloser Unterstützung nach innen und außen. Sie ist am sichtbarsten und wirksamsten während des Zweiten Weltkrieges in Erscheinung getreten, als der Sowjetstaat um das nackte Dasein zu kämpfen hatte. Damals segnete die Kirche, nicht anders als unter den Zaren, die Waffen des Staates. Hitler hat ihr diesen Entschluß erleichtert, indem er den Kampf wohl theoretisch gegen den Bolschewismus, praktisch aber gegen das ganze russische Volk führte. Die orthodoxe Kirche hat mit einer Geldspende von dreihundert Millionen Rubel unter anderem die Aufstellung einer Panzerkolonne ermöglicht, sie hat das Volk zum Kampf für den Staat aufgerufen, sie hat, was für den Staat am wichtigsten war, die durch das Kriegserlebnis aufgewühlten und in Bewegung geratenen Gefühle, die im Bereich des dürren Materialismus keine Befriedigung finden konnten, in ihre vom Staat kontrollierten Kanäle zu leiten und so zu ihrem Teil mit zu verhindern gesucht, daß sie eigene, unkontrollierbare Wege gingen. Damals hat der Staat mit der Kirche seinen Frieden gemacht. Er hat die Kirchenverfolgung nicht wieder belebt, die Kirchenfürsten anerkannt, ihnen hohe Ehren gewährt und gegen ihre beträchtlichen Gehälter keinen Einspruch erhoben. Die orthodoxe Kirche der Sowjetunion hat seit 1943 wieder einen Patriarchen (sein Vorgänger war 1925 gestorben). Seine internationale Stellung ist bedeutender als je zuvor in der Geschichte. Dies wiederum erwies sich für die Kirchenpolitik des Kreml, soweit sie auf das Ausland gerichtet ist, als überaus nützlich. Ein alter Bolschewik, G. G. Karpow, garantiert als Vorsitzender des „Rates für Angelegenheiten der orthodoxen Kirche" beim Ministerrat, als Verbindungsmann des Staates zur Kirche und zugleich als deren oberster Aufseher, daß die Kirche in den gewünschten Geleisen bleibt; ihm steht ein umfangreicher eigener Apparat bis hinunter in die Provinz zur Verfügung.

Nach Stalins Tod wurde das im Kriege hergestellte Verhältnis zwischen Staat und Kirche durch einen von Chruschtschow unterzeichneten Beschluß des Zentralkomitees der Partei sanktioniert. Es war die Zeit, in der die Nachfolger des toten Diktators nach allen Seiten freundliche Worte verteilten, um ihre Position im Volke zu stärken. Der Beschluß wandte sich daher gegen jegliche Beleidigung der Gläubigen, da diese nur zu einer Versteifung ihrer „Vorurteile" führen könne. Daß die Einstellung der Bolschewiken zur Religion durchaus nicht berührt wurde, steht in dem Beschluß deutlich zu lesen:

> „Die Kommunistische Partei stützt sich auf die einzig richtige wissenschaftliche Weltanschauung, den Marxismus-Leninismus, und dessen theoretische Grundlage, den Dialektischen Materialismus; sie kann sich daher nicht teilnahmslos und neutral zur Religion verhalten, da diese eine Ideologie ist, die mit Wissenschaft nichts gemein hat. Unsere Partei hielt es von jeher und hält es auch heute für ihre unbedingte Aufgabe, mit allen Kräften und Mitteln die Entwicklung der ... Wissenschaften zu fördern ... Die Religion aber verdunkelt das Bewußtsein des Men-

schen, verurteilt ihn zur Passivität gegenüber den Kräften der Natur und schlägt seine schöpferische Aktivität und Initiative in Fesseln."[1]

Immerhin darf heute wieder offen ausgesprochen werden, daß dieser vom Staat grundsätzlich abgelehnten und bekämpften geistigen Macht noch Millionen von Sowjetbürgern die Treue halten. Einer amerikanischen Kirchendelegation gegenüber erklärte vor wenigen Jahren der Metropolit Nikolaj von Krutizy, einer der höchsten Kirchenfürsten der Sowjetunion, es gebe dort mehrere Dutzend Millionen von Gläubigen; auf die Frage, ob man mit etwa 50 Millionen rechnen könne, antwortete er bejahend.[2]
Die römisch-katholische Kirche bildet ein Sonderproblem, das mehr außen- als innenpolitischer Natur ist, da sie in der eigentlichen Sowjetunion wenig Gläubige besitzt; ihre Stärke in Polen und Ungarn dagegen ist beträchtlich. Unter den Protestanten sind die Baptisten die größte Gruppe, deren Zahl – einschließlich der Familienmitglieder – auf etwa drei Millionen geschätzt wird. Auf sie wie auf die wieder ganz andersartige Frage des Verhältnisses zwischen Sowjetstaat und Islam kann hier nicht eingegangen werden. Über die ungezählten Frommen, die sich durch das Bündnis der Kirche mit dem bolschewistischen Staat abgestoßen fühlen und in geheimen Sekten ihre eigenen Wege gehen, habe ich aus eigener Erfahrung nichts beizutragen; sie führen ein verborgenes und getarntes Dasein, das den wachsamen Augen der Sowjetbehörden unbekannt bleiben soll und dem ausländischen Beobachter erst recht nicht zugänglich ist.
Ideologisch gesehen, lehnt der Bolschewismus eine Religion ebenso ab wie die andere. Praktisch freilich macht er Unterschiede. Im römischen Katholizismus sieht er, erst recht nach den Ereignissen in Polen und Ungarn im Herbst 1956, einen unversöhnlichen Feind; dagegen glaubt er zuversichtlich, das orthodoxe Christentum im Laufe der Jahre zu absorbieren und damit zu liquidieren, indem er den Klerus zu immer lauteren patriotischen Proklamationen drängt, die Gläubigen auf dem Wege über den Patriotismus zum Sowjetpatriotismus und weiter zur Bejahung des bolschewistischen Systems führt, und indem er schließlich der Kirche durch areligiöse Erziehung und atheistische Propaganda die Jugend entfremdet.

Ohne Frage hat die orthodoxe Kirche zunächst durch ihr Bündnis mit dem Staat, im Vergleich zu 1940 oder gar 1930, stark an Ansehen und Glanz gewonnen. Wie aber steht es mit der Religiosität des Sowjetmenschen von heute? Auf diese Frage muß unter dem Aspekt dieses Buches eine Antwort versucht werden. Sie kann nur unvollständig und vorläufig sein, führt sie doch in Bezirke der Menschenseele, die schon an sich weit tiefer und verborgener liegen als alle, von denen bisher die Rede war. Der Sowjetbürger hat noch besondere Gründe, jedem fremden Auge den Einblick in sie zu verwehren. Es ist für ihn schon nicht unbedenklich zuzugeben, daß er sich über Probleme der Ästhetik eigene Gedanken macht, wiewohl sich auch innerhalb des Marxismus-Leninismus verschiedene ästhetische Meinungen rechtfertigen lassen. Wer aber auch nur das leiseste Interesse an der Religion bekundet, stellt sich außerhalb der materialistischen Weltanschauung und wird damit in die Kategorie der politisch Unzuverlässigen eingereiht. Kein Wunder, daß es kaum möglich ist, über dieses Thema mit Russen unbefangene Gespräche zu führen. Diese Vorbehalte bitte ich den Leser im Auge zu behalten, wenn im folgenden einige Eindrücke und Überlegungen wiedergegeben werden.

Sicher scheint mir eines zu sein: Beim Volk – soweit es in der Generation der Eltern oder Großeltern der orthodoxen Kirche angehört hat – besteht eine unverkennbare Treue zu religiösen Gebräuchen, die die Machthaber veranlaßt hat, von der früheren Praxis des Frontalangriffs gegen die Religion abzugehen. So war in den Jahren nach dem Sieg der Revolution eine von Jahr zu Jahr verstärkte Agitation gegen Weihnachten (wie auch gegen die anderen kirchlichen Feste) geführt worden. In den Musterreferaten, welche noch zu Beginn der dreißiger Jahre den Rednern des Millionen Mitglieder umfassenden „Verbandes der streitbaren Gottlosen“ für die Weihnachtszeit empfohlen wurden, fanden sich Sätze wie dieser: „Weihnachten und jeder religiöse Feiertag werden von den Ausbeutern zum Zwecke der Verstärkung ihrer Herrschaft, der Abstumpfung des Klassenbewußtseins und zur Ablenkung der Aufmerksamkeit der gläubigen Werktätigen vom revolutionären Kampfe benützt.“

Selbstverständlich arbeiteten damals zu Weihnachten alle Betriebe, ja, man pflegte besonders viel Arbeit auf diese Tage zu

legen und „sozialistische Sonderschichten“ und ähnliche Überstunden zu fordern. Der im neunzehnten Jahrhundert auch in Rußland heimisch gewordene Weihnachtsbaum war streng verpönt. Nur Ausländer durften sich in Staatsgeschäften gegen Devisen Bäume kaufen; gegen Devisen gab es ja alles, sogar „Kultgegenstände“, unter die man die Weihnachtsbäume rechnete.
So ging es viele Jahre, bis 1935. Als ich damals am Vorabend des Weihnachtsfestes wie alle anderen Deutschen meinen über die Botschaft besorgten Tannenbaum nach Hause trug, begegneten mir auf der Straße, wie in den Jahren zuvor, überraschte und wehmütige Mienen. Wo immer in den folgenden Feiertagen aus Ausländerwohnungen weihnachtlicher Lichterglanz durch die Eisblumen der Fenster auf die verschneiten Moskauer Straßen fiel, zog er scheue, verlangende Blicke an.
Einige Tage später erschien eine kleine Notiz auf der letzten Seite der Zeitungen: Bei einem Gang über die Märkte Moskaus, so schrieb der Berichterstatter, habe er zu seiner Überraschung nirgends Neujahrsbäume zum Verkauf aufgestellt gesehen. Da die Russen längst gelernt hatten, genau und zwischen den Zeilen zu lesen, wirkten diese wenigen Worte auf das Land wie die Berührung mit einem Zauberstab. Die Bevölkerung erfuhr aus ihnen zweierlei: Erstens, Weihnachtsbäume sind wieder erlaubt; zweitens, nur als Neujahrsbäume. Als ich am folgenden Tag aus dem Dorf, wo wir damals wohnten, nach Moskau fuhr, traute ich meinen Augen nicht: auf Hunderten und Tausenden von Schlitten wurden Hunderttausende von Tannenbäumen aus der Umgebung nach Moskau transportiert. Die wenigsten gelangten bis ins Zentrum. Schon während ihrer Fahrt durch die Vororte wurden die Schlitten von Käufern gestürmt. Dasselbe Bild bot sich, wie wir bald erfuhren, auch in den anderen Städten der Sowjetunion. Es war eine wahre Volkserhebung.
Noch ein paar Tage, und es kam eine zweite Zeitungsnotiz: In den Geschäften gebe es keinen Baumschmuck zu kaufen; das sei eine Schlamperei. Also war auch das Schmücken der Bäume erlaubt! Unverzüglich packten die Geschäfte alles, was klein war und sich aufhängen ließ, auf ihre Ladentische – Spielwaren, Süßigkeiten, Nippessachen. Ich ging in das große Kaufhaus neben dem Bolschoj-Theater und blickte vom ersten Stock in den Lichthof, ge-

rade auf die Tische, auf denen dieser Baumschmuck feilgeboten wurde. Unter mir wogte ein Kampf, wie ich ihn selten in einem Moskauer Laden gesehen habe.
In der Silvesternacht standen in Millionen Wohnungen und auf vielen Plätzen und Fabrikhöfen geschmückte Tannenbäume, mehr als je vor der Revolution. Der Staat hatte eingesehen, daß die Weihnachtsgefühle der Menschen noch nicht erstorben waren; er hatte sich entschlossen, ihnen ein Ventil zu öffnen. Die ganze weltliche Seite des Weihnachtsfestes – Tannenbäume, Lichterglanz, Verwandten- und Freundesbesuch, festliches Essen – sollte von Weihnachten auf Neujahr verlagert werden; dadurch sollte ein neues, seiner religiösen Bindungen entkleidetes Fest entstehen. Die Treue zu einem religiösen Brauch war belohnt worden; aber wer kann sagen, was in den Köpfen der Menschen vor sich geht, wenn sie in die Lichter des Neujahrsbaumes blicken. Sicher ist nur, daß fast alle diese Bäume, die zu Neujahr aufgestellt und geschmückt werden, wie zufällig noch einige Tage stehen bleiben – bis zum russischen Weihnachtsfest, das auch heute, gemäß dem alten orthodoxen Kalender, dreizehn Tage nach dem westlichen gefeiert wird. „Neujahrsbaum" und „Großväterchen Frost" – der unserem Sankt Nikolaus oder Knecht Ruprecht entspricht – sind fester Bestandteil des sowjetischen Silvester geworden.
Das höchste Fest der orthodoxen Christenheit aber war von jeher nicht Weihnachten, sondern Ostern, und so wurden die religiösen Bräuche, die diesem Fest vorausgingen, auch die Fastenzeit, von jeher mit besonderer Liebe gepflegt; zu ihr gehört die sogenannte Butterwoche, in der alle Welt flache Pfannkuchen aß, russisch: Bliny, Diminutiv: Blintschiki. Mir geht es wie den meisten Menschen: ich habe eine sentimentale Liebe zu den Speisen meiner Kindheit. Während meines Moskauer Aufenthaltes im Frühjahr 1956 ließ ich mir mehrfach Blintschiki mit saurer Sahne und Kaviar (eine sehr zu empfehlende Kombination) servieren. Aber als ich sie mir wieder einmal bestellte, sagte der Kellner höflich: „Wir haben sie nicht mehr, Bürger. Die Fastenzeit ist vorüber." Ich weiß nicht, ob er mit diesen Worten eine religiöse Vorstellung verband, oder ob ihm die Fastenzeit nur noch ein Kalenderbegriff war; aber daß überhaupt in einem Sowjethotel die Küche auf die verpönten religiösen Bräuche Rücksicht nahm, schon das kam mir unerwartet.

Nicht nur die alten Leute haben eine Schwäche für diese Bräuche. Das zeigte sich, als Anfang 1958, also mehr als vierzig Jahre nach der Revolution, das Organ des kommunistischen Jugendverbandes die schönen alten Feiertagssitten mit den öden, sterilen politischen Festveranstaltungen verglich. Es schilderte die übliche kommunistische Kundgebung, die genauso ablief wie hundert vorausgegangene – rote Spruchbänder, lange, keinen Menschen interessierende Ansprachen, hochtrabende Erklärungen, Listen von Produktionszahlen und belobten Arbeitern – und das alles vor einem Publikum, das nicht gerade freiwillig gekommen ist und dessen Gesichtern man die gähnende Langweile ansieht. Diese Kundgebungen, stellt der junge Autor des Klageartikels fest, seien keine Feste, sondern politische Demonstrationen, die den Zuschauer unbeteiligt lassen. Und er erklärt: „Ohne echte Feiertage ist das menschliche Leben nicht lebenswert."

Die Kirche habe, so fährt er fort, dies schon in ihrer Frühzeit erkannt und deshalb den alten Volksfesten und -bräuchen eine kirchliche Deutung gegeben. Dies sei den Kommunisten nicht gelungen. Darauf aber komme es an. Man müsse die alten, dem Volk ans Herz gewachsenen Feiertage übernehmen, aber entgotten. Weihnachten, Fastnacht, Ostern, Taufe, Hochzeit, dies alles seien Gelegenheiten zu Festen, von denen jedes sein eigenes Gesicht haben, gleichzeitig aber von seiner Verbindung mit der Religion abgelöst werden müsse. Wie liebten es doch die jungen Mädchen, sich zu Pfingsten mit frischem Grün zu schmücken und ihre Blumenkränze auf das Wasser zu werfen, oder die jungen Männer, zur Fastnacht durch die Flammen zu springen. Man müsse auch die alten Symbole beibehalten, ohne ihren religiösen Gehalt zu übernehmen, zum Beispiel die Herstellung von Trauringen in den Wirtschaftsplan aufnehmen.[3]

Dieser Aufsatz zeigt, wie zäh die Vorliebe für die religiösen Bräuche ist, so zäh, daß sogar die junge Generation nach ihnen ruft, da sie ihr ungleich farbiger und lockender scheinen als der triste bolschewistische Ersatz. Kurz nach der Veröffentlichung dieses Aufsatzes wurde denn auch die Butterwoche mit Tänzen, Kostümen und Märchenpantomimen wieder gefeiert.

Die Zeitung des Komsomol hat schon mehrfach warnend auf die Beteiligung großer Menschenmengen hingewiesen, wenn Kirchen das Fest ihres Schutzpatrons feiern. Ein Dorfschutzmann aus der Nähe von Wologda berichtete ihrem Korrespondenten, der zu den Feiern der Kirche des Dorfes Sérgjewo gekommen war, er sei wegen des Andrangs fünf Nächte nicht zum Schlafen gekommen; in einigen Tagen werde es genauso in dem Nachbardorf Dulépowo zugehen.[4] Andere Sowjetzeitungen schreiben von Wallfahrten zu einer wundertätigen Quelle nach dem in der Moskauer Umgebung gelegenen Ort Glínkowo, wo auch Ärzte und Ingenieure, zum Teil mit Autos kommend, unter den Patienten zu sehen seien. Andere Pilger ziehen in Scharen zum Swetlojár-See, auf dessen Grund der Gläubige die nach der Legende von Gott vor den Tatarenhorden dorthin gerettete fromme Stadt Kítesh zu sehen und deren Glocken zu hören vermeint. Unter den Pilgern waren auch Studenten, darunter einige, die das Gelübde abgelegt hatten, die Wallfahrt zu unternehmen, wenn sie ihr Examen glücklich bestehen sollten.[5]

Als man 1935 den als Neujahrsbaum getarnten Weihnachtsbaum wieder zuließ, waren nur achtzehn Jahre seit der Revolution vergangen, und die Bolschewiken rechneten vermutlich damit, daß die Anhänglichkeit an die alten Kirchenbräuche bald von selbst verschwinden würde; als man die Butterwoche wieder einführte, lag die Revolution mehr als vierzig Jahre zurück, und in diesen vierzig Jahren hatten die Bolschewiken – mit Ausnahme des Frauentages[6], der aber letzten Endes auch an die Stelle einer religiösen Sitte, des Namenstages, trat – keine neuen Bräuche zu schaffen vermocht, die die Sehnsucht nach den alten Kirchenfesten hätten verstummen lassen.

Man mag fragen, wieweit den jungen Leuten, die Anfang 1958 auf Karnevalsbälle gingen, der religiöse Ursprung dieser Feiertage noch bekannt ist, und ob die Menschen, die sich unter dem Neujahrsbaum Geschenke überreichen, noch an Christi Geburt denken. Zugleich aber wird man „selbstkritisch“, um mit den Bolschewiken zu sprechen, die Gegenfrage stellen müssen: Wie viele Menschen bei uns nehmen den religiösen Sinn des Weihnachtsfestes ernst, seit es zum Großgeschäft aller Geschenkindustrien geworden ist? Und wer von den Hunderttausenden, die ver- oder entkleidet zum Karneval gehen, tut dies in der Absicht, für die folgenden Wochen bis Ostern aller Fleischeslust Lebewohl zu sagen, wie dies nach der traditionellen Etymologie doch der Sinn des Wortes Karneval ist? Freilich besteht ein Unterschied: Wir werden durch die Kirchenglocken, die religiösen Sendungen im Rundfunk, die Sonderbeilagen der Zeitungen an den religiösen Gehalt der Kirchenfeste erinnert. In der Sowjetunion dagegen fällt öffentlich kein Wort darüber, und es muß sich auf die Dauer auswirken, wenn nur noch die mündliche Überlieferung in den vier Wänden der Kirche oder der Familie den religiösen Gehalt dieser Bräuche weiterträgt.

Als ich im Herbst 1955 nach neunzehn Jahren zum erstenmal wieder nach der Sowjethauptstadt kam, begab ich mich schon an einem der ersten Tage in den Kreml, nicht nur, um meinen alten Freund, den Walfisch, zu besuchen, sondern auch, um die anderen Kirchen mit ihren Schätzen an Fresken und Ikonen wiederzusehen. Während ich in der prächtigen Uspénskaja umherging und die Gemälde betrachtete, fiel mir plötzlich auf, daß in dem Strom der Besucher die Männer weder Hüte noch Mützen auf dem Kopf hatten. Ich schaute näher hin: Sie hielten sie in der Hand. Vielleicht wegen des warmen Wetters? fragte ich mich und stellte mich an das Tor. Über die Stufen kamen mir zahlreiche Männer entgegen, *mit* Hüten und Mützen, auch manche Soldaten, Offiziere oder Matrosen mit vorschriftsmäßiger Kopfbedeckung. Aber in dem Augenblick, in dem sie die Kirchenschwelle überschritten, griffen sie automatisch nach der Mütze und zogen sie ab. Bei näherem Zusehen merkte ich, daß manche ihre Mütze zunächst auf dem Kopf behielten. Ich folgte ihnen mit den Augen, und früher oder später ergab sich immer wieder dasselbe: Plötzlich merkten sie, daß etwas nicht ganz stimmte, blickten verlegen um sich, sahen alle anderen Männer barhaupt und nahmen ebenfalls die Kopfbedeckung ab. Einige kratzten sich dabei den Kopf, als hätten sie die Mütze nur zu diesem Zwecke abgenommen und dann vergessen, sie wieder aufzusetzen. Ich hätte viel darum gegeben, ihre Gedanken während dieser Sekunden lesen zu können.

Es gibt keine Statistiken über den Prozentsatz der getauften Neugeborenen; sie würden uns mehr sagen als Angaben über die Zahl verkaufter Weihnachtsbäume (die auch nicht gemacht werden), denn erst die Teilnahme an einer kirchlichen Weihehandlung wäre ein eindeutiges Bekenntnis zur Religion, das nicht durch den Hinweis auf einen „netten Brauch“ weggeleugnet werden kann. Die Gruppentaufen in Moskauer Kirchen, die ich sah, zeigen jedenfalls, daß es zahlreiche junge Paare gibt, die ihre Neugeborenen in die Kirche einführen.

Die zentrale Frage bleibt: Wie tief geht das alles? Es gibt zahlreiche Bücher über die besondere Religiosität des Russen; vor allem der Verehrer Dostojewskijs, Tolstojs, Lesskows wird an ihr nicht zweifeln. Es gibt aber auch eine Fülle entgegengesetzter Zeugnisse. Gorkij vor allem – kein unbefangener Zeuge freilich – hat die russische Religiosität geleugnet: „Wo ist der russische Gottsucher? In meiner Jugend suchte ich ihn überall und fand ihn nicht.“ Oder an einer anderen Stelle: „Die Revolution hat mit absoluter Endgültigkeit dargetan, daß es ein Irrtum war, an die Tiefe des religiösen Gefühls im russischen Bauern zu glauben“, oder: „Der russische Typ des ‚Gottsuchers‘ hat seinen Ursprung im Verlangen nach einem Herrn, den man mit der Verantwortung für ein sinnloses und häßliches Leben beladen kann.“

Eine nach dem letzten Kriege in der Schweiz erschienene Zitatensammlung über Rußland enthält sechzig Druckseiten solcher und ähnlicher Äußerungen zahlreicher russischer und ausländischer Autoren.[7]

Ich selbst möchte glauben, daß in der älteren Generation der in der Sowjetunion lebenden Menschen auch heute noch eine starke Religiosität zu finden ist; soweit diese ihnen in den Kirchenverfolgungen nicht verlorengegangen ist, hat sie sich eher vertieft. Dieselbe Beobachtung ist ja auch in der Sowjetzone Deutschlands zu machen. In ihrer überwältigenden Mehrheit aber haben die Sowjetmenschen den Kampf der Bolschewiken gegen die Kirche widerspruchslos hingenommen. Daß die Beendigung der direkten Kirchenverfolgung zu einer Wiedergeburt des kirchlichen Lebens geführt hat, steht außer Zweifel; in welchem Umfang dies geschehen ist – darüber gehen die Meinungen auseinander.[8]

In dem Dorf, in dem wir in der Mitte der dreißiger Jahre ein Jahr lebten, stand weithin sichtbar auf einem Hügel über der Moskwa als Wahrzeichen eine damals noch gut erhaltene Kirche. Wir haben dort manchen Gottesdienst erlebt. Als ich jetzt das Dorf wiederbesuchte, fand ich es erst nicht, weil ich die Kirche

nicht sah. Als ich mich schließlich doch durchgefragt hatte und auch unsere alten Wirtsleute wieder antraf, wollte ich wissen, was denn aus der Kirche geworden sei. Man zuckte die Achseln; sie sei verfallen, und es habe sich niemand gefunden, für den Wiederaufbau zu werben. Auch fehle es, seit der Dorfpope starb, an Geistlichen; der zuständige Pope habe so viele Gemeinden zu betreuen, daß man ihn nur selten zu Gesicht bekomme.
Noch stärker freilich als diese Ruine hat sich mir das Bild einer anderen Kirche ins Gedächtnis eingeprägt: Mein elterliches und mein großelterliches Haus standen beide nicht weit vom Kreml auf der anderen Seite der Moskwa. Als ich 1955 wieder nach Rußland kam, verwandte ich viele Stunden darauf, die Wege meiner Kindheit noch einmal zu gehen. Manches hatte sich verändert, und so wunderte es mich nicht, daß ich eine kleine fünfkuppelige Kirche, die in meiner Erinnerung etwa hundert Meter vom Flußufer gestanden hatte, erst nicht wiederfand; schließlich entdeckte ich sie doch, von einem neuen Haus verdeckt, das an der Uferstraße errichtet worden war. Sie war sehr baufällig, und in allen Fenstern staken kleine Ofenrohre, die darauf hindeuteten, daß sie nun als Wohnhaus diente. Daher überraschte es mich, daß die Kuppeln anscheinend Kreuze trugen; erst der zweite Blick belehrte mich über meinen Irrtum: Nicht Kreuze sah ich, sondern – Fernsehantennen.
Welcher Art mögen die Gefühle der Menschen sein, die in einer ehemaligen Kirche leben, schlafen, essen, arbeiten, die ihre Alltagsgespräche führen oder vor dem Fernsehschirm sitzen, wo einst das Heilige wohnte und nur die Stimmen des Priesters und der Chöre laut werden durften? Die Antwort auf diese Frage wäre bedeutsam, wenn sie die jüngere Generation einbeziehen könnte. In der Presse kann man erstaunlich viel über die Neigung der Jugend zu „Religion und Aberglauben“ lesen. Ob und wieweit das zutrifft, scheint mir wichtiger als die oft gestellte Frage, was es bedeutet, daß die – verhältnismäßig wenigen – noch verbliebenen Kirchen meist überfüllt sind, und in welchem Umfang in der religiösen Tradition großgewordene Erwachsene noch das Bekenntnis zur Religion wagen. Auf längere Sicht ist es allein entscheidend, ob die antireligiös und atheistisch erzogene, in religiöser Hinsicht bestenfalls in einer Luft des Skeptizismus her-

angewachsene Jugend der neuen Oberschicht von sich aus religiöse Fragen zu stellen beginnt, und ob sie sich bewußt wird, daß es Grenzen des menschlichen Wissens gibt, die nicht relativ sind, die sich also nicht durch künftige naturwissenschaftliche Forschungen beseitigen lassen, weil hinter ihnen das Göttliche liegt. Eines ist jedenfalls unverkennbar: In den letzten Jahren hat sich, vor allem in den Organen für die Jugend, die Zahl der Artikel oder Erzählungen stark vermehrt, die gegen die wachsenden kirchlichen Neigungen der jungen Generation polemisieren.
Dem äußeren Anschein nach hat sich die neue Oberschicht während der letzten Jahrzehnte völlig auf materielle Aufgaben konzentriert. Mit leidenschaftlichem Eifer und stürmischem Elan hat sie sich an die geistige und technische Bewältigung der materiellen Welt gemacht; wie vor zwei Menschenaltern Ernst Haeckel und die Monisten – und mit ihnen weite Kreise der Gebildeten wie der marxistischen Führungsschicht – glaubte man, alle „Welträtsel" mit Hilfe der Wissenschaft lösen zu können. Die Avantgardisten des Fortschritts sagten nicht nur mit Fausts Famulus: „Zwar weiß ich viel, doch möcht' ich alles wissen", sie zweifelten auch nicht daran, daß, wenn nicht sie selbst, so jedenfalls die Forscher der nächsten, spätestens der übernächsten Generation alles wissen und keine Rätsel mehr zu raten sein würden.
Die Bolschewiken haben alles getan, um eine solche Einstellung zu fördern. Ihre antireligiöse Propaganda in der nachwachsenden Generation ist vor allem auf die These aufgebaut: Die Religion ist unwissenschaftlich, ja sie ist ein Feind der Wissenschaft. Galileis Kampf mit der Kirche und die Legende seines damals nur verbissen gemurmelten, später triumphal bestätigten ‚Und sie bewegt sich doch' sind Paradestücke im Arsenal des sowjetischen Atheismus geblieben. Nie werde ich den Eindruck vergessen, den die Gesichter der Besucher im antireligiösen Museum zu Leningrad auf mich machten, als ihnen dort der Foucaultsche Pendelversuch in einer Nachbildung vorgeführt wurde. In der Kuppel dieser früheren Kathedrale war ein langes Pendel befestigt, das fast auf den Boden reichte. Einmal angestoßen, schwang es, dem Gesetz der Trägheit folgend, lange hin und her. Auf dem Boden war ein in viele Sektoren eingeteilter Kreis aufgezeichnet. Wenn eine neue Besuchergruppe an das Schaustück geführt wurde, bat

der Führer die Anwesenden, sich genau die Linie zu merken, auf der sich das Pendel bewegte. Dann gab er andere Erklärungen. Nach einer Weile lenkte er die Aufmerksamkeit der Besucher wieder auf das Pendel: Es schwang jetzt auf einer anderen Linie. Das Pendel selbst konnte aber nach dem Trägheitsgesetz seine Richtung nicht verändert haben, also hatte sich die Erde unter ihm weitergedreht, also „bewegte sie sich doch", also war alles, was die Religion lehrte, Lug und Trug, Opium für das dumm gehaltene Volk! Primitiv, aber nicht unwirksam. (Daß dieser Versuch die Drehung der Erde um die eigene Achse demonstriert, Galileis Kampf aber ihrem Lauf um die Sonne gegolten hatte, brauchte man ja nicht zu erwähnen.)
Ins Populär-Alltägliche gewandt, wird etwa so argumentiert: Nur ein unmoderner Narr kann auf den Einfall kommen, heute noch wie vor tausend Jahren einen Kienspan zur Beleuchtung zu verwenden, statt sich der Glühbirne zu bedienen; wie sollte er sich also an Ideen und Dogmen längst vergangener Zeiten binden? Alles wird auf den Gegensatz zwischen der angeblichen Rückständigkeit der Kirche und der Fortschrittlichkeit des Bolschewismus aufgebaut. Freilich hat die orthodoxe Kirche einer solchen Argumentation manche Handhaben geboten, da sie, die durch die Jahrhunderte ein Eigenleben führte, im Unterschied zum Katholizismus und Protestantismus weder durch die Renaissance noch die Aufklärung gegangen ist, noch durch den Aufschwung der Naturwissenschaften zum Schritthalten mit der Weiterentwicklung des menschlichen Geistes gezwungen worden war. So war zum Beispiel unter den Orthodoxen früher der Glaube verbreitet, daß Heilige, zu deren wundertätigen Leichnamen man wallfahrtete, unverwest in ihren Särgen ruhten. Zu Hunderten ließen die Bolschewiken nach der Revolution solche Särge in Anwesenheit der Bevölkerung öffnen, um die Knochenreste zu zeigen und damit die Kirche als „Lügnerin zu entlarven". Vielleicht kann man den Entschluß des Kreml, die Leichname Lenins und Stalins zu konservieren und in gläsernen Särgen täglich zur Schau zu stellen, als ein Eingehen auf diesen Volksglauben betrachten; so als wollte man dem Volke zurufen: „Die orthodoxen Heiligen sind verwest, aber die unseren nicht!" Kein Wunder, daß der erfolgreiche Start des ersten Sputnik dazu verwendet wurde, die Reli-

gion als absurd darzustellen: Wo der Sowjetsputnik kreist, ist kein Platz für Gott![9]

Auch bei uns gab es eine Zeit, da solche Argumente Erfolg hatten. Inzwischen sind einige Jahrzehnte vergangen. Dem menschlichen Geist ist es gelungen, weit mehr Rätsel zu lösen, als früher je gesehen worden waren. Wir sind in die Geheimnisse winzig kleiner Atome und riesenhaft großer Welträume vorgedrungen. Wir sind dem Mysterium der Sonnenenergie nicht nur auf die Spur gekommen, wir vermögen sie sogar selbst zu reproduzieren. Aber gerade diese noch vor wenigen Jahrzehnten unvorstellbaren Erkenntnisse der modernen Naturwissenschaft haben uns immer bescheidener werden lassen. Viele der führenden Forscher haben bekundet, daß sie durch jeden neuen Schritt nicht, wie man einst fast selbstverständlich unterstellte, von Gott weg, sondern zu Gott hingeführt worden sind.

Die Naturwissenschaftler der Sowjetunion liegen in dem harten Rennen um den Vorsprung in der Forschung auf vielen Gebieten Schulter an Schulter mit den führenden Köpfen der westlichen Welt; man kann, aufs Ganze gesehen, nicht sagen, daß sie im Hinblick auf die Forschungsergebnisse rückständig sind. Rückständig aber waren sie bis jetzt in der geistig-seelischen Verarbeitung dieser neuen Erkenntnisse, rückständig, weil sie da haltmachten, wo die westlichen Wissenschaftler standen, als Haeckels „Welträtsel" die Bibel der Materialisten waren. Wo stehen sie heute?

Es ist oft gesagt worden, der Bolschewismus stelle eine Ersatzreligion dar, mit den Werken von Marx und Engels, Lenin und Stalin als heiligen Schriften, den Funktionären der Partei als Klerus, dem kommunistischen Paradies auf Erden als seinem tausendjährigen Reich; seine Konzilien wären die Tagungen des Zentralkomitees, seine Exkommunikationen die Verdammungen der Links- und Rechtsabweichler, sein Satan der Kapitalismus. Ich habe diese Gleichung nie für sehr glücklich gehalten, weil sie dazu verführt, Begriffe und Zusammenhänge aus der religiösen auf eine ganz andersartige, nur mit Vorsicht allenfalls parareligiös zu nennende Wirklichkeit zu übertragen, und darum, so reizvoll sie auch gedanklich sein mag, mehr verwirrt als klärt. Trotzdem ist nicht zu bezweifeln, daß der dem Russen seit langem innewohnende, von den Zaren und der Kirche geförderte

Messianismus, der Glaube an eine besondere Sendung – der Westen kennt ihn in eindrucksvoller Darstellung aus dem Werk Dostojewskijs –, von den Bolschewiken in ihre Kanäle geleitet wurde und nun zum Teil ihre eigenen Mühlen treibt. Wie in vielen Revolutionen, war auch hier in der Frühzeit ein Geist zu finden, der sich durchaus mit missionarischer Inbrunst vergleichen läßt. Von ihm ist nicht mehr viel übriggeblieben, und es könnte sein, daß das offensichtliche Verdampfen der revolutionären Begeisterung der Kirche zugute kommt, die dem messianischen Drang und dem metaphysischen Fragen des Menschen mehr zu bieten hat als steigende Produktionskurven.
Keinerlei Hilfe vermag die Ideologie diesen Menschen angesichts der letzten Wirklichkeit, des Todes, zu geben. Er „paßt nicht" in das forciert optimistische Weltbild, das der Bolschewismus in die Köpfe des Volkes zu hämmern sucht. Man spricht daher über ihn so wenig wie möglich. Allenfalls ist noch der Heldentod zugelassen, also die Form des Todes, die eine Art Leistung darstellt und sich daher einigermaßen in die Leistungsideologie des Bolschewismus einordnen läßt; die Verehrung des einbalsamierten Lenin und Stalin gehört in denselben Zusammenhang.
Für den normalen, sozusagen den bürgerlichen Tod ist kein Platz. Beerdigungen erwecken daher den Eindruck allgemeiner Verlegenheit; man beeilt sich, möglichst rasch damit fertig zu werden, und geht dann schleunigst seiner Wege. Fast könnte man als Zuschauer glauben, die an einer Beerdigung Beteiligten hätten das Gefühl, etwas Ungehöriges miterlebt zu haben. Daß gerade während des Zweiten Weltkrieges das religiöse Gefühl einen starken Auftrieb erhielt, hängt sicher nicht zuletzt damit zusammen, daß die Menschen täglich dem Tod ins Auge schauten und sich machtvoll Fragen in ihnen regten, auf die der Politkommissar am wenigsten eine Antwort wußte. Dies müssen die Kommunisten selbst zugeben. Einer von ihnen schrieb noch im Frühjahr 1958:

> „Zur vorübergehenden Belebung religiöser Überlebtheiten in unserem Land hat zweifellos der Krieg beigetragen ... Ein Teil der Leute, die früher auf dem Boden des Materialismus standen, haben während des Krieges, in einer Periode schrecklicher

Prüfungen, in Richtung auf die Religion zu schwanken begonnen und in Gebeten und Kirchenbräuchen Beruhigung gesucht." [10]

Dieses Eingeständnis ist um so bemerkenswerter, wenn man bedenkt, daß der russische Soldat seit jeher die Gegenwart des Todes (und der Toten) mit einem Gleichmut ertrug, der uns kaum noch verständlich ist.
Erst in jüngster Zeit haben junge Dichter das Thema des Todes wieder aufgenommen; aber es ist bezeichnend, daß diese in Sammlungen veröffentlicht wurden, die bei der Partei alsbald starkes Mißvergnügen hervorriefen, wie zum Beispiel die folgenden Verse J. Akims (ohne Überschrift) in der scharf kritisierten „Literaturnaja Moskwa":

Stirbt etwa so der Mensch
wie im Roman,
lädt sich noch die Partei
vorsorglich ein,
legt Rechenschaft, wie er
erfüllt den Plan,
mit Diagrammen und Tabellen?
Nein!

Ganz einfach da
ist er, der Tod, und fällt
den Kameraden
im Vorübergehn.
Nur so ...
Der „Unaufschiebbare" * wird rasch bestellt,
Und der verspätet sich –
schon ist's geschehn.

* Der „Unaufschiebbare" — volkstümlich für Unfallwagen

Ein Klingelton
trifft messerscharf ein Herz,
durchdringend, unerbittlich,
drohend schwer.
Dann stehn wir wohl
auf eis'gem Gräberfeld
und reden da,
als ob's ein Fremder wär.

Im Frühling tritt
durch Kreuz und Gräber hin
die stille Frau
den Pfad in lauer Luft.
Ein Bienlein summt,
des Kummers unbewußt,
herangelockt
vom süßen Blütenduft.[11]

Die Dichter sind auch die ersten gewesen, die es wagten, vorsichtig das Göttliche wieder anklingen zu lassen. Boris Pasternak hat, wie wir sahen[12], einige Gedichte aus seinem „Doktor Shiwago" in der Sowjetunion veröffentlicht, darunter auch eines, das auf den ersten Blick nur einen aus der Verbannung heimgekehrten Freund begrüßt, auf den zweiten aber eine tiefe religiöse Bedeutung gewinnt; auch sein Titel ist symbolisch: Morgendämmerung.

In meinem Schicksal warst Du alles,
Dann kam der Krieg, kam die Vernichtung.
Und lange Zeit war nichts von Dir um mich.
Doch dann, nach ungezählten Jahren
Hat Deine Stimme mich erneut erschüttert.
Die ganze Nacht durch las ich Dein Gebot –
Und fühlte, wie die Ohnmacht von mir wich.[13]

Pasternaks Religiosität – mehr noch: sein Christentum – tritt uns im „Doktor Shiwago" allenthalben entgegen, in dieser historischen Meditation zum Beispiel:

„Und in diese geschmacklose Überfülle von Marmor und Gold [des römischen Reiches] kam, leichtfüßig und in Licht gekleidet, dieser Mensch, Provinzler aus Galiläa, und vom gleichen Augenblick an gab es weder Götter noch Völker mehr, und an ihrer Stelle trat der Mensch auf den Schauplatz der Geschichte, der homo faber, der Pflüger, der Hirt inmitten einer Schafherde bei Sonnenuntergang, der Mensch der Demut, den die Wiegenlieder der Mütter besingen und dessen Antlitz die Gemäldegalerien unserer Museen beherrscht."

Das Christliche in Pasternak läßt sich auch daran erkennen, daß von den fünfundzwanzig Gedichten im Anhang des „Doktor Shiwago" sieben neutestamentliche Themen behandeln: „Kar-

woche", „Der Stern der Geburt", „Das Wunder", „Böse Tage" (Christi Einzug in Jerusalem), „Maria Magdalena I", „Maria Magdalena II" und „Gethsemane". Die Religion ist Schiwago mehr als nur ein Gedanke; er nimmt sie sehr persönlich. Nach dem letzten Abschied von seiner Geliebten sagt er: „Leb wohl, Lara. Auf Wiedersehen in jener Welt, leb wohl ... Du Ewige." [14]
Im Drama „Hotel Astoria" von A. Schtejn aus dem Jahre 1957 sagt eine Arbeiterin: „Ohne Gott in der Seele kann einer nichts anfangen; der Gläubige nicht, und der Ungläubige auch nicht." [15]
Die Dichter sind es auch vor andern, die dem alt-ehrwürdigen, im Metaphysischen verwurzelten Begriff der „Prawda" neues Leben gaben, nachdem er lang vom dialektischen Mißbrauch der Propaganda verdunkelt war; haben doch die Bolschewisten dieses hohe, Gerechtigkeit und Wahrheit in einem ausdrückende Ideal – wie so viele andere – für sich usurpiert und zum Namen ihres ersten Parteiorgans degradiert. Was Prawda wirklich ist, zeigt die volkstümliche Überlieferung wie die Dichtung der Vergangenheit und Gegenwart in überraschender Fülle und Klarheit. Beim Blättern in der Sprichwörtersammlung des bedeutenden Philologen W. Dal [16] fiel mir auf, wie ungewöhnlich groß die Zahl von Sprichwörtern ist, in denen der Glaube des russischen Volkes an die Prawda zum Ausdruck kommt; ich möchte meinen, daß kein Volk auch nur annähernd so viel Sprichwörter über Wahrheit und Gerechtigkeit besitzt. Hier eine kleine Auswahl:

Nicht in der Stärke ist Gott, sondern in der Prawda.
Ohne Prawda gewonnen, ohne Prawda zerronnen.
Wer für die Prawda ist, dem helfen Gott und die guten Menschen.
Suche die Prawda nicht bei andern, wenn sie bei dir nicht ist.
Besser sterben als Nje-Prawda [Nicht-Prawda, Unrecht] dulden.
Das Leid ist von Gott, die Nje-Prawda vom Teufel.
Die Prawda ist heller als die Sonne.
Vierzig Zobelpelze sind teuer, aber Prawda ist unbezahlbar.
Ohne Prawda können die Menschen nicht leben, nur weinen.
Verstehe dein Handwerk, aber vergiß die Prawda nicht.
Die Prawda kennt nur ja und nein.
Wer für Prawda eintritt, ist der wahre Held.
Wer die Prawda beerdigt, kommt selbst nicht mehr aus der Grube heraus.

Die Gesinnung, die in diesen Sprichwörtern atmet, diese Sehnsucht nach Gerechtigkeit, Wahrheit und echter Menschlichkeit, ist nicht tot. In der Literatur der letzten Jahre fand ich sie in einer Reihe von größeren und kleineren Werken wieder. Die Erzählung „Uchaby“ von W. Tendrjakow zum Beispiel zeigt, wie ein Verkehrsunfall die zufälligen Passanten in opferbereite mitfühlende Helden verwandelt, die sich im Angesicht der Not über sich selbst erheben, mit einer Ausnahme, dem Direktor der Maschinen-Traktoren-Station; er weigert sich, ein Transportmittel zur Verfügung zu stellen, mit dem der Schwerverletzte noch rechtzeitig ins Krankenhaus geschafft werden könnte. Dieser stirbt, während das Volk voll Abscheu und Entsetzen auf den „zum Mörder gewordenen Bürokraten“ blickt.[17]

In manchen Dichtungen wird die Prawda unmittelbar angesprochen, so zum Beispiel in der Erzählung Alexander Jaschins „Die Hebel“. „Wo ist denn hier ‚Prawda‘?“ fragt ein Bauer, der kürzlich der Partei beigetreten ist und daraufhin zum Lagerverwalter des Kolchos avancierte.

„Wozu brauchst du die Prawda? Du bist doch jetzt Lagerverwalter“, erwidert spöttisch einer der anderen Bauern.

Ein anderer fällt ein: „Bei uns im Landkreis setzt man die Prawda nur ins Ehrenpräsidium, damit sie sich nicht kränkt und den Mund hält.“ Und wieder einer fügt hinzu:

„Die Prawda braucht man nur auf Versammlungen und an Feiertagen, nicht wenn es um die Sache geht. Stimmts?“

Und schließlich, nach diesen melancholischen oder zynischen Betrachtungen, kommt doch noch von einem Bauern ein Wort gläubiger Zuversicht: „Wenn man *dich* ins Ehrenpräsidium setzt, dann wirst du so stolz, daß du die Erde nicht mehr siehst. Aber die Prawda, Bruder, bleibt Prawda.“[18]

In vielen Sowjetmenschen, die es mit Entrüstung ablehnen würden, wollte man sie als religiös bezeichnen, lebt derselbe Glaube und macht ihnen das Leben erträglich. Ein junger Russe, den ich in den dreißiger Jahren kannte, erzählte mir eines Tages, in der Nacht sei sein Vater von der GPU verhaftet und weggeschafft worden. Seine letzten Worte für den Sohn waren: „Weine nicht, die Wahrheit wird siegen.“ (Prawda pobedít.)

Als der – nicht nur in Rußland – eindrucksvollste Prediger einer urchristlichen Erneuerung ist uns Älteren noch der Weise von Jássnaja Poljána bekannt. Daß selbst sein radikal-utopischer Idealismus in vierzig Jahren Bolschewismus nicht erstorben ist, zeigen in der Sowjetpresse der jüngsten Zeit polemische Erwähnungen eines aktiven „Tolstojanismus“ und Angriffe gegen Russen, die das „Du sollst dem Bösen nicht widerstehen“ predigen.[19]

Vielleicht müßte man als unpolitische Frau, nicht als politischer Publizist durch Rußland reisen, um dem Sowjetmenschen auch in seiner religiösen Gedankenwelt unmittelbar zu begegnen. Es ist wohl kein Zufall, daß einer der ganz wenigen Berichte, die darüber Aufschluß geben, von einer Frau stammt, die als Gattin eines in die Sowjetunion verschleppten deutschen Forschers jahrelang unter der wissenschaftlichen und technischen Elite des Landes lebte. In ihrer Gegenwart fielen dann und wann Andeutungen, die man in Anwesenheit eines männlichen Ausländers wohl nicht durch den Zaun der Zähne hätte schlüpfen lassen; nichts Sensationelles, aber doch Worte, die aufhorchen lassen. Sie schildert eines jener bei den Russen so beliebten Nachtgespräche:

> Wir tranken pausenlos Tee, dazwischen Wodka aus großen, griffigen Gläsern, löffelten die stark überzuckerte Warenije [Marmelade] und knabberten herrliches russisches Konfekt, wie ich es aus guten alten Zeiten kannte. Die Helden des Umsturzes und der geistigen Revolte waren langsam ihrer eigenen Redseligkeit über einst vollbrachte Taten müde geworden. Statt der üblichen Sauferei, die derartigen Gesprächen zu folgen pflegt, fing man an zu philosophieren. Es war kein leicht hingeworfenes Geplauder. Ich spürte sofort, daß hier im Mittelpunkt eine Frage stand, der keine geschulte Antwort folgen konnte.
> Einsteins Relativitätstheorie wird besprochen; ich verstehe nichts, nur so viel, daß auch Physiker und Astronomen einmal auf die Ahnung stoßen, daß nur ein Schöpfer Energie aus dem Nichts schaffen konnte.
> „Führt Sie diese Erkenntnis nicht zum Glauben?“ Meine sehr direkte Frage wird nach einigem Zögern von dem blonden, schlanken Kolja beantwortet: „Nicht nur die Erkenntnis, auch die Sehnsucht hat uns zum Glauben geführt!“
> „In Ihrer Bemerkung liegt eine Absage an die jüngste Vergangenheit und zugleich ein Glaubensbekenntnis.“

„Keine Absage an die letzte Vergangenheit!“ beeilt sich Kolja zu korrigieren. „Wir haben Geschichte gemacht durch Technisierung, Rationalisierung, Aufbau. Wir haben Ungeheures geleistet, und das nicht durch Zufall, sondern durch die gewaltige Anspannung aller Energien. Sowie die Spannung nachläßt, regen sich die alten Kräfte. Es ist keine Absage, sondern Weiterentwicklung.“
Hier greift der dicke, gemütliche Fedja ein, der gewöhnlich lieber trinkt als redet. „Das materialistische Denken“, sagt er, „hat uns nicht jene Freiheit gegeben, die wir uns von ihm versprachen...“
„Woher nehmen Sie sich die Freiheit, nicht in der vorgeschriebenen Parteilinie zu denken?“ Mit dieser Frage wollte ich den Schweiger noch weiter aus der Reserve locken. Er antwortete ernst: „Je älter und gebildeter wir wurden, je mehr wir lasen, desto leerer erschien uns der Materialismus, der sich letzten Endes nur im Aufbau manifestiert.“
„Jetzt denkt unsere Deutsche, wir wären Vaterlandsverräter!“
„Das Gegenteil ließe sich leicht beweisen. Ich überlege nur, wie Sie die Parteilinie und Ihre eigene Empfindung in Einklang bringen wollen.“
Jetzt folgen die Antworten schnell nacheinander: „Die Partei ist der Staat. Nach Lenin hätte der Staat schon längst abgestorben sein müssen. Als Parteimitglieder sind wir aber bewußte Anhänger unseres Staates, unserer Regierungsform.“ – „Als Menschen geben wir dem Staat, was des Staates ist.“ – „Und Gott, was Gottes ist.“ – „Wenn wir tot sind, hat der Staat uns nichts zu bieten und zu gebieten...“
„Warum aber gibt es“, wende ich ein, „wenn es schon Glauben und Gläubige gibt, nicht auch Kirchen? Warum renoviert man nur einige Vorführ- und Propaganda-Kathedralen? Ich sah sogar junge Leute in der Kirche...“
„Glaube hat nichts mit kirchlicher Ordnung und kirchlichen Symbolen zu tun. Die Monarchie plus Kirche als Institution hat einst die breite Masse in Rückständigkeit und Unwissenheit gelassen und unser Land an den Rand des Ruins gebracht.“ [20]

In zehn, in zwanzig Jahren wird man vielleicht mehr sagen können. In zehn, in zwanzig Jahren wird man – vielleicht – schreiben können: Immer deutlicher wird als eine weitere Konstante das wachsende religiöse Bedürfnis bemerkbar.

GEMEINSCHAFT UND KOLLEKTIV

Auf Reisen – und das gilt auch für Länder mit steiferen Sitten – lassen sich Beobachtungen persönlicher Art am leichtesten machen. Aus diesem Grunde ist der Schauplatz vieler hier erzählter Begebenheiten die Eisenbahn.

Diesmal war es auf einer Fahrt in unmittelbarer Nähe der Hauptstadt selbst. Einer in meinem Abteil mitreisenden Frau geriet etwas ins Auge, das sie nicht zu entfernen vermochte. Das kommt bei uns auch vor und führt, wenn man mit dem Taschentuch kein Glück hat, zum Ruf nach dem Arzt. Ganz anders hier in der harten Klasse der Strecke Moskau–Klin: eine andere Mitreisende nahm, wiewohl sie offensichtlich die junge Frau gar nicht persönlich kannte, alsbald deren Kopf in die Hände, drückte den geöffneten Mund über das schmerzende Auge und leckte der Wildfremden mit der Zunge so lange das Auge aus, bis das störende Etwas beseitigt war. Die übrigen Passagiere nahmen von dem Vorgang kaum Notiz; dergleichen schien ihnen selbstverständlich und darum nicht der Rede wert.

Die menschliche Wärme, die in dieser kleinen spontanen Handlung zum Ausdruck kommt, mag etwas Primitives an sich haben, in unseren Ländern ist sie jedenfalls nicht anzutreffen. Für das Verhalten der Russen zueinander scheint sie mir wesentlich zu sein als ein Grundzug des russischen Volkscharakters, der in den Nöten der letzten Jahrzehnte nicht verlorengegangen ist.

In persönlichen – nicht in politischen! – Dingen hat der Russe weit weniger Hemmungen als wir; das Bedürfnis nach Distanz ist ihm fremd. Ich selbst war an diesen Wesenszug von Kindheit her gewöhnt, aber meiner von Natur zurückhaltenden Frau ging er in unseren Moskauer Jahren bald ziemlich auf die Nerven. Wenn wir zusammen in russischer Gesellschaft waren, fühlte sie sich immer etwas unbehaglich, da man von ihr unwillkürlich das Maß an stürmischer Geselligkeit erwartete, das unter Russen üblich ist. Saß sie dann etwas ratlos und wider Willen steif auf ihrem Stuhl, so kamen unweigerlich die Gastgeber oder auch andere Gäste zu ihr mit den Worten: „Warum lieben Sie uns nicht?“ und drängten ihr Wodka und Wein auf, in der Annahme, die Zurückhaltung der Fremden liege am fehlenden Alkohol. Auch die für den Mitteleuropäer etwas peinlichen Umarmungen und Küsse unter Männern sind in Rußland gang und gäbe und können bei jeder Ankunft und Abfahrt eines Zuges beobachtet werden.

Im Vergleich zu den Russen sind wir sehr verschlossene Menschen. Mit Freunden reden wir von unserem Innenleben höchstens, wenn es sich um Magengeschwüre, nicht aber, wenn es sich um Gefühle handelt. Wenn ich von Stuttgart – sagen wir – nach Köln fahre, kann es geschehen, daß die Reisenden im Abteil – abgesehen von einem Gruß beim Ein- oder Aussteigen oder einem gelegentlichen „Gestatten Sie, daß ich das Fenster öffne?“ – nicht ein einziges Wort miteinander wechseln; alle sind wir mit uns selbst beschäftigt, in die mitgenommenen Akten oder Illustrierten vertieft. Auf Eisenbahnreisen in der Sowjetunion dagegen bin ich nie viel zum Lesen gekommen, weil sich immer gleich Gespräche anspinnen und dann nicht mehr bremsen lassen.

Auch wir waren früher weniger kontaktschwach. Bei einer Rheinfahrt in meiner Jugend hörte ich noch von jedem Deck fröhliches Gemeinschaftssingen; als ich vor einigen Jahren ausländischen Freunden den sangesfrohen Rhein auf einer Dampferfahrt zeigen wollte, kam auf der ganzen Strecke von Mainz bis Bonn kein Lied zustande. In Rußland wird auch heute noch sehr viel gesungen; das Lied hilft dort über viele Situationen hinweg, bringt die Menschen einander näher und bildet den Auftakt zu manchem langen Gespräch.

Nur in politischen Fragen ist man, durch Erfahrungen gewitzigt, zurückhaltend, es sei denn, daß man den Partner sehr gut kennt oder es umgekehrt mit Zufallsbekanntschaften zu tun hat und weiß, daß sich die Wege alsbald auf Nimmerwiedersehen trennen. Die amerikanische Befragung von DPs ergab mehrfach eine aufschlußreiche Überraschung bei den Befragten selbst: Manche von ihnen, die sich schon in der Sowjetunion gekannt hatten, stellten erst im Ausland fest, daß der andere, den man für einen braven Sowjetbürger gehalten, ebenfalls anti-bolschewistisch eingestellt war.[1]

Je mehr aber das Politische als Gesprächsthema ausfällt, desto breiter und ungehemmter werden die persönlichen Dinge behandelt. Die uns Zivilisationsmenschen anerzogene Scheu vor der Öffentlichkeit, vor dem öffentlichen „Aufsehen" zumal, wird man in Rußland nicht – soll ich sagen: noch nicht? – finden. Eine kleine Gegenüberstellung mag dies erhärten:

In Deutschland war ich einmal Zeuge der Verhaftung einer Diebin in einem Warenhaus. Der Kriminalbeamte flüsterte das obligate „Bitte folgen Sie mir unauffällig", und die Frau bemühte sich in der Tat, so unauffällig wie möglich seiner Aufforderung Folge zu leisten. In Moskau sah ich vor zwei Jahren, wie eine Frau, die an einer Straßenecke irgend etwas illegal verkauft hatte, von der Polizei als „Spekulantin" festgenommen wurde. Da war von Unauffälligkeit keine Spur. Die Verhaftete brüllte wie besessen, wehrte sich mit Händen und Füßen und wurde schließlich von den Polizisten wie ein Sack auf den offenen Lastwagen geworfen. Das Ganze spielte sich nicht abseits in einer düsteren Gasse ab, sondern am hellen Tage, keine hundert Schritt von dem hundertsiebzig Meter hohen Prachtbau des Außenministeriums am Smolensker Platz.

Keine Rede davon, daß bei dergleichen Mißgeschicken das Publikum diskret auf die Seite blickt; auch in der Schadenfreude können Russen von einer primitiven Hemmungslosigkeit sein. Auf einer Fahrt durch das Nördliche Eismeer, an der Küste der Halbinsel Kola entlang, erlebte ich folgendes: Schon in Murmansk war der asthmatische alte Dampfer mit vielzuvielen Passagieren abgefahren, und vor jedem der etwa zwölf Fischerdörfer, bei denen er hielt, spielten sich dieselben wilden Szenen ab. Kaum war der erste Heulton der Dampfsirene zu hören, als sich ein halbes Dutzend Ruder- und Motorboote vom Ufer löste und auf uns zustrebte. Der Anker hatte noch nicht den Meeresgrund berührt, und schon begann ein leidenschaftliches Geschrei. Ein jeder der Menschen in den auf und ab tanzenden Booten brüllte, soviel die Stimme nur hergab, zu uns herüber, man möchte auf jeden Fall ihn an Bord nehmen, und hielt zur Bekräftigung einen Zettel in die Luft, eine Kommandirowka (Kommandierung), einen Urlaubsschein oder sonst irgendeine Bumáschka (Papierchen).

Vor einem der Dörfer verließen drei Passagiere das Schiff. Das Fallreep wurde für sie heruntergelassen, und der Steuermann rief, obgleich wir inzwischen schon achtzig Passagiere mehr als zulässig an Bord hatten, hinunter, drei neue dürften einsteigen. Aber welche von den drei Dutzend Anwärtern? Ein erbitterter Kampf entspann sich am Fallreep – der nächste Dampfer ging erst in zwei Wochen! Die See ging hoch. Die Boote krachten gegen die Schiffswand, schlugen voll Wasser. Die Männer fluchten ihre gräßlichsten Flüche, die Frauen jammerten und hielten ihre Säuglinge dem Steuermann beschwörend entgegen, die Kinder wimmerten und klammerten sich an die Röcke der Mütter. In den Booten kam es zum Handgemenge; wer stärker war, eroberte den aussichtsreichsten Platz. Ein etwa vierzehnjähriger Junge, der schon die Hand am Fallreep hatte, wurde von einem Mann brutal weggedrängt. Wütend versetzte ihm der Junge einen Stoß. In diesem Augenblick senkte sich die Woge, die Boote glitten in die Tiefe; der Mann verlor das Gleichgewicht und platschte samt seinem Koffer ins Wasser.

An der Reling standen dichtgedrängt die Passagiere und begleiteten die Vorgänge in den Booten mit Worten unverkennbarer Belustigung. Jetzt brachen sie in schallendes Gelächter aus, und als gar der Mann triefnaß und ohne Koffer wieder auftauchte, wußten sie sich gar nicht zu fassen vor Vergnügen. „Wo ist denn dein Köfferchen geblieben?" schrie einer. „Hast es wohl zum Aufbewahren gegeben?" fiel ein anderer ein. Inzwischen waren, ehe es sich der Steuermann versah, acht Menschen über das Fallreep an Bord gekommen. Wie ein Berserker stürmte der Mann die Stufen herunter, stieß mit den Füßen die sich anklammernden Menschen zurück in die Boote und ließ das Fallreep hochziehen.

In zweien der Boote hatte man dem legalen Weg über das Fallreep gleich nicht viel zugetraut und war lieber an die entgegengesetzte Bordwand gerudert, wo einige der Insassen nun an einem vom Schiff herabhängenden Seil mit der Behendigkeit von

Affen an Bord enterten. Unmittelbar neben mir war ein Fischermädchen hochgeklettert. Jetzt beugte sie sich wieder zurück über die Reling, um ihr Bündel, das ein Mann im Boot mit dem Ruder in die Höhe hielt, zu ergreifen. Sie erreichte es auch; damit sie nicht das Gleichgewicht verlor, hielt ich sie solange mit aller Kraft an den Beinen fest. Aber wir hatten Pech. Der Kapitän, der von der Brücke aus den Menschenschmuggel beobachtet hatte, stürzte fluchend herbei, riß ihr das Bündel aus den Händen und warf es hinunter ins Boot. Das Mädchen war seine armselige Habe los wie vorher der Passagier seinen Koffer, denn schon setzte sich das Schiff stampfend wieder in Bewegung. Das Geheul der Zurückbleibenden beantworteten die Passagiere an Deck mit lautem Lachen. Sie fanden das Ganze ungeheuer komisch und hatten vergessen, daß sie selbst nicht lange vorher in derselben Lage gewesen waren. Oder vielleicht hatten sie es auch nicht vergessen, und bei ihrem Lachen schwang die Genugtuung darüber mit, daß ihnen jedenfalls die Eroberung des Schiffes geglückt war.

Den Spruch: „Schadenfreude ist die reinste Freude" kennt man auch in Deutschland. Aber uns hat Europens Höflichkeit gelehrt, dieses naive und nicht eben vornehme Gefühl hinter teilnehmenden Worten zu verbergen, vielleicht sogar wirklich zu überwinden, während der an sich gutmütige, aber in seinen Gefühlsäußerungen unverbildete Russe sich ihm ungescheut überläßt. Dahinter freilich steht wohl bei manchem die Erleichterung darüber, daß es immer noch jemand gibt, dem es schlechter geht als ihm selbst. Dieses Bewußtsein hat es dem Russen überhaupt erst ermöglicht, unter den ungemein primitiven und harten Bedingungen der Sowjetunion zu existieren – zusammen mit einer erstaunlichen Gelassenheit und Unempfindlichkeit den Wechselfällen des eigenen Geschicks gegenüber und im Bund mit der unverwüstlichen Hoffnung, daß es in Zukunft doch einmal besser werden wird.

Auf der anderen Seite gibt es zahllose Beispiele von Mitleid und Hilfsbereitschaft gerade bei den Menschen des einfachen Volkes, die selbst nichts übrig haben. Die deutschen Kriegsgefangenen, die im Anfang ihrer Gefangenschaft zu den Ärmsten der Armen gehörten, haben über diese Erfahrung immer wieder berichtet, etwa von unterernährten Russen erzählt, die ihnen ein Stück Brot zuschoben. Eine zu Beginn des Krieges aus Lemberg nach Sowjetasien verschleppte junge Polin erzählte mir, wie oft sie während ihrer Leidensjahre persönliche Freundlichkeiten erlebt habe, ohne daß Gegenleistungen gefordert wurden. Das Gefühl „Du bist ja auch nur ein armer Teufel!" ist weit verbreitet und stiftet eine stille Solidarität, die auch ein schweres Leben erträglich machen kann.

Zudem hat der Zwang, in einer harten Zeit unter einem harten Regime leben zu müssen, die Menschen zur Kameradschaft erzogen. Den Deutschen ist diese Erfahrung nicht fremd: Auch wir haben in schweren Zeiten, in den Jahren unter Hitler und in zwei Weltkriegen, mehr Nachbarschaftsgeist und Kameradschaftlichkeit an den Tag gelegt als in normalen Tagen, und auch seit Friede und Wohlstand wiedergekehrt sind, genügt oft eine örtlich oder zeitlich begrenzte Naturkatastrophe, um die im wohlgeordneten Alltag überdeckten Gemeinschaftsgefühle mit einer fast überraschenden Spontaneität hervorbrechen zu lassen – als empfände man es wie eine Befreiung, die selbstgesetzten Schranken der Konvention einmal überspringen zu dürfen.

In Rußland bedarf es und bedurfte es eines solchen besonderen Anlasses nicht. Man lebt dort seit Jahrhunderten in jener größeren menschlichen Nähe, die die Welt des „Volksmenschen" von der des zivilisierten Bürgers unterscheidet. Freude und Leid des Einzelnen und seiner Familie sind eingebettet in die nachbarliche Gemeinschaft, in die auch der fremde Gast mit unbefangener Naivität einbezogen wird. Als ich vor Jahren einmal an einer Beerdigung teilnehmen wollte, kam ich versehentlich etwas zu spät. Der Sarg mit dem verstorbenen jungen Mädchen, der nach russischer Sitte offen zum Friedhof gebracht worden war, lag nun schon geschlossen im Grabe. Als die Mutter der Toten meiner ansichtig wurde, ließ sie den Sarg wieder hochziehen und öffnen, damit ich noch einmal einen Blick auf die Verstorbene werfen konnte.

Eine der stärksten Erinnerungen aus meiner Jugend ist der Tod einer Bäuerin in dem Dorf, in dem wir die Ferien zu verbringen pflegten. Ihre Krankheit muß sehr schmerzhaft gewesen sein, denn die Frau stöhnte und schrie ununterbrochen. Sie lag in der

Hauptstube des Bauernhauses, und dauernd zogen – in einer langen Schlange, die sich gemessen durch den Raum hindurchbewegte – die Dorfbewohner an ihr vorbei, um sich ihr Sterben anzusehen. Ich stellte mich zwei- oder dreimal in die Reihe und erinnere mich noch sehr lebhaft an das unheimliche Gefühl, das mich jedesmal aufs neue ergriff, wenn ich über die Schwelle des Hauses in das verdunkelte Zimmer gelangte, wo in der Ikonenecke Kerzen brannten, die Bäuerin in ihrem Todeskampf lag und der langhaarige Pope seine Gebete murmelte, während die Bauern mit unverhüllter Neugier durch den Raum schlurften.

Der durchschnittliche Russe empfindet unverkennbar in der Gruppe auch eine besondere Art von Gruppenlebensfreude, die ihn beschwingt – auch ohne, erst recht mit Alkohol. Sie führt ihn zu einer größeren Bereitschaft für das Kollektiv, die auch durch die jahrhundertelange Gewöhnung in der Dorfgemeinschaft, dem *Mir*, verständlich ist. Bis zur Agrarreform von 1907 war der Bauer dem Mir unterstellt; der Mir war kollektiv verantwortlich für die Bezahlung der Steuern und der Schulden, welche sich für die Bauern aus dem Landerwerb dem Grundbesitzer gegenüber ergeben hatten. Das Leben im Mir hatte auch zu jener spezifisch russischen Gleichheitsvorstellung beigetragen; im Mir wurde das zur Bauerngemeinde gehörende Land regelmäßig nach der Zahl der „Seelen", also nicht nach irgendwelchen anderen Gesichtspunkten, etwa denen der Leistung, an die einzelnen Familien verteilt.
Diese offenkundige Prädisposition des Russen nützt der bolschewistische Staat aus, indem er die Bereitschaft des Russen zur Einordnung in die Gemeinschaft als Verlangen nach dem Kollektiv behandelt. In Wirklichkeit besteht ein Unterschied: die Gemeinschaft, zu der der Russe neigt, ist etwas natürlich Gewachsenes, Spontanes, Unorganisiertes und Unbeaufsichtigtes. Gemeinschaften dieser Art sind heute praktisch nicht mehr vorhanden. Wo sie doch auftauchen, werden sie sogleich als „ungesunde Erscheinungen", als Cliquenbildung angegriffen. In den Augen des bolschewistischen Staates ist jede Art von Solidarität schlecht, die nicht unmittelbar seiner Kontrolle untersteht. Die Presse beschäftigt sich immer wieder mit kollegialen Gefühlen und sucht sie als

böse darzustellen. Dabei bedient sie sich natürlich besonders gern solcher Vorfälle, zu deren Verteidigung sich schwer etwas anführen läßt, wie etwa des folgenden: Der neue Chef einer Eisenbahnklinik entläßt eine Hebamme, da sie sich über ihn beschwert hat. Er hatte nämlich kurzerhand einen Teil der Klinik ausräumen lassen und für sich als Wohnung eingerichtet. Drei Jahre versuchte die Hebamme, eine Witwe mit zwei Kindern, vergeblich, die Entlassung rückgängig zu machen und ihr Recht zu erlangen. Überall hielten die Stellen, an die sie sich wandte, aus Solidaritätsgefühl zum Chef. „Die Hebamme", so schloß der Bericht, „sollte fühlen, was es heißt, sich über Vorgesetzte zu beklagen." [2]

Das von oben geforderte Kollektiv dagegen ist in vielem das Gegenteil von Gemeinschaft: es wird vom Staat beaufsichtigt und durch seine Vertrauensleute, gewöhnlich Parteimitglieder, die dem betreffenden Kollektiv angehören, gesteuert. Obgleich das Wort Kollektiv zu den häufigsten der amtlichen Sowjetpublizistik gehört, wird es in der Großen Sowjetenzyklopädie nur mit den folgenden wenigen Zeilen definiert:

> „Kollektiv = Zusammenschluß von Menschen, die durch gemeinsame Arbeit, gemeinsame Interessen und Ziele verbunden sind (Kollektiv der Arbeiter einer Fabrik, Kollektiv der Angestellten einer Behörde, Kollektiv der Wissenschaftler einer Hochschule, Kollektiv der Schüler einer Schule usw.)." [3]

Vermutlich ist die Definition absichtlich so allgemein gehalten; man will sich nicht auf Details festlegen und die Möglichkeit haben, in jedem Fall zu entscheiden, was ein Kollektiv, also gut, und was eine böse Clique ist. Die meisten Menschen gehören mehr als einem Kollektiv an, da sie in allen ihren verschiedenen Eigenschaften – als Berufstätige, als Sportler, als Briefmarkensammler – organisiert sind. Da der Staat weiß, daß er seine zweihundert Millionen Untertanen nicht alle unmittelbar als Individuen erfassen kann, sucht er sie in Kollektive einzugliedern, die er als solche leichter kontrollieren kann. Doch geht es ihm nicht nur um die organisatorische Seite, sondern auch um die psychologische. Das Kollektiv soll, so stellen es sich die Bolschewiken vor, zu der einzig möglichen Lebensform werden, niemand soll sich anders als im kollektiven Rahmen bewegen können. Daher befaßt sich das Kollektiv nicht nur mit öffentlichen Fragen – etwa den Problemen des betreffenden Betriebes, der betreffenden Schule –, sondern auch mit dem persönlichen Leben seiner Mitglieder. Die Kollektive benützen dabei Methoden, die dem Instrumentarium religiöser Gemeinschaften entnommen sind; diese sollen den Sowjetmenschen dazu bringen, sich außerhalb des Kollektivs unglücklich und verloren vorzukommen. Der Zweifelnde soll sozusagen „exkommuniziert" werden und in der dann folgenden Einsamkeit seiner Verdammnis den Tag herbeisehnen, da er wieder in die Gemeinschaft der Gläubigen, in den Schoß des Kollektivs aufgenommen wird. In einer pädagogischen Zeitschrift wurde folgender Rat erteilt:

> „Gib dem Jugendlichen [der sich vergangen hat] Zeit, nachzudenken und sich um die Lösung, wie er sich verhalten soll, zu quälen, aber zum Schluß erkläre ihm, wenn es nötig ist, daß es für ihn nur einen Weg gibt, den Weg der Pflicht." [4]

Dieser Weg aber besteht, wie aus dem Zusammenhang hervorgeht, allein darin, vor dem Lehrer und den Kameraden ein rückhaltloses Schuldbekenntnis abzulegen und dadurch Vergebung und Wiederaufnahme in die Gemeinschaft zu erlangen. Das gleiche Erziehungsprinzip wird, wie wir von Kommunisten selbst wissen, auch innerhalb der eigenen Führungskader mit Virtuosität und Konsequenz angewandt. [5]

Ein drastisches Beispiel der inquisitorischen Einmischung in das Private findet sich in Trifonows Studentenroman. [6] Dort handelt ein langes Kapitel, zwanzig Druckseiten, von der Sitzung einer Komsomol-Einheit, in der das Privatleben des Studenten Sergej Palawin zur Diskussion steht. Sergej, eine der Hauptfiguren, von dem der Leser im ersten Teil des Romans nicht weiß, daß er sich zum „negativen Helden" auswachsen wird, hat ein Mädchen verführt und dann sitzen lassen. Eingehend werden in der Komsomol-Sitzung die Details des Falles durchgenommen. Zum Schluß wird Sergej wegen „Verletzung der Grundsätze der kommunistischen Moral" ein strenger Verweis erteilt. Sergej erklärt in seinem Schlußwort („Er ist düster und formt mit Mühe die Worte"), er bekenne, daß er einen „abscheulichen, gemeinen, egoistischen Charakter" habe.[7]

So unerträglich und widerwärtig uns diese Sitten scheinen, ich habe doch den Eindruck, daß der Russe sie in seiner größeren Unbefangenheit der Gruppe gegenüber leichter zu ertragen vermag. Selbst die den Sowjetbürgern, wenn sie – zum Beispiel als Botschaftsangehörige – in amtlicher Eigenschaft im Ausland weilen, auferlegte Verpflichtung, in der Öffentlichkeit nie allein, sondern immer mindestens zu zweit zu erscheinen, selbst diese der gegenseitigen Beobachtung und Kontrolle dienende Verpflichtung akzeptiert der Sowjetmensch; nicht nur aus begründeter Vorsicht, er empfindet sie auch als weniger lästig, da er es ohnehin amüsanter findet, in Gesellschaft statt allein unterwegs zu sein. Es ist wohl auch nicht so sehr das Kollektiv an sich, das ihn stört, nicht einmal der damit verbundene Zwang, sondern vor allem das Gefühl, im Zwangskollektiv ständig Vorsicht üben, die Zunge hüten und seine Mitmenschen mit Argwohn betrachten zu müssen, denn dieser Spitzelcharakter des Kollektivs widerspricht seinem unberechenbaren Wesen.

Es hat sogar eine Reihe von Fällen gegeben, in denen Flüchtlinge aus der Sowjetunion, die nicht ohne Risiko für Leib und Leben den Sprung in die westliche Welt gewagt hatten, nach einiger Zeit, allen damit verbundenen Gefahren zum Trotz, wieder in die Sowjetunion zurückkehrten, weil sie auf die Dauer dieses Ausgeschlossensein aus einer Gemeinschaft nicht ertragen konnten, für die ihnen der individualistische Westen den Gegenwert schuldig blieb. An ihre menschliche Wärme gewöhnt, begannen sie bald in der kühlen Luft der Freiheit zu frösteln.

Zu den zahlreichen Methoden, die Menschen zum Kollektivismus und Konformismus zu erziehen, gehören auch indirekte, wie zum Beispiel die ständige und nicht ohne Erfolg angewandte Wiederholung des Wortes „kulturno". Wie man bei uns Kindern sagt: „Das gehört sich" oder „Das gehört sich nicht", so bekommt der Russe zu hören, dieses sei „kulturno", eines Kulturmenschen würdig, jenes aber nicht. „Kulturno" ist einer der gebräuchlichsten Begriffe geworden. Als in einem der teuren Restaurants in Moskau die Zuckerstückchen in Papier gewickelt serviert wurden, sagte mein Gegenüber befriedigt: „Kulturno", und als ich in

einem Sowjetzuge, aus Moskau kommend, die Grenze hinter mich gebracht hatte, erklärte die Schaffnerin ihren auf dem Bahnsteig in Warschau nach Sowjetsitte im Pyjama herumspazierenden Landsleuten: „Nje kulturno“. Ich habe auch schon gehört, wie ein Sowjetstudent seinem Kommilitonen klarmachte, daß es beim einreihigen Jackett „nje kulturno“ sei, den unteren Knopf zu schließen.
Diese planmäßige Erziehung ist nicht ohne Erfolg geblieben. Zwar wird das Empfinden und Denken der Menschen durch den ihnen aufgezwungenen Dauerkollektivismus verhältnismäßig wenig verändert; entscheidend wirkt er in jedem Fall auf ihr äußeres Benehmen ein. Wer sich ständig in Kollektiven bewegt, wird sich – das gilt nicht nur für die Sowjetunion – anders benehmen und konformistischer sein als einer, der ungestört seinen eigenen Weg gehen kann. Auch bei uns ist die prägende Wirkung einer Lebensgemeinschaft um so stärker, je enger diese ist. Die Bewohner eines abgelegenen Dorfes, die Angehörigen einer militärischen Einheit oder einer studentischen Verbindung sind selbstverständlich „konformistischer“ als die völlig unabhängig lebenden Großstädter, die kaum die Namen der Leute kennen, welche mit ihnen im selben Hause wohnen. Dennoch bleibt es fraglich, ob diese Einwirkung mehr erreicht als der Konformismus nach außen, ob es gelingt und gelingen kann, diese Form auch mit dem gewünschten Geist zu erfüllen, ob sie nicht vielmehr oft genug dazu dient, das einzelne Kollektiv gegen die Kontrolle von „oben“ abzuschirmen. Darauf weisen nicht zuletzt die ständigen Klagen in der Presse über Cliquenbildung (Gruppowschtschina) und Vetterleswirtschaft (Semejstwennost).
Wenn ich selbst meine Beobachtungen in den letzten Jahren mit denen um 1930 vergleiche, so möchte ich meinen, daß die Sowjetmenschen heute weniger kollektivistisch gestimmt sind als damals und daß der Individualismus zugenommen hat.
Gegen den Überkollektivismus sind sogar zum ersten Mal unmißverständliche Stimmen des Protestes laut geworden:
In den Jahren nach Stalins Tod, in denen die Sowjetdichter etwas freier sprechen durften, hat es sich gezeigt, daß die unablässige Erziehung zum Kollektiv ihre Grenzen hat. Kaum ergab sich die erste Möglichkeit selbständiger Gestaltung, da erschienen Romane

wie der Dudinzews, dessen Held ein ausgesprochener, ja ein extremer Einzelgänger ist und in dessen Verlauf die Kollektive nur eine wenig rühmliche Rolle spielen. Der bisher schärfste Angriff gegen Macht und Willkür des Kollektivs findet sich in dem Gedicht des sowjetarmenischen Dichters Paruir Sewak „Schwieriges Gespräch"; es ist von der Partei entsprechend heftig abgelehnt worden. Auf zwölf Seiten schildert der Dichter die Gedanken eines Mannes auf dem Heimweg von einer Sitzung, in der irgendein Kollektiv, vermutlich die Parteizelle, der er angehört, ihn wegen seiner Beziehungen zu einer verheirateten Frau moralisch verurteilt hat. Hier einige Auszüge:

Die Sitzung war
    fünf Stunden etwa lang.
Und der Beschluß,
    als alles fertig war:
Unser Verhältnis
    alsbald abzubrechen.
„Verhältnis" –
    welches Wort!

Voll Bitterkeit denkt der Mann zurück an die fünfstündige Qual. Unter den Argumenten, die er sich selbst gegenüber zu seiner Rechtfertigung ausspricht, sind auch die folgenden:

Ein Schlüssel nur
    paßt nicht für alle Herzen ...
Was ruft Ihr immer nur
    Vernunft, Vernunft.
Was kann vernünftger sein
    als unser Herz? ...
Wolfgleich möcht' ich
    Kleinbürgersinn zerreißen.

Dann denkt er zurück an die Ereignisse, die zu der Sitzung des Kollektivs führten:

Wer kennt sie nicht,
    die Schwachheit vieler Menschen?
Zu klatschen ist
    nur allzu vielen süß.

Klatschmäulig haben sie
    sich unsre Liebe
nach allen Regeln
    ihrer bösen Kunst
von Mund zu Mund
    scheelsüchtig zugereicht
wie die Stafette
    geht von Hand zu Hand.

Dann die Erinnerung an die Versammlung selbst:

Gesichter aus dem Nebel
    schwammen her,
Gesichter viele,
    mürrische und finstre.
Ein grüngedeckter Tisch.
    Man raucht, man streitet.
Worum mag's gehen?
    Es ist spät geworden.
Ganz deutlich:
    Eine wichtige Versammlung.
Dort steht ein Mensch,
    dort steht ein Irgendwer.
Er spricht etwas
    und stottert ungeschickt;
ich bin's, ja, ich.
    Ich liebe dich wie je
und doch verspreche ich,
    dich nicht zu lieben.
Vielleicht war es mein Wunsch,
    sie zu betrügen
und danach irgendwie
    in aller Stille...?
Nein, nein. Ich meinte es,
    als ich mich schalt.
Ich dachte nicht,
    daß ich sie dort belog.
Und meine Worte
    lassen sich nicht ändern.
Und Blicke schaun'
    mich triumphierend an...
Oh, Menschen sagen oft,

was lauter Lüge,
und denken dann,
daß sie die Wahrheit sagen.
Die Seele fehlt
der Wahrheit solcher Art,
sie ist wie Mondschein,
glänzt, doch wärmt sie nicht.
Und ungeachtet
allen leeren Müh'ns
bleibt's eine Wahrheit
nur für Sitzungen.

Er erinnert sich der Ratschläge, die darauf hinauslaufen: Du kannst ja ruhig machen, was du willst, aber tue es so, daß es kein öffentliches Ärgernis hervorruft, und denkt weiter:

Verhaßt ist mir
solch lügenhafter Rat,
der Glück verspricht
und ruh'ge Existenz.
Gebt andern euern Rat,
bin Wasser nicht
noch Öl, dem sein Gefäß
die Form bestimmt.
Oh, ihr Besitzer
allzu scharfer Augen,
Liebhaber ihr,
zweideutger Abenteuer,
Ihr lehret mich,
und mir, mir tut ihr leid.
Argwöhnsche Ritter
der Scheinheiligkeit,
ihr seid an Zahl nicht mehr,
was einst ihr wart.
Und um so lauter
müßt ihr darum lärmen.
Nun gut, ihr richtet,
denn ihr seid ja Richter.
Doch frage ich:
Wer sind die Richter selbst?
Seid ihr doch über mich –
dies weiß ich sicher –

nur hergefallen,
weil ich nicht so geschickt ...
Ihr wart es ja,
die mir im Flüstern sagten:
„Man darf es schon,
nur muß man etwas klüger ..." [8]

Vier Nummern später druckte die Zeitschrift, die diese Verse gebracht hatte, einige Leserbriefe ab. In einem wandte sich ein „Kandidat historischer Wissenschaften" scharf gegen das Gedicht, das sich offen gegen die Weisheit des Kollektivs ausspreche, obgleich „sich in Wirklichkeit in der überwältigenden Mehrheit aller Fälle das Kollektiv als im Recht erweist und der, welcher vom Kollektiv einen Verweis erhielt, dessen Berechtigung früher oder später anerkennt, so schwer ihm auch diese Erkenntnis fallen mag". Der Kritiker ist sehr erregt, weil „der Dichter samt seinem Helden die Stimme gegen das Recht der Öffentlichkeit erhebt, die Fragen der Festigung der Familie im Kollektiv zu behandeln". Aber der armenische Dichter findet auch Verteidiger. Es sei zwar allgemein anerkannt, schreibt eine Frau, daß das Kollektiv verpflichtet sei, nötigenfalls in das Privatleben einzugreifen, doch müsse dies so geschehen, daß die besonderen Umstände jedes einzelnen Falles berücksichtigt werden. In der Tat könne man nicht „für alle Herzen denselben Schlüssel benützen". Man dürfe an Fragen des persönlichen Lebens nicht vom „Standpunkt des Staatsanwaltes" herangehen.[9]
Der junge Mann, der das Gedicht Sewaks ins Russische übersetzte, ist jener Jewgenij Jewtuschenko, von dem schon die Rede war.[10] Damals war er zwanzig Jahre alt. In seinem 1958 erschienenen vierten Gedichtband finden sich Verse, die sehr deutlich zeigen, daß der von den Bolschewiken unterdrückte Individualismus vier Jahrzehnte nach der Revolution in jungen Menschen, die überhaupt erst zwei Jahrzehnte nach ihr geboren wurden, noch oder wieder höchst lebendig ist, ja, daß er eine militante und aggressive Note trägt, wie sie in früherer Zeit, als die russischen Dichter mehr der Drang zum Ganzen, zur Gemeinschaft bewegte, selten anzutreffen war. So lautet Jewtuschenkos Herausforderung an das Kollektiv:

Man wirft mir vieles vor.
Mich lieben viele nicht,
Sie schleudern ihren Blitz
Und Donner auf mich her.
Verklemmt und finster tönt
Ihr Lachen über mich,
Und giftig streift ihr Blick
Mir übern Rücken hin.
Doch das behagt mir sehr,
Und ich bin stolz darauf,
Daß all ihr wilder Zorn
Nur Ohnmacht offenbart.

Druck erzeugt Gegendruck – auch dieses Gesetz, das weit älter ist als manche der von Marx verkündeten, gehört zur Dialektik des Lebens. Diese wird freilich von den Bolschewiken nur dann anerkannt, wenn sie glauben, daß sie sich zu ihren Gunsten auswirkt. Und doch ist die ganze Geschichte Rußlands ein Beweis dafür, daß die wahren Gesetze der Entwicklung immer wirksam sind und daß sie nicht danach fragen, welche politische Farbe ein Staat jeweils trägt.

AUTORITÄT UND STAATSGEFÜHL

Natur und Geschichte haben im russischen Volkscharakter Wesenszüge angelegt und entwickelt, die es fremden und eigenen Herren zu allen Zeiten leichter gemacht haben, ihre Diktatur über dies große Volk zu errichten und ihr Dauer zu verleihen. Den deutschen Landser hat an seinem russischen Gegenüber – und auch an der Zivilbevölkerung des Landes – nichts so sehr überrascht als die kaum noch faßbare „Härte im Nehmen“; dem Freund russischer Literatur steht als ihr stärkster, fast beherrschender Menschentyp der des leidenden und mitleidenden, des passiven Helden vor Augen, wie ihn vor allem Dostojewskij in seinen großen Romanen in immer neuem, sich steigerndem Entwurf dargestellt hat. Die Fähigkeit und Bereitschaft des Russen, sich ins Unvermeidliche zu schicken, ist besonders Leo Tolstoj zu preisen nicht müde geworden. In „Krieg und Frieden“ stellt er bewußt den leidensfähigen gläubigen Bauern Karatájew in Gegensatz zu den westlich überfremdeten hohen Herrschaften, die nur dann zu echten Russen werden, wenn sie, wie Pierre Besuchow, ihr Schicksal in Demut ertragen. In seiner Erzählung „Drei Tode“ vergleicht Tolstoj den würdevollen Tod eines Baumes mit dem Ende eines gefaßt und ergeben sterbenden einfachen Russen und mit der letzten Stunde einer hysterischen Dame, die sich ihrem Schicksal entziehen möchte.

Auf meinen Reisen habe ich zahlreiche Beweise dieser Bereitschaft gefunden, jede Entscheidung des Schicksals wie des Staates als selbstverständlich hinzunehmen. Einmal mußte ich im Ural auf einer kleinen Station umsteigen. Es war halb zehn Uhr abends. Wann der Anschlußzug gehen sollte, wußte niemand genau; wohl gegen Morgen. Der kleine Wartesaal war überfüllt. Die Bänke reichten nicht aus, die Menschen hockten auf dem Boden, und die

Luft war so verbraucht, daß ich es vorzog, draußen im Schnee auf und ab zu gehen. Stunde um Stunde verging. Schließlich war ich so müde, daß ich mich doch lieber im Wartesaal auf meinen Rucksack setzte. Nach einem Weilchen sank mir der Kopf auf die Brust, ich nickte ein. Aber nicht für lange! Ich spürte einen harten Griff an meiner Schulter. Schlaftrunken blickte ich einem Bahnbeamten ins Gesicht.

„Bürger, hier darf man nicht schlafen." Er ging weiter und rüttelte auch noch ein paar andere aus dem Schlaf.

„Was ist denn das für ein verrückter Betrieb?" fragte ich meinen Nachbarn. „Warum weckt der Barbar uns auf?"

„Ja, ja", erwiderte der gleichmütig, „das stimmt schon. Schlafen darf man in den Wartesälen nicht. Da könnte ja jeder kommen und sich lang legen. Ich habe kürzlich auf einer Station zwei Tage und zwei Nächte warten müssen, ohne zu schlafen." Er sagte dies nicht ohne einen gewissen Stolz und gähnte herzhaft. Kann man sich bei einem Bürger der Bundesrepublik ein solches Maß von gleichmütiger Ergebung vorstellen?

Ein anderes Mal fuhr ich auf einem Sowjetdampfer durch das Weiße Meer. Wir hatten an die hundertfünfzig Deckpassagiere an Bord. Es blies ein steifer und eisiger Wind. Das Deck war offen, lediglich die Kommandobrücke bot etwas Schutz. Hier am Schornstein und an der warmen Öffnung des Maschinenraumes drängten sich etwa vierzig Menschen, die, als erste an Bord gekommen, sich diese Plätze erobert hatten. Sie rührten sich nicht von der Stelle aus Angst, andere könnten ihren Platz einnehmen. Dort stand auch ein Kessel mit heißem Wasser, mit dem die Passagiere Tag oder Nacht in eigenen Kannen aus getrockneten Heidelbeeren und anderen Waldgewächsen Tee brühten. Unter dem Kessel hatte es sich eine Frau bequem gemacht. Jedes Mal, wenn jemand Wasser holte, spritzte ihr das kochende Wasser auf die Beine. Ich erkundigte mich, ob sie nicht ganz verbrüht sei. Sie zuckte die Achseln: „Macht nichts. In zwei Tagen bin ich zu Hause, dann kann ich mir ja die Beine mit Fett beschmieren." Und döste weiter.

Wie oft kam mir im Gespräch mit Russen der Satz aus Wallensteins Tod in den Sinn: „Und die Gewohnheit nennt er seine Amme." Die Gewöhnung an die Verhältnisse ist zu einer der stärksten Stützen des Regimes geworden. Auf Spuren einer freudigen Bejahung des Bolschewismus wird der ausländische Beobachter selten stoßen, ständig dagegen auf Anzeichen dafür, daß die Menschen sich an ihn gewöhnt haben, daß sie ihn hinnehmen und sich in ihr Schicksal fügen. Die meisten können sich andere Verhältnisse gar nicht mehr denken.

Einmal abends ging ich, es war wohl im Herbst 1955, mit einem russischen Bekannten durch die Gorkij-Straße, die Schaustraße Moskaus, die der Berliner Stalin-Allee zum Vorbild diente. Er wollte sich noch etwas Butter kaufen. Während wir einem jener staatlichen Lebensmittelgeschäfte zustrebten, sagte er: „Bei Ihnen in Deutschland gehören solche Läden Privatleuten? Wissen Sie, ich kann es mir überhaupt nicht vorstellen, daß man in einen Laden geht, der nicht dem Staat, sondern einem Privatmann gehört." Es war, als sagte er: Ich kann mir gar nicht vorstellen, wie man lieber mit einem Ochsengespann als mit einem Auto fahren kann.

Ehe ich zur Erwiderung Zeit hatte, standen wir in einer Schlange, die sich langsam auf den Verkaufstisch zuschob. Als wir an der Reihe waren, erhielt mein Bekannter auf seine höfliche Frage nach Butter von der Verkäuferin in der nicht sehr sauberen Schürze nichts als ein ruppiges Njet. Er zuckte die Achseln, und wir gingen wieder hinaus.

„Wie gefällt Ihnen Ihre Staatswirtschaft?" fragte ich ihn. „Erstens ist es ein schlechtes Zeichen, wenn in einem Land von dem natürlichen Reichtum der Sowjetunion ein führendes Geschäft der Hauptstadt keine Butter hat. Aber schön, das kann vorkommen. Wenn man Ihnen jedoch schon keine Butter anzubieten hat, sollte man wenigstens höflich antworten. Besuchen Sie mich einmal in Deutschland, dann gehen wir in einen beliebigen Laden, und Sie werden den Unterschied zwischen Ihrem und unserem System feststellen. Die Ausschaltung jeglicher Konkurrenz hat bei Ihnen nicht nur zu einer unerträglichen Bürokratisierung geführt, sie hat auch den Verkäufer von aller Höflichkeit dem Kunden gegenüber entbunden."

Er brummte etwas vor sich hin. Überzeugt hatte ich ihn offensichtlich nicht. Vor ein paar Jahren, sagte er, habe dieser Laden überhaupt noch nicht bestanden; daß es ihn jetzt gebe, sei doch

immerhin ein bemerkenswerter Fortschritt; man könne halt nicht alles auf einmal haben.
So gehört auch die Bereitschaft zur Unterordnung zu den natürlichen Anlagen des Russen; er ist von Hause aus kein besonders kritischer Mensch – wie etwa der Deutsche oder der Franzose. Bei uns besteht bei jeder Entscheidung von „höherer Stelle" – ob das der Herr Lehrer oder die Regierung ist – zunächst einmal die Tendenz, sie kritisch unter die Lupe zu nehmen und an ihr etwas auszusetzen; in der Sowjetunion kann der Lehrer, wenn er irgendeinen Vorschlag macht, im Regelfall damit rechnen, daß die Klasse diesen, ohne lang nachzudenken, großartig findet und ihm begeistert zustimmt. Nur so läßt es sich erklären, daß die vom Staate selbst nach der Revolution durch seine Propaganda untergrabene Lehrerautorität nach dem Kurswechsel zu Anfang der dreißiger Jahre in kurzer Zeit völlig wiederhergestellt werden konnte. Ebenso möchte ich annehmen, daß die Sowjetmenschen, wenn ihnen von oben gesagt wird, es gelte, den Riemen enger zu schnallen und auf die Annehmlichkeiten des Lebens zu verzichten, dies leichter hinnehmen und sich auch innerlich eher damit abfinden als wir, wenn bei uns eine aus irgendwelchen Gründen erwachsende Krise zum Absinken des Lebensstandards führen würde.
Die harte, oftmals barbarische Familiendisziplin und das festgefügte Leben im Mir hatten die Masse des Volkes an Unterwerfung unter den Willen anderer gewöhnt, auch wenn dieser als ungerecht empfunden wurde. Dazu kam die ständige Belehrung über die Tugend des Gehorsams gegenüber den Oberen. Die Erziehung zur Disziplin ist von den Bolschewiken übernommen worden, ja sie wird noch forciert; sie beginnt in Kindergarten und Schule und ist besonders stark während der militärischen Ausbildung, wirkt aber auch durch den stark militärischen Zuschnitt des zivilen Lebens mit seinen Uniformen und Rängen, seinen betonten Befehls- und Gehorsamsverhältnissen. Dazu kommt, daß dem Einzelnen auch bei der Gestaltung seines Berufslebens meist nicht die Freiheit eigener Entscheidung gelassen, sondern jede Weiche für ihn von oben gestellt wird. Die Versetzungen qualifizierter Arbeitskräfte zum Beispiel von einem Arbeitsplatz zum anderen erfolgen in einer Art, die man in anderen Ländern nur

innerhalb der Armee kennt. Ständig wird der Respekt vor den Älteren, den Vorgesetzten, den Lehrern und vor allem natürlich der Partei und ihren Führern gelehrt. In den Beziehungen des Volkes zur Führung ist ein familiärer Ton unerwünscht. Charakteristisch dafür ist die Kritik der Prawda an einer Stelle in Valentin Katájews Kriegsroman „Für die Macht der Sowjets", wo der Held des Romans, ein vorbildlicher Parteimann und Partisanenführer namens Gawriíl (= Gabriel) von seinen Leuten familiär als „Gawrik" angeredet wird. „Das Zeitalter der Spitznamen", schreibt das Blatt, „ist längst vorbei, und man kann nur sehr, sehr schwer glauben, daß die Leute in der Stadt einen geachteten Mann, einen bedeutenden Parteifunktionär, Gawrik genannt haben sollen." [1]

Aber die Autorität des Staates nährt sich in Rußland noch aus tieferen Wurzeln als denen der polizeilichen Gewalt, der äußeren Gewöhnung, der Beeinflussung durch Erziehung und Propaganda.

Die aus Byzanz übernommene theokratische Tradition, bei der sich Staat und Kirche in der monarchischen Spitze vereinigten und damit der Staat eine religiöse Weihe erhielt, schuf die psychologische Voraussetzung für den Anspruch der heutigen Führungsspitze, die Wahrheit zu verkörpern. Selbst die mystische Vorstellung von Moskau als dem Dritten Rom, das nach dem Fall des ersten – durch Häresie – und des zweiten, nämlich Konstantinopels, – durch die Türken – den Anspruch erhob, das letzte und einzig rechtgläubige Zentrum des Christentums zu sein, selbst diese Idee wirkte noch: in der Dritten Internationale, die mit ihrem Sitz in Moskau als Erbin der Ersten (von Marx mitgegründeten und dann zerfallenen) wie der Zweiten (Sozialistischen) Internationale die einzig rechtgläubige Vertretung der Lehre zu sein vorgab.

Daß sich die personellen Veränderungen im Allerheiligsten der Glaubensherrschaft fast immer plötzlich vollziehen und dem Volk nur in Umrissen, in Form von Deklarationen verkündet werden, verleiht den Vorgängen in der Spitze etwas Geheimnisvolles, Unverständliches und damit seltsam Erregendes, das man als gewöhnlicher Sterblicher nur mit scheuer Ehrfurcht wahrnehmen kann. Wenn nur der innerste Kreis der Eingeweihten die Geheimnisse des Dialektischen Materialismus und seiner jeweiligen Anwendung versteht, bleibt der Bevölkerung gar nichts anderes übrig, als sich seiner Weisheit zu unterwerfen, ähnlich wie in früheren Zeiten das Volk den Zugang zum Göttlichen nur über die Priesterschaft zu suchen gelehrt wurde. Der einzelne Pope im Dorf war in den Augen der Bauern häufig nur ein schmieriger, fauler, ungebildeter und raffgieriger Patron, und doch umgab ihn, da man ihn des Göttlichen teilhaftig glaubte, eine Aura der Autorität. Ähnlich soll das Volk heute die kleinen Parteifunktionäre ansehen, von denen es gegängelt und in Atem gehalten wird, die aber als Mitglieder des Parteiapparates ein Stück der Macht und Weisheit ihrer Oberen repräsentieren. Durch diese haben auch sie Anteil an der einen absoluten und unteilbaren Wahrheit, die einst aus göttlicher Offenbarung floß, heute aus nicht weniger unfehlbarer „wissenschaftlicher" Erkenntnis abgeleitet wird. Bei dem britischen Anthropologen Geoffrey Gorer fand ich das mit folgenden Sätzen ausgedrückt:

> „Die Russen halten sich selbst für dem Rest der Welt überlegen, weil sie und ihr Land die Heimat der *einen und unteilbaren Wahrheit* sind; es ist ihre Pflicht, dieser Wahrheit zur Herrschaft zu verhelfen ... Es gibt [für die Russen] nur eine einzige unteilbare Wahrheit, die entdeckt und befolgt werden kann ... Es gibt also keine mehr oder weniger richtigen Auslegungen. Die Wahrheit bildet vielmehr ein System untereinander verbundener Einheiten, die derartig angeordnet sind, daß die Zerstörung eines Teiles das ganze System gefährdet. Es bestehen keine Vorstellungen von einer relativen Wahrheit oder von der Möglichkeit verschiedener ‚Aspekte' oder ‚Versionen' der Wahrheit. *Der Kompromiß ist folglich unzulässig* (ausgenommen vielleicht dann, wenn er eine bloße Taktik darstellt), und es gibt keine Möglichkeit einer ‚loyalen Opposition'." [2]

Diese Einstellung, die Gorer dem Russen zuschreibt und die nach meiner Beobachtung auch beim Sowjetmenschen von heute zu finden ist, wird von den Bolschewiken weiter gefördert. Während wir – von der Hitlerzeit abgesehen – uns und die nachwachsenden Generationen zum ständigen Wählen zwischen verschiedenen Möglichkeiten erziehen, wird der Sowjetmensch mit allen Mitteln der Beeinflussung auf die eine, von den Führern gefundene

Wahrheit ausgerichtet. Diese Erziehung vereinfacht das Regieren beträchtlich. Wenn es lediglich *eine* Wahrheit gibt, dann braucht die Führung im Kreml ihre Untertanen nur noch davon zu überzeugen, daß sie allein den Schlüssel zu dieser Wahrheit besitzt, und schon hat sie sich eine geradezu sakrosankte, eine theokratische Autorität geschaffen, nicht unähnlich der, welche einst das Zarenhaus und die geistlichen Führer besaßen. Mit übernatürlichen Kräften begabt, thront sie hinter den roten Kremlmauern, und wie einst das Volk an die unmittelbare Verbindung der geistlichen Herren mit Gott glaubte, so soll es nun glauben, die Parteiführung besitze genaue Kenntnis der menschlichen, wirtschaftlichen und politischen Entwicklungsgesetze und damit die Einsicht in das Wesen der Welt sowie die Fähigkeit, im Einklang mit diesen Gesetzen zu handeln. Wie einst die Ikonen der Heiligen, so werden nun die Porträts der jeweils am Ruder befindlichen Parteichefs, ergänzt durch die Stifter des Marxismus, an die Wände gehängt und in Demonstrationszügen getragen.
In welchem Ausmaß die altüberlieferte, aus säkularisierter religiöser Weihe erwachsene Autorität des Staates und das alte messianische Bewußtsein den Kremlherren von heute auch beim einfachen, nicht in der Partei organisierten Russen zugute kommen, habe ich selbst in manchem persönlichen Gespräch erlebt. So saß ich einmal in einer „Stolówaja“, einer jener einfachen Speisehallen, in denen man recht billig essen kann (auch seit Moskau 1957 einen günstigeren Devisenkurs für ausländische Besucher bewilligt hat und für eine D-Mark zweieinhalb Rubel zahlt – zuvor nur einen – lebt der Ausländer in der Sowjetunion immer noch teuer genug). Die Stolowajas sind stets überfüllt; man sitzt daher eng zusammen, und leicht ergeben sich kurze Gespräche. An einem Abend im Sommer 1957 war mein Gesprächspartner ein Mann Ende der Vierzig, ein Kriegsverletzter, dem der linke Arm fehlte. Er arbeitete, wie er mir erzählte, in einem großen Werk am Stadtrand von Moskau und hatte den Nachmittag mit Einkäufen im Zentrum verbracht. Er schimpfte über die schlampige Bedienung in der Stolowaja, dann sagte er: „Schlimm war er, dieser Krieg“, er zeigte mit der Rechten auf seinen leeren Ärmel. „Ihr Deutschen und wir Russen sollten zusammengehen, statt Kriege gegeneinander zu führen. Wir haben große Hochachtung vor den Deut-

schen. Sie sind ein ‚prinzipiálnyj Naród' [ein Volk mit Prinzipien] wie wir Russen, nicht solche schlappen Kompromißler wie die Engländer oder Franzosen."

„Vielleicht schätzen Sie uns falsch ein", erwiderte ich. „Wir haben unsere Etappe prinzipieller Kompromißfeindlichkeit hinter uns gebracht und sind auf Grund der Erfahrungen in den letzten Jahrzehnten vom simplen Entweder-Oder zum komplizierteren Einerseits-Andererseits übergegangen. Ihr werdet auch noch dahinterkommen, daß man die Welt nicht nur in Schwarz-Weiß-Manier sehen kann."

Darauf er, fast heftig: „Es gibt nur *eine* Wahrheit."

„Das mag sein", gab ich zu, „aber wir Menschen kennen sie nicht, wir müssen also nach Wegen suchen, ihr näherzukommen, und werden diese am ehesten im freien Ringen zwischen entgegengesetzten Ansichten finden. In der Bundesrepublik bemühen wir uns ehrlich um diese demokratische Methode der Lösung von Problemen."

Er sagte: „Davon halten wir nicht viel. Zwei mal zwei ist vier und bleibt vier, weil das die Wahrheit ist und nicht, weil es ein Kompromiß darstellt zwischen zwei mal zwei gleich drei und zwei mal zwei gleich fünf."

„Von solchen ‚Wahrheiten' rede ich nicht; die gehören in die Mathematik oder die Naturwissenschaften, und niemand wird über sie streiten, auch wir nicht. Aber es gibt unendlich viele Fragen, für die nicht nur *die* eine Wahrheit gilt, zum Beispiel: Soll eine Stolowaja wie die, in der wir hier sitzen, in staatlicher oder privater Hand sein? Sollen die Traktoren dem Kolchos gehören oder der MTS? [Über die Frage der Maschinen-Traktoren-Stationen wurde damals häufig diskutiert; inzwischen hat, wie wir wissen[3], Chruschtschow einen neuen Kurs eingeschlagen und die Maschinen den Kolchosen zugesprochen.] Oder um einige Probleme aus der Bundesrepublik zu nehmen: Sollten wir die allgemeine Wehrpflicht einführen oder ein Berufsheer schaffen? Sollen wir jede Partei in das Parlament aufnehmen oder nur solche, die mindestens fünf Prozent der Stimmen zu gewinnen vermochten? Auf alle Fragen dieser Art gibt es mehr als eine Antwort, und wir meinen, daß die Aussicht, die relativ beste zu finden, am größten ist, wenn wir das Problem erst von allen Seiten betrachten."

Der Russe sagte: „Nein, es kann immer nur *eine* Antwort richtig sein, daher taugt eure neumodische Kompromißmethode nichts. Und wer in einem Streitfall unrecht hat, muß sich dem anderen unterordnen."
„Sie proklamieren hier das Recht der Parteispitze, alle zum Gehorsam zu zwingen, die anderer Meinung sind – und ich glaube, daß dies oft die Mehrheit des Volkes ist. Denken Sie an die Kollektivierung der Landwirtschaft. Wollen Sie wirklich denen, die sich eigene Gedanken machen, keinen Schutz zubilligen?"
„Ohne Disziplin und Unterordnung gibt es nur das Chaos."
Ich fragte weiter: „Warum glauben Sie, daß die Parteiführung die richtigen Antworten findet?"
„Weil sie die Gesetze der geschichtlichen Entwicklung kennt und anwendet."
„Wieso hat sie darauf einen größeren Anspruch als andere Menschen?"
„Im widnéje", antwortete er, mit einer in Rußland häufig zu hörenden Formel, die wörtlich „ihnen sichtbarer" heißt, mit anderen Worten: Die oben können weiter sehen und die Dinge besser beurteilen.
Meine Frage, ob er Parteimitglied sei, verneinte er. Ich fuhr fort: „Erklären Sie mir, wie Sie mit Ihrer Theorie, daß die droben eher imstande sind als Sie, die Wahrheit zu finden, den Zickzackkurs der letzten Jahrzehnte in Einklang bringen. Wenn es auf jede Frage nur eine Antwort gibt, dann kann doch nicht dieselbe Frage heute so oder morgen anders, unter Stalin mit Ja, unter Chruschtschow mit Nein – oder umgekehrt – beantwortet werden."
„Die Verhältnisse ändern sich, und also auch die Methoden."
„Gewiß ändern sich die Verhältnisse, aber damit können Sie doch nicht alles erklären! Nehmen Sie Stalin: Erst wurden ihm geradezu göttliche Ehren erwiesen; er war der Unfehlbare, der auf jede Frage die richtige Antwort zu geben vermochte. Dann, ein paar Jahre nach seinem Tode, wurde er von seinem langjährigen engen Mitarbeiter und späteren Nachfolger als blutiger Tyrann entlarvt, der abscheuliche Untaten begangen habe. Sie kennen doch vermutlich die Rede, die Chruschtschow auf der geschlossenen Sitzung des XX. Parteitages gehalten hat?" (Er nickte mit dem Kopf; man habe sie damals in seiner Fabrik den

Parteimitgliedern vorgelesen, und die hätten den anderen dann über den Inhalt berichtet.) „Und in der letzten Zeit wird Stalin wieder anders dargestellt, weder als unfehlbarer Übermensch, noch als Scheusal, sondern als eine Art Mischung von beidem. Was ist nun die Wahrheit?"
Der Mann blieb mir erst eine Weile die Antwort schuldig und stocherte in den Speiseresten auf seinem Teller herum. Dann sagte er: „Man weiß wirklich manchmal nicht, was man sagen soll."

Nach allem, was wir hier – in knappen Zügen – über die psychologische Ausgangssituation dargelegt haben, in der die Bolschewiken vor mehr als vierzig Jahren das Jahrhunderte alte Erbe der Zaren angetreten haben, wird sich der Leser nicht mehr darüber wundern, daß das Volk sich auch der bolschewistischen *Ideologie* weitgehend angepaßt, daß es sie hingenommen hat. Es empfiehlt sich zwar, die Bedeutung des Ideologischen für den Sowjetmenschen nicht zu überschätzen, wie manche zur theoretischen Betrachtung neigende Deutsche es gerne tun. Ich selbst habe von meinen vielen Gesprächspartnern bei Unterhaltungen über ihr Privatleben, ihre Pläne, ihre persönlichen Lebensentscheidungen kaum je etwas vernommen, was darauf schließen ließe, daß im persönlichen Lebensbereich die Ideologie eine Rolle spielte.
Auch unter den in erster Linie *politisch* relevanten Ideologien habe ich nur eine gefunden, die sich in den Köpfen fest eingenistet hat (und das ist allerdings ein bedeutender Erfolg des Bolschewismus): Marx hat die in ihrer Einfachheit bestechende und dem Bedürfnis nach simplen Erklärungen entgegenkommende Lehre aufgestellt, daß die Entwicklung der menschlichen Gesellschaft genau so gesetzmäßig verlaufe wie irgendeine Entwicklung im Bereich der Natur. Nach dieser Theorie bewegt sich die Menschheit *zwangsläufig* von der primitiven Urgesellschaft über die sklavenhaltende Gesellschaft, den Feudalismus, Kapitalismus und Sozialismus zum Kommunismus. Diese These wird von den Sowjetmenschen weitgehend akzeptiert; das hat zur Folge, daß vielen auch der schlecht funktionierende „Sozialismus" mit all seinen für das Volk bedrückenden Nebenerscheinungen immer noch „höher" zu stehen scheint als ein noch so gut funktionierender „Kapitalismus".

Ein Student der Geschichte in Moskau suchte mir seine Auffassung durch einen historischen Vergleich verständlich zu machen: „Auch am Vorabend der Französischen Revolution bestand ein erheblicher Unterschied des Lebensstandards, nämlich zwischen dem alten Hochadel und der jungen Bourgeoisie. Auf den gräflichen Schlössern an der Loire ging es vornehmer und reicher zu als in den engen Bürgerhäusern von Paris und Lyon. Der Unterschied war damals ähnlich groß wie heute zwischen dem Leben, das Ihre Kapitalisten, und dem, das unsere Werktätigen führen. Aber das änderte nichts am weiteren Gang der Geschichte. Auf den Feudalismus mußte das bürgerliche, das kapitalistische Zeitalter folgen. Noch während es in den Palästen hoch herging, waren deren Herren als Klasse bereits überlebt und dem Verderben ausgeliefert. Die neue Klasse, die Bourgeoisie, damals im Vergleich mit dem Adel primitiv und unkultiviert, stand schon bereit als Siegerin des folgenden Tages; heute ist wiederum sie alt und müde geworden, reif, von der neuen und jugendkräftigen Klasse des Proletariats abgelöst zu werden, wie das bei uns bereits geschehen ist."
Es ist hier nicht der Ort, sich mit Marx' Entwicklungslehre kritisch auseinanderzusetzen; in unserem Zusammenhang genügt die Feststellung, daß sie in der Sowjetunion weite Verbreitung gefunden hat. Es gibt dort zwar unzählige Millionen von Menschen, die sich unter dem gegenwärtigen System nicht wohl fühlen, es gibt auch solche, die es hassen; aber da sie sich zu der Lehre überreden ließen, daß die Menschheit unweigerlich durch eine „sozialistische Epoche" hindurchgehen müsse, sind sie geneigt, den Zustand, in dem sie gegenwärtig leben, als ebenso unvermeidlich zu betrachten wie im Winter die Kälte und im Sommer die Hitze. Damit ist für den Bolschewismus sehr viel gewonnen; wer kann mit Aussicht auf Erfolg gegen Winterkälte und Sommerhitze ankämpfen? Ja, wer würde auch nur ernstlich darüber klagen? Die Menschen finden sich am leichtesten mit dem ab, was sie für unabänderlich halten – einer der Gründe, aus denen es in der Sowjetunion keinen zwanzigsten Juli und keinen siebzehnten Juni gegeben hat, und auch nichts, das sich dem Posener Aufstand und dem ungarischen Freiheitskampf vergleichen ließe.
Konkrete Vorstellungen darüber, *was* eigentlich Kommunismus

sei und wie er sich nach seiner Verwirklichung praktisch darstelle, findet man dabei selten. Die erste Reaktion auf solche Fragen war bis vor kurzem Überraschung; Russen unter sich schienen dieses Problem nicht zu diskutieren. Danach kamen ausweichende und vage Antworten. Einem deutschen Freunde, der dieselbe Frage an einen Sowjetlehrer richtete, wurde nach einigem Zögern die Antwort zuteil: „Das steht in der Großen Sowjetenzyklopädie." Wenn man sich damit nicht abspeisen läßt und auf seiner Frage beharrt, bekommt man die Standardformel zu hören, die Marx in seiner „Kritik des Gothaer Programms" geprägt hat: Kommunismus sei ein System mit dem Grundsatz: Jeder nach seinen Fähigkeiten, jedem nach seinen Bedürfnissen.

Die gleiche Antwort erhielt ich auch von den zwei Studenten, mit denen ich im Frühjahr 1956 unweit der Moskauer Universität, im Alexanderpark, auf einer Bank in der Sonne saß.

Ich erwiderte: „Mir ist diese Formel bekannt, aber ich kann mir nichts Rechtes darunter vorstellen. Wie soll sich das praktisch auswirken?"

Die beiden überlegten eine Weile, dann sagte der eine: „Der Kommunismus, für den diese Formel von Marx gilt, kann erst verwirklicht werden, wenn wir in der Sowjetunion an die Stelle des heute herrschenden Warenmangels einen Überfluß von Waren setzen. Solange es an Gebrauchsgütern wie Schuhen, Kleidern, Lebensmitteln, Wohnraum fehlt, müssen wir in der Phase verbleiben, die Marx im Unterschied zur kommunistischen als die sozialistische bezeichnete und in der der Mensch ‚nach seinen Leistungen' entlohnt wird, also nicht ‚nach seinen Bedürfnissen', das heißt unabhängig von seiner Leistung. Wir müssen demnach erst den Zustand des Warenüberflusses herbeiführen. Dies tun wir, indem wir nach dem Leistungsprinzip die noch immer knappen Waren in erster Linie denjenigen zur Verfügung stellen, welche sich um die Steigerung der Produktion besondere Verdienste erwerben. Wir setzen dies so lange fort, bis das Stadium des Überflusses erreicht ist; dann erst können wir dazu übergehen, dem Einzelnen die Waren ‚nach seinen Bedürfnissen' zuzuteilen; wir haben dann das Stadium des Kommunismus erreicht."

„Das klingt theoretisch ganz schön", erwiderte ich, „aber erlauben Sie mir bitte eine Frage: Wer soll denn entscheiden, welche Bedürfnisse der Einzelne hat? Nehmen wir an, Sie haben das Bedürfnis, eine Reise nach Afrika zu machen oder ein Auto zu erwerben, wo melden Sie dieses Bedürfnis an? Und wer beschließt, ob diese Ihre Bedürfnisse vom Staat befriedigt werden sollen oder nicht?"

„Natürlich kann es sich nur um die Befriedigung vernünftiger Bedürfnisse handeln", war die Antwort.

„Das beantwortet meine Frage nicht. Das Problem heißt dann eben: Wer entscheidet, welche von Ihren Bedürfnissen vernünftig sind und welche nicht?"

Nach einer Pause sagte der zweite Student: „So konkret haben wir uns diese Frage noch nicht durchgedacht."

„Dann darf ich Ihnen meine Meinung dazu sagen. Ich habe einen Verdacht. Für die Arbeitsleistung, nach der man in der Welt ganz allgemein und auch bei Ihnen gegenwärtig die Menschen entlohnt, gibt es objektive Maßstäbe: Der eine macht in der Stunde neunzig Maschinenteile, der andere hundert, der dritte hundertzwanzig – das läßt sich genau feststellen und der Entlohnung zugrunde legen. Aber es gibt keine objektiven Maßstäbe, um festzustellen, ob Ihre Bedürfnisse vernünftig und berechtigt sind oder nicht. Die Entscheidung über Ihre Bedürfnisse wird also, das ist mein Verdacht, da sie nicht nach objektiven Maßstäben gefällt werden kann, im Ermessen der herrschenden Bürokratenschicht liegen. Das würde bedeuten, daß die Menschen auch unter dem Kommunismus der Willkür der Funktionäre ausgeliefert sind, sogar noch mehr als heute, wo immerhin die Leistung des Einzelnen objektiv meßbar ist. Ich habe irgendwo gelesen, daß es in der Sowjetunion mit ihrer Staatswirtschaft gegenwärtig über zwei Millionen Staatsbuchhalter gibt. Schon der Gedanke an diese zwei Millionen Staatsbuchhalter ist bedrückend. Aber in Ihrem kommunistischen System müßte man mindestens weitere zwei Millionen Kontrolleure zur Untersuchung der Berechtigung menschlicher Bedürfnisse haben. Ich kann nur mit Entsetzen an einen Zustand denken, in dem jeder Mensch den Bürokraten beweisen muß, daß neue Schuhe für seine Kinder, ein neues Kleid für seine Frau, ein neuer Gartenschlauch, eine Schreibmaschine oder die gesammelten Werke Dostojewskijs ein ‚vernünftiges Bedürfnis' darstellen."

Die beiden sagten eine Weile nichts, dann meinte der eine: „Bis dahin werden sich auch die Menschen gewandelt haben; dann wird sich die von Ihnen gestellte Frage schon irgendwie vernünftig regeln lassen. Heute sind wir alle noch sehr egoistisch und raffgierig; wenn etwas kostenlos verteilt würde, käme jeder, um sich so viel zu nehmen, wie nur möglich ist, gleichgültig ob er die Gegenstände wirklich braucht oder nicht."
Jetzt fiel ihm sein Kamerad ins Wort: „Wissen Sie", sagte er zu mir, „wir haben uns zum Beispiel schon überlegt, daß wahrscheinlich eines Tages mit der freien Verteilung einzelner im Überfluß vorhandener Güter begonnen werden wird. Nehmen Sie zum Beispiel die Luft, es gibt genug von ihr, daher kann jeder so viel atmen, wie er will, ohne dafür eine Kopeke zu bezahlen. In einigen Jahren werden wir vielleicht dank neuen agrarischen Methoden und der Erschließung neuer Ackerböden in Kasachstan und Sibirien Brot im Überfluß haben."
Ich unterbrach ihn: „Sie meinen also, man könnte eines Tages auf der ersten Seite der Prawda einen Beschluß des Zentralkomitees und des Ministerrates lesen: ‚Vom 1. Januar des folgenden Jahres an kann sich jeder im Laden so viel Brot holen, wie er mag'?"
„Warum nicht?" sagte er. „Ich gebe zu, am Anfang werden die Menschen vielleicht dieses neue Vorrecht etwas mißbrauchen, da sie die Mentalität der egoistischen Vergangenheit noch nicht abgestreift haben; aber wenn sich nach einigen Wochen bei ihnen im Schrank die Berge vertrockneten oder verschimmelten Brotes häufen, werden sie einsehen, daß sie sich töricht benehmen, und sie werden nur noch so viel Brot holen, wie sie in Wirklichkeit brauchen, oder, um mit Marx zu sprechen, nur so viel, wie ihren vernünftigen Bedürfnissen entspricht. Wenn es dann immer noch einige Unbelehrbare gibt, dann muß man ihnen eben etwas auf die Finger klopfen, damit sie sich anständig benehmen. Der Eintritt in die Phase des vollendeten Kommunismus setzt natürlich voraus, daß die Menschen einen guten Willen mitbringen und bereit sind, sich in die höher gearteten Verhältnisse einzufügen, die dann bestehen werden."
Der junge Mann hatte sich im Laufe seiner Rede in eine gewisse Erregung hineingesteigert und blickte mich nach diesen Worten erwartungsvoll an.

„Hm“, erwiderte ich, „es wäre äußerst interessant, ein solches Experiment mitzuerleben. Ich würde dann sofort ein Visum in die Sowjetunion beantragen, um seinen Verlauf mit eigenen Augen zu verfolgen. Aber ich sehe bei Ihrem Plan folgenden Haken: Brot fällt nicht gebacken vom Himmel. Millionen von Menschen und Maschinen müssen arbeiten, damit das Getreide wächst. Diese Menschen und Maschinen müssen erhalten werden. Nehmen wir eine willkürliche Zahl an, nehmen wir an, der Staat zahlt dem Bauern – gleichgültig, ob dem Kolchos oder dem Sowchos – fünfzig Milliarden Rubel für das gesamte in der Sowjetunion erzeugte Getreide, backt Brot daraus und verteilt dieses kostenlos an die Bevölkerung. Was heißt das? Das heißt, daß der Staat höchstens sagen könnte: ‚Ab 1. Januar werde ich das Brot an die Bevölkerung kostenlos verteilen; die fünfzig Milliarden Rubel, die mich diese noble Geste im nächsten Jahr kosten wird, werde ich auf andere Weise wieder hereinbringen, zum Beispiel, indem ich die Steuern heraufsetze oder die Preise für Stoffe und Schuhe erhöhe.‘ Die Bevölkerung würde also das, was sie durch kostenlose Ausgabe von Brot einspart, in der einen oder anderen Weise selbst bezahlen müssen. Die von Ihnen erwogene ‚freie‘ Verteilung von Brot wäre also lediglich ein Trick, den die Bevölkerung auch in einem Staat mit totalitärer Propaganda über kurz oder lang durchschauen würde. Aus nichts kommt nichts. Das gilt nicht nur für unser westliches, das gilt für jedes Wirtschaftssystem. Um das einzusehen, braucht man weder in Moskau noch in Heidelberg Nationalökonomie zu studieren; dafür genügt völlig der gesunde Menschenverstand. Geben Sie mir nicht recht?“
Meine beiden Gesprächspartner hatten sich inzwischen Zigaretten angesteckt und rauchten vor sich hin. Schließlich sagte der eine: „Mein Kamerad studiert Geschichte und ich Chinesisch. Wir sind beide keine Experten in Nationalökonomie, wir denken aber: Ihr großer Landsmann Karl Marx wird sich schon etwas gedacht haben, als er jene Formel prägte, und unsere Leiter“ – er benützte das Wort Rukowodíteli; das früher besonders auf Stalin angewandte Woshd (= Führer) wird heute weniger gebraucht – „unsere Leiter werden, wenn es so weit ist, schon wissen, wie man es richtig macht.“

Rund anderthalb Jahre nach diesem Gespräch, im Herbst 1958, erschienen in der Sowjetunion – zum erstenmal seit den zwanziger Jahren – Aufsätze, in denen der „Übergang zum Kommunismus“ eingehend behandelt wurde.[3] Dies geschah in erster Linie, wenn nicht ausschließlich als Antwort auf die in China damals gerade neu eingeführten „Volkskommunen“ und dem in Verbindung damit erhobenen Anspruch Pekings auf seine Führerrolle beim gemeinsamen Marsch dem Kommunismus entgegen – dem es nunmehr näher gerückt sein wollte als die Sowjetunion. Doch handelte es sich bei diesen Aufsätzen um theoretische Erörterungen, die vermutlich dem in der harten Tagesarbeit stehenden Sowjetbürger noch keinen besonders tiefen Eindruck gemacht, noch gar sein Zukunftsbild beeinflußt haben.
Meinen in dem Gespräch mit den beiden Studenten geäußerten Verdacht haben die chinesischen Volkskommunen mit der dort schon weitgehend realisierten Güterverteilung „nach den Bedürfnissen“ erschreckend bestätigt: die Abhängigkeit des einzelnen Staatsbürgers von den Funktionären wächst ins Ungemessene, wenn er seine Bedürfnisse nicht mehr auf Grund seines selbstverdienten Geldes (sei dies auch noch so wenig) befriedigt, sondern davon abhängt, ob sie von dem zuständigen Funktionär als berechtigt anerkannt werden. Aber über diese Erfahrung haben weder meine beiden jungen Gesprächspartner noch die übrigen Sowjetbürger etwas gehört: Während die Moskauer Presse sonst alles, was sich in China ereignet, mit emphatischem Beifall registriert, zog es der Kreml vor, die Nachrichten über eine der bedeutendsten Maßnahmen der neuen Geschichte, die das Leben einer halben Milliarde Menschen radikal veränderte, seinem Volke vorzuenthalten.

PATRIOTISMUS

Von allen Stützen des Sowjetregimes ist, so scheint mir, der Patriotismus des Russen die stärkste. Dieses spezifisch russische Vaterlandsgefühl ist ein Naturphänomen, das lange vor den Bolschewiken existierte und das sich auch trotz ihrer jahrelangen Angriffe nicht demontieren ließ. Es ist die Liebe zu Mütterchen Rußland, zu seiner Landschaft, seiner Sprache, seinen Liedern und Sprichwörtern. Früher gehörten auch Zar und Kirche als wichtige Elemente dazu; aber der russische Patriotismus hat auch das Ende der Monarchie und den erbitterten Kampf des Staates gegen die Kirche überdauert.

Ich erinnere mich noch, wie ich das erste Mal in der Sowjetunion auf diesen Patriotismus stieß. Es war im Sommer 1930, in dem ich auf eigene Faust zwei Monate in der Sowjetunion verbrachte. Unter den mancherlei Gleichaltrigen, die ich kennenlernte, war auch eine junge Russin. Sie entstammte einer bürgerlichen Familie, hatte ihre Eltern in den Wirren der Revolution und des Bürgerkrieges verloren, auch selbst viel Leid und Ungerechtigkeit erlitten und schlug sich nun unter Schwierigkeiten durch. Einmal machten wir zu zweit einen Ausflug in die Moskauer Umgebung. Erst sprachen wir über allgemeine Themen, dann unterhielten wir uns über Politik. „Unterhielten uns" stimmt nicht ganz; es war sie, die redete, und es war eine bittere Klage, schließlich eine direkte Anklage gegen das bolschewistische Regime, was ich zu hören bekam, gegen seine Grausamkeit und Bosheit, seine Mißachtung menschlichen Glücks und menschlicher Würde. Offenbar erleichterte sie dieser Ausbruch einem freien Ausländer gegenüber, der keine Veranlassung haben konnte, sie hinterher zu denunzieren. Erst nachdem sie ihrem Herzen Luft gemacht hatte, kam ich zu Wort.

Es fiel mir nicht schwer, Verständnis für ihre Klagen zu zeigen und überdies auf einige von ihr nicht erwähnte Mißstände hinzuweisen, die mir besonders schlimm schienen. Da aber vollzog sich in ihr eine merkwürdige Wandlung. Sie begann zu widersprechen, rechtfertigte die von mir kritisierten Maßnahmen der Partei, wurde auf meine Einwürfe hin immer heftiger und endete schließlich bei einer Generalverteidigung des Bolschewismus. Ein ähnliches, wenn auch nie wieder so krasses Umschlagen von der Kritik am System zu seiner Rechtfertigung aus Patriotismus habe ich später noch oft erlebt.
Dem Deutschen wird diese Haltung verständlich, wenn er an eigene Erfahrungen in der Hitlerzeit zurückdenkt. Wie oft sind Deutsche, die Hitler ablehnten, im Gespräch mit kritischen Ausländern über das Lob der Vollbeschäftigung und der Autobahn, ehe sie sich's versahen, bei einer Verteidigung des Nationalsozialismus insgesamt gelandet. Daß das Hitlerregime bis zu dem sehr bitteren Ende durchzuhalten vermochte, läßt sich vor allem dadurch erklären, daß es eben nicht nur die überzeugten Nationalsozialisten, sondern auch die große Masse der übrigen Deutschen auf dem Wege über ihren Patriotismus anzusprechen verstand.
Der Welt wurde die Bedeutung des russischen Patriotismus erst im Zweiten Weltkrieg klar. In den ersten Monaten, in denen die Rote Armee für den Sowjetstaat und den Stalinismus kämpfen sollte, ergaben sich Hunderttausende. Sicher wurde das zum Teil durch die Überraschung und die gewaltige Überlegenheit der deutschen Wehrmacht verursacht, aber ein anderes kam entscheidend hinzu: Stalin hatte eine vaterländisch gesinnte Bevölkerung so weit gebracht, daß ihr Patriotismus vielfach überschattet wurde vom Haß gegen das Regime. Dann aber warf er das Steuer herum – vom antifaschistischen Krieg für die sozialistischen Errungenschaften zum „Großen Vaterländischen Krieg", der schließlich die roten Heere von Stalingrad zum Brandenburger Tor führte.
Daß es dem Sowjetstaat gelang, den Ansturm der gefürchteten deutschen Divisionen auszuhalten, die das ganze übrige Europa scheinbar ohne allzu viele Mühe überrollt hatten, und schließlich von der Wolga bis zur Elbe vorzudringen, das ist die stärkste und überzeugendste Legitimation der Sowjetmacht vor ihren Bürgern. Wir denken über das Zustandekommen des Sowjetsieges, über

die Rolle der anderen Nationen, die auf der gleichen Seite kämpften, und die Gründe des deutschen Zusammenbruchs anders als die sowjetische Propaganda; an der Tatsache des Sieges ändert dies nichts. So wie in den Wohnungen unserer Großeltern Reproduktionen jenes berühmten Bildes hingen, welches die Gründung des Deutschen Reiches am 18. Januar 1871 im Spiegelsaal von Versailles darstellt, so findet man heute in Sowjetwohnungen Drucke jenes Gemäldes von P. A. Kriwonógow, das die Eroberung des Berliner Reichstages durch die Rote Armee darstellt.
Das von Hitler befohlene verständnislose und grausame Verhalten gegen die Gefangenen und gegen die Bevölkerung in den besetzten Gebieten hat Stalins Kurswechsel begünstigt. Aber er hatte ihn im stillen schon lange vorbereitet. Bereits im Frühjahr 1934 hatte er ein Dekret über den Geschichtsunterricht unterzeichnet, das die Umkehr von einer internationalen zu einer nationalen Geschichtsbetrachtung einleitete, und von da an wurde an den Schreibtischen Dutzender, Hunderter von Sowjethistorikern zum zweiten Mal innerhalb einer Generation die russische Geschichte umgeschrieben. Nach der Revolution hatte die sowjetische Geschichtsschreibung Jahre darauf verwandt, das russische Zarenreich als blutiges Völkergefängnis zu schmähen, um gegen diesen düsteren Hintergrund den bolschewistischen Staat um so heller erstrahlen zu lassen. Nach 1934 wurde das anders. Aufgabe der Historiker war es fortan, die russische Geschichte von den Anfängen bis zu Stalin als eine in sich geschlossene und logische Einheit darzustellen.
Auch der Film wurde in das neue Schema gepreßt und verlor damit den revolutionären Elan, der den frühen Werken eines Eisenstein ihre fast sensationelle Wirkung auch im westlichen Ausland verschafft hatte; der Film über Peter den Großen, der selbst in Hitlerdeutschland gezeigt werden durfte, ließ die Unschlüssigkeit, ja Ratlosigkeit des Regimes – und den künstlerischen Verfall deutlich erkennen.
An anderer Stelle habe ich den Umschwung der Geschichtsauffassung und die Entwicklung seit 1934 ausführlich geschildert[1]; hier geht es nicht um die Anordnungen Stalins, sondern um die Gefühle und Reaktionen der Menschen. Ihr traditioneller Patriotismus, der erst von Stalin und dann von Hitler beleidigt worden

war, wandte sich Stalin zu, als dieser sich zum Symbol der russischen Erde und des Widerstandes gegen die fremden Eroberer aufwarf.
Es ist den Bolschewiken gelungen, den Sowjetstaat als Erben und Fortsetzer der russischen Geschichte darzustellen und in das Vaterlandsgefühl eingehen zu lassen. Ob es sich um die Zaren oder die orthodoxe Kirche, die Musik und Literatur oder die Eroberung Sibiriens und des Kaukasus handelt – alles ist eingebaut in die *eine* große russisch-sowjetische Geschichte.
Einmal, bei einer Kremlbesichtigung im Herbst 1955, schloß ich mich einer russischen Exkursionsgruppe an. Der Führer behandelte die Schätze in den Rüstkammern der Zaren, ebenso wie die in Museen verwandelten Kirchen, als selbstverständliche Faktoren des russisch-sowjetischen Geschichtsbildes. Bei der Führung durch die Uspenskaja, die Mariä-Himmelfahrts-Kathedrale, sagte er zum Beispiel:
„Und dort in jener Ecke, Genossen, sehen Sie die Grabstätte eines großen russischen Patrioten."
Alle wandten wir uns dem Grabmal zu, und ich überlegte, wen er wohl meinen könnte. Daß zaristische Generäle zu nationalen Helden der Sowjetunion geworden waren, das hatte ich mittlerweile gelernt. Aber weder Kutúsow noch Suwórow waren hier beigesetzt. Er fuhr fort:
„Dort ruhen die Gebeine des Patriarchen Hermogen, der im Jahre 1612 nach mannhaftem Widerstand von den polnischen Eindringlingen umgebracht wurde." Daß gerade dieser Kirchenfürst bei der Unterdrückung des Bauernaufstandes von 1606 eine führende Rolle gespielt hatte, wurde mit keinem Wort erwähnt.
Die amtliche Förderung des Patriotismus hatte sich in der Stalinzeit bis zur Groteske gesteigert: alle großen Erfindungen und Entdeckungen wurden als russische Pionierleistungen in Anspruch genommen. Nach Stalins Tode ging diese Manie erst zurück; aber es ist wohl kein Zufall, wenn in der jüngsten Zeit wieder die alten Tendenzen auftauchten, so zum Beispiel in der Behauptung, das farbige Fernsehen basiere auf einer Entdeckung des Russen Michail Lomonossow (1711–1765).[2]
In den Wochen der Entstalinisierung 1956 kam ich in einer Moskauer Buchhandlung mit einer etwa vierzigjährigen Frau ins Ge-

spräch; sie war einfach gekleidet, wohl eine Angestellte, vielleicht eine Lehrerin. Mir war sie durch ihr enttäuschtes Gesicht aufgefallen, als sie bei vier oder fünf verlangten Buchtiteln immer nur Njet zu hören bekam, und ich hatte sie anschließend zu einem Glas Tee in eines der wenigen Moskauer Kaffees eingeladen. Die Erregung über die plötzliche Verdammung Stalins löste auch ihr, wie damals vielen ihrer Landsleute, die Zunge; es war wohl die Zeit, in der man mit Sowjetbürgern offener sprechen konnte als je zuvor – und jemals später. Eine ihrer Bemerkungen ist mir vor allem in Erinnerung geblieben:

„Wissen Sie, was an alledem besonders schlimm ist? Ich habe Stalin nie geliebt. Man wußte zuviel. Auch aus meiner Verwandtschaft wurden Unschuldige verurteilt, aber er war nun einmal der Staat, und man kann ja nicht ein ganzes Leben unter einem Regime zubringen, das man haßt. Man kann auch nicht tagaus, tagein mit seinem Schicksal hadern. Man versucht sich also einzureden, daß es gar nicht so schlimm ist. Ich weiß nicht, ob Sie mich verstehen. Aber es gibt so etwas wie ein Gefühl der Verbundenheit mit dem eigenen Schicksal, auch wenn es ein bitteres und freudloses Schicksal ist. Entweder man lehnt sich dagegen auf – aber wer tut das schon? Oder man findet sich damit ab, und das kann man am besten, wenn man alle dunklen Bilder, die man täglich in sich aufnimmt, künstlich heller färbt."

Was sie weiter sagte – daß sie nämlich infolge der Entstalinisierung nun vor sich selbst als Lügnerin dastehe –, tut hier nichts zur Sache. Ihre Worte machten mir vor allem Eindruck, weil sie aussprach, was ich bei anderen wohl auch gespürt, aber nicht formuliert gefunden hatte: Es gibt Gegner des Bolschewismus (wie es Gegner Hitlers gab), die sich selbst ein positives Bild der sie umgebenden Wirklichkeit suggerieren, weil ihnen das einen gewissen Seelenfrieden gibt und damit das Leben erleichtert. Das Schicksal ist schwer genug. Wenn man sich auch noch sagen müßte, daß es für nichts und wieder nichts oder gar zum Nutzen des Bösen erlitten wird, wäre es unerträglich. Soldaten, die an die Gerechtigkeit ihres Auftrages und an den Endsieg glauben, ertragen die Strapazen eines Krieges besser als die, welche wissen, daß sie für eine schlechte Sache kämpfen und leiden.

Das Wissen, daß sich viele Sowjetbürger diesem illusionären

Wunschdenken hingeben, machte es mir manchmal schwer, im Gespräch ihre schwachen Positionen anzugreifen. Wann immer ich mit Parteifunktionären oder Repräsentanten des Sowjetstaates spreche, habe ich nicht die geringsten Hemmungen, vom Leder zu ziehen und ihnen auf den Tisch zu legen, was sich bei mir an Widerwillen gegen das von ihnen vertretene System angesammelt hat. Anders den einfachen Sowjetbürgern gegenüber. Wer mag auch vom sicheren Port des Unbetroffenseins anderen den Trost rauben, der ihnen das Leben noch erträglich macht – selbst wenn er nur in einer Selbsttäuschung besteht?

Ich erinnere mich etwa an eine Episode aus dem Jahre 1955. Mit einigen Russen, die ich durch Zufall kennengelernt hatte, fuhr ich durch die Moskauer Umgebung. Wir unterhielten uns eifrig über hundert Dinge, vor allem über zeitgenössische Literatur, an der alle interessiert waren. Dann aber kam der Punkt, den ich in Gesprächen mit Sowjetbürgern oft erlebte, der Punkt, wo die Verbindung von Selbstbewußtsein und innerer Unsicherheit spürbar wird und dazu führt, den Ausländer zur Bestätigung des Weges der Sowjetunion zu drängen. Als wir durch die langen Blöcke von Neubauten fuhren, bekam ich nichts zu hören außer überschwenglichem Selbstlob („Von dieser ganzen Häusergruppe war vor einem Jahr noch nichts zu sehen . . ." und so fort), mit Pausen, die mir Gelegenheit geben sollten, zu sagen: „So etwas hat die Welt noch nicht erlebt."

Ich sagte es nicht. Daher kam schließlich die gleichsam nebensächlich geäußerte Frage:

„Haben Sie in Westdeutschland nach dem Kriege auch Wohnungen gebaut?"

Ich antwortete in nicht minder nebensächlichem Ton: „Ja, jedes Jahr zwischen dreihunderttausend und einer halben Million."

Betroffene Pause. Dann sagte eine Frau in spürbar gereiztem Ton: „Mit amerikanischem Geld."

„In den ersten Jahren nach dem Kriege", erwiderte ich, „waren wir glücklich, von den Amerikanern brüderliche Hilfe zu erhalten. (Ich wählte absichtlich diesen Ausdruck, den die Russen für ihr Verhältnis zu Rotchina so gern anwenden.) Aber seit vielen Jahren hat uns niemand mehr etwas zu schenken brauchen, wir haben es aus eigener Kraft geschafft." Dieses Gespräch störte die freundliche Atmosphäre, in der wir uns zuvor unterhalten hatten. Die Russen verabschiedeten sich bald darauf so förmlich, daß ich spürte: Die wenigen Worte über den deutschen Wiederaufbau hatten eine schmerzhafte Stelle in ihnen berührt; statt ihr Selbstbewußtsein zu bestätigen, hatte ich es erschüttert. Fast taten sie mir leid. Mir scheinen sie und viele ihrer Landsleute wie vom Schicksal geschlagene Menschen, die sich das Leben nach schwerem Leid einigermaßen eingerichtet haben, die zwar sehr kümmerlich hausen und an vielen Dingen Not leiden, zugleich aber glücklich sind, überhaupt ein Dach über dem Kopf zu haben.

Die Bolschewiken haben die Lehre des Zweiten Weltkrieges nicht vergessen; sie haben den Patriotismus nicht nur während des Krieges, sondern auch seither ununterbrochen gepflegt. Er ist – von der Familie abgesehen – die einzige Art von Loyalität, die sie – neben derjenigen dem Regime gegenüber – gestatten. Sie können das so lange unbesorgt tun, als sie Erfolge aufzuweisen haben, welche ihren Anspruch erhärten, Wahrer des großen russischen Erbes zu sein. Gefährlich könnte es für sie werden, wenn eine Serie von nationalen Mißerfolgen käme. Daß der Sowjetmensch gegen das System ernstlich rebelliert, weil es ihm persönlich schlecht geht, ist, nach allem, was wir erlebt haben, nicht sehr wahrscheinlich; aber es könnte sein, daß er rebelliert, wenn er die Überzeugung gewinnt, daß er als russischer Patriot eine bolschewistische Katastrophenpolitik nicht mehr länger verantworten kann. Doch muß man sich vor Illusionen hüten: Es müßten auch hier echte Katastrophen und nicht nur Rückschläge sein, die solche Folgen hervorrufen könnten.

Noch eines kommt dem Staat zugute: die unverkennbare *Dynamik,* die jeder an der Sowjetbevölkerung verspürt, wenn er das Land betritt. Diese Dynamik ist nicht selbstverständlich, denn der Sowjetmensch selbst hat von ihr nur wenig direkten Gewinn. Was man im Ausland das Deutsche Wunder nennt, brachte den Deutschen Millionen neuer Wohnungen, einen Wohlstand auf breiter Grundlage, der den der Vorkriegszeit übertrifft, einen gewaltigen Exportstrom, der die amputierte Bundesrepublik zum devisenreichsten Land Europas machte. Jeder sieht täglich: Unsere Arbeitsdynamik ist nicht ins Leere gegangen, sie hat greifbare

Erfolge aufzuweisen, welche die Welt bestaunt, und sie hat das Los jedes einzelnen unter uns – vergleicht man die Lage von 1945 mit der von heute – in einer geradezu dramatischen Weise verbessert. Dazu wurden über zehn Millionen Flüchtlinge in ihrer überwältigenden Mehrzahl in den Arbeitsprozeß eingegliedert; sie sind Teilnehmer am materiellen Aufstieg geworden. In der Sowjetunion dagegen steht die mäßige Verbesserung des Lebensstandards in keinem Verhältnis zu der dem Volk jahrein, jahraus abverlangten Arbeitsleistung. Es entstehen neue Fabriken, Bergwerke, Staudämme, Schiffahrtswege, aber sie scheinen ein Eigenleben zu führen und sich immer nur gegenseitig zu steigern, statt das Lebensniveau des Volkes entsprechend zu heben. Woher also stammt die Arbeitsdynamik der Sowjetbevölkerung, wenn diese nicht in einer spürbaren Verbesserung des Lebensstandards ihren Ausdruck findet?

Die Peitsche des „Plans" und der „Norm", die drakonische Arbeitsdisziplin, die beträchtlichen materiellen Einbußen bei Nichterfüllung der Aufgaben, der Zwang, bei dem Mißverhältnis zwischen Löhnen und Preisen lang und hart zu arbeiten, um auch nur die bescheidenste Erhöhung des eigenen Lebensniveaus zu erreichen – das alles vermag die vorhandene Dynamik nur zum Teil zu erklären. Lediglich mit diesen Mitteln wäre der eindrucksvolle Aufbau der Sowjetunion seit Kriegsende nicht möglich gewesen; der „Dynamik von oben" muß eine „Dynamik von unten" entgegengekommen sein. Wo sind deren Ursachen zu finden?

Die gewaltige Spannung zwischen der Armut der Bevölkerung auf der einen Seite, dem ungeheuren Reichtum des Landes auf der anderen mußte, wie ich an andrer Stelle ausführlicher dargelegt habe[3], schon aus sich heraus den Willen erzeugen, diese Armut durch die Ausbeutung des unerschlossenen Reichtums zu überwinden. Hier darf ich mich mit dem Hinweis begnügen, daß die Dynamik der sowjetischen Bevölkerung, insbesondere der Jugend, sich von der in der Zeit des ersten Fünfjahrplans oder gar derjenigen der Revolutionszeit beträchtlich unterscheidet, daß sie nicht politischer und ideologischer Natur, sondern von der gleichen Art ist wie die Aufbaudynamik anderer Völker in Großzeiten wirtschaftlicher Expansion, bei den Amerikanern etwa in

den Zeiten, da sie ergriffen waren von dem unbezähmbaren Drang, den Westen ihres Landes zu bewältigen und zu erschließen.
Der Aufbaudynamik eng verbunden ist eine Erscheinung, die man als „technisches Pathos" bezeichnen könnte: der naive Glaube, daß alles Heil in der Entwicklung der Technik beschlossen liege. Diese mystische Überhöhung, ja Mythisierung einer uns in voller Nüchternheit erscheinenden Welt wird freilich erst verständlich, wenn man sie zugleich psychologisch deutet: es ist die Gefühlsinbrunst eines Volkes von ursprünglicher Religiosität, die, von ihrer natürlichen und gewohnten Betätigung in der überkommenen Volkskirche abgedrängt, nach neuen Gegenständen und Formen sucht. Außerdem stehen Völker, die sich die technische Entwicklung mühsam erarbeitet haben, der Technik weit skeptischer gegenüber als jene anderen, die sie – wie die Russen oder nun die Inder – in einer von anderen Völkern vorgearbeiteten Form übernehmen können. Die Plötzlichkeit, mit der diese Völker vom Nullpunkt zum Gipfel – etwa des hochmodernen Stahlwerks oder gar Atomkraftwerks – aufsteigen, blendet sie und läßt sie im Technischen nur das Positive sehen. Die Reserve gegenüber der Automation zum Beispiel, in der man im Westen sowohl das Gute als das Gefährliche sieht, ist in der Sowjetunion – noch – unbekannt.

Doch alles hat seine Grenzen. Nicht nur dem ausländischen Besucher, auch dem Sowjetbürger geht das ununterbrochene, ganz auf Optimismus gestimmte Trommeln der Sowjetpropaganda auf die Nerven. Nichts darf pessimistisch dargestellt werden, was irgendwie mit der Sowjetunion oder ihrer offiziell gebilligten Vorgeschichte verbunden ist.
Auf dem Boulevard-Ring Moskaus stand seit Jahrzehnten ein Denkmal des großen Dichters Gógol. Wenn ich als Kind auf dem Boulevard spazierenging, sah ich es mir immer an: Der Dichter, der in geistiger Umnachtung endete, saß mit schwermütiger Gebärde, das Haupt gesenkt, auf einem Sessel und brütete düster vor sich hin. Noch in den dreißiger Jahren war dieses Denkmal zu sehen. Aber auf meiner ersten Nachkriegsreise 1955 fand ich an seiner Stelle einen neuen Gogol: nun steht er aufrecht, er-

hobenen Hauptes in die Zukunft blickend, ein Bild des strahlenden Optimismus.
Selbst Tschechow, den Dichter der zarten Melancholie und des Fin de siècle, haben die bolschewistischen Literaturhistoriker in einen Optimisten umgefärbt. Erst recht wird Majakowskij, der jugendliche Sänger der Revolution, der in Verzweiflung über den Lauf der Entwicklung 1930 durch Selbstmord aus dem Leben schied, als Optimist gefeiert und dem literarischen Nachwuchs als Vorbild eines guten Kommunisten vor Augen gestellt.
Aber wie immer die Bevölkerung auf den offiziellen Optimismus reagieren mag, aufs ganze gesehen blickt sie, so scheint mir, heute doch hoffnungsvoller in die Zukunft als während der Zeit, da ich in den dreißiger Jahren sie zu beobachten Gelegenheit hatte. Der Aufbau des Landes hat, auch wenn er nur zu einem sehr geringen Teil den Menschen direkt zugute kommt, doch das Gefühl geschaffen, daß es aufwärts geht; sie nähren die Hoffnung, daß eines Tages auch sie selbst die Vorteile dieser Entwicklung stärker zu spüren bekommen werden.
Ein Letztes: Das schon in früheren Jahrhunderten im russischen Volk vorhandene imperiale Gefühl, sein Expansionsbedürfnis und Machtstreben kommt nun dem Bolschewismus zugute. Diese Dynamik, welche die Grenzen des einst so unscheinbaren Moskauer Staates bis an den Stillen Ozean ausdehnte, ist auch heute noch wirksam. Die Eingliederung des halben Europa bis vor die Tore von Lübeck und Kassel, die sprunghafte Ausdehnung des Kommunismus auf mehr als eine halbe Milliarde Chinesen, sein Vorstoß nach Korea und Vietnam, der Einfluß Moskaus in der ehemals kolonialen Welt – das alles hat jenes Selbst- und Sendungsbewußtsein noch weiter gesteigert, das durch den Sieg im Zweiten Weltkrieg seinen mächtigsten Auftrieb erfahren hatte.
Diese imperiale Dynamik findet sich in der Sowjetunion naturgemäß in erster Linie bei denen, die sich als Hausherren im Sowjetstaate fühlen, also bei den Großrussen, sehr viel weniger bei den zahlreichen nichtrussischen Völkerschaften, welche die Sowjetunion bewohnen; noch weniger bei den von Moskau beherrschten osteuropäischen Staaten; deren nationale Dynamik wirkt sich, wie der Herbst 1956 bewiesen hat, nicht *für* den Bolschewismus aus, sondern *gegen* ihn.

ZUFRIEDENE UND UNZUFRIEDENE

Im Wesen des Sowjetmenschen finden sich Züge, die es den Bolschewiken erleichtern, und andere, die es ihnen erschweren, ihn in ihren Staat zu integrieren. Wie steht nun dieser Sowjetmensch konkret zu der ihn umgebenden Wirklichkeit, ist er mit ihr zufrieden oder nicht? Fassen wir zunächst die berufliche Umwelt des Einzelnen ins Auge; auch die Haltung zu ihr ist in totalen Staaten ein Politikum.

Die Harvard-Enquete unter den infolge des Krieges in den Westen verschlagenen und nicht in die Heimat zurückgekehrten Sowjetbürgern hat ergeben, daß bei den befragten Arbeitern und Bauern zwei Drittel während ihres Lebens in der Sowjetunion unbefriedigt gewesen waren.[1] Wie weit solche an Emigranten gewonnenen Resultate auf das Gros der im Lande verbliebenen Bevölkerung übertragen werden können, ist nicht leicht zu sagen. Innerhalb der Sowjetunion selbst sind demoskopische Befragungen nicht möglich, aber auch ohne sie ist es offenkundig, daß die berufliche Unzufriedenheit bei den Arbeitern und Bauern sehr viel größer ist als bei den Angehörigen der neuen Oberschicht; beim Bauern nach meinen Beobachtungen wiederum wesentlich größer als beim Arbeiter.

Dem *Bauern* geht es nicht nur wirtschaftlich am schlechtesten, er muß auch unter Bedingungen leben und arbeiten, die seinen bäuerlichen Eigentumsinstinkt täglich verletzen. Er empfindet diesen Staat nicht als den seinen. Es waren vorwiegend Bauern, die die deutschen Truppen 1941 mit Brot und Salz willkommen hießen, und es waren zum großen Teil Bauernsöhne, die damals zu Hunderttausenden die Waffen niederlegten und die deutsche Gefangenschaft einer Fortsetzung des Krieges für den Bolschewismus vorzogen. Aber gerade dieser beruflich unzufriedenste Teil der Bevölkerung ist am wenigsten geneigt und fähig, politische Gedanken oder Forderungen zu formulieren. Die Bauern wünschen den Kolchoszwang loszuwerden; darüber hinaus haben sie nach meinem Eindruck kaum Vorstellungen über die künftige politische Gestalt der Sowjetunion. Das Problem der politischen Freiheit jenseits ihrer Dorfmarkung liegt ihnen von allen Schichten des Volkes am fernsten. Die Harvard-Untersuchung kommt zu dem Schluß: „Die Forderung nach bürgerlichen Freiheiten ist weitaus am schwächsten in den sozial tieferstehenden Gruppen.“ [2]

Über das Dorf hinaus wird man sagen können, daß die sowjetische Führung heute und wohl noch auf längere Zeit von den mittleren und unteren Schichten des Volkes eine Gefährdung ihrer Macht am wenigsten zu befürchten hat. Sie leben viel zu schlecht, zu ärmlich, sie sind zu geknechtet, zu sehr eingespannt in den Kampf mit der Norm und ums tägliche Brot, als daß von ihnen, zumal ohne eine entschlossene Führung, eine wirksame politische Initiative zu erwarten wäre. Gerade unter den Begabten und Aktiven aber fallen viele als Führer einer von unten heraufdrängenden freiheitlichen Bewegung aus; ihnen bietet der Aufstieg in die Oberschicht so verlockende Möglichkeiten, daß sie es vorziehen – wenigstens bis auf weiteres –, diese wahrzunehmen.

Notfalls besitzt der Staat immer noch die Möglichkeit, dem Volke zusätzliche Konsumgüter zur Verfügung zu stellen und so einer denkbaren Opposition das Wasser abzugraben. Die Nachfolger Stalins haben diese Methode nach dem Tode ihres Meisters, als sie sich noch sehr unsicher fühlten, mit Erfolg angewandt, indem sie den Bauern höhere Preise für ihre Produkte und der Bevölkerung insgesamt zusätzliche Waren gewährten. Der Sowjetmensch ist wahrlich nicht verwöhnt und darum für jede noch so geringe Verbesserung seines schweren Loses dankbar. Der Staat braucht sich also nicht in übermäßige Unkosten zu stürzen, wenn er der Bevölkerung ein Gefühl der Erleichterung geben will.

Der *Arbeiter* befindet sich bei aller Unzufriedenheit psychologisch in einer anderen Lage als der Bauer; er wird vom Regime hofiert und als eigentlicher Träger des Staates deklariert. Auch wenn er sehr genau weiß, daß dies nicht den Tatsachen entspricht, nimmt er den damit verbundenen Prestigegenuß nicht ungern an.

Die Macht der Propaganda totalitärer Staaten in solchen Dingen ist nicht zu unterschätzen; in der Bundesrepublik hat eine kürzlich durchgeführte Befragung ergeben, daß die Mehrheit der Angesprochenen die Meinung vertrat, unter der Hitlerdiktatur habe der Arbeiter ein höheres Ansehen genossen als im heutigen demokratischen Staat.[3]

Die rapide Entwicklung der industriellen Wirtschaft hat zudem das Selbstbewußtsein des Arbeiters aktiv gefördert. Es ist das natürliche Selbstbewußtsein von Menschen, die etwas können und die wissen, daß von ihrem Können das Funktionieren des Ganzen abhängt. „Alle Räder stehen still, wenn dein starker Arm es will", rief Georg Herwegh einst dem deutschen Arbeiter zu. Natürlich würde kein Sowjetbürger wagen, einen solchen Satz auszusprechen, aber etwas von diesem Gefühl der Unentbehrlichkeit ist in dem jungen Standesbewußtsein der sowjetischen Facharbeiter heute schon ganz deutlich zu spüren. Eine praktische und direkte Auswirkung dieses Bewußtseins wurde freilich dadurch verhindert, daß die Gewerkschaften in der Sowjetunion seit dem Sieg Stalins über seine Rivalen gehorsame Instrumente in der Hand von Partei und Staat sind und ihre Aufgabe nicht in der Verfechtung der Arbeiterinteressen sehen, sondern umgekehrt in dem Bestreben, die Arbeiter zur Erfüllung der staatlichen Pläne zu bringen.

Es gab eine Zeit, sie liegt knapp drei Jahrzehnte zurück, da konnte man unwissende Bauern in den Dörfern „mobilisieren" und in die primitiven Werkstätten und Fabriken des ersten Fünfjahrplans treiben. Auch damals hat man für diese Politik einen hohen Preis gezahlt: Zehntausende durch Unfähigkeit unbrauchbar gewordene Maschinen säumten den Weg, auf dem sich der stürmische Marsch vollzogen hatte. Aber immerhin, damals war es möglich. Auf dem heutigen technischen Niveau, das schon die Anfänge der Automation aufweist, ist ein solches Vorgehen nicht nur unrentabel, sondern unmöglich. Die Bedienung der modernen Industrie erfordert zunehmend Menschen von hoher Qualifikation und Selbstverantwortung. Einen Hammer kann man jedem in die Hand geben, ein hochentwickeltes Präzisionsinstrument nur dem Fachmann. Wie man dem Präzisionsgerät größere Sorgfalt angedeihen lassen muß, wenn es nicht verdorben werden

soll, so muß der Staat auch, ob er das will oder nicht, auf die hochspezialisierten Fachleute größere Rücksicht nehmen als auf die primitiven Arbeiterkolonnen, die ihm die ersten Werkhallen in Magnitogorsk zimmerten.
Nicht umsonst ist in den Reden der Sowjetführer, vor allem seit der Bulganinrede vom Juli 1955[4], so viel von dem Problem der Arbeitsproduktivität die Rede. Auch in quantitativer Hinsicht ist das Problem der zusätzlichen Arbeitskräfte nicht mehr durch die Rekrutierung von Millionen Arbeitern aus den Dörfern zu lösen. Die Menschenreserven nähern sich der Erschöpfung; eine ins Gewicht fallende Erhöhung der Produktion ist also auch in der Sowjetunion nur durch die Erhöhung der Produktivität jedes einzelnen Arbeiters möglich. Eine Zunahme der Arbeitsproduktivität über das in den Anfangsjahren ausreichende Niveau hinaus ist aber nur realisierbar, wenn der Arbeiter, erst recht der qualifizierte Facharbeiter, den guten Willen dazu mitbringt. Das wird er nur tun, wenn er mit seiner Arbeit und seiner Umwelt einigermaßen zufrieden ist.

Der Grad der Zufriedenheit mit dem Beruf sagt an sich noch nichts aus über die Einstellung zum Staat. Für viele Sowjetbürger gilt der Satz: Sie lieben ihre Arbeit, aber nicht den Staat, dem sie zugute kommt. Immerhin muß man bei einem Volk, das im wesentlichen aus Staatsdienern besteht und bei dem daher Beruf und Staat auf das engste verbunden sind, eine gewisse Wechselwirkung zwischen der Haltung zum einen und der zum anderen vermuten. Für den Staat trifft es sich günstig, daß die relativ größte berufliche Zufriedenheit in den *oberen Schichten* zu finden ist, also in den Schichten, deren politische Opposition für ihn besonders bedenklich wäre. Die Harvard-Gruppe hat mitgeteilt, daß unter den von ihr befragten Angehörigen der Intelligenzia vier Fünftel und unter den gehobenen Angestellten drei Viertel von ihrer beruflichen Tätigkeit in der Sowjetunion befriedigt gewesen waren.[5]
Mir scheinen diese Zahlen zu hoch zu liegen; einem Emigranten mag beim Rückblick aus der Fremde, in der er sich mit Mühe durchschlägt, manches in der alten Heimat über Gebühr verklärt erscheinen. Daß jedoch in der Sowjetunion eine Mehrheit der

Oberschicht beruflich zufrieden ist, möchte ich auch meinen. Und es ist kaum anzunehmen, daß sich Gruppen, die zu einem hohen Prozentsatz mit ihrer beruflichen Stellung zufrieden sind, besonders intensiv mit dem Gedanken beschäftigen, wie das Regime gestürzt und die Staatsform verändert werden könnte, mindestens solange dieser Staat einen Teil ihrer Wünsche zu erfüllen vermag. Wieweit ihm das gelingt, das beeinflußt schon heute ihre Haltung; in fünf, in zehn, in fünfzehn Jahren wird das vermutlich erst recht der Fall sein.

Die wachsende materielle Begehrlichkeit, von der im Kapitel Wohlstand ausführlicher die Rede war, ist also mehr als nur eine materielle Frage; sie hat politisches Gewicht. Ein Beispiel mag das verdeutlichen: Als ich 1936 die Sowjetunion verließ, gab es das große Warenhaus GUM am Roten Platz in der heutigen Form noch nicht. Hätte es bestanden, so wäre es Gegenstand höchster Bewunderung gewesen. Staunend hätte man sich vor den Regalen gedrängt. Heute sind die Leute anspruchsvoller. Sie können im GUM Dinge erwerben, von denen sie sich früher nichts träumen ließen, aber wenn man sich unter die Schar der Käufer mengt, kann man viel Kritik hören: Der Preis sei zu hoch, die Qualität zu schlecht, die Bedienung unaufmerksam. Mit anderen Worten: Die Bevölkerung hat angefangen, kritisch zu urteilen. Von da aber könnte der Weg zum Mitredenwollen führen. Das gilt besonders für die Oberschicht. Wenn diese aber erst einmal das Bedürfnis zum Mitreden empfindet, dann wird es sich nicht auf Qualitäts- und Preisfragen beschränken. Denn es liegt in ihrem Interesse, daß die Parteispitze nicht in ferner Unnahbarkeit Entschlüsse faßt, die auf Einkommen und Sicherheit dieser Oberschicht zurückwirken, sondern dabei deren Wünsche berücksichtigt.

Vor allem die Jugend der neuen Oberschicht stellt mit immer größerer Selbstverständlichkeit immer größere Ansprüche. Diese Ansprüche wachsen rascher als die Möglichkeiten ihrer Befriedigung. Die Schicht der alten Bolschewiken fragte bei der Beurteilung der Führung danach, ob diese den Erfordernissen der Revolution gerecht werde; ihrem Nachwuchs aber dient als Kriterium, ob die Führung seine persönlichen Wünsche erfüllen wird.

Daß in der Sowjetunion jeder Mensch mehr oder weniger ein

Angestellter des Staates, also in der abhängigen Position des Beamten ist, bildet naturgemäß für die Entwicklung eines selbständigen politischen Denkens keine günstige psychologische Voraussetzung. Der Beamte hat auf Grund seiner Stellung und Funktion eine andere Haltung zum Staat als der Mann, der sich sein Brot vom Staate unabhängig verdient. Die Haltung des Beamten wird mehr durch Gehorsam und Pensionserwartung bestimmt als durch die Selbständigkeit seines politischen Denkens. Das gilt besonders für die Sowjetunion, wo der vom Staat Besoldete noch weniger als heute bei uns die Möglichkeit hat, „Männerstolz vor Königsthronen" zu demonstrieren, sich „auf seine Güter zurückzuziehen" und dort beschaulich und komfortabel weiterzuleben. Selbst nach seiner Pensionierung ist er kein freier Mann, sondern verpflichtet, sich zu politischen Aufgaben – nicht zuletzt zu peinlichen Kontrollfunktionen im öffentlichen Leben – heranziehen zu lassen.[6]

Wohl gibt es auch in der Sowjetunion eine beamtete Oberschicht, die durchaus in der Lage wäre, eigene Wünsche anzumelden; aber diese neue Oberschicht ist in erster Linie darauf aus, sich und ihren Kindern die Positionen zu erhalten und zu festigen, die sie sich mit harter Mühe und oft genug mit Methoden, die ihr Gewissen belasten, erworben hat.

Ein westlicher Publizist, der in den zwanziger und dreißiger Jahren lange in der Sowjetunion gelebt hatte, berichtete kürzlich von zwei bezeichnenden Gesprächen, die er Ende 1956 in Moskau mit Angehörigen der Oberschicht führte:

> „Ich war zum Abendessen bei einem berühmten sowjetischen Schriftsteller, den ich 1930 kennengelernt hatte. Wir waren allein, und er sprach sich offen und kritisch über die Verhältnisse aus. Er kannte Europa und beherrschte verschiedene westliche Sprachen. Der Mangel an Freiheit behinderte ihn in seiner Arbeit. Doch als ich darauf hinwies, daß die Freiheit das einzige Gegenmittel gegen den noch vorhandenen Stalinismus sei, breitete er entsetzt weit die Arme aus und rief: ‚Um Himmels willen, alles andere, aber nicht die Freiheit!'
>
> Bei einer anderen Gelegenheit gebrauchte ein Professor mir gegenüber praktisch die gleichen Worte. Beide vertraten den Standpunkt, daß die Bauern die Kollektive verlassen würden,

> wenn sie ihre Freiheit gewännen, und die Städte dann ohne Lebensmittel blieben; die Arbeiter würden das Streikrecht und Einfluß auf die Leitung der Betriebe verlangen. Der Schriftsteller und der Professor sahen die Zukunft ihres Landes nur in dem Schwarz-Weiß-Gegensatz: Chaos oder Kommunismus. Sie mögen den Kommunismus nicht, fürchten aber das Chaos. Die Jahre der kommunistischen Herrschaft hatten für sie alle anderen Alternativen ausgelöscht, genau so wie sie die Menschen ausgelöscht hatten, die genug Mut besessen hatten, für diese Alternativen zu kämpfen." [7]

Ein vermutlich bedeutender Teil der neuen Oberschicht befürchtet den Ausbruch anarchischer Instinkte, falls der Staat seine eiserne Faust lockern sollte, und vermag sich keine staatliche Ordnung klar vorzustellen, die zwischen dem Totalitarismus und dem Chaos liegt; wie sehr das dem Regime die Erhaltung seiner Position erleichtert, liegt auf der Hand. Auch ich habe nicht den Eindruck gewonnen, daß die Angehörigen der neuen Oberschicht etwa rebellisch gestimmt wären. Das würde auch aller historischen Erfahrung mit anderen neuen Oberschichten widersprechen; zum mindesten in ihrer ersten Generation sind die neu „Arrivierten" ruhige, ja vielfach konservative Staatsbürger. Das hat das amerikanische Beispiel gezeigt, wo die „Self-made men", die Einwanderer des vorigen Jahrhunderts, die aus Armut oder sogar als Rebellen gegen die Zustände daheim über den Atlantik auswanderten, zu konservativen Stützen der neuen Gesellschaft wurden; das haben wir mit unseren Krupp, Diesel oder Rathenau erlebt. Erst unter den Kindern oder gar Enkeln solcher Männer mag man Menschen finden, die sich ketzerische Gedanken über Staat und Gesellschaft machen.

Das Interesse der sowjetischen Oberschicht ist – von den eigentlichen Parteileuten abgesehen – mehr auf das Materielle als auf das Politische gerichtet. Das weiß die Parteiführung. Sie besticht die Oberschicht durch relativen Wohlstand und verspricht sich davon auch weiterhin gute Erfolge. Wenn der Staat seiner Oberschicht hohes Einkommen, berufliche Entfaltung, Aufstieg, Ansehen in Staat und Gesellschaft zubilligt, wenn er ihr ein gewisses Maß an persönlicher Sicherheit gewährt und sie nicht durch ein unerträgliches Maß an staatlicher Willkür schikaniert, wenn er zugleich noch die während der Revolution mit den Parolen der Gleichheit mobilisierten Massen im Zaume hält, dann ist die Mehrzahl ihrer Angehörigen zunächst zufriedengestellt. Wenigstens solange der Staat kraftvoll und stabil scheint.

In der *Intelligenzia* sind relativ am wenigsten zufrieden, wenn die vereinfachende Gegenüberstellung erlaubt wird, die Ältesten und – zum Teil – die Jüngsten. Bei den Intellektuellen aus der Vorkriegszeit sind davon nur die auszunehmen, die unter dem bolschewistischen Regime sehr hoch gestiegen und trotzdem einigermaßen ungeschoren durch die blutigen Säuberungswellen gekommen sind; der Physiker Pjotr Kapiza, der Mitte der dreißiger Jahre aus der Emigration in die Sowjetunion zurückkehrte und dort wegen seiner ungewöhnlichen Fähigkeiten sehr zuvorkommend behandelt wurde, stellt eine dieser Ausnahmen dar. Im allgemeinen hat das Regime seinen Argwohn gegenüber der alten Intelligenzia nie ganz aufgegeben, und die meisten haben zuviel, nicht zuletzt Erniedrigendes, erlebt, als daß sie überzeugte Anhänger des Bolschewismus sein könnten. Auf der anderen Seite hat sich ein intellektuelles Proletariat aus den vom Studium ausgeschlossenen Abiturienten zu bilden begonnen. Es kann, da sich berufliche Unzufriedenheit gegen den Staat als einzigen Arbeitgeber richten muß, für die politische Einstellung der nachwachsenden Generation nicht ohne Folgen bleiben, daß ein großer Teil von ihr seine – auf Grund des Reifezeugnisses – hochgespannten beruflichen Erwartungen enttäuscht sieht; er entwikkelt ein Ressentiment gegen einen Staat, der erst Hoffnungen auf beruflichen Aufstieg weckt und dann Millionen seiner Abiturienten zur Handarbeit in Dorf und Fabrik abschiebt. Ohne Zweifel hat der Gedanke an die politischen Folgen einer solchen Entwicklung Chruschtschows Entschluß zu einer radikalen Umgestaltung des Schulwesens nur noch beschleunigt.[8]

In der westlichen Welt wird, wenn man die Zukunft des Bolschewismus diskutiert, manchmal die Ansicht laut, es bestehe ein unversöhnlicher Widerspruch zwischen der Technik, die zur Entfaltung der freien Forschung bedarf, und dem totalen Staat, und also auch zwischen Technikern und Parteifunktionären.

Nun darf man, das wurde auch in diesem Buch mit Nachdruck hervorgehoben[9], darauf vertrauen, daß auf die Dauer der einmal geweckte Geist kritischen Denkens nicht vor politischen Tabus haltmachen wird. In der aktuellen und direkten Gegenüberstellung aber scheint mir jene Meinung zuviel zu erwarten. Unter Hitler und in der Sowjetunion hat die Technik keineswegs einen Niedergang erlebt; V-Waffen und Sputniks haben das Gegenteil bewiesen. Ebensowenig kann man natürlich umgekehrt behaupten, die moderne Technik sei im totalen Staat am besten aufgehoben, denn die Bürger des freiheitlichen amerikanischen Staates waren – um beim militärtechnischen Beispiel zu bleiben – die ersten, die einsatzfähige Atomwaffen herstellten. Die Schwäche des totalen Staates liegt in der Beschränkung, oft Lähmung der Initiative des Einzelnen, seine Stärke – im Vergleich zum demokratischen Staat – in der Möglichkeit, fast unbeschränkt Schwerpunkte zu bilden. Von einem zwangsläufigen Gegensatz zwischen Manager- und Staatswirtschaft kann jedenfalls keine Rede sein; es kann im Gegenteil zu einer wirkungsvollen Symbiose zwischen beiden kommen, ebenso wie zwischen Offizier und Staat.

Wahrscheinlich ist das Interesse an der Erhaltung seiner Privilegien auch eines der stärksten Motive, die Denken und Handeln des *Offizierskorps* bestimmen. Die Erfahrung, die wir mit der deutschen Wehrmacht in der Hitlerzeit gemacht haben, sollte uns vor Illusionen über die selbständige politische Rolle des Offizierskorps in Diktaturen bewahren. Man hätte aber noch eher von der deutschen Wehrmacht aktiven Widerstand gegen Hitler als von der Sowjetarmee eine ernsthafte Opposition gegen die bolschewistische Führung erwarten können. Das deutsche Offizierskorps besaß eine alte und große Tradition des selbstlosen Dienstes am Staat, in dessen Namen manche seiner Besten sogar gegen das gekrönte Staatsoberhaupt aufgestanden sind; und doch hat sich die Mehrheit dieses Offizierskorps lange von den materiell und sozial glänzenden Aufstiegschancen, die Hitler ihm bot, von seiner Demagogie, seinen Appellen an den Patriotismus, seinen militärischen Anfangserfolgen blenden lassen und ihm als Instrument seiner Politik gedient. Erst spät, zu spät, ist eine Elite im Gedanken an das Schicksal des Vaterlandes zur Tat und danach – zum Galgen geschritten.

In der Roten Armee hat es keinen 20. Juli gegeben; wenn je Kräfte eines inneren Widerstandes vorhanden gewesen sein sollten, sind sie – insgesamt Tausende von Offizieren, mit ihrem fähigsten Führer, dem Marschall Tuchatschewskij, an der Spitze – dem Wüten Stalins in den dreißiger Jahren zum Opfer gefallen. Hitler mußte das von ihm übernommene Offizierskorps erst von oben gleichschalten, von unten politisch unterwandern; die Rote Armee dagegen entstand als Kind der bolschewistischen Revolution. Schon längst gehört die überwiegende Mehrheit der Offiziere der Kommunistischen Partei an; der Anteil der Partei- und Komsomolmitglieder im Offizierskorps wurde 1952 von Marschall Wassilewskij und Anfang 1958 von Verteidigungsminister Malinowskij[10] mit sechsundachtzig Prozent angegeben. Außerdem sitzen in der Armee zahllose politische Kommissare, deren offizielle Befugnisse zwar je nach der inneren politischen Konstellation schwanken, die aber doch als Auge und Ohr der Partei immer da sind; jahrzehntelang verfügte auch die Staatspolizei über eigene Vertretungen innerhalb der Wehrmacht.
Wenn es noch eines Beweises für die bedingungslose Unterstellung der Wehrmacht unter die Partei bedurft hätte, so wurde er erbracht, als sich Ende Oktober 1957 Marschall Shukow von Chruschtschow widerstandslos degradieren und verbannen ließ. Shukow war für das russische Volk nicht nur der größte Kriegsheld seit hundert oder mehr Jahren, er war auch der populärste Mann in der ganzen Sowjetunion; davon habe ich mich in vielen Gesprächen mit Russen in den letzten Jahren überzeugen können. Unzählige sagten sich: Solange Shukow da ist, kann nichts ganz Schlimmes passieren, weder zu Hause, noch in der Außenpolitik. Und plötzlich war er abgehalftert wie ein ausrangierter Karrengaul, ohne daß auch nur ein einziger Mensch im weiten Rußland für ihn die Stimme, geschweige denn die Hand erhoben hätte; daß seine engsten Kollegen, die Sowjetmarschälle, dem Gestürzten noch Fußtritte versetzten, daß Marschall Konjew in der Prawda einen zwölfspaltigen Artikel veröffentlichte, in dem er Shukow aller Größe entkleidete, der militärischen und der menschlichen[11], das war wohl kaum anders zu erwarten gewesen. Das Gewicht der militärischen Führer ist durch gegenseitige Rivalitäten neutralisiert; die meisten Marschälle sind dazu von

der Partei durch Wohlleben und äußeren Glanz korrumpiert und folgen jeweils dem, der an den Hebeln der Parteimacht sitzt. Aber daß sich auch in der ein wenig freieren Atmosphäre der Nachstalinzeit kein Oberst und kein Leutnant, überhaupt kein einziger Mensch gefunden hat, der gegen die Verleumdung des bis gestern vergötterten Heerführers protestiert hätte, das ist das eigentlich Bedeutsame an diesem Vorgang. Wenn ein bolschewistischer Parteichef *das* mit der Armee machen konnte, dann wird er sich sagen, daß er mit ihr auch alles andere machen kann.

Als der ungarische Aufstand losbrach, genau ein Jahr vor Shukows Sturz, hatten sich viele Menschen im Westen gefragt, ob die Sowjetarmee wirklich den Befehl ausführen, ob sie mit Panzern und Artillerie gegen eine um ihre Freiheit kämpfende Bevölkerung, gegen Frauen und Kinder, vorgehen würde. Es sind in der Tat auch einige Rotarmisten abgesprungen und übergelaufen, aber an dem Gesamtbild haben sie nichts geändert; die Vernichtungsmaschine rollte ohne Stocken, bis das blutige Werk vollendet war. Titos Worte vom 11. November 1956: „Schweren Herzens und wider Willen marschieren die Sowjetsoldaten in Ungarn“ waren vermutlich richtig, aber – ob gern oder ungern – sie sind marschiert.

Die Sowjetwehrmacht ist – diese Lehre müssen wir aus den Vorgängen in Ungarn und aus der reibungslosen Absetzung Shukows ziehen – ein gehorsames Instrument der Parteiführung; ich möchte meinen, daß diese Feststellung bis auf weiteres auch als eine Konstante zu werten ist, jedenfalls, solange innerhalb der Partei klare Befehlsverhältnisse bestehen. Zu einem selbständigen politischen Faktor könnte die Sowjetwehrmacht nur werden, wenn die Parteispitze in eine Krise geraten und im Kreml ein Chaos ausbrechen sollte. Diese Erkenntnis trägt zweifellos zu dem Bestreben der Parteiführung bei, interne Streitfälle möglichst rasch zu beenden und damit zu verhindern, daß die Initiative an die Armee übergeht. Von dieser Möglichkeit abgesehen ist es abwegig, mit dem Gedanken zu spielen, die Armee könnte das Zünglein an der Waage bilden. Denn dieses kann nur da „den Ausschlag geben“, wo sich zwei ungefähr gleichgewichtige Schalen die Waage halten; wo alles Gewicht in *einer* Waagschale liegt, ist es sinnlos, von einem „Zünglein“ zu reden.

Eine gesonderte Betrachtung verlangen in diesem Zusammenhang die nicht-russischen, genauer: die nicht-großrussischen *Nationalitäten.* Noch fünfundzwanzig Jahre nach der Revolution trat bei ihnen ein für die Welt erstaunlicher Freiheitswille zutage, als während des Zweiten Weltkrieges die Macht der Zwingherren zusammenzubrechen schien. Sie sind seither zum politischen Schweigen verurteilt; aber mir scheint, daß sie noch ungeduldiger als die Russen selbst eine Lockerung der Diktatur ersehnen: sie erhoffen sich davon eine größere Selbständigkeit gegenüber der für sie volksfremden Moskauer Zentralgewalt.

Der jüdische Bevölkerungsteil der Sowjetunion bildet ein Sonderproblem, auf das ich hier nicht eingehe. Am stärksten war der Selbständigkeitsdrang bei den Ukrainern. Er hat sich in beiden Weltkriegen beim Einmarsch deutscher Truppen mit elementarer Kraft kundgetan. Aber Hitler interessierten die Ukrainer nur als Arbeitskraft. Diese Enttäuschung hat, zusammen mit den Repressalien der wiedererstarkenden Sowjetmacht, dem Selbstbehauptungswillen der Ukrainer einen schweren, vielleicht tödlichen Schlag versetzt. Schon im Sommer 1941 waren sie vor der eindringenden deutschen Wehrmacht in riesigen Schüben in die östlichen Gebiete des Reiches deportiert worden. Ich lebte damals in Schanghai, und wenn ich Sender aus Sowjetfernost einschaltete, fiel es mir auf, wie stark die Zahl der Sendungen in ukrainischer Sprache zunahm, ein sicheres Zeichen für die Umsiedlung zahlreicher Ukrainer aus ihrer Heimat nach Ostsibirien. Viele von ihnen mußten, als der Krieg zu Ende war, in den fernen Siedlungsgebieten bleiben. So ist die Sowjetukraine nicht mehr das national geschlossene Gebilde, das sie vor wenigen Jahrzehnten noch war. Aber in den Herzen vieler Ukrainer – ob sie nun in der Ukraine leben, in der sowjetischen Diaspora oder in der Emigration – ist bis heute neben dem antibolschewistischen der antirussische Groll lebendig geblieben. Er kann in Krisenzeiten Bedeutung haben, könnte aber auch umgekehrt das Staatsvolk der Großrussen zur Unterstützung einer sonst abgelehnten Regierung veranlassen.

Nach den Ukrainern haben sich die Georgier am längsten gegen die Einbeziehung in den bolschewistischen Staat gewehrt; sich mit ihr abzufinden, wurde ihnen dadurch erleichtert, daß ihr

Stammesgenosse Josef Dschugaschwili, genannt Stalin, das bolschewistische Reich regierte. Gerade sie haben den Männern in Moskau deren Verhalten gegen den toten Stalin, obgleich sie diesen schwerlich geliebt hatten, nicht verziehen. Die einzigen Unruhen, die – soweit bekannt wurde – der Entstalinisierung folgten, haben in Tiflis, der Hauptstadt Georgiens, stattgefunden. Ein Moskauer Gepäckträger erzählte mir damals, er habe einen Zug aus Tiflis einfahren sehen, dessen Fensterscheiben mit wenigen Ausnahmen, wohl durch Steinwürfe, zerschlagen waren.

Die Turkvölker waren von den Zaren in der zweiten Hälfte des neunzehnten Jahrhunderts unterworfen worden, hatten sich aber ihr nationales Wesen und ihre Religion, den Islam, bewahrt. Während der Revolutionsjahre befreiten sich weite Gebiete unter panturkischen Parolen von der russischen Herrschaft und mußten erst wieder – zum zweiten Male – mit blutiger Gewalt unterworfen werden. Bei der Beschäftigung mit der jüngsten Entwicklung der Turkvölker[12] habe ich gefunden, daß der auf Nivellierung gerichtete Druck Moskaus, das seit Jahrzehnten einen unerbittlichen Kampf gegen alle selbständigen Regungen führt, nicht ohne Wirkung geblieben ist. Doch bleibt das Ergebnis zweifelhaft.

Die Sowjets haben die Träger panturkischer Ideen verfolgt, verketzert, liquidiert. Aber um den Panturkismus zu treffen, haben sie mit aller Gewalt das Nationalgefühl der von ihnen geschaffenen Splitterstaaten (der usbekischen, turkmenischen, tadshikischen, kirgisischen, kasachischen Republik) gefördert. Man kann also durchaus die Frage aufwerfen, ob auf lange Sicht der neu ins Leben gerufene, historisch, sprachlich, folkloristisch intensiv untermauerte usbekische (beziehungsweise turkmenische, tadshikische, kirgisische, kasachische) Nationalismus dem Bolschewismus nicht unbequemer sein wird als der recht vage und unkonkrete Panturkismus der Vergangenheit.

Denn dieser neue Nationalismus vermag sich auf ein örtliches Staatsgefühl zu stützen, das erst mit der – auch der politischen Kontrolle zuliebe! – von den Sowjets selbst erzwungenen Seßhaftwerdung der bisherigen Nomadenstämme möglich geworden ist. In gleicher Richtung wirkte die nicht weniger gewaltsame wirtschaftliche Erschließung der zentralasiatischen Gebiete, durch

welche deren Wirtschaft und damit auch deren Selbstbewußtsein gehoben worden ist.
Wohl haben die Sowjets die alte nationalistische Intelligenzia dieser Völker aus dem Sattel gehoben, soweit sie sie nicht physisch vernichteten oder in die Emigration trieben. Sie sind aber gleichzeitig dabei, mit Hochdruck der einheimischen Bevölkerung Lesen und Schreiben beizubringen und sie für technische Berufe auszubilden. Die neue einheimische Intelligenzia, die aus diesen Schulen kommt, mag in vielerlei Hinsicht fügsamer sein als die alte, aber schon heute tritt sie weit anspruchsvoller auf als jene; sie wird den Sowjets noch manches Kopfzerbrechen machen.
Eine andere psychologische Rückwirkung der wirtschaftlichen Revolution in Sowjetasien reicht noch über die Intelligenzia hinaus und hat durch die mit ihr verbundene zusätzliche Russifizierung den antirussischen Strömungen neuen Auftrieb gegeben: In der Zarenzeit waren diese auf eine verhältnismäßig kleine Schicht beschränkt gewesen, da die Russen mit der Masse der ansässigen Bevölkerung gar nicht in Berührung kamen. Heute gibt es keinen Usbeken und keinen Kasachen, der nicht seine Erfahrung mit Russen gemacht hätte, und gewiß werden nicht alle diese Erfahrungen angenehm gewesen sein. In der zweiten Hälfte der stalinistischen Ära ist den nicht-russischen Völkerschaften gegenüber eine russisch-bolschewistische Überheblichkeit gezüchtet worden, die nun bittere Früchte trägt. Ich habe selbst 1955 in Taschkent von meinem Hotelfenster aus mit angehört, mit welcher herrischen Arroganz ein russischer Natschalnik seine usbekischen Untergebenen herumkommandierte.
Der Russe bringt für die moderne, technisch-zivilisatorische Entwicklung eine ausgesprochene Begabung mit und verfügt zudem über die weitaus besten Ausbildungsmöglichkeiten; da gerade diese technische Entwicklung mit allen Mitteln vorangetrieben wird, rückt er rascher nach oben und wird den Einheimischen übergeordnet. In sehr vielen Fällen ist ein Russe Chef, nicht weil er Russe, sondern weil er der – schon allein sprachlich – Geeignetere ist. Aber in der psychologischen Auswirkung auf die Einheimischen kommt das auf dasselbe hinaus; sie sagen entweder: Man setzt uns die Russen vor die Nase, oder mindestens: Man gibt den Russen mehr Chancen. Wie stark diese antirussischen

Kräfte in Sowjetasien nach jahrzehntelanger Nivellierung noch waren, trat auch hier im Zweiten Weltkrieg zu Tage, als Hunderttausende von Söhnen dieser Völker bereit waren, unter Hitlers Fahnen gegen die Sowjetunion zu kämpfen.

Was von solchen Kräften heute noch lebendig ist, läßt sich schwer abschätzen. Völker vergessen manchmal rascher, als der geschichtlich Denkende glaubt. Als ich im Herbst 1935 Kasachstan besuchte, also unmittelbar nach dem gewaltigen, vermutlich Millionen Menschenleben fordernden Aderlaß der Zwangsentnomadisierung[13], staunte ich, wie wenig im Verhalten der Menschen an diese Ereignisse erinnerte. Wenn ich durch die weiten Reisfelder ging, die gerade geschnitten wurden, wenn ich an der durch einen Traktor betriebenen Dreschmaschine das kichernde Volk der plattnasigen Kasachenmädchen photographierte, wenn ich sie abends bei Tanz und Liedern sah, dann hätte ich nie erraten, daß sich zwei, drei Jahre zuvor im Leben ihres Volkes und jedes einzelnen ein an furchtbaren Opfern überreicher Umbruch vollzogen hatte. Und seither sind wieder mehr als zwei Jahrzehnte ins Land gegangen.

Aufs Ganze gesehen sollte man die Möglichkeiten der nicht-russischen Völkerschaften, auf den Bolschewismus einzuwirken, nicht überschätzen. Die Harvard-Untersuchung hat auch dazu interessantes Material erbracht. Die Reaktion eines ukrainischen oder georgischen Rechtsanwaltes oder Arztes ähnelt mehr den Reaktionen eines russischen Rechtsanwaltes oder Arztes als denen eines ukrainischen oder georgischen Bauern.[14]

Am Ende dieses Kapitels, das die Haltung der verschiedenen Gruppen und Schichten der sowjetischen Bevölkerung zu ihrem Staat in einem Querschnitt zu erfassen sucht, wenden wir den Blick wieder der *Jugend* zu; sie ist es, deren Ja oder Nein über das weitere Schicksal auch dieses Staates in letzter Instanz entscheiden wird.

Kinder kennen noch keine Probleme; so nehmen auch die Kinder in der Sowjetunion die politischen Phrasen, mit denen man sie von klein auf füttert, als etwas Selbstverständliches hin, wie alles andere, was ihnen an Eindrücken oder Kenntnissen geboten wird; sie reflektieren nicht darüber. Daß man entweder Vater und

Mutter hat oder in einem Kinderheim aufwächst, daß zwei mal zwei vier ist und der sowjetische Staat die beste Verfassung, die um die Menschen besorgteste Regierung hat, daß man mit sieben Jahren in die Schule kommt, daß es Automobile und Flugzeuge gibt – das alles lernen die Sowjetkinder ganz von selbst; sie wachsen, wie das alle Kinder aller Völker zu allen Zeiten taten, unmerklich in ihre Umwelt hinein.
Dies Hineinwachsen der jungen Generation Rußlands in die viel härtere Umwelt, die sie erwartet, vollzieht sich unter dem Einfluß einer Lehrerschaft, in der das liberale Erbe der russischen Intelligenzia des neunzehnten Jahrhunderts noch lebendig ist. Diese versucht, ihm gerecht zu werden, indem sie den Staat, dem sie dient, und die Verhältnisse, in denen die Sowjetmenschen leben, vor sich und ihren Schülern idealisiert und beschönigt.
Einer Lehrerin in einer Provinzstadt, deren menschliche Güte und deren Verständnis für die Jugend mir besonders gefallen hatten, stellte ich die Frage, was sie als ihre eigentliche Erziehungsaufgabe betrachte. Sie erwiderte ohne Besinnen: „Tüchtige Bürger unseres sozialistischen Vaterlandes heranzubilden."
„Eine solche Antwort war zu erwarten", sagte ich, „denn diese Aufgabe ist Ihnen vom Staat gestellt. Aber ich habe den Eindruck, daß Ihre eigentliche Liebe nicht dieser politischen Aufgabe gilt, sondern der Menschenbildung überhaupt. Ich schließe das aus dem Feuer, mit dem Sie in der Literaturgeschichte über die menschlichen Probleme in den Romanen von Dickens sprachen."
Sie lächelte: „Ja, ich liebe die großen Romane der Weltliteratur sehr und kenne keinen besseren Weg zur menschlichen Entfaltung als deren Lektüre." Sie schaute einige Augenblicke nachdenklich auf einen Blumenstrauß, den wohl Schülerinnen ins Lehrerzimmer gestellt hatten. Dann schien es, als fasse sie sich innerlich zusammen. „Nach unserer Auffassung sind menschliche Entfaltung und Bürgerschaft im sozialistischen Vaterland identisch." Sie hatte sich wieder der offiziellen These erinnert, die sie zu vertreten hatte.
So geht es, scheint mir, vielen Lehrern; sie wissen, was der Staat von ihnen erwartet; ihrem Wesen nach aber sind sie – jedenfalls in ihren vorbildlichen Spitzenkräften – Pädagogen, deren Be-

mühen in erster Linie darauf gerichtet ist, den Geist der Jugend für das Schöne und Edle zu öffnen. Ich habe auch den Eindruck, daß dieses Streben bei der Jugend ein starkes Echo findet, ja, daß das Echo, mit dem die Jugend gerade auf dieses Werben ihrer Lehrer antwortet, intensiver ist als im Westen, weil sie alles noch als viel neuer empfindet und daher eifriger in sich aufnimmt.

Wie groß aber ist der Unterschied zwischen der Welt, in der sich die Jugend in der Schule (und Hochschule) bewegt, und der Welt, in die sie nach Abschluß ihrer Ausbildung gerät! Das erklärt wohl auch, daß die heute dreißig- oder vierzigjährigen Sowjetbürger sehr an ihren Schulerinnerungen hängen. Gern benützen sie das Wort hell (swétlyj), wenn sie von ihrer Schulzeit sprechen. Es waren „helle" Jahre, an die sie eine „helle" Erinnerung in sich tragen, hell im Vergleich zu dem düsteren Arbeitstag, der sie nach ihrer Ausbildung umgibt, hell auch insofern, als sie sich in jenen Jahren auf den besonnten Höhen der Ideale und der erhabenen Gefühle bewegten, zu denen die spätere rauhe Wirklichkeit in einem auffallenden, einem viele bedrückenden und desillusionierenden Widerspruch steht. Denn auch was die Schüler über die kommunistische Ideologie erfahren, klingt weit anziehender als deren Verwirklichung, wie sie sie später erleben. Gerade weil die Führung die propagandistische Schraube ständig überdreht, empfindet der ins Leben tretende Sowjetmensch den Gegensatz zwischen dem in der Propaganda Verkündeten und der ihn umgebenden Realität. Täglich hört – ja singt – er das Lied, in dem stolz deklamiert wird: „Es gibt kein anderes Land, in dem die Menschen so frei atmen, wie die Sowjetunion", und lebt doch in größerer Furcht vor den Organen des Staates als irgendein westlicher Zeitgenosse. Diese Erkenntnis ist es, die zur Gleichgültigkeit gegenüber dem Staat und der Politik, ja zum Zynismus führen muß.

Es läge nahe, einen Vergleich mit der religiösen Erziehung der Jugend im Westen zu ziehen. Man könnte sagen: Auch ein junger Mensch, der in einer streng christlichen Familie oder gar in einer Klosterschule aufwächst, kann leicht, wenn er als Erwachsener sieht, wie sich so viele „Christen" benehmen, einen ähnlichen Schock der Enttäuschung erleben. Aber der Vergleich hinkt, denn

der Christ – und ähnlich auch Anhänger anderer Religionen – weiß, daß der Mensch nicht von Natur gut ist, er ist daher auf Grund seiner religiösen Unterweisung auf die Diskrepanz zwischen Glauben und Wirklichkeit vorbereitet. Der Bolschewismus dagegen geht von der Annahme aus, daß die Menschen zum Gutsein nur der Einsicht in die Gesetze des Dialektischen Materialismus bedürfen; eine Marge für das Böse läßt ihr Weltbild nicht frei; höchstens in den für diesen Zweck denn doch nicht ausreichenden Gestalten des „ausländischen Spions", des „Agenten des blutgierigen Imperialismus" oder als „Überrest der kapitalistischen Vergangenheit".
Wie weit die Desillusionierung durch den Widerspruch zwischen Ideal und Wirklichkeit gehen kann, erfuhr eine französische Studentin, die eine Zeitlang in Moskau in enger Gemeinschaft mit einer Gruppe sowjetischer Elitestudenten lebte. Als sie zu ihren Kommilitonen auf viele kritische Bemerkungen über deren politische Führer schließlich sagte, sie würde gern einmal einen wirklich überzeugten kommunistischen Studenten kennenlernen, bekam sie die lachende Antwort, einen solchen gebe es unter ihnen nicht.
Aber auch hier wird man sich vor Verallgemeinerungen hüten müssen; es ist überall nur eine Minderheit, die sich dem Bann der planmäßigen Erziehung zur Unterordnung unter die Autorität – am stärksten, mindestens am längsten und gewiß auch am wirksamsten in der Schule – zu entziehen vermag. Auch das Bild der Jugend ist komplex, ja widerspruchsvoll und faßt so noch einmal zusammen, was sich uns beim Querschnitt durch die Gruppen und Schichten der Sowjetbevölkerung zeigte:
Neben den staatserhaltenden gibt es auch staatsverneinende, neben den uniformierenden auch die zentrifugalen Kräfte. Versuchte man nun den Durchschnitt zu ziehen, so erschiene der Sowjetmensch viel weniger für den Bolschewismus prädisponiert, als man dies gemeinhin annimmt. Keinesfalls betrachtet der Sowjetbürger den Staat in dem Maß als *seinen* Staat, wie das die Propaganda Moskaus wahrhaben will. Nach Jahren des Lebens in den USA wie in der UdSSR finde ich im Gegenteil, daß sich der durchschnittliche Amerikaner mehr mit seinem Staat und seiner Regierung identifiziert, als der durchschnittliche Russe es tut.

ABKEHR VON DER POLITIK

Als ich am 8. März 1956 in die Halle meines Moskauer Hotels trat, bemerkte ich, wie eben einige männliche Gäste der freundlichen Frau am Empfangstisch die Hand schüttelten und gratulierten. Als ich mich umwandte, beobachtete ich, wie auch der Angestellten am Zeitungskiosk und einer Putzfrau Glückwünsche dargebracht wurden. So viele Geburtstage auf einmal! dachte ich überrascht. Als ich aber der Empfangsdame auch selbst meine Geburtstagswünsche sagen wollte, erfuhr ich, daß die Gratulationen keinem Geburtstag galten, sondern aus Anlaß des Internationalen Frauentages ausgesprochen wurden.

Ursprünglich war dieser Feiertag ein rein politischer Kampftag des internationalen Sozialismus gewesen. Die deutsche Kommunistin Klara Zetkin hatte einst – noch vor dem Ersten Weltkrieg – bei seiner Gründung Pate gestanden. Demonstrationen für Frauenrecht und revolutionäre Kampfparolen hatten ihn charakterisiert. Die Unruhen, die in Rußland zur „Februarrevolution“ von 1917 führten (der damalige russische Kalender hinkte dem westlichen nach; der 8. März fiel dort also noch in den Februar) nahmen ihren Ausgang bei den Demonstrationen am Frauentag jenes Jahres. Und heute? Die Bilder, die sich dem Betrachter bieten, tragen natürlich die individuellen Züge russischer Eigenart; politischen Charakter aber hat der 8. März im Bewußtsein des Volkes fast so wenig wie bei uns der Muttertag.

An jenem 8. März fuhr ich ein Stückweit in einem Moskauer Autobus. Es war in der Mitte des Vormittags; der Bus war nicht überfüllt. Auf einmal ertönte eine brüchige Männerstimme: „Grashdánotschki [wörtlich „Bürgerinlein“; Koseform des Wortes Grashdánka, das heißt Bürgerin], ich gratuliere Ihnen zum Frauentag und erlaube mir, zu Ihren Ehren ein Stücklein zu spie-

len." Ein alter Mann in abgerissener Kleidung, mit einem Krückstock, eine schwarze Binde über dem linken Auge, zog eine Mundharmonika heraus und spielte das bekannte Volkslied von den Goldenen Bergen. Ob man ihn als nicht-beamteten, nicht-kollektivierten Hausierer aus diesem städtischen Autobus wohl hinauswerfen würde? überlegte ich. Aber nichts dergleichen. Als er mit einem forschen Akkord geendet hatte, rief die Schaffnerin mit ihrer hohen Stimme: „Das hast du fein gemacht, mein Angenehmer." („Angenehmer" war ihr Lieblingsausdruck, auch zu mir hatte sie „Danke, mein Angenehmer" gesagt, als ich meinen Fahrschein löste.) „Das hast du fein gemacht, daß du mir meine Fahrgäste unterhältst. Dafür gebe ich dir vierzig Kopeken." Von allen Seiten streckten sich dem Alten Hände mit Geld entgegen. Angespornt durch diese Gaben spielte er mit viel Schwung einen Volkstanz; die kleinen Glöckchen, die an seiner Mundharmonika hingen, klangen im Rhythmus mit. Und plötzlich begann die Schaffnerin zu tanzen. Die rechte Hand kokett über den Kopf haltend, drehte sie sich inmitten der Passagiere, stampfte den Boden und ließ jene aufmunternden Rufe ertönen, mit denen in Rußland die Tänzer den Musikanten anfeuern. Alle lachten und klatschten. An der nächsten Haltestelle mußte ich aussteigen. Auch der Alte kletterte aus dem Bus. Er hatte wohl erkannt, daß er die Ernte dieses Wagens bereits in der Scheuer hatte. Im Weitergehen sah ich, wie er auf den nächsten Bus zuging, um noch anderen Grashdanotschki seine musikalische Huldigung darzubringen.
Die Zeitungen, die ich an jenem Tage las, brachten zwar auf der ersten Seite politische Leitartikel zu Frauenproblemen, zugleich aber auf der letzten Seite Anzeigen wie diese: „Kauft eure Geschenke zum 8. März in den Läden des Juwelier-Trusts", mit den Adressen von siebzehn Juwelier-Läden in den verschiedenen Stadtteilen Moskaus. Die Geschäfte waren noch voller als üblich. Die Männer kauften so eifrig wie bei uns am Vormittag des 24. Dezember. Schulkinder brachten ihren Lehrerinnen Geschenke; Frauen und Mädchen trugen ihre besten Kleider, viele steckten sich Blumensträußchen an. Abends wurde gefeiert, getanzt, gesungen und getrunken.
Aus meinen Kinderjahren im alten Moskau erinnere ich mich, mit welcher Hingabe die Russen Namenstage feierten, weit inten-

siver als Geburtstage; am Tatjana- oder am Olga-Tag ging es hoch her in den Familien, die eine Tatjana oder Olga aufzuweisen hatten. Für die Männer hatte das den Vorteil, daß sie sich nur die Namen ihrer Freundinnen, nicht deren Geburtstage zu merken brauchten. Heute ist das in Rußland noch einfacher; man braucht nicht einmal die Namen mehr zu wissen. Am 8. März kann man getrost jedem weiblichen Wesen gratulieren. Daß auch die Politisierung der Vornamen selbst rückläufig geworden ist, hatten wir schon im Kapitel über die Familie festzustellen.[1]
Was Klara Zetkin zu all dem sagen würde, weiß ich nicht. Ich empfinde es aber als beruhigend, daß das russische Volk die Fähigkeit nicht verloren hat, Politisches in Menschliches zu verwandeln. Von sehr vielen Sowjetbürgern, vor allem von der Jugend, die die Revolution nur noch aus Schulbüchern kennt, werden die revolutionären Festtage, der 7. November oder der 1. Mai, kaum noch als politische Kampftage empfunden; für sie unterscheiden sie sich von anderen Tagen in erster Linie dadurch, daß man an ihnen nicht zur Arbeit zu gehen braucht.
Der Entpolitisierung der revolutionären Gedenktage entspricht das allgemeine Nachlassen des politischen Interesses. Wenn ich um 1930 herum die Sowjetunion besuchte, verwandelte sich jede Unterhaltung nach kurzer Zeit in eine politische Diskussion. Heute kommt das selten vor, es sei denn, man drängt das Gespräch selbst in diese Richtung, indem man sich als Ausländer vorstellt.
Am stärksten fällt die Veränderung bei der jungen Generation ins Auge. Das aus Jugoslawien berichtete Wort der apolitischen Jugend an die Partei „Uns das Wissen, euch den Staat" könnte auch für einen großen Teil der Sowjetjugend als Motto gelten. In den Gesprächen, wie sie Jugendliche am Nebentisch im Restaurant führten, hörte ich sie über alles reden, nur nicht über Politik. Sie redeten über die Schule oder Universität, über die Lehrer und Professoren, über die Kameraden (ob die Nina mit dem Pjotr, und was dieser Dinge mehr sind), über ihre Berufspläne oder Arbeitsplätze, über das, was der und jener verdient, aber nicht über Fragen des Staates. Kamen doch einmal politische Themen auf, so stellte sich im Verlauf des weiteren Gesprächs heraus, daß diejenigen jungen Leute, die sich dafür interessier-

ten, sozusagen Berufspolitiker waren, das heißt Funktionäre des Komsomol oder einer ähnlichen Organisation; ihr politisches Gespräch betraf daher im Grunde auch ein berufliches Thema.

Und doch wäre es falsch, die unpolitische, ja antipolitische Stimmung des Volkes, besonders der Jugend, als im Sinne des Staates ausschließlich negativ zu betrachten; sie hat auch eine für ihn günstige Seite, denn sie verstärkt das ungewöhnlich große Interesse an Fortbildung, Beruf und Technik. Der Drang in die technischen Berufe läßt sich geradezu als eine Art von innerer Emigration bezeichnen. Millionen wünschen sich solche Berufe, nicht nur, weil diese raschen Aufstieg, sondern auch, weil sie ein relativ unpolitisches und ruhiges Dasein versprechen; in diesem Sinne gehören Ärzte und Lehrer zu den „technischen" Berufen. Im Grunde versuchen die meisten Spezialisten, sich eine möglichst unpolitische Position zu schaffen. Die uns schon bekannten Klagen[2] der Partei reißen nicht ab, daß sich die Intelligenzia auf unpolitische, das heißt entweder technische oder, so weit sie in den Geisteswissenschaften tätig ist, wenigstens möglichst unaktuelle Geleise zurückzuziehen versuche.

Für Stalin – gegen Stalin, für Malenkow – gegen Malenkow, das ist nicht jedermanns Sache, jedenfalls heute nicht mehr. Zu viel ist auf der Strecke geblieben, darunter zahlreiche Illusionen. Wie früher Einzelne, die das grausame Regiment der moskowitischen Zaren nicht mit ansehen konnten, als Einsiedler in die Wälder des Nordens zogen, so drängen heute Millionen in technische Berufe möglichst abseits von der politischen Hochspannung. Wir haben im Deutschland der Hitlerzeit erlebt, daß manche Fachleute, die das Regime nicht mochten, in ihrer Berufsarbeit besonders viel leisteten; ihr Beruf stellte für sie ein Refugium dar, in das sie sich vor der Politik und dem Regime zurückzogen. Ähnliches läßt sich, so scheint mir, heute von der Sowjetunion sagen. Kein Zweifel, daß die Männer, die den Sputnik berechneten und montierten, alle begeisterte Techniker und Erfinder sind. Wie viele unter ihnen aber sind begeisterte Kommunisten?

Jene apolitische, wenn nicht antipolitische Haltung braucht also nicht leistungshemmend zu wirken. Die bedeutendste Leistung der jungen Generation seit Kriegsende ist ihr Einsatz in Sibirien. Insgesamt dürfte die Zahl der Jugendlichen, die in den letzten

Jahren über den Ural zogen, an eine Million herankommen. Auf Reisen in Sibirien, bei Besuchen in den Staatsgütern auf den Neulandböden Kasachstans habe ich viel von ihnen zu sehen bekommen. Sie führen ein hartes und aufreibendes Leben; aber die Russen sind, wie schon der Zweite Weltkrieg gezeigt hat, hart im Nehmen. Die Rückkehr, vor allem aus solchen abgelegenen Objekten wie dem großen neuen Staudamm von Bratsk (nördlich von Irkutsk), wird ihnen sehr erschwert. Von dem geradezu ansteckenden Aufbaupathos des ersten Fünfjahrplans habe ich bei ihnen nichts gemerkt. Es ist alles viel prosaischer als damals. Um so mehr ist die Partei bemüht, den Geist jener Jahre zu beschwören. Diesem Ziel dient auch der bereits erwähnte[3] Roman von Aanatolij Kusnezow über den Bau eines Wasserkraftwerkes in Sibirien mit dem programmatischen Titel: „Fortsetzung der Legende". Andere Schriftsteller freilich zeigen, daß es neben dem Idealismus noch eine Reihe von weniger ehrenvollen Gründen gibt, welche die jungen Leute nach Sibirien bringen.[4] Aber ob sie nun, wie uns die Sowjetpropaganda weismachen will, aus überschäumendem Enthusiasmus diese harten Aufgaben übernehmen oder aus anderen Motiven, ihre Aufbauleistung bleibt imposant.

Die Tendenz zur Entpolitisierung und die offensichtliche Gleichgültigkeit gegenüber politischen Parolen, das sind, scheint mir, besonders auffallende Merkmale des Sowjetmenschen von heute. Die Leute haben Politik und Propaganda gründlich satt; vor allem sind sie der Dauerschulung überdrüssig. Sie beginnen, sich zur Wehr zu setzen. Besonders die akademische Jugend ist offensichtlich nicht länger bereit, mit dem von oben geforderten Ernst die auf sie niederprasselnden Propagandaparolen hinzunehmen.

Eine junge Ausländerin, die vor einiger Zeit zwei Monate in der Sowjetunion, vor allem unter Studenten, verbrachte, berichtete von einem Studentenkabarett, das sie in einer Moskauer Hochschule sah. Dort war unter anderem von bevorstehenden Reisen zum Mars die Rede. Folglich, so wurde im Sinne der allgemeinen Abneigung gegen die ununterbrochene Fütterung mit Marxismus geulkt, erwarte man die Einführung eines neuen obligatorischen Unterrichtsfaches: Marsismus.[5]

Von jener anderen Studentengruppe, die auf den ernstgemeinten Wunsch der ausländischen Kommilitonin, endlich einen überzeugt kommunistischen Studenten kennenzulernen, erwiderte, das gebe es bei ihnen nicht, wissen wir schon.[6]

Die Studenten der – nach einem deutsch-russischen Revolutionär genannten – Bauman-Hochschule in Moskau verlangten im Herbst 1956 eine Abstimmung über die Frage, ob es sich wirklich lohne, den Lehrplan einzuhalten.[7] Das war – in diplomatischer Umschreibung – eine Kritik an den obligatorischen und von den Studenten sehr wenig geschätzten Marxismus-Leninismus-Kursen. Als ich im Frühjahr 1956 einmal Studenten die Mehrwert-Theorie von Marx pauken sah, memorierten sie sie nicht anders, als wir die unregelmäßigen französischen Verben auswendig lernen; der Inhalt der Worte berührte sie offensichtlich nicht im mindesten.

Dabei gab es einmal eine Romantik der Revolution und auch noch des ersten Fünfjahrplans; sie riß die Menschen mit, vor allem die Jugend. Sie ist verrauscht. Einer der bekanntesten zeitgenössischen Autoren, Valentin Owétschkin, schrieb vor einiger Zeit die in ihrer Wehmut bezeichnenden Sätze:

> „Der Komsomol befaßt sich bei uns zur Zeit mit Kindereien, mit der Patenschaft für ein Kalb, mit der Sammlung von Altmetall. Wie war das im Bürgerkrieg, in den Anfangsjahren der Sowjetmacht, in den ersten Zeiten der Kollektivierung? Arkadij Gaidar war mit sechzehn Jahren Regimentskommandeur, Schors kommandierte als Vierundzwanzigjähriger eine Division. Zwanzig-, zweiundzwanzigjährige Burschen organisierten Revolutionskomitees und Kolchose.“ [8]

Nicht zufällig redet Owetschkin vom Komsomol. Diese Jugendorganisation mit ihren rund achtzehn Millionen Mitgliedern[9] hat den Elan von einst weitgehend eingebüßt und ist nicht viel mehr als eine Hilfsorganisation von Schule und Hochschule, ein Rekrutendepot für die Sonderaktionen der Partei. Die Komsomol-Sekretäre, die in Jugendromanen meist als prächtige Führergestalten erscheinen, genießen in Wirklichkeit nur ein mäßiges Ansehen und gelten vielfach als Antreiber, politische Karrieristen, ja als unkameradschaftliche Denunzianten. Das ist zum Teil eine Folge jenes schrumpfenden politischen Interesses der Ju-

gend, zum Teil die Auswirkung der Maßnahmen, die in der Stalinzeit getroffen wurden, um die Jugend zu einem gefügigen Werkzeug von Partei und Staat zu machen. Diese Entwicklung hatte mit einem Beschluß des Zentralkomitees der Partei vom 21. April 1932 begonnen, in dem die Förderung von Kenntnissen und Disziplin als das eigentliche Ziel der kommunistischen Jugendorganisationen bezeichnet wurde, und erreichte 1944 ihren vorläufigen Höhepunkt mit einer Resolution[10] des Komsomol selbst, die ihn verpflichtete, „den Lehrer in der Schule zu unterstützen" und „die Ansichten der Lehrer zu berücksichtigen". Seither hat ein Schuldirektor das Recht, „die Ausführung falscher Beschlüsse der Komsomol-Organisation seiner Schule zu suspendieren". Und in Moskau hörte ich vor drei Jahren von einer Studentenversammlung, die der Komsomol einberufen hatte, um einen Studenten zur Rede zu stellen, der sich eine unhöfliche Bemerkung einem Professor gegenüber erlaubt hatte.
Vor zwanzig Jahren wäre dies alles völlig undenkbar gewesen. Damals galten Schulleiter und Lehrer als verachtete, gerade noch geduldete Reaktionäre, die Jugendlichen aber und ihre Verbände als Führer in eine bessere Zukunft.
Der offizielle Charakter des Komsomol hat zur Folge, daß die Jugend, wenn sie einmal – wie in den Monaten nach dem ungarischen Freiheitskampf – von einer politischen Erregung ergriffen wird, die Klärung ihrer Gefühle nicht im Komsomol sucht. Die Maßnahmen, mit denen der Komsomol dieser bedenklichen Entwicklung zu begegnen suchte, zeigten seine Hilflosigkeit. In Moskau wurde zum Beispiel Anfang 1957 befohlen, fünfhundert Studentenbrigaden zu – mindestens – je hundert Studenten für den Einsatz bei den städtischen Bauvorhaben zu organisieren. Den Studenten sollte durch körperliche Arbeit die Unruhe, in die sie durch Ungarn und Polen versetzt worden waren, wieder ausgetrieben werden. Geistige Autorität läßt sich mit diesen Methoden nicht erringen. Sie haben gerade bei den aktiven Studenten unerwünschte Folgen gehabt: den politischen Schwarzmarkt (man hörte damals von spontan entstandenen, unter der Hand verteilten studentischen Blättern, von denen eines den bezeichnenden Namen Häresie führte[11]), eine zynisch-destruktive Einstellung (charakteristisch der Witz, der unter Moskauer Studenten die

Runde machte: „Habt Ihr schon die Geschichte von dem Mann gehört, der in einem Fragebogen mitteilen sollte, ob er ein treuer Marxist-Leninist sei? Er schrieb: ‚Ich habe loyal alle Kurven der Generallinie mitgemacht‘“) bis zur direkten Ablehnung des Politischen und des Staates. So bildet sich im Sowjetstaat ein Typ von Jugendlichen heraus, die Lew Kassil als „primitive Nihilisten“ bezeichnet, die „sich geflissentlich in jede beliebige Diskussion einschleichen, um sich dort in der Rolle der Opposition zu gefallen“. Hören wir, wie Kassil eine Komsomolversammlung schildert:

> „Die Jungen und Mädchen kommen aufs Rednerpult, ereifern sich, sprechen, so gut sie können, polemisieren mit anderen Rednern. Da ertönt aus einer entfernten, halbdunklen Ecke des Saales plötzlich als Antwort auf die erregten und von Herzen kommenden Worte eines Redners: ‚Kapiert? Patriotismus!‘
> Ja, so und nicht anders: ‚Patriotismus‘.
> [Der Zwischenrufer mockierte sich offensichtlich über die übermäßige Strapazierung des Vaterlandsgefühls durch die offizielle Propaganda und durch den Redner.]
> Und schon ruft irgend jemand, der sich hinter fremden Rücken versteckt hat: ‚Stürmischer Beifall, alle erheben sich von ihren Plätzen!‘ [Anspielung auf eine Standardphrase der Sowjetpresse, die bei der Wiedergabe von Reden der sowjetischen Führer dauernd wiederkehrt.]
> Die Ortsgruppe der ‚Nibonitscho‘ [abgekürzt aus ni boga, ni tschorta = weder Gott noch Teufel, nämlich schert sie; neue Bezeichnung für jugendliche Gegner des Regimes] ist in Aktion getreten.“ [12]

Hier liegt, so möchte ich meinen, der eigentliche Grund für die Verdammung des „Doktor Shiwago“. Die Führer im Kreml und ihre literarischen Büttel reagierten so wütend, nicht weil der Roman anti-bolschewistisch wäre (er ist es nicht), sondern weil er vollkommen apolitisch ist. Seine zentrale Botschaft lautet: Auf die menschliche Seele kommt es an, nicht auf die äußeren Ereignisse. Seine Geschöpfe blicken von so hoher Warte auf das Getriebe der Geschichte und – der Revolution hinab, daß dieses ihnen winzig und belanglos erscheint. Sie stellen sich nicht gegen die Revolution, aber sie identifizieren sich nicht mit ihr; sie ist ein Vorgang außerhalb von ihnen, wie ein vernichtendes Gewitter. Pasternak hätte fast in derselben Art das Schicksal einer Handvoll bedrohter Menschen auf einem Boot im sturmgepeitschten Meer schildern können; auch zwischen ihnen und dem Unwetter besteht kein ursächlicher Zusammenhang. Gegen Ende des Buches sagt Lara, Shiwagos Geliebte, an seiner Bahre:

> „Das Rätsel des Lebens, das Rätsel des Todes, den Zauber des Genius, den Zauber der Nacktheit – das alles haben wir verstanden. Was aber *die kleinlichen Geschäfte der Welt* anbelangt, *die Umgestaltung des Erdballs* etwa, so müssen wir bedauern, daß sie unsere Sache nicht sind.“ [13]

Worte, die allerdings an das Fundament des Bolschewismus rühren.
Wäre Pasternak ein schrulliger Einzelgänger, so hätten Chruschtschow und die Seinen den Roman vielleicht mit einem ärgerlichen Achselzucken abgetan. Aber weil sie wissen, daß in der russischen Jugend die Neigung zunimmt, den Nachdruck auf den Menschen zu legen und die Umgestaltung des Erdballs als „kleinliches Geschäft“ zu betrachten, versuchen sie den Dichter mit dem bevorzugten Argument aller Diktatoren in den Augen des Volkes zu erledigen: mit dem Vorwurf des Landesverrates und des Bündnisses mit dem äußeren Feind.

Freilich, es gibt auch völlig andere unpolitische Formen des jugendlichen Nonkonformismus. Eine solche Spielart demonstriert die sowjetische Jeunesse dorée, der Nachwuchs vieler arrivierter Väter aus der Oberschicht. Auch die Sowjetpublizistik bedient sich gelegentlich in russischer Übersetzung (solotája Molodjósh) des französischen Fachausdrucks; häufiger aber werden solche jungen Leute als Belorútschki (Weißhändchen) oder Bartschukí (von Barin, also Herrensöhnchen) bezeichnet. In der amtlichen satirischen Wochenzeitung Krokodil gehören die Weißhändchen zum Dauerrepertoire.
Diese Weißhändchen sind das Produkt der Verzärtelung eines erheblichen Teiles der jungen Generation durch ihre Eltern. Auch anderwärts ist es typisch für Neureiche und für Menschen, die es in ihrer eigenen Jugend schwer hatten, daß sie ihren Kindern den Weg zu ebnen suchen und dabei leicht des Guten zuviel

tun; da aber in der Sowjetunion die von den Älteren durchlebten Entbehrungen ungewöhnlich bitter waren, kann man dort besonders oft hören: „Meine Kinder sollen nicht so arbeiten müssen wie wir und unsere Vorfahren."

Dann und wann liest man in einem Gerichtsbericht von ihrem lockeren Treiben. Am bekanntesten sind die Datscha-Orgien geworden, an denen die Söhne zweier Minister, des Außenhandelsministers Kabanow und des Ministers für Großmaschinenbau Petuchow, beteiligt waren, ferner die Töchter eines Generalmajors der Armee, eines Obersten der Geheimpolizei und eines Oberstleutnants der Luftwaffe.[14]

Eine besondere Form der jugendlichen Reaktion auf die vom Regime geforderte Überpolitisierung sind auch die sonderbaren Allüren des Typs, der im Sowjetjargon Stiljága genannt wird. Ein Stiljaga ist ein junger Mann, der nur das für richtig hält, was seiner Meinung nach stilvoll, auf russisch stílno, ist; er läßt sich die Haare lang wachsen, trägt Jacken mit dicken Watteschultern, die ihm ein gorillaartiges Aussehen geben, liebt den Jazz und mischt amerikanische Brocken in seine Sprache: zum Beispiel spricht er von Cents statt von Kopeken. Er geht mit Vorliebe in westliche Filme, sammelt Schlagerplatten mit moderner Musik und kennt die Jazzkönige Amerikas beim Vornamen. Echte Stiljagi habe ich selten gesehen; vermutlich treiben sie es am ärgsten, wenn sie unter sich sind, das heißt auf der väterlichen Datscha außerhalb der Stadt. Doch gibt es sehr viele junge Leute, die halbe Stiljagi sind und nicht bis zu deren Extremen gehen.

Manche dieser Erscheinungen sind auch bei uns festzustellen (Stichwort: „Halbstarke") und daher wohl mehr Symptome der unserem Jahrhundert eigenen zivilisatorischen Entwicklung als Auswuchs eines bestimmten Regimes. Im totalitären Staat aber hat *jede* Abweichung von dem staatlich gewünschten Weg – selbst in der Mode – einen politischen Akzent, zumal wenn sie – wie hier – an die Stelle der von oben propagierten Formen andere setzt, die geradewegs aus der Lebenswelt des politischen Gegners stammen. Die antiwestliche Demagogie des Regimes wird nicht müde, den Sowjetbürgern Jazzfans und bärtige Existentialistenjünglinge als Typen kapitalistischer Dekadenz vorzuführen. Jugendliche, die ihre Unbändigkeit beweisen wollen, können dies also zum Teil dadurch tun, daß sie, dem Regime zum Trotz, alles, was sie für amerikanisch und westlich halten, übernehmen und übertreiben. Daneben steckt freilich im Stiljaga ein Stück anarchischen Erbteils und sicherlich das jeder Jugend innewohnende romantische Bedürfnis, das in der streng rationalen Sowjetunion zu wenig Auslauf hat.

Der Sowjetstaat versucht, die Jugendlichen durch häufig höchst kostspielige und reichhaltig ausgestattete *Klubs* zu gewinnen. Einst waren die Klubs vornehmlich ideologische Schulungsstätten, heute stünden sie leer, wenn sie sich nicht umgestellt hätten. Um sie attraktiver zu machen, hat man in ihnen zahlreiche „Kreise" eingerichtet, für Briefmarkensammler, Amateurfotografen, Bastler, Flugmodellbauer, „Junge Naturalisten" (d.h. Naturforscher), Schachspieler, Tanzbeflissene, Wanderer und so fort.
Besondere und über die Klubs hinausreichende Bedeutung hat in der Sowjetunion das *Schachspiel*[15] gewonnen; es ist geradezu eine Nationalleidenschaft geworden. Nirgends sonst in der Welt hat es eine so große Verbreitung auf einem so hohen Niveau. Die Begabung der Russen für dieses Spiel ist bekannt; seit Jahren machen sie die Schachweltmeisterschaft unter sich aus. Aber – was hat das „königliche Spiel" mit Bolschewismus zu tun?
Ein höchst populärer und wahrlich unpolitischer Zeitvertreib ist der *Sport*. Wie bei uns ist auch in der Sowjetunion die Zahl der Sportzuschauer weit größer als die der Sporttreibenden. An Sonntagen sitzen in den Stadien, die von Jahr zu Jahr größer werden, Hunderttausende und schauen dem Spiel der führenden Mannschaften zu. Dies sind in der Sowjetunion nicht private Vereinsmannschaften, sondern solche einzelner Betriebe, Hochschulen usw., die in Dachorganisationen zusammengefaßt sind. Einige der bekanntesten sind Schachtjór für Bergwerksarbeiter, Metallurg für die Metallindustrie, Lokomotiv für die Eisenbahner, Sparták für die Leichtindustrie, Burewéstnik für Studenten. Die besonders starke Sportorganisation Dynamo umfaßt die Sportverbände der Staatspolizei. Die Rivalität der Verbände und die Kommerzialisierung des Sportes haben amerikanische Ausmaße angenommen. Die russische Variante des „Sportfans" ist der Bolélschtschik (von dem Zeitwort bolét, das heißt leiden oder passioniert sein). In

einer Kurzgeschichte wurde mit aller Unbefangenheit geschildert, wie der Trainer einer Fußballmannschaft mit List und Tücke, mit höchst „kapitalistischen“ Verführungsmethoden den besten Spieler einer anderen Mannschaft für die seine zu angeln sucht.[16]

In Theatern und Kinos ist schon seit Jahren die Tendenz zur „leichten Muse“, das heißt aber zur unpolitischen *Unterhaltung* festzustellen; sie wäre noch stärker, wenn die sowjetischen Dramatiker und Drehbuchautoren für die Produktion guter leichter Ware mehr Talent hätten. Der „tierische Ernst“, jahrzehntelang anerzogen, ist ihnen in Fleisch und Blut übergegangen, und der verzweifelte Ruf der Parteipresse nach „sowjetischen Satirikern“ ist bisher fast ungehört verhallt. Er fordert im Grunde Unvereinbares: Der Satiriker muß die Mängel des Systems verspotten dürfen; wird ihm dies verboten und nur das Bewitzeln nebensächlicher Symptome gestattet, so verläßt ihn die Muse. Gibt er, wie der im Juni 1958 verstorbene Michaíl Sóschtschenko, nicht klein bei, so wird er verleumdet und nicht mehr gedruckt.

Die Jugendlichen, zumal die der einfacheren Kreise, suchen auch in der Sowjetunion Unterhaltung und Lebensfreude nicht zuletzt beim *Tanz*. Eines Abends ging ich in einen der sogenannten Kulturparks von Moskau. Es war nicht der Gorkij-Park, jenes berühmte Schaustück am Ufer der Moskwa, sondern einer der kleineren Parks, deren es in Moskau mehrere gibt. Sie umfassen einige Grünanlagen, ein Kino, manchmal ein kleines Sommertheater, einen Platz für Volleyball, Limonade- und Eisbuden und eine eingezäunte Tanzfläche.

Der Zutritt zur Tanzfläche kostete fünf Rubel. Man spielte einen Walzer von Dunajéwskij. Dieser vor einigen Jahren verstorbene Komponist war vor dem Kriege der Schlagerkönig der Sowjetunion. Seine Lieder und Tanzmelodien sollen alle dem Volk suggerieren, daß es ihm gut geht. „Fröhliche Burschen“ hieß bezeichnenderweise das Lied, das ihn – schon vor zwanzig Jahren – bekannt gemacht hat. Zu den Klängen des Dunajewskij-Walzers tanzten etwa vierzig oder fünfzig Paare, während ebenso viele Personen durch den Zaun zuschauten. Alle diese Menschen bildeten die sowjetisch-russische Variante jener Menschenschicht, über die die Begründer und Führer des Bolschewismus so oft ihre Verachtung und ihren Hohn ausgegossen hatten: des Kleinbürgertums. Nach ihrem Beruf entstammten sie sowohl der Angestellten- als der Arbeiterschicht. Sie waren aus den überfüllten Mietskasernen gekommen, wie sie rund um den Park zu sehen waren, um sich ein wenig zu amüsieren. Die Tänze, die nach dem Walzer kamen, waren nicht weniger charakteristisch für das, was diese jungen Leute für ihre Erholung wünschten: eine nette, leichte Melodie mit ein wenig Rhythmus, ein wenig Schmalz und ein wenig Romantik, sogar ein wenig Jazz, der zunehmend populär wird. Am Lauf der Welt und an der Entwicklung im Sowjetstaat kann man doch nichts ändern, also sucht man sich ein Stückchen unpolitischer Lebensfreude im Park.

Andere wieder finden dies in der halbländlichen Umgebung der Städte. Im alten Rußland besaßen die wohlhabenden Familien ihre Datsche, jenes mehrzimmerige Holzhaus vor der Stadt, in dem sie den Sommer verbrachten, Frau und Kinder mehrere Monate, der Ehemann den Urlaub und die Wochenenden, wobei er dann als „Datschengatte“ zugleich den Packesel für die Einkäufe aus der Stadt machte. Auch heute gibt es wieder Datschen; sogar den Datschengatten trifft man – ganz wie einst.

Aber es ist die neue privilegierte Schicht, die im Sommer in die Datsche zieht. Die Masse sucht sich einen eigenen und privaten Winkel auf andere Art. Als ich im fernen Prokopjewsk in Zentralsibirien dem Bürgermeister einen Besuch machte, fragte ich ihn unter anderem, wieviel *Schrebergärten* es in seiner Stadt gebe. Er rief seine Sekretärin, ließ sich die entsprechenden Akten vorlegen und sagte: „Rund sechzigtausend.“ Praktisch jede Familie besaß demnach in Prokopjewsk einen Schrebergarten. Bei einer Stadtbevölkerung von knapp neunzig Millionen würde sich danach für die ganze Sowjetunion eine Zahl von rund zwanzig Millionen Schrebergärten ergeben; in der Tat hat die Sowjetpresse 1953 von achtzehn Millionen Schrebergärten – jeder von ihnen durchschnittlich vier- bis fünfhundert Quadratmeter groß – berichtet.

Wer an Frühlings- und Sommerabenden mit der Straßen- oder Stadtbahn in die Vororte Moskaus fährt, der sitzt eingeklemmt zwischen Schrebergärtnern und Datschenbesitzern; kaum haben sie Fabrik oder Büro verlassen, eilen sie vor die Tore der Stadt, wo dann schon die Babuschka mit der Ziege und den Hühnern wartet und das eigentliche Leben beginnt.

Achtzehn Millionen Schrebergärten in einem Lande, das vor der Revolution den Schrebergarten überhaupt nicht kannte! Gibt es einen überzeugenderen Beweis für das Streben des Sowjetmenschen nach einem privaten Winkel, in dem er er selbst sein kann, in den die Politik – wenigstens normalerweise – nicht reicht?

Das neunzehnte Jahrhundert, das große Jahrhundert der russischen Geistesgeschichte, war gekennzeichnet durch das Auseinanderklaffen von Staat und Gesellschaft. Indem der Staat die Gesellschaft von der Mitbeteiligung an den politischen Entscheidungen ausschloß, zwang er sie zum Verzicht auf alle Politik oder – zur Revolution. Wenn er ihr aber dann und wann eine bescheidene Gelegenheit zur Mitgestaltung gab – in den sechziger Jahren und wieder 1907 –, griff sie sofort bereitwillig zu und stellte sich zur Verfügung.
Unter Stalin entwickelte sich wieder jene traditionelle russische Situation, sogar in besonders extremer Form, in der der Staat die Gesellschaft ignorierte. Deren Rückzug aus der Politik war die prompte Folge. Chruschtschow scheint die darin liegende Gefahr erkannt zu haben; er hat mehrfach versucht, die apolitischen Tendenzen wieder zurückzudrängen, und dabei wohl zunächst auch einige Erfolge gehabt. Seit dem Winter 1956/57 hat die Entfremdung wieder zugenommen. Im Unterschied zur Zarenzeit hat sie aber bis jetzt noch nicht zur Bildung staatsfeindlicher Organisationen von Bedeutung geführt, sondern nur zum „Apolitismus". Das erklärt sich nicht nur durch den alles Vorausgegangene übertreffenden Terror gegen jede Art von Opposition, sondern auch daraus, daß die Gesellschaft – wir können auch sagen: die Intelligenzia, die Oberschicht – eine ausreichende Zahl beruflicher Möglichkeiten besitzt, um in ihnen einigermaßen Befriedigung zu finden. Was bei ihr unbefriedigt blieb, das war ihr stets besonders stark entwickeltes Gefühl für soziale Gerechtigkeit und Humanität. Wir haben gesehen[17], wie sich bestimmte Teile der Intelligenzia zu diesem Problem verhalten. Wir wissen daher, daß die apolitische Haltung vieler Sowjetmenschen nicht der Feindschaft gegen die Politik und den Staat an sich entspringt, sondern der Skepsis gegenüber der Politik des Sowjetstaates.

STREBEN NACH RECHTSSICHERHEIT

In der Moskauer Abendzeitung, einem Blatt mit Lokalnachrichten, las ich im Frühjahr 1956 eine kleine Anzeige:

> JURISTISCHE FAKULTÄT
> der mit dem Leninorden und mit dem Orden der Roten Arbeitsfahne ausgezeichneten Lomonossow-Universität zu Moskau. 8. März 1956, 15 Uhr, Auditorium Nr. 47 (Mochowaja-Straße 9). Bewerbung des Dozenten M. P. Schalamow um den Doktorgrad der Rechtswissenschaft mit einer Arbeit über das Thema: „Die Sowjettheorie des indirekten Beweises und ihre Anwendung in Strafsachen".

Das wollte ich nicht versäumen. In dem großen Hörsaal fand ich die Anwesenden in drei Gruppen geschieden: „Der Gelehrte Rat" der Juristischen Fakultät, bestehend aus etwa zwölf Professoren – im einfachen Straßenanzug –, hatte an einem Tisch vorn in der Mitte des Saales Platz genommen; links von ihm standen die Stühle für die kleine Gruppe der drei vom Rat bestellten „Offiziellen Opponenten", ebenfalls Professoren der Jurisprudenz. Und schließlich saßen – in den Bänken des Hörsaals – die Kollegen Schalámows, seine Angehörigen und das eigentliche Publikum.
Das akademische Viertel war erheblich überschritten, als der Vorsitzende des Gelehrten Rates die Sitzung eröffnete und zunächst dem, wir würden sagen „Doktorvater" des Dissertanten, also dem Professor, unter dessen Leitung er seine Arbeit geschrieben hatte, das Wort zur „Biographie" Schalamows erteilte. Wir erfuhren des Bewerbers Namen und Vaternamen, Geburtsjahr und

Lebenslauf, weiter die Daten seiner politischen Entwicklung (Eintritt in Komsomol und Partei, Tätigkeit während des Zweiten Weltkrieges usw.) wie seiner beruflichen und wissenschaftlichen Laufbahn. Ob es zur Biographie noch Fragen gebe, erkundigte sich der Vorsitzende, nachdem der Doktorvater geendet hatte. Wir hatten keine.

Nun erhielt Schalamow das Wort, um eine gedrängte Zusammenfassung seiner Dissertation vorzutragen. Er beanspruchte dafür etwa eine Dreiviertelstunde. Dann fragte der Vorsitzende, ob Fragen zur Sache an den Dissertanten zu stellen seien. In der Tat wurde aus der Mitte des Rates und aus dem Publikum zu einigen Punkten nähere Auskunft gewünscht; der Dissertant gab sie in wenigen Sätzen.

Darauf folgte die eigentliche Disputation. Einer nach dem anderen bestiegen die drei Opponenten das Katheder. Ihre Ausführungen waren, wie bei allen Doktordisputationen, die ich in den letzten Jahren in Moskau miterlebt habe, in einer Art Dreisatz aufgebaut. In Phase eins sagt der Opponent: Der Dissertant hat ein wichtiges Thema angepackt, das schon seit einiger Zeit dringend der Bearbeitung bedurfte; er hat dabei Talent und Fleiß an den Tag gelegt. Besonders geglückt erscheint mir, was er über die Fragen A, B und C zu sagen wußte. Phase zwei: Jedoch („odnáko"; dieses Wort leitet, wenn es das erstemal erscheint, zur Kritik über) sind neben den genannten Vorzügen der Arbeit des Dissertanten auch einige Mängel zu rügen, vor allem gehört dazu seine Stellungnahme zu den Fragen D, E und F. Auch hätte es ihm keinesfalls passieren dürfen, daß er über die Frage G schrieb, ohne den Gelehrten X zu zitieren... (und so weiter). Phase drei: Odnako (nun kündigt das gleiche Wort die Wendung zu einem positiven Gesamturteil an) sind, aufs Ganze gesehen, die Vorzüge der Dissertation größer als die Mängel, so daß es durchaus berechtigt erscheint, dem Gelehrten Rat vorzuschlagen, er möge dem Dissertanten den Grad eines Doktors verleihen. Zu diesem Schluß kamen alle drei Opponenten; der erste sprach ausführlich, der zweite und dritte kürzer; alles in allem dauerten die „Oppositionsreden" etwa eine Stunde.

Zum zweiten Mal bestieg Schalamow das Katheder, diesmal, um auf die Argumente der Opponenten zu antworten. Auch seine Erwiderung war in einem „Dreisatz“ aufgebaut. Phase eins: Er gab gewisse Fehler zu, die ihm unterlaufen seien, und dankte den Opponenten für ihre Kritik und ihre Anregungen. Phase zwei: Odnako gab er zu bedenken, daß aus diesen oder jenen Gründen die von den Opponenten kritisierten Stellen nicht ganz der Berechtigung entbehrten. Phase drei: Odnako stellte er in Aussicht, daß er bei der weiteren Überarbeitung der Dissertation die erteilten Ratschläge berücksichtigen werde.

Noch einmal erhielt das Publikum die Möglichkeit, sich an der Disputation zu beteiligen. Einige der Anwesenden taten dies offenbar aus reinem Interesse an der Sache; ein weiterer Frager ließ schon in seinen Formulierungen die unfreundliche Absicht erkennen, den Dissertanten in Verlegenheit zu bringen; wieder andere, wohl Freunde Schalamows, richteten Fragen an ihn, die mir ein wenig gestellt vorkamen und dem Dissertanten die Möglichkeit gaben, mit seinem Wissen zu prunken.

Zum Schluß forderte der Vorsitzende die Mitglieder des Gelehrten Rates auf, geheim abzustimmen, ob dem Dissertanten die Würde des Doktors zuerkannt werden solle. Sie steckten Ja- und Nein-Karten in eine Urne; die Ja-Stimmen überwogen. Vorsitzender, Doktorvater, Mitglieder des Gelehrten Rates, Freunde, Verwandte gratulierten. Dann leerte sich der Hörsaal. Das Ganze hatte seit dem Augenblick, da der Vorsitzende eröffnet hatte, dreieinhalb Stunden gedauert.

Dieser für die russische Liebe zum Zeremoniell bezeichnende Ablauf knüpfte an die alte russische Tradition der öffentlichen Prüfungen an (man erinnert sich an die Reifeprüfung in Claude Anets in Rußland spielender Erzählung „Ariane“); man hat also in dieser heute für die Sowjetunion entscheidend wichtigen Frage wissenschaftlicher „Kader“-Bildung darauf verzichtet, eine neue Tradition zu entwickeln. Aber weit interessanter als die Form war diesmal der Inhalt der Doktorprüfung.

Wer sich noch an die Schauprozesse der dreißiger Jahre erinnert, der weiß, daß die Gerichte fast ausschließlich mit angeblichen Geständnissen der Angeklagten arbeiteten; auch die unsinnigsten Geständnisse wurden nicht überprüft, so zum Beispiel die über verschwörerische Zusammenkünfte in ausländischen Hotels, die es zu der Zeit, da jene stattgefunden haben sollten, längst nicht mehr

gab. Verurteilung lediglich auf Grund von Geständnissen war – und ist – möglich.
Wie horchte ich deshalb auf, als der Kandidat im Verlauf seines Referates unmißverständlich den Wert des Geständnisses in Frage stellte! „Man darf einen Menschen nicht lediglich auf Grund seines Geständnisses verurteilen“, sagte er. „Erstens kann er alle möglichen persönlichen Gründe haben, aus denen er eine Schuld gesteht: er kann eine andere Person zu schützen versuchen; er kann aus Angst vor seinen Komplizen handeln; er kann ein noch schwereres Verbrechen dadurch verdecken. Zweitens wissen wir ja, wie man Geständnisse erzwingen kann; wir alle kennen Fälle, in denen sich das Gericht unter Hinweis auf das vorliegende Geständnis überhaupt keine Mühe gemacht hat, die Gültigkeit des Geständnisses nachzuprüfen, und den Angeklagten kurzerhand verurteilte.“
Die Dissertation Schalamows war im übrigen eine sehr dringende Warnung vor der leichtfertigen Anwendung indirekter Schuldbeweise. Er forderte unter anderem, man dürfe künftig im Strafrecht nicht mehr das Wort werojátno (wahrscheinlich) anwenden und müsse klar sagen, ob etwas bewiesen sei oder nicht. Alle diese Erklärungen fanden die Zustimmung der Anwesenden; ein Mitglied des Gelehrten Rates behauptete geradezu, die Anwendung indirekter Beweise im Strafrecht sei ein Merkmal der feudalistischen und bürgerlichen Epoche und habe im Strafrecht der UdSSR nichts zu suchen.
Die gesamte Disputation verlief völlig ruhig und sachlich; mir aber schien sie geradezu aufregend. Denn was ich miterlebte, war ein unverkennbarer Schritt zur Wiederherstellung des Rechtes in der Sowjetunion. Die Menschen, die mit mir zusammen in jenem Hörsaal saßen und über Probleme des Sowjetstrafrechts diskutierten, gehörten zur neuen Oberschicht des Landes, und einige von ihnen, darunter einige Mitglieder des Gelehrten Rates, sogar noch zur alten Oberschicht, wie sich schon rein physiognomisch erkennen ließ. Diese Oberschicht – die alte und die neue – ist vor allem daran interessiert, daß geordnete Rechtsverhältnisse hergestellt werden, daß sie, die sie sich in die Oberschicht hinaufgearbeitet haben, nun in rechtlich gesicherter Ruhe die Früchte ihrer Mühen genießen können.

Was die heutigen Angehörigen der neuen Oberschicht in der Zeit, da sie um ihren Aufstieg kämpften, über das Recht gedacht haben mögen, bleibe dahingestellt; nun, da sie oben sind, liegt es in ihrem Interesse – wie im Interesse aller Arrivierten –, daß sie im Genuß der Vorteile dieser Oberschicht nicht gefährdet werden. Die Art, in der Stalin im Jahr 1956 nach zwanzigjähriger Lobpreisung angegriffen wurde, mochte vielen von ihnen peinlich sein, aber die Kritik an den Rechtsbeugungen der Epoche Stalins war Musik in ihren Ohren.

Jedoch – um nicht zu sagen: „odnako“ – möchte ich davor warnen, aus alledem den Schluß zu ziehen: Dann ist ja alles in schönster Ordnung! Die Sowjetunion ist auf dem besten Wege zum Rechtsstaat, also brauchen wir vor ihr keine Sorgen mehr zu haben! Wenn es auf „die Russen“ angekommen wäre, erst recht auf die russischen Berufsjuristen, dann hätte es schon in den dreißiger Jahren in der Sowjetunion einen Rechtsstaat gegeben. Daß es ihn nicht gab, war nicht ihre Schuld, sondern, wie von den heutigen Sowjetführern zugegeben wird, die Schuld des damaligen Regimes, das freilich wie jede Diktatur unter einer Minderheit der Juristen willige Werkzeuge und unbarmherzige Vollstrecker vom Schlag eines Krylenko und Wyschinskij gefunden hat.

Es gibt, scheint mir, kein Gebiet, auf dem die Entwicklung nach Stalins Tod für den Sowjetmenschen günstiger verlaufen wäre als das Rechtssystem. Hier haben sich in den letzten Jahren Wandlungen vollzogen, die unbezweifelbare Schritte zum Rechtsstaat darstellen. Ich meine nicht, daß man sie überschätzen, daß man in ihnen mehr als eben nur die ersten Schritte auf einem noch sehr weiten Wege sehen soll. Erst recht darf man nicht vergessen, daß die Parteiführung durchaus in der Lage wäre, diese Schritte wieder rückwärts zu gehen, wenn sie dies für notwendig hielte, und zu den Unrechtsverhältnissen der Stalinzeit zurückzukehren; ist doch sogar das bloße Wort Rechtsstaat im offiziellen Sprachgebrauch der Sowjetunion immer noch belastet; in dem neuen Juristischen Wörterbuch heißt es unter dem Stichwort Rechtsstaat: „Anti-wissenschaftlicher Begriff, der in der bürgerlichen juristischen Literatur begründet ist... Die Lehren des Rechtsstaates richten sich deutlich gegen die revolutionäre Bewegung der Arbeiterklasse und seit der Errichtung sozialistischer Staaten auch gegen diese." [1] Aber das alles sollte uns nicht hindern, diese ersten Ansätze zu begrüßen und uns mit den Sowjetmenschen über sie zu freuen.

Über die Justiz der Stalinzeit brauche ich hier wenig zu sagen; die Erinnerung an diese Perversion jedes Rechtsgefühls ist noch nicht verblaßt. In den ersten Jahren nach ihrem Siege schenkten die Bolschewiken dem Recht nur geringe Aufmerksamkeit, da sie der Meinung waren, die Revolution werde eine völlig neue, der Justiz nicht mehr bedürfende Gesellschaft heraufführen und das Verbrechen werde, wie jedes andere Übel der Vergangenheit, verschwinden, das Strafrecht also absterben; sie konnten sich Verbrechen nur noch als Handlungen von Geisteskranken oder als Verzweiflungstaten der absterbenden Bourgeoisie, als konterrevolutionäre Ausbrüche vorstellen. Ausschließlich gegen diese würde man also das strafende Schwert des neuen Staates noch für kurze Zeit brauchen.

Erst als sich gegen Ende der zwanziger Jahre immer deutlicher zeigte, daß der Staat keineswegs abstarb, im Gegenteil unter Stalins Führung immer mächtiger wuchs, und die Verbrechen zum mindesten nicht seltener wurden, wurde dem Recht, auch dem Strafrecht, größere Beachtung zuteil; ja die bisherige geringe Bewertung des Strafrechts, jahrelang als Symptom des orthodoxen Marxismus gepriesen, wurde nunmehr als unmarxistisch, als nihilistisch verdammt; ihren Verfechtern, vor allem dem bedeutendsten, Professor Paschukanis, wurde sie persönlich zum Verderben.

Es kam die Zeit, da man überall Vergehen gegen die Sicherheit des Staates witterte. Der berüchtigte, neun Seiten lange Kautschukparagraph 58 des Strafgesetzbuches über gegenrevolutionäre Verbrechen, unter dem später auch Zehntausende von deutschen Kriegsgefangenen verurteilt werden sollten, wurde ausgebaut, so zum Beispiel 1934 durch die offizielle Einführung der Sippenhaftung: nach Paragraph 58 1 c wurden die Familienangehörigen eines desertierenden Wehrmachtsangehörigen, auch wenn sie nichts von seinen Plänen wußten, mit fünfjähriger Verbannung „in abgelegene Gebiete Sibiriens" bestraft.

Dasselbe Jahr 1934 brachte eine Reihe weiterer Verschärfungen. Die berüchtigten Dreiergruppen (Trojka) des ebenso berüchtigten

Sonderkollegiums des NKWD, des „Osso" (Abkürzung für Ossóboje Soweschtschánije = Besonderes Kollegium), schickten in ihren außergerichtlichen Strafverfahren „auf dem Verwaltungswege" Millionen „sozial gefährlicher Personen" in Straflager oder in den Tod. Nach der Ermordung des Parteisekretärs von Leningrad, Kirow, folgte am 1. Dezember 1934 ein weiteres Sondergesetz, das als Lex Kirow Unzähligen zum Verhängnis geworden ist. Dem nach diesem Gesetz Angeklagten stand grundsätzlich keine Verteidigung zu; die Anklage war ihm erst vierundzwanzig Stunden vor Beginn der Gerichtsverhandlung bekanntzugeben; der Prozeß mußte sogar in Abwesenheit des Angeklagten geführt werden; Berufung und Gnadengesuch waren unzulässig. In seiner berühmten Geheimrede vom 25. Februar 1956[2] hat Chruschtschow die Lex Kirow als „Grundlage für einen allgemeinen Mißbrauch der sozialistischen Gesetzlichkeit" bezeichnet. 1937 wurde sie durch ein Schnellverfahren gegen Personen verschärft, denen Terrorismus oder konterrevolutionäre Sabotage zur Last gelegt wurde; dies öffnete der schlimmsten Willkür Tür und Tor. Aus Chruschtschows Mund wurde in der gleichen Rede bestätigt, was längst allgemein bekannt war: Folterungen zum Erpressen von Geständnissen waren ab 1937 an der Tagesordnung. Von einer auch nur halbwegs geordneten Justiz konnte nun überhaupt nicht mehr gesprochen werden, jedenfalls nicht in all den Fällen, bei denen es sich um politische Gegner im weitesten Sinne des Wortes handelte, einschließlich derjenigen, die man dazu erklärte, um die Millionenarmee für Straflager und Verbannungsgebiete zu rekrutieren.

Allenfalls ließe sich noch sagen, daß von 1934 bis zum Tode Stalins das Rechtsleben zwei getrennte Geleise benützte. Die weitaus größere Mehrheit aller Strafgefangenen war außergerichtlich verurteilt worden; auch die große Masse derer, die auf Grund der Arbeitsgesetzgebung vom 26. Januar 1940[3] verurteilt wurden, hatten kein geregeltes Verfahren erlebt. Der groteske Widerspruch zwischen der Rechtlosigkeit des Volkes und den Verfassungsartikeln 125 bis 128, die jedem Unverletzlichkeit der Person, der Wohnung und des Briefgeheimnisses sowie Freiheit von Rede, Presse, Versammlung und Demonstration garantieren, gehörte zu den düstersten Schattenseiten des Regimes. Doch gab es daneben normale Strafverfahren für gewöhnliche Kriminelle und ein verhältnismäßig ordentlich funktionierendes Zivilrecht.

Nachdem Stalin gestorben war, kamen zunächst mehrere Amnestien.[4] Die erste, drei Wochen nach Stalins Tod, schloß noch ausdrücklich die politischen Gefangenen aus; die zweite, vom 17. September 1955, amnestierte – im Zusammenhang mit dem gerade abgeschlossenen Vertrag mit Bundeskanzler Adenauer – Personen, welche für Kollaboration mit den Deutschen bestraft worden waren; die dritte, vom 1. November 1957, erfolgte zum vierzigsten Jahrestag der bolschewistischen Revolution und glich derjenigen von 1953 insofern, als sie wieder politische Gefangene ausnahm.[5] Die Amnestien kamen Millionen von Menschen zugute, zum Teil freilich blieben diese auch weiterhin in ihrer Bewegungsfreiheit auf bestimmte, häufig weit abgelegene Gebiete beschränkt. Gleichzeitig aber liefen Rehabilitierungsverfahren, durch welche zahlreiche überlebende Opfer der Stalinschen „Säuberungen" außer ihrer Freiheit auch ihren guten Namen wieder erhielten; in Chruschtschows Geheimrede wurden sogar Hingerichtete postum rehabilitiert. Dasselbe geschah, wie bekannt, in den Staaten Osteuropas.

Im September 1953 wurde das Sonderkollegium samt seinen Dreiergruppen wieder abgeschafft, diese einschneidende Maßnahme aber erst Anfang 1956 – übrigens nicht offiziell, sondern in einer Fachzeitschrift[6] – publik gemacht; danach wurden sogenannte konterrevolutionäre Verbrechen ausschließlich vor ordentlichen Strafgerichten und Militärtribunalen nach dem allgemeinen Strafrecht verhandelt. Die Aufsicht über die Straflager übertrug man vom MWD (Innenministerium, vormals NKWD) auf das Justizministerium. Dagegen blieb der Staatssicherheitsdienst (seit 1954 KGB = Komitee für staatliche Sicherheit) eine unabhängige Einrichtung; er ist dem Ministerrat der UdSSR direkt unterstellt. Im November 1957 wurden bei den örtlichen Sowjets besondere Ausschüsse zur Überwachung von Gefängnissen und Lagern eingerichtet, denen man auch die Einleitung von Begnadigungsverfahren zugestand. Bereits am 19. April 1956 war die Lex Kirow aufgehoben worden. Eine Woche später wurden, wie wir wissen, die schlimmsten Auswüchse der Arbeitsgesetzgebung von 1940 beseitigt.

Wie soll man diese für den Sowjetbürger günstige Entwicklung erklären? Dreierlei war zusammengekommen: Erstens der Tod Stalins; zweitens die Bereitschaft seiner Nachfolger, durch Popularität zu ersetzen, was ihnen zunächst an Autorität abging, und daher die Wünsche der Bevölkerung, um die sich Stalin nicht gekümmert hatte, bis zu einem gewissen Grade zu berücksichtigen; und drittens das Bestreben der Oberschicht (einschließlich der Juristen!), die Willkür einzudämmen, der alle bisher preisgegeben waren. In einem Land, das jahrzehntelang unter härtester Terrorherrschaft gestanden, wo die brutale Hand des Polizeiapparates fast in jede Familie gegriffen hatte, wo jahrelang niemand, ob hoch oder niedrig, seines Lebens und seiner Freiheit sicher gewesen war, wo keiner gewußt hatte, ob er nicht in der nächsten Nacht vom Staatssicherheitsdienst aus dem Bett geholt würde, wo ein unvorstellbares System von Bespitzelung und Verleumdung errichtet und Millionen ohne Richterspruch in Tod oder Zwangslager gejagt worden waren – in einem solchen Lande müssen alle Menschen von dem Wunsch beseelt sein, den Terror zu beenden und den Rest ihrer Tage ohne Dauerangst zu verbringen.
So kam es, daß die neue Oberschicht, insbesondere der Stand der dazu beruflich legitimierten Juristen, die erste sich bietende Gelegenheit, den Tod Stalins, wahrnahm, um auf Verbesserungen des Rechtssystems hinzuwirken. Soweit diese erfolgten, sind sie natürlich durch Beschlüsse der obersten Partei- und Staatsgremien in Kraft gesetzt worden, aber die Anregungen stammten von Juristen; hier einige Beispiele für deren Bemühungen:
Ein Doktor der Rechte, R. Rachunow, forderte im März 1957 in einem siebenspaltigen Artikel unter anderem die folgenden Reformen: Erstens unbedingte Einhaltung des Grundsatzes, jeden als unschuldig anzusehen, solange ihm keine Schuld nachgewiesen wird; nicht der Angeklagte habe seine Unschuld, sondern der Staatsanwalt dessen Schuld nachzuweisen. Zweitens völlige Unabhängigkeit der Gerichte. Drittens strikte Weisung, daß einem Zeugen keine Fragen gestellt werden dürfen, deren Beantwortung zu seiner Selbstinkriminierung führen könne. Viertens Zulassung des Verteidigers bereits im Untersuchungsverfahren.[7]
Besondere Verdienste im Kampf um den Rechtsschutz des Einzelnen hat sich schon seit Jahren Professor M. S. Strogowitsch er-

worben. Er forderte zum Beispiel in einem juristischen Fachorgan eine Erweiterung *gerichtlicher* Garantien der Rechte des Bürgers dem Staat gegenüber, indem die Zuständigkeit der Gerichte auf verschiedene Fragen ausgedehnt werden sollte, die bisher der gerichtlichen Kompetenz entzogen waren; in gewissen Fällen müsse das Gericht befugt sein, Klagen gegen Entscheidungen von Verwaltungsorganen zu überprüfen, wenn diesen Klagen von der dem Verwaltungsorgan vorgesetzten Behörde nicht stattgegeben worden sei.[8]

Der Dozent P. Nedbailo schlug in die gleiche Kerbe. Er erklärte es für rechtswidrig, daß die Verwaltung in Fällen, in denen sich ein Bürger über sie beschwert, gleichzeitig als Angeklagter und Richter auftritt; Bürger und Staat sollten sich gleichberechtigt gegenüberstehen, und einem Bürger, der durch unberechtigte Maßnahmen einer Behörde Schaden erlitten habe, müsse das Recht auf Schadenersatz zugestanden werden.[9]

Professor P. Romaschkin wandte sich gegen das Analogieprinzip im Paragraphen 16 des Strafgesetzbuches; künftig sollten nur solche Verbrechen bestraft werden, die ausdrücklich im Gesetz genannt sind. Auch müsse die Sippenhaftung der Familienmitglieder von Landesverrätern aufgehoben werden, wenn diese von der Vorbereitung oder Ausführung der Tat nichts wußten.[10]

Sogar auf einer vom Innenministerium (MWD) im Herbst 1957 einberufenen Konferenz ertönten mutige Stimmen. Dort war unter anderem angeregt worden, den Gerichten die Vollmacht zu geben, bei Rückfälligen ohne neues Verfahren und von sich aus Strafen über das im Gesetz vorgesehene Maß hinaus zu verschärfen. Aber während früher bei Tagungen dieser gefürchteten Behörde kaum Widerspruch zu hören war, wandten sich diesmal zwei der Anwesenden scharf gegen den neuen Vorschlag, da er den Grundsätzen des sowjetischen Strafrechts widerspreche.[11]

Seit 1957 war wieder eine gewisse Verhärtung von seiten des Staates festzustellen. Der repräsentative Artikel zum vierzigsten Jahrestag der Revolution in „Sowjetstaat und Recht“ verschweigt trotz seiner Länge die vielen düsteren Seiten im Geschichtsbuch des sowjetischen Rechtssystems. Er schildert die Entwicklung der letzten vierzig Jahre, als wenn es das entsetzliche Unrecht, über das man in den ersten anderthalb Jahren nach dem XX. Parteitag verhältnismäßig offen sprechen konnte, überhaupt nicht gegeben hätte.[12] So entsteht ein Bild, das ebenso schief ist, wie wenn ein Arzt in der Krankengeschichte eines Patienten ausschließlich die gesunden Organe darstellt, allenfalls auch noch die Beseitigung einiger Warzen verzeichnet, ohne mit einem Wort zu erwähnen, daß der Patient um ein Haar am Krebs gestorben wäre oder noch daran leidet.

Auch der Staatssicherheitsdienst ist seit Ende 1957 wieder stärker in den Vordergrund getreten. Der vierzigste Jahrestag seiner Gründung wurde in zahllosen Jubiläumsartikeln überschwenglich gefeiert; dabei wurde fleißig Lenin zitiert, der die Vorwürfe gegen die Sicherheitsorgane als spießerhaft bezeichnet hatte. Auch das Antiparasitengesetz von 1957[13] stellt einen Rückfall dar, einen Schlag gegen die Tendenz zur Rechtsstaatlichkeit, indem es einer Gruppe von Personen, die als Richter weder durch eine juristische Ausbildung qualifiziert noch durch Wahl oder sonstige öffentliche Bestellung legitimiert sind, das Recht zugesteht, einen Mitbürger, der sich keiner nach dem Gesetz strafbaren Handlungen schuldig gemacht hat, durch einfache Stimmenmehrheit – bei nachträglicher Zustimmung des lokalen Exekutivkomitees – zu langjähriger Strafarbeit zu verdammen. Um so anerkennenswerter, daß sich auch hier mutige Juristen fanden, der Referent des Tadschikischen Justizministeriums B. N. Bolschakow zum Beispiel, die es wagten, das Gesetz als verfassungswidrig zu bezeichnen; es widerspreche dem Artikel 102 der Verfassung, wonach die Rechtsprechung ausschließlich Sache der in der Verfassung vorgesehenen Gerichte sei.[14]

In Anbetracht solcher Anzeichen einer rückläufigen Entwicklung und neuen Verhärtung war es eine erfreuliche Überraschung, daß die neue Strafgesetzgebung einen reformerischen Charakter erhielt. Bereits kurz nach Stalins Tod war der Entwurf für eine neue Strafgesetzgebung „innerhalb eines Monats" in Aussicht gestellt worden[15], in Wirklichkeit wurde er erst fünf Jahre später, im Sommer 1958, veröffentlicht.[16] In enger Anlehnung an ihn hat der Oberste Sowjet mit einem Gesetz vom 25. Dezember 1958 die „Strafrechtsgrundlagen" bestätigt. (Es handelt sich um „Strafrechtsgrundlagen" und nicht um ein Strafgesetzbuch, da in der Sowjetunion die Justiz „Ländersache" ist; das Gesetz gibt also die – verbindlichen – Richtlinien, nach denen die einzelnen Republiken innerhalb der Sowjetunion ihre Strafgesetzbücher neu zu fassen haben.) Gleichzeitig ergingen weitere, ein einheitliches Reformwerk darstellende Gesetze.[17]

Das neue Strafrecht enthält einen Teil der oben aufgeführten Reformvorschläge: So sollen künftig nur noch Handlungen, welche einen formell vom Strafgesetz fixierten Straftatbestand darstellen, Gegenstand strafrechtlicher Verfolgung und Bestrafung sein. Was strafbar ist und was nicht, wird ausschließlich vom Strafgesetz bestimmt; die strafbegründende Analogie ist aufgegeben und die rückwirkende Geltung von Strafgesetzen verboten; die Strafe erhält – wie dies in der westlichen Welt die Regel ist – den Charakter der Vergeltung für begangene Verbrechen, während sie in den letzten Jahrzehnten eine „Maßnahme des sozialen Schutzes", also überwiegend präventiver Art gewesen war; die Höchstgrenzen der Freiheitsentziehung sind von fünfundzwanzig auf zehn (in Ausnahmefällen fünfzehn) Jahre herabgesetzt worden; das strafrechtliche Monopol der Gerichte, welches durch das „Sonderkollegium" des MWD durchbrochen worden war, ist jetzt ausdrücklich im Gesetz festgelegt. Die Verteidigung wird bereits im Stadium des gerichtlichen Untersuchungsverfahrens zugelassen (bisher gab es sie nur vor dem Gericht). Und besonders interessant: Gleich im ersten Artikel der „Grundsätze" wird – im Gegensatz zum bisher geltenden Recht – der Schutz der „Persönlichkeit" (Lítschnost) als Ziel der Gesetzgebung genannt.

In mancherlei Beziehung entspricht aber auch das neue Strafrecht nicht den westlichen Vorstellungen: so beginnt die Strafmündigkeit bei Jugendlichen nach wie vor sehr früh, und zwar mit dem vierzehnten bzw. sechzehnten Lebensjahr; neu ist die Einführung eines für alle Sowjetbürger geltenden Straftatbestandes, der in der Weigerung besteht, aus dem Ausland in die Sowjetunion zurückzukehren; vor allem ist der im Entwurf enthaltene Grundsatz, wonach die Schuld durch den Ankläger (also nicht die Unschuld durch den Beschuldigten) nachgewiesen werden muß, im Gesetz nicht zu finden – ein schwerer Rückschlag. Es zeugt auch vom Fortbestehen totalitärer Elemente, daß Rechtsnormen zum Inkrafttreten nicht unbedingt der Veröffentlichung bedürfen; zu den nicht veröffentlichten Rechtsnormen gehört die neue „Ordnung über Arbeits-Besserungs-Kolonien und Gefängnisse des MWD der UdSSR." [18] Und schließlich: Die Neuregelung der Staats- und Militärverbrechen, das Kernstück also des Strafrechts im politischen Bereich, enthält gegenüber dem bisherigen Rechtszustand keine bemerkenswerten Änderungen und sorgt dafür, daß der wesentliche Inhalt jenes Paragraphen 58 auch in der neuen Situation erhalten bleibt: Vaterlandsverrat, Spionage, „Schädlingsarbeit", „antisowjetische Agitation" – so heißen die Tatbestände, die nach wie vor eine Handhabe zur Unterdrückung jeder – auch nur vermeintlichen – Opposition bieten.

Der vielleicht gefährlichste Schatten, der auf die neue Gesetzgebung fällt, ist der immer lauter erschallende Ruf nach neuen außergerichtlichen Verfahren, wie sie vor allem Chruschtschow in seiner Rede vor dem XXI. Parteitag als Symptom für das allmähliche „Absterben des Staates" forderte.[19] Die Wiederbelebung der aus der Revolution bekannten, formlosen „Kameradschaftsgerichte" würde die in der neuen Gesetzgebung teilweise verankerte Legalität wieder in Frage stellen; auch die Schaffung von Arbeitermilizen (neben der regulären Miliz = Polizei) deutet in diese Richtung.

Obgleich also das neue Strafrecht – gegenüber dem bisherigen – nicht nur in den Augen der Sowjetbevölkerung, sondern auch in unserem Sinne einen bemerkenswerten Fortschritt darstellt[20], gibt es manches, was dem Sowjetbürger die Freude vergällt. Er wird sich hüten, den Wert der geschriebenen Gesetze in seinem Lande zu überschätzen, denn er weiß: Wenn die Machthaber im Kreml es wollen, können sie das Terrorsystem des Stalinismus wieder aufrichten. Dies würde ihnen zwar neue Ablehnung im Volk, vor allem in der anspruchsvoller gewordenen Oberschicht eintragen. Aber es würde vermutlich nur ein schweigender, sich allenfalls zaghaft in theoretischen juristischen Ausführungen äußernder Widerstand sein. Bei dem ungeheuren Übergewicht der Exekutive haben Reformer in der Sowjetunion nur Aussichten auf Erfolg, solange der Staat von sich aus zu Reformen bereit ist.

Die stärkste Auswirkung der Stalinjustiz, die in vielen ihrer Mißbräuche auch noch in die Periode seiner Nachfolger hineinreichte, das heißt, die totale Einschüchterung aller bis hinauf in hohe Ränge der Parteibürokratie und selbst der Armee, ist naturgemäß nicht in einigen Monaten oder Jahren zu überwinden. Während der blutigen Jahre des Terrors lebte das ganze Volk ohne Ausnahme im Bann einer mörderischen Willkür, wie sie in dieser Form in der modernen Geschichte einmalig dasteht. Auch heute ist der Druck nur zum Teil gewichen. Gewiß ist er geringer als vor zehn oder zwanzig Jahren, aber er ist ungleich stärker als bei uns, wo die große Mehrzahl der Menschen ihr Leben führt, ohne überhaupt an das Strafgesetzbuch zu denken.

Und die Wirkung auf die vom Terror unmittelbar Betroffenen – soweit sie ihn überlebt haben? Ich bin zwar in den dreißiger Jahren mehrfach in Gebieten gewesen, in denen fast ausschließlich Strafgefangene lebten, im wüstenheißen Karaganda zum Beispiel und in der Strafstadt Kirowsk jenseits des Polarkreises. Doch wird der Kurzbesucher mit Urteilen über Zwangsarbeitslager besonders zurückhaltend sein. Immerhin besitzen wir von deutschen Heimkehrern und auch anderen ehemaligen Strafgefangenen eine Fülle aufschlußreicher Berichte. Von den Lagerinsassen interessieren im Zusammenhang dieses Buches vor allem die „Politischen“, die man, von den Kriegsgefangenen und den zahllosen ohne konkrete Anschuldigung Eingesperrten abgesehen, grob in Nationalisten aus den nicht-russischen Völkerschaften der Sowjetunion (vor allem Ukrainer, Balten und Kaukasier) und in Anti-Bolschewiken im engeren Sinne des Wortes einteilen kann. Es scheint, daß für eine Elite der Gefangenen ihre Lagerjahre eine Zeit nicht nur des grauenvollen Leidens, sondern auch des politischen Nachdenkens waren. Es ist wohl kaum irgendwo sonst innerhalb der Sowjetunion das Verhältnis von Kommunismus zu Leninismus und Stalinismus so intensiv diskutiert worden wie in den Lagern. Und es blieb nicht beim Diskutieren; die Nachricht von Stalins Tod hat in mehreren Lagern direkte Aktionen, vor allem Streiks ausgelöst.[21]

Es war also für die Nachfolger Stalins nicht ohne Risiko, Hunderttausende aus den Lagern zu entlassen; viele durften auch nicht einfach in das normale Sowjetleben zurückkehren, sondern hausen in entlegenen Gebieten zwar nicht mehr als Lagerinsas-

sen, aber mit – auf eine Stadt, auf eine Provinz – beschränkter Bewegungsfreiheit. Ich selbst habe auf meinen Reisen keinen der in den letzten Jahren Entlassenen kennengelernt, von Volksdeutschen abgesehen, die ich in Sibirien traf; wohl aber treten sie in der Literatur der jüngsten Zeit überraschend oft in Erscheinung. So wird auch Dudinzews Lopatkin zu acht Jahren Gefängnis verurteilt und kehrt – ungebrochen – anderthalb Jahre später auf Grund erwiesener Schuldlosigkeit nach Moskau zurück; in Kotschetows schon erwähntem[22] Roman „Die Brüder Jerschow“ kommt sogar ein amnestierter Angehöriger der Wlassow-Armee vor; wie denn überhaupt in der Literatur der letzten Jahre auffallend viele ehemalige Sträflinge auftreten.[23]
Wie sind diese Menschen, die Jahre und zum Teil Jahrzehnte ihres Lebens als Opfer eines ungerechten und unmenschlichen Terrorsystems unter oft entsetzlichen Bedingungen in den Lagern Sibiriens und der Arktis zugebracht haben, während ihrer Haft und nach der Freilassung mit ihrem Schicksal fertiggeworden? Ich habe mich mit Sowjetbürgern über diesen Punkt manchmal unterhalten und neige danach zu der Annahme, daß die meisten Amnestierten, soweit sie wieder in das bürgerliche Leben zurückgekehrt sind, von der Wiederherstellung ihrer Gesundheit, vom täglichen Kampf ums Dasein, um ihre Stellung und die Erhöhung ihrer beruflichen Qualifikationen so stark in Anspruch genommen werden, daß die geistigen und politischen Impulse aus der Lagerzeit bald verblassen; aus gedanklichen Reformern, wenn nicht Revolutionären, werden so Konformisten. Aber diese Vermutung schließt die Möglichkeit nicht aus, daß wir vielleicht eines Tages unter dramatischen Umständen doch noch die Namen von Männern hören werden, die einst zu Unrecht in sibirischen Lagern saßen und, was dort in ihnen von Gefühl und Gedanke zu Plan und Entschluß herangereift ist, verwirklichen wollen.

In Anbetracht der unbestreitbaren und verständlichen Schwierigkeiten, in Fragen des Rechtsgefühls direkte Informationen, insbesondere Aussagen von Sowjetbürgern – zumal persönlich betroffenen – zu erlangen, darf eine sorgfältige Analyse an indirekten Indizien nicht vorübergehen. Ein solches ist auch das Er-

scheinen des bislang am sowjetischen Büchermarkt fehlenden *Detektivromans* in seinem zeitlichen Zusammentreffen mit den Bemühungen um mehr Rechtssicherheit, wie sie hier in großen Zügen geschildert worden sind.
Wann immer ich 1956 mit dem Auge die Zeitschriften in einem Moskauer Kiosk überflog, fiel mir auf, daß aus dem gleich mir die Auslage musternden Publikum häufig die Frage an die Verkäuferin gerichtet wurde: „Haben Sie das Märzheft von Junost (‚Jugend')?" Erst achtete ich nicht besonders darauf. Als ich aber die Frage immer wieder hörte und nach dem unweigerlich folgenden Nein der Verkäuferin die Enttäuschung ihren Schatten auf das Gesicht des Fragenden werfen sah, begann mich die Märznummer von Junost zu interessieren.
Ich erkundigte mich bei einer Verkäuferin – die mich freundlicher bediente als viele ihrer Kolleginnen –, warum alle Welt auf dieses Heft so versessen sei.
„Das wissen Sie nicht?" antwortete sie. „Die wollen alle die Fortsetzung des Romans ‚Der Fall der Bunten' lesen. Ungeheuer spannende Sache." Ich wollte Näheres hören. Sie sagte:
„Verbrecher gibt es dort, und Detektive und sehr viel Aufregung. Das müssen Sie lesen."
Also reihte ich mich ein in die Front derer, die das Märzheft von Junost suchten. Aber auch ich konnte es nicht auftreiben, es war tatsächlich vergriffen. Schließlich lieh es mir ein Bekannter. Es war ein recht zerlesenes Exemplar, das schon durch viele Hände gegangen war, und ich mußte versprechen, es innerhalb von vierundzwanzig Stunden zurückzubringen; es warteten, sagte er, noch andere darauf.
Im Mittelpunkt der Geschichte, deren übrige Fortsetzungen ich mir im Laufe der Zeit auch noch beschaffte, steht der Kampf der Moskauer Kriminalpolizei mit einer Verbrecherbande, die von dem alten Gauner Papáscha („Väterchen") angeführt wird. An ihrer Entlarvung und Erledigung ist auch die junge Studentin Katja rühmlich beteiligt. Alles wird breit ausgewalzt und die Spannung fast erstickt von dem Wust von Nebensächlichkeiten. Daß ich die dritte Folge verstand, ohne die vorausgegangenen zu kennen, deutet auch nicht gerade darauf hin, daß die Komposition des Ganzen besondere Anforderungen an die Intelligenz des Le-

sers stellt. Man sage nicht, die Russen könnten eben einfach keine spannenden Geschichten erzählen, sie seien in erster Linie epische Naturen. Um das Gegenteil zu beweisen, braucht man nur an Dostojewskijs „Schuld und Sühne“ oder „Die Brüder Karamasow“ zu erinnern; diese Romane sind im Grunde Kriminalgeschichten höchsten Typs, voll dramatischer – äußerer und innerer – Spannung.

Wenn heute eine Zeitschrift dank einem höchst mittelmäßigen Kriminalroman trotz einer Auflage von 150 000 Exemplaren im Nu vergriffen ist, wenn die Russen sich nach ihr die Hacken ablaufen, so hat das gewiß, wie in aller Welt, zunächst den Grund, daß die Leser etwas Spannendes haben wollen. Aber in der Sowjetunion scheint mir das plötzliche und auffallende Interesse an Kriminalromanen zugleich auf ein neues Interesse für Rechtsfragen hinzuweisen. Bis zum Tode Stalins war alles, was mit Gerichten und Polizei zu tun hatte, eine tödlich ernste Angelegenheit, von der man so wenig wie nur irgend möglich hören wollte; das Grauen überschattete bei weitem die Spannung. Jetzt liegt das Grauen einige Jahre zurück; die heute Achtzehnjährigen haben, von Ausnahmen abgesehen, keine eigene Erinnerung daran. Ein Detektivroman ist nur noch eine spannende Lektüre und nicht mehr die Mahnung an ein Damoklesschwert, das jedem über dem Kopfe hängt. Ja, es ist vielleicht sogar mehr als nur eine spannende Lektüre. Als ich mich mit einem Leser von Junost unterhielt, der sich als leidenschaftlicher Leser von Kriminalromanen herausgestellt hatte, und ihn fragte, was ihn denn an diesen Büchern so fesselte, erwiderte er:

„Erstens sind sie ein guter Zeitvertreib ohne Propaganda, die wir alle ziemlich satt haben. Und zweitens schafft es ein angenehmes Gefühl, wenn man liest, daß wir eine tüchtige Polizei haben und der Kampf gegen Verbrecher und Unrecht energisch geführt wird. Der Verbrecher muß bestraft werden, aber dem Bürger, der nach den Gesetzen lebt, darf nichts geschehen.“

Die Aufregung um den „Fall der Bunten“ verdient schon deshalb Beachtung, weil bis vor nicht sehr langer Zeit der unpolitische Kriminalroman als westliche Degenerationserscheinung galt, die des Sowjetbürgers unwürdig sei; er wurde daher nicht geschrieben oder jedenfalls nicht gedruckt, vielleicht von einigen

Ausnahmen abgesehen, die mir entgangen sein mögen. Detektivgeschichten waren nur zulässig, wenn sie den Kampf mit ausländischen Spionen zum Thema nahmen. Auch jetzt noch suchen sich die klugen Autoren gegen Vorwürfe abzuschirmen, indem sie einen Spion einflechten.[24] Sogar im „Fall der Bunten" kommt ein solcher vor (ein von den Amerikanern in Deutschland abgerichteter russischer Emigrant), aber die Gewichte haben sich verschoben; das Politische ist ganz an den Rand gedrängt, und als der eigentliche Gegner der sowjetischen Polizei erscheint der Gangster Papascha.

In der Massenzeitschrift Ogonjok, die sich wie Junost vor allem an die jüngere Generation wendet, erschien vor zwei Jahren die Detektivgeschichte in Fortsetzungen „Der Polizeimajor", in der diesmal ein ganz gewöhnlicher, völlig unpolitischer Verbrecher zur Strecke gebracht wird[25]; sie unterscheidet sich in ihren literarischen und kriminalistischen Qualitäten nur wenig vom „Fall der Bunten". Im Jahr 1957 erschienen ferner – in Buchform – Detektivgeschichten von N. Schpanow unter dem Sammeltitel „Sucher der Wahrheit". Sie hatten einen solchen Erfolg, daß sie im gleichen Jahr noch von einem anderen Verlag in mehreren Auflagen herausgebracht wurden. In einem neuen Jugendbuch „Die Welt der Abenteuer"[26] (Auflage 90 000) sind von sieben Erzählungen zwei Kriminalgeschichten.

Diese Geschichten sind – freilich recht schwache – Nachahmungen westlicher Kriminalromane. Es fehlt nicht einmal der nach westlicher Praxis obligate Privatdetektiv, den man doch in diesem Lande der Verstaatlichung am wenigsten erwarten würde. Schpanows Held, Nil Krutschinin, geht wie seine privatdetektivischen Kollegen im Westen, von Sherlock Holmes angefangen, auf eigene Faust seiner edlen Liebhaberei nach, Verbrechern das Handwerk zu legen, der Unschuld beizustehen und die täppische Dummheit der professionellen Polizei bloßzustellen. Die Kopie des klassischen Vorbildes wird hier so weit getrieben, daß der Verfasser seinem Krutschinin in der Gestalt des Genossen Gratschjan sogar einen sowjetisierten Dr. Watson an die Seite gibt.

Den Detektivgeschichten ist der Detektivfilm auf dem Fuße gefolgt. Einer der ersten hieß: „Der Fall Rumjánzew", ein zweiter war „Der Fall 306". Der Fall Deruga, Der Fall Mauritius – man erinnert sich solcher Titel, die Bücher und Filme ihrem Publikum als besonders spannend empfehlen wollten. „Fälle" gibt es nun also auch schon in der Sowjetunion. „Der Fall Rumjanzew" soll mit ein paar Sätzen erzählt werden, weil er, wie eine Leserumfrage der „Komsomolskaja Prawda" zeigte, der mit Abstand populärste sowjetische Film des Jahres 1956 war und weil ihm der politisch-lehrhafte Charakter deutlich genug anzumerken ist.

Rumjanzew ist LKW-Fahrer in einem staatlichen Autopool in Leningrad. Sein Vorgesetzter, der Chef des Autopools, ist ein Gauner, der mit einer Diebesbande zusammenarbeitet. Er schickt Rumjanzew in eine ziemlich entfernte kleine Stadt – an der Küste Estlands zu denken –, um von dort Waren nach Moskau zu bringen; die Bande stiehlt ihm, ohne daß er es merkt, unterwegs nach einer absichtlich herbeigeführten Reifenpanne die ganze Ladung. Rumjanzew wird verdächtigt, selbst der Dieb oder der Helfershelfer von Dieben zu sein, und kommt ins Gefängnis. Der Kampf um seine Rehabilitierung und um die Entdeckung der wirklich Schuldigen ist der eigentliche Inhalt des Filmes.

Der Polizeimajor, der den Fall bearbeitet, wird als ein sehr unerfreulicher Typ dargestellt; ihm kommt es weniger darauf an, die Wahrheit zu finden, als jemand hinter Schloß und Riegel zu bringen, sozusagen sein „Plansoll" zu erfüllen. Da er den eigentlichen Gauner, den Chef des Autopools, als Zeugen heranzieht, wird auch wirklich um ein Haar der Falsche verurteilt. Daß Rumjanzew gerettet wird, verdankt er dem in Sowjetfilmen und -romanen so beliebten Deus ex machina, in diesem Fall einem Polizeioberst, dem Vorgesetzten des Majors, der auf den ersten Blick erkennt, daß Rumjanzew unschuldig sein muß, und ihm aus der Patsche hilft. Die wahren Verbrecher werden unschädlich gemacht, der böse Polizeimajor verliert seinen Posten. Es triumphiert also zum Schluß die Tugend über das Laster, wie das in so ziemlich allen Filmen dieser Art in Ost und West der Fall ist.

Doch weiß im „Fall Rumjanzew" der Zuschauer von Anfang an, daß der Held unschuldig ist, und auch, wer die wahren Verbrecher sind. In dieser Hinsicht ist die Spannung geringer als in den meisten entsprechenden Filmen westlicher Produktion. Die Ungewißheit beim Zuschauer – und damit auch die Spannung – liegt vielmehr in der Frage, auf welche Weise die Gerechtigkeit über die Bosheit einzelner Vertreter des Wirtschafts- und Staatsapparates triumphieren wird. Man kann sich vorstellen, daß der Sowjetbürger gerade für diese Art von Spannung besondere Voraussetzungen mitbringt. Im übrigen kommt auch eine handfeste Keilerei vor (ebenso im „Fall 306"), die der eines amerikanischen Unterweltfilms nicht nachsteht.

Natürlich war es die Absicht dieses Films, den Zuschauern zu sagen: Die Zeiten der Willkür, die Zeiten Berijas und seiner Kreaturen sind vorüber; heute werden die schäbigen Majore von den edlen Obersten an die Kandare genommen, heute siegt das Recht. *Alle* Besucher hat er gleichwohl nicht überzeugen können. Am Tage, nachdem ich den „Fall Rumjanzew" gesehen hatte, fuhr ich in einer Taxe an einem der Kinos vorbei, in dem er lief. „Sind Sie in dem Film gewesen?" fragte ich den Fahrer. „Klar", sagte der, „er behandelt ja das Chauffeurleben, natürlich mußte ich das sehen. Der Film ist aus dem Leben gegriffen. Der Fahrer ist ein anständiger Kerl, aber er hat Pech, und – schwapp, sitzt er im Kittchen. Ein Glück für ihn, daß diesmal ein ehrlicher Mensch eingegriffen hat. Sonst hätte er sicher seine zehn Jährchen bekommen, obgleich er völlig unschuldig war. Ja", schloß er, „wir Fahrer haben einen gefährlichen Beruf." Bei ihm hatte also offenbar der Film das Gefühl wachgerufen: Wer in die Hände der Polizei fällt, ist verloren, es sei denn, daß einmal ausnahmsweise ein anständiger Polizist darunter ist. Im übrigen ist es nicht so sehr der Gedanke an die normale Polizei, die sogenannte Miliz, die dem Sowjetbürger Schrecken einjagt, als der an die Organe des KGB (früher: MGB bzw. MWD), des Staatssicherheitsdienstes.

Den westlichen Leser, der sich über den Einfluß von Verbrechergeschichten auf die Mentalität der jüngeren Generation Sorgen macht, wird es interessieren, daß auch in der Sowjetunion ähnliche Gedanken zu finden sind: In Moskau erklärten zwei Banden jugendlicher Gangster unabhängig voneinander bei der Vernehmung, sie hätten die Inspiration zu ihren Einbrüchen von der

Abenteuergeschichte „Der letzte Tresorknacker" jenes eben erwähnten Schriftstellers Schpanow erhalten.[27]

Die Wendung zum Besseren in der Justiz, die Bemühungen der Juristen, von denen man in der Presse lesen kann, das Auftauchen von Büchern und Filmen mit der beruhigenden Botschaft, daß der Staat nur echte Verbrecher strafen will – das alles ist im Volk, wie mir manche Gespräche mit Russen zeigten, mit großer Befriedigung zur Kenntnis genommen worden. Aber so wenig sich die Menschen in der Freude über die ersten wärmenden Strahlen der Sonne nach einem kalten Winter den Kopf zerbrechen, wie sie künftig kalte Winter verhindern können, so wenig bemerkt man bei den Sowjetbürgern ernsthafte Überlegungen über Mittel und Wege, eine Wiederkehr des Stalinismus unmöglich zu machen. Die erreichten und angestrebten Reformen beschränken sich auf den engeren Bereich der Justiz und sind als solche gewiß nicht zu unterschätzen, aber sie lassen die totalitären Grundlagen der Staatsmacht praktisch unberührt und können daher von den Politikern jederzeit wieder zunichte oder auf indirektem Wege wirkungslos gemacht werden.
Die in Jahrhunderten anerzogene Untertanengesinnung hat es mit sich gebracht, daß die Bevölkerung eine Verstärkung ihrer so lange mißachteten persönlichen Sicherheit nur durch *juristische* Maßnahmen im Rahmen des bestehenden Systems erwartet und keineswegs Tag und Nacht auf eine *politische* Neuordnung sinnt, welche das System als solches humaner machen und die Unverletzlichkeit der Grundrechte seiner Bürger wirksamer sichern könnte. Die alte Untertanengesinnung und der neue Beamtengeist bleiben als starke Hindernisse für die Entwicklung eines freiheitlichen politischen Denkens bestehen.
Und doch möchte ich nicht ganz pessimistisch sein. Auch ein Vierteljahrhundert Stalinterror hat das Bedürfnis der Menschen nach persönlicher Sicherheit nicht auszulöschen vermocht. Kaum war der Diktator tot, da begannen sie auf dem Gebiet der Justiz die völlige Willkür und Rechtlosigkeit ein wenig einzudämmen, sich also um die Rechte der Bürger zu kümmern. Diese Bürgerrechte aber haben in aller Welt den gleichen Sinn: einen unantastbaren Freiheitsraum gegen die staatliche Willkür abzugrenzen. Schließ-

lich wurde auch im Westen die Freiheit des Ganzen im Kampf um die Freiheiten des Einzelnen gewonnen. Auch in der Sowjetunion erhebt sich hinter den Bemühungen um die Freiheiten der Bürger, wenngleich zunächst nur schemenhaft wahrgenommen, das Bild der Freiheit selbst.

Tendenzen der Flucht in ein unpolitisches Privatleben, Bestrebungen zur Sicherung dieses privaten Bereichs gegen staatliche Willkür mit den Mitteln der Gesetzgebung und Rechtsprechung in einem totalen Staat, das sind gewiß auch schon Erscheinungen von politischer Bedeutung. Den Staat selbst stellen sie aber noch nicht in Frage; der unpolitische Bürger ist immer ein zwar nicht idealer, aber bequemer Untertan totalitärer Regime gewesen. Gibt es Kräfte und Bewegungen, die weiter gehen, die diese staatliche Autorität als solche, bewußt oder unbewußt, negieren und auf weitere Sicht untergraben könnten, gibt es Ansätze oder wenigstens Ansatzpunkte eines – „Widerstandes"?

Es würde einen der größten Triumphe des Bolschewismus bedeuten, wenn diese Frage mit einem runden Nein beantwortet werden müßte. Denn im alten Rußland – nicht etwa nur bei den unterworfenen Völkern und Volksstämmen, deren national bestimmter Widerstand hier außer Betracht bleiben kann – gab es diese Kräfte in mannigfacher Gestalt. Ein anarchisches Erbteil liegt dem Russen im Blute; man hat es vom zweiten Grundelement seines Volkstums, den schweifenden Kosaken, herzuleiten versucht[1], das zum seßhaften Bauerntum in einer nie ganz aufgelösten Spannung stand. Der europäische Anarchismus des neunzehnten Jahrhunderts, der dem deutschen Ordnungsdenken stets fremd geblieben ist, fand in Bakunin, Netschajew, Kropotkin bedeutende Theoretiker und zu revolutionärer Tat entschlossene Aktivisten. In welchem Ausmaß sie Lenin und den Seinen auch geistig den Boden bereitet haben, mag ein Satz aus dem von Bakunin und Netschajew gemeinsam verfaßten „Revolutionären Katechismus" zeigen:

„Der Revolutionär betrachtet nur das als moralisch, was der Revolution hilft, und das als unmoralisch und kriminell, was ihr im Wege steht."

In seiner Schrift „Anarchistische Moral" sprach Kropotkin den Terroristen, die den Zaren Alexander II. ermordet hatten, „das Recht zu töten" zu. Lenin freilich und die Seinen hielten von diesem „individuellen Terror" wenig; sie gingen aufs Ganze, und ihre Opfer zählten nach Millionen.

Ebenso aber lebte die anarchische Grundströmung in vielen der zahllosen für Rußland so charakteristischen Sekten, den sich selbst verstümmelnden Skopzen etwa, den Duchoborzen oder den Molokanen. Ihnen allen ist die Ablehnung jeder staatlichen Autorität gemeinsam, was sie freilich – auch das soll man nicht vergessen – keineswegs daran hinderte, im eigenen Bereich manchmal erst recht diktatorische Zustände herbeizuführen; man kann es ja da und dort erleben, daß Gruppen, die sich gegen die bestehende Ordnung auflehnen, in ihren eigenen Reihen um so fanatischer die Unterwerfung unter den Führerwillen fordern. Und auch den Revolutionen von 1905 und 1917 schlossen sich viele Russen nicht deshalb an, weil sie ein bestimmtes Bild einer staatlichen Neuordnung in sich trugen, sondern einfach, weil sie die bestehende, ja jede Ordnung stürzen wollten und angezogen wurden von dem marxistischen Dogma, daß nach dem Sieg der Arbeiterklasse der Staat absterben werde.

Sie wurden grausam enttäuscht – wie alle, die mit den Bolschewiken gegen den Zarismus gekämpft und ihnen erst in den Sattel geholfen hatten; sie alle wurden nach und nach unter den Willen der bolschewistischen Führung gezwungen – oder liquidiert. Die allein übriggebliebene Partei selbst aber wurde nach einem straffen Befehlssystem organisiert; das ist der Sinn der Formel vom „demokratischen Zentralismus".

Schon das Zarenregime war hart und fordernd, oft und über weite Zeiträume hinweg brutal gewesen; nun wurde diese Härte zum lückenlosen System erhoben. In dieser Hinsicht kann man bei all ihrer Verschiedenheit Iwan den Schrecklichen, Peter den Großen, Nikolaus I., Lenin und Stalin durchaus in einer Reihe nennen. Alle verlangten und erzwangen sie unbedingten Gehorsam gegenüber dem Willen des Staates, den sie allein zu repräsentieren beanspruchten; die Wünsche und Gefühle der von ihnen Beherrschten kümmerten sie wenig – die Zaren, weil sie sich im Glauben an ihr Gottesgnadentum für unfehlbar hielten, einen Lenin oder Stalin, weil sie überzeugt waren, daß nur die bolschewistische Führung die Gesetze der gesellschaftlichen Entwicklung kennt und, im Einklang mit ihnen handelnd, erst recht unfehlbar ist. Schon der „Zar-Befreier" Alexander II. hatte sein Reformwerk der sechziger Jahre des vorigen Jahrhunderts als eine „Revolution von oben" bezeichnet; Stalin entwickelte nun eine ganze Lehre der „Revolution von oben", durch die die Willkür der Herrschenden ideologisch begründet werden sollte, und Lenin hat viel exklusiver als irgendein Politiker vor ihm den Führungsanspruch der verschworenen politischen Elite theoretisch verfochten und praktisch verwirklicht. Nicht umsonst ist in ihren Augen, auch in den Augen der Nachfolger Stalins, die Anerkennung der „Diktatur des Proletariats" (das heißt der Partei als des „Vortrupps des Proletariats", und das heißt wiederum, der Parteiführung) der Prüfstein, an dem sich Freund oder Feind unterscheiden lassen.

Lenin und seine Anhänger, und das gilt erst recht für Stalin, legten zwar Wert darauf, sich immer wieder die Zustimmung des Volkes bescheinigen zu lassen, nicht zuletzt in sogenannten Wahlen. Aber die nicht nur – bis heute – praktizierte, sondern auch offen erklärte Absicht dabei war es nie, das Volk nach seiner Meinung zu fragen, sondern ihm ein „machtvolles", das heißt, jede Kritik widerlegendes und jeden Widerstand entmutigendes Bekenntnis zur autoritären Führung abzufordern; die Art, wie diese „Wahlen" im gesamten Ostblock manipuliert werden, wie nach den zahllosen Kurven der Generallinie nachträglich der Applaus des Volkes organisiert wird, läßt das mit aller Deutlichkeit erkennen.

Was die bolschewistischen Führer vom Volk wollen, ist Gehorsam und Disziplin – nicht Vertrauen und Liebe. Dem Kreml genügt es aber nicht, daß die Bevölkerung einfach gehorcht; er fordert die ständig wiederholte Beteuerung, daß sie freiwillig, aus Überzeugung und mit Begeisterung, die Befehle der Staatsführung ausführt und ihr grenzenlose Weisheit zubilligt. Die zahllosen Versammlungen, die Tag für Tag landauf, landab abgehalten werden, sind der Bevölkerung nicht nur zuwider, weil sie sie langweilen und um einen Teil der redlich verdienten Freizeit bringen, sondern auch, weil auf ihnen immer wieder Bekenntnisse zum Staat, seiner Ideologie und seinen Führern abgelegt werden müssen.

Vor einiger Zeit las ich die Geschichte eines während des Krieges in den Westen verschlagenen Sowjetprofessors, der sich in den Jahren davor das Pfeifenrauchen angewöhnt hatte, weil er – nur so seinen Gesichtsausdruck im Zaume zu halten vermochte; er hatte die Beobachtung gemacht, daß die Züge um den Mund noch verräterischer sind als sogar die Augen.[2] Wem das ein Übermaß an Vorsicht zu sein scheint, der erinnere sich daran, daß selbst ein Intellektueller sich in der Mahnung gefiel, bei Lippenbekenntnissen Verdächtiger deren Gebärde, Miene und Tonfall genau zu beobachten.[3] So stößt man immer wieder auf Menschen, die ein Doppelleben führen: nach außen enthusiastische Bekenner des Bolschewismus, stehen sie diesem in Wirklichkeit distanziert, ja mit starker Abneigung gegenüber. Viele Menschen bewegen sich gleichzeitig auf zwei Ebenen: auf der einen demonstrieren sie entschlossene Unterstützung des Regimes, auf der anderen lehnen sie es ebenso entschieden ab.

Bei anderen freilich wirkt der äußere Zwang nach innen weiter. Wenn Millionen Tag für Tag ein systemfreudiges Gesicht zeigen müssen, glauben die Machthaber damit rechnen zu können, daß die zur Schau getragene Haltung auch die innere Einstellung beeinflussen wird. Nicht ganz ohne Grund: es ist eine alte psychologische Erfahrung, daß stetige Wiederholung bestimmte Vorstellungen wie Reflexe „einschleifen" und – wenigstens bei nicht im kritischen Denken Geschulten – automatisch wiederkehren läßt, wenn sie gebraucht werden. Man rechnet damit, die Menschen abrichten zu können, wie es der große Physiologe Iwan Pawlow mit seinen Hunden tat, deren Speichel zu fließen begann, wenn eine bestimmte Glocke geläutet wurde, weil er sie daran gewöhnt hatte, daß dies nur zur Zeit der Fütterung geschah.

Ist diese großangelegte Dressur einer zweihundert Millionen starken und keineswegs unintelligenten Bevölkerung gelungen und damit jener anarchische Grundzug des russischen Menschen endgültig überwunden? Trifft die im Westen gängige Vorstellung vom „genormten Sowjetmenschen“ zu? Viele begreifen nicht, daß sie durch die Bejahung dieser Frage den Bolschewiken Wasser auf ihre Mühle leiten; denn damit wird ihnen der gewaltige Erfolg zugestanden, innerhalb von vierzig Jahren die Menschen – wie sie es behaupten – gänzlich verwandelt zu haben. Dies Zugeständnis dürfte man gleichwohl nicht scheuen – wenn es den Tatsachen entspräche. Doch wer so urteilt, verwechselt Schein und Wirklichkeit.

Das Fremde scheint immer uniform. Wer zum erstenmal nach China kommt, hat den Eindruck: „Alle Chinesen sind gleich.“ Bleibt man länger, merkt man bald, daß dies so wenig stimmt wie der Satz, den ein chinesischer Kurzbesucher in Deutschland mit demselben Recht aussprechen könnte: Alle Deutschen sind gleich. Gewiß sind in der Sowjetunion die Menschen „ähnlicher“ als im freien Westen. Das beginnt schon bei der Kleidung, denn die Konfektionsindustrie ist noch recht primitiv und bringt auch bei den Frauen immer wieder dieselben Schnitte und Stoffmuster. Tiefer wirkt schon der erzwungene Konformismus des äußeren Verhaltens, von dem wir sprachen, jene Mimikry, ohne die der Sowjetbürger kaum durchs Leben käme. Die alte Kasernenweisheit „Nicht auffallen!“ gilt erst recht für den totalitären Staat, in dem man am ehesten zu überleben Aussicht hat, wenn man sich möglichst wenig von den anderen unterscheidet. Profilierte und starke Persönlichkeiten sind einem totalitären Regime stets suspekt. Hunderttausende von ihnen sind unter Stalin beseitigt worden, die übrigen haben sich zur farblosen Durchschnittlichkeit erzogen. Man fühlt sich am sichersten, wenn man sich in den gewohnten, also von oben her bereits sanktionierten Geleisen bewegt. Die Abneigung, heiße Eisen anzufassen, etwas Besonderes zu riskieren, ist – aus gutem Grunde – weit verbreitet. Dudinzews hier schon mehrfach erwähnter Roman schildert drastisch und überzeugend, welches Schicksal der Einzelgänger riskiert, und sei er noch so tüchtig; sein Los ist Spott, Not, Hunger, Verdächtigung und schließlich ein sibirisches Gefängnis.

Solche Erfahrungen, Jahr um Jahr gemacht, gehen nicht spurlos an einem Volk vorüber. Gewisse Verhaltensweisen bilden sich in der Tat heraus, wenn auch nicht die nach Pawlows Vorgang erhofften: Tarnung wird zur Gewohnheit. Diskussionen, die poli-

tische Konsequenzen haben könnten, den „heißen Eisen“, wird planmäßig ausgewichen, es sei denn im kleinsten Kreis, der dem fremden Beobachter in aller Regel verschlossen bleibt. Dies gilt, sahen wir, besonders in den Geisteswissenschaften; die einschlägigen Zeitschriften der Sowjetunion sind voll von klagenden Leitartikeln, die sich darüber entrüsten, daß sich die Gelehrten in ihrer überwältigenden Mehrzahl bemühen, auf Straßen zu wandeln, die entweder möglichst ausgefahren sind oder in historisch möglichst weit zurückliegende Gefilde führen.
Dies alles ist unbestreitbar. Wie tief es reicht, wieweit auch die persönliche Vorstellungswelt des Einzelnen sich der normierenden Beeinflussung angepaßt hat, ist schwer zu sagen; beim Vergleich meiner Eindrücke in den USA und in der UdSSR scheint mir nicht, daß die Sowjetbürger in ihrem Denken und Fühlen stärker uniformiert sind als die Amerikaner; eher vielleicht umgekehrt.
Kaum hatte sich nach dem Tod des Diktators der Zwang ein wenig gelockert, da kam unter der konformistischen Tarnung der alte Russe zum Vorschein. Zwei kleine, unscheinbare Erlebnisse mögen dies verdeutlichen:
Eines Abends bestieg ich, nach dem Besuch des Puppentheaters, am Majakowskij-Platz den Autobus, um durch die Gorkij-Straße ins Hotel zu fahren. Bei den Moskauer Autobussen steigt man hinten ein und vorn aus, die Schaffnerin steht am hinteren Eingang und verkauft die Fahrscheine. Nach zwei Haltestellen erschien vorn eine Kontrolleurin. „Bürger“, sagte sie, „bitte die Fahrscheine vorzeigen.“ Dann begann sie von vorn nach hinten ihren Inspektionsgang.
Zwei Reihen vor mir saß eine etwa siebzehnjährige Blondine. Als die Kontrolleurin aufgetaucht war, erhob sie sich und ging nach hinten. „Wohin, wohin, Bürgerin?“ rief die Kontrolleurin.
„Einen Fahrschein lösen“, erwiderte das Mädchen.
„Wo sind Sie eingestiegen?“ fragte die Kontrolleurin durch den ganzen Bus hindurch mit strenger Stimme. Die Blonde murmelte etwas, was ich nicht verstand, aber ich wußte, daß sie schon im Wagen gesessen hatte, als ich ihn betrat. Die Schaffnerin verschränkte die Arme; sie wollte dem „Hasen“ – so nennt man in Rußland die Schwarzfahrer – bei diesem Stand der Dinge keinen

Fahrschein mehr verkaufen. Die Fahrgäste blickten interessiert auf den weiteren Verlauf der kleinen Affäre.
Da stiegen an der nächsten Haltestelle einige Personen zu, unter ihnen drei junge Leute, Studenten vermutlich, die rasch die Situation erkannten und – vier Fahrscheine lösten. Die Schaffnerin merkte nichts; sie gab mechanisch so viele Fahrscheine aus, wie verlangt und bezahlt wurden, und überdies achtete sie mehr auf die Auseinandersetzung mit der Blonden als auf die neuen Fahrgäste. Als nun die Kontrolleurin bei dem blonden „Hasen" anlangte und streng dreinschauend sagte: „Fünf Rubel Strafe, Bürgerin", hielt diese ihr einen Fahrschein hin, den ihr einer der drei jungen Leute zugesteckt hatte.
Die Kontrolleurin brauste auf. „Das geht nicht!" rief sie. „Sie hatten keinen Fahrschein, als ich einstieg. Fünf Rubel Strafe!"
Der Blonden war die Szene peinlich, aber sie wollte die fünf Rubel offensichtlich nur sehr ungern zahlen; vielleicht hatte sie sie auch nicht. Unentschlossen hielt sie den Fahrschein in der Hand, während die Kontrolleurin den drei jungen Leuten Vorwürfe machte, weil sie die Delinquentin vor der verdienten Strafe bewahren wollten.
Mittlerweile hatte erst leise, dann heftiger ein Gemurmel unter den Fahrgästen eingesetzt. „Eto besobrásije" [„Das gehört sich nicht"] tönte es. Aha, dachte ich, die Leute, die selbst ihr Fahrgeld bezahlt haben, ergreifen Partei für die Staatsgewalt und gegen den blonden Hasen, und wartete gespannt, was weiter geschehen würde. Da aber merkte ich zu meiner Überraschung, daß sich das Murren nicht gegen die Blonde, sondern gegen die Kontrolleurin richtete.
„Das Mädchen hat einen Fahrschein, also ist alles in Ordnung."
„Was geht es die Kontrolleurin an, woher die den Fahrschein hat?"
„Sie hat einen und basta."
„Soll man sich diese bürokratischen Methoden gefallen lassen?"
Die erboste Kontrolleurin wandte sich dem Publikum zu und setzte sich zur Wehr. Aber es half ihr nichts, sie hatte die Stimmung gegen sich. Der Autobus hielt. Das Mädchen stieg rasch aus. Hinterdrein lachend die drei jungen Leute.
„Schaut euch das an, Bürger", rief die Kontrolleurin wütend.

„Man wird ja noch sehen, wohin das führt! Wenn ein junges Mädchen von fremden Männern Geld annimmt, wie soll das noch enden?"

Die zweite Geschichte: Als ich an einem Vormittag auf dem Platz vor der Oper auf einen Bus wartete, sah ich, wie ein Mann in schnellem Lauf eine der für Fußgänger verbotenen Zonen überquerte, offensichtlich, um seinen Autobus noch zu erwischen. Er war kein Drittel hinüber, als schon das schrille Pfeifen des dort postierten Milizionärs einsetzte. Ohne sich darum zu kümmern, rannte der Mann weiter. Von meiner Seite des Platzes lief ihm händefuchtelnd ein zweiter Polizist entgegen. Der Mann schlug einen Bogen, um ihm auszuweichen. Dadurch verlor er etwas Zeit, und als er schnaufend bei der Haltestelle anlangte, war sein Bus fort.

Inzwischen hatte der erste Milizionär ihn eingeholt. Er war um einen Kopf kleiner als der Sünder, der fünfundzwanzig bis siebenundzwanzig Jahre alt sein mochte. Gleich bildete sich ein kleiner Kreis von Neugierigen um die beiden. „Zehn Rubel Strafe", sagte der Vertreter der Staatsgewalt.

„Habe ich nicht bei mir", erklärte der andere; mit einem Auge schaute er dabei immer nach dem nächsten Autobus aus.

„Dann müssen Sie mit mir auf die Wache."

„Kommt gar nicht in die Tüte! Ich bin auf dem Wege zur Arbeit und darf nicht zu spät kommen." Mit diesen Worten ging er auf den Bus zu, der eben vorgefahren war. Die Umstehenden lachten und feuerten ihn an. Der Milizionär versuchte, dem Mann den Weg zu verstellen und schrie immer lauter, um seine Autorität zu wahren.

Ein Armeeoffizier legte sich begütigend ins Mittel: „Lassen Sie doch den Mann laufen", sagte er zum Milizionär, „das ist doch kein Verbrechen. Sehen Sie, andere tun es auch." Und tatsächlich, seit der Milizionär durch diesen Streit abgelenkt war, war das Publikum im besten Zuge, das böse Beispiel nachzuahmen. Das erboste den Milizionär erst recht.

„Ordnung muß sein", schrie er auf den Mann ein, „Sie müssen zur Wache mitkommen. Wo bleibt die Autorität, wenn jeder macht, was er will!" Er packte seinen Gegner am Mantel. Jetzt wurde der böse.

„Faß mich nicht an", rief er laut und drohend. Der Milizionär ließ ihn los. Unversehens schob ihn der Mann beiseite und lief eiligen Schrittes auf den Bus zu. Der Milizionär hinter ihm drein. An der Tür des Autobusses kam es zwischen den beiden noch zu einem kleinen Handgemenge. Schließlich stieß der Mann den Milizionär so stark zurück, daß er taumelte, und sprang in den Bus. Die automatische Tür schloß sich, der Bus fuhr ab. Mit zornrotem Gesicht starrte der Milizionär ihm nach. Das Publikum aber lachte.

Immer wieder habe ich bei solchen Ereignissen in den letzten Jahren festgestellt, daß die Sympathien der Leute nicht auf der Seite der Staatsgewalt sind, sondern auf der Seite dessen, der gegen sie verstößt. Jedenfalls die spontanen Sympathien; ebenso oft wie offenbar vergeblich wird in der Presse Klage darüber geführt, daß das Publikum den Hütern der Staatsordnung bei deren Kampf gegen undisziplinierte Elemente nicht beistehe. Ist es zuviel gesagt, wenn man in solchen Entscheidungen die natürliche Reaktion auf die Überspannung des Terrors sehen will?

Daß es den Hütern der Ordnung auch nicht gelingen will, dem Sowjetbürger Respekt vor der Heiligkeit staatlichen Eigentums beizubringen, wurde an anderer Stelle dargelegt.[4] Offensichtlich hat er dem staatlichen Amoralismus einen eigenen Amoralismus gegenübergestellt; die Skrupellosigkeit, mit der sich Millionen am Staatseigentum vergehen, entspricht der Skrupellosigkeit, die sie im Verhalten des Staates ihnen selbst gegenüber erleben. Im allgemeinen weiß das Volk zwischen der Amoralität in öffentlichen und der Moral in persönlichen Dingen zu unterscheiden. Gewiß gibt es eine nicht geringe Zahl von Menschen, die gelernt haben, auch in privaten Dingen „dialektisch" zu denken und den Maßstab für Gut und Böse der jeweiligen Situation anzupassen. Von der Mehrheit aber kann man nach meinen Erfahrungen sagen, daß sich für sie ebenso (oder ebensowenig?) wie für uns in den Beziehungen zu den Mitmenschen „das Moralische von selbst versteht". Sie fühlen sich von der Amoralität der Führenden abgestoßen; ich glaube sogar, daß der Anti-Stalinismus mit aus Abscheu vor Stalins offenem Amoralismus zu erklären ist. Denn das in seiner Mehrheit gesund gebliebene Volk hat nicht nur das Bedürfnis nach festen, nicht mit den materiellen Bedingungen oder den

Entschlüssen der Führung wechselnden moralischen Maßstäben; es trägt sie selbst in sich. Sie finden ihren stärksten Ausdruck in dem Begriff der „Prawda", der Gerechtigkeit und Wahrheit, von dem im Kapitel über Religion ausführlich die Rede war. Hier kommt es darauf an, den unversöhnlichen Gegensatz zu sehen, in dem sie zur bolschewistischen – vor allem zu Stalins – Theorie und Praxis stand.

Menschen, die sich selbst als loyale Staatsbürger und Anhänger des Regimes oder gar treue Söhne der Partei betrachten, konnten damals jederzeit damit rechnen, als Schädlinge ergriffen und liquidiert zu werden. Denn für einen Stalin war grundsätzlich jedermann zunächst ein potentieller Verräter und Saboteur. Daß dies auch nach dem Kriege so blieb, obgleich die Menschen für diesen Stalin und diesen Staat ihr Leben aufs Spiel gesetzt hatten, wurde von vielen ebenso als Mißachtung ihrer menschlichen Würde betrachtet wie die Forderung, ständig widersinnige Dinge zu wiederholen, und dies noch mit dem Ausdruck höchster persönlicher Befriedigung, als Mißachtung ihrer Vernunft.

Auch unter Stalins Nachfolgern ist diese Beleidigung des gesunden Menschenverstandes zunächst weiter praktiziert worden. Wie anders soll man es bezeichnen, wenn zum Beispiel nach der Erschießung Berijas, des langjährigen allmächtigen Chefs der Staatspolizei, die Subskribenten der Großen Sowjetenzyklopädie einen Brief erhielten, in dem sie aufgefordert wurden, die Seiten 21 bis 24 des fünften Bandes, welche Bild und Biographie Berijas enthielten, herauszuschneiden und durch andere zu ersetzen, die eine ausführliche Abhandlung über das Beringmeer enthielten? Oder wenn Band 40 der gleichen Enzyklopädie, der eigentlich Anfang 1956 hätte erscheinen sollen, zwei Jahre auf sich warten ließ, während die Bände 41 bis 50 laufend weitererschienen, nur weil man sich oben nicht schlüssig war, wie man die im Band 40 (Sok-Sti) fällige Stalinbiographie abfassen sollte?

Zum extremsten Beispiel dieser Methode aber wurde das Schauspiel der *Entstalinisierung* im Jahre 1956. Der Zufall wollte, daß ich es in Moskau miterlebte. Offiziell endete der Kongreß an einem Freitag; für den Sonnabend war, so hieß es in jenen Tagen in Moskau, eine große Demonstration auf dem Roten Platz vorgesehen, in der das Volk von Moskau dem „Führerkollektiv", das sich auf dem Kongreß bewußt kollegial gebärdet hatte, eine jener „spontanen Huldigungen" darzubringen hatte. Das Gerücht fand sich bestätigt, als am Donnerstag und Freitag Kolonnen von Arbeitern auf den Zufahrtsstraßen zum Roten Platz farbige Linien auf den Asphalt malten, was jedesmal vor den großen Demonstrationszügen und Paraden geschieht, um den Strom der Hunderttausende zu gliedern. Aber die Demonstration fand nicht statt; statt dessen sah man an diesem Sonnabend eine ungewöhnlich große Zahl von Autos am Kreml stehen; offensichtlich wurde dort eine wichtige Sitzung abgehalten, über deren Thema und Verlauf jedoch nichts bekannt und zunächst auch nichts Sensationelles vermutet wurde.

Aber schon die paar Andeutungen vorsichtiger Kritik gegen Stalin, die während des Kongresses bekannt geworden waren, hatten genügt, um die Menschen zum Nachdenken zu bringen. Der Russe ist nicht dumm; gerade die Bauernschlauheit des Dorfbewohners findet sich in politischen Fragen erstaunlich rasch zurecht. Man versteht, zwischen den Zeilen zu lesen und zu kombinieren. Ich erlebte das wieder einmal, als ich fünf Tage nach Chruschtschows erster, der öffentlichen Rede, an einem Sonntag, der Einladung des damaligen amerikanischen Botschafters Charles Bohlen zum Skilaufen auf seine Datsche Folge leistete. Eine Weile war ich allein unterwegs. Dabei passierte ich ein Dorf und kam mit einem Bauern ins Gespräch, der vor seinem Hause Holz spaltete. Um etwas zu sagen, fragte ich ihn: „Wie heißt Euer Kolchos?"

Der Bauer, ein Mann in den Fünfzigern, mit hundert Fältchen im pfiffigen Gesicht, sah mich prüfend an, überlegte einige Sekunden und sagte dann mit ruhiger Stimme, aber mit einem kleinen Schalk in den Augenwinkeln: „Bis jetzt noch Stalin-Kolchos." (Poká jeschtschó Stálinskij.)

Der Bauer hatte offenbar eine gute Nase: die Bombe platzte erst zwei Wochen später. Auf einem Empfang, den die französische Botschaft für den Ex-Präsidenten Auriol gab, stieß ich im Gewühl auf einen westlichen Botschafter, der als einer der bestinformierten Ausländer galt. Er zog mich beiseite und sagte leise, soeben sei ihm die Information zugegangen, daß Chruschtschow zum Abschluß des Kongresses eine geheime Rede mit schwersten Vorwürfen gegen Stalin gehalten habe. Andere hatten dasselbe gehört. Geflüstert, aber unaufhaltsam verbreitete sich die Nachricht unter den Gästen. Bald sah man in allen Ecken kleine Gruppen stehen, die die Köpfe zusammensteckten. Ich sprach einige der anwesenden Russen an; wie immer bei solchen Anlässen waren neben den Vertretern der Partei und des Staates auch sowjetische Journalisten, Schriftsteller, Künstler eingeladen. Auf die Neuigkeit angesprochen, setzten sie steinerne Gesichter auf und wechselten das Thema.

Von diesem Abend an gab es für die ausländischen Beobachter kaum ein anderes Ziel, als mehr über die geheimnisvolle Rede zu erfahren. Die Ausländerkolonie Moskaus stellt eine Nachrichtenbörse ersten Ranges dar. Man trifft sich fast täglich bei Empfängen, Diners, Cocktailparties, Sonntagsausflügen, Theaterbesuchen. Da die Zensur tagelang kein Wort über Chruschtschows Geheimrede passieren ließ, konnten sich die Auslandskorrespondenten, die sonst aus Konkurrenzgründen untereinander recht zurückhaltend sind, gegenseitig getrost alle Informationen anvertrauen. Jeder ließ seine sämtlichen Verbindungen spielen, und in überraschend kurzer Zeit gelang es, das Gerippe der Rede zu rekonstruieren, die inzwischen in zahlreichen geschlossenen Versammlungen in Moskau und den wichtigsten Städten verlesen worden war. Ihr voller Wortlaut wurde freilich erst Monate später vom amerikanischen Außenministerium veröffentlicht, das sie durch eine undichte Stelle in einem osteuropäischen Lande beschafft hatte.[5]

In unserem Zusammenhang kommt es weniger auf den so bekannt gewordenen Inhalt der Rede an als auf die Reaktion, die sie im Volk fand. Ich habe daher in jenen Wochen jeden Menschen angesprochen, mit dem ich zu tun hatte, nicht nur die Taxifahrer, die ja bekanntlich in aller Welt dem Ausländer als „Stimme des Volkes" dienen, sondern auch Nachbarn im Autobus oder im Restaurant, Garderobieren im Theater, Straßenbahnschaffner, Menschen, die mit mir in einer Schlange standen oder neben mir im Kino saßen. Die Antworten waren viel verschiedenartiger, als man dies vom „normierten Sowjetmenschen" erwartet hätte.

Da gab es einmal die bitteren Feinde des toten Tyrannen, denen

seine Entmythologisierung größte Genugtuung bereitete. Von denen konnte man Sätze hören wie diese:
„Geschieht ihm recht, dem Blutsauger! Wieviel Menschen hat er ins Unglück gestürzt! Denen, die er geschunden und gemordet, ist damit freilich nicht mehr gedient, aber ihren Angehörigen mag es eine Genugtuung sein. – Schon längst hätte man über ihn die Wahrheit sagen sollen! – Hoffentlich wird seine Leiche bald aus dem Mausoleum entfernt. Gerade die Besten hat er umgebracht, Leute wie Bucharin oder Rykow – waren die etwa gegen das Volk? Sie waren nur anderer Ansicht, und darum hat er sie beseitigt. Er wollte allein herrschen."
Das andere Extrem bildeten Stalins unentwegte Verehrer, die vor allem unter der jüngeren Generation zu finden waren. Sie sagten: „Es ist eine Schurkerei, den großen Mann drei Jahre nach seinem Tode so in den Dreck zu ziehen. Wer hat den Krieg gewonnen? Wer hat Rußland aus einem rückständigen Land, über das die Welt spottete, zum mächtigsten Staat der Welt entwickelt? Stalin! Er war der wahre Fortsetzer des Werkes Lenins; er war ein großer Mann, wie Iwan oder Peter. Gewiß ist manches Böse unter ihm geschehen, aber noch viel mehr Gutes!"
Dann gab es die Gruppe jener, die der Sturz des toten Diktators zum Nachdenken über seine Nachfolger veranlaßte. „Jahrelang haben diese Leute eng mit ihm zusammengearbeitet und ihm aus der Hand gefressen. Noch vor drei Jahren lagen sie vor ihm auf dem Bauch. Auch nach seinem Tode haben sie noch vor ihm gezittert. Erst jetzt haben sie den Mut gefunden, ihn anzugreifen. Wo sind sie denn gewesen, als er diese Untaten beging? Neben ihm haben sie gestanden und einen Teil der Schuld auf sich geladen! Und ist es jetzt so viel besser geworden? Meine Schwägerin ist vorige Woche zu drei Jahren und Konfiszierung des Vermögens verurteilt worden, weil sie ein paar Fische weiterverkaufte. Spekulation nannte man das. Es ist immer so: die Kleinen werden bestraft, während die Großen nicht wissen, wohin mit dem Geld. Wie soll der Mensch leben ohne solche kleinen Nebenverdienste?"
Doch fanden sich auch solche, die Stalins alte Mitarbeiter in Schutz nahmen: „Sie waren dagegen, aber sie konnten nichts ausrichten. Stalin hatte ja die ganze Macht in Händen, und dazu die

Staatspolizei; Woroschilow hat sogar einmal auf ihn geschossen und ihm die rechte Hand verletzt, aber der Herrgott wollte wohl unsere Leiden noch nicht beenden."

Viele schließlich nahmen auch das mit Gelassenheit hin. Als ich bei einem Besuch in der Tretjakow-Gemäldegalerie kurz nach dem Parteitag das Verschwinden der vormals dort hängenden Stalinbilder feststellte und mit einem Besucher mittleren Alters über diese Veränderung sprach, sagte er achselzuckend: „Es ist immer dasselbe: Der neue Hausherr stellt die Möbel des Vorgängers um, damit er nicht an ihn erinnert wird."

Recht groß war die Zahl derer, aus deren Antworten nicht so sehr ein Für Stalin oder Wider Stalin, als vielmehr die schwere Verwirrung sprach, in die sie nun gestürzt waren. Ein Handwerker, mit dem ich an einem Neubau ins Gespräch kam, ein Mann etwa Mitte Dreißig, sagte: „Jahrelang, von frühester Kindheit an, wurde mir Stalin als der Große, der Gütige, der Weise dargestellt, und ich habe es für bare Münze genommen. Jetzt soll auf einmal alles anders sein. Ich weiß überhaupt nicht mehr, was ich künftig glauben soll. Aber das ist ja schließlich nicht so wichtig." Er machte eine wegwerfende Gebärde. „Was mich bedrückt, ist eine andere Frage: Wie soll ich das alles meinen Kindern erklären? Bei mir ist es egal. Ich bin ein Erwachsener, der manchen Puff vertragen kann, aber den Kindern, die im Kindergarten und in der Schule nur vom lieben Stalin hörten und Lieder sangen, nun sagen zu müssen, daß der liebe Stalin ein Tyrann und Menschenschinder war, das ist schwer; ich traue mich noch gar nicht, es zu tun."

Was die Intelligenzia betraf, so hatte diese im ganzen an der Entstalinisierung als solcher wenig auszusetzen; gerade in ihren Kreisen hatte Stalins harte Hand tiefe Wunden geschlagen und war der brutale Autokrat, der sich als „höchste Koryphäe" der Wissenschaften und Künste preisen ließ, besonders verhaßt. Aber daß seine Nachfolger innerhalb weniger Tage das Steuer so vollständig herumwarfen, von seiner Vergottung zur bitteren Verdammung umschwenkten und von ihnen verlangten, diese Kehrtwendung mitzumachen, das eben empfanden viele unter den geistig etwas anspruchsvolleren Menschen als eine Verhöhnung ihrer Intelligenz. Umgekehrt sahen sich diejenigen, die sich zu

Instrumenten der Stalintyrannei degradiert hatten, nun völlig aus der Bahn geworfen; das bekannteste Beispiel für diese Gruppe bietet der führende Literaturkommissar Stalins, Alexander Fadejew, der von 1936 bis 1954 (mit einer kurzen Unterbrechung) Generalsekretär des Schriftstellerverbandes gewesen war und der sich wenige Wochen nach der Entstalinisierungs-Erklärung Chruschtschows eine Kugel durch den Kopf jagte.

Jene Wochen in Moskau nach dem XX. Parteitag gehören zu den erstaunlichsten Erlebnissen meines bunten, unter vielen und sehr verschiedenen Völkern verbrachten Lebens. Nur wenn man sich vergegenwärtigt, wie zynisch und unverfroren die Entstalinisierung vollzogen wurde, kann man voll ermessen, mit welch souveräner Verachtung die Parteiführung die Intelligenz des Volkes behandelte. Auch hierzu wieder einige persönliche Eindrücke.

Den Kampf an den Garderoben hat man an vielen Moskauer Theatern schon seit Jahren dadurch beseitigt, daß man die Besucher nach Schluß der Vorstellung nur in Gruppen herantreten läßt. So hält man es auch in dem prunkvollen Theater, das sich im „Zentralhaus der Sowjetarmee“ befindet. Als ich mir dort Mitte Februar 1956 ein Stück ansah, ergab es sich, daß die Theaterdienerin unmittelbar vor mir den Strom zu der einen Stock tiefer gelegenen Garderobe stoppte. Ich stand also mit vielen anderen etwa fünf Minuten auf dem oberen Treppenabsatz mit dem Blick auf das neobarocke Treppenhaus. Unmittelbar vor Augen hatte ich ein etwa zehn Quadratmeter großes Gemälde, eine Kopie jenes bekannten Bildes von A. M. Gerássimow, das Stalin und Woroschilow im Kreml einherschreitend darstellt; ein effektvolles Bild, die beiden Marschälle, in wehenden Uniformmänteln, durchaus geeignet für ein Prachttreppenhaus im Hause der Armee. Dann zog die Angestellte das als Sperre dienende Seil beiseite, und der Strom flutete weiter zur Garderobe.

Etwa drei Wochen später war ich wieder im gleichen Theater zur Premiere eines zeitgenössischen Stückes. Der Zufall wollte es, daß die Theaterfrau wieder gerade vor mir das Seil vorzog und ich mich zum zweitenmal am oberen Absatz des Treppenhauses festgehalten fand. Plötzlich wurde mir, mit einem inneren Ruck, bewußt, daß ich das große Gemälde nicht mehr sah. Litt ich an Halluzinationen? Ich drehte mich um. Nein, sonst war alles ganz

wie damals – bis auf das Bild. An der Stelle, wo ich es gesehen hatte, stand auf einem Holzsockel ein riesiger, wohl dreiviertel Meter hoher Leninkopf vor dem Hintergrund eines dunkelroten, in Falten drapierten Samtvorhangs. Die weiße Büste gegen den roten Samt – auch das sehr wirkungsvoll! Aber wo war das Bild? Um ganz sicher zu gehen, fragte ich die Frau: „Wo ist das Gemälde mit Stalin und Woroschilow geblieben?“ Sie verzog keine Miene: „Hinter dem roten Samt“, sagte sie. Dann gab sie uns den Weg frei zu den Garderoben.
In dem Herrenhaus von Gorki, dreißig Kilometer von Moskau, in dem Lenin während seiner Krankheit lebte und im Januar 1924 starb und das seit Jahren ein Museum ist, wurde den Besuchern bis vor kurzem außer den Zimmern Lenins auch das Zimmer gezeigt, in dem Stalin zu übernachten pflegte, wenn er Lenin besuchte. Die Museumsführer unterließen es auch nicht, auf die beiden Stühle im Garten hinzuweisen, auf denen – wie eine berühmte Fotografie zeigte – Lenin und Stalin oft saßen, wenn sie sich unterhielten. Als ich – nicht lange nach dem XX. Parteitag – nach Gorki kam, war Stalins Stuhl verschwunden; Stalins Zimmer wurde schlicht als „Gästezimmer“ bezeichnet.
Die große Ausstellung der Geschenke, welche Stalin zu seinem siebzigsten Geburtstag aus aller Welt erhalten hatte und die im Revolutionsmuseum ausgestellt waren, wurde über Nacht geräumt. Den einen Sonntag sah ich noch zahlreiche Zimmer mit diesen Geschenken angefüllt, den nächsten waren viele von ihnen verschwunden; an den noch verbliebenen Stalingeschenken waren die Schilder neu geschrieben: aus „Geschenken zum siebzigsten Geburtstag des Führers Stalin“ waren simple „Jubiläumsgeschenke“ geworden.
Als sich wenige Tage nach dem Ende des Parteitages Stalins Todestag zum drittenmal jährte, nahm niemand offiziell Notiz davon. Aber ganz vergessen war Stalin nicht. Ich habe mich an jenem Tage lange auf dem Roten Platz vor dem Mausoleum aufgehalten, in dem die einbalsamierten Leichen Lenins und Stalins nebeneinander liegen. Das Mausoleum, durch das sich seit vielen Jahren endlose Menschenschlangen winden, war geschlossen. Der Todestag war nämlich in diesem Jahre auf einen Montag gefallen, und montags ist das Mausoleum für den Besuch gesperrt.

Auch der Menschenstrom, der sonst zum großen Warenhaus GUM den Roten Platz entlangfließt, fehlte, denn montags ist auch das GUM geschlossen. So war der weite Platz an jenem Montag fast leer.
Und doch unterschied sich das Bild von dem anderer Montage: Vom Morgen bis zum Abend standen vor dem Eingang des Mausoleums kleine Menschengruppen. Manche waren wohl einfach Neugierige, wie sie immer in der Nähe des Mausoleums zu finden sind; unter ihnen kannten viele vermutlich die Bedeutung des Tages nicht. Wie sollten sie auch – die Prawda, die montags als einzige Zeitung erscheint, hatte mit keiner Zeile des Todestages gedacht. Aber einige der Zuschauer waren offensichtlich in Kenntnis des Datums gekommen. Ein Mann, der lange still dastand und dem einige Tränen übers Gesicht liefen, ging zum Polizisten und fragte, ob er nicht doch ins Mausoleum könne, er sei von weit hergekommen. „Nein", sagte der, „heute ist Montag."
Um die Mittagszeit hörte man über dem Lärm des Verkehrs, der an Montagen ebenfalls geringer ist als gewöhnlich, eine laute weibliche Stimme. Zwischen dem Spasskij-Tor in der Kremlmauer und dem weißen Steinrondell (an der Stelle der mittelalterlichen Richtstätte) stand eine einfach gekleidete Frau von etwa fünfundfünfzig Jahren und rezitierte eine Hymne auf Stalin. Ich kannte das Gedicht nicht; wie Tausende dieser Art von Lobpreisungen nannte es Stalin den Vater der Völker, den weisen Schüler Lenins. Die Frau sprach auswendig, mit angespanntem blassem Gesicht, den Blick auf das Mausoleum gerichtet. Niemand störte sie, aber es kümmerte sich auch niemand um sie, von drei oder vier Menschen abgesehen, die sich in die Nähe stellten, zuhörten, keine Miene verzogen, keine Bemerkung machten und wieder gingen, als die Frau geendet hatte, sich umwandte und über den Platz davonschritt.
Diese Worte einer Einzelnen, die Tränen des Mannes aus der Provinz und einige bescheidene Blumensträußchen auf der Balustrade aus rotem Granit vor dem Mausoleum – das war alles, was an den Todestag Stalins erinnerte. Ich habe die Sträußchen gezählt. Es waren sieben, zwei aus Papierblumen, drei aus Mimosen und zwei aus Schneeglöckchen, wie man sie an den Straßenecken Moskaus in der Jahreszeit kaufen kann.

Jenes Gedicht, das einsam über den Roten Platz hallte, jene Blumensträußchen – mir erschienen sie zugleich als ein Protest gegen die Formen, unter welchen sich die Entstalinisierung vollzog, ein Protest von Menschen, die sich nicht wie Marionetten einmal nach links, einmal nach rechts drehen lassen wollen. Die Sowjetbürger reagieren je länger desto ablehnender auf Versuche, ihnen ein X für ein U vorzumachen, zumal wenn die Kurven der Generallinie ihnen in so kurzem Zeitabstand so jähe Wendungen zumuten wie in der Wertung Stalins.
Denn inzwischen hat, wie bekannt, wieder eine Restalinisierung eingesetzt. Die Ereignisse in Polen und Ungarn zeigten Chruschtschow, wie gefährlich es ist, die Zweifel und das Nachdenken der Völker zu wecken. Bald nach der Niederschlagung des ungarischen Freiheitskampfes begann er wieder mit größerem Respekt über Stalin zu sprechen. Schon im Januar 1957 war die neue Linie sichtbar. Auf einem Empfang in der Chinesischen Botschaft zu Ehren von Tschou En-lai sprach Chruschtschow von einer „Tragödie Stalins“, der seine Fehler in der Überzeugung begangen habe, damit der Revolution und dem Sozialismus zu dienen. Was die entscheidenden Fragen betreffe – Verteidigung der Interessen der Arbeiterklasse; Sozialismus; Kampf gegen die Feinde des Marxismus-Leninismus –, so „möge Gott geben, daß jeder Kommunist so zu kämpfen versteht, wie Stalin kämpfte“. Das in den Zeitungen veröffentlichte Stenogramm verzeichnet nach diesem Satz: „Stürmischer Applaus“. Dadurch angeregt fuhr Chruschtschow fort:

> „Für uns alle, die wir unser Leben dem revolutionären Kampf für die Interessen der Arbeiterklasse und ihren kämpferischen Vortrupp, die Partei Lenins, geweiht haben, ist der Name Stalins untrennbar mit dem Marxismus-Leninismus verbunden. Daher wünscht jeder unter uns Mitgliedern der Kommunistischen Partei der Sowjetunion, der Sache des Marxismus-Leninismus und des Kampfes für die Interessen der Arbeiterklasse so treu zu sein, wie dies Stalin war.“ [6]

In knapp einem Jahr hatte sich also das Rad der Beurteilung Stalins durch seine Nachfolger von der Bewunderung zur Verdammung und zurück zu einer, freilich mit einigen Vorbehalten

verbundenen, neuen Bewunderung gedreht; dies ist auch der Tenor der mit großer Verspätung erschienenen Stalinbiographie im Band 40 der Großen Sowjetenzyklopädie.[7] Inzwischen hat die Restalinisierung weitere Fortschritte gemacht. Kritik wird nur noch selten an Stalin geübt. Seinen 79. Geburtstag beging die Sowjetpresse wieder in größerem Stil.[8]
Die intelligenteren unter den Sowjetmenschen, die nicht nur wie Papageien die ihnen von oben vorgesetzten Parolen nachplappern, können diese geistige Akrobatik nicht anders als mit Zynismus verfolgen. Daß sich auch Chruschtschow der Gefahr bewußt ist, durch allzu plötzliche Kurswechsel seine Glaubwürdigkeit einzubüßen, verrieten seine Worte an die Künstler und Literaten im Frühjahr 1957: „Wir waren aufrichtig in unserer Verehrung für Stalin, als wir an seinem Sarge weinten."[9]
Chruschtschow hatte die Abwertung Stalins auf eine simple Formel gebracht: Der Verstorbene habe im Grunde nur *einen* Fehler begangen; er sei dem „Persönlichkeitskult" – wir würden besser sagen: dem Führerkult – verfallen, und daraus habe sich alles weitere ergeben. Vermutlich wollte Chruschtschow eine möglichst einfache Erklärung, um das Volk nicht allzu konfus zu machen. Nun hatte gerade die von ihm gewählte Formel den Nachteil, daß sie es – wenigstens zunächst – unmöglich machte, die Abwertung Stalins mit einer Heroisierung Chruschtschows zu koppeln; das wäre ja ein neuer Führerkult gewesen. Da man aber ohne unfehlbare Propheten, und seien es auch nur tote, nicht auskommen zu können glaubte, ging die Verurteilung Stalins mit einer mächtigen Glorifizierung Lenins Hand in Hand. Man könnte fast sagen: Das Gesamtvolumen des Führerkults hat sich nach der Diskreditierung Stalins nicht vermindert, nur die Verteilung zwischen den Propheten hat sich verschoben. Während auf Stalin in seinen letzten Lebensjahren – sagen wir – achtzig, auf Lenin zwanzig Prozent Führerehre entfielen, gehörten nach der Entstalinisierung zunächst alle hundert Prozent Lenin allein. In den drei Jahren seither hat sich rapide ein Chruschtschow-Führerkult herausgebildet; der Prozentsatz ist nun etwa: fünfundsechzig Prozent Lenin, dreißig Chruschtschow, fünf Stalin.
Von der als Leninismus getarnten Kritik am Regime wird im nächsten Kapitel die Rede sein. Chruschtschow nimmt die Kritiker

natürlich nicht als Leninisten aufs Korn – damit würde er sich selbst desavouieren –, sondern als Revisionisten. Alles, was ihm nicht paßt, wird als „Revisionismus" abgetan, den man sehr dehnbar definiert. Die unter Stalin einigermaßen festen ideologischen Grundlagen sind daher völlig ins Schwimmen geraten. Die Desorientierung des Volkes war noch nie so groß.
Vor allem das nun unvermeidliche Umschreiben der Sowjetgeschichte führte in einen Irrgarten ohne Ausweg. Wer Woprossy Istorii, das Zentralorgan der Sowjethistoriker, seit Anfang 1956 liest, erkennt das ganze Ausmaß des angerichteten Chaos. Das offizielle Bild der Geschichte der Revolution, des Bürgerkrieges und der zwanziger und dreißiger Jahre stellt heute nur noch einen Trümmerhaufen dar. Die Verrenkungen, zu denen man sich gezwungen sieht, sind geradezu unbeschreiblich. Da gab es zum Beispiel einen Artikel des damaligen stellvertretenden Schriftleiters der Zeitschrift, E. N. Burdshalow, der das Verhalten Stalins 1917, in der Zeit vor dem Eintreffen Lenins aus dem Ausland, kritisierte.[10] Den Burdshalow attackierte die Professorin Bondarewskaja, die Professorin Bondarewskaja wiederum der Historiker Nossow[11] und schließlich die Prawda den ganzen Redaktionsstab der Woprossy Istorii[12], der daraufhin völlig umgestaltet wurde, wobei ein Teil der Redaktion auf der Strecke blieb. Stalins Rolle im Bürgerkrieg bildete einen ähnlichen Streitpunkt. Trägt zum Beispiel das alte Zarizyn seinen heutigen Namen Stalingrad zu Recht, oder stimmt es gar nicht, daß Stalin bei der Verteidigung dieser Stadt gegen die Weißen 1918 und 1919 die ausschlaggebende Rolle gespielt hat? Wahrlich, die Aufgabe des Historikers ist schon schwer genug, wenn er bei Vorgängen, die sich in chaotischen Zeiten abspielten, die Tatsachen zu rekonstruieren hat; sie ist unlösbar, wenn er dabei die jeweiligen Wünsche der jeweils Regierenden zur Richtschnur nehmen muß.
Doch nicht um die Sowjethistoriker geht es uns hier, die nun eben ihr „Berufsrisiko" auf sich nehmen müssen, sondern um das Volk, das infolge der Vorgänge seit Stalins Tod ratloser und skeptischer denn je auf die Kremlbühne und ihre rasch wechselnden Kulissen blickt. Dies um so mehr, als sich im gleichen Jahr 1956 auch auf der Weltbühne vor seinen Augen Dinge zugetragen haben, die das Auseinanderklaffen von Schlagwort und

Wirklichkeit kraß demonstrieren. Denn über diese Vorgänge wurde der Sowjetbürger von seiner Presse zwar einseitig, aber ausführlicher ins Bild gesetzt, als man im Westen meint.
In den Tagen des ungarischen Freiheitskampfes zum Beispiel erfuhr der Sowjetleser aus den Moskauer Zentralzeitungen, daß ein ungarischer Altkommunist, den die Presse noch Ende Oktober „Genosse Nagy“ tituliert hatte, plötzlich auf der Gegenseite stand, daß ihm ein großer Teil der „Werktätigen“, insbesondere der Jugend, „aus ehrlichen patriotischen Überzeugungen“ dabei folgte, daß die Sowjettruppen eingreifen mußten, um mit ihm fertig zu werden, daß schließlich die erbitterten Kämpfe zum Stillstand des Wirtschaftslebens, zu riesigen Verlusten an materiellen Werten und zum allgemeinen Chaos führten. Ja, sie erfuhren sogar aus einer Botschaft Eisenhowers an Bulganin, auch wenn diese mit fünftägiger Verspätung veröffentlicht wurde, daß

> „die neue Gewaltanwendung [der Sowjetunion] gegen Regierung und Volk Ungarns in dem Augenblick erfolgte, in dem Verhandlungen zwischen den sowjetischen Vertretern und den Vertretern der ungarischen Regierung geführt wurden.“ [18]

Für jede Kampfmaßnahme wird der Sowjetsoldat gedrillt, nur nicht für das blutige Geschäft, welches er in Ungarn auszuführen hatte: für die Unterdrückung eines echten Volksaufstandes, der sich ganz nach den Revolutionsregeln Lenins – aber gegen Lenins Nachfolger – abspielte. Bei der häufigen Ablösung, mit der man der Infizierung der Truppen durch die ungarischen Ereignisse entgegenzuwirken suchte, müssen es Hunderttausende von Soldaten gewesen sein, welche im Herbst 1956 in Ungarn (und Polen) standen. Die Vermutung liegt nahe, daß diese „Bazillenträger“ geworden sind, nicht anders als jene russischen Truppen, die in der napoleonischen Zeit auf mittel- und westeuropäischen Schlachtfeldern kämpften und dort die freiere westliche Lebensart kennenlernten. Die Geschichten von den „faschistischen Horden“, mit denen es die Sowjettruppen angeblich in Ungarn zu tun hatten, ließen sich vielleicht naiven Prawda-Lesern auftischen; die Offiziere und Mannschaften der an Ort und Stelle eingesetzten Sowjetdivisionen wissen es besser.
Während der Freiheitskampf der Ungarn dem Sowjetbürger

als Werk ausländischer Agenten dargestellt wurde, drangen über den polnischen „Frühling im Oktober", weil sich Moskau mit Gomulka arrangiert hatte, zahlreiche authentische Nachrichten in die Sowjetunion ein. So erfuhren die Sowjetleser zum Beispiel, daß sich angesehene kommunistische Künstler Polens leidenschaftlich gegen den Sozialistischen Realismus wandten, unter dessen eiserner Stiltyrannei die Sowjetliteratur lebe; daß sie ihn verantwortlich machen für den „völligen Stillstand der Sowjetliteratur seit den dreißiger Jahren" und ihn mit einer Zuchtrute vergleichen, die sich „die Speichellecker und Lobhudler" des Regimes für ihre Zwecke angeschafft haben.[14]

Wie heißen die von den Polen und Ungarn vorgebrachten Grundforderungen? Um einige zu nennen: Mehr Freiheit! Größere persönliche Sicherheit! Etwas bessere Entlohnung! Etwas weiterer geistiger Bewegungsraum! Gewerkschaften, welche die Interessen der Arbeiter wahrnehmen und nicht dem Staat als zusätzliches Zwangsinstrument gegenüber den Arbeitern dienen! Mitspracherecht durch echte Arbeiterräte! Und diese Wünsche sind in der Bevölkerung der Sowjetunion ebenfalls vorhanden, auch wenn sie dort bis jetzt nicht mit derselben Offenheit wie in Polen und Ungarn vorgetragen wurden.

Wie muß es gewirkt haben, als aus demselben Anlaß Hunderttausende von Lesern aus der sowjetischen Intelligenzia den vollen Wortlaut eines Protestes gegen das sowjetische Vorgehen in Ungarn lasen, den führende Schriftsteller der französischen Linken, darunter Jean-Paul Sartre und andere oft gerühmte „Freunde der Sowjetunion", verfaßt hatten? In dieser Erklärung stehen die Worte: „Den Sozialismus kann man so wenig wie die Freiheit auf Bajonetten bringen."[15]

Daß der Sowjetleser auch sonst ausländische Äußerungen, die eine direkte oder indirekte, auf jeden Fall aber eindeutige Kritik an sowjetischen Taten und Zuständen bedeuten, in seiner Presse fand, wird später in anderem Zusammenhang mit weiteren Beispielen zu belegen sein[16]; aus welchen Gründen sie ihm im Einzelfall zu Gehör gebracht wurden, mag hier auf sich beruhen bleiben. Daß diese Berichterstattung überhaupt mit Duldung, wenn nicht auf Anweisung der politischen Führung selbst in solcher Breite und Häufigkeit erfolgen konnte und kann, läßt

weitreichende Schlüsse zu. Denn diese Führung weiß genau, daß solche indirekte Aufforderung zu kritischem Nachdenken bei ihren Bürgern bereitwillige Ohren findet und daß die Erkenntnis, von der eigenen Propaganda über Vorgänge und Verhältnisse im Ausland jahrelang getäuscht worden zu sein, die neue Kunde, es gebe noch andere und vielleicht bessere Formen von Demokratie, noch andere, nun plötzlich von der Führung der Kommunistischen Partei der Sowjetunion offiziell anerkannte „Wege zum Sozialismus" – daß das alles das Vertrauen zu dieser eigenen Propaganda schwer erschüttern mußte. Man nahm das doppelte Risiko dennoch auf sich, weil die Krise des enttäuschten Vertrauens schon zu tief geworden war, so daß man keinen andern Ausweg mehr sah, als es, in einer Art Flucht nach vorn, durch den Versuch – oder den Anschein – einer nunmehr wahrhaftigen Berichterstattung wiederherzustellen.
Besonders stark und nachhaltig mußte die Erschütterung und Verwirrung sein, wenn die Alarmbotschaften von Kritik und Widerstand aus dem eigenen Lager der Ostblockstaaten kamen, die man bis dahin stets als verläßliche Freunde hatte rühmen hören, mit einziger Ausnahme des Erzketzers Tito; und eben dieser wurde von Chruschtschow im Canossagang von 1955 in allen Ehren wieder aufgenommen, das Anathema des Kominform von 1948 als Werk des finsteren Verschwörers Berija dargestellt und widerrufen (man schlug damals noch den Sack, als man den Esel meinte). Welchen Kredit kann danach die drei Jahre später in der Rede Chruschtschows in Sofia[17] erfolgte Erneuerung des 1955 als Irrtum bekannten Bannfluches finden?
Und selbst der neue große Bruder in Asien, dem man die politische und ideologische Gleichberechtigung nicht versagen konnte, trug dazu bei, den Glauben an die Unwiderruflichkeit des Dogmas zu erschüttern. Als ich im Herbst 1957 auf dem Rückwege von China durch die Sowjetunion fuhr und mich eine Weile in Moskau aufhielt, wurde ich von russischen Gesprächspartnern, denen ich von meinem Aufenthalt in China erzählte, mehrfach auf Maos berühmt gewordene Rede vom 27. Februar 1957 angesprochen. In dieser Rede, die einige Monate später in der Prawda wiedergegeben wurde, hatte Mao erklärt, daß auch unter dem Sozialismus Widersprüche zwischen Regierung und Regierten auftreten

und – wie in Ungarn – einen antagonistischen Charakter annehmen können. Die sowjetischen Ideologen hatten bislang nur die Möglichkeit *nichtantagonistischer* Widersprüche im Sozialismus zugegeben, solcher nämlich, die auf dem Weg der Diskussion und Reform bereinigt werden können, während die *antagonistischen* Widersprüche nach dem kommunistischen Sprachgebrauch zur gewaltsamen Lösung drängen.

Maos These hat mancherlei Unruhe in die sowjetische Intelligenzia gebracht. Noch nie haben sich die Sowjetideologen so viel mit dem Thema der Widersprüche beschäftigt wie seither. Die führende Parteizeitschrift des Landes, der „Kommunist" (Auflage 560 000), teilte mit, daß sie zahlreiche Anfragen aus Leserkreisen über dieses Thema erhalte; es gebe Leute, die der Meinung seien, daß echter Fortschritt nur aus dem Kampf der Gegensätze entstammen könne [18] – womit sie indirekt zu verstehen geben, daß eine Diktatur, die alles lenkt und beherrscht, ohne im Volkswillen einen Gegenpol zu haben, zur Stagnation, jedenfalls im geistigen Bereich, führen muß. Mit aller ihnen zu Gebote stehenden Dialektik wird von den Bolschewiken versucht, das Vorhandensein von Widersprüchen, wie sie jeder Sowjetbürger täglich am eigenen Leibe feststellen kann, zu verharmlosen, indem man diese samt und sonders als nichtantagonistisch darstellt.

Die Rede Maos hat also viele Russen zum Nachdenken gebracht. Mag die chinesische Kommunistische Partei später auch zum härtesten Kurs zurückgelenkt haben und es in der Verurteilung der titoistischen Abweichler den Erzvätern in Moskau noch zuvortun, der Pfeil ist von der Sehne, und seine Wirkung nicht durch neue Schüsse in entgegengesetzter Richtung zu neutralisieren. Ein Mitreisender im transsibirischen Zuge sagte mir kurz und bündig: „Eine so interessante ideologische Erklärung wie die Maos haben wir aus russischem Munde seit langem nicht mehr zu hören bekommen. Es ist ein großes Werk [krúpnyj Trud]." Es ist also doch nicht nur die kapitalistische Hetze des Westens, welche in der Sowjetbevölkerung Unruhe hervorruft . . .

Hat nun der Sowjetbürger die Möglichkeit, seine kritischen Gedanken, wie sie vor allem die Erschütterungen der letzten Jahre in jedem überhaupt noch Nachdenkenden hervorgerufen haben, anders als im unverbindlichen Gespräch zu äußern oder gar sie zu politischer Wirkung zu bringen?

Ein Faktum ist so bekannt, daß es kaum betont zu werden braucht: Gelegenheiten zu demokratisch freier Diskussion und gar Opposition gibt es nirgends, auch nicht in der lockeren Form des Vereins oder Klubs. Im Westen, besonders in Deutschland, bestehen Tausende, Zehntausende von Vereinen, Bünden, Zusammenschlüssen aller Art, um die sich der Staat – wenn sie sich im Rahmen der Gesetze halten – nicht kümmert und die ihr Eigenleben führen. Nichts dergleichen in der Sowjetunion; hier wird alles von oben manipuliert und überwacht. Außerhalb der von Partei und Staat kontrollierten Organe besteht ein absolutes „Koalitionsverbot". Ob es die Gewerkschaften sind, ob wirtschaftliche Vereinigungen, Fußballmannschaften, religiöse Gemeinden, Schachklubs oder Einheiten der Armee – überall sitzt die Partei; *sie* organisiert die Diskussionen, wenn sie es für richtig hält, und wenn diese je einmal ohne ihre Anregung erfolgen, versucht sie genau mitzuhören. Alles, was nach Gruppenbildung aussieht, wird argwöhnisch untersucht und sofort mit dem Etikett „Fraktionsbildung" versehen; diese aber, sagte Stalin, erzeugt nicht Menschen mit einer Idee, sondern Wegelagerer, Schufte, Spione und Verräter.[1]

Daher ist auch persönliche Loyalität von Untergebenen zu unmittelbaren Vorgesetzten unerwünscht; überall wittert man die Bildung selbständiger Zellen. Gefordert wird dagegen die Loyalität zu den obersten Spitzen der Staats- und der Parteipyramide,

zur Partei überhaupt, zum Vaterland, aber ja nicht zu einzelnen Personen, die zwischen dem Sowjetbürger und der Spitze stehen.
In diesem Buch, das vom Menschen und nicht vom Staat ausgeht, kann es sich nicht darum handeln, auch noch das umfangreiche Arsenal von Waffen zu beschreiben, über das der bolschewistische Staat zur Sicherung seiner Machtstellung und zur Unterdrückung auch der geringsten Ansätze einer Opposition verfügt; die Kenntnis dieses Instrumentariums an Terrormaßnahmen kann gerade bei deutschen Lesern vorausgesetzt werden, da wir es in kaum abgewandelter Form täglich auf dem Boden Mitteldeutschlands gehandhabt sehen.
Der Sowjetbürger ist sich ständig der Drohung bewußt, unter der er lebt. Daher ist die Angst ein Gefühl, das sein Leben begleitet; unter allen Motiven, die ihn daran hindern, eine Änderung des Regimes – und sei es auch nur rein gedanklich – anzustreben, ist die Angst das stärkste. Die blutigen dreißiger Jahre bilden für die Älteren noch eine düster lebendige Erinnerung. Auch die Jahre nach dem Kriege, in denen Shdanow zum Angriff gegen alle Regungen selbständigen Denkens blies, sind nicht vergessen. In den letzten Jahren hat sich der Staat bemüht, etwas zivilere Umgangsformen an den Tag zu legen, aber die Menschen wissen, daß der Staat die Macht und auch die Rücksichtslosigkeit besitzt, erbarmungslos zuzuschlagen, wenn er dies für nötig hält. Wer kann sich auch sicher fühlen, wenn Chruschtschow von den zehn Männern, die noch im Juni 1957 neben ihm im Präsidium des Zentralkomitees, im obersten Parteigremium also, saßen, innerhalb von zwanzig Monaten sechs als Parteifeinde „entlarvt"?
Da eine offene Opposition ausgeschlossen ist, kann sie sich nur in getarnten Formen an die Öffentlichkeit wagen. Bekanntlich gibt es nun in der Sowjetunion seit Jahrzehnten eine legale Form der Kritik, die sogenannte *Selbstkritik.* Die Selbstkritik im engeren Sinne tritt in Erscheinung, wenn sich ein Einzelner oder ein Kollektiv, zum Beispiel die Belegschaft eines Werkes oder eines Kolchos, an die Brust schlägt und öffentlich verkündet, ungenügend gearbeitet oder Falsches gesagt und gedacht zu haben. Der zweifache politische Zweck der Einrichtung ist klar. Die Unfreiheit soll verhüllt, der Eindruck erweckt werden, daß Mißstände nicht – wie im Staat Hitlers – zugedeckt, sondern in freimütiger

Aussprache bereinigt werden; damit ist dann, zweitens, bewiesen, daß es nicht am Regime, sondern an der Faulheit, Dummheit, gar Böswilligkeit Einzelner liegt, wenn im Sowjetstaat noch nicht alles so ist, wie es sein sollte. Diese Art von Selbstkritik ist aber zugleich eine Waffe der Partei gegen den Sowjetmenschen, die sie mit großem Geschick anzuwenden versteht, mit dem Ziel, ihn ins Unrecht zu setzen und damit in eine Lage zu bringen, die ihn nötigt, die Scharte wieder auszuwetzen, durch höhere Arbeitsleistung oder lauteres Bekenntnis zum Regime, wenn nicht – durch Spitzeldienste für die politische Polizei.

Von dieser Art von Selbstkritik ist ein Einfluß auf die weitere Entwicklung des Bolschewismus naturgemäß kaum zu erwarten. Unter dem Schlagwort Selbstkritik läuft aber auch eine andere Kritik mit, diejenige nämlich, welche an den Zuständen im Lande geübt wird, in der also der Einzelne nicht sich selbst anklagt, sondern kritische Bemerkungen über Mißstände macht, mit denen er persönlich und sein Kollektiv direkt nichts zu tun haben; hier ist es die Gesamtheit, sozusagen das Kollektiv aller Sowjetbürger, das „Selbstkritik" übt. Auch diese Form gibt es seit Jahrzehnten, sie ist ein Standardthema der Presse; manche Schriftsteller haben sich auf sie spezialisiert. Die satirische Wochenzeitschrift Krokodil, die mit ihrem offiziösen Humor meist unerträglich langweilig ist und daher auch in der Sowjetbevölkerung keinen großen Anklang findet, ist für den ausländischen Beobachter lesenswert, da in ihr häufig kritische Aufsätze, Gedichte oder Karikaturen zu finden sind. Auch in den großen Zeitungen werden von Zeit zu Zeit Artikel oder Feuilletons dieser Art abgedruckt, die manchmal des Humors nicht entbehren.

Die kritischen Kurzgeschichten des bedeutendsten Sowjetsatirikers Michail Soschtschenko sind auch in Deutschland bekanntgeworden.[2] Aber Soschtschenko ist in Ungnade gefallen und durfte nach 1946 nur noch ganz selten etwas drucken. Jene zwei Satiriker, die ihre Feuilletons als „Brüder Tur" zeichneten, spezialisierten sich – wie viele ihrer Kollegen – auf den Kampf gegen den Bürokratismus, wobei sie häufig von wahren Begebenheiten ausgingen. Hier ein Beispiel aus den dreißiger Jahren, das zeigen mag, wie alt diese „Selbstkritik" in der Sowjetunion schon ist:

Vor zwei Wochen, so berichteten die Brüder Tur, kam ein kleiner

Buchhalter zu ihnen und klagte sein Leid. Er hatte einige Zeit zuvor auf einem Moskauer Friedhof seinen Onkel zu Grabe getragen. Dabei hatte er gemäß den Bestimmungen als nächster Hinterbliebener auf dem Friedhofsamt seinen Personalausweis vorgelegt. Als alles vorbei war, ließ er sich seine Papiere wiedergeben und fuhr heim. Bald darauf wollte er sich verehelichen. Die Gäste versammelten sich schon zum Festschmaus, und das Brautpaar eilte aufs Standesamt, um dort die der Vollendung seines Glückes noch entgegenstehende kurze Formalität zu erledigen. Wer aber beschreibt das Entsetzen des Buchhalters, als ihm der Standesbeamte die Papiere mit der Erklärung zurückgab: „Verstorbene traue ich nicht." Und in der Tat, im Paß des Bräutigams stand vermerkt, daß er am 20. Mai im Grabe Nummer 4945 beigesetzt worden sei. Die Gäste fuhren betrübt wieder nach Hause. Die arme Braut löste sich in bittere Tränen auf. Ihr Verlobter ein Verstorbener! Sie hatte es immer gewußt, die Männer sind alle Betrüger. Das Leben des Buchhalters war zerstört. Ohne Paß konnte er sich nicht rühren, kein Geld abheben, keine Reise antreten. Niemand wollte mit Verstorbenen etwas zu tun haben. Die Friedhofsverwaltung aber gab dem lebenden Leichnam auf sein Drängen den kategorischen Bescheid, er sei ordnungsgemäß beerdigt und solle sich damit ein für allemal zufrieden geben. Was blieb dem Armen übrig als ein Besuch bei den Brüdern Tur! Diese schrieben ihr Feuilleton, und bereits eine Woche später meldete die Iswestija, die von ihnen wegen der verwechselten Eintragungen gegen die Friedhofsverwaltung erhobenen Vorwürfe hätten sich als berechtigt erwiesen, und die beiden Beamten seien zur Strafe von ihren Posten enthoben worden.

Ein zweites Satirikerpaar arbeitete unter dem Pseudonym Ilf und Petrow; zwei ihrer Romane sind auch deutsch erschienen.[3] Ihrer Feder entstammt die folgende kleine Satire aus derselben Zeit, die mit dem Bürokratismus ganz vorsichtig das System selbst bloßstellt:

In einer Sowjetbehörde werden zwei neue Beamte eingestellt. Beide haben absolut nichts zu tun und sind damit höchst zufrieden. Es plagt sie nur die eine Sorge, ihre Posten könnten eingespart werden. Also gibt sich jeder, um den anderen nichts merken zu lassen, den Anschein, er sei über alle Maßen beschäftigt, indem er etwa Schnörkel aufs Papier malt oder Akten hin und her schiebt. Abends traut sich keiner aufzubrechen; jeder will zeigen, wie überlastet er ist. Am ersten Abend sitzen die beiden bis acht, am zweiten bis Mitternacht, am dritten gar bis zum Morgengrauen. Als sie sich zufällig, halbtot vor Müdigkeit, in die Augen sehen, erkennen sie ihre Narrheit, umarmen sich und beschließen, den nächsten Tag überhaupt nicht zu kommen und danach die Arbeitsstunden nur noch gemeinsam mit Schachpartien und Jux zu verbringen. Aber die Geschichte ist damit noch nicht zu Ende. Jeden der beiden quält, als er nach Hause kommt, die Frage: Wie, wenn der andere nur so tut, als wären wir ein Herz und eine Seele? Wie, wenn er ein Spitzel ist und feststellen soll, ob ich wirklich arbeite? Und als am Morgen der Wächter das Tor des Behördengebäudes öffnet, da wanken zwei grünlich übernächtigte Gestalten herein, die sich gegenseitig mit zitternden Stimmen versichern, welch kolossale Arbeit auf sie wartet.

Erzählungen dieser Art sind in der Sowjetpresse seit den zwanziger Jahren zu Tausenden erschienen. Sie üben eine notwendige Funktion aus, vor allem solange die Äußerung privater Kritik kaum möglich ist. Manchmal habe ich mich selbst von ihrer Wirksamkeit überzeugen können.

Auf einem Flug nach Zentralasien 1955 landete unsere Maschine, die noch in der Nacht von Moskau abgeflogen war, frühmorgens in Uralsk. Zwanzig Minuten Aufenthalt. Ich wollte zum Frühstück in die Flugplatzkantine, aber mein Nachbar, ein freundlich lächelnder junger Offizier, hielt mich davon ab: „Warten Sie bis Aktjubinsk."

„Warum?" wollte ich wissen.

Seine Antwort war überzeugend: „Das Flughafenrestaurant von Aktjubinsk ist kürzlich in der Presse wegen seines miserablen Zustandes scharf kritisiert worden. Wir können also damit rechnen, daß dort jetzt alles tipptopp ist. Ich wette, die haben sogar Papier auf der Toilette."

Als wir in Aktjubinsk aus dem Flugzeug stiegen, wurden wir bereits an der Treppe der Maschine von dem beflissen lächelnden Geschäftsführer des Restaurants begrüßt und mit vielen höflichen Worten hereingebeten. Alles blitzte nur so. Frische weiße Tücher lagen auf den Tischen. Die Kellnerinnen trugen saubere Schürz-

chen. In den gewaschenen Blättern der Gummibäume konnte man sich spiegeln.
„Habe ich nicht recht gehabt?" fragte der Offizier lachend.
Nicht nur im satirischen Feuilleton, auch in anspruchsvolleren literarischen Werken und abendfüllenden Filmen ist häufig Kritik an Mißständen zu finden. Ich denke zum Beispiel an den Film „Schatten auf dem Wege", den ich im Herbst 1957 in einem Moskauer Kino sah. Der negative Held ist ein kommunistischer Parteifunktionär im Kaukasus, der – nach dem Landserausdruck – „Halsschmerzen" hat und einen Orden erringen möchte. Das schafft er am besten, wenn er „Held der Neulandgewinnung" wird; also gibt er den Befehl, in dem ihm unterstehenden Landkreis ein weites Weidegebiet umzupflügen. Die Hirten, deren Schafherden bisher auf diesen Ländereien geweidet haben, vermögen das Unternehmen nicht abzuwenden. Höhepunkt des Filmes ist die Rückkehr der Herden von der Sommerweide. Als sie in das umgepflügte Gebiet kommen und kein Futter finden, wird ihr Zug zu einem sehr realistisch dargestellten Hunger- und Todesmarsch.
Dieser Film richtet sich gegen die Willkür eines einzelnen Parteifunktionärs, der zum Schluß für seine Untaten büßen muß; er wendet sich aber zugleich gegen die unkontrollierte Willkür überhaupt und wurde vom Publikum mit Spannung verfolgt, wobei dieses deutlich gegen den bösen Funktionär Partei nahm.
Es versteht sich, daß die staatlich lizenzierte „Selbstkritik" genau überwacht wird und nur „die Kleinen hängen" darf, die Mächtigen selbst aber ebenso scheu umgeht wie die geheiligten Dogmen selbst; falls jemand diese Grenzen nicht beachtet, etwa im Übereifer Entstalinisierung mit Liberalisierung verwechselt, wird er alsbald zurückgepfiffen, sei es von der Prawda, sei es auch – wie Dudinzew – vom neuen Herrn der Sowjetunion persönlich.[4]
Wer also höher zielen, einen der Machthaber selbst aufs Korn nehmen oder eine wirkliche Systemänderung vorbereiten will, der muß zu subtileren Formen der Kritik greifen. Die eine ist der erstaunten Welt unter Vorantritt des neuen Parteichefs selbst vorexerziert worden, als die Festlegungen, von denen man sich zu distanzieren wünschte, als persönliche Irrtümer und Mißgriffe erst des bösen Berija, seit 1956 Stalins selbst deklariert wurden.[5]

Die damit verbundene verstärkte Verherrlichung Lenins fiel auf fruchtbaren Boden. Bei vielen hatte sich schon vorher der Widerwille gegen das Regime Stalins in eine schwärmerische Verehrung Lenins umgesetzt; für sie galt die Formel: Anti-Stalinismus = Leninismus. Den anderen, die nicht nur den Stalinismus, sondern das Regime insgesamt ablehnen und sich doch nicht in das gefährliche Abenteuer selbständigen Denkens stürzen wollen, gab die Parole „Zurück zu Lenin" die Möglichkeit, das Regime offen zu kritisieren und doch – durch das Bekenntnis zum toten Lenin – formal auf dem Boden des Kommunismus zu bleiben, statt sich selbst aus der Gemeinschaft der Gläubigen auszuschließen. Wieder andere gehen noch weiter: sie sagen Lenin und meinen die Freiheit.[6] Für alle aber ist das Bekenntnis zu Lenin die einzige Möglichkeit, ihre Opposition theoretisch zu legitimieren; der „Leninismus" ist das Alibi der Systemgegner geworden.

Eine zweite Methode der getarnten Kritik besteht darin, daß man die Gedanken, die man nicht als eigene zu vertreten wagen darf, in der Form bekanntmacht, die ihr irgendein ausländischer Zeitungs- oder Rundfunkmann, vielleicht auch ein westlicher Wissenschaftler gegeben hat. Natürlich geschieht das im Brustton der Entrüstung über die kapitalistische Niedertracht gegenüber dem Vaterland der Werktätigen, und der böse Wolf, den man am Leitseil der Zeitungsmeldung in die sowjetische Arena geführt hat, wird alsbald mit allen Mitteln der dialektischen Kritik zur Strecke gebracht. Aber dieses Gefecht wirkt manchmal seltsam matt, und schon die Breite, mit der die kritisierten Gedanken referiert werden, läßt erkennen, wo das wahre Interesse und vielleicht auch die wahre Meinung des Kritikers zu finden sind. Der Leser aber braucht das ihm so vermittelte – kritische – Negativ nur noch auf das lichtempfindliche Papier seines eigenen Nachdenkens zu kopieren, um ein für ihn recht aufschlußreiches „Positiv" zu erhalten. Einige Beispiele solcher überraschend offenherziger Information über ausländische Kritik an der Sowjetunion und ausländische Ideen und Institutionen sind im nächsten Kapitel zu erwähnen; auch die Berichterstattung über dramatische politische Ereignisse – voran Polen und Ungarn – gehört in den gleichen Zusammenhang. Genauere Quellenangaben allerdings verbietet hier die Rücksicht auf die sowjetischen Kollegen, die nicht zum

Dank für ihren Mut und Scharfsinn in politische Ungelegenheiten verwickelt werden sollen; daß aber das oben geschilderte Verfahren so häufig angewandt wird, läßt darauf schließen, daß sich der Zeitungsmann, der es übt, heute der stillschweigenden Zustimmung mancher Vorgesetzten und – des Großteils seiner Leser sicher ist.

Das gilt vor allem, wo sich die Kritik – um nun zu ihren wesentlichsten *Inhalten* überzugehen – von dem Grundstrom des Widerwillens gegen den allmächtigen Staat tragen läßt. Schluß mit der Willkür des Staates und der Partei – das ist ein sehr verbreitetes Gefühl unter den Sowjetmenschen und steht wohl bei den meisten von ihnen im Mittelpunkt ihrer mehr oder weniger heimlichen Kritik. Heißt das aber, daß sie – wenn die Möglichkeit dazu bestünde – nichts anderes im Sinn hätten als die Rückkehr zu den vorbolschewistischen Verhältnissen oder den Übergang zu den Lebensformen des Westens? Wenn wir uns solchen Illusionen hingeben, schaden wir uns nur selbst; die realen Wünsche der Sowjetbevölkerung orientieren sich nicht an einer fernen Vergangenheit oder Zukunft, sondern an der Wirklichkeit, die sie kennen und in der sie leben.
Wohl kann man einem intelligenten Sowjetmenschen begreiflich machen, daß die Privatwirtschaft trotz Dividenden, überhöhten Handelsspannen und ständig steigenden Werbungskosten wirtschaftlicher und billiger arbeitet, daß – um in seiner eigenen Sprache zu reden – der „Mehrwert", den die Privateigentümer der westlichen Welt dem Arbeitnehmer vorenthalten und in ihre eigenen Taschen stecken, unvergleichlich geringer ist als derjenige, den der Sowjetstaat für sich beansprucht. Aber eine solche Erkenntnis bleibt auf eine praktisch bedeutungslose Minderheit beschränkt. Die große Mehrheit des Volkes hat nie etwas anderes als die Staatswirtschaft kennengelernt und legt ihre Mängel, wie es jene konzessionierte Kritik will, nicht dem System, sondern dem Versagen Einzelner zur Last. Man schimpft zwar über schlechte Bedienung in staatlichen Läden und schlampige Reparaturen des kollektiv organisierten Handwerks, und bei solchen Gelegenheiten wird dem Sünder oft etwa vorgehalten: Wenn du ein selbständiger Kaufmann oder Handwerker wärst, würdest

du dir solche Dinge mit deinen Kunden nicht erlauben; aber das bedeutet noch lange nicht, daß der Sprecher eine Reprivatisierung des Handels oder Handwerks – von der Industrie ganz zu schweigen – ernsthaft wünschte oder auch nur für möglich hielte. Man hält vielmehr wirklich die staatlich gelenkte Planwirtschaft für das bessere Wirtschaftssystem; daß der freie Markt als Ansporn und Regulator dient, können sich nur wenige vorstellen.
Hinzu kommt, daß die Zeitungen jede westliche Arbeitslosenziffer schadenfroh und mit Nachdruck vermerken, um Marktwirtschaft und Arbeitslosigkeit als identisch erscheinen zu lassen. Kurz, die Nachteile der Planwirtschaft, auch die mit ihr verbundene Unfreiheit des Einzelnen, werden nicht so stark empfunden, wie dies im Westen vermutet wird, weil man von einem freien Wirtschaftsleben seit Jahrzehnten keine Anschauung hat. Was sich alle wünschen, ist ein Nachlassen des Planungsdruckes mit seiner Normenpeitsche. Aber der Wohlfahrtsstaat soll dadurch nicht beeinträchtigt werden.
Das Leistungsprinzip der Entlohnung, das dem Leben in der Sowjetunion den Stempel aufdrückt, wird von all denen, die Vorteile aus ihm ziehen, bejaht, jedenfalls in der industriellen und der ihr verwandten Arbeit. Es wird auch als gerecht empfunden, daß der Mehrarbeitende und Höherqualifizierte mehr verdient. Unter Arbeitern stößt man jedoch auf den Wunsch, die Auswüchse des Akkordlohnsystems beseitigt und den Grundlohn innerhalb des Gesamtlohnes aufgewertet zu sehen. Heute ist dieser Grundlohn noch so niedrig, daß man sich, um existieren zu können, das Fehlende durch übermäßige Akkordarbeit hinzuverdienen muß.
Höhere Löhne, weniger harte Normen, niedrigere Preise, mehr Konsumgüter, größere Auswahl in den Läden, mehr Wohnraum, ein besser funktionierender Handelsapparat, der das zermürbende Schlangestehen überflüssig machen würde, das ist es etwa, was man will.

Etwas anders liegen die Dinge im Dorf. Man erinnert sich, daß die Bauern 1941 und 1942 beim Vormarsch der Wehrmacht sich besonders von der eingeleiteten Auflösung der Kolchose befriedigt zeigten. Aber seither sind viele Jahre ins Land gegangen.

Die Masse der Dorfbewohner besitzt keine klaren Vorstellungen mehr von der Zeit, da es ein selbständiges Bauerntum gab. Nach mancherlei Gesprächen mit Bauern hege ich keinen Zweifel, daß ihr Bestreben auf eine Lockerung des Zwangscharakters ihres Kolchos, auf mehr privates Gartenland, auf höhere Preise für ihre Produkte und auf eine Verringerung des Planungs- und Normendrucks gerichtet ist. Ob sie aber wirklich noch eine Wiederaufteilung des Ackerlandes unter die einzelnen Kolchosniki wünschen, scheint zweifelhaft. Sicher gibt es noch Bauern, die sich Initiative bewahrt haben und von einem eigenen landwirtschaftlichen Betrieb träumen. Die jüngeren Leute aber, die sich Fachkenntnisse als Traktorenführer, Mähdrescher, Tierzüchter, Mechaniker erworben haben, sind nicht von dem Drang besessen, nun wieder auf dem eigenen Acker zu arbeiten; allenfalls würden sie dies mit genossenschaftlichem Maschinenpark tun wollen. Es gibt keine einheitliche Haltung auf dem Dorf, die, wenn der Bolschewismus eines Tages abdankte, eine bestimmte Lösung klar fordern würde.

Wir mögen sagen, daß die Mängel der Sowjetwirtschaft unauflöslich mit dem politischen System zusammenhängen, da dieses vom Ziel der Herrschaft über die Welt ausgeht und nicht von den Bedürfnissen der Menschen. Dieses Argument vermag die sowjetische Oberschicht – und auf ihre Ansichten kommt es in erster Linie an – nicht zu überzeugen, da sie in den letzten Jahren ohne Wechsel des politischen Systems eine nicht zu leugnende Verbesserung ihres Lebensstandards erlebt hat und sich der Hoffnung hingibt, daß die Kurve stetig weiter steigen wird. Sie erkennt nicht, daß die Bolschewiken die Deckung des Bedarfs ihrer Untertanen immer nur taktisch sehen, unter dem Gesichtspunkt also: Wieviel muß man dem Volk geben, um es bei der Stange zu halten? Und sie ist sich nicht im klaren darüber, daß das Hinauf- oder Heruntersetzen des Konsumvolumens ein Akt der politischen Willkür bleiben wird, denn der Kreml wird um seiner weitgespannten Ziele willen die Konsumgüterindustrie immer hinter der Schwerindustrie rangieren lassen.

Die Oberschicht ist also, soweit ich sehen kann, bis heute der Meinung, daß sich auch eine weitere Erhöhung des Lebensstandards erreichen läßt, ohne daß deswegen das ganze System der Staatswirtschaft umgestoßen werden müßte. Anders bei den unteren Schichten; sie fühlen sich von dem System ausgebeutet, sie spüren, daß es so bleiben wird, solange dieses sich nicht ändert; und daß sie keine Aussichten für eine Änderung sehen, trägt zu ihrer Verdrossenheit bei. Aber sie haben nichts zu sagen.

Auf weitere Sicht ist es unvermeidlich, daß das Schwergewicht der neuen Oberschicht auch politisch seine Wirkung übt. Denn nicht die „Diktatur des Proletariats“ – dies ist eine reine Fiktion, da nicht das Proletariat, sondern die Parteiführung die Diktatur ausübt – ist die grundlegend neue Tatsache, die das Sowjetregime im sozialen Bereich gesetzt hat, sondern die Entstehung jener hoch in die Millionen gehenden neuen Schicht, die man als neuen Mittelstand oder neue Oberschicht bezeichnen kann, auf die sich jedenfalls in vielerlei Hinsicht das verfemteste Wort des bolschewistischen Sprachschatzes anwenden läßt: Bourgeoisie.[7] Das Fehlen einer solchen Schicht und damit einer ausreichend breiten und festen sozialen Grundlage hat bekanntlich den Versuch der Gründung eines demokratischen Staates im Frühjahr 1917 scheitern lassen; dieser ist von den Bolschewiken ohne Schwierigkeiten überrannt worden. Nun aber ist zum erstenmal in der Geschichte des russischen Volkes eine zahlenmäßig starke Schicht von bürgerlicher Prägung vorhanden. Im Westen ist das freie Bürgertum der Träger demokratischer Ideen gewesen; will und kann die neue Oberschicht dieselbe Aufgabe in der Sowjetunion übernehmen?

Diese Frage reicht über den gewissermaßen privaten Bereich, in dem sich die Wünsche des Einzelnen auf die Erhöhung des Lebensstandards und die Garantie persönlicher Rechtssicherheit richten, weit hinaus und führt in die im engeren Sinn politische Sphäre. Sie ist schon deshalb schwer zu beantworten, weil in der Sowjetunion die offene Aussprache fehlt, in der sich die politischen Gedanken klären und schlagkräftige Formulierungen bilden können. Soweit sich aber schon bestimmte Wünsche und Vorstellungen entwickelt haben, liegen sie verständlicherweise nicht auf der Straße; man muß schon längere und tiefer dringende Gespräche führen, um sie zu finden.

Nach meinen Beobachtungen liegt der konkrete Ansatzpunkt politischer Überlegungen unter den kritisch Gestimmten vor allem bei derjenigen Institution, welcher der Sowjetstaat seinen Namen

verdankt und auf die man sich schon deshalb – anders als auf westliche Vorbilder – offen berufen darf: bei den *Sowjets* (= Räten). Der Sowjetstaat stellt – in der Theorie – eine Pyramide von Räten dar, von den Dorfräten auf der untersten Stufe bis zum Obersten Sowjet der UdSSR als der höchsten. Wäre er wirklich und nicht nur dem Namen nach ein Staat der Räte, so wäre er zwar immer noch von den westlichen Demokratien sehr verschieden, aber man könnte ihm die Bezeichnung eines demokratischen Staates, also eines Staates, der den Volkswillen ausdrückt, nicht absprechen. In Wirklichkeit sind die Räte, schon seit Lenin mit ihrer Hilfe die Macht erobert hat, nur eine Fassade, hinter der die Partei ihren Monopolanspruch auf die Macht ausübt, da ihr – auch nach der Verfassung[8] – die Auswahl der Kandidaten, selbst der „unabhängigen", zusteht. Es liegt also durchaus nahe, daß die Kräfte, die eine Demokratisierung wünschen, zunächst einmal nicht nach einer französischen oder amerikanischen Verfassung rufen, sondern darauf ausgehen, die bereits vorhandenen Räte aus der unwürdigen Lage des bloßen zustimmenden Handaufhebens zu befreien, ihnen damit echtes politisches Leben und größeres Gewicht zu geben.
Ein erster und noch bescheidener Erfolg ist der Beschluß, den der Oberste Sowjet der RSFSR, also der weitaus größten Teilrepublik, im Sommer 1957 faßte, mit einem umfangreichen neuen Statut die Befugnisse der Dorfräte zu erweitern. Diese haben nunmehr auch das Recht, Berichte von örtlichen Wirtschaftsfunktionären anzufordern und sich dazu zu äußern.[9] Es ist interessant, daß es bei der Begründung dieses Beschlusses ausdrücklich heißt, er erfolge auf Grund zahlreicher Vorschläge und Anträge. Seit einiger Zeit ist auch davon die Rede, man müsse Regeln ausarbeiten, auf Grund deren die Mitglieder der Räte von ihren Wählern wieder abberufen werden könnten, wenn sie unbefriedigend arbeiten, das heißt, sich nicht um die Belange und Wünsche des Wahlkreises kümmern[10]; dieses Recht wäre immerhin geeignet, das Selbstbewußtsein der Wähler und ihr politisches Interesse etwas zu heben.
Solange der Abgeordnete nichts zu sagen hat und an die Weisungen der Parteibürokratie statt an die Wünsche der Wähler gebunden ist, mag es verhältnismäßig gleichgültig sein, wie er

auf seinen Platz kommt; in dem Augenblick aber, in dem der Gewählte erstens etwas mehr Einfluß hätte und zweitens abberufbar wäre, würde auch die Frage des Wahlmodus von Bedeutung werden. Man erkennt das auch an dem sichtbar zunehmenden Interesse an der Besetzung von Posten mit wirklichem Einfluß: an der Wahl der Parteiorgane. Nun verlangt zwar der „demokratische Zentralismus" der Partei, daß die wichtigen Posten in ihrem Apparat faktisch von oben, nicht von unten besetzt werden. Und doch kann man in den Parteiversammlungen auf der untersten Ebene durchaus „Wahlkämpfe" erleben, wenn auch – als Außenseiter – nur in der Literatur.
Als ich mich bei dem vorletzten Aufenthalt in Moskau nach Büchern erkundigte, die im Milieu der geistig-technischen Oberschicht spielen, wurde mir unter anderem ein Roman von Daniil Granin genannt, den wir schon als scharfen Kritiker der Bürokratie kennen. Dort findet sich die Schilderung der Parteiversammlung eines wissenschaftlichen Instituts, auf der die Funktionäre für die nächste Amtszeit gewählt werden sollen. Ingenieur Viktor Potapenko, der negative Held des Romans, will unbedingt ins Parteikomitee kommen. Er hat den Ablauf der Versammlung mit dem Parteifunktionär und Versammlungsleiter Dolgin genau vorbesprochen; sein Anhänger Poljakow soll ihn vorschlagen, um seinen Gegnern Borissow und Andrej Lobanow zuvorzukommen. Bei der Nominierung der Kandidaten kommt es zu Überraschungen:

> „Die ersten zwei vorgesehenen Kandidaten wurden sofort genannt. Als dritter sollte Viktor vorgeschlagen werden. Aber bevor Poljakow sich melden konnte, um Viktor zu nominieren, erhoben sich einige Hände an verschiedenen Stellen im Saal. Dolgin streifte sie mit einem abwesenden Blick und erteilte Poljakow das Wort. Dolgin war offensichtlich nervös. Von neuem überkam Viktor das Gefühl der Schwäche und Unruhe.
> ‚Unerhört!' sagte jemand neben ihm, ‚ich habe doch früher ums Wort gebeten.'
> Aber schon ging Poljakow zum Rednerpult. Viktor atmete erleichtert auf. Nach Poljakow meldete sich Borissow mit hoch erhobener Hand zum Wort. Ohne ihn zu beachten, rief Dolgin hastig andere Namen auf. Die Aufgerufenen traten ans Pult und

schlugen Kandidaten vor. Aber im Saal nahm die Empörung mit jeder Minute zu ...

‚Borissow bittet ums Wort!' ‚Borissow will sprechen!' riefen Andrej und Maja Ustinowa fast gleichzeitig und sahen einander erfreut und zugleich verlegen an.

Dolgins flache Augen blickten noch einmal rasch über die Versammelten und dann auf den Zettel in seiner Hand.

‚Genosse Martschenko hat das Wort!' sagte er hastig.

Martschenko, der die Hand noch gar nicht erhoben hatte, stand verwirrt auf. Da und dort wurde gelacht. Borissow erbleichte. Er sprang auf und lief, ohne zu warten, ob er das Wort erhielte, an Martschenko vorbei zum Podium ... Er ergriff Dolgins Rednerliste, die jetzt auf dem Tisch lag, und trat ans Rednerpult.

‚Genosse Martschenko', sagte Borissow mit schriller Stimme und blickte auf den Zettel. ‚Beeilen Sie sich nicht, ich kann es für Sie sagen: Sie hatten den Auftrag, Stjopin vorzuschlagen. Stimmt's?'

Martschenko blieb mitten im Gang stehen, rieb sich das Ohr und quetschte heraus:

‚Ja.'

‚Kennen Sie ihn gut?' fragte Borissow.

‚Vom Ansehen', sagte Martschenko und setzte sich achselzuckend auf einen freien Platz.

‚Genossin Winogradowa!' rief Borissow.

Eine junge Arbeiterin stand auf.

‚Und Sie, Genossin Winogradowa, sollten Dolgin vorschlagen? Haben Sie vielleicht mit ihm gearbeitet? Oder kennen Sie ihn noch aus der Schule?' fragte Borissow und beugte sich dabei über das Rednerpult.

Winogradowa wurde rot, sah sich hilflos um, bewegte die Lippen, aber niemand verstand, was sie sagte.

Borissow las die Liste weiter vor. Der Lärm im Saale schwoll an. Borissow sagte ins Mikrophon:

‚Genosse Dolgin scheint alles im voraus festgelegt zu haben: die ganze Zusammensetzung des Parteikomitees, und auch wer wen vorschlagen soll!'

‚Eine saubere Vorbereitung!' rief ironisch eine junge, spröde Stimme. In den hinteren Reihen stand man auf ...

Ein dumpfes Murren der Entrüstung lief durch die Reihen und wurde plötzlich von stürmischem Beifall abgelöst. Borissow ging, den unglückseligen Zettel in der Hand, zu seinem Platz zurück.

Die Stimmung war völlig umgeschlagen. Wenn eben noch Nervosität und Unruhe geherrscht hatten, so war man jetzt ganz bei der Sache und sich der Verantwortung bewußt.
Die Kandidatenliste wuchs nur langsam. Zeitweise verstummte die Versammlung in angestrengtem, schwerem Nachdenken...
Es wurden fünfzehn Kandidaten aufgestellt. Zum Teil hatten sie auch auf Dolgins Liste figuriert. Aber jetzt waren diese Kandidaten von der Versammlung genannt worden. Unter ihnen war auch Borissow. Über jeden Vorschlag wurde hitzig und eingehend diskutiert. Sorin wurde fast einstimmig abgelehnt. Dolgin wurde überhaupt nicht vorgeschlagen. Trotzdem bat der Chefingenieur ums Wort und sagte:
,Genossen, ich war Mitglied des Parteikomitees und bin verantwortlich für das, was geschehen ist... In der letzten Zeit war im Parteikomitee, genaugenommen, Dolgin der Alleinherrscher. Alle Fragen entschied er selber, sozusagen operativ, wobei er uns in jeder Weise ausschaltete. Sorin in seiner Trägheit hatte nichts dagegen... So fing Dolgin an, unkontrolliert zu regieren. Wir sind natürlich auch dafür verantwortlich... Wir haben es zugelassen, haben ihm das Feld geräumt... Er ging angeblich in unserem Namen vor, machte aber in Wirklichkeit, was er wollte. Der heutige Vorfall ist für uns eine gute Lehre. Wenn jeder von uns hier vor allen dasselbe sagt, was wir im Saal oder nach der Versammlung reden, dann werden solche Dolgins nie wieder im Präsidium sitzen.'...
Die Versammlung sorgte selber für eiserne Disziplin. Sie durchbrach und verschmähte den ganzen, von Dolgin und Potapenko bis ins letzte durchdachten Plan. Hinter all diesen Machinationen verspürten die Anwesenden die Absicht, sie zu kommandieren, die Mißachtung ihres Willens, der Wünsche und der Initiative der einfachen Parteimitglieder.
Es war ihnen nicht gleichgültig, wen sie wählten, wem sie die Leitung anvertrauten." [11]

Diese Parteiversammlung könnte man als Geburt der Demokratie en miniature bezeichnen. Menschen, die sich bisher, ohne zu murren, von ihren Parteibossen gängeln ließen und zu allem brav ja sagten, rebellieren und nehmen die Dinge selbst in die Hand. Es bedeutet viel, daß in einem weit verbreiteten Roman (den ich auch als Theaterstück auf der Bühne sah, allerdings ohne die Darstellung der Parteiversammlung) überhaupt einmal der Zentral-

grundsatz der Demokratie – Beteiligung *aller* – dargestellt worden ist. Gewiß handelt es sich hier um den Durchbruch demokratischer Gesinnung in einem winzigen Bereich, auf der unteren Ebene einer einzelnen kleinen Parteizelle. Aber wer diese Szene liest, der weiß, daß die vom Autor und von der Mehrzahl seiner Romangestalten abgelehnten Methoden der Versammlungsleitung aufs Haar denen gleichen, welche die Parteileitung im Kreml dem gesamten Volk gegenüber anwendet. Worin unterscheiden sich denn die „Wahlen" zum Obersten Sowjet der UdSSR von den Manipulationen, welche Granin in seinem Roman geißelt? Nur dadurch, daß sie im Rahmen des ganzen Landes und nicht nur eines einzelnen Betriebes abgehalten werden.
Vermutlich wird es eine ganze Weile dauern, bis sich die russischen Leser dieses Romans (wie die Bewohner der Sowjetunion überhaupt) klar darüber werden, daß ihnen die erstrebte Demokratie en miniature nichts nützt, solange sie in einem Staat leben, dessen Entscheidungen von einer Handvoll Männer im Kreml ohne Mitwirkung des Volkes gefällt werden. Aber der erste und vielleicht schwierigste Schritt ist getan, wenn überhaupt erst einmal ausgesprochen worden ist, daß man an den Entscheidungen, und seien sie auf eine einzelne Parteizelle beschränkt, beteiligt sein, daß man nicht länger willenloses Objekt der Entscheidungen anderer bleiben will.
Vorgänge wie die, welche Granin in seinem Roman schildert, sind nicht etwa nur der Phantasie des Autors entsprungen; ähnliches ereignet sich täglich. Aus Taschkent beispielsweise wurde Ende 1957 berichtet, daß ein Parteifunktionär die Wahlen für die städtische Parteiführung so lange wiederholen ließ, die wahlberechtigten Parteimitglieder so lange unter Druck setzte, bis schließlich genau die sieben Leute, die er haben wollte, gewählt waren.[12]
In diesem Fall wurde – wie bei Granin – der Funktionär zur Ordnung gerufen; in vielen anderen Fällen setzen sich die Funktionäre durch, und vermutlich sind sie die häufigeren. So berichtete die Prawda unter dem schönen Titel „Über echte und demokratische Kritik" von Wahlen in Kasachstan, die nicht nach Wunsch der Partei verliefen. In einem Falle habe ein Parteigenosse dagegen opponiert, daß bei den Wahlen für Funktionärsposten die

Kandidaten von den nächsthöheren Parteiorganen nominiert werden. Ein anderer habe sich zweimal zu Wort gemeldet und „gegen die Kandidatur zahlreicher Kommunisten, die in der Parteiorganisation Vertrauen und Autorität genießen", kritische Reden geführt. Die Prawda findet das empörend und wendet sich gegen „alle Versuche, unsere führenden Kader zu diskreditieren, die parteiliche und staatliche Disziplin zu untergraben".[13] Aber ob nun solche Versuche, die pure Willkür der oberen Parteistellen zu brechen, zum Erfolg führen wie in dem Roman Granins oder abgewürgt werden, wie dies die Prawda empfiehlt – wichtig ist, daß sie immer wieder unternommen werden.

Eine demokratische Grundforderung habe ich nirgends angetroffen: die nach einer Mehrzahl von *Parteien;* diese wird nur – der „Optik" zuliebe – den „Volksdemokratien" konzediert. Das in den Sowjetzeitungen mit solcher Vorliebe ausgemalte Schauspiel der Rivalität unter den konkurrierenden Parteien des Westens regt natürlich die Russen nicht zur Nachahmung an. Überdies wollen sie durchaus eine dynamische, ständig neue Ziele setzende Regierung. Man hat sich daran gewöhnt, die Entwicklung des Landes unter dem Gesichtspunkt des stetigen Fortschrittes zu sehen. Man wünscht, daß die Erschließung der gewaltigen Schätze des Landes nicht ins Stocken gerät, und man fürchtet, daß ein Parteiensystem wie im Westen mit seinen Reibungsverlusten und wechselnden Mehrheiten das Tempo der Entwicklung ernstlich hemmen könnte, ohne daß man sich die Vorteile eines Mehrparteienstaates konkret genug vorzustellen vermöchte.

Wir wissen aus der Geschichte – unseres eigenen oder des japanischen Volkes zum Beispiel –, daß Völker, die das Gefühl haben, zu spät gekommen zu sein, sich also sehr beeilen und anstrengen zu müssen, wenn sie sich gegenüber den früher Dagewesenen durchsetzen wollen, daß solche Völker bereit sind, eine starke, ja harte Staatsmacht anzuerkennen, wenn diese ihnen einen Platz an der Sonne zu erringen verspricht.

Fragte ich einen sowjetischen Gesprächspartner, ob er sich eine Regierung wünsche, die dem Obersten Sowjet wirklich verantwortlich sein solle, das heißt, von ihm eingesetzt und auch wieder abberufen werden könnte, so ließ sich gewöhnlich von seinem Gesicht ablesen, daß er darüber nicht nachgedacht hatte. Weit eher begegnet man entschiedenen Reaktionen, wenn man den Namen „Kommunistische Partei" erwähnt; die wenigsten lieben sie, aber ganz ohne sie – würde denn das überhaupt gehen? Diese Überlegung ist häufig zu finden.

Einig ist man sich nur darüber, daß ihrer bislang kaum begrenzten Willkür gewisse Bremsen angelegt werden müßten. Auf die Vorstellung der Gewaltentrennung, des Gegenüber von Regierung und Parlament, bin ich in Gesprächen nie gestoßen. Es fehlen die elementarsten Vorstellungen über das Funktionieren der Demokratie. Bei vielen Unterhaltungen wurde ich an einen Hitlerjungen erinnert, den ich Ende der dreißiger Jahre in Amerika bei einer Diskussion mit jungen Amerikanern erlebte; mit dem Wort „Führerstaat" waren seine staatspolitischen Vorstellungen erschöpft.

Ein Begriffspaar, das der Soziologe Alexander Rüstow in die Diskussion eingeführt hat, mag hier zur Klärung dienen. Er spricht von der Überintegration in der kommunistischen, von der Unterintegration in der westlichen Welt.[14] Wir im Westen lieben die Freiheit, die uns unsere Regierungs- und Wirtschaftsform gewährt, fühlen uns aber – das gilt vor allem für die jüngere Generation – zu wenig angesprochen, beansprucht, „engagiert", kurz, zu einsam in einer Welt, in der jeder tun und lassen kann, was er mag. Die Sowjetmenschen leben im Gegenteil in einem Zustand der Überintegration; den Grundgedanken – die Einordnung des Einzelnen ins Ganze – bejahen sie durchaus, nur seine Übertreibung empfinden sie als eine persönliche Überforderung und Vergewaltigung. Wir wünschen uns also in unserer Unterintegration eine kräftige Prise Gemeinschaftsgeist, die Russen in ihrer Überintegration eine noch kräftigere Portion persönlicher Freiheit. Betrachtet man die Wünsche auf beiden Seiten, also nicht nur die derzeit bestehenden Realitäten, so wären wir gar nicht so weit auseinander; die grundsätzlichen Unterschiede freilich blieben auch dann bestehen.

Auch zu diesem Punkt hat die amerikanische Befragung ehemaliger Sowjetbürger interessantes Material zutage gefördert, das sich mit den hier wiedergegebenen Ansichten weithin deckt. Wichtig scheinen mir die Sätze in der abschließenden Zusammenfassung dieser Untersuchungen:

„Soweit es sich um ein formales Bekenntnis zu bürgerlichen Freiheiten wie Freiheit der Presse, Versammlung und Religion handelt, zeigten die ehemaligen Sowjetbürger eine deutliche und gleichmäßige Neigung, sich für diese auszusprechen. Wenn ihnen aber besondere Bedingungen und konkrete Situationen genannt wurden, schmolz ein großer Teil der Unterstützung bürgerlicher Freiheiten dahin zugunsten eines wechselnden Maßes staatlicher Kontrolle und Intervention." [15]

Zusammenfassend kann man sagen, daß die Sowjetmenschen einen „guten" Staat wünschen, aber nicht recht wissen, wie man den Staat zwingen soll, gut zu sein, mit anderen Worten, wie die Institutionen zu sein hätten, mit deren Hilfe man den Staat daran hindern könnte, „böse" zu werden. Daß aber der Wunsch nach einem besseren Staat sich stärker und deutlicher zeigt, das ist unleugbar und darf als ein hoffnungsvolles Zeichen gewertet werden.
Hier mag auch noch einmal – zum letztenmal – an Dudinzews Roman erinnert werden. An seiner am sichersten im Gedächtnis haftenden Stelle, am Schluß des Ganzen, ist davon die Rede, daß nun, da sich Lopatkin mit seiner Erfindung durchgesetzt hat, „die Last neuer Sorgen, der Sorgen *um die Menschen*" auf seinen Schultern ruhe. Lopatkin erinnert sich an die Worte eines Freundes, der ihm gesagt hat: „Eines Tages werden Sie noch Politiker!", und nun folgen die denkwürdigen Schlußsätze:

„Wahrscheinlich war es das erstemal, daß er diesen Mann, in dem er seit einiger Zeit den älteren Bruder sah, richtig verstand. Obwohl seine Maschine gebaut war und dem Volke diente, sah er wieder die in die Ferne führende, endlose Straße vor sich; sie wartete auf ihn und lockte mit ihren geheimnisvollen Windungen, mit ihrer harten Verantwortung."

Sein bisheriger Weg hat dem *Erfinder* Lopatkin den Sieg seiner automatischen Röhrenmaschine gebracht. Wohin wird die zweite Wegstrecke den *Politiker* Lopatkin führen? Wir wissen es nicht. Aber daß sein Autor den Erfinder von gestern als den Politiker von morgen entläßt, ist von zwingender Logik.

Im gegenwärtigen Stadium ist es weniger wichtig, daß sich für die

Zukunft noch keine klaren politischen Vorstellungen abzeichnen; entscheidend ist, daß die Menschen nach neuen Lösungen zu suchen begonnen haben, entscheidend vor allem, daß die Sucher, die dem vorhin zitierten Roman Granins den Titel gegeben haben, am stärksten in der jüngeren Generation zu finden sind. Keiner ihrer Dichter hat bisher dieses Suchen aufschlußreicher formuliert als der junge Jewgenij Jewtuschenko in seinem Ende 1956 veröffentlichten Poem „Station Simá". In dem autobiographischen Gedicht schildert er den Besuch in seiner Heimat, dem kleinen sibirischen Ort Sima, zu dem sich der Zwanzigjährige entschloß, als er erkannte, daß er in der ersten Etappe seines Lebens „Dinge gesagt hatte, die er nicht hätte sagen, und Dinge nicht gesagt, die er hätte sagen sollen". Bis dahin hatte er ohne Probleme gelebt und alles hingenommen, wie es war:

„Ich lebte damals beinah ohne Sorgen.
Jedoch das Leben ohne Hindernisse
schien mir bis dahin darum nur so einfach,
weil man, was schwierig, ohne mich entschied...
Doch plötzlich kam es anders, wurde nötig,
sich jede Antwort aus sich selbst zu geben."

Der Dichter hofft, daß ihm die Reise in die alte Heimat dabei helfen wird. Sein Besuch findet nach der Erschießung Berijas statt, vermutlich im Sommer 1954, zu einer Zeit also, da sich die Menschen über das angebliche Ärztekomplott gegen Stalin immer noch Gedanken machen. Einer seiner Verwandten sagt:

„Heut ist ein jeder Philosophen gleich,
so ist die Zeit.
Im Volk wird nachgedacht.
Wo, was und wie – nicht gleich ist es verständlich.
Stimmt's, daß die Ärzte doch nicht schuldig waren?
Warum dann hat man also sie gekränkt?
Welch ein Skandal, der ganz Europa füllt.
Und alles war wohl Schuld des bösen Berija..."

Die entscheidenden Überlegungen stellt der Dichter gegen Ende seines Besuches an:

„Ich dachte über Echtes nach und Falsches,
dazu noch dies: *wie* Echtes Falschheit wird.
Wir wollen alle denken,
alle sind wir
am Ärger großer ‚Kleinigkeiten' schuld,
an leeren Versen, wimmelnden Zitaten,
an den Klischees, mit denen Reden enden.
An vieles dachte ich.
Es gibt zwei Arten
der Liebe.
Manche schmeicheln der Geliebten,
wie schwer die Kränkung auch gewesen sei.
Wir aber haben so viel spätes Leid
in unsern kurzen Tagen tragen müssen,
daß wir nicht blinde Liebe heute brauchen,
vielmehr die denkende, die klar bewußte.
So laßt uns denken über Groß und Kleines,
laßt tief uns leben und nicht irgendwie.
Das Große wird uns nimmermehr betrügen,
doch kann von Menschen es betrogen werden.
Ich weigre mich, der Schwäche recht zu geben,
und will auch jene nicht von Schuld befrein,
die die prophetischen Gesichte Rußlands
in kleine Klatschereien wechseln möchten.
Das Schicksal kleiner Leute ist die Hast.
Wer andre nur beschuldigt, hat es leicht.
Nicht Schwäche,
sondern Großes, Hehres, Ganzes
erwartet Rußland nun von mir ...
Wir hängen nicht
den Mantel nach dem Wind.
Und unser Denken meistre das Warum.
Das Große ruft,
drum laßt uns alle denken.
Laßt uns dem Großen auch gewachsen sein."

Kurz vor der Abreise trifft der Dichter seinen Jugendkameraden Wowka. Dieser spürt, daß der Freund voll Nachdenklichkeit ist, daß er nach Antworten sucht, ohne sie zunächst gefunden zu haben.

„‚Glaubst Du vielleicht, Du bist allein?‘, sagt Wowka.
‚Heut, Bruder, denken alle bei uns nach...
Du willst auf alles gleich die Antwort haben.
Wir werden alles noch – zu seiner Zeit – verstehn.
Hier muß man lange denken.
Eile nicht.‘“ [16]

„*Alle* denken“ – darauf kommt es zuerst und entscheidend an. Der Aufruf zum selbständigen Denken ist machtvoll und unverkennbar. Er ist der bedeutsamste und der am meisten ermutigende Ton, der in den letzten Jahren aus der Sowjetunion zu uns dringt, um so ermutigender, als er aus einem jungen Munde kommt. Nach alledem läßt sich eine zwar vorsichtige, aber doch hoffnungsvolle Prognose wagen, für die ich einen historischen Vergleich heranziehen möchte: Auch die Entwicklung der letzten Jahrhunderte zur Demokratie hin, die mit der ersten englischen Revolution einsetzte, ist keineswegs rasch und geradlinig verlaufen. Und wie im Europa des achtzehnten Jahrhunderts dem „reinen“, völlig ungehemmten Absolutismus eines Ludwig XIV. und Peters des Großen der aufgeklärte Absolutismus Friedrichs des Großen, Josefs II. und Katharinas II., wie später dem Autokraten Nikolaus I. der „Zar Befreier“ Alexander II. folgte, so könnte auch den bolschewistischen Absolutismus der ersten und zweiten Generation, der von der Freiheit der Person weniger übrigließ als nur je einer der Zaren, eine „aufgeklärte“ Form des totalitären Staates ablösen. Nicht aber, scheint mir, unmittelbar die Demokratie, wie wir sie verstehen. Ich jedenfalls habe keinen Sowjetbürger getroffen, dessen Gedanken über die Zukunft als demokratisch im westlichen Sinne bezeichnet werden könnten; aber viele, die sich eine Evolution des Sowjetstaates auf eine gemäßigte, die Bedürfnisse des Volkes berücksichtigende Autokratie hin vorstellen — und wünschen.

DIE WELT DER ANDEREN

Der Pendelschlag zwischen Bewunderung und Verachtung für das Ausland ist ein wesentliches Element der russischen Geistesgeschichte seit den Tagen Peters des Großen. Er ist auch heute spürbar.

Noch in den dreißiger Jahren war alles Ausländische Trumpf. Ein ordentlicher Anzug, ein Fotoapparat, ein Auto, ein funktionierender Füllfederhalter, eine Taschenlampe – alles war selbstverständlich sagranítschnyj, ausländisch (wörtlich: von jenseits der Grenze). Damals war wenig von der traditionellen Zwiespältigkeit des Russen gegenüber dem Westen zu spüren. Er bewunderte und beneidete ihn wie wir 1946 die Schweizer oder die Schweden, doch ohne den unfreundlichen Unterton, den man manchmal bei uns gegen die reichen Nachbarn hören konnte; vor allem Amerika und auch Deutschland galten als ferne und unerreichbare Vorbilder, und Besucher aus diesen Ländern als beneidete und bestaunte Günstlinge des Schicksals, zu denen man fast wie zu Halbgöttern aufsah.

Ich merkte das sehr deutlich, als ich 1934 – zum erstenmal mit meiner Frau – wieder nach Rußland kam. Im Auto von Berlin nach Moskau, auf dem langen Weg durch Polen und die baltischen Staaten, hatte ich ihr täglich eine Stunde Russisch gegeben, und in Moskau war schon im voraus eine Sprachlehrerin für sie engagiert. Um ihren Appetit auf das Erlernen der schweren Sprache anzuregen, hatte ich ihr vor Augen gehalten, wie vorteilhaft es für sie sein würde, wenn sie sich bei ihren Einkäufen in Moskau der Landessprache bedienen könnte. Bereits am Tage nach unserer Ankunft führte ich sie in das große Lebensmittelgeschäft, das einst nach seinem Besitzer Jelissejew geheißen hatte und dann in „Gastronom Nr. 1“ umgetauft worden war. Ich selbst war dort früher – als Quittung für mein akzentfreies Russisch – wie ein Russe behandelt und erst nach sehr langem Warten bedient worden. Meine Frau aber wurde sofort von einer Verkäuferin als Ausländerin erkannt und aus der Schlange der nach Brot Anstehenden herausgeholt.

„Was wünschen Sie zu kaufen?" fragte die Verkäuferin auf deutsch. „Weißbrot? Sofort." Sie ging an der Schlange vorbei zu ihrer Kollegin hinter den Ladentisch und ließ sich das Brot geben; in einer halben Minute war alles erledigt. Danach wagte ich meiner Frau wegen ihres mäßigen Enthusiasmus für russische Sprachstunden kaum noch Vorwürfe zu machen; tat ich es doch, so bekam ich ein schalkhaftes „Gastronom Nr. 1!" zu hören. Ja, ich machte es mir sogar schließlich selbst zur Regel, ein gebrochen fremdländisch klingendes Russisch zu sprechen, wenn immer es um die Beschaffung einer Mangelware ging; und fast alles war Mangelware, auch Theater- oder Eisenbahnkarten.

In jenen Jahren nahm es die Bevölkerung denn auch wie selbstverständlich hin, daß die besten eigenen Produkte für den Export bestimmt waren. Auf einer Reise durch die unendlichen Wälder Nordrußlands stieß ich 1935 am Ufer der Dwina auf ein primitives Sägewerk, das sich auf einem ehemaligen Friedhof befand. Weit und breit sah ich fast nur Frauen bei der Arbeit. Armselige Wesen in zerlumpten Kleidern und zerrissenen Schuhen. Aber als sie hörten, daß ein Ausländer gekommen sei, warfen sie sich mächtig ins Zeug. „Weiblein", rief eine alte Arbeiterin den anderen zu, „zeigt mal dem Fremden, wie ihr für den Éxport arbeitet." (Die einfachen Leute betonen das auch ins Russische übernommene Fremdwort auf der ersten Silbe.) Und während sie mich herumführte, wiederholte sie immer wieder voll Stolz: „Alles Éxportware! Wir arbeiten hier nur fürs Ausland!" Schon der Ton, in dem sie die Worte Export und Ausland aussprach, ließ die ehrfürchtige Scheu vor dieser höheren Welt spüren.

Seither hat sich die Einstellung zum Ausland verändert. Dazu hat nicht zuletzt das von Hitler und Himmler befohlene Verhalten gegenüber den Gefangenen und der Bevölkerung in den besetzten Gebieten sein Teil beigetragen; manches Zerrbild der vorher von den meisten als Übertreibung abgetanen Darstellung des Westens in der Sowjetpropaganda schien sich damals zu bestätigen. Stärker und nachhaltiger aber als diese Enttäuschung wirkt der unverkennbare Stolz auf die eigene Leistung, auf den mächtigen industriellen Aufbau; auch die Verbesserung der materiellen Lage in den letzten Jahren und der ständig wiederholte Hinweis darauf, daß nun schon annähernd eine Milliarde Menschen dem „sozialistischen Lager“ angehöre, sind nicht ohne Einfluß geblieben.

Das nach wie vor große Interesse am Ausland ist nicht mehr, wie früher bei vielen, mit einem geradezu hoffnungslosen Minderwertigkeitskomplex verbunden. Ja, es gibt schon wieder Sowjetbürger, die an die Tradition russischer Überheblichkeit anknüpfen und auf die Bewohner der Außenwelt nicht anders blicken als einst die orthodoxen Russen auf die Heiden des Auslandes oder auf die „Häretiker“ des Westens. Die wütende Haßpropaganda gegen den Westen dagegen hat, soweit ich feststellen konnte, in der Bevölkerung keine tiefen Spuren hinterlassen.

Haben Erlebnisse wie die deutsche Okkupation oder der Vorsprung des russischen Sputnik die Glaubwürdigkeit dieser Propaganda von der Bosheit des Westens und den Vorzügen des Sowjetsystems verstärkt, so ist sie andererseits schwer erschüttert worden durch den Augenschein, der sich seit 1944 Millionen von Russen geboten hat, erst bei der Eroberung und Besetzung europäischer Länder und in den allerletzten Jahren im Zuge der angelaufenen Touristenreisen oder der Beteiligung an internationalen Kongressen sowie durch die zunehmende Zahl westlicher Besucher.

Daß sogar das von den Sowjets mit solch riesigem Aufwand veranstaltete Moskauer Jugendfestival im Sommer 1957 für den Kreml im Lande selbst keineswegs nur ein eindeutiger Propagandaerfolg war, konnte ich feststellen, als ich wenige Tage nach dem Abschluß der Festlichkeiten nach Moskau kam und alle Russen, mit denen ich ins Gespräch kam, nach ihren Eindrücken fragte. Jeder antwortete aus seiner Perspektive. Ein Schuhputzer, der mir auf der Straße meine vom Staube Sibiriens beschmutzten Schuhe blank polierte, sagte, nach seiner Meinung über die ausländischen Gäste befragt: „Also eines will ich Ihnen sagen: großartige Schuhe haben die.“

Ein Taxifahrer, dem ich dieselbe Frage stellte, machte erst ein

muffiges Gesicht, schwieg eine Weile und brachte dann einen einzigen Satz hervor: „Denen geht's viel besser als uns."
Ein Student erzählte, er habe sich mit einem norwegischen Kommilitonen unterhalten. Auf die Frage, womit er denn sein Studium finanziere, habe ihm jener berichtet, daß ihm sein wohlhabender Vater die Mittel zur Verfügung stelle. Doch gebe es auch Stipendien; der Norweger habe einen Landsmann herbeigewinkt, einen Arbeitersohn, der mit einem Staatsstipendium studiere und monatlich einen Betrag erhalte, der dem Preis von zwei neuen Anzügen entspreche. „Bei uns wären das ja weit über tausend Rubel im Monat!" fügte der Russe staunend hinzu. (Daß gleichwohl aufs Ganze gesehen der Westen, im besonderen die Bundesrepublik, erst seit kurzem dabei ist, den östlichen Vorsprung in den Aufwendungen für die Studenten aufzuholen, steht auf einem anderen Blatt.)
Die Qualität der westlichen Industrieproduktion haben Hunderttausende von Russen wohl zum erstenmal kennengelernt, als die Bundesgenossenschaft im Zweiten Weltkrieg einen breiten Strom westlicher Waren – von Medikamenten bis zum Lastkraftwagen – ins Land fließen ließ, der auch zahlreiche Amerikaner, in Uniform oder in Zivil, als Monteure und Instrukteure mit sich brachte. Dennoch hat Stalins argwöhnische Vorsicht einen breiteren menschlichen Kontakt mit den neuen Freunden damals planmäßig und im ganzen wohl mit Erfolg verhindert und auch in den nächsten Jahren das Rinnsal der „Freundschaftsbesuche" hin und her sorgfältig kanalisiert, bis es im Anhauch des Kalten Krieges vollends einfror.
In welchem Umfang der Westen dann in diesem „Krieg" auf dem einzigen Weg erfolgreich war und ist, auf dem er das Ohr des Sowjetbürgers unter günstigen technischen Umständen direkt erreichen kann, wieweit, mit anderen Worten, die russischsprachigen Sendungen ausländischer Rundfunkstationen abgehört und von Mund zu Mund weitergegeben werden, das ist bei der Vorsicht, zu der die Hörer auf diesem besonders heiklen Gebiet gezwungen sind, sehr schwer zu sagen. Die Zahl der Rundfunkgeräte in der Sowjetunion ist zwar erheblich (von 1950 bis 1956 ist die Jahresproduktion von 1,07 Millionen auf 3,675 Millionen Stück gestiegen[1]), doch besteht die große Mehrzahl aus bloßen Lautsprechern, die von einem zentralen Empfangsgerät, genannt

„Radioknoten", bespielt werden. Wer in Sowjetzügen gefahren ist, weiß, daß in jedem Abteil ein Lautsprecher angebracht ist, der nur das wiedergibt, was der Mann im Radioknoten des Zuges mit Hilfe von Platten spielt oder auf seinem Radiogerät aus dem Äther holt. Dasselbe Bild findet man in weiten Teilen des Landes. Der Besitzer des Lautsprechers kann also wohl ein- oder ausschalten, er kann sich aber nicht ein eigenes Programm wählen. Die selbständigen Empfangsgeräte, die vom Handel angeboten werden, waren bisher in der Masse auf Mittel- und Langwelle beschränkt; diejenigen, mit denen man Auslandssendungen abhören kann, sind in der Minderheit, überdies sind zahllose Störsender tätig. Trotzdem scheint manches durchzukommen. Jedenfalls wird in der Presse immer wieder nicht nur gegen die den Sowjets besonders unangenehmen Emigrantensender polemisiert, sondern auch gegen die „Stimme Amerikas" und BBC.
Wer sich etwa für das Funktionieren westlicher Demokratien interessieren sollte, findet darüber in der sowjetischen Presse und im sowjetischen Rundfunk keinerlei sachliche Aufklärung. Eine unvoreingenommene Darstellung zum Beispiel der Geschichte der britischen Demokratie während der letzten Jahrhunderte wäre für viele junge Russen zweifellos eine faszinierende und zum Nachdenken anregende Lektüre. Gerade darum ist nichts dergleichen zu haben. Es war daher ein ausgezeichneter Gedanke, daß ein in Moskau akkreditierter skandinavischer Botschafter, dem das sowjetische Fernsehen einige Minuten zubilligte, diese, statt zu allgemeinen Redensarten, zu einer nüchternen und präzisen Schilderung des staatlichen Aufbaus und der Institutionen seines Landes verwandte.
Der Kreml weiß genau, warum er seinen Untertanen den Blick über die Grenze erschwert. Eine Untersuchung unter sowjetischen DPs in den Jahren nach dem Krieg ergab, daß unter ihnen viele waren, die daheim zwar unzufriedene, aber brave Sowjetbürger gewesen waren und die, wenn der Krieg sie nicht ins Ausland verschlagen hätte, solche zwar unzufriedenen, aber braven Sowjetbürger auch geblieben wären. Erst das Leben im Westen hat ihnen Maßstäbe gegeben, die Sowjetwelt zu messen und bewußt abzulehnen.[2]
In seinen eigenen – im Vergleich zu den westlichen ungleich

weniger umfangreichen – Zeitungen erhält der Sowjetmensch zwar eine Menge einzelner Informationen, aber diese sind nicht nur völlig einseitig, sie behandeln die ihn interessierenden Fragen auch ganz sporadisch und unkontinuierlich. In den Sowjetzeitungen steht nur, was der Partei und Regierung jeweils paßt. „Objektivismus" ist in der Sowjetunion ein Schimpfwort; an seiner Stelle wird „Partijnost" gefordert, Parteilichkeit, Parteinahme, also Einseitigkeit. Der Sowjetbürger ist sich völlig im klaren darüber, daß er durch seine Presse unzureichend informiert wird; daher sein Mißtrauen gegen die Zeitungen, daher aber auch seine Unsicherheit im Urteil, die sein achselzuckendes „Im widneje"[3] – die oben können es besser beurteilen – eher verständlich macht.

Wenn ein Sowjetbürger doch einmal mehr weiß als die anderen, wenn er sich zum Beispiel durch einen Zufall als Augenzeuge oder aus einer ausländischen Rundfunksendung Informationen verschafft, die normalerweise unzugänglich sind, so ist er gezwungen, diese für sich zu behalten. Es ist zwar richtig, daß sich erstaunlich viele Nachrichten durch die illegalen Kanäle der Gerüchte und geflüsterten Andeutungen verbreiten; dazu trägt das ununterbrochene Reisen Zehntausender bei, die eine in Moskau erhaltene Information wenige Stunden oder Tage später in einer anderen Ecke des Sowjetstaates weitererzählen können. Vor allem die Wartesäle der Flugplätze sind geradezu Börsen inoffizieller Nachrichten und – meist recht milder – politischer Witze. Aber dies sind zufällige Begegnungen, zufällige Weitergaben von Informationen; es gibt keine fest geformten Gruppen oder gar Organisationen, in denen man sich über Dinge unterhalten könnte, die nicht in der Prawda standen.

Im Grunde kommt es für uns aber mehr auf das Informationsbedürfnis der Sowjetmenschen an als auf die Informationsmöglichkeiten, die sie besitzen. Wo das Bedürfnis zu Kontakten vorhanden ist, wird es immer wieder eine Befriedigung suchen, auch wo diese verweigert wird; ja, es wird infolge der Beschneidung der Informationen aus dem Ausland und der Verbindungen dorthin diese um so höher bewerten und mit um so subtileren Methoden zu finden wissen. Das führt zu der paradoxen Konsequenz, daß sich die Diskrepanz zwischen dem sehr starken Informationsbedürfnis und der sehr geringen Informationsmöglichkeit im Ergebnis eher zugunsten des Westens auswirkt.

In Stalins letzter Lebensepoche hatten nicht einmal die Gelehrten der Sowjetunion Gelegenheit, sich laufend mit ausländischer Fachliteratur zu beschäftigen. Wer zu oft ausländische Werke verlangte oder gar ausländische Kollegen zitierte, setzte sich alsbald dem Vorwurf aus, ein „Speichellecker des degenerierten Kapitalismus", ein „Verräter am sowjetischen Vaterland" zu sein. Die großen Gelehrten des Westens wurden als Rückschrittler, wenn nicht als Narren abgetan und alle großen Erfindungen der letzten Jahrhunderte Russen zugesprochen.
Auch das hat sich geändert, teils, weil das Drängen der sowjetischen Forscher und Naturwissenschaftler auf Information über den Stand der westlichen Wissenschaft immer stärker wurde, teils, weil die Nachfolger Stalins selbst intelligent genug waren, um einzusehen, daß sie sich nur ins eigene Fleisch schnitten, wenn sie die Forscher des Landes daran hinderten, die Entwicklung im Westen genau zu verfolgen. Albert Einstein, der jahrzehntelang als Prototyp der dem Idealismus und der Spekulation verfallenen westlichen Wissenschaft verleumdet worden war, wurde – nach seinem Tode – rehabilitiert. Eine riesige Behörde, das „Institut für wissenschaftliche Information der Akademie der Wissenschaften der UdSSR", wurde 1952 geschaffen, dessen einzige Aufgabe die möglichst rasche Auswertung Tausender von westlichen Zeitschriften ist. Es hat einen festen Mitarbeiterstab von etwa 2500 Angestellten und 11 000–13 000 korrespondierenden wissenschaftlichen Mitarbeitern. Das Institut gibt dreizehn Informationsblätter mit Kurzreferaten heraus, die vollständiger und besser koordiniert sind als die der westlichen Welt. Außerdem erscheinen wöchentlich sechsunddreißig hektographierte Serien sogenannter „Expreß-Informationen".[4]
Eine besondere Auswirkung haben diese neuen, vor allem die persönlichen Kontakte mit der westlichen Wissenschaft auf solchen Gebieten, wo im engeren Sinne politische Wissenschaften betrieben werden, zumal wenn über die Presse ein breiteres Publikum ins Bild gesetzt wird. So erfuhr man zum Beispiel, daß die westliche Wissenschaft die Sozialstruktur der Sowjetunion als die

eines Klassenstaates betrachtet. Viele Sowjetbürger hatten zwar auch schon selbst, darüber ist einiges gesagt worden[5], ähnliche Eindrücke gewonnen, aber sie durften sie nicht offen aussprechen und hatten auch keine Gelegenheit, sich mit ihrer theoretischen Begründung vertraut zu machen. Es war daher für zahlreiche Sowjetintellektuelle überaus aufschlußreich, als sie in verschiedenen ihrer Zeitungen und Zeitschriften zum Beispiel Berichte der sowjetischen Teilnehmer am Internationalen Soziologenkongreß in Amsterdam fanden und aus den Angriffen gegen die dort geäußerten Meinungen westlicher Soziologen einiges über diese Meinungen selbst erfuhren. So lasen sie dort unter anderem:

> „Einige bürgerliche Soziologen, die den Kapitalismus anzupreisen und den Sozialismus zu verleumden versuchen, behaupten, daß die Beseitigung des Privateigentums und seine Ersetzung durch das sozialistische Staatseigentum die Ausbeutung des Menschen nicht beseitigt habe ... In ihrem vergeblichen Bemühen, wenigstens irgendeinen Riß im Sozialgefüge der Sowjetunion zu finden, versuchen die bürgerlichen Ideologen, eine gewisse, bei uns noch vorhandene Ungleichheit auf dem Gebiet des Lebensstandards und Konsums in einem falschen Licht darzustellen. Sie behaupten, der Sozialismus beseitige keineswegs die soziale Schichtenbildung und die Unterschiede im Lebensstandard der Mitglieder einer Gesellschaft, sondern vertiefe diese. Solchen Erfindungen wird häufig ein wissenschaftlicher Anschein gegeben, wobei man sich der in der bürgerlichen Soziologie weit verbreiteten Theorie der sozialen Schichtenbildung bedient. Diese Theorie setzt an Stelle des Begriffs Klasse den aus der Geologie entnommenen Begriff Schicht; an Stelle der Aufgliederung in Klassen gibt es also eine Aufgliederung in soziale Schichten, die sich untereinander durch die Höhe ihrer Einkünfte, ihre Position innerhalb der Gesellschaft unterscheiden. Diese Theorie benützen die bürgerlichen Soziologen, um die Behauptung zu begründen, daß unter dem Kapitalismus die Klassenunterschiede verschwinden, insofern, als die Menschen angeblich aus den unteren in die oberen Schichten frei überzuwechseln vermögen. Im Hinblick auf den Sozialismus benützen die bürgerlichen Soziologen diese Theorie, um zu beweisen, daß sich bei uns umgekehrt neue privilegierte Schichten bildeten, eine neue ‚Elite'." [6]

Genau das haben sich, wie ich aus vielen Gesprächen weiß, zahl-

reiche Sowjetbürger längst heimlich selbst gesagt; manche von ihnen haben auch in ihren eigenen Zeitschriften gelesen, daß es Sowjetwissenschaftler gibt, die das Fehlen einer einheimischen Soziologie beklagen. Nun erfahren sie, daß die westlichen Soziologen, die ja nicht durchweg Narren sein können, dieselbe Ansicht vertreten und wissenschaftlich erhärten; sie hören – gleichfalls durch das Negativ der Sowjetkritik – auch noch von den Auffassungen des anti-titoistischen Jugoslawen Djilas, der in seinem tapferen Buch „Die neue Klasse“ eben solche im „Kommunist“ gerügten Ansichten eindrucksvoll auf Grund seiner eigenen Erfahrungen mit dem – damals in der Sowjetpresse gelobten – jugoslawischen Kommunismus dargelegt hatte.[7]
Der Sowjetleser erfuhr ferner aus seiner Presse, daß im Westen, insbesondere in den Vereinigten Staaten, aber auch in der Bundesrepublik, die These eines Volkskapitalismus vertreten wird, nach der durch immer weitere Streuung von Eigentum – vor allem auf dem Wege über den Erwerb von Aktien, häufig solchen des eigenen Werkes, durch Arbeiter und Angestellte – die traditionelle Gegnerschaft zwischen Kapital und Arbeit zu schwinden beginne. Diese These ist für die Bolschewiken höchst unangenehm, da sie ihnen, wenn sie sich durchsetzte, den Boden unter den Füßen wegziehen würde; beruht doch ihre ganze Argumentation auf der umgekehrten These: daß sich die Gegensätze zwischen Kapital und Arbeit auf friedlichem Wege nicht überwinden lassen und nur gewaltsam durch die Revolution beseitigt werden können. Daß diese These nicht nur eine Prognose, sondern auch ein Wunsch ist, wird offen ausgesprochen:

> „Die fortschrittlichen [das heißt bolschewistischen] Kräfte sind daran interessiert, daß sich die Widersprüche der kapitalistischen Gesellschaft nicht glätten, nicht aussöhnen (wie dies die Verteidiger der Bourgeoisie anstreben), sondern bis zum Ende, bis zur Vernichtung des kapitalistischen Systems, geführt werden.“[8]

Dennoch ist diese Idee des Volkskapitalismus in der Sowjetunion auf ein offensichtlich lebhaftes Interesse gestoßen; im Frühjahr 1957 wurde in Moskau eine Sondertagung von Sowjetfachleuten für westliche Wirtschaftsfragen über das Thema Volkskapitalismus abgehalten[9].

Aus den an Zahl zunehmenden Besprechungen ausländischer Bücher in Sowjetzeitschriften konnte der Leser weit mehr als in den Tagen Stalins über die Entwicklung des Denkens im Westen in Erfahrung bringen und sogar kritische Äußerungen westlicher Sowjetologen lesen, etwa die explosive These des Franzosen Jean Hippolyte, die Bildung von Privateigentum an den Produktionsmitteln sei nicht die einzige Methode, dem Arbeiter den von ihm geschaffenen Mehrwert vorzuenthalten.[10] Diese Worte trafen in die gleiche Kerbe wie Djilas' Nachweis, daß eine „Entfremdung" auch dadurch erreicht werden kann, daß – wie in der Sowjetunion – der Staat, das heißt eine bürokratische Minderheit, die Produktionsmittel in die Hand bekommt und damit das werktätige Volk weit wirksamer von der Verfügung über diese und über den Mehrwert ausschließt, als es der zeitgenössische Kapitalist vermag.
Wie weit und wie rasch sich diese neuen Eindrücke auswirken, ist nicht leicht abzuschätzen. Bisher jedenfalls fiel es dem Russen schwer, sich das Leben in der freien Welt vorzustellen. Seit Jahrzehnten ist er einer Propaganda ausgesetzt, die jede Gelegenheit wahrnimmt, um die unleugbaren und oft beschämenden Mißstände im Westen, vor allem in Amerika, in krasser Verzerrung und schematisierender Verallgemeinerung als die nicht nur beherrschenden, sondern einzigen Wesenszüge im Bild des Westens darzustellen. Dieser Propaganda kommt die schon besprochene[11], mir aus vielen Gesprächen geläufige Neigung des Russen zugute, in extremen Schwarz-Weiß-Vorstellungen zu denken, die das Sowohl-als-auch und den Kompromiß ausschließen; da das Dogma von vornherein entschieden hat, wo das Licht und wo der Schatten zu Hause ist, muß eben das Vaterland der Werktätigen ganz weiß und die Hochburg des Kapitalismus ganz schwarz erscheinen – auch in den Köpfen der Propagandisten selbst, die Führungsspitze nicht ausgeschlossen.
Soweit der Sowjetbürger überhaupt eine Vorstellung vom Westen hat, weiß er beispielsweise, daß es dort mehr individuelle Freiheit gibt, aber er neigt zu der Annahme, daß diese Freiheit zu jenen chaotischen Verhältnissen führt, ja führen muß, wie sie ihm durch die Meldungen und kritischen Kommentare westlicher Zeitungen über Preissteigerungen, Überproduktion und Arbeits-

losigkeit bestätigt werden, die ihm seine eigene Presse täglich – meist mit Quellenangabe – serviert.
Der Sowjetbürger bezweifelt auch nicht, daß im Westen ein höherer Lebensstandard zu finden ist als in der Sowjetunion; aber natürlich nur – wie sollte es, nach Karl Marx, auch anders sein! – in der Ausbeuterklasse, während die Massen darben; das findet um so mehr Glauben, als man es im eigenen Lande nicht anders gewöhnt ist. Sowjetische Touristen sind daher weniger vom Reichtum der Auslagen in den großen Geschäftsstraßen unserer Städte überrascht als von dem Bild, das die Arbeitersiedlungen und vollends das Innere der Wohnungen bieten und das ihnen zeigt, wie bei uns eben nicht nur die Oberschicht, sondern das Volk insgesamt auf einem hohen Standard lebt; natürlich sind auch die Leistungen unserer sozialen Gesetzgebung unbekannt.
Auf den allgemeinsten Nenner gebracht: Die Sowjetbürger wissen, daß das Leben in der westlichen Welt in vielerlei Beziehungen angenehmer und leichter ist als bei ihnen; aber die Propaganda lehrt sie, daß diese Vorzüge mit einem allgemeinen Degenerationsprozeß erkauft werden, daß der Westen von materialistischer Profit- und Genußgier zerfressen wird. Viele Russen blicken auf die westliche Zivilisation wie einst der Römer Cato auf den hellenistischen Osten oder die Germanen auf Rom oder wie die russischen Slawophilen von gestern auf das übrige Europa. Der Westen, zumal Amerika, macht es ja auch der antiwestlichen Propaganda des Kreml nur allzu leicht mit seinen Gangsterfilmen und Horror Comics, mit seiner hohen Jugendkriminalität und Übersexualisierung. Und auch die Bundesrepublik präsentiert in den Auslagen der Kioske, in den Kinoprogrammen und -plakaten ein Anschauungsmaterial westlicher Dekadenz.
Die Wirkung dieser Propaganda bleibt nicht aus. In Jurij Trifonows „Studenten" fand ich auch folgendes – vermutlich der Wirklichkeit entnommene – Gespräch zwischen zwei jungen Leuten, die sich an ihre Erlebnisse im Kriege erinnern:

> „Übrigens bin ich mit den Amerikanern in Berührung gekommen", sagte Lagodenko. „In Österreich. Ihre Waffentechnik ist in der Tat groß. Aber das sind keine Soldaten, das sind Touristen, Motorradler."
> „So haben sie den ganzen Krieg geführt. Gastrollen in Europa."

> „Man kennt ein Volk gleich. Die Deutschen, die Finnen – das sind Krieger. Schwer war es, sie zu brechen."

Diese Szene fiel mir wieder ein, als ich vor einem Sowjetkino in der Provinz, wo gerade ein argentinischer Lustspielfilm gegeben wurde, zwei junge Männer ihre Eindrücke austauschen hörte. „So ein kräftiger Kerl", sagte der eine, offenbar meinte er den Helden des Films, „aber er amüsiert sich nur und arbeitet nicht." Noch deutlicher aber waren Antworten, die Amerikaner selbst von ehemaligen, inzwischen nach Amerika eingewanderten Sowjetbürgern erhielten. Da kritisierte einer, daß in Amerika die Jugend alle möglichen Filme ansehen kann, „durch die sie sexuell vorzeitig reif wird". Ein anderer erklärte geradezu: „Ich danke Gott, daß wir nicht die demoralisierenden Comics hatten, die billige, unsaubere Literatur, die hier den Kindern zur Verfügung steht." [12]
Sprach ich mit Sowjetmenschen über die Unterschiede des Lebens im freien Westen einerseits, in der Sowjetunion mit ihren brutalen Gesetzen, Zwangslagern und entsetzlichen Entbehrungen andererseits, so wurde ich manchmal an einen Jungen erinnert, den ich in meiner Schulzeit kannte. Er wurde von seinem sehr strengen Vater alle zwei oder drei Monate durchgeprügelt. Natürlich schätzte der Junge diese Prügel nicht, und doch veranlaßten sie ihn, auf uns andere herabzublicken, weil wir ihm wie weichliche Muttersöhnchen vorkamen. Es gibt wohl kein Volk, in dessen Sprichwörtern Prügel und Liebe so häufig als durchaus vereinbare Dinge erscheinen wie im Russischen. Und die Geschichte von dem Deutschen, dem seine russische Frau eines Tages weinend erklärte, die Nachbarinnen glaubten ihr nicht, daß er sie liebe, weil er sie nicht schlage, wurde immer wieder als besonders charakteristisch erzählt.
Ein Punkt, der in Gesprächen mit Sowjetbürgern häufig auftaucht und ihnen ein Gefühl der moralischen Überlegenheit gegenüber ihren Hauptrivalen, den USA, verleiht, ist auch politisch von Bedeutung: die Haltung der Amerikaner zur Rassenfrage. Dabei gilt ihnen Amerika nur als ein Paradebeispiel für die allgemeine westliche Überheblichkeit gegenüber den nicht-weißen Völkern. Die Ereignisse im Schulhaus von Little Rock, wo 1957 Negerkinder trotz der Entscheidung des Obersten Gerichts nur unter

Lebensgefahr und militärischer Bewachung in die gemischte Schule gehen konnten und 1958 durch neue richterliche Entscheidung aus ihr wieder verwiesen wurden, erscheinen den Russen nur als ein zusätzlicher Beweis für die seit langem vorhandene rassische Diskriminierung. Sie weisen gern darauf hin, daß es etwas Derartiges bei ihnen nicht gebe und daß in ihren Fabriken und Hochschulen alle Rassen nebeneinander arbeiten.

In der Tat hat es schon im alten Rußland, abgesehen von den Judenpogromen, weniger Rassengefühle gegeben als bei den anderen Kolonialmächten. An Grausamkeit bei der Eroberung Sibiriens und Zentralasiens können es zwar das Zarenregime und das Sowjetsystem mit allen anderen aufnehmen, aber nach erfolgter Eroberung ging im russischen Bereich das Sich-Zusammengewöhnen viel rascher. Führende Familien der unterworfenen Nationalitäten gelangten in den Adel des Imperiums und an den Zarenhof, nicht anders als später in die bolschewistische Führungsschicht.

Zwar gibt es, wie unser kurzer Überblick über das Verhältnis zwischen Russen und anderen Nationalitäten gezeigt hat[13], auch Spannungen, die durch die Industrialisierung zusätzliche Antriebe erfahren haben. Trotzdem und trotz der brutalen Behandlung ganzer Völkerschaften, einschließlich der deutschstämmigen Bauern, durch den Kreml sind wohl die meisten Bewohner der Sowjetunion der Meinung, daß bei ihnen die Toleranz gegenüber anderen Rassen größer ist als sonst in der Welt.

Gästen des nicht-europäischen Auslands, vor allem Asiaten gegenüber sind die Sowjetbürger von einer bestechenden Herzlichkeit. Den meisten Menschen ist wohl ein gewisser Drang zum Fraternisieren eingeboren, aber beim Russen scheint er besonders ausgeprägt zu sein; zudem wird er hier als ein politisches Instrument von oben her gefördert. Hat man einmal erlebt, wie Russen im Enthusiasmus einer vorgerückten und alkoholbeschwingten Stunde ihre asiatischen Gäste umarmen und küssen, muß man sich sagen, daß dieses Verhalten vermutlich auf die Fremden einen so nachhaltigen Eindruck macht, wie sie ihn aus keinem anderen weißen Land der Welt mitbringen könnten; auch das Bild der blumengeschmückten, mit asiatischer Gebetsgeste grüßenden Sowjetführer in Indien darf hier nicht vergessen werden[14].

Zusammenfassend wird man den Eindruck einer polaren und

noch nicht ausgetragenen Spannung zu registrieren haben: Die Bewohner der Sowjetunion empfinden immer noch einen starken Respekt vor dem Können des Westens, vor allem der Amerikaner und der Deutschen. In den allerletzten Jahren scheint mir auch das Interesse an Frankreich wieder angestiegen zu sein; ich bin mehrfach über seine geistigen Strömungen befragt worden, vor allem den Existentialismus. Aus Paris erwarten manche, gerade unter den Jüngeren, am ehesten geistige Impulse, die sie beim Westen im allgemeinen vermissen. Ich könnte mir auch denken, daß etwa die – aus Gründen außenpolitischer Zweckmäßigkeit geförderte – Literatur über Indien, die in den letzten Jahren überwiegend positiv bestimmt war, die Gedanken mancher junger Sowjetbürger in geistige Bahnen lenkt, die dem Kreml keineswegs erwünscht sind. Es ist mir 1957 vorgekommen, daß ein knapp dreißigjähriger Ingenieur von mir Einzelheiten über Yoga und indische Meditation hören wollte.
Aber diesem traditionellen und zum Teil neu belebten Interesse für das Ausland wirkt neben dem – alten und neuen – Sendungsbewußtsein der neuerwachte Stolz auf die eigene Leistung entgegen, der zum ersten Mal die Verwirklichung der seit Jahrzehnten zitierten bolschewistischen Parole „Einholen und überholen“ in greifbarer Nähe sieht. Etwas davon schwang wohl auch mit in dem ungeheuren Jubel, den ich 1955 bei einem internationalen Sportfest im Moskauer Stadion erlebte, als der sowjetische Langstreckenläufer Wladimir Kuz seinen stärksten Konkurrenten, den Briten Gordon Pirie, um eine volle Runde schlug.
Für das Verhältnis des Russen zum Westen gibt es kein besseres Gleichnis als das beliebte Volksmärchen von Iwánuschka Duratschók, dem russischen Hans im Glück. Dieser tritt gewöhnlich als jüngster von drei Brüdern auf; die beiden älteren sind ihm in vieler Beziehung überlegen, so daß er von ihnen wie von allen anderen nur als Trottel betrachtet wird. Zum Schluß aber ist er es, der alle Abenteuer spielend besteht, den bösen Zauberer mit leichter Hand besiegt und die schöne Prinzessin gewinnt. Lange Zeit war man vom Westen als nicht ganz ernst zu nehmender Barbar behandelt worden; nun schwelgt man in dem Gefühl, ihn technisch und wirtschaftlich geschlagen zu haben oder dies jedenfalls in absehbarer Zeit schaffen zu können.

DER SOWJETMENSCH UND WIR

Blicken wir jetzt zurück auf die für die Gegenwart und Zukunft – die Zukunft nicht Rußlands allein – entscheidende Frage: Ist es den Sowjets gelungen, aus dem russischen Menschen einen neuen Menschen zu machen, ein Kollektivwesen, das mit seinem Tun und Lassen, ja mit seinem Denken und Wollen nur noch so reagiert, wie sie es für ihre neue Welt brauchen, und das für uns, die wir an unsrer „alten", geschichtlich gewachsenen Welt festhalten wollen, gar nicht mehr ansprechbar und im Grund auch nicht mehr verständlich ist – eben den „Sowjetmenschen", wie *sie* ihn verstehen?

Mag es nun mehr unter der Wirkung des in allen Ländern der Erde, nur in verschiedener Stärke und zu sehr verschiedenen Zeiten vollzogenen Eintritts in das Zeitalter der Industrialisierung und der Massenzivilisation oder mehr dank einer durch vier Jahrzehnte mit allen Mitteln des totalen Staates, von der Schule über die Propaganda bis zum Terror, betriebenen Umerziehung geschehen sein, die Tatsache selbst wird niemand bestreiten: Der Russe von heute, der Mensch der Sowjetunion, kurz, der Sowjetmensch in dem sachlichen Sinn, in dem das Wort in diesem Buch verwandt wird, er ist nicht mehr der Russe von einst, wie sich ihn unsere Väter – freilich oft in romantischer Verklärung – vorgestellt haben. Viele der „typisch russischen" Züge in seinem Bild sind zurückgetreten, manche erscheinen – zumal bei der neuen Oberschicht – in ihr Gegenteil verkehrt. Die wilde Urkraft ist gebändigt, die unberechenbare Spontaneität und Impulsivität der disziplinierten Stetigkeit des modernen Arbeitslebens gewichen, die Irrationalität von einst weithin von einem sehr handfesten Erfolgsstreben, vom Glauben an den technischen Fortschritt überlagert, die Religiosität in die Kirchenmauern und

Sekten zurückgedrängt. Aber das ist nur die halbe Wahrheit. Denn gerade von den Eigenschaften, die wir gern als „typisch bolschewistisch" bezeichnen und die in der Tat für die Parteifunktionäre und ihresgleichen charakteristisch sind, von jener gefühlskalten, berechnenden Leidenschaft des Fanatikers, dem der Zweck alle Mittel heiligt, habe ich bei der überwältigenden Mehrheit der Russen wenig finden können. Wohl haben sie die Allmacht des Staates mit der alleinigen Verfügung über die Produktionsmittel hingenommen, seinen Anspruch bejaht, Vollstrecker des „Gesetzes" des Fortschritts vom Kapitalismus über den Sozialismus zum Kommunismus zu sein; aber damit sind sie noch nicht in ihrem Innern zu Bolschewiken geworden. Nach allem, was ich in Jahrzehnten gesehen, erlebt, erfahren habe, bin ich im Gegenteil der festen Überzeugung, daß sie es in ihrer Mehrheit – besonders die jüngere und auch schon die mittlere Generation – heute weniger sind, als ihre Väter vor dreißig Jahren es waren; daß also auf die eingangs gestellte Frage, ob der Sowjetmensch mehr sowjetisch oder mehr Mensch ist, die Antwort eindeutig lauten muß: mehr Mensch. Und die Merkmale dieses Sowjetmenschen, die sich uns als konstant, also für die nächsten zehn bis fünfzehn Jahren bestimmend, gezeigt haben, sein wachsendes Verlangen nach Wohlstand und persönlicher Sicherheit, nach einem vom staatlichen Eingriff freien Bereich des Privaten, zumal im Kreis der Familie, nach selbständiger geistiger Betätigung und Entfaltung, gerade diese Merkmale sprechen dafür, daß er auch in zehn oder fünfzehn Jahren kein Bolschewik sein wird.

Die Bolschewiken selbst haben wesentlich zu einer Entwicklung beigetragen, die uns berechtigt zu sagen, daß in der Summe die Bewohner der Sowjetunion von 1920 sogar mehr Voraussetzungen für das Leben im kollektivistischen Kommunismus mitbrachten als die Sowjetmenschen von heute. Denn um ihre Nahziele – Industrialisierung, Modernisierung, internationale Machtstellung – zu erreichen, mußten die bolschewistischen Führer eine Entwicklung forcieren, in der sich der Russe (beziehungsweise Ukrainer und so fort) von einst in den Sowjetmenschen von heute verwandelte, das heißt aber, in einen Menschentyp, der zwar viele für diese Nahziele notwendigen Eigenschaften besitzt, damit untrennbar verbunden jedoch auch andere, die ihn für das kommunistische Fernziel sehr wenig prädestinieren. Indem sie also eine Entwicklung in Gang setzten, die sie zur Verwirklichung vieler ihrer Nahziele führte, sind sie gleichzeitig von ihrem politischen Fernziel immer weiter abgekommen:

Die Bolschewiken wollten die Industrialisierung, und sie erhielten die Industrialisierung; dazu aber auch, was sie keineswegs wollten, den Klassenstaat mit einer zunehmend selbstbewußten Oberschicht, die zum Beispiel bei der ersten sich bietenden Gelegenheit daranging, die juristischen Garantien für ihre persönliche Sicherheit auszubauen.

Die Bolschewiken wollten als Voraussetzung der Industrialisierung die allgemeine Hebung des Bildungsniveaus. Auch dieses Ziel haben sie weithin erreicht – mit Hilfe eines breitangelegten und intensiven Erziehungswesens, welches das Volk zum Denken, und das heißt auch zum unabhängigen Denken führt.

Die Bolschewiken wollten einen gesicherten und gesunden Nachwuchs für Armee und Wirtschaft, wollten stabile innere Ordnung, daher mußten sie die erst so geschmähte Familie wieder fördern – mit dem Ergebnis, daß heute in der Sowjetunion Millionen von Familien ein Eigenleben führen und Zellen bilden, die der Macht des Staates nur beschränkt zugänglich sind.

Fast könnte man sagen: Je russischer der Russe war, desto leichter war er vom Bolschewismus zu beherrschen; nachdem aber die Bolschewiken schon jahrzehntelang als „Gegen-Russen", nicht ohne Erfolg, gegen viele – und gerade die auffallendsten – Wesenszüge des Russen angekämpft haben, ist der Sowjetmensch heute ein weniger gefügiges Objekt bolschewistischer Herrschaft, als es der Russe in den Jahren gleich nach der Revolution war. Vermutlich wird die Entwicklung in dieser Richtung weitergehen. Verbürgerlichung und Intellektualisierung – das sind Grundtendenzen, an denen die Bolschewiken wenig ändern können. Allenfalls könnte man sich noch vorstellen, daß sie die Linie der ansteigenden Verbürgerlichung abbrechen, indem sie durch eine gewaltige Anspannung noch einmal eine Atmosphäre wie während der Revolution oder zu Beginn des ersten Fünfjahrplans schaffen. Keinesfalls aber können sie die zweite Linie, die der Intellektualisierung, stören, da sie sonst im Wettkampf der Hörsäle und Laboratorien ins Hintertreffen geraten müßten.

Was auf diesen letzten Seiten in vereinfachender Komprimierung zusammengefaßt ist, wurde in früheren Kapiteln eingehend dargelegt; der Leser weiß daher, daß die Dinge – wie alle menschliche Wirklichkeit – in Wahrheit wesentlich komplizierter sind. Hier ist noch eine Warnung vor voreiligen Schlüssen hinzuzufügen: Daß die Sowjetmenschen nur zum geringsten Teil „Bolschewiken" geworden sind und sogar zu einer apolitischen Haltung neigen, braucht die Parteiführung so lange nicht als bedenklichen Mißerfolg zu empfinden, wie diese Menschen brav die ihnen vom Staat übertragenen Aufgaben ausführen; es kann sich im Gegenteil für bestimmte Zwecke als Vorteil erweisen: in der Begegnung mit der außereuropäischen Welt, vor allem bei dem für den Westen nicht ungefährlichen Eindringen des Kreml in den afro-asiatischen Raum, das sich vorzugsweise auf dem Wege der „Wirtschaftshilfe" vollzieht. Dazu werden in diesen Gebieten Tausende von Sowjetbürgern eingesetzt. Für die Ziele des Kreml ist es vor allem wichtig, daß diese Leute tüchtige Techniker, Ingenieure, Instrukteure, Offiziere sind, zuverlässig arbeiten, sich diszipliniert betragen, möglichst sogar ein gewinnendes Wesen zeigen, damit es in ihrer neuen Umgebung von ihnen heißt: „Die Sowjetrussen sind aber nette Leute!" Vielleicht könnte man sogar sagen, daß die politische Auswirkung des Auftretens sowjetischer Experten oder Instrukteure im Ausland für den Kreml um so günstiger ist, je weniger bolschewistisch diese in ihrem Wesen sind und sich zeigen.
Ob alle diese Menschen wirklich überzeugte Bolschewiken im eigentlichen Sinne des Wortes sind, was sie in ihrem Herzen über den Bolschewismus denken, das kann dann bis auf weiteres eine Frage zweiten Ranges bleiben, wenn sie nur durch die zu Hause verbliebene Familie gebunden und genügend patriotisch gesinnt sind, um nicht alsbald nach Überschreiten der Grenze „die Freiheit zu wählen", und solange keine Krisen auftreten, in denen untergründige und gewöhnlich gebändigte anarchische oder antibolschewistische Gefühle aus den Menschen hervorbrechen und ihr Handeln beeinflussen.

Wir kommen zu der entscheidenden Frage: Was bedeutet dieses im ganzen – zumal gemessen an älteren, von der Propaganda der Hitlerzeit geflissentlich genährten Vorstellungen – freundliche, in vielen Zügen sogar hoffnungsvolle Bild für uns, was bedeutet es für den *Frieden* und die Zukunft der Welt?
Bietet es eine Gewähr dafür, daß der Sowjetmensch, wie es hier dargestellt wurde, seiner Regierung in den Arm fällt, wenn diese in den nächsten Jahren, absichtlich oder fahrlässig, in eine kriegsgefährliche Situation hineinsteuert? Sicherlich nicht. Der Gehorsam der Bevölkerung gegenüber der Führung, die Bereitschaft, sich mit deren Entschlüssen abzufinden, ist – bei aller offenkundigen Friedensliebe des Volkes – heute und bis auf weiteres weit stärker als die Abneigung gegen den Krieg.
Anders wäre es, wenn in einer späteren Entwicklung die Völker der Sowjetunion, statt nur das Objekt von Führerentscheidungen zu sein, selbst Einfluß auf die Politik gewännen und damit die Möglichkeit erhielten, ihren bisher nur passiv vorhandenen Friedenswillen aktiv geltend zu machen. Das Volk ist weit weniger an der Weltrevolution interessiert als seine Führung. Dem Kreml könnte man es zutrauen, daß er auch kriegerische Risiken auf sich nimmt, um – ob in Europa, ob im Nahen Osten oder im übrigen Asien – ein Land oder auch nur eine Stadt (Berlin!) dem westlichen Einfluß zu entziehen oder gar dem Sowjetimperium einzugliedern. Nicht aber der Bevölkerung, dafür ist ihr der Weltkommunismus bei weitem nicht wichtig genug. Ein wachsender Einfluß des Volkes auf die politischen Geschicke würde daher die Gefahr von Kriegen, die auf die Bolschewisierung anderer Völker gerichtet sind, vermindern.
Vermindern – aber nicht ausschließen. Der Messianismus [1] steckt nun einmal den Russen im Blut. Die Worte „Auf zum letzten Gefecht“ aus dem Text der Internationale sind der Geisteshaltung der Russen enger verwandt als der eines anderen Volkes, selbst der Amerikaner, die in einem halben Jahrhundert zweimal zum „Kreuzzug für die Demokratie“ aufgebrochen sind. Man kann die Möglichkeit nicht bestreiten, daß die Sowjetführung das Ohr des Volkes, auch wenn es größere demokratische Rechte besäße, für eine Parole gewinnen könnte, die etwa heißen würde: An uns liegt es, den Sieg des Friedens in der Welt sicherzustellen;

dazu bedarf es noch eines letzten Gefechts, danach ist das Paradies auf Erden gewiß. Die Möglichkeit – nicht die Wahrscheinlichkeit, denn in jedem Fall hätte es der Kreml nicht leicht, die Bevölkerung für eine solche Parole zu erwärmen; dafür ist, nach Jahrzehnten der Enttäuschungen und Opfer, das allgemeine Ruhebedürfnis zu stark geworden.

Bis jetzt und bis auf weiteres gibt es auch diese Möglichkeit einer demokratisch kontrollierten Außenpolitik nicht. Was aber schon heute sich deutlich abzeichnet, ist das zunehmende politische Gewicht der neuen Oberschicht. Kein Zweifel, daß sie das Bedürfnis nach Ruhe und Frieden besonders empfindet; sie hätte bei einer durch außenpolitische, zumal kriegerische Abenteuer möglichen Katastrophe am meisten zu verlieren. Aber es gibt Kriege, und es gab sie seit Jahrtausenden, auch aus anderen als ideologischen Gründen: aus solchen der nationalen Politik, der sogenannten berechtigten Interessen des Staates, und wir brauchen nicht weit zu gehen, um zu beweisen, daß eine verbürgerlichte und prosperierende Oberschicht durchaus auch machtpolitisch, ja sogar chauvinistisch denken kann; leichter jedenfalls als eine der täglichen Fron unterworfene Arbeiterschaft.

Dabei darf man nicht übersehen, daß die bolschewistische Führung von Anfang an etwaigen moralischen Hemmungen vor der militärischen Gewaltanwendung planmäßig und seit Jahrzehnten mit ihrer Lehre von den zweierlei Kriegen vorgebeugt hat. Danach gibt es – die Formulierung stammt von Stalin, doch vertrat auch schon Lenin denselben Gedanken – nicht nur ungerechte, sondern auch gerechte Kriege, nämlich:

> „a) einen *gerechten* Krieg, der kein Eroberungskrieg, sondern ein Befreiungskrieg ist, der das Ziel hat, entweder das Volk gegen einen äußeren Überfall und gegen Unterjochungsversuche zu verteidigen, oder das Ziel der Befreiung des Volkes von der Sklaverei des Kapitalismus, oder endlich das Ziel der Befreiung der Kolonien und abhängigen Länder vom Joche der Imperialisten, und
> b) einen *ungerechten*, einen Eroberungskrieg, der das Ziel hat, fremde Länder zu erobern, fremde Völker zu versklaven." [2]

Man sieht, die dialektische Formulierung ist auch hier weit genug

gefaßt, um jede Möglichkeit offenzulassen, auch die des – in Wirklichkeit imperialistischen Krieges.
Noch bedeutsamer aber ist in der heutigen Weltlage folgendes: Die stärkste Bremse, die im Westen jeder Politik des militärischen Risikos angelegt ist, fällt in der Sowjetunion aus: die Atomangst. In Deutschland oder England kann man sich mit niemandem unterhalten, keine Zeitung aufschlagen, ohne auf die Spuren dieser alles durchdringenden Sorge zu stoßen; in der Sowjetunion bin ich ihr weder in der Presse noch in privaten Gesprächen begegnet. Ich fand zwar allenthalben die Scheu vor neuen Kriegen, aber kaum Überlegungen, die auf eine intensive Beschäftigung mit den besonderen Problemen des Atomkrieges hindeuten würden. Moskau applaudiert erfreut, wenn im Westen gegen Atomwaffen demonstriert wird oder auf westlichen Fernsehschirmen grauenerregende Antiatomfilme erscheinen, und macht von der westlichen Atomangst in Krisenzeiten auch kräftig Gebrauch – am unverhülltesten in der Suezkrise 1956 und kaum diskreter in dem Nervenkrieg gegen Deutschland, der mit Chruschtschows Berlin-Rede im Moskauer Sportpalast einsetzte[3] –, um den Westen mit atomaren Drohungen einzuschüchtern. Im eigenen Land aber wird jede Diskussion des gleichen Problems unterbunden.
Pazifistische Äußerungen sind ohnehin in der Sowjetunion von jeher strengstens verboten; der Pazifist ist im sowjetischen Sprachgebrauch schon beinahe ein Landesverräter – natürlich nur, wenn er ein Sowjetbürger ist! Die militärische Ausbildung der jungen Generation wird – auch außerhalb der eigentlichen Militärzeit – ungescheut in aller Öffentlichkeit betrieben: an den Hochschulen üben die Studenten ihre Griffe am Gewehr, und in den verschiedenen vormilitärischen Organisationen werden Millionen für den Partisanenkrieg ausgebildet. Auch sonst geniert man sich in diesen Dingen nicht; jedenfalls nicht, wenn man unter sich ist.
Einmal hörte ich mir den Deutschunterricht in einer Anfängerklasse an. Das Lesestück, aus dem die Kinder einzeln zu übersetzen hatten, handelte von Kinderspielen. Plötzlich sagte die Lehrerin, die übrigens während der ganzen Stunde nur deutsch sprach: „Jetzt machen wir etwas anderes", und begann gramma-

tische Regeln zu erklären. Als ich mir aber das Lesebuch von einem der Kinder ausbat, um das unterbrochene Stück zu Ende zu lesen, da erkannte ich schnell, warum die Lehrerin an diesem Punkte abgebrochen hatte. Der nächste Satz hieß nämlich: „Wir spielen Soldaten. Ich bin General, und ihr seid Soldaten."

Der im Vergleich zum Westen noch weit kräftigere Patriotismus wie die ebenfalls viel stärkere Gewöhnung an den Umgang mit Waffen lassen also durchaus Situationen als möglich erscheinen, in denen auch eine mit demokratischen Rechten ausgestattete Sowjetbevölkerung aus nationalistischen und machtpolitischen Überlegungen heraus eine Politik stützen, vielleicht sogar fordern würde, die den Bestand des Friedens gefährdet. Aber wiederum: eine solche Zuspitzung ist nicht wahrscheinlich. Der Teil des Volkes, der mit seiner Lage zufrieden ist, will das mühsam Errungene nicht aufs Spiel setzen; die anderen, die es nicht sind, sagen sich, daß es ihnen im Falle eines Krieges noch schlechter gehen würde.

Deutsche Spätheimkehrer haben uns aus ihren Lagern, vor allem aus Workuta, berichtet, daß unter den eingesperrten Sowjetbürgern manche von einer Verbesserung ihres Loses durch einen dritten Weltkrieg träumten und in Tagen internationaler Hochspannung, etwa zur Zeit des Koreakrieges, mit unverhüllter Begeisterung Gerüchte über Luftlandungen westlicher Armeen auf sowjetischem Boden kolportierten. Auch in den vernachlässigten und aufsässigen Dörfern mögen ähnliche Erscheinungen festzustellen gewesen sein; sie sind bei den Deklassierten des Sowjetstaates sehr wohl verständlich. Aber man sollte sie nicht überschätzen. Der Wunsch nach einer militärischen Intervention des Auslandes mit allen Leiden, die diese zwangsläufig für die Bevölkerung brächte, ist heute sicher sehr viel geringer als in der Zeit, da die Menschen vor Stalins Terrorregime zitterten. Heute sehen sie, daß die Dinge seit Stalins Tod in Fluß geraten sind, und hegen die Hoffnung, daß die Besserung anhält und das Leben allmählich leichter wird. Im übrigen hat auch der unverkennbare und von der heutigen Führung stärker als von Stalin berücksichtigte Drang der Bevölkerung nach mehr Konsumgütern insofern eine bremsende Wirkung auf Abenteuerlustige jeder Art, als die gewünschte Steigerung der Konsumwarenproduktion

automatisch das Tempo der Steigerung auf dem Gebiet der Rüstungsproduktion abschwächen muß.
Ich wünschte, man könnte mit Zuversicht sagen: Das Sowjetvolk oder wenigstens seine Oberschicht wird versuchen, die Regierung von den abenteuerlichen Wegen abzuhalten. Wenn jedoch an diesem Punkt nur von Hoffnungen, wenn auch vielleicht nicht ganz unberechtigten Hoffnungen, die Rede ist, so hängt dies mit bestimmten Gesprächen zusammen, die ich selbst mit Sowjetbürgern geführt habe und die es mir verantwortungslos erscheinen ließen, in dieser für alle Welt so bedeutsamen Frage simplifizierende Erklärungen abzugeben.
Mit einem Russen, der mir persönlich gut gefiel, unterhielt ich mich im Frühjahr 1956 ausführlich über die Weltlage. Alsbald waren wir bei der Frage angelangt, ob ein dritter Weltkrieg vorstellbar sei. Ich sagte, daß ich zum Friedenswillen des Volkes in der Sowjetunion durchaus Vertrauen hätte, nicht aber zu dem der Regierung; ihr Hauptziel sei nicht der Weltfriede, sondern der Weltkommunismus, und sie könnte sich daher vielleicht eines Tages um dieses Zieles willen in kriegsgefährliche Situationen bringen.
Mein Gegenüber bestritt dies mit dem Hinweis, daß die Sowjetregierung noch nie einen Krieg begonnen oder unter Kriegsdrohung etwas zu erzwingen versucht habe.
„Sie haben ein schlechtes Gedächtnis", sagte ich. „Denken Sie an den Angriff gegen Japan 1945, denken Sie an die baltischen Staaten und Polen, mit allen hatten Sie Nichtangriffspakte. Denken Sie vor allem an Finnland 1939."
Darauf erwiderte er heftig: „Finnland war ein Sonderfall. Die finnische Grenze befand sich damals keine dreißig Kilometer von der zweitwichtigsten Stadt unseres Landes. Dort standen finnische Kanonen. Auf die Finnen wurde vom Westen her Druck ausgeübt, um diese Kanonen zum Schießen gegen Leningrad zu veranlassen. Wir konnten das auf die Dauer nicht dulden. Das müssen Sie verstehen. Monatelang haben wir mit den Finnen verhandelt. Wir haben ihnen den Austausch von Land vorgeschlagen, wenn sie sich von Leningrad weiter zurückzögen. Aber sie waren halsstarrig. Da blieb uns gar nichts anderes übrig, als..."
An diesem Punkt stockte er, da er wohl merkte, daß er zu weit gegangen war. Ich sagte:

„Nun überlegen Sie einmal bitte, was Sie mir da eben gesagt haben. Sie haben mir erklärt, daß Ihrer Ansicht nach der Präventivkrieg gegen Finnland 1939 berechtigt war, weil die finnischen Kanonen dreißig Kilometer von Leningrad eine potentielle Bedrohung für diese Stadt darstellten. In ein paar Jahren wird man mit Raketen von jedem Punkt der Erde praktisch jede Stadt beschießen können. Nun versetzen Sie sich bitte in unsere Lage oder in die Lage irgendeines anderen Staates. Plötzlich gefällt Ihnen etwas bei uns nicht. Sie bezeichnen es als potentielle Bedrohung. Sie fordern, daß wir uns Ihrem Wunsch fügen. Sie bieten uns vielleicht sogar irgendeine Entschädigung an, wie Sie sie damals den Finnen im Austausch für finnische Erde anboten. Wir müssen dann entweder Ihre Forderung – und ebenso jede weitere Forderung – erfüllen oder, wie die Finnen, auf Ihren Überfall gefaßt sein. Gerade weil Ihnen diese Begründung spontan, als eine Ihnen selbstverständlich erscheinende Ansicht eingefallen ist, haben Sie mein Vertrauen in die grundsätzliche Friedensliebe Ihres Volkes ins Wanken gebracht. Wenn es im russischen Volk Menschen gibt, sympathische Menschen wie Sie, die mir auseinandersetzen, daß ein Präventivkrieg gegen einen Schwächeren unter gewissen Umständen (die *Sie* bestimmen!) durchaus gerechtfertigt ist, dann dürfen Sie sich nicht wundern, wenn ich meine und meines Volkes Zukunft nicht auf den Friedenswillen der Sowjetunion, sondern auf das militärische Gleichgewicht der beiden Weltlager stützen möchte."
Fassen wir zusammen: Solange nur der Kreml zu entscheiden hat, ist eine Kriegsgefahr sowohl aus ideologischen wie aus nationalmachtpolitischen Gründen denkbar; wenn des Volkes Stimme mehr Gewicht erhält, werden jene Gründe sich abschwächen, diese aber nicht automatisch verschwinden. Für die Welt wird es leichter sein, mit einer Sowjetregierung über das weitere Leben auf diesem Planeten zu verhandeln, wenn sie nicht mehr diktatorisch über das Schicksal des eigenen Volkes bestimmt, sondern dieses an den Entscheidungen teilnimmt.

Auf diese Stunde sich vorzubereiten, aber auch die bescheideneren Möglichkeiten der heutigen Lage zu nützen, ist das Gebot des Tages. Wir stellen die letzte Frage, der alle bisherigen Über-

legungen dienen wollten: Was können wir tun, als Volk und Staat und als Einzelne, wie haben wir uns zum Sowjetmenschen – zum Menschen, nicht zu seiner Regierung und nicht zur bolschewistischen Partei – einzustellen, um den Frieden in der Welt ohne Preisgabe lebenswichtiger Positionen zu erhalten, das Zusammenleben der Völker im Atomzeitalter zu fördern und dadurch unserem dringendsten nationalen Ziel, der Wiedervereinigung unseres Volkes, näherzukommen?
Das erste Gebot ergibt sich von selbst: Wir müssen dem Sowjetbürger durch unser Verhalten verständlich machen, daß wir ihm und damit der ganzen Bevölkerung der Sowjetunion gegenüber keine unfreundlichen Gefühle hegen, daß wir vielmehr für seine kulturellen und wirtschaftlichen Leistungen Hochachtung empfinden, daß wir das Sowjetvolk als eines der großen Völker der Gegenwart betrachten und seine Freundschaft wünschen.
Erinnern wir uns an die Hitlerzeit. Das Gefühl, alle Welt hasse die Deutschen, führte viele von ihnen auf den Weg zu Hitler. In ihnen regte sich der Trotz: Wenn die draußen mich wie einen Ausgestoßenen behandeln, dann tragen sie die Verantwortung dafür, daß ich mich wie ein Ausgestoßener benehme. Jeder Mensch möchte lieber geachtet und geschätzt als verachtet und gehaßt werden. Das gilt für kaum ein drittes Volk so sehr wie für die Russen – und die Amerikaner. Wir müssen dem Sowjetmenschen helfen, die Vorstellung zu überwinden, daß alle Welt ihn wie einen tollwütigen Hund ansieht und fürchtet.
Es gibt im Westen Leute, die ihre Hoffnungen auf menschliche Schwächen der anderen Seite setzen, die entzückt sind, wenn sie durch die Sowjetpresse von Betrunkenen, jugendlichen Verbrechern und ähnlichem mehr erfahren, und dann sagen: Aha, der Sowjetstaat bricht bald zusammen! Freier Männer ist es unwürdig, so zu argumentieren. Und sollte die Sowjetmacht einmal zusammenbrechen, dann aus anderen Gründen als wegen solcher Erscheinungen, deren der Westen nicht weniger aufzuweisen hat als die Sowjetunion.
Gewiß gibt es drüben Gegner des Bolschewismus, die als solche zu Verbrechern oder auch Trinkern werden. Aber aufs Ganze gesehen, ist dies zu sagen: Unsere Bundesgenossen in der Sowjetunion, in allen vom Kreml beherrschten Gebieten sind weder die

Jazzfans noch die Kriminellen, Trunksüchtigen oder Schwarzbrenner; unsere Bundesgenossen sind vielmehr die besten Eigenschaften der Sowjetbürger – die ererbten wie die neu erworbenen. Die Hoffnung der Welt liegt darin, daß sich diese Eigenschaften im Laufe der Jahre verstärken, daß sie sich gegenüber dem Bolschewismus durchsetzen, ihn wandeln und schließlich überwinden.
Wollen wir aber im Sowjetmenschen die positiven und nicht die negativen Eigenschaften ansprechen, dann ist es notwendig, ihm zu sagen und auch zu zeigen, daß wir *ihn* nicht für unsern Todfeind halten. Wir dürfen zwar keinen Zweifel daran aufkommen lassen, wo bei uns ihm gegenüber die Grenze der Freundschaft liegt, daß wir nämlich unsere und unserer Freunde Bolschewisierung unter keinen Umständen zulassen werden. Aber auch hier werden wir das Positive mehr als das Negative betonen. Sehr viel mehr als bisher und sehr viel überzeugender müssen wir dem Sowjetbürger vom Friedenswillen unserer Völker sprechen, der beim Deutschen oder Amerikaner sicherlich nicht geringer ist als beim Russen oder Usbeken. Wir müssen auch immer wieder versuchen, ihm die wirklichen Verhältnisse in unserem Teil der Welt zu zeigen, da er diese nur in abscheulicher Verzerrung kennenlernt. Wir müssen unser Bemühen viel mehr darauf richten, ihm die Vorzüge unserer Lebensformen als die Nachteile der seinen vor Augen zu führen.
Ich wünschte, wir könnten uns zu dem Mut durchringen, den die Sowjetführer bei einer ganzen Reihe internationaler Großveranstaltungen an den Tag gelegt haben; denn es gehörte durchaus Mut dazu, im Sommer 1957, ein knappes Jahr nach der ungarischen Tragödie, Tausende von Gästen aus aller Welt zum Jugendfestival einzuladen und durch die Straßen und Vororte Moskaus schwärmen zu lassen. Warum nicht ein Fußballspiel in Mailand, Stuttgart oder Stockholm mit fünftausend in Sonderzügen herangeschafften Zuschauern aus der Sowjetunion? Man mag sagen: Weil dann doch nur Funktionäre und Propagandisten kämen! Dieser Einwand stimmt nur bedingt. Natürlich werden Funktionäre und Propagandisten darunter sein, aber die Mehrheit wird aus Sportenthusiasten bestehen; dafür werden diese schon selbst sorgen. Überdies: Auch sowjetische Funktionäre und

Propagandisten sind Menschen; ihre falschen Vorstellungen von unserer Welt werden nicht unbeeinflußt bleiben, wenn sie Gelegenheit bekommen, unsere Wirklichkeit selbst zu sehen. Und da wir nun einmal unsere Besucher nicht psychologisch durchleuchten und die normalen Sowjettouristen nicht von den bösartigen unterscheiden können: seien wir allen, die aus der Sowjetunion zu uns kommen, freundliche und aufmerksame Gastgeber. Wenn dann unter fünftausend Besuchern fünfhundert oder auch tausend sind, die das nicht verdienen, die uns verabscheuen und unsere Lebensformen, soweit es auf sie ankäme, am liebsten auslöschen möchten, so können wir das ohne Ängstlichkeit in Kauf nehmen.

Es gäbe ein noch wirksameres Mittel als die Intensivierung des Reiseverkehrs und der sportlichen Beziehungen, ein Mittel, das psychologische Klima zwischen unseren Völkern und denen der Sowjetunion mit einem Schlage zu ändern: die Durchführung gemeinsamer Großunternehmungen, die freilich so groß sein müßten, daß sie die Phantasie der Menschheit erregen und mitreißen. Extremes Beispiel: Flug zum Mond mit gemischter Mannschaft. Dieser Flug wird in absehbarer Zeit ohnehin von Russen und Amerikanern versucht werden. Warum nicht zusammen?

Natürlich würde sich dadurch an der Mentalität und Zielsetzung eines Chruschtschow oder seines Nachfolgers nichts ändern; aber das Anpacken gemeinsamer Aufgaben würde wie nichts sonst den Argwohn zwischen den beteiligten Völkern auftauen. Man stelle sich vor, daß ein Unternehmen dieser Art nicht – wie der Flug der ersten Sputniks – von den einen mit höhnischem Triumph, von den anderen mit Angst und Bestürzung, sondern von allen mit derselben hingegebenen Spannung und Anteilnahme verfolgt würde. Die Verwirklichung eines Planes dieser Art hätte den Vorteil, daß seine Teilnehmer eben nicht Funktionäre und Propagandisten, sondern hervorragende Männer der Wissenschaft und Technik sein müßten, die bereits nach wenigen Stunden, dessen bin ich sicher, eine gemeinsame Sprache fänden und überhaupt nur noch an den Auftrag, nicht mehr an die Auftraggeber denken würden. Daß gegenwärtig die Russen auf diesem Gebiet einen Vorsprung haben, würde sie – jedenfalls die Menschen, wenn schon nicht einen Chruschtschow – ganz beson-

ders zur echten Partnerschaft bereit machen. Es würde ihrem Stolz und ihrer Großzügigkeit ungemein schmeicheln, mehr die Gebenden als die Nehmenden zu sein.
Sichere Prognosen zu stellen, ist unmöglich. Sollten die Sowjetmenschen, entgegen der hier vertretenen Auffassung, doch zu Bolschewiken geworden sein und es von Jahr zu Jahr mehr werden, so wären die Aussichten gering, daß die Menschheit *lebend und frei* das dritte Jahrtausend nach Christus beträte. Denn dann wäre ein zunehmender Druck des Bolschewismus auf die übrige Welt unvermeidlich, und diese müßte entweder kämpfen und damit im neuen Weltbrand – zusammen mit den Sowjetvölkern – das Leben verlieren, oder kapitulieren und damit die Freiheit einbüßen. Die Chance der Menschheit, das Jahr 2000 *lebend und frei* zu erreichen, ist am größten, wenn es gelingt, in den nächsten zehn bis zwanzig Jahren den vom „Gleichgewicht des Schreckens" notdürftig gesicherten Frieden durch eine Politik maßvoller Festigkeit zu bewahren, *und* wenn während dieser Zeit die Entwicklung in der Sowjetunion ungefähr auf den in diesem Buch dargelegten Linien verläuft, das heißt, zu einer allmählichen Wandlung des Bolschewismus führt. Es wäre nicht das erste Mal, daß eine Revolution in eine friedliche Evolution einmündete; wohl aber wäre es einzigartig, wenn sie ihre dynamische Sprengkraft auf die Dauer bewahrte.

Was bisher gesagt wurde, betraf mehr oder weniger alle Völker der freien Welt. Wir Deutschen haben noch einiges mehr zu bedenken. Das erste: Dem Sowjetmenschen ist die jüngste Vergangenheit noch weit stärker in der Erinnerung gegenwärtig, als das von unserer schnellebigen – und schnell vergessenden – westlichen Welt, nicht zuletzt den „geschichtslos" gewordenen Deutschen, gesagt werden kann.
Eines, fand ich, hat im Gespräch mit Russen immer geholfen: die Anerkennung der Tatsache, daß Hitlers Krieg gegen die Sowjetunion deren Bevölkerung schwere Schäden und Verluste zugefügt hat. Wie groß diese insgesamt waren, kann niemand sagen. Aber nach Sowjetstatistiken ist die Gesamtbevölkerung des Landes von 1940 auf 1945 um rund fünfundzwanzig Millionen zurückgegangen.[4] Da sie in diesen sechs Jahren ohne Krieg durch

natürliche Vermehrung um annähernd fünfzehn Millionen gewachsen wäre, muß man den durch den Krieg entstandenen Gesamtverlust an Toten, Ungeborenen und Emigranten auf fünfundzwanzig plus fünfzehn, also rund vierzig Millionen ansetzen. Noch schwerer sind die materiellen Schäden abzuschätzen, die direkten Kriegszerstörungen wie die indirekten Verluste durch die Unterbrechung der laufenden Produktion und des wirtschaftlichen Aufbaus; sie gehen auf jeden Fall hoch in die Milliarden. Die Russen haben das nicht vergessen. Auch wir sollten das nicht – so wenig wie wir vergessen können, was danach kam: die entsetzlichen Vorgänge beim Einbruch der Roten Armee in die deutschen Lande, die brutalen Demontagen, die Behandlung der Gefangenen, am wenigsten aber das verhaßte Zwangsregime, unter dem siebzehn Millionen Deutsche noch gehalten werden – und das den Tag nicht überleben würde, an dem ihm der Schutz sowjetischer Bajonette entzogen würde.

Der beste Nährboden des Hasses ist die Furcht. Diese Furcht des Sowjetrussen vor den Deutschen nimmt zwar ab im gleichen Maße, in dem das sowjetische Selbstbewußtsein wächst, aber sie lebt noch immer, wenn auch selten mit dürren Worten ausgesprochen, im Unterbewußtsein der Menschen. Die ältere Generation hat es zweimal erlebt, daß deutsche Heere, obgleich sie fast die ganze Welt gegen sich hatten, tief in den russischen Raum vorstießen, das zweite Mal bis vor die Tore der Hauptstadt und an die Ufer von Mütterchen Wolga. Nur mit äußerster Anstrengung, mit einer – wie alle Leute über vierzig wissen – technischen Hilfe Amerikas von gewaltigen Ausmaßen und dank der Entlastung durch die anglo-amerikanischen Offensiven gelang es, die Deutschen schließlich doch zu besiegen. Es ist unser Schicksal, überschätzt zu werden, auch von den Bewohnern der Sowjetunion. Sie sagen sich: So war es, als die Deutschen allein kämpften und die Amerikaner auf unserer Seite standen; jetzt aber sind die Deutschen und die Amerikaner Bundesgenossen geworden. Man fürchtet das amerikanische Kriegspotential, man hat noch den Schock der deutschen Siege in den Knochen und sieht sich nun einer amerikanisch-deutschen Bundesgenossenschaft im Rahmen einer Allianz gegenüber, die von Alaska bis zur Türkei reicht. Wie oft habe ich während des Kanzlerbesuchs in Moskau gehört, wie Russen mit besorgter Miene sagten: „Der Adenáuer [die Russen betonen das zweite a] liebt uns nicht.“

Die Kombination der amerikanischen Technik und des deutschen Soldatentums ist für die Russen ein Alpdruck. *Wir* wissen, wie schwach wir sind, wir wissen, daß unsere Mitgliedschaft in der NATO und unser Bündnis mit den Vereinigten Staaten im Schutzbedürfnis des Schwachen, des in zwei Weltkriegen Geschlagenen, ihren Ursprung hat, nicht in der Aggressivität des Übermütigen und Starken; aber die Russen wissen das nicht. Sie haben auch keine Gelegenheit, die Gedankengänge kennenzulernen, die uns veranlaßt haben, zahlreiche, uns im einzelnen gar nicht besonders angenehme Konsequenzen der Zugehörigkeit zum westlichen Bündnissystem auf uns zu nehmen.

Nichts würde die Sowjetunion glücklicher machen können, als wenn an die Stelle der Achse Washington–Bonn die Achse Moskau-Bonn träte. Eine Kombination Bonn/Berlin–Moskau–Peking würde unverzüglich die Überzeugung schaffen: Jetzt kann nichts mehr schiefgehen! Bismarck und seine Politik erscheinen heute der Sowjetbevölkerung als höchst sympathisch und nachahmenswert, denn an seinen Namen knüpft sich die Erinnerung an eine Zeit deutsch-russischer Freundschaft. Sprach ich mit Russen über die Beziehungen zu Deutschland, so zitierten sie Stalin: Wenn die Deutschen und die Russen verbündet waren, ging es ihnen beiden stets am besten.

Wir werden den Bolschewiken den Gefallen eines Frontwechsels nicht tun. Wir sind nicht auf Grund taktischer Überlegungen oder historischer Zufälle oder einer gar nicht vorhandenen Antipathie gegen die Russen mit dem Westen verbündet, sondern weil wir nur auf diese Weise ohne Sorge vor der Bolschewisierung unserer Arbeit nachgehen und des Nachts ruhig schlafen können. Aber das sollte uns nicht daran hindern, zu verstehen, wie es den Russen in diesem Punkte ums Herz ist.

Um noch eine negative Komponente in den Gefühlen der Russen uns gegenüber zu nennen, die keinen politischen Erlebnissen und Einflüssen, sondern unmittelbar der „breiten Natur“ des russischen Menschen, der Großzügigkeit und Überschwenglichkeit seiner Empfindungen entstammt: Ihr erscheint eine gewisse deutsche Kleinlichkeit und Enge als fremd, unsympathisch, manchmal verächtlich. Der einzelne Russe ist manchmal gar nicht besonders großzügig, aber die Großzügigkeit ist in jedem Fall ein Charakterzug, der ihm gefällt, den er bei einem Menschen liebt und zum Beispiel beim Amerikaner zu finden glaubt, beim Deutschen aber oft vermißt.

Diesen negativen Faktoren steht der sehr starke und nun schon Jahrhunderte alte Respekt vor der deutschen Leistung entgegen. Die Zuverlässigkeit und Genauigkeit des Deutschen, sein Fleiß und seine Arbeitsfreude waren und sind für Millionen Russen – auch Lenin zählte zu ihnen – ein Vorbild. Was das deutsche Volk in zwei Weltkriegen zustande brachte, was die amputierte Bundesrepublik nach den Zerstörungen des Zweiten Weltkrieges an Wiederaufbau leistete, das ist trotz allen Verzerrungen bis in ferne Dörfer des Sowjetstaates bekannt; nur daß man sich darüber gar nicht besonders wundert, da man es von uns nicht anders erwartet hat.

Noch jetzt kann man oft auf Maschinen stoßen, die von deutschen Fabriken in der Zeit enger wirtschaftlicher Zusammenarbeit nach dem Ersten Weltkrieg in die Sowjetunion geliefert wurden und die damals die erste Grundlage der Industrialisierung bildeten. Einmal sagte ein Werkmeister, mit dem ich durch eine Fabrikhalle ging: „Viele Maschinen habe ich in meinem langen Arbeiterleben unter der Hand gehabt; sie kamen und gingen, aber diese deutschen Maschinen“ – er zeigte mit der Hand auf einige Drehbänke und Fräsmaschinen – „dienen uns treu seit mehr als dreißig Jahren.“ Daß man unserer Erfindungsgabe schlechthin alles zutraut, drückt das bekannte russische Sprichwort aus: Némez obesjánu wýdumal, der Deutsche hat den Affen erfunden.

Die stärkste Belastung des deutsch-sowjetischen Verhältnisses ist uns allen gegenwärtig: sie heißt Pankow. Während sich die Russen – wenigstens bis zu den Ereignissen in Polen und Ungarn – nach meinem Eindruck der slawischen Völker Osteuropas einigermaßen sicher fühlten und auch gegen die ihnen weniger bekannten Ungarn und Rumänen kaum Mißtrauen hegten, betrachteten sie Pankow (im sowjetischen Sprachgebrauch: GDR = Germánskaja Demokratítscheskaja Respúblika) mit Skepsis. Über den 17. Juni 1953 hatten die Russen zwar nur wenig gehört, weit weniger als sie drei Jahre später über die Vorgänge in Polen und

Ungarn erfuhren, aber meine Gespräche bei mehreren Besuchen haben mich zu der Erkenntnis geführt, daß die politisch Denkenden unter den Sowjetbürgern eines recht gut wissen: Pankow ist ein Satellitenregime und bei den Deutschen äußerst unpopulär. In den Zeitungen lesen sie zwar immer nur das Lob Ulbrichts und seines Systems; aber daß sich das deutsche Volk, von dem man sich ja ganz bestimmte Vorstellungen macht, gern von einem Mann regieren läßt, der sich von jeher – auch nach Stalins Tode – als dessen besonders eifriger Nachahmer hervortat, das konnte im Ernst kein Russe annehmen.

Die Russen wissen, daß der größere Teil des deutschen Volkes in der Bundesrepublik lebt, daß sich die Bundesrepublik gewaltig hochgearbeitet hat, während es in der Sowjetzone sicherlich nicht besser, vielleicht sogar schlechter als in der Sowjetunion aussieht. Sie wissen ferner seit langem, daß die Bundesrepublik und insbesondere Bundeskanzler Adenauer vom Kreml als stark, ja sogar als gefährlich eingeschätzt werden, und sie müssen sich sagen, daß die Deutschen insgesamt, nicht nur die, welche in der Bundesrepublik leben, weit mehr der starken, prosperierenden, in der Welt angesehenen Bundesrepublik zuneigen als der schwachen und ausgepowerten „GDR", die ständig in unwürdiger Weise ihre Ergebenheit zu Moskau und ihr Einverständnis mit dem Verlust großer Ostprovinzen beteuert, von Sowjetsoldaten besetzt und von einer erzstalinistischen Führungsschicht regiert ist. Die Sowjetbürger haben seit Jahrzehnten gelernt, zwischen den Zeilen zu lesen und auf Zwischentöne zu achten, so haben sie auch aus den Äußerungen ihrer sowjetzonalen Gäste – Stalinpreisträger, Künstler auf Gastspielreisen und sonstige Delegationen – die falschen Töne herausgespürt, die immer dann auftreten, wenn sich Menschen verstellen müssen.

Zweifellos würden es die Russen vorziehen, wenn sie diesen Argwohn gegen die Bevölkerung der Sowjetzone nicht in sich trügen, wenn sie sich sagen könnten: Dort drüben, in Ostberlin und Leipzig, in Halle und Rostock leben unsere guten Freunde, auf die wir uns verlassen können. Manchmal, aber nur selten, erlebte ich es im Gespräch, daß Sowjetbürger diese Meinung äußerten; aber es schien mir dann, daß auch bei ihnen ein falscher Ton mitklang und daß sie im Grunde ihren eigenen Worten nicht trauten, erst recht nicht, wenn sie, gewöhnlich zögernd, daran die Prognose knüpften, im Laufe der Zeit werde diese sowjetfreundliche Haltung der Zonendeutschen auch auf die Deutschen in der Bundesrepublik übergreifen. Der Respekt vor den Deutschen ist eben immer noch viel zu groß, als daß man sich vorstellen könnte, sie würden sich auf die Dauer mit einem Satellitendasein abfinden, als wären sie ein primitiver und geschichtsloser Volksstamm innerhalb der Sowjetunion.

Sooft sich dazu die Gelegenheit ergab, lenkte ich das Gespräch mit Sowjetbürgern auf das Thema der deutschen Wiedervereinigung. Unter den politisch Interessierten habe ich durchweg nur eine einzige Meinung gefunden. Sie lief, wie immer sie formuliert war, auf den Gedanken hinaus, den mir gegenüber ein kluger Ingenieur (kein Parteifunktionär) in die Worte kleidete:
„Ihr wollt, daß das wiedervereinigte Deutschland in den Atlantikpakt eintritt. Ihr könnt doch nicht im Ernst erwarten, daß wir selbst unsere Hand dazu bieten, Gesamtdeutschland Teil eines gegen uns gerichteten Bündnisses werden zu lassen? Es ist unangenehm genug, daß der westliche Teil Deutschlands diesem Bündnis angehört."
Ich setzte diesem und manchem anderen sowjetischen Gesprächspartner auseinander, daß die auf unseren Wunsch so gefaßten Verträge nur die Bundesrepublik binden, sie also im Augenblick der Wiedervereinigung aus dem Atlantikpakt ausscheidet, ohne daß irgendeine Verpflichtung eines künftigen Beitritts Gesamtdeutschlands zur NATO bestünde. Es habe bei uns zwar Politiker gegeben, die mit Hilfe einer „Bindungsklausel" auch Gesamtdeutschland auf die NATO festlegen wollten, aber sie hätten sich nicht durchgesetzt. Die Entscheidung über die Außenpolitik Gesamtdeutschlands solle also erst einer gesamtdeutschen Regierung in Berlin vorbehalten bleiben, die es heute noch nicht gebe.
Der Ingenieur erwiderte: „So genau weiß ich das nicht, doch bin ich bereit, Ihnen zu glauben, was Sie mir über die Verträge gesagt haben. Aber darauf kommt es gar nicht an. Entscheidend für uns ist die Überzeugung, daß die Deutschen in ihrer großen Mehrheit, auch in der Germanskaja Demokratitscheskaja Respublika, unser System nicht lieben und mit dem Herzen auf der Seite des

Westens stehen. Wir müssen also damit rechnen, daß die Regierung eines wiedervereinigten Deutschland, wenn nicht sofort – das ließe sich vielleicht verhindern –, so doch über kurz oder lang den Anschluß an das westliche Bündnissystem vollziehen würde."

Ich erwiderte: „Eure Regierung hat oft genug erklärt, daß die volle Entscheidungsfreiheit über die Außenpolitik zu den unantastbaren Bestandteilen der Souveränität gehört. Mehr als einmal las ich in euren Zeitungen Sätze wie diesen: ‚Alle Völker haben das Recht, eine Innen- und Außenpolitik zu führen, welche ihren nationalen Interessen am besten entspricht.' Wir wollen nichts anderes als dieses Recht, das ihr ständig jedem nichtkommunistischen Zwergstaat zugesteht. Aber wir wollen euch entgegenkommen, eurem Sicherheitsbedürfnis Rechnung tragen. Was könnten wir tun? Lassen Sie uns überlegen. Nehmen wir theoretisch an, die Führer unserer großen Parteien würden feierlich erklären, daß sie und die von ihnen geführten Parteien nach der Wiedervereinigung unter keinen Umständen den Eintritt in den Atlantikpakt beschließen werden. Oder nehmen wir theoretisch an, daß die Großmächte sich feierlich verpflichten, mit dem wiedervereinigten Deutschland keine Allianzen einzugehen – würden Sie dann Ihren Widerstand gegen die Wiedervereinigung aufgeben?"

Die Antwort war völlig eindeutig: „Ich, für meine Person – nein; denn nicht auf solche Erklärungen, auch nicht auf das Vorhandensein oder Nichtvorhandensein eines schriftlich niedergelegten Bündnisvertrages kommt es an, sondern auf die innere Einstellung. Ich kann es mir nicht anders denken, als daß die Deutschen – gleichgültig wozu sich ihre Parteiführer oder die Großmächte verpflichten – mit ihrem Herzen auf der Seite des Westens, und das heißt, mit ihrem Gewicht in der Waagschale des Westens, sein werden."

Ein anderer Russe – das war nach Polen und Ungarn – sagte mir ganz offen: „Die Wiedervereinigung Deutschlands und der damit verbundene Abzug unserer Truppen aus der Zone und aus Polen würden den sowjetfeindlichen Elementen in den osteuropäischen Staaten starken Auftrieb geben, die Gefahr eines Umsturzes in diesen Ländern vermehren und damit unübersehbare, vermutlich auch militärische Verwicklungen heraufbeschwören."

Häufig stellte man mir die Frage, warum wir uns denn so hartnäckig gegen direkte Verhandlungen mit Pankow sträubten. Meine Antwort war: „Die Leute in Pankow haben nicht das Recht, für die von ihnen beherrschte Bevölkerung zu sprechen. Ich habe keine Ahnung, wie ihr Sowjetbürger wählen würdet, wenn ihr euch zwischen mehreren Parteien zu entscheiden hättet, einer Partei zum Beispiel, die unter der Führung Chruschtschows der Schwerindustrie, einer anderen, die unter Malenkow der Gebrauchswarenindustrie den Vorrang gäbe. Ich weiß aber mit absoluter Sicherheit, daß bei freien Wahlen in der Sowjetzone Deutschlands die Partei Ulbrichts nur einen geringen Prozentsatz der Stimmen erhielte. Nach den letzten Wahlen meldete sie eine 99prozentige Zustimmung der Bevölkerung zu ihrer Politik; die Wirklichkeit ist, daß in den letzten Jahren fast zweieinhalb Millionen Deutsche unter Lebensgefahr und unter Zurücklassung von Hab und Gut zu uns in die Bundesrepublik geflohen sind. Für die Bevölkerung der Zone ist Ulbricht so wenig repräsentativ wie der Polizeikommandant des Lagers Workuta für dessen Insassen."
Darauf hat mir kein Sowjetbürger etwas zu antworten gewußt, höchstens, es brauche eben Zeit, die Vorzüge des Sozialismus zu erkennen; gewöhnlich wurde zugegeben, daß man für den mangelnden Enthusiasmus der Zonenbewohner gegenüber Ulbricht ein gewisses Verständnis habe.
Wenn ich dann weiterfragte, unter welchen Umständen denn die Russen überhaupt einer Wiedervereinigung zustimmen könnten, so folgte gewöhnlich längeres Schweigen und dann eine Antwort, die etwa auf den Gedanken hinauskam: Wenn wir die Überzeugung haben, daß die Mehrzahl der Deutschen auf unserer Seite steht.
Meine Antwort darauf war stets: „Wir sind ja gar nicht gegen euch *Russen.* Wir wünschen nur nicht die Übertragung eures *Systems* auf uns." Und schließlich endeten wir gewöhnlich bei der Feststellung, daß die Dinge im Westen sowohl als auch im Sowjetbereich in einer Wandlung begriffen seien und daß sich im Laufe der Zeit vermutlich die heute noch bestehenden Gegensätze vermindern, die Weltspannungen abschwächen und damit die Voraussetzungen für die Wiedervereinigung verbessern würden.

Im Grunde hängt unser – und des Westens – künftiges Verhalten zur Sowjetunion davon ab, wie wir die Grundfrage beantworten: Wer ist anfälliger – die Sowjets für die Lebensformen des Westens oder wir für den Bolschewismus? Die Antwort auf diese Frage ist abhängig von dem Maß des Selbstvertrauens auf beiden Seiten. Ich für mein Teil bin fest überzeugt von der Überlegenheit unserer Lebensform und der deutschen und der freien Welt überhaupt und glaube, daß auch die große Mehrzahl der Deutschen und Europäer keine Lust verspürt, Bürger eines Sowjetdeutschland oder Sowjeteuropa zu werden; daß unsere Welt darum immun ist gegenüber einem System, das schon von außen als ein System der Gewalt und Unfreiheit zu erkennen ist und das für Menschen unserer Art, wenn sie gar als Untertanen unter ihm zu leben hätten, unerträglich wäre.

Dieses Glaubens aber dürfen wir uns nur so lange getrösten, als die westliche Welt die gewaltigen Vorzüge ihrer Lebensform und ihre stärksten Kräfte, die Kräfte der freien Persönlichkeit, zu erkennen, zu erhalten und produktiv zu nützen weiß. Die Sorge, daß sie das nicht mehr vermöchte und dann dem Stärkeren zur leichten Beute werden müßte, ist es wohl auch, die im Westen, vor allem bei uns in Deutschland, immer wieder die Frage laut werden läßt: Hat der Westen der östlichen Dynamik noch eine eigene Idee entgegenzusetzen?

Wir können ein Buch über den Sowjetmenschen nicht abschließen, ohne zusammenfassend auf diese Frage eine Antwort zu versuchen. Es muß auffallen, daß viele Deutsche die Wirksamkeit von Ideen eher im bolschewistischen Bereich als bei uns zu sehen bereit sind. Das ist zum Teil die Folge davon, daß wir die Bedeutung des Ideologischen in der Sowjetunion überschätzen; dieses Buch war bestrebt zu zeigen, wo die den Sowjetmenschen wirklich bewegenden Kräfte zu finden sind. Zum Teil aber entstammt die Vorstellung von dem Ideenmangel des Westens der ungenügenden Einsicht in unsere eigene Geschichte.

Für die großen Ideen der Freiheit, der Demokratie, der sozialen Gerechtigkeit, des nationalen Staates haben im Abendland Tausende, Zehntausende gelebt – und ihr Leben gelassen. Natürlich haben bei uns diese Ideen an geschichtlicher Kraft einiges eingebüßt, je mehr sie verwirklicht wurden. Im Kampf um die geistige

Freiheit haben Männer deutscher Zunge seit dem achtzehnten Jahrhundert mit in vorderster Linie gestanden; heute ist sie uns eine Selbstverständlichkeit. Zur *Demokratie* haben die Deutschen, obgleich diese zeitweilig in einigen unserer mittelalterlichen Städte florierte, den Weg erst verhältnismäßig spät gefunden; heute bemühen wir uns redlich und nicht ganz ohne Erfolg, sie in der Bundesrepublik zu verwirklichen, weil wir in der Demokratie – genauer: im freiheitlichen Rechtsstaat – die einzig mögliche Alternative zur Diktatur sehen, die uns in ihrer braunen Form in die Katastrophe führte und die in der roten Variante seit Jahr und Tag siebzehn Millionen Deutsche jenseits der Zonengrenze quält. Der *Sozialismus,* wie er heute die Welt bewegt, hatte bei uns sogar seinen geistigen Ursprung. Als mitreißende, alles überwältigende Idee kann er aber nur dann wirken, wenn ihm in einer Zeit bitterer Armut und sozialer Ungerechtigkeit die Massen zufallen; in einem Lande, in dem auf jeden sechsten Erwachsenen ein Kraftfahrzeug kommt, einem Lande mit starken Gewerkschaften, steigenden Löhnen, mit Vollbeschäftigung, ja Mangel an Arbeitskräften, mit Mitbestimmung und umfangreicher Sozialversicherung kann der Sozialismus nur eine mäßige werbende Kraft haben. Den *Nationalismus* schließlich, der gerade in Deutschland im Rassenwahn Hitlers seine extreme Ausprägung erreichte, haben wir bis zur bitteren Neige kennengelernt; für uns hat er seinen Glanz verloren, ja, wir sind sogar weithin in das entgegengesetzte Extrem verfallen, in die Geschichts-, wenn nicht die Vaterlandslosigkeit.

Während diese vier Ideen in der Sowjetunion (und auch in den Entwicklungsländern) noch virulent sind, zum Teil sogar erst am Anfang ihrer Wirksamkeit stehen, sind sie im Westen also bereits in ihre Spätzeit eingetreten. Bei uns haben sie längst den Charakter des fernen, lockenden, beflügelnden Zieles verloren; wir sehen sie auch in ihrer Problematik. Aber wir sollten sie – erst recht nach einer Analyse des Sowjetmenschen – nicht einfach beiseite legen und dann die Klage erheben: „Der Westen hat keine Ideen"; wir müssen sie vielmehr für uns neu durchdenken. Auch dazu möchte dieses Buch anregen.

Die geistige Freiheit muß davor bewahrt werden, zur Zuchtlosigkeit zu entarten. Die Demokratie darf nicht zu anarchischer

Selbstauflösung oder zur Herrschaft der Verbände und Interessenvertreter führen. Die Überwindung des Nationalismus soll nicht mit der Leugnung aller natürlichen und geschichtlichen Bindungen gleichgesetzt werden, vielmehr müssen wir uns um ein neues deutsches Geschichtsbild bemühen, das unsere ganze Vergangenheit mit ihren Höhen und Tiefen bewältigt, in sich zusammenfaßt und in eine höhere – übernationale und europäische, vielleicht einmal weltumspannende – Gemeinschaft einmünden läßt. Und was den Sozialismus betrifft, so genügt es nicht, daß wir darauf hinweisen, wir hätten einige der Elemente, die seine geistigen Väter verkündeten, längst verwirklicht. Der Westen hat, wie zuletzt der heftige Konjunkturrückschlag in seinem stärksten Lande zeigte, die Spannung von Freiheit und Planung noch keineswegs zu einer klaren und zuverlässigen Synthese zu überhöhen vermocht; er kann es sich also nicht leisten, die rapide anwachsende Stärke der sowjetischen (neuerdings auch der chinesischen) Staatswirtschaft mit der bloßen Feststellung abzutun, daß es dort keine Freiheit gebe. Es gibt sie dort in der Tat nicht, aber es wird sie auch bei uns eines Tages nicht mehr geben, wenn wir nicht mehr zu sagen wissen als das.

Man kann bei uns manchmal hören, der Westen dürfe sich von der bolschewistischen Welt nicht das Gesetz des Handelns aufzwingen lassen, sonst werde er selbst noch im Totalitarismus enden. Dieser Satz ist richtig, aber gefährlich, da viele in ihm eine Entschuldigung für das Nicht-Handeln sehen. Wir sollen uns ganz gewiß vom Osten nicht das *Wie* unseres Handelns aufzwingen lassen; aber *daß* wir handeln müssen, lehrt uns jeder Blick nach Osten.

Ein Beispiel: Wir müssen den Entwicklungsländern helfen, ob es die Sowjetunion gibt oder nicht; aber die Dringlichkeit unserer Hilfe hat zugenommen, *weil* es sie gibt. Die Methoden dieser Hilfe hat der Westen entwickelt – längst ehe der Kreml sie nachzuahmen begann; wir müssen sie nun weiterführen, verbessern, auch unsern deutschen Beitrag dazu leisten. Notwendigkeit und Möglichkeiten dieses Beitrags sind in „Asien, Moskau und wir" näher dargelegt worden.

Die größere und entscheidende Aufgabe aber ist uns im geistig-seelischen Bereich gestellt. In sämtlichen Völkern, die ich in den letzten Jahren besuchte, empfinden alle wachen Menschen die gefährliche Diskrepanz zwischen dem stürmischen Tempo, mit dem Wissenschaft und Technik in das einst für unerforschlich Gehaltene vorstoßen, und dem Stagnieren der moralischen Entwicklung des Menschen. Es ist eine höchst beunruhigende Einsicht, daß die Entdeckung zerstörerischer Kräfte hundert- oder tausendmal rascher fortschreitet als die menschliche Fähigkeit, innerlich mit ihnen fertig zu werden. Mir scheint sogar, daß das bei uns so weit verbreitete Gefühl des Ideenschwunds seinen wahren Ursprung nicht in der Sorge vor dem Bolschewismus hat, sondern in der Erkenntnis jenes alarmierenden Auseinanderklaffens von entfesselten und bindenden Kräften.

Von meinen Reisen, die mich viermal um die Welt führten, habe ich die Erkenntnis heimgebracht, daß so gut wie alle Ideen und Kräfte, die seit Jahrzehnten, seit Jahrhunderten die Völker der Welt im Guten und im Bösen bewegen, aus dem Abendland stammen, nicht zuletzt aus dem engen Raum, den die Stämme deutscher Zunge bewohnen. Nur wenn wir fürchten müßten, daß unsere schöpferische Kraft versiegt sei, könnten wir verzagen. Nichts aber deutet darauf hin, daß es so ist.

Mag der Kreml seine Untertanen mit allen Mitteln dazu antreiben, die materiellen Leistungen des Westens „einzuholen und zu überholen" – ich bin voll Zuversicht: Die freien Völker, und unter ihnen die Deutschen, werden wieder zu sich selbst finden, sie werden – ohne deswegen die Welt der materiellen Realitäten zu vernachlässigen – auch weiter die Kraft haben, ihrer stolzen Tradition der Ideenschöpfung treu zu bleiben; sie werden dem von den Sowjetmenschen selbst so dringend empfundenen, dem wahren Nachholbedarf der Menschheit Genüge tun: den Werten des Geistes und der Seele, ohne die auch die Kräfte des materiellen Fortschritts versiegen müßten.

Hier schloß das Buch in seiner ersten bis fünften Auflage

EIN JAHR SPÄTER

Was ist an dem in diesem Buch gegebenen Porträt des Sowjetmenschen zu korrigieren? Das war die Frage, die mich vor allem beschäftigte, als ich im Frühjahr 1959 zu einer neuen Reise in die Sowjetunion aufbrach. Das Porträt beruhte auf den Erfahrungen der vorausgegangenen zwölf Reisen; entsprach es ein Jahr später noch den Tatsachen?

Um das Ergebnis vorwegzunehmen: Die meisten Linien, die hier gezogen wurden, haben sich in der dargestellten Richtung fortgesetzt. Wo rückläufige Entwicklungen festzustellen sind, waren sie von oben befohlen, nicht vom Volke erstrebt.

Vor allem: Die Menschen sind nicht bolschewistischer geworden. Meine Hoffnung auf die zunehmende Gewöhnung der Bevölkerung an selbständiges Denken hat auf der jüngsten Reise neue Nahrung erhalten. Nichts wäre gefährlicher für die Welt, als wenn es dem Bolschewismus gelänge, die Menschen zum Denken in vorgeschriebenen Bahnen, zum Klischee-Denken zu erziehen, sie gleichsam zu ferngelenkten Raketen zu degradieren, die jeden von der zentralen Befehlsstelle gegebenen Impuls als ihren eigenen empfinden und befolgen.

Den Vorgang der Geburt selbständiger Gedanken erlebte ich am eindrucksvollsten – fast wie im Laboratorium – unter den Besuchern der polnischen Kunstausstellung in Moskau. In der riesigen, aus der Zarenzeit stammenden Manege im Zentrum der Stadt wurde im Frühjahr 1959 eine Kunstschau des „sozialistischen Lagers“ gezeigt. Während aber die übrigen Länder brav Bilder und Skulpturen vom Typ „sozialistischer Realismus“ vorführten, hatten die Polen gewagt, ganz moderne und zum Teil abstrakte Arbeiten zu schicken. Jedesmal, wenn ich in die Manege kam — ich verbrachte dort insgesamt etwa zehn Stunden –,

war es dasselbe: verhältnismäßig wenige Besucher in den übrigen Räumen, aber bei den Polen ganze Knäuel diskutierender Gruppen. In ihnen waren drei Typen vertreten.
Zu den Gegnern des Neuen gehörten die angestellten Vertreter des amtlichen Standpunktes hinter ihren kleinen Tischen, auf denen Täfelchen mit der Aufschrift „Konsultant“ standen; ihre Aufgabe war es vor allem, die neue Kunst madig zu machen. Sie erhielten mancherlei Beifall, vor allem von Älteren, die für diese Bilder alle möglichen harten Worte fanden, bis hin zu dem Urteil: „Eto isdewátelstwo!“ (Das ist eine Beleidigung.)
Die zweite Gruppe bestand aus den Zweifelnden, die durch diese Bilder unsicher geworden waren. Ein Mädchen zum Beispiel, mit blondem Zopf und höchstens siebzehn Jahre alt, sagte mit einem so leisen Stimmchen, daß ich nur mit Mühe verstehen konnte: „Aber wenn die polnischen Genossen diese Bilder hierherschicken, dann müssen sie sie doch schön finden.“ Das war ein Einwand, der immer wieder vorgebracht wurde. Auf ihn hatten die Konsultanten, da sie die Polen nicht kränken wollten, keine rechte Antwort. Solche Fragen zeigten mir, daß viele junge Leute angesichts dieser Bilder mindestens ein Mißbehagen darüber empfanden, daß es da etwas gab, was offenbar andere Völker ernst nahmen, was also für diese irgendeinen Sinn haben mußte, in der Sowjetwirklichkeit aber gar nicht unterzubringen war.
Und dann gab es die dritte Gruppe, die für mich weitaus interessanteste: die Avantgardisten, die sich mit Feuer für die neue Kunst einsetzten und immer neue Argumente zu ihrer Verteidigung fanden. Sagte etwa ein Gegner der Abstrakten: „Bei diesen Bildern weiß man nicht einmal, wo oben, wo unten ist“, so erwiderten sie prompt: „Es ist ein Merkmal der alten Kunst, daß sie Dinge darstellt, die es in der Natur gibt; da ist es klar, daß sie die Füße unten und den Kopf oben malt und daß man das Bild entsprechend aufhängen muß. Aber die Abstrakten stellen ja keine Gegenstände dar. Daher muß man ihnen gegenüber andere Kriterien anwenden.“
Ein junger Mann – Student des Flugmotorenbaus, wie ich später erfuhr – wurde gefragt: „Genosse, beantworten Sie mir klar diese Frage: Finden Sie wirklich, daß diese polnischen Bilder Kunst sind? Oder sagen Sie das nur aus Opposition?“

Er antwortete: „Ob das Kunst ist? Das wird sich vielleicht erst in Jahrzehnten herausstellen. Ich weiß es nicht. Ich weiß nur, daß die zeitgenössische Sowjetkunst mich langweilt; es ist dort immer dasselbe dargestellt, Wiedergaben unserer Wirklichkeit, die wir ohnehin kennen. Illustrationen. Aber Kunst? Nein. Deshalb bin ich dafür, daß man dem Künstler die Möglichkeit gibt, zu suchen. Und nicht nur dem Künstler, auch dem Publikum. Wir wollen nicht wie Kinder behandelt werden, denen die Erwachsenen sagen: Das ist schön und das ist nicht schön. Wir wollen selbst unseren Geschmack entwickeln. Wir sind ein erwachsenes Volk."
Er hatte ganz ruhig gesprochen, auch die entscheidenden Worte: My wróslyj naród – wir sind ein erwachsenes Volk. Diese drei Worte standen nun da wie eine mutige Herausforderung an alle geistige Tyrannei. Mir klangen sie im Ohr wie jene drei Worte des Marquis Posa im Don Carlos: „Geben Sie Gedankenfreiheit!", die eine neue Epoche abendländischer Geschichte ankündigen.
Daß die Anhänger der neuen Kunst so viele Gesichtspunkte vorzubringen wußten, war das eigentlich Überraschende. Denn diese jungen Leute fochten ja nicht von der Position einer festen und bis ins einzelne ausgearbeiteten Theorie aus, sondern waren selbst Pioniere in einem Niemandsland, fast ohne Möglichkeit, sich im Kreise Gleichgesinnter auszusprechen und Argumente zu entwikkeln. Ihre Forderung nach der Freiheit des Künstlers wurde auch noch dadurch erschwert, daß sie in Verteidigung einer Kunstrichtung sprachen, die natürlich nicht auf spontane Zustimmung in breiten Kreisen rechnen konnte, in Verteidigung also einer gewiß nicht besonders populären Sache. Bei vielen war es wohl weniger eine Sympathieerklärung für abstrakte Kunst, der ich hier beiwohnte, als das Drängen auf die Freiheit geistigen Schaffens.
In einem der polnischen Säle führte ein Mädchen Anfang Zwanzig das Wort; sie trug ein braunes Kleid, an dem das Komsomol-Abzeichen befestigt war. Ihre Worte richteten sich an einen jungen Mann, der sie um anderthalb Köpfe überragte. Er hörte eine Weile still zu. Dann sagte er:
„Wahrscheinlich hat es gar keinen Sinn, daß wir uns streiten. Wir werden uns doch nicht verstehen. Ich werde Ihnen jetzt etwas sagen, wonach Sie die Diskussion mit mir abbrechen werden. Wir

haben alle in der Schule gelernt, daß es im Grunde nur zwei Philosophien gibt, die materialistische, bei der die Materie das Primäre, der Geist das Sekundäre ist, und die idealistische, die glaubt, daß zuerst der Geist kommt und dann die Materie. Sie sind Materialistin, materialistisch ist auch die Einstellung unseres Staates. Wer Materialist ist, der will natürlich die gegenständliche Kunst, den Kolchos und das Stahlwerk, das verstehe ich gut. Aber ich bin Idealist, und daher bedeutet mir Kunst etwas anderes als Ihnen."

Das Mädchen war einen Augenblick sprachlos. Was er gesagt hatte, war etwa so, wie wenn einer im Spanien der Inquisition erklärt hätte, er glaube nicht an Gott. Die Gesichter der übrigen blieben interessiert, aber ohne Parteinahme.

„Was sagen Sie? Sie sind ein Idealist? Dann können wir freilich nicht miteinander diskutieren, dann stehen wir auf völlig verschiedenen Positionen."

„Sehen Sie", sagte er, „das habe ich Ihnen ja gleich am Anfang unseres Gesprächs gesagt. Es geht hier nämlich gar nicht so sehr um Kunst als um Philosophie." Die Komsomolzin verharrte noch einen Augenblick unschlüssig; dann zuckte sie die Achseln, drehte sich um und ging.

Ich sagte dem jungen Mann: „Ihre Worte über den Idealismus führen im Endeffekt zur Religion."

Er sah mich ruhig an und erwiderte nur ein Wort: „Besuslówno" (Zweifellos).

„Gehen Sie in die Kirche?" fragte ich weiter.

„Nein. Lebte ich in einer anderen Zeit oder in einer anderen Gesellschaft, so täte ich das sicher. Hier aber kann ich das nicht – nicht aus äußeren Gründen, sondern aus inneren. Also schaue ich mir solche Bilder an."

Ein junger Mann, vermutlich ein Student, mischte sich ein: „Wenn man denkt wie Sie, wo bleibt dann das Kollektiv?"

In seiner ruhigen, nicht im geringsten provozierenden Art sagte der ‚Idealist': „Wir werden uns darüber nicht einigen können. Für mich besteht die Menschheit nicht aus Kollektiven, sondern aus Individuen; jeder muß selbst mit sich und seinem Schicksal und den großen Fragen fertig werden." Der andere blickte ihn an, nicht feindselig, aber überrascht und offenbar nicht ganz sicher, ob jener im Ernst sprach oder sich mit ihm einen Scherz erlaubte. Aber nichts in dem Gesicht des jungen Mannes ließ etwas dergleichen erkennen. Kopfschüttelnd wandte der andere sich ab.

Dafür fragte ein Mann in den Dreißigern: „Erklären Sie bitte, wie paßt denn Kandinskij zu dem, was Sie vorhin sagten? Der hat doch schon vor langer Zeit solche Bilder gemalt."

„Ich bin kunstgeschichtlich nicht sehr gebildet", sagte der „Idealist". „Ich habe nur die Zehnjahrschule besucht. Aber soviel ich weiß, hat Kandinskij schon vor dem Ersten Weltkrieg und im Kriege mit solchen Bildern experimentiert. Nun, was war das für eine Zeit? Eine Zeit, in der die Menschen suchten, eine Übergangszeit, wo die alten Dogmen – religiöser oder sonstiger Art – nicht mehr galten und die neuen noch nicht feststanden. In genau einer solchen Zeit leben wir heute wieder; daher fühlen sich so viele Menschen von dieser Art von Bildern angesprochen."

Inzwischen war ein neuer Verteidiger der Abstrakten aufgetaucht und warf sich mit frischem Schwung ins Getümmel. Bald gesellten sich ein Graukopf in abgeschabtem Anzug und einige Männer undefinierbaren Berufs, alle wohl in den Vierzigern, zu dieser Gruppe; sie alle sprachen sich scharf gegen die abstrakte Malerei aus. Der Verteidiger stritt ein Weilchen mit ihnen, ohne daß neue Argumente auftauchten, dann sah ich ihn plötzlich abbrechen und davonlaufen, auf ein Mädchen zu, das er erspäht hatte. Einige lachten über den raschen Wechsel seines Interesses.

„Ach, ach", sagte der Graukopf, „das ist nicht nur zum Lachen. Unsere Jugend macht mir Sorge. Wie kann sie nur solche Bilder schön finden?"

„Sie findet sie auch gar nicht schön", beruhigte einer von den Älteren. „Sie tut nur so, um sich wichtig zu machen."

„Da bin ich nicht so sicher", meinte ein Dritter. „Sie ist sehr anfällig, unsere Jugend. Kaum weht etwas vom Westen zu uns herüber, schon fällt sie in Verzückung und ist begeistert über das Fremde."

Ein schmächtiger Mann, ein Mausgesicht mit einem kleinen Schnurrbart, erklärte mit betonter Langsamkeit, die seinen Worten eine besondere Bedeutung geben sollte: „Sie sprechen von ‚der Jugend'; es handelt sich hier aber nur um eine kleine Min-

derheit. Ich komme manchmal her und kenne fast alle Enthusiasten für abstrakte Kunst, die sich hier herumtreiben. Es sind nicht mehr als fünfzig!"
„Aber diese fünfzig stecken Hunderte an!" sagte einer der Älteren.
Und ein anderer: „Na schön, Hunderte, aber nicht Hunderttausende. Und überhaupt ist das Ganze eine jugendliche Eselei. Wir sind auch einmal jung gewesen."
Das Mausgesicht war anderer Meinung. „Das ist mehr als eine jugendliche Eselei; das ist auch mehr als Begeisterung für eine Kunstrichtung. Hier geht es um politische Dinge. Diese Burschen sind eine Fronde [er gebrauchte das Fremdwort ‚Frónda'], eine politische Fronde." Niemand widersprach. Auch ich nicht. Der Mann hatte nicht unrecht: In einer Diktatur hat sogar eine „Abweichung" in Fragen der Ästhetik schon politische Bedeutung.

Zur eigenen Kontrolle habe ich mich immer wieder gefragt: Handelt es sich bei diesen jungen Kunstrebellen wirklich um eine seltene Ausnahme, die gegenüber der Masse der Jugendlichen gar nicht ins Gewicht fällt, um eine Fronde von mißvergnügten und „zornigen" jungen Männern, wie es sie auch im Westen gibt? Nun – ich fand diese Bereitschaft zu selbständigem Denken auf Schritt und Tritt, auch außerhalb der Kunstausstellung; ich begegnete ihr sogar – auf der Bühne. Als ich in Moskau ankam, spielte das „Theater für Drama und Komödie" vor ausverkauften Häusern „Nikolaj Iwanowitsch", ein Werk der Autorin L. Geráskina. Ich ging hin, weil ich gehört hatte, daß das Stück im Milieu der Intellektuellen spielt. Der Hauptkonflikt wird zwischen dem Titelhelden – er ist Direktor einer Schule – und der Lehrerin Márja Iwánowna ausgetragen, die an den Oberklassen russische Literatur unterrichtet. Der Direktor wird als passionierter Pädagoge dargestellt, dessen erklärtes Ziel es ist, die Jugend zum selbständigen Denken zu erziehen; die Lehrerin dagegen – eindeutig die „negative Heldin" des Stückes – ist eine sture Paukerin; der ideale Schüler ist in ihren Augen einer, der nicht denkt, sondern nur auswendig lernt, was sie ihm sagt.
Sie tut alles, um den Schülern das Denken abzugewöhnen, sie zu bloßen Papageien zu machen. Ein Mädchen zum Beispiel wird

von ihr aus der Klasse verwiesen, weil es die Kühnheit gehabt hat, in einer literarischen Frage eine von der Lehrerin abweichende Meinung zu äußern. Sarkastisch sagt die Lehrerin: „Man höre und staune: du denkst! Wer hat etwas davon? Ich habe dir Material gegeben, nun sollst du seinen Inhalt darlegen und keine eigenen Dummheiten erfinden."

In seiner Auseinandersetzung mit Márja Iwánowna wirft der Direktor ihr vor, sie gebe den Jugendlichen immer nur von oben herab fertige Rezepte. „Aber die jungen Leute sind begierig, selbst nachzudenken, man muß sie anhören." Darauf die Lehrerin:

„Und wenn sie, weiß der Teufel welche, Ketzereien daherbringen? Soll man vielleicht Ketzereien auch anhören?" Der Gebrauch dieses Wortes – russisch jerés gleich „Häresie" – charakterisiert die Lehrerin als scholastische Dogmatikerin. Sie fährt fort: „Und was die Diskussionen betrifft, so wissen wir doch aus langjähriger Erfahrung, daß sie eine gefährliche Sache sind. Woher sollen denn die jungen Leute eine eigene Meinung haben? Methoden, wie Sie sie vorschlagen, erziehen die Jugend nur dazu, alles zu verspotten und zu kritisieren. Wir aber müssen sie zu Patrioten erziehen."

Darauf der Direktor mit ernstem Nachdruck: „Glauben Sie wirklich, daß *Sie* sie zu Patrioten machen?"

Wohin Márja Iwánownas Methoden führen, sieht der Zuschauer am Beispiel des Schülers Sergéj. Der hochbegabte Junge gibt sich als völlig desillusionierter Zyniker, der an nichts glaubt, nur an sich selbst denkt. Er schreibt zwar Gedichte, aber nur um seiner Erbitterung darüber Luft zu machen, daß um ihn her nichts als Lug und Trug ist und daß die Menschen nicht nach Idealen leben, sondern alle nur ihren Vorteil suchen. Wer aber ist schuld daran, daß es mit Sergéj so weit gekommen ist? Niemand anderes als Márja Iwánowna. Er selbst klagt sie vor den Kameraden an:

„Ununterbrochen hat sie uns eingetrichtert, daß bei uns in der Sowjetunion alles herrlich ist. Wie hat sie uns das ‚paradiesische Leben' im Kolchos ausgemalt! Als wir aber selbst einmal zum Kartoffelernten in einen Kolchos fuhren ..."

Sergéj braucht den Satz nicht zu vollenden; offensichtlich haben alle die Zustände dort nichts weniger als paradiesisch gefunden.

Von da an haben die hohen patriotischen Phrasen der Lehrerin bei ihm nur noch das Gegenteil von dem erreicht, was sie erreichen sollten.
Schließlich verläßt die Lehrerin die Schule. Bei ihrer schüchternen Nachfolgerin sucht der Direktor den Mut zur Selbständigkeit zu wecken. Er beschwört sie:
„Denken Sie, um Gottes willen, denken Sie! Machen Sie Fehler, quälen Sie sich, aber bitte, bitte *denken Sie!*"
Worauf nun richtet sich dieses selbständige Denken? Auf alle möglichen Gegenstände, wenn auch mit unterschiedlicher Intensität. Am stärksten erschien mir diese im Bereich des geistigen Lebens, dem es am nächsten verbunden ist. Man will nicht auf die Dauer zwischen geistigen Tabus leben. Man will sich selbst informieren, sich sein eigenes Urteil bilden, auch über das Ausland. Ich denke an die Unterhaltung mit einem jungen Arbeiter, mit dem ich im Kino ins Gespräch gekommen war und der mich nach Deutschland und Amerika ausfragte. Er wollte nicht ausgeschlossen sein von dem, was uns bewegt. Obgleich er ein ernsthafter, sogar etwas schwerfälliger Typ war, erkundigte er sich sogar nach dem Hula Hoop; er hatte zwar nur eine abfällige Bemerkung darüber gelesen, neigte aber zu der Annahme, daß irgendein Sinn gymnastischer Art damit verbunden sein müsse. Dann erzählte er mir, daß sich seine Altersgenossen sehr für das in Amerika entwickelte, seit ein paar Jahren auch in Westeuropa beliebte Tiefseetauchen interessieren; einige seiner Freunde hätten nur darum ihren Urlaub ans Schwarze Meer verlegt, um dort diese Sportart auszuprobieren. Mein neuer Bekannte wußte aber auch genau, in welchen Museen Moskaus und Leningrads Gemälde von van Gogh, Gauguin, Matisse und Chagall hingen, und erkundigte sich nach weiteren Werken Hemingways; „Der alte Mann und das Meer" hatte ihm in seiner ganz auf das Menschliche gerichteten Art einen tiefen Eindruck gemacht. Als ich meiner Verwunderung über die Vielfalt seiner Interessen Ausdruck gab, erwiderte er: „Sie müssen verstehen: wir entdecken die Welt!"
Hier liegt auch die Bedeutung der im Sommer 1959 in Moskau gezeigten amerikanischen Ausstellung. Für die fast drei Millionen Sowjetbürger, die sich dort in wenigen Wochen hindurchdrängten, stellte sie das bisher weiteste Fenster in die übrige Welt

dar. Kein Wunder, daß die Sowjetpresse gleichzeitig ununterbrochen gegen Amerika polemisierte, um den Einfluß der Ausstellung auf die Sowjetbesucher wenigstens bis zu einem gewissen Grade zu neutralisieren. Aber der Besucherstrom wurde nicht geringer; man wollte mit eigenen Augen sehen.
Zum Glück benützten die Amerikaner die ihnen durch die Ausstellung gebotene Möglichkeit nicht nur dazu, ihre modernsten Waschmaschinen anzupreisen, sondern auch, um neue kulturelle Impulse zu vermitteln. Einen ungeheuren und vermutlich noch auf Jahre wirksamen Eindruck machten zum Beispiel die Konzerte des New Yorker Philharmonischen Orchesters. Von einem Bekannten erfuhr ich, wie es bei einem dieser Konzerte herging. Die große Tschajkowskij-Halle war überfüllt von Moskauer Musikfreunden, darunter sehr viel Jugend. Auf dem Programm standen auch die in der Sowjetunion schon lange nicht mehr aufgeführten, weil als „bürgerlich-formalistisch" verfemten Werke Strawinskijs „Le Sacre du Printemps" und „Konzert für Klavier und Blasorchester". In seinen einleitenden Worten erklärte der hochbegabte, noch junge Dirigent des Orchesters, Leonard Bernstein:
„Als Strawinskij 1912 ‚Le Sacre du Printemps' schrieb, da vollbrachte er eine musikalische Revolution – fünf Jahre vor eurer Revolution."
Das Orchester erntete einen überwältigenden Applaus, auch für die moderne Komposition des Amerikaners Charles Ives „Die unbeantwortete Frage". Dieser Abend hat den Moskauern, die außer klassischer Musik kaum etwas zu hören bekommen, neue musikalische Horizonte aufgerissen. Wie hatte der junge Arbeiter zu mir gesagt? „Sie müssen verstehen: wir entdecken die Welt!"
Der gleiche Gesprächspartner hatte mir seine Liebe zu dem Lyriker Gumiljów bekannt, der 1921 von den Bolschewiken als Konterrevolutionär erschossen worden war. Denn die Russen entdecken nicht nur die fremde Welt, sie entdecken auch sich selbst aufs neue, öffnen sich den Zugang zu Bereichen ihrer eigenen geistigen Schatzkammer, die ihnen in den letzten Jahrzehnten verschlossen waren. So stieß ich in meinen Gesprächen, vor allem mit jungen Leuten, immer wieder auf den Namen Sergej Jessénin; man kann geradezu von einer Jessenin-Renaissance in der heu-

tigen Sowjetunion sprechen. Dieser hochbegabte Lyriker – vielleicht der begabteste unter den Russen unseres Jahrhunderts – war 1925 durch Selbstmord aus dem Leben geschieden. Lange wurde er von der offiziellen Literaturkritik sehr feindselig beurteilt; seine Werke wurden nicht aufgelegt. Die Jugend hat ihn für sich wiederentdeckt. Eines Sonntagnachmittags, auf einem Familienfest bei Moskauer Bekannten, war das Gespräch auf Jessenin gekommen; alsbald fingen die Jüngeren unter den Gästen an, seine Verse zu deklamieren; manche wurden von ihnen im Chor gesprochen.

Ein anderes Mal unterhielt ich mich mit zwei jungen Russinnen, Freundinnen, die zusammen wohnten, die eine Technikerin in einer Fabrik, die andere Physikstudentin. Als ich sie nach ihrer Lektüre fragte, erwiesen sie sich als glühende Verehrerinnen Jessenins.

„Als ich in Leningrad war, habe ich mir von einem Kellner im Hotel Angleterre das Zimmer zeigen lassen, in dem sich Jessenin das Leben genommen hat", erzählte die eine, und die andere fand es höchst romantisch, daß der Dichter noch mit dem ausströmenden Blut Verse auf ein Blatt geschrieben hatte.

Eines Tages – nachdem ich ein paar Stunden in der Moskauer Lenin-Bibliothek, der größten des Landes, gearbeitet hatte – sah ich am Schwarzen Brett einen Anschlag, der auf einen Jessenin-Abend im Vortragssaal der Bibliothek aufmerksam machte. Mit Mühe und Not bekam ich noch eine Karte. Der Saal war überfüllt.

In tiefer Ergriffenheit lauschte das Publikum, zur Hälfte Jugendliche, zwei Stunden lang dem Rezitator. Als er schloß, hatte man noch lange nicht genug; der Künstler mußte auf die Zurufe aus dem Publikum eine halbe Stunde lang weitere Jessenin-Gedichte zugeben. Blickte ich um mich, so sah ich manche Hörer die Verse mit lautloser Bewegung der Lippen mitsprechen, so geläufig waren sie ihnen.

Hier wächst eine neue geistige Schicht heran, die sich selbst ihr Urteil bilden will und die genügend Selbstbewußtsein besitzt – wohl auch die Überzeugung, daß der Staat sie braucht –, um ihre Meinungen auszusprechen. Das sind die Menschen, die mich nach Pasternaks „Doktor Shiwago" ausfragten. Ich habe zwar unter ihnen keinen gefunden, der das Buch gelesen hatte, aber auch keinen, der nicht von ihm wußte. Es gebe, so sagten sie, maschinenschriftliche Kopien unter der Hand zu kaufen, das Stück zu sechshundert bis tausend Rubel.

Doch das selbständige Denken greift heute über den Bereich der literarisch und künstlerisch Interessierten hinaus. Wir sahen früher, daß auch der einfache Mann, die einkaufende Hausfrau im Laden und Warenhaus nicht mehr bedingungslos jede Ware akzeptieren, welche die staatliche Produktion ihnen anbietet. Heute schon türmen sich in den Lagern ganze Kilometer unverkaufter Stoffe mit unpopulären Mustern; von einer Million dunkler Damen- und Herrenmäntel, die im letzten Frühjahr auf den Markt kamen, fand nach Berichten aus Moskau nur ein Teil seine Käufer.

Solange die Menschen aus purer Not nach jedem Fetzchen Stoff griffen, das sie in den Läden fanden, gab es dieses Problem nicht. Aber in dem Augenblick, in dem sie die Möglichkeit der Wahl haben, wählen sie auch, und sie wählen nach ihrem eigenen Geschmack. Sie bevorzugen zum Beispiel freundliche, helle Stoffe und lassen das dunkle Zeug liegen, das der Staat ihnen bisher vorwiegend bot. Die Modenschau, die ich im Frühjahr in Moskau sah, war – im Vergleich zu der, welcher ich drei Jahre zuvor im gleichen Raum beigewohnt hatte – erstaunlich „westlich“, bis hin zu den trägerlosen Badeanzügen. Mit den neuen Moden ist aus dem Westen auch ein neues Schönheitsideal gekommen; zum erstenmal – und das mehrfach – erlebte ich auf dieser letzten Reise, wie Russinnen im Restaurant beim Studium der Speisekarte der schlanken Linie zuliebe den weniger kalorienreichen Gerichten den Vorzug gaben.

Die Sowjetbevölkerung, nicht nur die Oberschicht, stellt von Jahr zu Jahr höhere materielle Anforderungen, und der Staat hält es für ratsam, diesen bis zu einem gewissen Punkt Rechnung zu tragen. Im Herbst 1959 wurde das früher als kapitalistische Unart verschrieene Ratenzahlungsgeschäft eingeführt. Die Lebensbedingungen haben sich weiterhin verbessert, und dies ist, nach meinen Beobachtungen, für das Lebensgefühl des durchschnittlichen So-

wjetbürgers ungleich wichtiger als die Erfolge seiner Regierung mit Sputniks und Mondraketen, so sehr diese auch seinen Nationalstolz erhöhen.
In den zahlreichen Gesprächen, die ich in jenen Wochen in Moskau und Iwanowo führte, hat mich nur ein einziges Mal ein Russe von sich aus auf die Sputniks angesprochen; das war in einem Streitgespräch über die Vor- und Nachteile westlicher und sowjetischer Wirtschaftsformen.
Die wichtigste Erleichterung besteht im Nachlassen der furchtbaren Wohnungsnot. Chruschtschow hat sich energisch daran gemacht, den Wohnungsbau voranzutreiben, und die Erfolge sind beachtlich. Als unsere Maschine auf dem Moskauer Flugplatz nicht gleich landen konnte und wir noch zwei Kreise zogen, fiel es mir zunächst schwer, mich über der mir wohlbekannten Stadt zu orientieren: im Südwesten war ein großer neuer Stadtteil mit mächtigen Wohnkasernen entstanden, und seine breiten, schnurgeraden Prospekte waren so hell erleuchtet, daß der alte Stadtkern mit seinen winkligen Straßen daneben zurücktrat.
Unserer Vorstellung von leidlich komfortablem Wohnen entsprechen freilich die gleichförmigen Mammutwohnhäuser nicht. Aber für Hunderttausende von Sowjetbürgern, die bisher in der unvorstellbaren Enge Moskaus gelebt hatten, bedeutet die Übersiedlung in eine abgeschlossene Zwei- oder Dreizimmerwohnung eine ungeheure Verbesserung, ja geradezu den Beginn eines neuen Lebensabschnitts; sie sind daher bereit, über die Mängel hinwegzusehen, die sich aus dem Tempo dieser Massenproduktion ergeben.
In gewisser Weise empfinden sich auch die Sowjetbürger heute – um den Titel eines bekannten deutschen Films zu bemühen – als Wirtschaftswunderkinder. Auch manche der uns vertrauten Symptome des Wirtschaftswunders sind in der Sowjetunion bereits festzustellen. Mehr als je zuvor liest man über Korruptionsfälle in der Beamtenschaft, und das Publikum drängt sich am eifrigsten vor den Kinos, in denen geistig anspruchslose Ausstattungsfilme gezeigt werden.
Während ich in Moskau war, lief in allen großen Kinos der Stadt – vier- bis fünfmal täglich und immer ausverkauft – der in einem Kiewer Studio hergestellte Film „Jugendjahre“ (Gódy molodýje). Die Heldin Natáscha, ein niedliches kleines Ding, tritt unmittel-

bar vor ihrer Reise aus der Provinz nach Kiew als Tänzerin einer Liebhabertruppe in einer Lausbubenrolle auf. Infolge verschiedener Abenteuer kommt sie zu spät, also noch in ihrer Jungenaufmachung, zum Bahnhof, zudem ohne Fahrkarte, so daß sie die Fahrt als „Hase" (d. h. schwarz) auf dem Dach eines Waggons zurücklegen muß; dort trifft sie einen gleichfalls schwarz reisenden jungen Mann, der sie – entsprechend ihrer Kleidung – für einen Jungen hält. Es folgen die üblichen Verwechslungen: Sie trifft ihn in Kiew wieder, wobei sie das erste Mal als Junge verkleidet ist, ein anderes Mal als Mädchen erscheint; sie gibt sich dann als Zwillingsschwester des angeblichen Jungen aus, in die sich der junge Mann prompt verliebt – und so weiter. Happy-End auf dem Dnjepr nach einem blitzdurchzuckten Gewitter, als ihr – das heißt ihm – die Perücke verrutscht und der junge Mann mit freudigem Entzücken erkennt, daß sein angeblicher Mit-Hase in Hosen und die Angebetete ein und dieselbe Person sind. Kein Wort von Politik, von Lenin oder Chruschtschow, von Sozialismus oder Kommunismus, dafür um so mehr Gesang, Tanz, Situationskomik und Schnulzenromantik.

Indessen ist diese Vorliebe weiter Kreise für unpolitische Unterhaltung nichts Neues und für Chruschtschow kein Anlaß zu besonderer Beunruhigung. Weiß er aber, daß im Volk auch Stimmen laut werden wie die, welche ich eines Tages am neu errichteten Majakowskij-Denkmal vernahm? Der Dichter, der durch eigene Hand aus dem Leben schied, steht in der obligatorischen Pose des siegesfrohen Tatmenschen auf seinem Sockel. Als ich eine Aufnahme des Denkmals machte, hörte ich hinter mir die Worte:
„Das ist empörend."
Ich drehte mich um und sah zwei junge Leute von etwa zwanzig Jahren. „Was ist denn so empörend?" fragte ich.
„Na, natürlich die Inschrift."
Ich hatte noch gar nicht auf sie geachtet. Jetzt las ich die Worte:

DEM DICHTER DER REVOLUTION
UND DES PROLETARIATS,
WLADIMIR MAJAKOWSKIJ,
VON DER SOWJETREGIERUNG

Ich verstand immer noch nicht und schaute die beiden fragend an. Darauf der eine: „Wieso ‚von der Sowjetregierung'? Man hat das Denkmal doch aus dem Arbeitsertrag des Volkes gebaut! Wenn hier stünde ‚vom Sowjetvolk', wäre alles in Ordnung, aber ‚von der Sowjetregierung' – das ist doch Quatsch und empörend [besobrásno] dazu."
Eine solche Bemerkung einem Wildfremden gegenüber wäre zu Stalins Zeiten undenkbar gewesen. Wenn sie heute fallen kann, so unterstreicht dies das gesteigerte Selbstbewußtsein des Sowjetbürgers, vor allem der jungen Generation. Er ist nicht mehr bereit, denen „oben" den ganzen Ruhm allein zu überlassen und anzuerkennen, daß sie stellvertretend für ihn handeln; er verlangt, daß auch sein eigener Anteil am gemeinsamen Werk respektiert wird. Vielleicht ist von diesem Ausspruch, beachtet und ernst genommen zu werden, der Weg nicht gar zu weit zu dem Verlangen, mehr als bisher auch mitzureden, wenn nicht mitzubestimmen?

Mit dem Selbstbewußtsein wächst auch die Abneigung, sich zu verstellen. Seit Jahrzehnten lebten die Menschen in der Sowjetunion gleichsam schizophren: sie dachten das eine und sagten das andere. Bei diesem letzten Besuch in der Sowjetunion sah ich, daß sie gegen diesen Zwang zur Verstellung zu rebellieren beginnen. Einmal unterhielt ich mich mit einem Studenten. Er äußerte eine Reihe kritischer Ansichten über den Sowjetstaat.
„Haben Sie denn nicht Angst, einem Ihnen fremden Ausländer gegenüber so offen zu sein?" fragte ich.
In sein Gesicht trat ein Ausdruck heftiger Entschlossenheit: „Ich habe es satt, Angst zu haben. Mein ganzes Leben sollte ich Angst haben – Angst, daß man mir einen öffentlichen Verweis erteilt; Angst, daß man mein Stipendium kürzt; Angst, daß man mich von der Hochschule weist und nach Sibirien kommandiert; Angst, Angst, Angst! Ich will nicht immer Angst haben, ich muß auch einmal sagen, was ich auf dem Herzen habe."
Daß dies nicht eine zufällige Einzelerscheinung ist, bestätigte mir einige Tage später wieder ein Theaterstück: „Das Fabrikmädel" von Alexander Wolódin. Obgleich seit der Uraufführung im Jahre 1957 manches gemildert wurde, ist es immer noch das po-

litisch munterste Drama im Moskauer Programm. Ich sah es im „Theater der Sowjetarmee“; es spielt fast ausschließlich unter Jugendlichen, den Arbeitern und vor allem Arbeiterinnen einer Textilfabrik. Die Heldin, eben das „Fabrikmädel“, ist eine tüchtige junge Arbeiterin, zugleich aber ein *enfant terrible*, ein eigenwilliger Dickkopf, der nicht im Kollektiv aufgehen will und gegen alle Uniformierung nachdrücklich aufbegehrt.

„Es ist mir langweilig, in der besten Arbeitsbrigade zu sein; ich möchte in die schlechteste“, sagt sie, und fügt hinzu: „Ich habe eben einen kritischen Geist.“ Dieser Satz hat eine heftige Diskussion ausgelöst; es sind sogar in literarischen Zeitschriften Aufsätze unter diesem Titel erschienen.

In einer anderen Szene sollen die jungen Mädchen einem die Fabrik besichtigenden Inspekteur aus dem Ministerium vorführen, wie fröhliche junge Arbeiterinnen „kulturno“ ihre Arbeitspause verbringen. Niedlich aufgemacht sitzen sie in dem Aufenthaltsraum; eine „liest vor“, das heißt, sie tut nur so – des Inspekteurs wegen. Fünf- oder sechsmal muß sie von neuem anfangen, weil mehrfach falscher Alarm gegeben wird. Schließlich kommt der hohe Herr wirklich und findet, wie gehofft, alles sehr schön. Aber gerade als er sich zum Gehen wendet und der für die ganze Komödie verantwortliche Komsomolfunktionär schon erleichtert aufatmen will, meldet sich das „Fabrikmädel“ zu Wort. Das ganze Idyll, teilt sie dem hohen Gast mit, sei nur ihm zu Ehren arrangiert; sogar die hübschen Schürzchen würden nachher wieder eingezogen. Kaum hat sie das Eis gebrochen, da beginnen die übrigen Arbeiterinnen, ihrem Herzen Luft zu machen. So kommt heraus, daß auch die eben gelobte Sauberkeit des Werkes nur für den Besuch da ist. „Eine Woche lang haben wir nur geputzt und daher den Plan nicht erfüllt; ab morgen wird wieder für den Plan gearbeitet und nicht mehr geputzt.“ Der Gast geht in nicht geringer Verwirrung; der Komsomolfunktionär aber ruft verzweifelt: „Alles war so schön! Aber es braucht nur eine den Mund aufzumachen, und schon schreien alle anderen mit!“

Als die junge Arbeiterin schließlich aus der Fabrik fliegt, ihre Schlafstelle verliert und mutterseelenallein auf der Straße steht, sagt sie: „Ich weiß, woher das alles kommt. Ich habe einen großen Fehler: Ich kann mich nicht verstellen. Bei uns redet man das eine und tut das andere. Aber sagt man etwas dagegen – dann ist es aus mit einem!" Und dieses Mädchen ist die Heldin – im Sinne des Autors, des Regisseurs, des Publikums – und eine der populärsten Gestalten auf der Moskauer Bühne. Daß die Zensur dieses mutige Stück, gegen das die offizielle Kritik heftig geeifert hatte, nicht aus dem Spielplan entfernt hat, geht wohl auf die alte Erkenntnis der sowjetischen Führung zurück, daß es besser ist, den angestauten Gefühlen einige legitime Ventile offen zu lassen.

Die Gewissenserforschung der Sowjetdichter geht weiter; fast jedes neue Heft der literarischen Zeitschriften beweist das. Ein Beispiel: In Nina Iwanters Novelle „Wieder August" – im Septemberheft des „Nowyj Mir" – wird ein Gespräch zwischen einem nach langer sibirischer Verbannung Amnestierten und Boris, dem Sohn seines alten Freundes, geschildert. Boris quält der Gedanke, sein Vater könne seinerzeit an dem Unglück des Freundes mit schuld gewesen sein. Nach langem Zögern will er sich Gewißheit verschaffen. Der Heimkehrer beschwichtigt ihn; sein Vater habe kein einziges böses Wort über ihn gesagt. Darauf Boris: „Und ein gutes?"

Der Alte sucht ihn zu beruhigen. Unter den damaligen Zuständen hätte ihm kein noch so gutes Wort helfen können. Der Junge trotzig: „Und wenn auch!"

Nachdenklich fragt der Alte: „Es wäre dir also lieber gewesen, eure ganze Familie hätte leiden müssen, wenn nur dein Vater ein gutes Wort für mich gesagt hätte?"

Darauf Boris („leidenschaftlich, voll Schmerz und Verzweiflung"): „Ja, ja, ja, ja."

Mutig, anständig, idealistisch von Boris – und von Nina Iwanter.

Der in diesem neuen Kapitel dargestellten Entwicklung gegenüber deuten sich möglicherweise zwei rückläufige Tendenzen an. Chruschtschow selbst hat sie in Gang gesetzt, in der klaren Einsicht, daß sich die Sowjetmenschen seit Jahren vom Bolschewismus weg bewegen, indem sie in ihrem Denken und Fühlen individualistischen Bestrebungen Raum geben und in ihren Handlungen mehr Interesse für ihr Einkommen und die Annehmlichkeiten des Lebens als für den Marsch zum Kommunismus erkennen lassen.

Gegen das *Wohlstandsdenken* breiter Volksschichten richtet sich das Bemühen Chruschtschows, das von Jahr zu Jahr deutlicher wuchernde Streben nach Privateigentum zu diffamieren. Als eines der Signale, die diesen Feldzug einleiten, mag man den Iswestija-Artikel vom 7. August 1959 ansehen, der „Das Eigentum und seine Verehrer" überschrieben ist und sich gegen das „hypertrophische Eigentumsgefühl" vieler Sowjetbürger wendet. Insbesondere geht der Verfasser auf die überall aus dem Boden schießenden Datschen (Landhäuser) ein, die sich die Angehörigen der neuen Oberschicht in der weiteren Umgebung der Städte errichten; er sagt:

> „Es wäre absurd, Datschen – sogar Datschen im Privatbesitz – abzulehnen. Es ist angenehm und gesund, den freien Tag an der frischen Luft zu verbringen; auch abends nach der Arbeit kann man auf die Datsche fahren. Doch genügt dafür auch ein bescheidenes Häuschen. Braucht man wirklich Bauten mit tiefen Fundamenten, die Hunderttausende von Rubeln verschlingen? Wir wollen doch nicht naiv sein: Solche Datschen werden vor allem gebaut, um Kapital anzulegen. Eine Datsche läßt sich leicht verkaufen, zudem kann sie einem ein arbeitsloses Einkommen [durch Vermieten] einbringen.
> Man kann sich schwer vorstellen, wie zersetzend ein solcher Besitz auf die Menschen, vor allem auf die Jugend, wirkt. Von früher Jugend an wird den Kindern beigebracht, daß sie die Eigentümer und künftigen Erben dieser Datsche sind und daß die übrigen Jungen und Mädchen keine passende Gesellschaft für sie darstellen – sie haben keine Datsche."

In Zukunft möge man, schlägt der Autor vor, die Quellen untersuchen, aus denen die Gelder zum Datschen-Bau stammen. Aber er geht noch viel weiter. Der Leser weiß aus dem Kapitel „Eigentum", daß die Sowjetunion seit den Tagen Stalins eine überaus erbenfreundliche Gesetzgebung besitzt und keine Erbschaftssteuer kennt. Nun aber wird eine Änderung vorgeschlagen. Der Verfasser, der diese Forderung sicher nicht aus der Tiefe seines eigenen Gemütes heraufgeholt hat, sondern in höherem Auftrag schreibt, kleidet sie zunächst noch in die Form einer rhetorischen Frage:

> „Sollen wir es wirklich [durch das Erbrecht] fördern, daß Ersparnisse in Grund und Boden, in Kunstsammlungen und anderen

bedeutenden Werten angelegt werden, mit der Absicht, arbeitsfähige Verwandte, die nach dem Tode des smarten Großhändlers verwaisen, auf diese Weise sicherzustellen? Brauchen wir Rentiers?"

Die neuen Gesetze über das Verbot der privaten Viehhaltung in den Städten, die sich gegen Millionen von Arbeitern und Angestellten auswirken, liegen auf derselben Linie.

Niemand wird bezweifeln, daß Chruschtschow die Macht hat, diese und andere gesetzliche Maßnahmen durchzusetzen; fraglich ist jedoch, ob es ihm auf diese Weise gelingen wird, seinem Ziel, dem bolschewistischen Menschen, näher zu kommen. Ich glaube es nicht. Durch Gesetze läßt sich das Eigentum abschaffen, nicht der Eigentumsinstinkt.

Um dem wachsenden *Individualismus* entgegenzuwirken, forciert Chruschtschow die Ausbreitung der Internate; wenn es nach ihm geht, sollen im Jahr 1965 zweieinhalb Millionen sowjetischer Kinder in Internaten leben, das wäre fast ein Zehntel der gesamten Schuljugend. Bei meiner letzten Reise glückte es mir zum erstenmal, eine solche Schule von innen zu sehen – nicht in Moskau, sondern in einer Provinzstadt. Ich habe mich in dem Internat einen Tag lang aufgehalten.

Das Sowjetinternat unterscheidet sich von den übrigen Schulen des Landes nicht durch den Lehrstoff; entscheidend ist, daß seine Zöglinge dort nicht nur lernen, sondern auch leben und damit jeden Tag vierundzwanzig Stunden lang unter der Aufsicht und Einwirkung ihrer Lehrer stehen. Obgleich es ihrer Zielsetzung nach nicht militärische, sondern zivile Schulen sind, machte mir dieses Internat – das, wie man mir sagte, durchaus typisch ist – den Eindruck einer Kadettenanstalt. Von Wecken und Frühsport bis zum „Licht aus!" am Abend ist jede Minute festgelegt und organisiert. Die Disziplin während des Unterrichts war noch ausgeprägter als in den gewöhnlichen Schulen, das ruckartige Aufstehen und Grüßen, wenn mich der Direktor in eine Klasse führte, noch zackiger. Alle trugen das rote Halstuch der „Pioniere" (in den unteren Klassen den roten Stern der „Oktober-Kinder"), und natürlich steckten sie sämtlich in Uniformen, während diese in den Normalschulen nicht obligatorisch sind. Die Kinder machten mir den Eindruck eines auffallenden Ernstes;

mit konzentrierten Gesichtern, mit gefurchten Mienen sozusagen, saßen sie auf ihren Plätzen.
Unheimlich wurde der Eindruck der Uniformierung im obersten Stock, wo die Schlafsäle lagen. Ein Raum wie der andere: je fünfzehn Betten, alle gleich „gebaut", die dicken Kopfkissen schräg stehend am oberen Ende des Bettes. An jedem Bett ein Nachttisch und ein Stuhl. Weiteres Mobiliar: ein Tisch, zwei Schränke je Raum. Keine Bilder an den Wänden. („Wir sind dagegen, im Schlafzimmer Bilder aufzuhängen.") Nur ein Zimmer – dort schliefen Mädchen – hob sich ein wenig ab: Eine Mutter hatte ihrer Tochter das Kopfkissen mit Blumen bestickt; daraufhin mußten auch die anderen Kopfkissen bestickt werden, alle ungefähr gleich, nur die Blumen in verschiedener Farbe. Kaserne mit Jugendstil.
„Was gehört den Kindern individuell?" fragte ich, als ich feststellte, daß die Schränke nicht besonders voll waren.
„Ihre zivilen Kleidungsstücke", war die Antwort (ich sah sie sehr ordentlich in Reih und Glied in den Schränken hängen). „Sie können zwar Taschengeld von den Eltern bekommen, aber wozu brauchen sie es? Sie haben hier alles. Der Staat gibt ihnen Kleidung und Unterwäsche. Bücher können sie sich in der Bibliothek leihen. Das Internat verfügt über alle erdenklichen Spiele. Und Süßigkeiten gibt es bei uns doch nicht zu kaufen."
Die forcierte Vermehrung der Internate bedeutet ein unmißverständliches Mißtrauensvotum Chruschtschows gegen die Familie; sie gibt den Beweis dafür, daß die Familie die Kinder nicht zu kleinen Bolschewiken erzogen hat, die Erziehung der Jugend also stärker, wenn nicht ganz in die Hand des Staates gelegt werden soll. In einer Rede, die Chruschtschow am 11. Mai 1959 in Kiew hielt, ging er noch weiter: „In naher Zukunft werden die Internate alle Kinder erfassen, damit sie geistig und körperlich richtig erzogen werden ... Das Kind soll im Entbindungsheim zur Welt kommen; Kinderkrippe, Kindergarten und Schulinternat sollen ihm alsbald bereitstehen ... Und wenn das Alter kommt, wird der Mensch die Möglichkeit haben, im Altersheim zu wohnen, ohne sich um irgendetwas sorgen zu müssen."
Ob dieser bisher ehrgeizigste Versuch zur Schaffung bolschewistischer Menschen Erfolg haben wird, das wird sich erst in Jahren

herausstellen, wenn die heutigen Zöglinge erwachsene Menschen geworden sind.

Wie aber – um auch hier mit der aktuellsten und bedrängendsten Frage zu schließen, in die alle Überlegungen dieses Buches eingemündet haben –, wie steht heute der Sowjetmensch zu uns, zum Westen politisch? Wie sieht – ein Jahr später – seine weltpolitische Einstellung aus?
Als ich im März 1959 nach Moskau kam, mußte ich feststellen, daß die Bevölkerung nichts wußte vom Ernst der internationalen Lage, wie sie der völlig unprovozierte Vorstoß Chruschtschows gegen Berlin vom 10. November 1958 geschaffen hatte. Eben erst war Macmillan in Moskau zu Besuch gewesen; die dabei entstandenen Dissonanzen hatte der Sowjetbürger nicht zu hören bekommen; er lebte weiter in der Vorstellung, die Welt befinde sich in einer Phase der Entspannung. Im Laufe der vier Wochen, die ich im Lande verbrachte, änderte sich das Bild etwas; der Ton der Presse wurde ernster, und der Abdruck einiger Äußerungen Eisenhowers und amerikanischer Militärs verursachte ein gewisses Maß von Nervosität. Sprach ich mit den Menschen über ihre Sorgen, so fand ich, im Gegensatz zu meinen früheren Eindrücken, daß sie sich heute der entsetzlichen Perspektiven eines dritten Weltkrieges bewußt sind. Die sowjetische Propaganda, wonach nur der faule Westen einen Atomkrieg zu fürchten habe, hat nicht verfangen.
„Wenn es einen dritten Weltkrieg gibt", sagte mir einmal ein sowjetischer Offizier, „dann wird unser Planet bald aussehen wie der Mond: ohne alles Leben." Hausfrauen erzählten mir, daß in den Markthallen Fische liegen bleiben, wenn sie aus dem Pazifik stammen, da sie möglicherweise radioaktiv verseucht sind. Sogar sibirische Rebhühner werden von manchen verschmäht; sie könnten auf ihrem Flug in die Wolken sowjetischer Atomexplosionen geraten sein...
Der Friedenswille des russischen Volkes ist nicht geringer geworden; ein „Mourir pour Berlin" erscheint ihm so wenig verlockend wie einst dem Franzosen das „Mourir pour Danzig". Dieser Friedenswille könnte unser bester Bundesgenosse sein; aber leider erfährt der Sowjetbürger nicht viel von den wahren

Vorgängen in der Weltpolitik, schon gar nicht von der friedengefährdenden Rolle seiner eigenen Führung, vor allem des unberechenbaren Chruschtschow. Es mag dennoch Russen geben, die sich auch darüber kritische Gedanken machen; daß daraus die Konsequenz politischen Handelns, aktiven Widerstands gezogen wird, ist nicht zu erwarten.

Eines Abends saß ich mit zwei jungen Sowjetleutnants zusammen, die ich zufällig in einem Moskauer Restaurant kennengelernt hatte, einem Flieger und einem Marineoffizier. Es war eine durchaus angenehme Unterhaltung gewesen, mit so manchem freundschaftlichen Prost zur Bekräftigung. Wir hatten uns allerlei erzählt, auch ungeniert Meinungsverschiedenheiten diskutiert. Der eine hatte mir sogar beim Aufbruch gesagt, für ihn seien in unserem Gespräch die Auseinandersetzungen über gegensätzliche Meinungen besonders interessant gewesen. „Dem Menschen ist – im Unterschied zum Tier – der Verstand gegeben“, fügte er hinzu. „Er muß ihn also benützen, um sich eine eigene Meinung zu bilden; das ist das Allerwichtigste.“

Das klang alles sehr schön, und so sagte ich: „Auch mir war es eine Freude, mit euch beiden zu plaudern. Ich sehe euch weit lieber neben mir am Tisch als über mir in einem Bomber.“ Da legte sich ein Schatten auf die freundlichen Züge des Fliegeroffiziers, und sein Gesicht erhielt einen fast dienstlichen Ausdruck, als er erwiderte: „Darauf hat unsereiner keinen Einfluß. Das hängt vom Befehl ab.“

Die Antwort des jungen Offiziers gilt nicht nur für ihn, sie gilt für die große Mehrheit der Sowjetbürger. Ihr Verhalten uns und dem ganzen Westen gegenüber hängt nicht von ihren eigenen Wünschen und Meinungen ab, sondern von den Befehlen der Führung. So wird es bis auf weiteres bleiben. Darauf müssen wir uns einrichten.

NACHWEISUNGEN

Die wichtigste Literatur ist in der bibliographischen Einführung (Seite 493 ff.) genannt. Diese Arbeiten werden hier nur mit abgekürztem Titel und der Nummer, unter der sie dort erscheinen, zitiert.

CHANCEN UND GRENZEN DES EINBLICKS

S. 25 [1] Iswestija, 10. Juni 1947, s. auch Hazard (Bibl. 34), S. 95

DER SOZIALE RAHMEN

S. 42 [1] Die Zahlen dieses Abschnitts stammen vorwiegend aus den offiziellen statistischen Handbüchern der Sowjets: Narodnoje chosjajstwo SSSR w 1956 godu (Die Volkswirtschaft der UdSSR im Jahre 1956), Moskau 1957, und: SSSR w zifrach (Die UdSSR in Zahlen), Moskau 1958

S. 43 [2] Zur *Mentalität* der Wirtschaftsführer s. unten S. 136–138 und 152–161, der Techniker s. unten S. 344 und 358, der Ärzte S. 269 f., der Lehrer S. 196–200 und 352 f., der Juristen S. 373–379

S. 44 [3] Prawda, 30. Januar 1959

S. 45 [4] J. W. Stalin: Über die Mängel der Parteiarbeit und die Maßnahmen zur Liquidierung der trotzkistischen und sonstigen Doppelzüngler. Referat auf dem Plenum des ZK der KPdSU (B), 3.–5. März 1937, Moskau 1937 (deutsche Ausgabe), S. 28

S. 47 [5] Insbesondere im Kapitel „Geistige Freiheit", S. 239–270

[6] Verordnung des Rates der Volkskommissare der UdSSR und des ZK der KPdSU vom 22. August 1943, nach: Bolschaja Sowjetskaja Enziklopedija (Große Sowjetenzyklopädie), 2. Auflage, Bd. 41 (1956), S. 194

[7] Edeen (Bibl. 41), S. 81–83

S. 48 [8] So J. W. Stalin: Über die Mängel ... (wie Anm. 4), S. 41

[9] Vgl. u. a. Werner Markert: Zur geschichtlichen Bedeutung der russischen „Intelligenzia". In: Rußlandstudien, Gedenkschrift für Otto Hoetzsch, hrsg. von der Deutschen Gesellschaft für Osteuropakunde, Stuttgart 1957, S. 56–62

[10] Dostishenija sowjetskoj wlasti sa sorok let w zifrach. Statistitscheskij sbornik (Die Errungenschaften der Sowjetmacht in vierzig Jahren in Zahlen. Statistisches Handbuch), Moskau 1957, S. 255

[11] Bolsch. Sowj. Enziklopedija, 2. Aufl., Bd. 18 (1953), S. 270

S. 49 [12] Vgl. „Die Bevölkerung der Sowjetunion nach ‚Klassen' und Berufsgruppen", in: Osteuropa, 1958, Heft 9, S. 604

[13] Vgl. S. 125 f.

S. 50 [14] „Die Bevölkerung..." a.a.O. (Anm. 12)

[15] Prawda, 3. Februar 1955

S. 51 [16] Am 25. April 1956; s. Wedomosti Werchownogo Sowjeta SSSR, 1956/10, Position 203

[17] Prawda, 17. Juli 1955

[18] Stroitelnaja gaseta, 26. November 1954, zit. nach Berliner (Bibl. 20), S. 174

S. 53 [19] Kap. „Wohlstand", S. 105 ff.

[20] Errechnet aus der Verordnung des Ministerrates der UdSSR, des ZK der KPdSU und des Zentralrates der Gewerkschaften der UdSSR vom 8. September 1956 (Iswestija, 9. September 1956)

S. 54 [21] Prawda, 27. Juni 1937; dazu A. Bergson: On Inequality of Incomes in the USSR, in: The American Slavic and East European Review, Bd. 10 (1951/1952), Heft 2, S. 95–99

S. 55 [22] Dekret vom 26. August 1948. Text bei Sosnovy (Bibl. 22), S. 263 f.

S. 56 [23] Näheres im Kap. „Eigentum", S. 131 ff.

[24] Über die Frage der mobilen Grenzen zwischen den einzelnen sozialen Schichten und zur Politik Chruschtschows in dieser Hinsicht s. S. 180 f., 186 f., 209–217

„BREITE NATUR" — HEUTE

S. 58 [1] Literaturnaja gaseta, 8. April 1958

S. 60 [2] Dazu Arvid Brodersen: Der russische Volkscharakter, in: Kölner Zeitschrift für Soziologie und Sozialpsychologie, Jg. 8 (1956), H. 3, S. 477–506, und Nathan Leites: A Study of Bolshevism, Glencoe, Ill., 1953, S. 232

[3] M. Iljin: Kotoryj tschass? Verlag Molodaja Gwardija. Moskau 1933

[4] K. Merkuljewa: Fabrika totschnosti. Verlag Molodaja Gwardija. Moskau 1933

S. 64 [5] A. Sofronow: Über sowjetische Dramaturgie, in: Oktjabr, Februar 1949, zit. nach Mead (Bibl. 23), S. 67

S. 68 [6] Z. B. in seinen Reden vor dem XIII. Kongreß des Komsomol (Prawda, 19. April 1958) und auf seinem Heimatkolchos Kalinowka (Prawda, 21. Oktober 1958); in Kalinowka kündigte er neue, verschärfte Gesetze gegen Schwarzbrennerei an und regte an, in Lokalen solle den Gästen nicht mehr als je ein Glas

Schnaps ausgeschenkt werden. Von den seit einiger Zeit zahlreich erscheinenden Zeitungsartikeln zu diesem Thema vgl. etwa Rjumka wodki, in: Iswestija, 2. März 1958, und Jeschtscho o rjumke wodki, in: Iswestija, 9. Juli 1958

S. 69 [7] Komsomolskaja Prawda, 19. November 1953

S. 70 [8] Iswestija, 22. Januar 1956

S. 72 [9] Einen Hinweis auf den illegalen Verkauf „unanständiger Postkarten" enthält der Artikel: Bes skidki na shalost, in: Prawda, 11. Juni 1958

[10] L. Solowjow: Odna ljubow, in: Oktjabr, 1957/8, S. 107

[11] I. Sabelin: Rosowyje okna, in: Oktjabr, 1954/7, S. 77

S. 73 [12] Dudinzew (Bibl. 45), deutsche Ausgabe, S. 315 f.

S. 74 [13] Eine Zusammenfassung dieser Untersuchung, des sogenannten Harvard Project on the Soviet Social System, findet sich bei Bauer-Inkeles-Kluckhohn: How the Soviet System Works (Bibl. 198)

S. 75 [14] Roeder (Bibl. 5), S. 201

S. 78 [15] J. Dubrowkina: Perwyj pozeluj, in: Junost, 1957/6, S. 45

FAMILIE UND HEIM

S. 80 [1] Dekrete vom 19. Dezember 1917 und 19. November 1926 (Texte in: The Family – Bibl. 37 –, S. 30–32 und 154–166)

S. 81 [2] K. Mehnert: Jugend in Sowjetrußland. Berlin 1932. (Enthält in Auszügen das Tagebuch der Kommune.)

S. 84 [3] Gesetz vom 27. Juni 1936 (Text in: The Family – Bibl. 37 –, S. 269–279)

[4] Gesetz vom 8. Juli 1944 (Text ebenda, S. 367–390). Näheres zur Familiengesetzgebung bei Hazard (Bibl. 34), S. 245–273

S. 85 [5] So in dem Aufsatz des Juristen S. Kurylew: W interessach semji, in: Iswestija, 22. Mai 1958

[6] Wl. Lidin: Daljokij drug, in: Oktjabr, 1956/1, S. 82

[7] Die Regeln tragen das Datum des 2. August 1953 (Text bei Counts – Bibl. 29 –, S. 74 f.)

S. 86 [8] Hazard (Bibl. 34), S. 265

[9] Literaturnaja gaseta, 24. Dezember 1955

S. 87 [10] Narodnoje chosjajstwo SSSR w 1956 godu, S. 206

S. 88 [11] S. Schatrow: Mama natschinajet wysdorawliwat, in: Ogonjok, 1956/35, S. 30

[12] S. Sorin: Newesta s pridanym, in: Junost, 1957/5, S. 112

S. 92 [13] Errechnet nach Angaben in SSSR w zifrach, Moskau 1958, S. 445, und Prawda, 16. Januar 1959

S. 93 [14] G. Kalinowskij: Daljokije kolodzy, in: Oktjabr, 1956/6, S. 98–111

[15] Diese Folgerung zieht an Hand der Sowjetliteratur die amerikanische Slawistin Vera S. Dunham in ihrer Arbeit: The Strong Woman Motive in Soviet Literature, die in: The Transformation ... (Bibl. 36) erscheinen wird

[16] Malte Bischoff (Bibl. 10)

S. 95 [17] Nach Berechnungen des amerikanischen Bevölkerungsforschers Warren W. Eason in einer Arbeit über die Bevölkerungsstruktur der UdSSR, in: The Transformation ... (Bibl. 36)

[18] Dostishenija sowjetskoj wlasti ... (wie Anm. 10 zu S. 48), S. 346

S. 96 [19] Narodnoje chosjajstwo SSSR w 1956 godu, S. 247

[20] Ebenda, S. 276

S. 97 [21] Dostishenija sowjetskoj wlasti sa sorok let w zifrach, S. 34

S. 98 [22] In: Den poesii, Moskau 1956, S. 10

[23] Narodnoje chosjajstwo SSSR w 1956 godu, S. 269, und SSSR w zifrach, S. 432

S. 99 [24] Iswestija, 4. April 1954

S. 100 [25] Kent Geiger: Deprivation and Solidarity in the Soviet Urban Family, in: The American Sociological Review, Bd. 20 (1955), 1, S. 57–68

[26] Bischoff (Bibl. 10)

[27] Prawda, 13. Oktober 1952

S. 101 [28] Nach dem Vortrag von Kent Geiger: The Family and Social Change (The Transformation ..., Bibl. 36)

[29] Prawda, 13. Oktober 1952

S. 103 [30] Bolsch. Sowj. Enziklopedija, 2. Aufl., Bd. 38 (1956), S. 491

WOHLSTAND

S. 106 [1] S. 81 ff. und 105 ff.

S. 114 [2] J. W. Stalin: Werke (russ.), Bd. 13, Moskau 1952, S. 55 ff.

S. 117 [3] S. 109

[4] Gesetz vom 27. November 1942; im einzelnen vgl. Hazard (Bibl. 34), S. 204–207

[5] Eine sehr ins einzelne gehende und höchst aufschlußreiche Darstellung des Bonussystems gibt Berliner (Bibl. 20), S. 25–56

S. 120 [6] Prawda, 18. Dezember 1957

S. 121 [7] Vgl. A. Boiter: Das neue sowjetische Gesetz gegen Parasiten, in: Osteuropa, 1958/1, S. 10–16

S. 123 [8] Iswestija, 1. Dezember 1957

S. 125 [9] Smena, November 1956, zit. nach Soviet Survey, Februar 1957, S. 6

[10] L. Maljugin: Dela i dumy geroja, in: Moskwa, 1957/5, S. 155

S. 127 [11] Ralph Kennedy: Providing for the Soviet Naval Officer, in: Bulletin (hrsg. Institute for the Study of the USSR, München), 1958, Maiheft, S. 3–9

EIGENTUM

S. 131 [1] S. 106 ff.

S. 132 [2] Dekret vom 4. Juni 1947, s. Hazard (Bibl. 34), S. 23

[3] S. 113 ff.

[4] Zuletzt Verordnung vom 31. Juli 1957 „Über die Entwicklung des Wohnungsbaues in der UdSSR" (Prawda, 2. August 1957), die u. a. eine verstärkte Förderung des privaten Wohnungsbaues vorsieht, und die Erklärung des Ministerrates der UdSSR über die Förderung von „Wohnungsbau- und Landhausbaugenossenschaften" (Prawda, 4. Juli 1958)

S. 133 [5] Einzelheiten über die Wohnbaupolitik der Sowjets bei Sosnovy (Bibl. 22), besonders S. 70–76

[6] Iswestija, 6. Januar 1954

[7] S. Dekret vom 9. Januar 1943 (Wedomosti Werchownogo Sowjeta SSSR, 1943/3, und Sbornik sakonow SSSR 1938–1944, S. 184 und 187.

[8] Vgl. Kap. „Der soziale Rahmen", S. 54 ff.

S. 134 [9] Vgl. Kap. „Familie und Heim", S. 79 ff.

[10] Vgl. Kap. „Und Gleichheit?", S. 173 ff.

S. 135 [11] Prawda, 2. April 1954, auch Neues Deutschland und sonstige Ostzonenpresse vom gleichen Datum

S. 136 [12] Verordnung vom 27. August 1956 „Über Maßnahmen zum Kampf gegen den Verbrauch von Getreide und anderen Lebensmitteln aus dem staatlichen Handelsnetz zur Viehfütterung" (Prawda, 28. August 1956)

[13] Krokodil, 30. Juli 1956

S. 138 [14] Milovan Djilas: The New Class. An Analysis of the Communist System. New York 1957. (Deutsche Ausgabe: Die neue Klasse. München 1958. 283 S.)

S. 140 [15] Krokodil, 30. Juli 1954

[16] Prawda, 10. März 1956 („Über das Kolchosstatut ..."); vgl. Osteuropa, 1956/3, S. 256

[17] Z. B. Rede in Minsk (Prawda, 25. Januar 1958) und auf dem XXI. Parteitag der KPdSU (Prawda, 28. Januar 1959); vgl. auch Osteuropa, 1958/5, S. 347

S. 141 [18] Radio Moskau, 25. Februar 1956

S. 142 [19] Otto Schiller: Die Verstaatlichung sowjetischer Kolchose, in: Osteuropa, 1958/3, S. 157 ff.

S. 144 [20] Durch Gesetz vom 7. August 1932; s. Hazard (Bibl. 34), S. 90

ERFOLG

S. 150 [1] Iswestija, 15. Juni 1954

S. 151 [2] Prawda, 18. Januar 1958

[3] Eine Verschärfung der Strafen enthält das Dekret des Präsidiums des Obersten Sowjets der UdSSR vom 24. April 1958 (Prawda, 19. Mai 1958)

S. 152 [4] Prawda, 17. Juli 1955

S. 156 [5] A. Smirnow-Tscherkesow: Delze, in: Ogonjok, 1956/4, S. 30 f.

S. 157 [6] Trud, 5. Februar 1955

[7] Vgl. S. 366 (Managermethoden bei Fußballklubs)

S. 159 [8] Berliner (Bibl. 20), S. 155

S. 160 [9] Iswestija, 21. Dezember 1956

S. 161 [10] Prawda, 12. April 1957

S. 162 [11] S. 53 ff. und 116 ff.

[12] S. Harald Laeuen in: Das Parlament, 17. August 1955

S. 163 [13] Alf Edeen in einem Vortrag Ende April 1958 in Arden House (The Transformation ..., Bibl. 36)

[14] Dekret vom 16. September 1943 („Ob ustanowlenii klassnych tschinow dlja prokurorsko-sledstwennych rabotnikow organow prokuratury"), in: Sbornik sakonow SSSR i ukasow Presidiuma Werchownogo Sowjeta SSSR, Moskau 1956, S. 241. S. auch Dietrich A. Loeber: Die sowjetische Staatsanwaltschaft und die Rechte des Bürgers gegenüber dem Staat, in: Journal der Internationalen Juristenkommission, Bd. 1 (1957), Nr. 1, S. 63–114

[15] Dekret vom 12. Juli 1954, in: Sbornik sakonow SSSR i ukasow ..., S. 239

UND GLEICHHEIT?

S. 176 [1] Kommunist, 1958/2, S. 24

S. 181 [2] Dekret vom 8. September 1956 (Iswestija, 9. September 1956); Gesetz über die Staatsrenten vom 14. Juli 1956 (Iswestija, 15. Juli 1956)

[3] Ab 2. Januar 1958 (Prawda, 3. Januar 1958)

[4] Prawda, 15. Februar 1956

[5] Prawda, 19. April 1958

S. 182 [6] Oktjabr, 1955/2

[7] Oktjabr, 1954/5

S. 183 [8] Komsomolskaja Prawda, 17. Mai 1954

S. 185 [9] Berichtet von Harald Laeuen in: Das Parlament, 17. August 1955, nach der Moskauer Zeitung Trud vom 25. Oktober 1950

S. 187 [10] Robert Feldmesser: The Persistence of Status Advantages in Soviet Russia, in: American Journal of Sociology, 1953, Juli, S. 19–27

[11] John S. Reshetar Jr. in einem im April 1958 in Arden House gehaltenen Referat (The Transformation..., Bibl. 36)

S. 188 [12] Iswestija, 28. März 1954

S. 189 [13] Sowjetliteratur, 1954/5, S. 10–181; s. auch Kap. „Geistige Freiheit", S. 244 f.

[14] Prawda, 27. Mai 1954

[15] Vgl. S. 72, 248, 251–253, 260, 306, 395, 433

S. 191 [16] Kommunist, 1957/12, S. 25 (Einige Zitate s. unten S. 252 f.)

[17] Näheres s. Osteuropa, 1954/6, S. 431–435

WISSEN

S. 194 [1] Vgl. S. 303

S. 199 [2] S. die Stundentafel S. 207

S. 200 [3] Über sie vgl. Alexander Steininger: Die junge sowjetische Dichtergeneration, in: Osteuropa, 1958, Heft 7/8, S. 459–478

S. 201 [4] Vgl. auch S. 103

[5] S. 230–232

[6] Prawda, 16. Januar 1959

S. 202 [7] Näheres im Kap. „Patriotismus", S. 327 ff.

[8] Iswestija, 1. Juni 1958

S. 203 [9] B. Gorbatow: Obyknowennaja Arktika, Rasskasy (Alltag der Arktis, Erzählungen), Moskau 1946, S. 4

S. 206 [10] S. S. 365

[11] Narodnoje chosjajstwo SSSR w 1956 godu, S. 246 (für 1956/57), und SSSR w zifrach, S. 349 und 352 (für 1957/58); vgl. Joachim Barth: Schülerzahlen und Bevölkerungsentwicklung in der Sowjetunion, in: Osteuropa, 1959, Heft 2/3, S. 121 ff.

[12] Prawda, 24. November 1957

S. 207 [13] Narodnoje obrasowanije w SSSR (Die Volksbildung in der UdSSR), Moskau 1957, S. 91

S. 209 [14] Dekret vom 2. Oktober 1940 (nach Bolsch. Sowj. Enziklopedija, 2. Aufl., Bd. 12, 1952, S. 308); s. auch „Schulen und Hochschulen", in: Osteuropa, 1956/2, S. 122 f.

[15] Utschitelskaja gaseta, 6. August 1955, zit. nach Obsor washnejschich sobytij w SSSR, Heft 122, München 1957, S. 39

S. 209 [16] Narodnoje chosjajstwo SSSR w 1956 godu, S. 251 und 246

[17] Prawda, 16. Januar 1959

[18] Rede zum XIII. Komsomol-Kongreß (Prawda, 19. April 1958)

S. 210 [19] Iswestija, 7. Juni 1958

[20] Narodnoje chosjajstwo SSSR w 1956 godu, S. 251, 253 f., 256; s. auch „Lehrpläne sowjetischer Hochschulen", in: Osteuropa-Naturwissenschaft, Jg. 1957/58, Heft 2, S. 161 ff.

S. 211 [21] Prawda, 29. November 1957; s. auch „Neues Wissenschaftszentrum in Sibirien", in: Osteuropa-Naturwissenschaft, Jahrgang 1957/58, Heft 2, S. 160 f.

[22] S. S. 320 f.

[23] S. S. 354, 357 ff.

S. 212 [24] Prawda, 16. April 1956

S. 213 [25] S. 113 ff. und 162 ff.

[26] Prawda, 15. Februar 1956

[27] Sowjetskaja pedagogika, 1957/4, S. 16 f.

[28] S. Stundentafel auf S. 207 und Narodnoje obrasowanije, 1958/7, S. 14

[29] Prawda, 19. April 1958

S. 214 [30] Komsomolskaja Prawda, 6. Juni 1958

[31] Prawda, 16. Januar 1959

[32] Prawda, 21. September 1958 (Text des Memorandums) und 16. November 1958 („Thesen")

[33] Prawda, 25. Dezember 1958; der – unwesentlich gekürzte – Text des Gesetzes und einige der Diskussionsbeiträge auf deutsch in: Ost-Probleme, 1959/6, S. 178–183

[34] Z. B. Oskar Anweiler: Die Reform des sowjetischen Bildungswesens, in: Osteuropa, 1959, Heft 2/3, S. 128 ff.

S. 215 [35] Trud, 10. Dezember 1958

S. 216 [36] Anatolij Kusnezow: Prodolshenije legendy. Roman gaseta, 1958/2

[37] K. Mehnert: Student und Kumpel, in: Neue Rundschau, Juni 1931, S. 819–833

S. 217 [38] Prawda, 16. Dezember 1956

[39] S. S. 254 f.

S. 218 [40] So der sowjetische Nobelpreisträger Prof. N. N. Semjonow in: Prawda, 17. Oktober 1958

S. 219 [41] Fünf Dramen sowjetischer Dichter, Berlin 1947, S. 221 ff.

[42] Nach Soviet Survey, London, April 1957, S. 10 f.

[43] Nowyj mir, 1954, Heft 11 und 12

[44] Oktjabr, 1956/6, S. 110

S. 220 [45] Granin (Bibl. 47), deutsche Ausgabe S. 524 f.

[46] S. S. 72, 267 f., 303 f.

[47] Literaturnaja Moskwa, Bd. 2, Moskau 1956, S. 42–291

[48] S. 354, 357 ff. sowie das Kap. „Geistige Freiheit", S. 239 ff.

NEUGIER

S. 223 [1] S. 236 f. und 383–388

S. 226 [2] Auskunft des Intourist-Büros in London

S. 227 [3] Literaturnaja gaseta, 18., 22., 25., 27. September, 16. und 25. Oktober 1956

[4] Literaturnaja gaseta, 8. April 1958; über Jewtuschenko s. auch S. 255 f., 309 f., 434–436

S. 228 [5] Literaturnaja gaseta, 8. April 1958

S. 229 [6] Boris Issakow in: Literaturnaja gaseta, 3. Januar 1957

S. 230 [7] Prawda, 6. Februar 1956

S. 231 [8] Wladimir Seduro: Dostoyevski in Russian Literary Criticism 1846–1956, New York 1957, S. 96 f.

[9] Istorija russkoj literatury. Bd. 2. (Gesamtred. N. L. Brodskij.) Moskau 1950. (Deutsche Ausgabe: Geschichte der russischen Literatur. Bd. 2. Berlin 1954)

S. 232 [10] Prawda, 6. Februar 1956

S. 233 [11] Ogonjok, 1957/32, S. 31

[12] N. S. Aschukin – M. G. Aschukina: Krylatyje slowa. Moskau 1955. 667 S.

S. 235 [13] Literaturnaja gaseta, 25. Mai 1957

S. 236 [14] Komsomolskaja Prawda, 28. November 1957

S. 237 [15] S. 383–388

GEISTIGE FREIHEIT

S. 242 [1] Literaturnaja gaseta, 16. April 1953

S. 243 [2] Snamja, 1953/10

[3] Nowyj mir, 1958/12

S. 244 [4] Vgl. S. 187–189

S. 246 [5] Ehrenburg (Bibl. 46)

[6] S. 189

S. 248 [7] Dudinzew (Bibl. 45)

[8] Nowyj mir, 1956/8; deutsche Übersetzung in: Osteuropa, 1957/5, S. 335–346

[9] Literaturnaja gaseta, 22. Mai 1957

S. 249 [10] Semjon Kirssanow: Sem dnej nedeli, in: Nowyj mir, 1957/9, S. 26

[11] Kommunist, 1957/12, S. 24

S. 250 [12] Literaturnaja Moskwa. Bd. 2. Moskwa 1956. 796 S.
[13] S. S. 289 f. und 291 f.
[14] Den poesii. Moskau 1956. 207 S.
[15] S. S. 97 f.
[16] S. S. 290
[17] Zehn Gedichte waren in Snamja, 1954/4, erschienen
[18] A. Walzewa: Kwartira Nr. 13, in: Moskwa, 1957/1
[19] Sa tesnuju swjas filosofii s shisnju, in: Prawda, 26. Dezember 1956
S. 251 [20] Literaturnaja gaseta, 15. Januar 1957
[21] Ebenda, 10. Januar 1957
[22] Ebenda, 22. Januar 1957
S. 252 [23] Ebenda, 19. März 1957
[24] Ebenda, 22. Mai 1957
S. 253 [25] Kommunist, 1957/12, S. 11–29
[26] Wetschernjaja Moskwa, 6. Dezember 1957
[27] W. Panowa: Sentimentalnyj roman, in: Nowyj mir, 1958, Heft 10 und 11
[28] D. Granin: Posle swadby, in: Oktjabr, 1958, Heft 7, 8 und 9
[29] W. Kotschetow: Bratja Jerschowy, in: Newa, 1958, Heft 6 und 7, auch: Roman gaseta, 1958, Heft 15 und 16. Dazu K. Mehnert: Die literarische Gegenoffensive des Kreml – Ein Anti-Dudinzew-Roman, in: Christ und Welt, 1. Januar 1959
S. 254 [30] Sowjetskaja kultura, 14. Oktober 1958
[31] Literaturnaja gaseta, 25. Oktober 1958
[32] Boris Pasternak: Doktor Schiwago. Frankfurt 1958. 639 S.
[33] Prawda, 29. Oktober 1958
[34] Französischer Originaltext bei Ruge (Bibl. 44), S. 122
S. 255 [35] Komsomolskaja Prawda, 30. Oktober 1958
[36] Prawda, 2. November 1958
[37] S. 362 f.
[38] S. 58, 227, 309 f., 434–436
[39] Nowyj mir, 1957/4, S. 75–78
S. 256 [40] Komsomolskaja Prawda, 28. April 1957
S. 257 [41] Ebenda; zit. nach der Übersetzung und dem sehr aufschlußreichen Aufsatz A. Steiningers: Die junge sowjetische Dichtergeneration, in: Osteuropa, 1958, Heft 7/8, S. 459–479; vgl. auch in derselben Zeitschrift, 1958/9, S. 579–587, Natalie Tarassowa: Worin besteht die Auflehnung der sowjetischen Dichter?
[42] Literaturnaja gaseta, 25. Juni 1957
[43] Komsomolskaja Prawda, 13. Januar 1959

S. 257 [44] Komsomolskaja Prawda, 2. Dezember 1958

S. 258 [45] Semjon Babajewskij: Kawaler solotoj swesdy. Moskau 1947 (deutsch: Der Ritter des goldenen Sterns. Berlin 1951)

S. 259 [46] Nowy mir, 1953/12

[47] Literaturnaja gaseta, 1. Juli 1954

[48] Kommunist, 1954/9, S. 21, 24

S. 260 [49] Ebenda

S. 263 [50] Prawda, 8. Juni 1958 (Entschließung des ZK der KPdSU vom 28. Mai 1958, dazu ein offiziöser ausführlicher Artikel der Prawda-Redaktion)

S. 264 [51] Vgl. z. B. Prawda, 28. Dezember 1954 und 10. November 1955.

S. 265 [52] Vgl. S. 405 f.

S. 266 [53] Bolsch. Sowj. Enziklopedija, 2. Aufl., Bd. 6 (1951), S. 433–439

S. 267 [54] Literaturnaja gaseta, 21. Juni 1955

[55] Vera S. Dunham in ihrem Vortrag The Strong Woman Motive in Soviet Literature (The Transformation ..., Bibl. 36)

[56] K. Mehnert: Sowjet-Malerei von heute, in: Christ und Welt, 5. Januar 1956

[57] Jurij Trifonow: Studenty. Moskau 1956; s. auch S. 72, 220, 303 f.

S. 268 [58] Woprossy ekonomiki, 1957/2, S. 71–78

[59] Vgl. S. 443 ff.

S. 269 [60] Woprossy filosofii, 1957/1, S. 217 f., 222

[61] Kap. „Streben nach Rechtssicherheit", S. 369 ff.

S. 270 [62] Vgl. S. 50 f.

[63] Field (Bibl. 21), S. 151

[64] Ebenda, S. 155

RELIGION

S. 276 [1] Prawda, 11. November 1954; s. auch Kommunist, 1958/5, S. 111–118

[2] Paul Anderson: Churchmen visit Russia. In: The Christian Century, 18. April 1956, S. 480–482

S. 280 [3] Komsomolskaja Prawda, 2. Februar 1958

S. 281 [4] Ebenda, 29. Juli 1954

[5] Ebenda, 18. Dezember 1953, und Utschitelskaja gaseta, 28. Juli 1954, zit. nach dem Vortrag The Inner Life of the Russian Orthodox Church von Nicholas S. Timasheff in Arden House (The Transformation ..., Bibl. 36)

[6] S. S. 355 f.

S. 283 [7] Maßloses Rußland. Selbstbezichtigungen und Bezichtigungen. Hrsg. von Harry Harvest. Zürich 1949. 607 S.

S. 283 [8] Eine Reihe interessanter Beobachtungen zu diesem Thema bei Hans Koch: Zur politischen Predigt in der Sowjetunion, in: Jahrbücher für Geschichte Osteuropas, Neue Folge, Bd. 1 (1953), 2, S. 158 ff.

S. 287 [9] S. u. a. Krassnaja Swesda, 31. Juli 1958

S. 289 [10] Kommunist, 1958/5, S. 113

S. 290 [11] Literaturnaja Moskwa, Bd. 2, Moskau 1956, S. 514 f.

[12] Vgl. S. 250

[13] Den poesii, Moskau 1956, S. 27 (deutsche Übersetzung bei N. Tarassowa: Worin besteht die Auflehnung der sowjetischen Dichter?, in: Osteuropa, 1958/9, S. 580)

S. 291 [14] Pasternak (Bibl. 43), S. 617 ff., 535

[15] Zit. nach N. Tarassowa (wie Anm. 13)

[16] W. Dal: Posslowizy russkogo naroda. Moskau 1957. 991 S. (Neuauflage)

S. 292 [17] Wladimir Tendrjakow: Uchaby. In: Rasskasy 1956 goda, Moskau 1957, S. 541–579

[18] A. Jaschin: Rytschagi. In: Literaturnaja Moskwa, Bd. 2, Seiten 502–513

S. 293 [19] So z. B. Iswestija, 11. Juni 1958, und Krassnaja Swesda, 31. Juli 1957

S. 294 [20] G. P.: Ein Nachtgespräch in Moskau, in: Christ und Welt, 4. April 1957

GEMEINSCHAFT UND KOLLEKTIV

S. 297 [1] Bauer-Inkeles-Kluckhohn (Bibl. 19), S. 224

S. 302 [2] Iswestija, 18. Dezember 1957

[3] Bolsch. Sowj. Enziklopedija, 2. Aufl., Bd. 21 (1953), S. 612

S. 303 [4] Semja i schkola, 1948, Jniheft, zit. nach Mead (Bibl. 23), S. 75

[5] Vgl. z. B. W. Leonhard (Bibl. 12)

[6] S. S. 72 und 267 f.

S. 304 [7] Jurij Trifonow: Studenty, Moskau 1953, S. 355–374

S. 309 [8] Nowyj mir, 1956/6, S. 121–132

[9] Nowyj mir, 1956/10, S. 181–196

[10] S. S. 58, 225 f., 227, 434–436

AUTORITÄT UND STAATSGEFÜHL

S. 315 [1] Prawda, 16. Januar 1950

S. 316 [2] Zit. nach Arvid Brodersen, a. a. O. (wie Anm. 2 zu S. 60), S. 487

S. 318 [3] S. S. 141 f.

S. 326 [4] Besonders aufschlußreich S. G. Strumilin: Na putjach k kommunismu, in: Promyschlenno-ekonomitscheskaja gaseta, 12. Oktober 1958, deutsch in: Ost-Probleme, 19. Dezember 1958

PATRIOTISMUS

S. 329 [1] K. Mehnert: Weltrevolution durch Weltgeschichte. Die Geschichtslehre des Stalinismus. 2. Aufl. Stuttgart 1953. 92 S.

S. 330 [2] Prawda, 12. Juni 1958

S. 334 [3] K. Mehnert: Asien, Moskau und wir. 5. Aufl., Stuttgart 1958, S. 187 ff.

ZUFRIEDENE UND UNZUFRIEDENE

S. 337 [1] Bauer-Inkeles-Kluckhohn (Bibl. 19), S. 106

S. 338 [2] Ebenda, S. 122

S. 339 [3] Jahrbuch der öffentlichen Meinung 1957, Allensbach am Bodensee 1957, S. 243

S. 340 [4] Prawda, 17. Juli 1955

[5] Bauer-Inkeles-Kluckhohn (Bibl. 19), S. 105

S. 342 [6] Vgl. u. a. „Über die Heranziehung von Rentnern zur aktiven gesellschaftlichen Tätigkeit", Prawda, 9. Mai 1958 (deutsch: Osteuropa, 1958, Heft 10/11, S. 727 f.)

S. 343 [7] Louis Fischer: Wiedersehen mit Moskau, Frankfurt 1957, S. 45 (Amerik. Original: Russia Revisited. New York 1957). – Vgl. auch oben, S. 128 f. (Äußerungen eines sowjetischen Wirtschaftsführers)

S. 344 [8] S. S. 209 f. und 212 ff.

[9] S. S. 211 f., 402 ff., 422 f., 427–430, 434–436

S. 346 [10] Prawda, 23. Februar 1958

[11] Prawda, 3. November 1957

S. 349 [12] K. Mehnert: Die Sowjetpolitik in Turkestan. In: Rußlandstudien, Gedenkschrift für Otto Hoetzsch, hrsg. von der Deutschen Gesellschaft für Osteuropakunde. Stuttgart 1957, S. 63 bis 78

S. 351 [13] K. Mehnert: Asien, Moskau und wir, 5. Aufl., S. 176 ff.

[14] Bauer-Inkeles-Kluckhohn (Bibl. 19), S. 204

ABKEHR VON DER POLITIK

S. 357 [1] S. S. 103

S. 358 [2] S. S. 162

S. 359 [3] S. S. 216

[4] So Nikolaj Pogodin in dem Schauspiel „My w trojom poje-

chali na zelinu" (Zu Dritt fuhren wir ins Neuland). Vgl. dazu K. Mehnert: Asien, Moskau und wir, 5. Aufl., S. 180

S. 359 [5] Patricia Blake in der amerikanischen Zeitschrift Reporter, 14. November 1957, S. 17–19

S. 360 [6] S. S. 354

[7] Prawda, 25. November 1956

[8] Junost, 1957/4, S. 73

[9] Prawda, 16. April 1958; vgl. K. Mehnert: Wer die Jugend hat..., in: Osteuropa, 1954/3, S. 188

S. 361 [10] Auf der zwölften Plenarsitzung der Komsomolführung am 30. April 1944

[11] Komsomolskaja Prawda, 28. Dezember 1956

S. 362 [12] Literaturnaja gaseta, 25. Mai 1957

S. 363 [13] Pasternak (Bibl. 43), S. 594

S. 364 [14] Ähnliches im Kap. „Breite Natur – heute", S. 69

S. 365 [15] Vgl. Wolfgang Unzicker: Das Schachspiel in Rußland, in: Osteuropa, 1958/6, S. 386–392

S. 366 [16] J. Trifonow: Slutschajnyj sossed, in: Ogonjok, 1956/32; vgl. oben, S. 157 (Schiebungen bei Pferderennen)

S. 368 [17] S. S. 259 ff., 299 f., 377 f.

RECHTSSICHERHEIT

S. 374 [1] Juriditscheskij slowar, Bd. 2, Moskau 1956, S. 196

S. 375 [2] Text u. a. bei Boris Meissner: Das Ende des Stalin-Mythos (Dokumente und Berichte des Europa-Archivs. Bd. 13), Frankfurt 1956, S. 175 ff.

[3] S. S. 50

S. 376 [4] Zum folgenden vgl. Dietrich A. Loeber: „Sozialistische Gesetzlichkeit" im Zeichen des XX. Parteitages der KPdSU, in: Osteuropa-Recht, 1956/2, S. 243–255

[5] Wortlaut der drei Amnestie-Erlasse: Prawda, 28. März 1953; Iswestija, 18. September 1955; Prawda, 2. November 1957

[6] Sowjetskoje gossudarstwo i prawo, 1956/1, S. 3

S. 377 [7] Iswestija, 27. März 1957

S. 378 [8] Sowjetskoje gossudarstwo i prawo, 1956/4, S. 24 f.

[9] Ebenda, 1957/6, S. 20–29

[10] Iswestija, 27. Juli 1957

[11] Sowjetskaja justizija, 1957/8, S. 64–66

S. 379 [12] Sowjetskoje gossudarstwo i prawo, 1957/11, S. 3–15

[13] S. S. 120 f.

[14] Kommunist Tadshikistana, 17. Mai 1957

[15] Im Amnestieerlaß von 1953 (Prawda, 28. März 1953)

S. 379 [16] Sowjetskoje gossudarstwo i prawo, 1958/6, S. 3–20

S. 380 [17] Iswestija, 26. Dezember 1958 (Text der „Strafrechtsgrundlagen" und der weiteren Gesetze)

S. 381 [18] Generalstaatsanwalt Rudenko in Prawda, 27. Dezember 1958

[19] Prawda, 28. Januar 1959, S. 9

[20] Vgl. Reinhart Maurach: Die neuen „Strafrechtsgrundlagen" der Sowjetunion, in: Osteuropa, 1959/1, S. 1–13, sowie auch Dietrich A. Loeber in: Osteuropa, 1959/5

S. 382 [21] Vgl. u. a. Roeder (Bibl. 5), Scholmer (Bibl. 6), W. Leonhard (Bibl. 12); ferner: A. Burmeister: Der Aufstand von Kingir, in: Aus Politik und Zeitgeschichte (Beilage zu Das Parlament, Nr. 22/1956); H. Passin – F. van Briesen: Der Stern von Norilsk, ebenda, Nr. 23/1956

S. 383 [22] S. S. 253

[23] Vgl. Prosswety (Bibl. 16), deutsche Ausgabe, S. 102–112

S. 386 [24] Vgl. Prikljutschenija, puteschestwije, fantastika, Moskau 1957, S. 100–131 (sowjetische Bibliographie der Unterhaltungsliteratur, mit kurzen Inhaltsangaben)

[25] L. Samojlow-Wirin: Major milizii, in: Ogonjok, 1957, Heft 25–27

[26] Mit prikljutschenij. Moskau 1955. 454 S.

S. 389 [27] Molodoj kommunist, 1957/11, S. 121–124

KRISEN UND NACHWIRKUNGEN

S. 391 [1] So Dinko Tomasic: The Impact of Russian Culture on Soviet Communism, Glencoe, Ill., 1953, S. 22–39

S. 394 [2] Mead (Bibl. 23), S. 66

[3] S. S. 64

S. 399 [4] S. S. 143 f.

S. 402 [5] Der am 4. Juni 1956 vom State Department bekanntgegebene englische Text u. a. bei Meissner, a. a. O. (wie Anm. 2 zu S. 375)

S. 408 [6] Prawda, 19. Januar 1957

S. 409 [7] Bolsch. Sowj. Enziklopedija, 2. Aufl., Bd. 40 (1958), S. 419–424

[8] Z. B. Prawda, 21. Dezember 1958, und Iswestija vom gleichen Datum

[9] Kommunist, 1957/12, S. 20

S. 410 [10] Woprossy istorii, 1956/4, S. 38–56

[11] Ebenda, 1956/7, S. 186–189

[12] Prawda, 20. November 1956

S. 411 [13] Prawda, 9. November 1956

S. 412 [14] Vgl. u. a. Literaturnaja gaseta, 20. September 1956; s. auch Osteuropa, 1957/5, S. 317 ff.

S. 412 [15] Literaturnaja gaseta, 22. November 1956

[16] S. 421, 443 ff.

S. 413 [17] Prawda, 4. Juni 1958

S. 414 [18] A. Sobolew: O protiworetschijach sozialistitscheskogo obschtschestwa i putjach ich preodolenija, in: Kommunist, 1958/2, S. 16

KRITIK – FORMEN UND ZIELE

S. 415 [1] Stalin: Über die Mängel... (wie Anm. 4 zu S. 45), S. 14 und passim

S. 417 [2] Michail Sostschenko: Der redliche Zeitgenosse. Kassel 1947. Ders.: Russischer Alltag. Zürich 1948. Ders.: Die Leinenmappe. Berlin 1950. Ders.: Was die Nachtigall sang. Reclam, Stuttgart 1957. Ferner: Michail Sostschenko u. a.: Schlaf schneller, Genosse. Ullstein o. J. (Nicht identisch mit der gleichnamigen Sammlung aus den zwanziger Jahren.)

S. 418 [3] I. A. Ilf (Pseud. für I. A. Fajnsilberg) und Je. P. Petrow (Pseud. für Je. P. Katajew, jüngerer Bruder von Valentin P. Katajew): Zwölf Stühle (Russ. Dwenadzat stuljew). Rowohlt, Hamburg 1954. Dies.: Ein Millionär in Sowjetrußland. Berlin–Wien–Leipzig 1932. (Russ. Solotoj teljonok, Das goldene Kalb; unter diesem Titel deutsch in Stockholm 1946.)

S. 420 [4] S. S. 252 f.

[5] Näheres S. 400 ff. und 413

S. 421 [6] Nach einer Überschrift in der Stuttgarter Zeitung, 29. August 1956

S. 425 [7] Vgl. S. 42–49, 53–56, 122–126, 162–165, 168–170, 191 f.

S. 426 [8] Art 126: „... der kommunistischen Partei der Sowjetunion..., die... den leitenden Kern aller Organisationen der Werktätigen, der gesellschaftlichen sowohl wie der staatlichen, bildet."

Art. 141: „Das Recht, Kandidaten aufzustellen, wird den gesellschaftlichen Organisationen und den Vereinigungen der Werktätigen gewährt: den kommunistischen Parteiorganisationen, den Gewerkschaften, Genossenschaften, Jugendorganisationen, Kulturvereinigungen." (Text bei R. Maurach: Handbuch der Sowjetverfassung, München 1955, S. 366 und 415.)

[9] Prawda, 16. August 1957, und Wedomosti Werchownogo Sowjeta RSFSR, 1957/1

[10] Literaturnaja gaseta, 7. Februar 1957

S. 429 [11] Granin: Iskateli (Bibl. 47), deutsche Ausgabe S. 504 ff. Zur Frage, in welchem Ausmaß die Ansichten und Stimmungen untergeordneter Parteiorgane und einfacher Parteimitglieder auf die Entschlüsse der höheren und höchsten Parteiführung Einfluß haben, vgl. Herman Achminow, in: Osteuropa, 1959/5.

[12] Partijnaja shisn, 1957/23, S. 70

S. 431 [13] Prawda, 6. Januar 1957

S. 432 [14] Alexander Rüstow in einem Vortrag in Bad Godesberg am 8. Mai 1957, jetzt in: „Hat der Westen eine Idee?", hrsg. von der Aktionsgemeinschaft Soziale Marktwirtschaft, Ludwigsburg 1957, S. 93 f.

S. 433 [15] Bauer-Inkeles-Kluckhohn (Bibl. 19), S. 122

S. 436 [16] Oktjabr, 1956/10, S. 26–47

DIE WELT DER ANDEREN

S. 440 [1] Dostishenija sowjetskoj wlasti sa sorok let w zifrach, S. 109

S. 441 [2] Vgl. Bauer-Inkeles-Kluckhohn (Bibl. 19), S. 223

S. 442 [3] Vgl. S. 319

S. 443 [4] Arnold Buchholz: Entwicklungsperspektiven der Sowjetwissenschaft, in: Osteuropa-Naturwissenschaft, 1957/58, H. 2, S. 93

S. 444 [5] Kap. „Und Gleichheit?", S. 173 ff.

[6] Kommunist, 1956/15, S. 39

S. 445 [7] Vgl. z. B. Iswestija, 28. Dezember 1957, und Prawda, 9. Mai 1958

[8] Kommunist, 1958/2, S. 21

[9] Meshdunarodnaja shisn, 1957/7, S. 60–109

S. 446 [10] Woprossy filosofii, 1957/1, S. 170

[11] S. 315 ff.

S. 448 [12] Bauer-Inkeles-Kluckhohn (Bibl. 19), S. 132

S. 449 [13] S. 348–351

S. 450 [14] K. Mehnert: Asien, Moskau und wir, 5. Aufl., S. 331

DER SOWJETMENSCH UND WIR

S. 455 [1] Hierüber in jüngerer Zeit Emanuel Sarkisyanz: Rußland und der Messianismus des Orients. Tübingen 1955. 419 S.

S. 456 [2] Geschichte der Kommunistischen Partei der Sowjetunion (Bolschewiki). Kurzer Lehrgang (gebilligt vom ZK der KPdSU, 1938); hier zitiert nach der deutschen Ausgabe, Verlag der sowjetischen Militärverwaltung in Deutschland, Berlin 1946, S. 202.

S. 457 [3] Prawda, 11. November 1958

S. 464 [4] Hermann Schubnell: Bevölkerungsprobleme in der Sowjetunion, in: Osteuropa, 1957/2, S. 155 f.

EINFÜHRUNG IN DAS SCHRIFTTUM

Die nachstehenden Hinweise berücksichtigen nur selbständige Arbeiten in Buchform; Aufsätze in Zeitschriften und Zeitungen sind hier nicht aufgenommen. Viele der genannten Bücher enthalten eigene Quellen- und Literaturübersichten, die dem interessierten Leser weiterhelfen.
Unter den verhältnismäßig wenigen deutschen Büchern, die über die Bewohner der Sowjetunion Auskunft geben, nehmen die der Heimkehrer aus sowjetischer Gefangenschaft einen besonderen Platz ein. Trotz der den Verfassern aufgezwungenen Einseitigkeit der Erfahrungen und der damit verbundenen Begrenzung des Blickwinkels vermitteln diese Bücher wertvolle Aufschlüsse, vor allem, wenn sie persönliche Erfahrungen mit sowjetischen Lagergefährten oder Bewachungspersonen und sonstige menschliche Begegnungen wiedergeben. Zu diesen Büchern zählen

1. *Klaus Ackermann:* Das Land der stummen Millionen. Tübingen 1951. 232 S.
2. *Helmut Gollwitzer:* ... und führen, wohin du nicht willst. München 1951. 339 S.
3. *Wolfgang Klinge:* Im Räderwerk der Sowjetplanwirtschaft. Pfaffenhofen/Ilm 1957. 171 S.
4. *Ferdinand Riefler:* Verschleppt – verbannt – unvergessen. Wien–Frankfurt o. J. 300 S.
5. *Bernhard Roeder:* Der Katorgan. Traktat über die moderne Sklaverei. Köln–Berlin 1956. 251 S.
6. *Joseph Scholmer:* Die Toten kehren zurück. Köln–Berlin 1954, 291 S.
7. *Wilhelm Starlinger (†):* Grenzen der Sowjetmacht. Kitzingen 1954, 131 S.
8. *Aurel von Jüchen:* Was die Hunde heulen. Stuttgart 1958. 285 S.

Selbsterlebtes berichtet auch der 1955 nach fast zwölfjähriger Gefangenschaft zurückgekehrte ehemalige Moskauer Korrespondent der Frankfurter Zeitung, Hermann Pörzgen, in seinem Buch

9. *Hermann Pörzgen:* So lebt man in Moskau. München 1958. 156 S.

und seinen Aufsätzen in der Frankfurter Allgemeinen Zeitung. – Ich gedenke hier auch eines anderen Spätheimkehrers, Kurt Welkisch, der nach seiner Rückkehr bis zu seinem allzufrühen Tod im Sommer 1958, einer Folge der in der Gefangenschaft durchgemachten Strapazen, in den Spalten der „Welt“ über Sowjetfragen, nicht zuletzt über menschliche Probleme, ausgezeichnete Aufsätze schrieb.

In einer umfangreichen Untersuchung hat Malte Bischoff die Erfahrungen von Heimkehrern für eine bisher noch nicht veröffentlichte Arbeit verwendet:

10. *Malte Bischoff:* Die sowjetische Familie. Eine empirische Untersuchung ihrer sozialen Lage, ihrer Struktur, ihrer Stabilität und ihrer Stellung in der Gesellschaft um 1950. 336 Seiten (ungedrucktes Manuskript).

Auch über die Gefangenschaft, aber nicht nur darüber, berichtet

11. *Susanne Leonhard:* Gestohlenes Leben. Schicksal einer politischen Emigrantin in der Sowjetunion. Frankfurt 1956. 851 S.

Ihr Sohn gibt vor allem von der Schulung kommunistischer Funktionäre ein anschauliches Bild in seinem Buch

12. *Wolfgang Leonhard:* Die Revolution entläßt ihre Kinder. Köln–Berlin 1955. 557 S.

Aus der umfangreichen Emigrantenliteratur seien einige neuere Darstellungen genannt: das Buch des seit 1942 in Deutschland heimisch gewordenen sowjetischen Emigranten

13. *Herman Achminow:* Die Macht im Hintergrund. Grenchen–Ulm 1950. 308 S.

das insbesondere hinsichtlich der sowjetischen Oberschicht neue Gedanken enthält, und ein nur in russischer Sprache vorliegendes Buch des Altemigranten N. O. Losskij über den Charakter des russischen Volkes, das sich jedoch fast ausschließlich mit den traditionellen russischen Eigenschaften befaßt und auf Zitate aus der Literatur der Zeit vor der Revolution stützt:

14. *Nikolaj O. Losskij:* Charakter russkogo naroda. Frankfurt 1957. 152 S.

Ebenfalls Altemigrantin ist die geborene Prinzessin Schachowskaja, heute Gattin eines westlichen Diplomaten, mit dem zusammen sie bei einem längeren Dienstaufenthalt in den Jahren nach Stalins Tod ihre Heimat wiedersah. Auf Grund ihrer Beobachtungen im Sowjetreich schrieb sie das Buch

15. *Sinaida Schakowskoy:* So sah ich Rußland wieder. München 1958. 311 S. (Französische Originalausgabe: Ma Russie habillée en U. R. S. S. – Paris 1958.)

Eine aufschlußreiche Studie über die sowjetrussische Literatur der Jahre 1956 und 1957 – unter dem Gesichtspunkt ihres politischen, soziologischen und psychologischen Informationsgehaltes – gibt ein 1947 in den Westen geflüchteter, heute in New York lebender Russe in

16. *Vladimir Shabinsky:* Prosswety. München 1958 (deutsche, leicht gekürzte Ausgabe: Ostlicht. Berlin-Zehlendorf West 1958. 178 S.)

Unter den Deutschen, die nicht aus dem Erlebnis der Gefangenschaft schrieben, ist in erster Linie Boris Meissner zu nennen mit seinen beiden Büchern

17. *Boris Meissner:* Rußland im Umbruch. Frankfurt 1951. 91 S.

18. *Boris Meissner:* Sowjetrußland zwischen Revolution und Restauration. Sammlung von Essays und Porträts. Köln 1956. 233 S.

Eine laufende Berichterstattung und Kommentierung der Ereignisse in der Sowjetunion bringen seit 1951 die nunmehr monatlich erscheinende Zeitschrift „Osteuropa" und die drei Spezialzeitschriften „Osteuropa-Recht" (seit 1955), „Osteuropa-Wirtschaft" (seit 1956) und „Osteuropa-Naturwissenschaft" (seit 1957), sämtlich Stuttgart.

Am weitaus reichhaltigsten ist die *amerikanische* Literatur; einige der wichtigsten Veröffentlichungen gründen sich auf Befragungen Tausender ehemaliger Sowjetbürger, die nach dem Kriege nicht in die UdSSR zurückzukehren wünschten und die in einer großangelegten Enquete (Project on the Soviet Social System) von Fachleuten des Russian Research Center der Harvard-Universität befragt wurden. Eine Zusammenfassung dieser Untersuchung enthält das Buch

19. *Raymond A. Bauer, Alex Inkeles, Clyde Kluckhohn:* How the Soviet System Works. Cambridge, Mass., 1957. 274 S.

Auf dieselbe Enquete stützen sich auch die beiden Monographien

20. *Joseph S. Berliner:* Factory and Manager in the USSR. Cambridge, Mass., 1957. 386 S.

21. *Mark G. Field:* Doctor and Patient in Soviet Russia. Cambridge, Mass., 1957. 266 S.

sowie zahlreiche einzelne Aufsätze in Fachzeitschriften, insbesondere aus der Feder des jungen Professors Kent Geiger über Familienprobleme.

An dieser Stelle sind ferner zu nennen:

22. *Thimothy Sosnovy:* The Housing Problem in the Soviet Union. New York 1954. 300 S.

23. *Margaret Mead:* Soviet Attitudes toward Authority. New York, Toronto, London 1951. 148 S.

Auch in dem umfangreichen Werk des Harvard-Professors

24. *Merle Fainsod:* How Russia is Ruled. Cambridge, Mass., 1956. 575 S.

finden sich, obgleich es nicht in erster Linie dem Menschen, sondern dem Funktionieren des Systems gewidmet ist, wertvolle Hinweise. Ergänzend zu dem Buch Berliners, wenn auch durch dieses teilweise überholt, gibt Aufschluß über die wirtschaftliche Oberschicht

25. *David Granick:* Management of the Industrial Firm in the USSR. A Study of Soviet Economic Planning. New York 1954. 346 S.

Über die Arbeiterschaft unterrichtet

26. *Solomon Schwarz:* Labor in the Soviet Union. New York 1952. 364 S.

Über das Leben auf dem Dorf der Bericht eines Sowjetemigranten

27. *Fedor Belov:* The History of a Soviet Collective Farm. New York 1955. 237 S.

Die Arbeit über die Wlassow-Armee

28. *George Fisher:* Soviet Opposition to Stalin. A Case Study in World War II. Cambridge, Mass., 1952. 230 S.

enthält, insbesondere in Teil III, Gedanken über die Opposition gegen das Sowjetsystem innerhalb der UdSSR.

Die umfassendsten Darstellungen des sowjetischen Erziehungswesens bieten

29. *George S. Counts:* The Challenge of Soviet Education. New York, London, Toronto 1957. 331 S.
30. *Nicholas DeWitt:* Soviet Professional Manpower. Its Education, Training, and Supply. Washington, D. C., 1955. 400 S.

Aus Amerika stammen auch die beiden einfallsreichsten Bücher über moderne Sowjetliteratur:

31. *Gleb Struve:* Soviet Russian Literature 1917–1950. Norman, Oklahoma, 1951. 414 S. (Deutsche, auf den Stand von Ende 1956 gebrachte Ausgabe: Geschichte der Sowjetliteratur. München 1957. 595 S).
32. Through the Glass of Soviet Literature. Views of Russian Society. Ed. with an Introduction by Ernest J. Simmons. New York 1953. 301 S. (deutsch: Der Mensch im Spiegel der Sowjetliteratur. Stuttgart 1956. 399 S.)

Im letztgenannten Sammelband zeigt insbesondere das Kapitel über die Frau in der Sowjetliteratur, von Louise E. Luke, das etwa bis 1950 reicht, zu welch interessanten Aufschlüssen eine kluge Analyse der Sowjetliteratur führen kann.

Nur auf russisch liegt eine Untersuchung über die Entwicklung der russischen Sprache unter dem Sowjetregime vor:

33. *Andrej* und *Tatjana Fessenko:* Russkij jasyk pri sowjetach. New York 1955. 222 S.

Zum Thema des Strebens nach Rechtssicherheit geben wichtige Informationen der Columbia-Professor

34. *John N. Hazard:* Law and Social Change in the USSR. London 1953. 310 S.

sowie die von einem ehemaligen Sowjetjuristen aus seiner Erinnerung niedergeschriebenen Fälle und Entscheidungen:

35. Soviet Law in Action. The Recollected Cases of a Soviet Lawyer, by Boris Konstantinovsky. Ed. with Notes and Commentary by Harold J. Berman. Cambridge, Mass., 1953. 77 S.

Eine Fülle von Gedanken und Fakten zum Thema der menschlichen Entwicklung unter dem Sowjetregime brachte die Konferenz amerikanischer Sowjetologen Ende April 1958 in Arden House, Harriman, New York, an der ich als deutscher Gast teilnahm. Die rund vierzig Referate, deren Titel in „Osteuropa", Jg. 1958, Heft 7/8, Seite 569–571 aufgeführt sind, sollen 1959 in einem Sammelwerk erscheinen, voraussichtlich als

36. The Transformation of Russian Society 1861—1958. Ed. with an Introduction by Cyril E. Black, Cambridge, Mass.

Aus *britischen* Verlagen stammen:

37. The Family in the USSR. Documents and Readings. Ed. with an Introduction by Rudolf Schlesinger. London 1949. 408 S.
38. *B. H. Liddell Hart* (Hrsg.): Soviet Army. London 1957. 484 S. (auch: Red Army, New York 1956; deutsch: Die Rote Armee. Bonn o. J. 485 S., mit zahlreichen Beiträgen auch deutscher Autoren)
39. *Edward Crankshaw:* Russia without Stalin. London 1956. 287 S.

Von *skandinavischen* Arbeiten sind zu erwähnen:

40. Theodor Geiger: Klassesamfundet i Støbegryden (deutsch: Die Klassengesellschaft im Schmelztiegel. Köln 1949. 228 S.)
41. *Alf Edeen:* Rysslands Nya Medelklass [Rußlands neue Mittelklasse]. Stockholm 1954. 104 S.

In *Frankreich* erschien die anregende Arbeit:

42. *Jules Monnerot:* Sociologie du Communisme. Paris 1949. 510 S. (deutsch: Soziologie des Kommunismus. Köln 1952. 431 S.)

In dem vorliegenden Buch werden häufig sowjetische Quellen zitiert. Über deren Wert ist viel gestritten worden. Mir scheint, daß man ihnen wichtige Informationen entnehmen kann, wenn man sie sorgfältig unter die Lupe legt und dabei auch jenen in allen totalitären Staaten wohlbekannten Rat nicht vergißt: Du mußt das Weiße lesen, nicht das Schwarze! Ich bin der Meinung, daß sowjetische Quellen einen Wert haben erstens, wenn sie die offizielle Ansicht der Sowjetregierung (Gesetzestexte, Führerreden, statistische Angaben) wiedergeben, zweitens, wenn sie einen Einblick in das geistige Leben des Landes gestatten (das gilt vor allem für die schöne Literatur), oder, drittens, auf Strömungen hinweisen, die sich im Bereich des Menschlichen vollziehen, wie dies etwa im Kapitel über das Streben nach Rechtssicherheit dargelegt wurde. Sowjetquellen wurden aber im allgemeinen nur dort herangezogen, wo sie sich auf die von mir durch den Augenschein gewonnenen Ansichten und Urteile beziehen.

Unter den Werken moderner russischer Prosa ist an erster Stelle zu nennen:

43. *Boris Pasternak:* Doktor Schiwago. Frankfurt 1958. 639 S. (Russische Ausgabe nach dem Originalmanuskript: Doktor Shiwago. Mailand 1958)

Eine Biographie des Dichters Pasternak und dokumentarische Darstellung seines „Falles" gibt

44. *Gerd Ruge:* Pasternak, eine Bildbiographie. München 1958. 143 S.

Von weiteren Büchern aus der Sowjetunion, die über das Leben der Menschen Aufschluß geben, sind in deutscher Sprache unter anderem erschienen:

45. *Wladimir Dudinzew:* Ne chlebom jedinym. In: Nowyj mir, Moskau 1956, Heft 8–10 (deutsch: Der Mensch lebt nicht vom Brot allein. Hamburg 1957. 484 S.)

46. *Ilja Ehrenburg:* Ottepel. In: Snamja, Moskau 1954, Heft 5 ff. (deutsch unter dem Titel: Wenn das Eis bricht. In: Ostprobleme, Bonn-Mehlem, 1955, Hefte 32, 34, 38, 40, 41, 42, 44, 45, 47, 48)

47. *Daniil Granin:* Iskateli. Leningrad 1956. 431 S. (deutsch: Bahnbrecher; wörtliche Übersetzung des Titels wäre: Die Suchenden. [Ost-]Berlin 1955. 558 S.)

48. *Alexander Tschakowskij:* Eto bylo w Leningrade. Moskau 1943. (deutsch: Es war in Leningrad. [Ost-]Berlin 1947. 349 S.)

NAMEN- UND SACHREGISTER

Laufend im Text erscheinende Stichwörter wie Bolschewiken, Bolschewismus, Kommunismus sind nicht aufgenommen, Städte nur mit denjenigen Stellen vermerkt, an denen sie Gegenstand der Darstellung sind. Für den Zusammenhang des Buches weniger wichtige Personennamen wurden ebenfalls weggelassen.

Abtreibung 84
Achmadullina, Bella 256
Adenauer 464, 468
Akim, J. 289
Alexander II. 393, 437
Alkoholismus 64–69, 301
Amerika 53, 121, 264, 354, 396, 437, 447–450, 461, 465, 467, 483 f.
Amnestien 376
Angestellte 48 f., 53, 87, 170, 188, 340–342, 367
Anet, Claude 371
Antonow, F. W. 265
Arbeiter, Arbeiterschaft 41, 43, 48 bis 53, 87, 109, 113–115, 126, 135 f., 142 f., 167, 170, 172, 175, 186–188, 210, 270, 337–340, 343, 365, 412, 424, 447, 456, 483, 490
Arbeiterräte (s. auch Räte) 412
Arbusow, A. 253
Architektur 259 f.
Ärzte, 44, 47, 53, 89, 269 f., 358
Atomangst 457, 495
Ausland, Ausländer 21, 23, 25 f., 28–38, 56, 68, 74, 114, 146, 165, 197, 228 f., 268, 317 f., 328, 334, 357, 359, 401 f., 421, 437–450, 454, 458, 483
Auslandsreisen 225–227
Automation 335, 339
Autorität 311–326, 354

Babajewskij, Semjon 258
Bakunin, M. A. 391
Barto, A. 97
Bauern 41, 48–53, 110, 126, 139 bis 144, 186, 265, 292, 301, 337 bis 340, 401, 423 f.
Beamte 44, 46 f., 342, 487
Bednyj, Demjan 247
Berggolz, Olga 242
Berija, L. 263, 400, 413, 420, 435
Bermont, Jewgenij 123
Bernstein, Leonard 484
Besprisórnyje 70
Böll, Heinrich 229
Bonus 117–119, 152, 340
Bucharin, N. I. 247, 403
Bulganin, N. A. 51, 152, 340
Bunin, Iwan 250

Chagall, Marc 483
Chandslijan, G. S. 266
Chatschaturjan, A. 263
China, Chinesen 76, 206, 326, 332, 413
Chruschtschow, N. S. 10 f., 50, 53, 68, 101, 140 f., 151, 163, 166, 181, 187, 191, 194–196, 204 f., 209, 213, 215 f., 248 f., 252 f., 255, 258, 263 f., 275, 318 f., 344, 346, 363, 368, 376 f., 381, 401 f., 405, 408 f., 413, 416, 436, 457, 471, 487 f., 491–496
Chuliganstwo 21, 69
Cronin, A. J. 229

Detektivroman 384–388
Deutsche(r), Deutschland 24–31, 39, 59, 61, 66 f., 110, 117, 128, 135, 148, 208, 313, 317 f., 328, 332 f., 339, 345, 376, 437, 445, 450, 461, 464–475, 483
Deutsche Sprache (im Schulunterricht) 207 f., 457
Dezentralisation 151, 166
Dichter und Schriftsteller (s. auch Literatur) 28, 54 f., 58, 60, 62, 64, 72 f., 76 f., 79, 85, 94, 97, 110, 125, 182 f., 186–189, 191, 201, 216–218, 226–235, 239 f., 242–262, 289–292, 303, 305, 310 f., 315, 335 f., 342, 360, 362, 383, 386, 389, 405, 417, 434
Djilas, Milovan 138, 445 f.
Disziplin 314, 319, 361, 393
Dobrowolskij, Wladimir 219
Doktorprüfung 369–371
Dostojewskij, F. M. 110, 201, 230 bis 232, 267, 311, 385
Dowshenko, A. 266 f.
Dsershinskij F. 219
Dudinzew, Wladimir 72, 127, 187, 189, 191, 220, 233, 248, 251 bis 253, 257–260, 306, 383, 395, 420, 433
Du Maurier, Daphne 229
Dunajewskij 366 f.

Ehrenburg, Ilja 74, 149 f., 242 f., 245 f.
Eigentum 51, 55, 106, 131–144, 222, 338, 399, 445, 492 f.
Einkommen 53–56, 117, 170, 186
Einstein, Albert 443
Eisenhower, D. D. 495
Engländer 29, 318
Englische Sprache (im Schulunterricht) 206
Entstalinisierung 99, 330 f., 400 bis 407, 420
Erbrecht 133, 139, 492
Erfinder 55, 117, 189 f., 248 f., 358

Fachleute 45 f., 185 f., 214, 339, 358
Fadejew, Alexander 183, 404
Familie 76, 79–104, 134 f., 140, 168, 204, 265, 282, 315, 452, 494
Fast, Howard 228
Feste 277–282
Film 70, 72, 125, 177–179, 181, 236 f., 261, 329, 366, 386–389, 420, 487 f.
Finnland 459 f.
Formalismus 261 f.
Frankreich, Franzosen 29, 318, 450
Französische Sprache (im Schulunterricht) 206
Frauen 21, 49, 65, 67, 73–76, 85 bis 89, 93–97, 99, 134, 176, 229, 273, 395
Frauentag 355 f.
Friedenswillen 459, 464, 495
Fünfjahrplan – s. Planwirtschaft
Furzewa, Jekaterina 94 f., 100

Gastfreundschaft 33 f.
Gauguin, Paul 483
Gawrilow, W. 265
Geburtenhäufigkeit 98, 208
Generationenproblem 39–43, 93, 95, 187 f., 194, 215, 271, 277, 283–285, 344, 363, 434
Georgier 348 f.
Geráskina, L. 481
Gerassimow, A. M. 265, 405
Gerichte – s. Justiz
Gesetzgebung 25, 71, 84, 120, 132, 372, 374–376, 378 f.

Gewerkschaften 44, 170, 339, 412
Gleichmacherei (Urawnilowka) 113 f.
Gogh, V. van, 483
Gogol, N. W. 185, 199, 260, 335
Gontscharow, N. K. 59, 110, 213
Gorbatow, B. 203
Gorkij, Maxim 199, 232, 243, 246, 283
Granin, Daniil 219, 248, 253, 427, 430 f., 434
Grebenjuk, Jewgenij 257
Greene, Graham 229
Grigorjew, S. A. 194, 266
Gumiljów 484

Halbstarke 21, 364
Hemingway, Ernest 228 f., 483
Hermogen (Patriarch) 330
Hilfsbereitschaft 295
Hitler, A. 66, 274, 328 f., 345, 348, 438, 461
Hochschulen 43 f., 180, 205 f., 209 bis 220, 353, 360, 369

Ideologie 262, 268 f., 288, 320, 353 f., 394, 472
Ilf (I. A. – Pseud. f. I. A. Fajnsilberg) 418
Indien 66, 449 f.
Individualismus 304, 309, 479, 491, 493
Industrie, Industrialisierung 41 f., 48–50, 52, 61, 98, 115, 135, 150, 152, 167, 196, 213, 215, 220, 224, 339, 423, 451, 453 f., 467
Informationen 25, 228, 442 f.
„Intelligenzia" (siehe auch Oberschicht) 22, 48–54, 89, 100, 215 f., 218–220, 248, 264, 269 f., 340, 344, 350, 352, 358, 368, 404, 412, 414
Internate 101 f., 493 f.
Ives, Charles 484
Iwan der Schreckliche 392, 403
Iwanter, Nina 491

Jakowlew, W. N. 265
Jaschin, Alexander 292
Jazz 364, 367
Jedinonatschálije (Einzelbefehlsgewalt) 158
Jessénin, Sergej 484 f.
Jewtuschenko, Jewgenij, 58, 227, 255 f., 309, 434–436
Jugend 53, 60, 69–71, 78, 81, 86, 89, 101, 164, 180, 194, 201, 206 bis 208, 211–213, 217, 219 f., 222 f., 227, 248, 257, 260, 265, 276, 280, 284 f., 303, 334, 341, 351–354, 357–367, 380, 388, 434 bis 436, 457, 477–485, 488 f.
Jugendfestival (1957) 229, 439, 462
Juristen 44, 47, 369–381
Justiz und Gerichte 21 f., 71, 85 f., 269, 369–383, 389

Kabanow (Minister) 364
Kalinowskij, G. 219
Kandinskij, W. 480
Kapiza, Pjotr 344
Karpow, G. G. 275
Kasachstan 32 f., 35, 324, 351, 359, 430
Kassil, Iwan 250
–, Lew 234, 362
Katajew, Valentin 315
Katharina II. 436
Kawerin, W. 220
Kinder 79 f., 82–86, 91, 93, 96–99, 102, 193, 265 f., 352, 493 ff.
Kiew 167 f.
Kirche (s. auch Religion) 271–276, 279–285, 315, 327

Kirssanow, Semjon 258, 260
Klubs 365
Kolchos, Kolchossystem (siehe auch Bauern) 27, 35, 42, 51 f., 75, 116, 139–143, 172, 318, 338, 423 f.
Kollektiv 107 f., 121, 158, 295–310, 479
Kollektivierung 53, 131
Kollontai, Alexandra 76
Kommune 81–83, 105–109, 131
Komsomol 24, 26, 68, 76, 84, 183, 213, 280, 303, 360–362, 370, 478 f., 490
Konformismus 38, 64, 304 f., 394 bis 396
Konjew, I. S. 346
Konsumgüter 115, 131 f., 322, 338, 423, 444, 458
Kontrolle 149, 153, 156 f., 160 f.
Kornejtschuk, Alexander 62, 173
Korruption 120, 153–157, 169, 487
Kotschetow, Wsewolod 253 f., 383
Krieg 457–460, 464 f.
Lehre von den zweierlei Kriegen 459
Kritik 240, 249–253, 272, 309, 328, 341, 409, 411, 415–436, 445
Kriwonogow, P. A. 329
Kropotkin, P. A. 391 f.
Kunst 61, 251, 263–267, 476–481, 483
Künstler 28, 46, 54, 162, 183, 186, 218, 229, 250, 263–267, 478
Kusnezow, A. 216, 359

Laktionow, A. I. 265
Landwirtschaft (s. auch Kolchos, Bauern) 212, 214
Lawrenko, W. 265
Lebenserwartung 95
Lebensstandard 50, 56, 171, 184, 186, 222, 313, 334, 423 f., 444, 448, 486 f., 491
Lehrer 44, 47, 89, 196, 198 f., 213, 216, 235, 271, 314, 352, 358, 361, 481 ff., 493
Lenin, W. I. 59, 102, 218 f., 261, 286, 288, 379, 391–393, 403, 406, 409, 421, 426, 456, 463, 467
Leningrad 112, 166
Lermontow 79, 200 f., 260 f.
Lewitan 174, 265
Liebe 28, 73, 76–78, 81 f., 126, 242, 265, 306, 448
Literatur und Dichtung 27, 58, 60, 62, 64, 72 f., 76 f., 79, 85, 92, 110, 156, 179, 182 f., 186–192, 195, 199–203, 207, 215 f., 221 f., 226–262, 267 f., 289–292, 303, 305–311, 315, 352, 360, 362, 383 f., 427–429, 433–436, 481, 484 f., 489
Litwinow, M. 112
Lohnsystem (s. auch Bonus, Prämien, Einkommen) 50 f., 109 f., 113–117, 128, 132, 142, 176, 181, 268, 334, 423
Lomonossow, Michail 330

Macmillan, H. 495
Majakowskij, W. W. 227, 336, 488
Malenkow, G. M. 263, 358, 467
Malerei 264–267
Malinowskij (Marschall) 346
Mao Tse-tung 413 f.
Marx, Karl 131, 151, 154, 315, 325
Maschinen-Traktoren-Stationen (MTS) 42, 50, 141, 318
Materialismus 279, 285, 288, 294, 316, 479
Matisse, H. 483
Mawritsch, S. 233

Messianismus (Sendungsbewußtsein) 59, 290, 455
Mikojan, A. I. 135
Minz, K. 125, 168
Mir (Dorfgemeinschaft) 301
Mode 21, 112, 176 f., 486
Molotow, W. M. 194, 263
Moral 274, 303, 399
Moskau 165 f., 263 f.
Musik 262 f., 484

Nationalitäten 39, 97, 348–351, 382, 449
Nationalökonomie 268
Nehru, J. 36
Nekrassow, Viktor 200, 219
Nemenskij, B. M. 267
Netschajew, S. G. 391
Nikolaj, Metropolit von Krutizy 276
Nikolaus I. 392, 436
Norm 50, 115, 128, 142, 334, 338, 423 f.

Oberschicht (s. auch „Intelligenzia") 22, 41, 43, 46, 48 f., 54 f., 69, 89, 100, 118 f., 122, 125, 131, 133 f., 136 f., 149, 163–165, 170 f., 174 f., 177, 179–192, 215, 225, 228, 232, 234, 285, 321, 337 f., 340–345, 363, 368, 372 f., 377, 381, 424 f., 427, 451, 456, 459, 492
Offizierskorps 47 f., 127, 162–164, 345
Orden, Ordensträger 55, 84, 162
Ordshonikidse, G. K. 111
Ossoaviachim 25 f.
Ostrowskij, A. 201
Otschkowtiratelstwo 152
Owetschkin, Valentin 360

Panjan, A. 265
Panowa, Wera 156, 187–189, 244 bis 246, 253
Parchomow, M. 182
Partei (Kommunistische, der Sowjetunion) 95, 101, 108, 186, 189, 191, 250, 253, 275, 346 f., 392, 415, 426 f., 431 f.
Parteifunktionäre 44–46, 61, 127, 186, 316, 344, 420, 427, 430, 454
Paschukanis (Jurist) 374
Pasternak, Boris 9, 73, 145, 217, 247, 250, 254 f., 260, 290, 362 f., 485
Patriotismus 36, 202, 276, 327 bis 336, 362, 458
Pawlow, Iwan P. 394 f.
Peter der Große 163, 166, 392, 403, 436 f.
Petrow (Je. P. – Pseud. f. Je. P. Katajew, Bruder von Valentin Katajew) 418
Petuchow (Minister) 364
Philosophie 40, 268, 479
Planwirtschaft, Wirtschaftspläne 40, 48 f., 61, 69, 71, 114, 117 bis 119, 129, 138, 143, 147–153, 155 f., 159 f., 334, 339, 423 f.
Pogodin, Nikolaj 218
Polen 30, 39, 135, 276, 361, 408, 411 f., 421, 467, 470, 476 f.
Poljakow, Wladimir 62
Polytechnisierung 204 f., 210
Pomeranzew, W. 243 f., 258 f.
Prämien 54 f., 84, 117
Prawda 291 f.
Preise 268, 334, 341, 423
Presse 83, 99, 150, 153, 157, 162, 179, 209, 229, 248, 284, 293, 301, 399, 414, 431, 441–443, 445, 447, 457

Produktivität der Arbeit 340
Prokofjew, S. 263
Prostitution 74
Puschkin, A. S. 79, 94, 166, 200 f., 221

Rangstufen 163 f.
Räte (s. auch Arbeiterräte) 426
Rechtsstaat 373
Religion 96, 203, 271–294, 335, 479
Renten 181
Reschetnikow, W. P. 266
Revisionismus 410
Romantik 77, 257, 360, 365
Romanowitsch, Pjotr 34
Rowdies 164
Rykow (Volkskommissar) 403
Rylow, A. A. 265

Sartre, Jean-Paul 412
Schadenfreude 297, 299
Schaginjan, Marietta 188, 226 f.
Schalamow, M. P. 369–371
Schapowalow 46
Schatrow, Michail 212
Scheidung 84 f., 90 f., 97
Schewandronow, J. W. 194
Schiller, Otto 142
Schostakowitsch, D. 263
Schpanow, N. 386, 389
Schrebergärten 367 f.
Schriftsteller – siehe Dichter und Schriftsteller
Schriftstellerkongresse 246 f.
Schtejn, A. 291
Schule 22, 85, 180 f., 186, 193–215, 303, 314, 352 f., 361, 481 ff., 493
Sekten 276
Selbstkritik 153, 416 f., 420
Semitschastnyj, S. Je. 255
Sendungsbewußtsein – siehe Messianismus
Sewak, Paruir 306–310
Sexualität 73–78, 81–83, 85, 223
Shdanow, A. 247, 263, 416
Shukow, G. K. 11, 346 f.
Sibirien 29 f., 51, 358 f., 383
SIS-Männer (-Leute) 147 f., 150
Sobolew, Leonid 248, 252 f.
Sofronow, A. 26 f., 64
Solidarität 300–302
Sorin, Leonid 187, 191
Soschtschenko, Michail 366, 417
Sowchos 27, 42, 50, 142 f.
Sowjetische Besatzungszone Deutschlands 30 f., 135, 467–472
Sozialstruktur 41, 53, 56, 127, 134, 180, 182, 184, 212, 443 f.
Sozialismus 196, 322, 408–410, 444, 453
Sozialistischer Realismus 60, 257, 476
Sozialversicherung 135
Soziologie 268 f., 444–446
Sport 163, 211, 266, 365 f.
Sprichwörter 99, 291 f.
Staatssicherheitsdienst (Tscheka, GPU, NKWD, MWD, MGB) 23, 62, 74, 292, 376 f., 381, 388
Städte, Verstädterung 50–52, 98, 165–168, 187, 193
Stalin, J. W. 7, 11, 26, 28, 40, 44, 51, 60, 62, 66, 70, 75, 86, 93 f., 99, 113 f., 116, 133, 139, 141, 160, 163, 187, 194, 203, 219, 231, 240–242, 245–248, 256 f., 262, 264, 268, 275, 286, 288, 305, 319 f., 329–331, 339, 346, 349, 358, 368, 373 f., 376, 382, 389, 392 f., 395, 400–410, 415, 420 f., 434, 440, 443, 456, 458, 466, 468, 489
Stalinismus 32, 41, 64, 77, 203, 241,

247, 264, 328, 342, 381 f., 389, 399, 409, 421
Steuern 54 f., 84, 133
Stiljaga 359 f.
Strafgefangene 382 f.
Strafrecht (s. auch Gesetzgebung) 10, 25, 120, 132, 369, 371 f., 376, 379–381
Strawinskij, J. 484
Strishenow, M. 265
Studenten 23 f., 82, 109, 116, 171, 205, 209–220, 256, 322–325, 359 f., 440, 477, 479, 485
Surkow, Alexej 254

Technik, Techniker 42 f., 47, 53, 61, 204 f., 222, 237, 335, 344 f., 358
Tendrjakow, W. 292
Theater 17, 27 f., 32 f., 61 f., 123 f., 168–170, 173–175, 179 f., 191 f., 229, 259, 366, 405, 481, 489
Tito 347, 413
Tkatschow, A. P. 265
–, S. P. 265
Tolstoj, Leo 58, 94, 199, 201, 243, 311
Tolstojanismus 293
Trifonow, Jurij 72, 126, 220, 267, 303, 447
Tschaikow, I. M. 266
Tschechow, A. P. 184 f., 199, 243, 285, 336
Tschernyschewskij, N. G. 189, 260
Tuchatschewskij, M. 346
Tur (Brüder) 111 f., 417 f.
Turgenjew, I. 39, 59, 201, 261
Turkvölker 349 f.

Ukraine, Ukrainer 39, 167, 348, 382
Ungarn 30, 39, 53, 135, 251, 276, 347, 361, 408, 411 f., 421, 467, 470
Usbeken 350

Verantwortung 157–161
Vereinigte Staaten – s. Amerika

Wahlen 393, 430 f.
Walzewa, Anna 250
Wassilewskij (Marschall) 346
Wettbewerb 195
Widersprüche, antagonistische und nichtantagonistische 414
Wirta, Nikolaj 183
Wirtschaftsführer und -funktionäre 42 f., 47, 53 f., 117 f., 136 bis 138, 145, 159 f., 161 f., 170 f., 426
Wirtschaftsplan – siehe Planwirtschaft
Wissenschaft 267–270, 285, 287, 358, 396, 443
Wissenschaftler, Gelehrte 28, 117, 161, 218–220, 225, 285, 443 f.
Wohlstand 105–130, 186, 343, 492
Wohnraum 55, 81–83, 89–92, 177, 332, 423, 487
Wolódin, Alexander 489
Woroschilow, K. Je. 404 f.

Zeitschriften, Literarische 221 f.
Zetkin, Klara 355, 357
Zwetajewa, Marina 250

INHALT

VORWORT 7
VORWORT ZUR ULLSTEIN-NEUAUFLAGE 9
THEMA UND AUTOR 11
CHANCEN UND GRENZEN DES EINBLICKS 21
DER SOZIALE RAHMEN 39
DIE PRIVATE SPHÄRE
„Breite Natur" – heute 57
Familie und Heim 79
DIE GÜTER DIESER WELT
Wohlstand 105
Eigentum 131
Erfolg 145
Und Gleichheit? 173
NICHT VOM BROT ALLEIN
Wissen 193
Neugier 221
Geistige Freiheit 239
Religion 271
MENSCH UND STAAT
Gemeinschaft und Kollektiv 295
Autorität und Staatsgefühl 311
Patriotismus 327
Zufriedene und Unzufriedene 337
Abkehr von der Politik 355
Streben nach Rechtssicherheit 369
Krisen und Nachwirkungen 391
Kritik – Formen und Ziele 415
Die Welt der Anderen 437
DER SOWJETMENSCH UND WIR 451
EIN JAHR SPÄTER 476
NACHWEISUNGEN 497
EINFÜHRUNG IN DAS SCHRIFTTUM 514
NAMEN- UND SACHREGISTER 520

CIP-Kurztitelaufnahme der Deutschen Bibliothek

Mehnert, Klaus:
Der Sowjetmensch : Versuch e. Porträts / Klaus
Mehnert. – Frankfurt (M) ; Berlin ; Wien :
Ullstein, 1981.
(Ein gelbes Ullstein-Buch)
ISBN 3-550-06087-4
NE: Das gelbe Buch